GUIDES GARNIER FRÈRES

NOUVEAU GUIDE GÉNÉRAL
DU VOYAGEUR
EN ESPAGNE
ET
EN PORTUGAL

PAR A. LANNAU-ROLLAND

PARIS
GARNIER FRÈRES, LIBRAIRES-ÉDITEURS
6, RUE DES SAINTS-PÈRES, ET PALAIS-ROYAL, 215

NOUVEAU GUIDE GÉNÉRAL
DU VOYAGEUR
EN ESPAGNE
ET
EN PORTUGAL

GRANDE CHAPELLE DE LA CATHÉDRALE DE TOLÈDE

GUIDES GARNIER FRÈRES

NOUVEAU GUIDE GÉNÉRAL
DU VOYAGEUR
EN ESPAGNE
ET
EN PORTUGAL

PAR A. LANNAU-ROLLAND

Géographie, Histoire, Statistique, Description des Villes, Bourgs, Villages, Monuments, etc. Itinéraire des Chemins de fer, des routes et des lignes projetées; et tous les renseignements nécessaires aux voyageurs.

AVEC DEUX CARTES ROUTIÈRES SÉPARÉES D'ESPAGNE ET DE PORTUGAL
DES PLANS ET DES VUES
DES PRINCIPALES VILLES ET DES MONUMENTS

PARIS
GARNIER FRÈRES, LIBRAIRES-ÉDITEURS
6, RUE DES SAINTS-PÈRES ET PALAIS-ROYAL, 215

1864

PARIS. — IMP. SIMON RAÇON ET COMP., RUE L'ERFURTH, 1.

LISTE
DES CHAPITRES ET DES ROUTES

	Pages.
PRÉFACE.	1
PLAN DE L'OUVRAGE.	5

ESPAGNE

PREMIÈRE PARTIE — RENSEIGNEMENTS GÉNÉRAUX.

I. — Aspect géographique.	7
II. — Historique des peuples de la Péninsule.	15
III. — Organisation politique, administrative, militaire, judiciaire, ecclésiastique de l'Espagne.	21
IV. — *Statistique :* Population, armée, marine, clergé, finances, commerce, enseignement, etc.	25
V. — Passe-ports, douanes, chemins de fer, bateaux à vapeur, postes, poids et mesures, monnaies.	30

DEUXIÈME PARTIE. — ITINÉRAIRE.

PREMIÈRE RÉGION.

DE BAYONNE A MADRID. — MADRID. — LES CASTILLES. — LES ASTURIES. — LA GALICE.	38
Route de Paris à Bayonne.	38
Route n° 1. De Bayonne à Madrid.	40
MADRID.	65
Environs de Madrid : Le *Prado*, — l'*Escorial*, — la *Granja*, — *Aranjuez*, — *Tolède*.	131

a

LISTE

Route n° 2. De Burgos à Aranda et à Madrid 140
— n° 3. De Saint-Sébastien à Bilbao 143
— n° 4. De Miranda à Bilbao 144
— n° 5. De Burgos à Bilbao 146
— n° 6. De Santander à Madrid 146
— n° 7. De Santander à Burgos 151
— n° 8. De Medina del Campo à Zamora 151
— n° 9. De Palencia à Léon et à Ponferrada 152
— n° 10. De Madrid à Valladolid 153
— n° 11. De Valladolid à Léon 154
— n° 12. De Léon à Oviedo 156
— n° 13. D'Oviedo à Gijon 159
Ligne de Madrid à la Corogne et au Ferrol 160
— n° 14. De Medina del Campo à Benavente 160
— n° 15. De Benavente à Lugo (par Astorga) 162
— n° 16. De Lugo à la Corogne et au Ferrol 166
— n° 17. De Bétanzos au Ferrol 168
Ligne de Madrid à Santiago de Compostelle 169
— n° 18. De Benavente à Orense 170
— n° 19. D'Orense à Santiago de Compostelle 172
— n° 20. De Valladolid à Toro et à Zamora 174
— n° 21. D'Orense à Tuy 176
— n° 22. D'Orense à Vigo 177
— n° 23. D'Orense à Pontevedra 178
— n° 24. De Madrid à Zamora 179
— n° 25. De Madrid à Salamanca 179
— n° 26. De Valladolid à Salamanca 183
— n° 27. De Salamanca à Ciudad Rodrigo 184
— n° 28. De Salamanca à Zamora (par Lesdema) 185
— n° 29. De Madrid à Ségovie 186

DEUXIÈME RÉGION.

NAVARRE, — VIEILLE-CASTILLE, — ARAGON, — CATALOGNE 192

Route n° 30. De Bayonne à Pampelune (par Ainhoue) 192
— n° 31. De Pampelune à Logroño 196
— n° 32. De Pampelune à Soria 198
— n° 33. De Soria à Madrid 201
— n° 34. De Saint-Jean-Pied-de-Port (France) à Pampelune . 206
— n° 35. De Pampelune à Sarragosse 209
— n° 36. D'Oloron (France) à Jaca et à Sarragosse 215
— n° 37. De Sarragosse à Madrid 219
— n° 38. De Sarragosse à Huesca 223
— n° 39. De Sarragosse à Barbastro 224

DES CHAPITRES ET DES ROUTES. VII

Route n° 40. De Saragosse à Téruel et à Albarracin 225
        Ligne de Perpignan à Madrid. 229
— n° 41. De Perpignan à Barcelone. 229
— n° 42. De Barcelone à Lerida et à Saragosse. 239
— n° 43. De Saragosse à Bilbao (par Pampelune) 246
— n° 44. De Saragosse à Bilbao (par Logroño et Miranda). . . . 248
— n° 45. D'Ax (France) à Urgel et à Barcelone. 250
— n° 46. De Barcelone à Vicq. 255
— n° 47. De Barcelone à Puycerda (et la frontière française). . 258
— n° 48. De Barcelone à Martorell. 260
— n° 49. De Barcelone à Tarragone. 261
— n° 50. De Tarragone à Reus et à Montblanc. 264
— n° 51. De Tarragone à Lerida 265
— n° 52. De Tarragone à Tortosa. 266
— n° 53. De Tarragone à Peñiscola. 268

TROISIÈME RÉGION.

NOUVELLE-CASTILLE, — VALENCE, — MURCIE. 271

Route n° 54. De Madrid à Cuenca. 271
— n° 55. De Cuenca à Valence. 274
— n° 56. De Madrid à Valence. 276
— n° 57. De Valence à Ségorbe et à Téruel. 291
— n° 58. De Valence à Castellon de la Plana. 294
— n° 59. De Valence à Barcelone 295
— n° 60. De Madrid à Alicante. 298
— n° 61. D'Alicante à Valence. 301
— n° 62. D'Alicante à Murcie. 303
— n° 63. De Murcie à Carthagène. 307
— n° 64. De Murcie à Lorca et la ligne de Grenade. 309
— n° 65. De Madrid à Murcie 310
— n° 66. De Madrid à Carthagène. 312
— n° 67. D'Alicante à Carthagène. 313
— n° 68. De Valence à Murcie. 313
— n° 69. De Valence à Carthagène. 313

QUATRIÈME RÉGION.

NOUVELLE-CASTILLE, — ANDALOUSIE. 314

Route n° 70. De Madrid à Ciudad Réal. 314
— n° 71. De Madrid à Jaen. 316
— n° 72. De Jaen à Grenade. 322
— n° 73. De Grenade à Murcie. 331
— n° 74. De Grenade à Carthagène. 334

Route n° 75. De Grenade à Almeria 334
— n° 76. De Grenade à Motril 337
— n° 77. De Grenade à Malaga 339
— n° 78. De Madrid à Grenade 344
— n° 79. De Madrid à Almeria 344
— n° 80. De Madrid à Cordoue 345
— n° 81. De Cordoue à Malaga 352
— n° 82. De Cordoue à Séville 353
— n° 83. De Séville à Grenade 376
— n° 84. De Séville à Malaga 379
— n° 85. De Séville à Xérès et à Cadix 381
— n° 86. De Cadix à Gibraltar 396
— n° 87. De Séville à Huelva 404
— n° 88. De Séville à Ayamonte 408
— n° 89. De Madrid à Séville 409
— n° 90. De Madrid à Cadix 410
— n° 91. De Madrid à Gibraltar 410
— n° 92. De Séville à Badajoz 410
— n° 93. De Séville à Xérès de los Caballeros 414
— n° 94. De Séville à Merida 415

CINQUIÈME RÉGION.

NOUVELLE-CASTILLE, — ESTRAMADURE 418

Route n° 95. De Madrid à Talavera de la Reina 418
— n° 96. De Madrid à Plasencia 420
— n° 97. De Madrid à Merida et à Badajoz 425
— n° 98. De Badajoz à Caceres 427
— n° 99. De Badajoz à Alcantara 429
— n° 100. De Merida à Plasencia 431
— n° 101. De Badajoz à Truxillo 433
— n° 102. De Badajoz à Xérès de los Caballeros 434
— n° 103. De Madrid à Lisbonne 435
Iles Baléares 439
Iles Canaries 446

PORTUGAL

PREMIÈRE PARTIE. — RENSEIGNEMENTS GÉNÉRAUX.

I. — Aspect géographique du Portugal.. 451
II. — Historique du Portugal. 453
III. — Organisation politique, administrative, religieuse, militaire, etc.. 455
IV. — *Statistique :* Population, clergé, armée, marine, budget, chemins de fer, mines, contributions, commerce, etc. 458
V. — Passe-ports, douanes, chemins de fer, bateaux à vapeur, télégraphie, poids et mesures, monnaies. 461

DEUXIÈME PARTIE. — ITINÉRAIRE.

Route n° 1. Route de Lisbonne, — par terre. 465
       id.   par mer. 465
       Lisbonne, capitale du Portugal. 466
       Environs de Lisbonne : *Cintra,* — *Mafra.* 477
— n° 2. De Lisbonne à Santarem. 480
— n° 3. De Lisbonne à Abrantès. 481
— n° 4. De Lisbonne à Badajoz (par Abrantès). 482
— n° 5. De Lisbonne à Badajoz (par Evora) 484
— n° 6. De Lisbonne à Péniche. 484
— n° 7. De Lisbonne à Leiria. 486
— n° 8. De Lisbonne à Coïmbre. 487
— n° 9. De Lisbonne à Porto. 490
— n° 10. De Porto à Braga. 494
— n° 11. De Porto à Vigo (Espagne). 495
— n° 12. De Lisbonne à Bragance (par Coïmbre et Viseu). . . . 497
— n° 13. De Lisbonne à Setubal. 499
— n° 14. De Lisbonne à Beja. 500
— n° 15. De Lisbonne à Faro. 501
— n° 16. De Lisbonne à Lagos. 503
— n° 17. De Lagos à Faro et à Castromarin. 505
Ile Madère. 507
Iles Açores 508

FIN DE LA LISTE DES CHAPITRES ET DES ROUTES.

AVIS AU RELIEUR

POUR LE PLACEMENT DES PLANS

Grande place de Vitoria	49	L'Alhambra, à Grenade	524
Burgos	54	Plan de Malaga	540
L'Escorial	63	Vue de Malaga	542
Plan de Madrid	69	Plan de Cordoue	546
Le Palais de la Reine	115	Vue de Cordoue	548
Tolède	157	Plan de Séville	555
Salamanca	182	Vue de Séville	562
Ségovie	188	Xérès	584
Palais des ducs de l'Infantado, à Guadalajara	204	Plan de Cadix	589
		Couvent des Carmes, à Cadix	591
Plan de Saragosse	210	Baie de Cadix	592
Tour penchée de Saragosse	213	Plan de Lisbonne	466-467
Plan de Barcelone	254	Cathédrale de Lisbonne	469
Plan de Valence	284	Plan de Porto	490-491
Cathédrale de Valence	287	Vue de Porto	492

PRÉFACE

Un voyage en Espagne apparaissait autrefois à l'imagination comme une de ces entreprises aventureuses et lointaines, hérissées de tant d'obstacles, mêlées de tant de péripéties, qu'il appartenait seulement à quelques touristes intrépides d'en braver les fatigues et les dangers.

Les villes mauresques et les cathédrales mystérieuses, les alguazils et les serenos, les Andalouses et les gitanos, les routes lancées à travers les précipices et les paradis d'orangers en fleurs, les brigands armés de poignards et de tromblons et les moines lugubres du saint-office, les guitarreros chanteurs et les grands d'Espagne, Figaro et le Cid, l'œil brillant des señoras derrière une grille sombre et les formidables coups d'épée des héros castillans, les mendiants de Murillo et les figures altières de Vélasquez; l'Espagne éclatante de Charles-Quint et l'Espagne réaliste de Gil Blas, tout cela formait dans les esprits un ensemble bizarre, confus, séduisant, pittoresque dont les récits exagérés des voyageurs avaient grandi le prestige.

On eût dit que derrière les Pyrénées commençait un monde étrange, ne ressemblant à aucun autre; un pays de merveilles, de périls, de folies amoureuses et de romanesques aventures.

Il est vrai que l'Espagne a été, de toutes les contrées de l'Europe, celle qui a été explorée, étudiée et connue le plus tard ; elle est entrée la dernière dans le mouvement de progrès qui tourmente si fiévreusement notre époque, qui supprime les frontières et fait se croiser en tous sens les voyageurs de tous les pays.

Sa position géographique l'explique.

Elle n'est pas comme ces territoires du centre de l'Europe qu'il faut traverser avant d'atteindre d'autres contrées ; pour la visiter, pour arriver sur son sol, il faut que l'Espagne elle-même soit le but du voyage. Or, on voyageait si peu, il n'y a pas plus de vingt ans !

D'un autre côté, les Espagnols sont peu nomades ; ils ont toujours eu les regards tournés vers l'Océan, vers l'Amérique, vers ces possessions splendides du nouveau monde qui ont fait leur immense richesse et qui ont fait aussi leur décadence.

L'Europe oubliait l'Espagne, mais l'Espagne dédaignait l'Europe, et lorsque les rapides et éphémères conquêtes de Charles-Quint ne furent plus qu'un souvenir passager de l'histoire, l'Espagne resta complétement à l'écart, isolée dans sa péninsule, à l'extrémité du continent européen, entre les deux mers qui battent de leurs flots sa ceinture de montagnes.

Il y a, et quoi qu'en ait dit Louis XIV, il y aura toujours des Pyrénées.

Mais ces hautes et formidables barrières n'ont pas été infranchissables. Le mouvement général de circulation s'y est frayé un passage, et depuis quelques années quel changement dans toute l'Espagne !

Partout des chemins de fer en activité ou en construction : les voyageurs sillonnent en tous sens, en wagon, en diligence, en *galera* s'il le faut, ses routes les plus inconnues ; les usines bruissent et fument, les villes s'ouvrent au commerce étranger, les usages des autres pays, les modes elles-mêmes font invasion sur le sol de l'Espagne. Enfin, dans les magnifiques ports que l'Océan et la Méditerranée ont creusés à ses plages, à Barcelone, à Valence, à Carthagène, à Cadix, à Vigo, à la Corogne, à Santander, les bateaux à vapeur apportent chaque jour des chargements plus considérables de marchandises et de passagers.

En s'ouvrant, ainsi, par tous les côtés à la fois, à l'activité d'une vie nouvelle, l'Espagne n'a rien perdu de ces pittoresques aspects, de ces beautés si diverses, si caractérisées, qui ont fait une part de sa célébrité.

Toute la vieille Espagne vit encore, ferme, grandiose, bizarre, étonnante et séduisante à la fois; elle est là, grave et immobile au milieu de toute cette agitation des temps nouveaux, et le voyageur pourra en contempler les monuments, les mœurs, les usages, tout en remarquant les innovations, les progrès dus aux idées nouvelles.

Inutile d'ajouter que si ce mouvement est très-actif dans des villes comme Madrid, Barcelone, Cadix, et dans les centres traversés par les nouvelles voies ferrées, il est beaucoup moindre, beaucoup plus lent dans les villes secondaires ou isolées, et que les campagnes y sont encore restées complétement étrangères dans leur immobilité.

En général l'hospitalité n'est pas parfaite; l'Espagnol met une réserve assez fière dans ses rapports avec l'étranger pour lequel il n'éprouve pas un vif attrait ; le manque de confortable dans les hôtels, les *fondas* et les *posadas* rappelle trop celui des auberges italiennes; l'odeur d'une huile âcre et nauséabonde poursuit partout le voyageur, depuis les villages de la grande route jusque dans les villes, et lorsqu'il circule sur des chemins où ne fonctionnent pas des services pourvus d'un tarif très-régulier, le touriste est assuré de se voir réclamer des prix parfois exorbitants. Mais sur ce dernier point tous les pays du monde se ressemblent si bien qu'il serait injuste d'en faire un reproche spécial à l'Espagne.

En revanche, dans toutes les directions où il aura des villes, même assez peu importantes, à visiter, le voyageur trouvera des routes qu'on améliore, une viabilité suffisante, quoique prodigieusement accidentée, des moyens de transport et des auberges. Il n'a plus, enfin, à redouter les bandes de brigands dont son imagination peuplerait encore les routes espagnoles; les buissons ne sont pas hérissés d'escopettes, et si parfois, du côté des frontières, il arrive de voir glisser çà et là des hommes au pas agile, à la démarche alerte, qui passent en laissant apercevoir une mine suspecte, qu'on se rassure ! Ce ne sont pas des assassins qui prennent de l'avance pour attendre le voyageur à quelque défilé favorable au crime ; ce sont d'*honnêtes* contrebandiers qui font leurs affaires et ne demandent qu'à rester en paix avec tout le monde, même avec les douaniers.

Le voyageur peut donc, son *Guide* à la main, entrer en toute sécurité dans la Péninsule. Nous allons lui montrer toutes les routes qui s'ouvrent devant lui; nous compterons sur ses pas les villages, les bourgs et les villes qu'il doit traverser, et dans chaque localité nous signalerons à son attention, d'une manière aussi claire, aussi brève que possible, tout ce qui mérite de lui être indiqué.

PLAN DE L'OUVRAGE

La principale condition d'un *Guide* est d'être d'un usage facile et prompt; il doit être pour le voyageur un compagnon, un aide, et non une fatigue. Pour qu'il en soit ainsi, nous éviterons dans celui-ci les dissertations inutiles, les longs récits historiques, les nombreux détails qui remplissent un livre de notions aussi confuses que superflues.

Pour chaque localité importante nous indiquerons s'il y a un service de circulation organisé avec les villes voisines, mais nous éviterons de surcharger ce renseignement par des détails sur les jours, les heures, les prix, les bureaux; car toutes ces choses sont essentiellement variables, et nous courrions la chance d'écrire autant d'inexactitudes que d'inutilités.

Le voyageur, dès qu'il arrivera dans une localité, n'aura qu'à s'informer, soit au bureau du chemin de fer, soit à celui de la diligence, soit à l'hôtel ou à l'auberge, des divers services organisés dans la localité pour les routes qui y aboutissent, — et sur-le-champ, il sera beaucoup mieux renseigné qu'il n'aurait pû l'être par le *Guide* le plus minutieux et le plus complet.

Enfin, comme il faut, avant tout, pour se servir facilement d'un livre, en connaître le plan et le contenu, voici les matières que contient le *Guide en Espagne et en Portugal*, avec l'ordre dans lequel elles sont classées :

Espagne.

PREMIÈRE PARTIE. — *Renseignements généraux*. — I. Aspect géographique de la Péninsule, ses régions, ses montagnes, ses fleuves, ses côtes, ses ports.

II. — Historique des peuples de la Péninsule : formation des deux royaumes actuels d'Espagne et de Portugal.

III. — Organisation politique, administrative, militaire et judiciaire de l'Espagne.

IV. — Statistique : population, finances, armée, marine, chemins, canaux, etc., etc.

V. — Renseignements importants : passe-ports, douanes, monnaies, chemins de fer, messageries, bateaux à vapeur, postes, etc., etc.

Deuxième partie. — *Itinéraire* du voyageur à travers toutes les provinces de l'Espagne, en supposant qu'il arrive par les Pyrénées, se dirige vers Madrid, et de là rayonne vers les diverses extrémités du royaume, en finissant par la route qui doit le mener en Portugal. — Cet itinéraire est divisé en cinq grandes régions.

Portugal.

Première partie. — *Renseignements généraux*, dans le même ordre.

Deuxième partie. — *Itinéraire* : routes et villes.

A la fin du volume, le voyageur trouvera la liste des routes qui y sont décrites. Cette liste les contiendra, classées par régions, et selon le même ordre que dans le *Guide*, avec l'indication de la page pour chacune d'elles.

A l'aide de cette table méthodique, le lecteur pourra d'un coup d'œil, et sans rechercher dans le livre, savoir, pour chaque contrée de l'Espagne, quelles sont les routes qui sont indiquées et décrites.

Deux belles cartes, l'une de l'Espagne, l'autre du Portugal, les *Plans* et les *Vues* des villes importantes, compléteront l'ensemble des éléments que le *Guide* doit offrir au voyageur.

GUIDE DU VOYAGEUR
EN ESPAGNE
ET
EN PORTUGAL

ESPAGNE

PREMIÈRE PARTIE
RENSEIGNEMENTS GÉNÉRAUX

I

ASPECT GÉOGRAPHIQUE

La péninsule espagnole, qui s'avance à l'extrémité sud-ouest du continent européen, dans l'Atlantique et la Méditerranée, est située : entre le 1ᵉʳ degré et le 12ᵉ degré de longitude, et pour la latitude, entre le 44ᵉ degré au nord et le 36ᵉ degré au sud.

Elle ne se rattache au continent que par l'isthme formé par la chaîne des Pyrénées. Elle n'est séparée de l'Afrique que par le détroit de Gibraltar.

La plus grande largeur du territoire de la Péninsule est de 905 kilomètres ; sa plus grande longueur, celle d'une diagonale tirée du cap Creus au cap Saint-Vincent (Portugal) est de 1,025 kil.

Le développement des côtes maritimes est de 2,600 kil. La longueur de la frontière des Pyrénées est de 360 kil. La superficie totale est de 56,560 myriamètres carrés.

Le territoire de la Péninsule se détache à l'extrémité de l'Europe comme une vaste forteresse. Il en a topographiquement toute la conformation. Il est presque complétement entouré par deux mers; toute la côte qui forme ce périmètre maritime est très-élevée, montagneuse, et forme autour de l'Espagne un véritable rempart, que percent, çà et là, des ports admirablement situés.

Du côté du continent, une haute chaîne de montagnes, celle des Pyrénées, s'élève, barrière gigantesque entre l'Europe et le territoire espagnol.

Le pays est couvert d'un immense réseau de chaînes de montagnes, de *sierras*, qui se croisent, se ramifient en tous sens. Un coup d'œil jeté par le lecteur sur la carte ci-jointe lui en donnera une idée générale beaucoup plus exacte que nous ne le ferions ici par la nomenclature des noms de toutes ces *sierras*.

Fleuves et rivières. — Le territoire de la Péninsule forme quatre versants indiqués par la direction de ses cours d'eaux.

Dans l'Océan vont se jeter : le *Douro*, qui se dirige de l'est à l'ouest et dont le cours a 600 kilom.; — le *Tage*, qui sort de la Sierra Albacin, passe à la demeure royale d'Aranjuez et va finir à Lisbonne, capitale du Portugal, après un parcours de 720 kilom. — La *Guadiana* qui descend du nord au sud, sépare pendant une partie de son cours les deux royaumes, et va se perdre près d'Ayamonte, après leur avoir servi encore de frontière; — le *Guadalquivir*, fleuve célèbre de l'Andalousie, dont le cours à 550 kilom. et va finir près de Cadix.

Dans la Méditerranée se jette un seul fleuve : l'*Èbre*, qui descend de la Sierra Reynosa, traverse les contrées les plus accidentées du nord de l'Espagne, passe à Miranda, à Saragosse, à Tortose, et va se perdre dans la mer à 5 myriamètres de cette ville, après un cours de 480 kilom. Depuis Saragosse l'Èbre est canalisé de manière à le rendre navigable jusqu'à la mer.

Régions, climat, etc. — L'Espagne peut être divisée pour le climat, en trois zones bien distinctes : celle du nord, celle du centre, celle du sud.

La région du nord comprend les provinces de *Galice*, des *Astu-*

ries, de *Léon*, la plus grande partie de la *Vieille-Castille*, le *pays Basque*, la *Navarre*, l'*Aragon* (en grande partie) et la *Catalogne*.

La région du centre comprend : le sud de l'ancien royaume de Léon; l'*Estramadure*; la *Manche*, la *Nouvelle-Castille* et le midi de l'*Aragon*.

La région du sud est formée de l'*Andalousie*, des anciens royaumes de *Murcie*, de *Grenade*, de *Valence* et de la province d'*Alicante*.

Le nord et le centre de l'Espagne offrent une assez grande analogie par l'aspect topographique, le climat, les soulèvements montagneux, et les productions.

Mais la région méridionale, tantôt verte d'une végétation tropicale, tantôt rôtie, brûlée, desséchée par un soleil tout africain, inondée de lumière, offre, selon les saisons et selon les lieux, les contrastes les plus violents. Au milieu de roches brûlantes, de routes chargées de poussière et de coteaux arides crevassés par le feu du soleil, apparaissent tout à coup des gorges humides, d'étroites vallées, qui surprennent le voyageur. Leur végétation vigoureuse, leurs massifs d'orangers et de lauriers-roses en fleurs, leur fraîcheur délicieuse, sont, au sein de l'aridité générale des environs, un véritable enchantement.

Région du nord. — Les Asturies ont pour limite au nord l'océan Cantabrique. C'est la contrée de l'Espagne la plus riche en gisements minéraux, en blocs de marbre et de pierre à bâtir, en métaux précieux, en bois de construction et en eaux minérales. On y a découvert d'immenses bancs de charbon de terre.

Les Asturiens sont sobres, actifs, laborieux, économes, d'une loyauté renommée dans toute l'Espagne, superstitieux, et immuables dans leurs vieilles coutumes.

Les Asturies furent érigées en royaume indépendant par Pélage en 719. Ce royaume, en changeant de capitale devint plus tard celui d'Oviédo et ensuite celui de Léon (913). Il fut annexé, après, à celui de Castille.

La Galice fut un royaume depuis 409 jusqu'à sa conquête par les Visigoths, c'est-à-dire pendant un siècle. Plus tard, pendant douze ans, elle redevint un royaume, sous Garcia, fils d'Alphonse III. La Galice offre une grande ressemblance avec les Asturies; cependant l'idiome change. Les Galiciens, *los Gallegos*, sont les *Auvergnats* du royaume espagnol.

Ils quittent leurs pays de montagnes et de forêts, se dispersent dans les villes de la Péninsule et y exercent avec une vigueur proverbiale les métiers de porteurs d'eau, de porte-faix, de manœuvres, de commissionnaires. Ils ont aussi une réputation bien acquise de probité et font par leur énergie patiente au travail, souvent le plus pénible, un contraste remarquable avec la nonchalance qui distingue le reste des travailleurs espagnols.

La province de Léon, devint le royaume de Léon qui comprenait aussi les Asturies. Cet état, uni plus tard à la Castille, fut sous Alphonse le berceau de la grandeur de l'Espagne catholique. Pour l'aspect du pays et les productions du sol, il ressemble à la Galice et aux Asturies. La région montagneuse fournit des bois de construction, des charbons abondants pour les forges, et donne source à un grand nombre de cours d'eau.

La richesse minérale de cette contrée est considérable; les eaux ferrugineuses et thermales en sont renommées; les montagnes offrent aussi des pâturages étendus qui nourrissent des troupeaux dont la laine a toujours été fort recherchée.

La vie des habitants est d'une simplicité toute primitive. Les comestibles le plus en usage sont la viande et le poisson salés, qu'ils achètent dans les ports sur leur littoral en échange de leurs produits.

Les Léonais sont assez nomades, pauvres, laborieux, très-actifs, et n'ont rien changé à leurs pittoresques costumes.

La Vieille-Castille. — Des rochers nus et tristes, des champs de blé, des troupeaux, tout un pays montagneux qui recèle dans ses flancs des marbres et des sources minérales: telle est cette contrée. Son aspect abrupt, désert, frappe le voyageur de tristesse. Quel début pour le touriste qui entre dans cette Espagne que son imagination avait changée en un monde de merveilles et de pittoresques surprises!

L'habitant offre un caractère en harmonie complète avec le pays. Il est fier, rude, taciturne. Silencieux, drapé dans les pans de son manteau brun, il regarde d'un œil dédaigneux passer le voyageur qui court à toute vitesse de ses mules des Pyrénées vers Madrid. Mais les Castillans sont simples, vivant de peu, accoutumés à la vie patriarcale et braves..... braves comme des Castillans!

La Vieille-Castille fut érigée en royaume pour Ferdinand fils de

Sanche le Grand, roi de Navarre (1033). Cet état finit par absorber tous les autres en 1504.

La Navarre est célèbre. Constituée en royaume, en 905, comme tant d'autres provinces de la Péninsule, elle fut un État important et belliqueux. Plus tard, gouvernée par des princes d'origine française, elle a donné à la France l'un de ses plus grands rois. Elle garde aussi à Roncevaux, le souvenir immortel des grandes guerres de Charlemagne et celui de la mort de Roland.

Cette contrée se partage en une région montagneuse comme la *Galice*, offrant les mêmes productions, et une contrée plus basse, propre à la culture, où le blé, le maïs, la vigne, le mûrier, le chanvre rappellent les belles plaines de la Garonne.

Les habitants sont bien moins attachés à leur pays que les Vieux-Castillans; ils sont actifs, braves, trop belliqueux même, car, faute de mieux, la guerre civile est pour eux une occasion de déployer leur activité, et ils n'y ont jamais manqué. Cette activité de Navarrais se manifeste, du reste, dans le commerce, dans les fonctions publiques, dans les travaux agricoles, et leur constitue une supériorité.

Le pays Basque comprend les trois provinces de Guipuscoa, de Biscaye, et d'Avala. La population est considérée comme un peuple distinct et a conservé, du reste, tous les caractères qui lui sont particuliers. Ses vieux usages locaux, ses institutions traditionnelles se perpétuent même à travers les nouvelles constitutions politiques et administratives du royaume.

C'est surtout par le langage que les Basques offrent le caractère d'un peuple à part. Ils ont un idiome parlé et compris par eux seuls, un idiome que les populations des provinces limitrophes ignorent entièrement et qui maintient entre les races de diverses origines une ligne de démarcation bien tranchée.

Le pays Basque ressemble à la Navarre et à l'Aragon. Ses habitants se distinguent par un attachement profond à leurs traditions. Ils ont un type très-marqué, et sont certainement au premier rang des populations espagnoles, par leur intelligence vive, leur énergie et leur activité.

L'Aragon fut, de 1304 à 1516, et sous trois dynasties, un royaume puissant et renommé. Il n'offre aujourd'hui aux regards du touriste que l'aspect d'un pays à moitié abandonné. C'est la ruine d'un État. Sa population a diminué; on trouve çà et là des villages autrefois florissants, maintenant abandonnés, d'autres réduits à quelques familles ; des terres sans culture, faute de bras ; — et dans cet abandon général un pays magnifique que deux millions d'habitants jetés sur son sol changeraient en une des provinces les plus riches, les plus productives.

Toute la contrée est montagneuse, mais fertile, coupée en tous sens de vallées, de ruisseaux, et renferme des richesses minérales. Les Aragonais ont une réputation légitime de courage, d'intelligence, d'habileté ; chez eux comme en Navarre, le *jeu de paume* est une véritable institution nationale ; chaque localité a le sien.

La CATALOGNE fut un comté indépendant et fut absorbée ensuite par le royaume d'Aragon, mais elle conserva ses lois particulières. Cette province est maintenant le véritable foyer de l'activité industrielle : c'est l'usine de la Péninsule.

Les produits du sól sont comme dans toute la région nord de l'Espagne, les bois que fournissent les montagnes, les vins, le maïs et le blé que produisent les cultures.

Mais la vraie richesse de cette province est dans l'activité de son industrie. Les usines métallurgiques, les fabriques d'étoffes, de savon, de papier, les manufactures d'armes, de linge, de dentelles, en un mot, toutes les exploitations industrielles y sont réunies et y prennent chaque jour un développement considérable.

Barcelone et ses maisons ne ressemblent en rien aux vieilles villes et aux campagnes espagnoles. On se croirait à Marseille, et à mille lieues de Tolède et de Burgos.

Région du centre. — L'ESTRAMADURE longe la frontière du Portugal, qu'elle sépare de la Nouvelle-Castille.

Elle est traversée par deux chaînes de hautes montagnes, l'une qui la limite au nord, l'autre qui la divise presque en deux parties égales. Deux beaux fleuves, le Tage et la Guadiana, et une douzaine de rivières affluentes, l'arrosent. Néanmoins le pays est couvert de pâturages, de terres en friche, et produit très-peu comparativement à son étendue. Les mines n'y sont pas exploitées. C'est peut-être la région la plus pauvre de l'Espagne.

Les villes et les villages y sont rares ; les campagnes, très-peu cultivées, sont aussi très-peu habitées. Les récoltes et les beaux fruits, que donne pourtant la culture dans quelques parties plus peuplées, suffisent à prouver que l'Estramadure, si elle avait des habitants nombreux, des cultivateurs actifs, posséderait toutes les ressources qui font la prospérité d'une contrée.

Les habitants sont peu hospitaliers, rudes, robustes, mais inactifs; ils sont étrangers à toute idée de progrès, de bien-être et de sociabilité; il faut que le voyageur s'en rapporte à la carte pour supposer que ce pays à demi sauvage fait partie de l'Europe civilisée.

La Nouvelle-Castille. Toute une vaste région aride, triste, desséchée, telle est la Nouvelle-Castille :

Trois chaînes de hautes montagnes la traversent parallèlement de l'est à l'ouest. L'une la ferme au nord, l'autre la limite au sud, la troisième la partage en deux régions à peu près égales, et ces trois sierras, dont les cimes portent des neiges éternelles, vont aboutir à une autre chaîne, qui descend verticalement du nord au sud de l'Espagne.

C'est là, au milieu d'un vrai désert de sable stérile et d'un aspect désolé, que les rois d'Espagne ont bâti Madrid, leur capitale. Il faut renoncer à expliquer ce choix, en présence de tant d'autres sites admirables que la Péninsule offrait pour placer une capitale. Celle-ci n'a pour mérite que sa situation centrale.

Dans toute la Nouvelle-Castille les villes importantes sont très-rares, les campagnes sont nues, entièrement déboisées, et l'on y parcourt dans le sable et la poussière de longues distances, sans trouver autre chose que des fermes éparses et exposées sans le moindre ombrage au soleil.

Les rives du Tage et de la Guadiana dessinent au milieu de ces steppes arides deux lignes sinueuses de verdure, de fraîcheur et de fertilité.

A l'est, entre la Nouvelle-Castille et la Méditerranée, s'étendent la partie méridionale de l'Aragon et la région septentrionale de l'ancien royaume de Valence, qui va rejoindre la Catalogne.

Région méridionale. — Andalousie. On désigne sous ce nom toute la contrée qui est entourée : au nord, par l'Estramadure et la Nouvelle-Castille, à l'ouest, par la frontière de Portugal, à l'est, par l'ancien royaume de Murcie, et au sud par l'Océan et la Méditerranée, qui s'unissent au détroit de Gibraltar.

La Guadalquivir, le fleuve chanté par les poëtes maures et si longtemps regretté par eux, traverse du nord-est au sud-est toute cette splendide région de l'Espagne.

L'Andalousie fut la partie principale du grand kalifat d'Occident, sous les Maures, avec Cordoue pour capitale. Plus tard son territoire fut divisé en plusieurs petits royaumes arabes : ceux de Cordoue, de Grenade, de Jaen, de Murcie, etc., etc.— En 1492 elle fut incorporée par Ferdinand le Catholique au royaume d'Espagne.

Elle tire son nom des Vandales, — *Vandalucia.* Sous les Romains, le fleuve était le Bétis et l'Andalousie la Bétique. Elle fut le dernier des royaumes que les Maures possédèrent dans la Péninsule.

L'Andalousie est entourée de trois côtés par la Sierra Morena, la Sierra de Segura et la haute Sierra Nevada, qui se déroulent comme un immense rempart autour du bassin du Guadalquivir.

Il ne faut pas arriver en Andalousie avec les rêves d'une imagination trop exaltée par des descriptions enchanteresses. Plus d'un voyageur a cru qu'il allait entrer tout à coup dans un vaste paradis, tout parfumé de fleurs, tout rayonnant de soleil, tout étincelant des œillades andalouses, tout plein de l'harmonie des guitares, et passer ses heures dans un ravissement oriental.

On y trouve, en effet, toutes ces séductions; mais elles sont malheureusement mêlées à tous les autres détails de la vie réelle et perdent à être vues de près une bonne partie de leur charme lointain.

Un soleil brûlant qui crevasse et calcine le sol, des flots de poussière ardente, le manque de confortable rappellent un peu trop l'Arabie africaine.

Mais partout où un cours d'eau répand la fertilité et la fraîcheur, partout où un peu d'ombre, ne fût-ce qu'au pied d'un rocher, vient préserver ce sol d'une calcination complète, la végétation s'élance, et alors ce n'est plus l'Europe que le voyageur a autour de lui : c'est l'Asie, c'est l'Orient, avec toutes ses productions.

Le lin, le blé, l'orge, le vin s'y récoltent à côté des bois d'orangers et de citronniers ; le mûrier, le nopal à cochenille, l'olivier, le câprier et le laurier-rose y croissent même à l'état sauvage. Les fruits ont une saveur sans égale, et partout où les sources permettent les pâturages, les Andalous élèvent des troupeaux.

L'Andalousie est en général très-bien cultivée, elle est une des régions les plus peuplées et les plus heureuses de l'Espagne. Un beau fleuve, deux mers, des routes, des villes très-nombreuses et florissantes, des ports importants, des mines d'or, d'argent et autres gisements très-précieux, un chemin de fer qui est entre Cadix et Cordoue une artère vitale, un climat splendide, des habitants intelligents, élégants, et des femmes célèbres par leur beauté, est-il en Europe, est-il sur le globe un autre pays qui ait autant de faveurs à la fois? Les Castillans reprochent aux Andalous la légèreté de leur esprit et leur indolence, devenue proverbiale dans la Péninsule.

Murcie et Valence. — Ces deux provinces furent aussi des royaumes au temps des Maures, et leur splendeur rivalisa avec celle des États arabes de l'Andalousie.

Elles occupent la partie du territoire espagnol qui longe la Méditerranée, entre la Catalogne et l'Andalousie, et possèdent sur le littoral les ports de Peniscola, de Valence, de Denia, d'Alicante, de Carthagène, de Mujacar et d'Almeria.

Le pays de *Murcie*, c'est encore l'Andalousie; même soleil, même végétation, mais la production y est plus variée. Le territoire est très-inégal; il a des lignes montagneuses, des plateaux et des vallées d'une fraîcheur qui rappelle les Pyrénées; la culture varie donc selon les terrains, et est partout très-féconde.

Après l'agriculture, qui est la première richesse de cette contrée, viennent les mines de plomb, d'argent, les carrières de marbres et de jaspe, la soude et le commerce des ports.

Les Murciens sont, dit-on, d'une oisiveté qui dépasse celle des Andalous. Leur bien-être si facile au milieu d'un pays où déborde la fertilité excuse assez cet amour du repos. On trouve parmi les Murciens des traces visibles de l'ancienne population arabe; le costume, les goûts, les traits offrent un reflet lointain des Maures.

Quant aux routes et aux chemins, ils sont aussi rares, plus rares peut-être que dans l'Estramadure.

Valence. — Cette contrée offre des aspects divers; du côté de la Murcie, l'aspect se confond avec celui du sol murcien; du côté de la Nouvelle-Castille, l'aridité des terres rappelle trop ce désert central de l'Espagne, et du côté de Castellan de la Plana commence le pays accidenté et fertile de la Catalogne.

Mais, si le voyageur se dirige vers Valence, il parcourt, pour arriver à cette ville, une plaine si splendide, si fraîche, si féconde en cultures de toutes sortes, qu'on l'appelle à juste titre la *Huerta*, le jardin de Valence.

Dans toute l'Espagne, et malgré la poétique célébrité de l'Andalousie, il n'est pas une autre contrée qui puisse être comparée à celle-ci.

Les cours d'eaux ont été détournés depuis des siècles dans la partie haute du pays et se dispersent à travers mille canaux creusés par les Maures ; une eau vive y coule en tous sens et, sous un soleil brûlant, entretient une incessante fécondité. Des chemins nombreux sont tracés dans toute la plaine, et les wagons du *camino de hierro* courent au travers des bois d'orangers, au travers de la verdure et des fleurs, dont le parfum embaume la Huerta tout entière. Les champs sont cultivés en gradins de manière à en permettre l'immersion les uns par les autres pour la culture du riz; les mûriers abondent, le nopal à cochenille y est cultivé, l'olive, les raisins, les pastèques, les melons, les grenades et les autres fruits y acquièrent une beauté et une saveur qu'expliquent l'humidité du sol et la chaleur du climat. Cette chaleur même, tempérée par la brise de la mer, n'a rien de l'ardeur aride qui rend l'atmosphère si fatigante dans certaines parties de l'Espagne.

Les habitants sont hospitaliers, gais, actifs, et, comme tous ceux du sud de la Péninsule, aiment les vêtements élégants, les couleurs éclatantes, la vie au grand air, et dorment souvent la nuit à la belle étoile. L'agriculture et le commerce sont parmi eux en grand honneur, et la contrée possède de nombreuses fabriques de tissus de toutes sortes

II

HISTORIQUE DES PEUPLES DE LA PÉNINSULE

FORMATION DES DEUX ROYAUMES ACTUELS D'ESPAGNE ET DE PORTUGAL

Les *Ibères* et les *Celtes* sont les peuples les plus anciens dont l'histoire de la Péninsule garde le souvenir. Après de longues guerres ils se la partagèrent. Les *Celtes* occupèrent le nord et l'ouest ; les *Ibères* le sud et l'est. Au centre les deux peuples se fusionnèrent et devinrent les *Celtibères*.

Les beaux ports de la Péninsule tentèrent les Phéniciens, et les Grecs qui, au temps de leur prospérité maritime, vinrent établir sur divers points du littoral des stations commerciales et des colonies, comme sur d'autres plages de la Méditerranée.

Au cinquième siècle avant J. C., la domination des mers passa à Carthage ; les Carthaginois s'emparèrent alors de ces ports et étendirent leur conquête jusqu'à l'Èbre. Tout ce pays leur fournit les richesses si considérables de ses mines, du fer, de l'or, et, autre ressource tout aussi précieuse, des soldats d'une bravoure renommée.

Les Romains, à leur tour, convoitèrent ces belles possessions, et dans leur lutte célèbre contre Carthage, les lui disputèrent avec ardeur. Les habitants restèrent fidèles aux Carthaginois et défendirent leur sol contre l'invasion romaine. Cette lutte dura jusqu'en 219 après Jésus-Christ, époque de la ruine de Carthage.

La chute de la puissance Carthaginoise permit aux Romains de conquérir enfin ces ports, ces provinces de la Péninsule que les Carthaginois ne pouvaient plus défendre. Mais les habitants, donnant alors une preuve de ce sentiment de l'inviolabilité nationale qui est un des caractères les plus glorieux de leurs descendants et de leurs successeurs, combattirent avec ardeur contre les efforts des Romains pour s'emparer de leur territoire.

Il fallut deux siècles pour terminer cette lutte, et Rome, enfin victorieuse, put dès lors ajouter cette conquête à ses autres possessions. Elle imposa à la péninsule hispanique ses lois, ses proconsuls, ses usages, ses impôts; elle divisa le territoire conquis en trois grandes provinces: la *Bétique*, qui correspond à l'Andalousie actuelle; la *Lusitanie*, qui occupait à l'ouest ce que nous appelons aujourd'hui l'Estramadure et le Portugal, et la *Tarraconnaise*, qui comprenait les provinces actuelles de Valence, de Nouvelle-Castille et de Catalogne, c'est-à-dire l'est et le nord-est de la Péninsule. Cependant les tribus des Pyrénées et de la côte Cantabrique restèrent insoumises.

Cette grandeur de la puissance romaine fut renversée à son tour sous le poids de ce torrent formidable qui a creusé une trace si profonde dans l'histoire: l'invasion des barbares au cinquième siècle.

Dès 409 les *Suèves* vinrent les premiers s'établir en Galice; les *Alains* envahirent le centre et l'ouest; les *Vandales* s'établirent dans la *Bétique*, la région du sud, à laquelle ils ont laissé leur nom : *Vandalucia*, Andalousie.

Vers 415 les *Visigoths* entrèrent à leur tour en Espagne; ils occupèrent la Catalogne, et de là étendirent sur toute la Péninsule leur formidable invasion. En 585 ils achevèrent de vaincre même les *Suèves*, retirés au fond de la Galice, et possédèrent alors toute l'Espagne.

Ils renoncèrent à leur vie de conquérants nomades; ils s'installèrent dans ce beau pays, et eurent la gloire d'y fonder un empire puissant et une civilisation très-remarquable. Leur domination dura jusqu'au commencement du huitième siècle.

Une loi de la destinée semble appeler les peuples à se succéder dans les entreprises lointaines, dans la domination sur les autres pays. L'heure de la puissance arabe était venue. Tout le nord de l'Afrique était déjà leur conquête.

En 714 après J. C., ils franchirent le détroit et envahirent la Péninsule. Cette fois l'invasion venait par le sud.

Elle refoula peu à peu vers le nord, vers le pays de Léon, vers la Castille, la Navarre et les montagnes de l'Aragon, les populations chrétiennes qui fuyaient devant le fanatisme mahométan et devant les forces considérables des envahisseurs.

Le kalifat de Cordoue fut le premier siége de la puissance arabe en Espagne. En 756, le kalife Abdérame (de la race des Ommiades) se déclara indépendant de l'empire maure de Bagdad et créa l'empire maure d'Occident, avec Cordoue pour capitale. Les Arabes victorieux se choisissaient une nouvelle patrie. Ils apportèrent dans toute l'Espagne méridionale une civilisation très-avancée.

L'art de tisser les étoffes, l'architecture, l'agriculture, s'élevèrent entre leurs mains à une splendeur que la Péninsule n'aurait jamais connue et que l'Espagne moderne n'a pu égaler. Les restes de cette splendeur, de cette prospérité vivront encore pendant des siècles sur le sol de la Péninsule et resteront ce qu'elle aura de plus admirable à côté des œuvres du progrès nouveau.

Cependant deux passions énergiques ne tardèrent pas à armer le Nord de l'Espagne contre le Sud, les provinces chrétiennes contre les royaumes maures : l'antagonisme religieux et l'envie de reconquérir les provinces perdues.

La guerre commença donc en Espagne entre les Maures et les royaumes chrétiens du nord : elle dura pendant cinq siècles.

Le kalifat de Cordoue, après deux cent soixante-quinze ans d'existence, fut démembré, vers 1030, en dix-neuf petits États gouvernés par des princes maures; il y eut ainsi les principautés de Murcie, de Cordoue, de Valence, de Jaën, de Séville, de Tortose, de Lerida, de Sarragosse, de Tolède, etc., etc.

Au nord, les princes catholiques regagnaient du terrain. Le roi de Léon reconquit la Vieille-Castille ; un sujet du roi d'Aquitaine vint fonder le royaume de Navarre ; le comté de Barcelone se formait. Les trois royaumes de Castille, d'Aragon et de Navarre se constituèrent enfin ; celui de Portugal, qui avait commencé par être un comté, s'unit à eux contre les Maures, et la guerre dura entre les États arabes et catholiques jusqu'en 1492. Pendant la même année, Christophe Colomb découvrit l'Amérique.

A cette époque, Ferdinand, roi d'Aragon, devenu aussi roi de Castille par son mariage avec Isabelle de Castille, fit la conquête du royaume de Grenade, dernier rempart de la puissance arabe dans la Péninsule.

Le règne des Maures en Espagne était terminé.

En 1512, Ferdinand, devenu régent pendant la minorité de Charles-Quint, ajoute la Navarre et le Roussillon à son royaume ; en 1516, Charles-Quint devient roi et en 1519, il hérite de Maximilien Ier, du titre d'empereur et d'une partie de l'Allemagne.

Il ajoute à la monarchie espagnole des conquêtes aussi hardies que lointaines : la Sicile, la Sardaigne, le pays napolitain, le Milanais ; au delà des mers, le Mexique, le Chili, le Pérou, la Nouvelle-Grenade, Buenos-Ayres, dans ce nouveau monde que Colomb venait de donner à l'Espagne.

En 1530, Charles-Quint augmente encore les possessions de son empire par les Pays-Bas et la Franche-Comté.

En 1580, Philippe II, successeur de Charles-Quint y ajoute enfin le Portugal.

L'Espagne fut alors la première puissance, le plus grand empire du monde.

Une prépondérance aussi colossale, une domination aussi étendue et aussi rapide ne pouvaient être durables. Après une courte période de cette grandeur prodigieuse, l'Espagne vit commencer sur tous les points la réaction contre sa conquête.

Les Pays-Bas, les premiers, s'arrachèrent en 1566 à sa domination. La France, à partir de 1640, lui enleva l'Artois, le Roussillon, la Flandre, la Franche-Comté ;

L'Espagne perdit successivement toutes ses provinces sur le continent hors de la Péninsule, et lorsque en 1781 éclatèrent les révolutions de l'Amérique, toutes les riches contrées qu'elle avait conquises dans le nouveau monde se déclarèrent indépendantes de la monarchie espagnole.

Du reste, ces grandes possessions de l'Espagne en Amérique, la richesse prodigieuse qu'elle en tira à profusion, firent sa ruine. Au lieu de continuer le grand travail qui avait fait la prospérité des Maures ; au lieu de se livrer à l'agriculture, à l'industrie, au commerce, et de s'enrichir par les productions de la Péninsule elle-même, les Espagnols se drapèrent dans leur splendeur et négligèrent tout ce que leur pays offrait au travail. L'or et les denrées leur arrivaient en abondance du nouveau monde. Le jour où cette source de richesse se tarit pour eux, ce fut la ruine.

L'Espagne ne s'est pas encore relevée de cette chute formidable. La monarchie de Charles-Quint fut donc réduite par les événements successifs au royaume actuel d'Espagne et à ses colonies peu importantes.

En 1700, la dynastie changea et par hérédité le trône espagnol passa à la maison française de Bourbon. Le duc d'Anjou, petit-fils de Louis XIV, fut, sous le titre de Philippe V, le premier roi de cette seconde dynastie qui règne encore en Espagne.

L'avénement de ce prince fut le signal d'une des plus grandes guerres qui aient agité l'Europe, *la guerre de la succession d'Espagne*. Elle dura quatorze ans, et ne laissa plus à la monarchie espagnole aucune de ses anciennes conquêtes sur le continent.

En 1808, le règne de cette dynastie fut interrompu par l'invasion française en Espagne, par l'abdication forcée du roi et par l'avénement de Joseph Bonaparte au trône espagnol. Les Espagnols résistèrent avec patriotisme à cette invasion par une guerre à outrance qui se prolongea jusqu'en 1813.

Les désastres de Napoléon en 1813 forcèrent le roi Joseph à abandonner l'Espagne. Son départ rendit le trône à la dynastie espagnole et à Ferdinand VII.

En 1820, la monarchie absolue fondée par Charles-Quint fut remplacée par une monarchie *constitutionnelle* et *parlementaire*. Le roi appela la royauté française à son aide, et en 1823, l'armée commandée par le duc d'Angoulême vint renverser le système de gouvernement né de la révolte de l'île de Léon et rendit au souverain son autorité complète.

Ferdinand VII mourut en 1833, après avoir aboli la loi qui excluait les princesses de l'hérédité royale, et en léguant le trône à sa fille Isabelle, née le 10 octobre 1830, sous la tutelle et la régence de la reine mère Marie-Christine. Don Carlos, frère du roi, qui se considérait comme le successeur légitime de ce prince, entreprit de disputer à sa nièce l'héritage royal.

La guerre civile soulevée par ce prétendant est présente à toutes les mémoires. Pendant six ans elle a ensanglanté la Péninsule et maintenu le désordre dans le royaume. Cette guerre intérieure a été fatale, ruineuse, pour la prospérité de l'Espagne. L'agriculture, les arts, le commerce, les industries, les ressources financières, le crédit national, tout a gravement souffert de cette longue et violente crise.

Cette guerre de succession se termina en 1839 par la défaite et le départ du prétendant.

En 1843 des troubles politiques eurent pour résultat l'exil de la reine-mère, régente Marie-Christine, et la jeune reine fut proclamée majeure, le 8 novembre 1843.

L'Espagne travaille maintenant à se relever de sa décadence, et à réparer tout le préjudice ruineux causé à sa prospérité par ses discordes civiles.

Elle a déjà repris un rang important parmi les puissances européennes. Le voyageur qui parcourt l'Espagne peut se convaincre que les ressources immenses du sol, le nombre et l'importance des ports ouverts au commerce, le patriotisme des habitants, promettent le succès à ses efforts.

III

ORGANISATION ACTUELLE, POLITIQUE, ADMINISTRATIVE ET JUDICIAIRE DE L'ESPAGNE

Le gouvernement de l'Espagne est une monarchie constitutionnelle. Il a pour base la nouvelle constitution de 1845.

S. M. la reine Isabelle II, déclarée majeure par les Cortès à l'âge de douze ans, a prêté serment le 10 novembre 1843. Depuis la mort du roi Ferdinand, son père, en 1833, elle était reine héréditaire *sous la tutelle et la régence* de sa mère la reine Marie-Christine.

La reine reçoit une liste civile de trente-quatre millions de réaux.

L'Espagne possède : 1° un *Sénat*, composé de 296 membres nommés par la reine et choisis parmi les députés trois fois élus, les grands propriétaires et les hauts fonctionnaires du royaume ;

2° Une *Chambre de députés* (Cortès), composée de 394 députés élus pour trois ans, rééligibles. Il y a un député par trente-cinq mille âmes. La seule condition d'éligibilité est l'âge de vingt-cinq ans;

3° Un conseil d'État ;

4° Une cour des comptes ;

5° Des assemblées provinciales analogues aux conseils généraux de nos départements ;

6° Des municipalités (*ayuntamientos*), analogues aux conseils municipaux et aux mairies de France.

La noblesse compte 82 ducs, *grands d'Espagne*; 722 marquis, don 54 grands d'Espagne; 558 comtes, dont 59 *grands d'Espagne* ; 74 vi comtes et 67 barons.

Il y a, en outre, 52 titres étrangers dont la possession est autorisée en Espagne.

Les ORDRES militaires et civils institués en Espagne sont :

L'ordre militaire de *Calatrava*, fondé par le roi Sanche III de Castille, en 1158 ;

L'ordre militaire de *Saint-Jacques de l'Épée*, approuvé par le pape Alexandre III, en 1175 ;

L'ordre militaire d'*Alcantara*, fondé en 1158 ; approuvé par le pape en 1177 ;

L'ordre militaire de *Notre-Dame de Montesa*, fondé par Jacques III, roi d'Aragon, en 1316 ;

L'ordre de la *Maison d'or*, fondé par Philippe III, en janvier 1429 ;

L'ordre de *Charles III*, fondé par le roi Charles III, le 19 septembre 1771 ;

L'ordre de *Marie-Louise* (pour les dames nobles), fondé par Marie-Louise, épouse de Charles IV, en 1792 ;

L'ordre militaire de *Saint-Ferdinand*, fondé par les Cortès générales du royaume, le 30 août 1811 ;

L'ordre militaire de *Sainte-Hermengilde*, fondé par le roi Ferdinand VII, le 28 novembre 1814 ;

L'ordre royal d'*Isabelle la Catholique*, fondé par le roi Ferdinand VII, le 24 mars 1815.

Divisions administratives. — Le royaume espagnol est divisé en provinces administratives, analogues aux *départements* de la France.

Voici ces provinces avec leurs noms espagnols : *Álava*, — *Albacete*, — *Alicante*, — *Almeria*, — *Avila*, — *Badajoz*, — *Barcelona*, — *Burgos*, — *Cáceres*, — *Cádiz*, — *Castellon de la Plana*, — *Ciu-*

dad-Real, — Córdoba, — Coruña, — Cuenca, — Gerona, — Granada, — Guadalajara, — Guipuzcoa, — Huelva, — Huesca, — Jaen, — Leon, — Lerida, — Logroño, — Lugo, — Madrid, — Málaga, — Murcia, — Navarra, — Orense, — Oviedo, — Palencia, — Pontevedra, — Salamanca, — Santander, — Segovia, — Sevilla, — Soria, — Tarragona, — Teruel, — Toledo, — Valencia, — Valladolid, — Vizcaya, — Zamora, — Zaragoza, — Islas Baleares, — Islas Canarias.

Chaque province est administrée par un *gobernador*, ou préfet.

Divisions militaires. — L'Espagne et ses possessions sont divisées en *seize* grandes divisions militaires, ou *capitaineries générales*. Chacune d'elles comprend plusieurs départements ou provinces.

Voici la liste de ces capitaineries générales avec les noms des provinces dont elles sont formées :

CAPITAINERIES GÉNÉRALES DE :	PROVINCES DE :
NOUVELLE CASTILLE	Madrid. Guadalajara. Tolède. Cuenca. Ciudad-Real.
VIEILLE-CASTILLE ET LÉON	Burgos. Logroño. Santander. Oviedo. Soria. Segovia. Avila. Léon. Pallencia. Valladolid. Salamanca. Zamora.
GALICE	La Coruña. Lugo. Orense. Pontevedra.
ESTRAMADURE	Badajoz. Caceres.
ANDALOUSIE	Sevilla. Huelva Cordoba (Cordoue). Cadix. Jaen.
GRENADE	Grenade. Almeria. Malaga.

CAPITAINERIES GÉNÉRALES :	PROVINCES DE :
Valence..........	Valencia. Alicante. Castellan de la Plana. Murcia. Albacete.
Catalogne.........	Barcellona. Tarragona. Lerida. Gerona.
Aragon...........	Sarragossa. Huesca. Teruel.
Navarre..........	Navarre.
Guipuscoa........	Vitoria. Bilbao. Saint-Sébastien.
HORS DU CONTINENT :	
Iles Baléares......	Le groupe d'îles.
Iles Canaries......	Idem.
Philippines.......	Idem.
Cuba............	L'île de Cuba.
Porto-Rico.......	Les huit autres Antilles espagnoles.

Divisions maritimes. — Le littoral des côtes d'Espagne est divisé en trois régions, en trois départements maritimes, qui sont ceux de *Carthagène*, de *Ferrol* et de *Léon*.

Le commandement supérieur de chacun de ces trois départements est confié à un capitaine général maritime.

Le département de *Carthagène* comprend les ports de l'Aragon, de la Catalogne, de Valence et des îles Baléares.

Celui de *Ferrol*, comprend les ports de la Galice, de la vieille Castille, de la Navarre et des provinces Basques.

Celui de *Léon* comprend les ports de l'Andalousie, de Grenade et les îles Canaries.

Divisions judiciaires. — Le royaume est divisé, pour la justice, en douze *cours royales*.

Ce sont : la chancellerie royale de Valladolid, — la chancellerie royale de Grenade, — le conseil royal de Navarre, — les audiences royales des Asturies, — de Galice, — d'Aragon, — d'Estramadure, — de Valence, — de Catalogne, — de Madrid, — de Mayorque (Baléares), — et des Canaries.

Chacune de ces grandes divisions judiciaires se subdivise en circonscriptions confiées à la juridiction des juges *corrégidors*.

Au-dessus de toutes ces juridictions est celle du *tribunal suprême de justice* (cour de cassation) qui juge en dernier ressort les arrêts.

Colonies. — Toutes les grandes possessions coloniales que l'Espagne avait conquises au delà des mers ont cessé de lui appartenir, aux époques que nous avons indiquées dans la partie historique.

Les colonies qui lui restent de sa vaste domination d'autrefois sont :

En Amérique : dans le groupe des Antilles, Cuba, riche et belle possession; une partie de l'île d'Haïti, occupée par la République dominicaine qui en 1861 s'est donnée à l'Espagne, à laquelle elle avait appartenu autrefois; les îles de Porto-Rico, de Moria, de Vicque, de Culebra, de Tortugas, de Marguerite, de Blanquilla et de los Roques. — Les îles Malouines à l'est du détroit de Magellan.

En Asie : les îles Philippines, possessions importantes, placées entre la Chine, l'Amérique et la Nouvelle-Hollande; et dans le grand Océan, les îles Carolines.

En Afrique : les îles de Fernando-Po et d'Annobon; — les ports de Ceuta, de Peñon de Velez, de Mellila et de Mesalquivir, avec le territoire entre la côte et l'empire de Maroc, — et les petites îles Chaffarines.

Les îles Canaries, dans l'Atlantique, près de la côte occidentale d'Afrique.

Dans la Méditerranée : les îles Baléares.

IV

STATISTIQUE DE L'ESPAGNE

Population. — La population totale de l'Espagne et de ses colonies s'élève à 21,307,046 habitants. — Ce chiffre se divise ainsi :

Population de *la Péninsule*, avec les îles Baléares et les îles Canaries : 16,560,813 habitants.

En *Amérique* : à Cuba, Porto-Rico, les autres Antilles et Saint-Domingue : 2,032,062 habitants.

En *Asie* et en *Océanie* : aux Philippines et aux îles Mariannes : 2,679,500 habitants.

En *Afrique* : aux Présides, aux îles de Guinée et à Tétouan : 35,671 habitants.

Il y a un siècle environ, en 1768, la population de l'Espagne sur le continent n'était que de 10 millions d'habitants.

Il y a dans la Péninsule : 120,000 commerçants ; 35,736 professeurs ou savants; 88,750 artistes et ouvriers, 67,400 fabricants ; 90,000 employés publics payés soit par l'État, soit par les communes et les provinces.

Clergé. Il y a : 9 archevêchés, 52 évêchés, 65 cathédrales, 100 églises collégiales, 20,460 paroisses. Le personnel du clergé séculier comprend environ 70,000 ecclésiastiques.

Malgré la suppression des couvents en 1835, il reste encore à l'Espagne 600 couvents habités par 12,000 religieuses et 10,000 moines ; mais l'État s'est emparé de leurs biens territoriaux.

L'armée comprend : 8 capitaines généraux ; 52 lieutenants généraux ; 120 maréchaux de camp ; 340 brigadiers ; 9,079 officiers ; 225,898 sous-officiers et soldats, et 20,410 chevaux.

Infanterie : — 5,972 officiers ; — 164,000 soldats.

Cavalerie : — 970 officiers ; — 14,600 soldats ; — 3,000 chevaux.

Génie : — 256 officiers ; — 3,760 soldats.

Hallebardiers de la reine, — 43 officiers ; — 240 hallebardiers ; — 283 chevaux.

Gendarmerie : — 451 officiers ; — 12,500 soldats ; — 1,500 chevaux.

Corps des Carabiniers : — 500 officiers ; — 11,285 soldats ; — 1,200 chevaux.

Corps de Catalogne : — 16 officiers ; 500 soldats.

Milice des Canaries : (Infanterie et artillerie) : 225 officiers ; — 7,104 soldats ;

Total de l'armée : 9,131 officiers ; — 225,898 soldats et sous-officiers ; — 20,410 chevaux.

La marine se composait, en 1862, de 44 bâtiments à voiles ; — 33 bâtiments à aubes ; — 92 bâtiments à hélice.

Elle avait en construction 3 vaisseaux blindés, 2 frégates blindées ; 4 frégates à vapeur, 16 goëlettes, 12 chaloupes canonnières, 24 felouques, 87 chaloupes armées. Tous ces navires peuvent être considérés aujourd'hui comme ajoutés à la flotte, et l'Espagne a en chantier de nouvelles constructions importantes.

Elle a aussi des vaisseaux gardes-côtes et 90 dragueurs armés. Elle possède en outre, aux Philippines, 24 navires gardes-côtes.

Le personnel de la marine comprend : 1,121 officiers, 13,615 matelots, 7,980 soldats de marine, 539 gardes des arsenaux; 128 mécaniciens; 190 comptables.

Budget. — Le budget des recettes, égal à celui des dépenses, s'élève par an à environ 2 milliards de réaux. Chaque réal vaut 26 cent.

Toutefois le chiffre du budget est assez variable. En 1859, le budget s'élevait à 2,439,166,760 réaux; — en 1860, il était de 1,926,267,556 réaux; — en 1862, il était de 2,031,569,000 réaux.

La *dette* de l'Espagne se compose d'éléments très-différents. La dette consolidée est régulièrement payée, mais la *différée* varie tous les deux ans. Il importerait à l'Espagne, pour relever son crédit, de régler enfin sa dette *passive*.

Le total de la dette est de 14 milliards et demi de *réaux*. — Le revenu que l'État paye aux rentiers se divise ainsi : pour la dette consolidée, 259,887,277 réaux; pour la dette flottante : 95,790,360 réaux.

Chemins de fer. — C'est de quelques années seulement que date l'établissement des chemins de fer dans toute l'Espagne. Les lignes ont été tracées en tous sens et presque à la fois, les chantiers de constructions ouverts sur tous les points, et le réseau s'est rapidement formé. On peut en juger par ces chiffres. L'Espagne n'avait en 1858 que 867 kilomètres de chemin de fer; — en 1859, elle avait 1158 kil.; — en 1860, elle possédait 1,976 kil., et en 1861 le développement du réseau concédé atteignait 2,403 kil. — Au 1er mars 1863, les lignes et fractions livrées à la circulation offraient un développement total de 2,625 kil.

Routes. — Le territoire est traversé par 97 routes royales d'une étendu totale de 7,702,785 mètres; — et par des routes provinciales et vicinales, entretenues d'une manière très-insuffisante, qui offrent un développement de 7,000,000 de mètres.

Canaux. — Les canaux sont peu nombreux. Leur étendue ne dépasse pas le chiffre total de 693 kil. Voici les principaux :

Le *canal impérial d'Aragon* qui longe le cours de l'Èbre, et rend ce fleuve navigable depuis Sarragosse jusqu'à la mer; le *canal de Castille*, qui va d'Alar del Rey, dans la province de Burgos, vers Palencia et Valladolid; le *canal du Manzanarès*, dans la province de Madrid; le *canal de Murcie*, qui doit aller jusqu'à Carthagène; le *canal d'Albacète*, qui parcourt les deux provinces de Murcie et d'Albacète, etc.

Mines. — Cette grande richesse du territoire espagnol a été très-négligée pendant longtemps. L'industrie nouvelle s'y porte maintenant avec activité.

Il y a en Espagne : 3,581 mines en exploitation, dont : 2,274 mines d'argent, 6 d'or, 20 d'antimoine, 219 de cuivre, 267 de plomb, 19 de zinc, et des gisements de mercure très-considérables.

On a trouvé plusieurs bassins houillers dont quelques-uns fort considérables sont une exploitation.

Sociétés financières. — L'Espagne possède les banques de Madrid, de Saint-Sébastien, de Bilbao, de Valladolid, de Santander, de Malaga, de la Coruña et de Barcelone; et plusieurs sociétés de crédit, dont les principales sont : la Compagnie générale de crédit en Espagne, le Crédit mobilier espagnol, la Société mercantile et industrielle, la Société catalane de crédit, le Crédit mobilier barcelonais, la Compagnie générale bilbaïne de crédit, le Crédit basque et le Crédit commercial de Xérès-la-frontière.

Culture du sol. — Près de la moitié du sol de l'Espagne est inculte. Cet état de choses est dû à trois causes : l'aridité de certaines parties du territoire, l'insuffisance du nombre des habitants comparativement à l'étendue de la Péninsule, et le défaut d'activité des populations pour l'agriculture.

Le sol de l'Espagne offre une superficie de 75,991,683 fanègues. La fanègue vaut 64 ares 38 cent. — Or, il n'y a de cultivé que 42,220,000 fanègues environ.

Les terres labourées sont évaluées à 1,400,000 fanègues; les vignes à 80,000 fanègues, les terres plantées d'oliviers à 75,000 fanègues, et les pâturages à 10,400,000 fanègues. Ces derniers servent à l'élevage de troupeaux à laine très-recherchée, de taureaux célèbres, de mulets nombreux et de chevaux estimés.

Loteries. — La loterie de sommes d'argent existe dans toute l'Espagne; elle a son administration centrale à Madrid. Pour gagner les sommes qui composent les lots, la classe ouvrière surtout met toutes ses économies à la loterie; au besoin elle emprunte.

L'État prélève un droit du quart qui s'élève environ à 130 millions de réaux.

Contributions principales. — L'Impôt foncier en Espagne produit environ : 520 millions de réaux; — les Impôts indirects : 465 millions de réaux; — le Timbre et l'Administration : 720 millions de réaux. Les colonies fournissent un excédant de recettes qui s'évalue à 140 millions de réaux. La *poste aux lettres* a produit environ 25 millions de réaux pendant la dernière année.

Instruction publique. — Beaux-arts. — Il y a en Espagne : 12 universités, à Madrid, Salamanca, Barcelone, Grenade, Oviedo, Séville, Santiago, Valence, Tolède, Huesca, Saragosse et Valladolid ; — 780 collèges ou écoles d'enseignement latin ; 56 séminaires.

Le nombre des écoles primaires publiques et particulières dépasse 22,000. On évalue à 600,000 le nombre d'élèves des deux sexes qui y sont reçus.

Le royaume possède seulement 56 bibliothèques publiques, contenant ensemble 1,056,000 volumes imprimés et 18,000 manuscrits.

Il y a aussi des facultés de philosophie, d'histoire, de droit, de médecine, de pharmacie, de théologie, de sciences, dont les cours sont suivis par environ 7,000 élèves.

On compte en Espagne 67 théâtres et 77 *plazas de toros*, cirques pour les courses de taureaux.

Quant aux musées, l'Espagne peut rivaliser de richesse avec l'Italie. Ceux de Madrid surtout contiennent des collections aussi admirables que précieuses. Il n'est pas une ville, pas une cathédrale ou un couvent qui ne puisse offrir au voyageur la surprise de quelque peinture remarquable due à l'un des maîtres des diverses écoles espagnoles.

Commerce extérieur. — Le commerce de l'Espagne avec les autres pays, pendant l'année 1860, est évaluée, *en milliers de réaux*, aux chiffres suivants :

Exportations 10,982,034.

Importations : 14,813,135.

Le mouvement des ports de la Péninsule, chaque année, est d'environ 9,500 bâtiments sous pavillon espagnol, et 9,700 bâtiments sous pavillons étrangers.

Statistique criminelle. — Pendant l'année 1859, le chiffre des arrestations dans toute l'Espagne a été de 47,411. Ce nombre se subdivise ainsi : Pour assassinats, 543 ; pour empoisonnements, 9 ; pour infanticides, 10 ; pour blessures, 3,836 ; pour viols, 69 ; pour avortements, 8 ; pour vols, 2,184 ; pour vagabondage, 2,239, etc., etc.

V

RENSEIGNEMENTS IMPORTANTS POUR LE VOYAGEUR

PASSEPORTS. — DOUANES. — CHEMINS DE FER — BATEAUX A VAPEUR. POSTES. — MONNAIES.

Passe-ports. — Le passe-port, ce compagnon inséparable du voyageur, ce titre d'une servitude si fatigante à chaque pas du voyage, le passe-port EST SUPPRIMÉ depuis le 1er janvier 1863.

Voici la note publiée à cet égard par le *Moniteur :*

« Un décret de S. M. la reine d'Espagne, en date du 17 décembre 1862, *dispense* les voyageurs de la production d'un passe-port, tant à l'entrée qu'à la sortie du royaume.

« Depuis le 1er janvier de cette année, les étrangers doivent seulement être porteurs, pour entrer en Espagne, soit de certificats de domicile, soit de toute autre pièce propre à établir leur identité, le lieu d'où ils viennent et le but de leur voyage. Les domestiques et les ouvriers sont tenus de se munir de leurs livrets.

« L'étranger peut même être admis en Espagne sans exhiber aucun document, à la condition de faire constater son identité devant l'autorité du lieu où il doit se fixer au moyen d'une déclaration signée par deux personnes ayant leur domicile ou leur résidence dans la même localité.

« Toutefois, les Français qui désirent s'établir en Espagne devant, aux termes de l'article 3 de la convention consulaire du 7 janvier 1862, être pourvus, pour obtenir un permis de résidence, d'un certificat d'immatriculation délivré par un des agents de l'Empereur dans la Péninsule, auront, à défaut de passe-port, à produire, pour obtenir ce certificat, les pièces suivantes : 1° leur acte de naissance ; 2° un certificat émanant de l'autorité compétente, et constatant, d'une part, qu'ils ont satisfait à la loi du recrutement ; de l'autre, qu'ils ne sont point sous le coup de poursuites judiciaires.

« De son côté, le gouvernement de l'Empereur, voulant faire profiter les sujets de Sa Majesté Catholique des facilités qui ont été accordées aux voyageurs anglais, belges, hollandais et suédois, a décidé que les mêmes mesures seront appliquées aux voyageurs espagnols. »

Enfin, si le voyageur a le projet de résider quelque temps en Espagne, il devra aller se faire inscrire à la légation de son pays à Madrid, afin d'être assuré, en cas d'événement, de la protection que chaque légation excerce en faveur de ses nationaux.

Nota. — Malgré la *dispense* royale, nous croyons que chaque voyageur fera un acte d'utile précaution en se munissant d'un passe-port.

Ce titre est le plus facile à obtenir; le plus complet de tous ceux qui peuvent prouver l'identité; et il évitera au voyageur bien des désagréments.

Douanes. — Si le passe-port est supprimé, il n'en est point ainsi de la douane, et dès son entrée sur le sol de l'Espagne, à la première station, le voyageur doit soumettre ses bagages à la visite minutieuse des douaniers espagnols.

Le voyageur doit éviter de se munir de certains objets qui sont soumis à des droits très-élevés, ou interdits.

Ainsi, les vêtements, les divers articles de toilette, tels que cravates, faux-cols, etc., s'ils sont neufs; les objets d'art, etc., sont taxés à un prix excessif. Les livres sont taxés au poids et fort cher. Les armes et le tabac sont prohibés. Beaucoup de voyageurs, nous le savons, en introduisent en les cachant avec soin; mais c'est une imprudence qui peut donner lieu à la saisie des objets et à une forte amende.

Lorsque la visite des bagages a eu lieu et que les droits d'entrée ont été payés, les douaniers attachent à chaque colis une ficelle dont les deux bouts sont fixés dans un petit sceau en plomb, portant l'estampille du fisc. Quand on arrive aux autres bureaux de douane de l'intérieur, les colis qui portent ces sceaux n'ont plus à être visités et circulent libres de tous droits.

Nous conseillons aussi aux voyageurs de ne pas se laisser rançonner par des exploiteurs qui, sur le pont des navires, au moment du départ de l'Espagne, viennent demander à chaque voyageur un *droit de sortie* de 2 ou 3 fr. Ainsi, à Barcelone, sur le pont du *Tharsis*, un soi-disant employé de la police, une liste à la main, est venu, un jour, nous réclamer ce payement; les voyageurs ont refusé malgré ses menaces, et le subalterne industriel a été forcé de se retirer. On pouvait juger, cependant, à son assurance, qu'il se livrait chaque jour avec un succès complet à ce genre d'escroquerie.

Chemins de fer. — Voici les lignes sur lesquelles le voyageur peut circuler en chemin de fer : de Bayonne à Madrid, avec quelques interruptions dont le trajet a lieu en diligence; — de Valence à Madrid; — d'Alicante à Madrid; — de Madrid à Alcazar; — de Madrid à Tolède ; — de Madrid à Ciudad-Real ; — de Madrid à Medinaceli ; — de Madrid à Santa-Cruz de Mudela ; — de Pampelune à Saragosse ; — de Barcelone à Lerida et à Saragosse ; — de Barcelone à Gerona, par deux directions ; — de Barcelone à Marthorel ; — de Tarragone à Montblanc ; — de Valence au Grao ; — de Valence à Almansa (ligne d'Alicante à Madrid) ; — de Valence à Nules ; — de Madrid à Santander, (avec interruption entre Reinosa et Barcena, mais avec un service de diligences à tous les trains) ; — de Sama à Gijon ; — de Cadix à Séville et à Cordoue ; — de Badajoz à Lisbonne (Portugal).

Chemins de fer tracés ou en construction. — De Santiago au port de Carrilo ; — de Pampelune à Alsasua ; — de Miranda à Alfaro (ligne de Saragosse) ; — de Medina del Campo à Zamora ; — de Barcelone à Ripoll et à Camprodon ; — de Gérona à Perpignan ; — de Barcelone à Tarragone, à Castellon de la Plana et à Valence ; — d'Albacète à Murcie ; — de Murcie à Alicante ; — de Mançanarez à Jaen et à Cordoue ; de Ciudad-Real à Badajoz ; — de Cordoue à Malaga ; de Cordoue à Grenade.

Cette liste, ajoutée à la précédente, suffit à montrer le grand mouvement de transformation qui s'opère dans les voies de circulation espagnoles.

Partout où se trouvent ces lignes, en projet ou en construction, nous les indiquerons, dans l'itinéraire qui va suivre, en décrivant les routes actuelles qu'elles doivent remplacer.

Bateaux à vapeur. — Si le voyageur ne veut pas entrer en Espagne par l'une des deux routes des Pyrénées, il peut s'embarquer à Marseille ou à Saint-Nazaire, où il trouvera des services réguliers de paquebots qui, dans le même trajet, desservent tous les ports de la Péninsule.

A MARSEILLE, on trouve : — 1° Les *vapeurs-courriers* de la compagnie *Lopez*, beaux navires, très-confortables, sont en correspondance avec les trains de Paris à Marseille et avec le chemin de fer d'Alicante à Madrid.

Ils partent de Marseille le mardi et le vendredi de chaque semaine. — Le vapeur partant le mardi va à Barcelone, à Alicante, à Carthagène, à Malaga et à Cadix. — Le vapeur partant le vendredi ne va qu'à Barcelone et à Alicante.

2° Les *paquebots à vapeur espagnols*, de la Compagnie *Segovia*, font également le service de ces ports.

Ils partent le jeudi de Marseille et vont, en suivant la côte d'Espagne, à Barcelone, à Valence, à Alicante, à Carthagène, à Almeria, à Malaga, à Cadix.

3° Les *bateaux à vapeur espagnols à hélice*, entre *Marseille* et *Santander*.

Ils partent tous les dix jours de Marseille à 8 heures du matin, et suivent toutes les côtes de la péninsule espagnole en touchant aux ports suivants : Barcelone, Tarragone, Valence, Alicante, Carthagène, Malaga, Cadix, Vigo, Carril, la Corogne, Rivadeo, Gijon et Santander.

De Marseille à Madrid, le transport coûte au voyageur : 106 fr. 50 c. en première classe ; 76 fr. 50 c. en 2ᵉ cl. ; 49 fr. en 3ᵉ cl.

De Marseille à Cadix : 205 fr. en première classe ; 137 fr. en 2ᵉ cl. ; 70 fr. en 3ᵉ cl.

A Barcelone : le voyageur trouvera en outre : les vapeurs à hélice de la *Compagnie de navigation fluviale et maritime*, qui partant de cette ville, accomplissent aussi le voyage complet autour du littoral de la Péninsule, en suivant les mêmes stations jusqu'à Santander.

A Saint-Nazaire : les Paquebots de la *Compagnie fluviale et maritime*, partent le 5, le 15 et le 25 de chaque mois, à midi, pour Malaga. Ils font station à Vigo, à Lisbonne, à Cadix, à Gibraltar, et arrivent à Malaga. Le voyageur paye 260 fr. en première classe ; 200 fr. en 2ᵉ ; 100 fr. en 3ᵉ, c'est-à-dire sur le pont, sans lit et sans nourriture.

Dans chacun des ports importants de l'Espagne, le voyageur trouvera un service régulier de vapeurs pour : les îles Canaries, Algérie, Marseille, Gênes et l'Italie.

Poste aux lettres. — Une convention postale a été conclue récemment entre l'Espagne et la France ; elle met fin aux difficultés de toutes sortes qui entravaient les relations des deux pays.

Les lettres peuvent être affranchies au moyen de timbres-poste français et espagnols.

Envoyée de France, une lettre pesant 7 gr. 1/2 doit porter un timbre de 40 centimes. Expédiée d'Espagne, elle doit porter un timbre espagnol de 12 cuartos. Non affranchies, elles coûtent 18 cuartos. (56 centimes) — Les envois d'argent par la poste, qui n'étaient pas possibles autrefois, sont permis depuis la convention.

Télégraphie électrique. — La télégraphie électrique est en activité depuis quelques années en Espagne, et chaque jour de nouvelles lignes où des prolongements sont ajoutés au réseau existant. Il est donc impossible de donner une liste exacte des localités desservies dans la Péninsule par le service télégraphique; cette liste serait inexacte demain.

Mais il importe au voyageur de savoir : que Madrid est en rapport télégraphique avec la France et le continent par deux lignes, l'une de Madrid à Bayonne, l'autre de Madrid à Perpignan, qui desservent les villes intermédiaires.

En outre, Madrid est en relation télégraphique avec les principaux ports de l'Espagne : Valence, Alicante, Carthagène, Malaga, Almeria, Cadix, la Corogne, le Ferrol, Gijon, Santander. — Les principales villes placées entre la capitale et ces points extrêmes participent au service des lignes qui rayonnent de Madrid vers les ports, et l'administration augmente sans cesse les lignes secondaires du réseau.

Poste aux chevaux. — Presque partout le voyageur trouvera des services réguliers de transport pour aller d'une ville à une autre: les départs ont lieu tous les jours ou tous les deux jours. — C'est sur les grandes routes royales que la poste est organisée et c'est là que le service des messageries est le plus actif, le plus régulier. Dans les plus petites localités, sur les lignes peu fréquentées il trouvera des *coches*, des *galeras*, des chevaux et des mulets de louage: dans les grandes villes, des voitures à volonté pour les environs.

S'il veut faire usage de la poste, sur les routes royales il aura à compter par lieues espagnoles de 20,000 pieds géométriques ou 5 kil. 555 mètres. Il payera *par lieue:* 6 réaux pour la voiture, 6 réaux pour chaque mule ou cheval et 3 réaux de guides. Si les bagages sont considérables et lourds, il aura à subir une augmentation assez arbitraire de la part de chaque maître de poste. S'il veut faire une excursion à cheval, le voyageur payera à la poste 6 réaux par cheval et par lieue, et en sus les frais du guide.

Poids. — Les poids les plus usités en Espagne sont : le *Quintal*, l'*Arroba*, la *Libra*, la *Onza*, el *Adarme*, el *Tomin*, el *Grano*.

Le quintal vaut :	46 kilogrammes.			
L'arroba	—	11 kilog. 500 grammes.		
La libra	—	»	— 450 grammes.	
La onza	—	»	— 28	— 755 milligrammes.
El adarme	—	»	— 1	— 797 —
El tomin	—	»	— 0	— 599 —
El grano	—	»	— 0	— 5 centigrammes.

Mesures. — MESURE DE DISTANCE :

La Legua (la lieue) vaut 20,000 pieds, ou 5 kilom., 555 mètres.
La Vara vaut 83 centimètres, 6 millimètres.
D'où il résulte que le *kilomètre* vaut 1196 *varas*, 1 pied et demi.

MESURES DE CAPACITÉ. — Les plus usitées sont :

La Arroba (*pour le vin*) = 16 litres, 13 centilitres.
La Arroba (*pour l'huile*) = 12 litres 56
El Cahis (*pour les grains*) = 666 litres.
La Fanega (*pour les grains*) = 55 litres.
El Cuartillo (*pour les grains*) un peu moins d'un litre.

Monnaies. — En Espagne, l'unité monétaire est le *Real*, qui vaut 26 centimes.

Les monnaies les plus employés en Espagne sont :

Or. — L'*Once*, qui vaut 16 piastres ou 320 réaux (84 fr. 50).
Le *Doublon* d'Isabelle II, qui vaut 100 réaux (26 fr. 50).
La *Piastre* qui vaut 20 réaux.

Argent. — Le *Douro* ancien, qui vaut 22 réaux (5 fr. 80).
Le *Douro* ordinaire, qui vaut 20 réaux.
La *Peseta*, qui vaut 4 réaux.
La *Media-peseta*, qui vaut 2 réaux.
Le *Real*.

Et, pour les monnaies de cuivre :

Le *dos Cuartos* (2 sous).
Le *Cuarto* (1 sou).
Et le *Maravedis*, qui est le quart du *Cuarto*.

Le voyageur doit renoncer à se servir de monnaies étrangères : les Espagnols ne les acceptent pas. La pièce de 5 francs française est seule admise dans la circulation, sous le nom de *Napoléone*, pour 19 réaux. Mais on se verrait refuser les pièces d'or, les pièces de 1 de 2 fr., et les sous.

Ce qu'il y a de mieux à faire, c'est d'avoir son argent en pièces de 5 francs, ou, ce qui sera moins lourd, de se munir de lettres de crédit, de traites sur les banquiers espagnols, qui payeront le voyageur avec la monnaie du pays.

Voici maintenant ce que valent les monnaies des principaux États en *Réaux*, *Cuartos* et *maravédis* :

	Réaux.	Cuart.	Marav.
FRANCE.			
1 franc vaut.	3	27	»
2 fr. valent	7	20	»
5 fr. valent environ. . .	19	»	»
10 fr.	37	32	»
20 fr.	75	30	»
50 fr.	189	21	»
100 fr.	379	14	»
ANGLETERRE.			
Livre sterling	95	81	»
Guinée de 21 schellings. .	100	58	»
Souverain (de 20 id.). . .	95	»	»
Couronne.	21	66	»
Schelling	4	75	»
6 pence.	2	28	»
4 pence	1	52	»
3 pence.	1	14	»
PRUSSE.			
Ducat.	44	65	»
Frédéric.	79	4	»
1/2 frédéric	39	52	»
Thaler.	14	25	»
ALLEMAGNE.			
Ducat impérial.	44	84	»
10 florins.	81	20	6
5 florins.	40	60	3
Florin de 50 kreutzers. .	8	5	6
Ecu.	28	19	6
AUTRICHE.			
Ducat impérial.	44	84	»
Ducat de Hongrie. . . .	45	22	»
1/2 souverain	66	80	4
Ecu de convention. . . .	19	49	4
Florin.	9	77	1
20 kreutzers.	3	26	8
10 id.	1	63	4
AMÉRIQUE.			
20 dollars.	392	54	»
Double aigle.	196	27	»
Demi-aigle.	49	6	7
Dollar.	19	75	»
ITALIE.			
Ecu d'or.	548	55	»
Sequin	44	46	»
Ecu de 6 livres.	19	58	»
Pistole de 24 livres. . .	107	54	»
Lire piémontaise. . . .	3	80	»
Livre toscane	3	4	»

	Réaux.	Cuart.	Marav.
ÉTATS-ROMAINS.			
10 scudi.	201	54	1
Pistoles de Pie VII. . .	65	56	»
Sequin de Clément XIV. .	41	84	»
Ecu de 10 paoli.	20	14	»
Baïoque.	»	20	»
DEUX-SICILES.			
Once de 3 ducats. . . .	49	36	2
Pièce de 20 lires	76	»	»
Pièce de 12 carlins . . .	19	58	»
Ducat de 10 carlins. . .	16	15	»
1 carlin.	1	61	»
1 grain.	»	16	»
GRÈCE.			
20 drachmes	67	60	»
10 d°	33	80	»
5 d°	5	58	»
1 d°	16	90	»
10 leptes.	4	33	8
5 d°	2	16	9
1 d°	»	3	3
DANEMARK.			
Ducat.	44	84	»
Ducat à couronne. . . .	55	98	6
Christian d'or	77	90	»
Frédéric de 1848. . . .	77	11	»
Riksdale.	20	90	»
Riksdale (ancien). . . .	18	81	»
Mark.	3	64	»
Skiling	»	22	»
SUÈDE et NORVÉGE.			
Ducat.	44	27	»
Riksdale.	21	47	»
Mark	4	25	»
Skilling suédois.	»	45	»
Skilling de Norvége. . .	»	15	»
Runsliken.	»	3	8
PORTUGAL.			
Couronne (de 10,000 reis).	228	»	»
10° de couronne	22	80	»
Moeda.	129	»	»
1/2 Moeda.	64	50	»
Pièce 5 testones (500 reis).	11	40	»
D° 2 d° (200 reis).	4	56	»
D° 1 d° (100 reis).	2	28	»
D° 1/2 d° (50 reis). .	1	14	»
RUSSIE.			
Ducat de 1763.	44	84	»

RENSEIGNEMENTS GÉNÉRAUX.

	Réaux.	Cuart.	Marav.		Réaux.	Cuart.	Marav.
Rouble de 1763.....	17	51	»	Pièce de 20 paras.....	5	76	2
D° actuel......	15	20	»	Para............	»	15	4
Pièce de 50 kopecks....	4	66	»	Piastre de 40 paras....	6	6	1
D° de 3 kopecks....	»	45	6	Pièce de 5 piastres....	15	71	9
TURQUIE.				**HOLLANDE.**			
Sequin (d'Abdul-Ahmed) .	53	13	6	10 florins.......	79	26	7
Nistié, 1/2 sequin.....	16	56	8	Ducat hollandais.....	44	84	»
1/2 sequin foudloukli...	9	24	6	Ryder..........	117	80	»
Sequin (de Selim III)....	27	14	»	Florin..........	7	98	»
Pièce de 60 paras.....	13	37	6	Pièce de 3 florins....	23	94	»

Billets de Banque. — Personne en Espagne, à l'exception de quelques banquiers, n'accepte comme monnaie ou valeur courante les billets de banque étrangers, pas même ceux de France.

Mais il importe surtout au voyageur de savoir que les billets de banque *espagnols* n'ont même pas cours dans tout le royaume. Ils ne sont reçus que dans la circonscription de la banque dont ils émanent. Or, il y a plusieurs banques provinciales.

Ainsi, un billet de banque reçu à Madrid ne peut servir au voyageur lorsqu'il est arrivé à Valence. On est obligé d'aller en demander l'échange à un banquier contre de l'argent; et si ce service était refusé, eût-on son portefeuille plein de billets de banque de Madrid, on serait absolument incapable de faire aucun pacement hors de la province de Madrid.

Il est fort à désirer que l'institution d'une banque nationale et unique pour toute l'étendue du royaume fasse cesser cet état de choses fort nuisible aux transactions.

Du reste, ce manque *d'unité* se retrouve dans plusieurs institutions administratives et même fiscales. Par exemple, les règlements et les tarifs sur le monopole du tabac changent selon les provinces. La régie des tabacs à Madrid n'est pas la même que celle de Vitoria ou de Santander, et il y a interdiction réciproque de leurs produits.

Tous ces renseignements donnés, passons maintenant aux diverses routes qui s'ouvrent en tous sens devant le voyageur sur le territoire espagnol.

DEUXIÈME PARTIE
ITINÉRAIRE DE L'ESPAGNE

PREMIÈRE RÉGION

**De Bayonne à Madrid. — Madrid. — Les Castilles.
Les Asturies. — La Galice.**

DE PARIS A BAYONNE.

Embarcadère : boulevard de l'Hôpital, 7.
(776 kilomètres.)
Train *express* de Paris à Bordeaux. — Train *omnibus* de Bordeaux à Bayonne.

Le train *express* de Paris à Bordeaux s'arrête aux stations suivantes :

Saint-Michel, 29 kil., commune du départem. de Seine-et-Oise.

Étampes, 56 kil., 8,220 hab. *Buffet*. Chef-lieu d'arrond. du départem. de Seine-et-Oise.

Les Aubraies, stat. et *Buffet* ; le chemin de fer s'y bifurque. Un embranchement va en 10 minutes à

Orléans, 121 kil., 50,800 hab., chef-lieu du départem. du Loiret ; évêché.

La ligne qui va à Bordeaux continue directement, au delà des *Aubraies*, vers

Beaugency, 147 kil., 3,660 hab., commune du départem. du Loiret.

Blois, 178 kil., 20,335 hab. *Buffet*. Chef-lieu du départem. de Loir-et-Cher, évêché ; sur la Loire.

Tours, 254 kil., 41,061 hab. *Buffet*. Chef-lieu du départem. d'Indre-et-Loire ; archevêché.

Sainte-Maure, 266 kil., 2,595 hab., commune du départem. d'Indre-et-Loire.

Chatellerault, 299 kil., 14,210 hab., chef-lieu d'arrond. du départem. de la Vienne. Fab. d'armes.

Poitiers, 332 kil., 30,563 hab. *Buffet.* Chef-lieu du départem. de la Vienne, évêché.

Civray, 384 kil., 2,304 hab., chef-lieu d'arrond. de la Vienne.

Ruffec, 398 kil., 3,235 hab., chef-lieu d'arrond. du départem. de la Charente.

Luné, 416 kil., commune du départem. de la Charente.

Angoulême, 445 kil., 24,960 hab. *Buffet.* Chef-lieu du départem. de la Charente; évêché. Les premières papeteries de France.

Montmoreau, 479 kil., 800 hab., chef-lieu de canton du dép. de la Charente.

Chalais, 496 kil., 720 hab., chef-lieu de canton du départem. de la Charente.

Coutras, 527 kil., 3,885 hab. *Buffet.* Chef-lieu de canton du départem. de la Gironde. Ici s'embranche le chemin de fer qui va vers *Périgueux.*

Libourne, 543 kil., 13,565 hab., chef-lieu d'arrond. du départem. de la Gironde.

Bordeaux, 578 kil., 162,750 hab., chef-lieu du départem. de la Gironde; archevêché. L'une des plus grandes et des plus belles villes de France. Port de commerce. — Hôtels: de France, de la Paix, de Nantes, Marin, Richelieu, etc.

Ici le voyageur passe du *chemin de fer d'Orléans* à la gare des *chemins de fer du Midi,* sur l'autre rive de la Gironde.

De Bordeaux à Bayonne il y a chaque jour deux trains *omnibus* qui s'arrêtent aux vingt-quatre stations intermédiaires. — Ces stations sont en général des villages sans importance. Bornons-nous à indiquer:

Après être parti de Bordeaux:

Lamothe, 40 kil., huitième station. *Buffet.* A cette station s'embranche le chemin de fer qui va aux bains de mer d'*Arcachon.*

Morcens, 107 kil., 1,200 hab. *Buffet.* Commune du départem. des Landes. — Quatorzième station.

Dax, 141 kil., 9,860 hab., chef-lieu d'arrond. du départem. des Landes. Eaux minérales et thermales. — Dix-huitième station.

Bayonne, 198 kil. de Bordeaux, 776 kil. de Paris, chef-lieu du départem. des Basses-Pyrénées, 26,611 hab.; évêché. — Hôtels : du Commerce, de France, d'Espagne, de l'Europe. — Point de départ pour l'Espagne.

ROUTE N° 1. — DE BAYONNE A MADRID
PAR LE CHEMIN DE FER DE VITORIA, BURGOS, VALLADOLID.

Le voyageur arrive à Bayonne par les chemins de fer français, dont il trouvera le service détaillé dans le *Guide général en France* de M. A. de Cesena (Collection Garnier frères).

A Bayonne il trouve des messageries qui correspondent avec les chemins de fer français d'Orléans et du Midi, et qui transportent les voyageurs en Espagne, jusqu'à la première section du chemin de fer espagnol.

Le *chemin de fer du Nord* de l'Espagne délivre des billets pour *Madrid* : à *Paris*, bureau Grand-Hôtel, boulevard des Capucines; à *Bayonne* à la station des lignes du Midi et à son bureau central.

Il en est de même pour les bagages (30 kil.). Avec les bulletins pris au départ, le voyageur et ses bagages sont transportés à Madrid, soit par chemin de fer, soit par diligences, sur les lacunes de la voie inachevée.

En outre, plusieurs messageries particulières sont en correspondance, aux diverses stations de la ligne entre Bayonne et Madrid, pour desservir les localités environnantes. Nous indiquerons les plus importantes.

A Bayonne, ce sont : l'entreprise de la *Vitoria-Burgalesa-Castillana*, place du Gouvernement; départ tous les jours de Bayonne pour Madrid et villes intermédiaires. — La Compagnie *Norte et Mediodia*; départ tous les jours pour Madrid et villes intermédiaires. — *Las Diligencias Postas generales*, même service.

Chaque jour les travaux de construction de la ligne du Nord de l'Espagne avancent activement; les lacunes s'abrègent, et le voyageur est prévenu qu'il trouvera plus avancée que nous ne pouvons l'indiquer la voie comprise entre Madrid et Bayonne.

Le voyageur quitte Bayonne par la porte d'Espagne et prend une route directe, tracée à vol d'oiseau, qui se dirige vers la frontière.

A droite on laisse *Biarritz*, bains et résidence impériale ; on côtoie l'Océan qu'on aperçoit par intervalles, tandis qu'à gauche apparaissent les premières hauteurs de la chaîne des Pyrénées. On trouve ensuite :

Bidart, 14 kil. de Bayonne ; 1,300 hab., charmante localité, entourée de maisons de campagne ; et après avoir passé *Guittary*, village de 600 hab., marins ou pêcheurs, où commence le pays basque, on arrive à

Saint-Jean-de-Luz, 20 kil., 2,795 hab., commune des Basses-Pyrénées ; bureau de poste, relai de poste, hôtels, cercle, établissement de bains avec casino, chevaux et voitures de promenade.

Ce port, autrefois fort important, était rempli de navires et de marins spécialement employés à la pêche de la baleine. Saint-Jean-de-Luz a eu jusqu'à 12,000 hab., mais lorsque la France perdit Terre-Neuve, la prospérité de ce port et des marins basques fut ruinée. Le port lui-même fut détruit par l'Océan, qui emporta les rochers dont il était entouré.

Aujourd'hui Saint-Jean-de-Luz n'est recherché que pour ses bains et sa situation pittoresque. C'est là que le 9 juin 1660 fut célébré le mariage de Louis XIV avec l'infante d'Espagne Marie-Thérèse d'Autriche, fille de Philippe IV.

En face de Saint-Jean, à l'extrémité d'un pont bâti sur l'embouchure de la Nivelle, se trouve

Ciboure, 1,700 hab., pêcheurs et gitanos basques ; bains modernes ; et à 3 kil. environ à droite de la route, le vieux château d'*Urtubie*, dans lequel les rois de Castille et d'Aragon se rencontrèrent avec le roi de France Louis XI. La route s'éloigne des bords de la mer et commence à s'élever sur le flanc inférieur des Pyrénées. Elle conduit à

Urrugne, 25 kil. de Bayonne, 3,566 hab. ; commune du département des Basses-Pyrénées. On descend rapidement vers la vallée de la Bidassoa, et l'on parvient à

Béhobie, 31 kil. de B., village dépendant de la commune qui précède et placé sur la rive droite de la Bidassoa.

Béhobie est le dernier point du territoire français.

En sortant du village, on prend le pont bâti sur la rivière. Le milieu du pont marque la frontière de l'Espagne et de la France ; à son extrémité opposée, le drapeau rouge et jaune et le factionnaire espagnol apprennent au voyageur qu'il vient de quitter la France. On entre dans le royaume espagnol.

Mais cette modeste et étroite rivière qu'on vient de traverser est célèbre par ses souvenirs historiques. A droite du pont le voyageur aperçoit au milieu de l'eau un petit amas de sable sans cesse rongé, diminué par le courant, et qui dépasse à peine le niveau de la rivière. C'est là tout ce qui reste de l'île, appelée : l'*île des Faisans* et l'*île de la Conférence*.

C'est dans cette île, que le roi de France Louis XI et sa modeste suite se rencontrèrent avec le roi Henri IV de Castille et sa somptueuse cour ; — François Ier, prisonnier de Charles-Quint y fut rendu à la liberté. — En 1615, les ambassadeurs d'Espagne et de France vinrent y conduire, les uns Isabelle, fille de Henri IV, roi de France, qui allait épouser Philippe IV, roi d'Espagne; les autres, l'infante Anne d'Autriche, qui venait en France épouser Louis XIII ; — en 1659, le cardinal de Mazarin et Louis de Haro, ministre de Philippe IV, vinrent y traiter la *Paix des Pyrénées* et conclure le mariage de l'infante avec Louis XIV ; — ces deux rois eurent leur solennelle entrevue dans cette île ; — et en 1660, le roi de France Louis XIV vint y recevoir sa fiancée, Marie-Thérèse, infante d'Espagne.

Non loin de là, le voyageur peut apercevoir la colline abrupte de *Saint-Martial*, marquée du souvenir de deux défaites subies par la France : en 1522, Bertran de la Cueva y battit les Français sous les ordres du maréchal Bonnivet ; en 1813, le général Reille y fut vaincu dans la dernière tentative de l'armée du maréchal Soult contre les Espagnols.

La première station sur le territoire espagnol est

Irun, 3 kil., 4,100 hab. Les voyageurs y soumettent leurs bagages à la visite des douaniers; le commissaire espagnol y prend la liste des voyageurs et vérifie les papiers prouvant leur identité (v. aux mots *douanes* et *passe-ports*).

Messageries pour Fontarabie, Tolosa et Pampelune. L'intérieur de la ville offre un aspect fort laid et donne au voyageur sa première déception sur les villes espagnoles. Il y a pourtant une belle église, d'un style tout local, mais bizarre, dédiée à *Notre-Dame des Joncs*.

Irun, par les antiquités qu'on y trouve, semble avoir été une ville romaine. Pendant la guerre des carlistes et des christinos, en 1837 elle fut prise d'assaut par les troupes royales, et six ou sept cents carlistes qui s'y défendaient, y furent tués.

A droite de la route, au bord de la mer, est

Fontarabie, ville de 2,500 hab., placée comme une forteresse sur une colline qui domine la mer.

Cette place a été vouée par sa situation près de la frontière, à un rôle de victime dans toutes les grandes guerres. Sans cesse disputée, attaquée, défendue, elle n'a plus que des murs en ruines qui rappellent sa glorieuse et cruelle histoire. En 1521 elle fut prise par François Ier; en 1638 elle repoussa le siége du prince de Condé et de l'archevêque de Bordeaux ; en 1794, après une forte résistance, elle fut livrée par deux capucins aux troupes républicaines du général Lamarque ; en 1808, et en 1823 elle fut reprise par les Français ; en 1837 les deux partis espagnols se la disputèrent, et se l'enlevèrent plusieurs fois.

Fontarabie, au milieu de ses remparts en ruine, garde de vieux monuments de son ancienne importance, des palais dont l'aspect monumental brave la vétusté, mais qui sont dans un complet abandon. Son château est fort ancien ; on en fait remonter les premières constructions au roi de Navarre Sanche Abarca, vers 900.

A côté du port de Fontarabie se trouve le petit port de la *Magdalena*, village de pêcheurs.

La route des messageries et de la poste suit depuis Bayonne la même direction que le tracé du chemin de fer du Nord de l'Espagne. Après Irun on arrive à

Renteria, 14 kil., 1,100 hab., sur un cours d'eau, non loin de l'Océan. Ce bourg eut autrefois une industrie fort active : des chantiers de constructions pour les navires inférieurs, une fonderie qui fut, dit-on, la première établie en Espagne. Il n'a plus aujourd'hui qu'un commerce de grosse quincaillerie. L'église offre dans des proportions assez remarquables l'aspect imposant mais peu harmonieux qui caractérise en général les édifices de toute la Péninsule sauf les admirables églises gothiques. La route se rapproche ensuite de la mer, et devant les yeux du voyageur apparaît un magnifique tableau.

Le *bassin du Passage* est un vaste port, un lac formé par l'Océan dans l'intérieur de la côte. A droite, le voyageur aperçoit les deux promontoires de la côte qui s'avancent si près l'un de l'autre qu'ils ne laissent plus qu'un passe très-étroite, unissant la mer avec ce port.

La route longe ce vaste bassin; en face on aperçoit le village, qui s'étend pittoresquement au flanc de la colline et dont les derniers rangs de maisons se déroulent sur le bord de ce lac marin. A gauche, la route passe, contourne l'extrémité de ce port et s'élève par une côte assez rapide jusqu'à une hauteur d'où on voit à droite :

Saint-Sébastien, 14 kil., 13,000 h., place forte, ville maritime, qui fut autrefois la capitale de la province de Guipuzcoa.

Détruite en 1813 par les Anglais et les Portugais, qui venaient de l'enlever aux Français, la ville de Saint-Sébastien, rebâtie, est une ville entièrement neuve. Cette destruction d'une place par les alliés qui venaient la délivrer est un des événements les plus odieux et les plus étranges que fournit l'histoire d'Espagne. Elle est authentique, cependant; la ville avait déjà été bombardée par l'armée anglaise, les Français s'étaient retirés dans la citadelle et au dehors de la ville; l'armée anglaise entra alors dans la place dont elle venait de chasser les Français, et s'y livra avec furie aux plus fabuleux excès : le pillage, le viol, le meurtre, l'incendie accomplirent la ruine de cette ville. On n'a pu expliquer cet acte incroyable que par le calcul politique de détruire une ville dont la prospérité maritime et commerciale inspirait une jalousie profonde à l'Angleterre et au Portugal. L'événement fut rejeté sur l'entraînement des troupes dans la victoire et ce fut à l'imprudence qu'on attribua l'incendie.

Saint-Sébastien a relevé ses murs nouveaux sur les ruines faites au mois d'août 1813; elle est maintenant une ville active, prospère, et très-visitée par les touristes. Son port reçoit 900 à 1,000 navires chaque année; ses bains sont recherchés.

En 1836, pendant la guerre entre les christinos et les carlistes, Saint-Sébastien brava une seconde fois la destruction. Assiégée par les troupes de don Carlos, elle se déclara prête à tout subir plutôt que de trahir sa fidélité à la jeune reine, et repoussa les assiégeants. Cette fois un détachement anglais défendit bravement la ville.

La place est très-fortifiée; le port est entouré de rochers; des fortifications et des fossés remplis par l'Océan défendent l'accès de la ville du côté de terre; la ville est bâtie sur des pentes très-accidentées, mais sur un territoire très-restreint, aussi a-t-il fallu ménager le sol.

Les deux monuments à y remarquer sont : l'hôtel de ville, sur une place à arcades, comme celle de Barcelone ou la place Royale de Madrid; l'église de *Santa Maria*, vaste construction Renaissance, dont le style est imposant par les proportions, mais manque de caractère religieux.

La ville est dominée par une forteresse du haut de laquelle l'œil embrasse un vaste et admirable panorama maritime.

A partir de Saint-Sébastien, le chemin laisse l'Océan à droite et, se détournant définitivement du littoral, se dirige vers l'intérieur du territoire.

Après avoir passé près des villages d'*Ernani* et de *Lasarte*, il prend la vallée de l'Oria et mène à

Andoain, 10 kil. 1/2, 1,500 hab., rel. de poste, *station*, sur le bord de l'Oria. Cette rivière sert de moteur à des usines importantes. Avant d'arriver à Andoain on trouve une vaste filature de coton de 10,000 broches, dont les bâtiments et les habitations d'ouvriers forment un charmant village; au delà d'Andoain, plusieurs usines peuplent encore la vallée.

Andoain est la patrie du savant jésuite Manuel Larramendi, auteur du dictionnaire basque–latin–espagnol.

Villabona, 5 kil., 1,000 hab., bourg situé au milieu de la vallée riche et industrieuse de l'Oria. Papeteries, fonderies, hauts fourneaux.

Tolosa, 6 kil., 5,500 hab., capitale de la province de *Guipuzcoa*, l'une des trois provinces basques; jolie ville, dans la vallée où se joignent l'Oria et l'Aspiroz; belles vues, promenades, hôtels et casino.

Service régulier de voitures avec Pampelune et Bilbao.

On y remarque: l'hôtel de ville avec le *jeu de paume* qu'on retrouve dans tous les bourgs et villages du pays basque. Le *jeu de paume* y est un jeu national; pas une localité qui n'ait le sien. L'église *Santa Maria*, dont le portique est orné d'une statue colossale de saint Jean-Baptiste; le palais Idiaquez; l'*Armeria*, autrefois fabrique d'armes, aujourd'hui moitié caserne, moitié marché.

Tolosa doit à sa position sur l'embranchement des deux routes de Madrid et de Pampelune une grande activité. Le passage du chemin de fer et le déplacement de cet embranchement lui feront peut-être perdre cette importance.

Du reste, la ville est au centre d'un pays très-actif; elle est entourée d'usines et de campagnes parfaitement cultivées. Il y a surtout des forges et des fonderies de fer, des papeteries, des fabriques d'étoffes de laine et de bérets. — Le chemin de fer mène ensuite à

Alegria, 4 kil. 1/2, 900 hab., bourg avec une forge sur l'Oria; Il traverse un tunnel et passe à

Legoretta, 8 kil., 600 hab., bourg entouré de belles cultures, de forges, de moulins, et près duquel jaillit une source minérale; puis à

Villafranca, 6 kil., 900 hab., vill. fortifié, sur une hauteur, entouré de murs, avec des portes, comme une place de guerre. Villafranca, du reste, a eu son siége. Les carlistes en 1835 bloquèrent ce village, donnèrent l'assaut, furent repoussés, puis enfin s'en rendirent maîtres en lui faisant payer un fusil par habitant. On y remarque deux vieux palais nobiliaires dont l'un possède une galerie de tableaux.

Patrie du moine Urdañeta, hardi marin qui découvrit, dans les mers de l'Océanie, l'archipel des *Philippines*.

Villaréal, 14 kil., 1,000 hab., sur la rive g. de l'Urola. Son église contient les reliques de sainte Anastasie, vierge et martyre née à Jativa, près de Valence.

En face de Villaréal, sur la rive droite, à l'extrémité d'un pont en pierre, est ZUMARRAGA, vill. de 1,000 hab., dont l'église est remarquée.

Ici le *chemin de fer* et la *route royale* se séparent et ne se rejoignent qu'à *Vitoria*.

Le chemin de fer se dirige, à gauche, vers *Legazino*, Telleriate, Olazagutia, Salvateria et revient vers Vitoria.

ROUTE DE TERRE.

La route royale que suivent les diligences, continue en ligne droite depuis Villaréal, et passe à

Vergara, 12 kil., 4,000 hab., chef-lieu du district judiciaire, placée dans un pays pittoresque. Les eaux ferrugineuses y jaillissent de toutes parts. Elle était très-renommée pour ses fabriques d'armes.

C'est devant Vergara que le 27 août 1835, au plus fort de la guerre des carlistes et des armées constitutionnelles, les deux chefs, Maroto et Espartero, s'embrassèrent devant les deux armées, qui fraternisèrent à leur tour. — La ville possède deux églises à visiter : celle de *San Pedro*, qui contient une statue du *Christ agonisant*, qui passe pour un des chefs-d'œuvre de l'école espagnole ; l'autre renferme un tableau de Cerozo, copie du *Christ de Burgos*.

L'ancien et célèbre collége de Vergara, si renommé pour les études et les recherches scientifiques qui l'illustrèrent, était devenu un hôpital militaire. On lui a rendu sa destination d'autrefois, mais lui rendra-t-on les savants qui firent sa réputation européenne?

Mondragon, 8 kil., 2,200 hab., entourée de murs, avec des montagnes très-pittoresques alentour. La ville est bien bâtie ; sa place principale est fort belle, l'église et la mairie s'y font face, et lui donnent un aspect monumental.

Près de Mondragon sont les sources renommées de *Santa Aguada*, eaux sulfureuses très-fréquentées. Il y a là, dans une charmante petite vallée, un établissement thermal, bâti au pied des montagnes, très-confortable et connu depuis trois siècles par son efficacité contre les maladies chroniques, syphilitiques et les paralysies. D'autres sources moins importantes jaillissent aux environs. Le village où l'on prend les eaux se nomme *Guesalibar*. Aux environs est la grotte de *San Valerio*, dont on visite les curieuses cristallisations.

Arrachevaleta, 6 kil., vill. de 1,300 hab., autre établissement thermal ; bains très-fréquentés ; eaux sulfureuses très-efficaces, jaillissant tout près de la route.

Salinas, 8 kil., 750 hab., tire son nom d'une source abondante d'eau salée qui jaillit près du village, et qui fournit à la localité sa principale industrie, sa première richesse. Les habitants en extraient par la vaporisation un sel très-pur et très-estimé.

La route continue à gravir les montagnes de Guipuzcoa ; elle en atteint le sommet un peu au delà de Salinas.

Ce sommet, qu'on appelle le *Port d'Arlaban*, est marqué de sanglants souvenirs. C'est là que Mina, le patriotique guerrillero, avait établi sa forteresse.

Le 25 mai 1811, il y battit Masséna et enleva aux Français un convoi et mille prisonniers anglais ; deux ans après, Mina y surprit encore les Français et leur tua 600 hommes. En 1836, les carlistes et les troupes de la reine s'y livrèrent un combat qui rendit l'armée royale maîtresse de ce passage important.

A partir de ce sommet élevé (550 mètres) la route descend rapidement vers la vallée où coule la Zadorra ; elle traverse cette rivière sur un pont au village de

Ulibarri, 6 kil., 200 hab., et l'on arrive à VITORIA.

CHEMIN DE FER.

Si à Villaréal, au lieu de suivre la route royale, le voyageur a continué par le chemin de fer, il a tourné à gauche, vers *Legazino*, vers *Telleriate* et a traversé :

Olazagutia, 580 hab., sur le bord de la *Burmida* ; stat. du chemin de fer ;

Les villages de *Ciordia*, 500 hab.; d'*Urabain*, 100 hab.;

Salvatierra, station, 17 kil., 950 hab., entourée de vieilles murailles en ruines, dominant une vallée fort accidentée. On peut y voir le jeu de paume, l'hôtel de ville, deux églises, un couvent.

Echavarri, village d'une centaine d'hab., à 10 kil., près duquel sont les restes du vieux manoir de Guevarra, copié sur le château Saint-Ange, au XVe siècle, et rendu célèbre par les marquis de Guevarra, dont le nom se continue.

La voie traverse une vallée toute peuplée de petits villages riants, animés, prospères, et arrive jusqu'aux environs, parfaitement cultivés, de Vitoria.

Vitoria, 41 kil. de Salvatierra, 14 kil. de Salinas; station, 10,500 hab., capitale de la province basque d'Alava.

Cette contrée est l'une des plus actives et des plus riches de l'Espagne. On peut se faire une idée de l'aspect de prospérité qu'elle présente, en montant au sommet de la tour de Vitoria et en examinant tout le pays qui se déroule alentour, sous le regard. La guerre civile a ensanglanté tous ces villages, mais la paix leur a rendu leur prospérité. Sa population est essentiellement agricole, primitive dans ses coutumes.

Le sol produit les sources minérales, le fer, le plâtre, des marbres variés, et de belles carrières pour la construction.

Le voyageur, dès son entrée, est frappé de l'aspect monumental de la ville. Voilà bien le premier et le vrai type des cités espagnoles : larges places, vastes façades, fenêtres armées de grilles, rangées de palais, murailles en ruines, portes majestueuses, et, quand la nuit vient, le *sereno*, dont la lanterne glisse au pied des grands murs et dont la voix crie les heures!

Grande place de Vitoria.

Selon l'usage espagnol, la *place Neuve* est un grand carré de constructions, dont le rez-de-chaussée est un péristyle à arcades, et l'hôtel de ville, toujours suivant l'usage, occupe dans une des façades la place d'honneur. Nous verrons ce modèle de place se répéter dans presque toutes les villes, dans les bourgs et parfois dans les plus modestes localités de l'Espagne.

L'église principale, *Santa Maria*, mérite d'être visitée. Elle a trois nefs gothiques et quelques tableaux. L'église *Saint-Michel* ressemble fort à la précédente; on admire son maître-autel. Un magasin qui fut autrefois l'église du couvent de la Conception renferme un autel bien plus remarquable.

Le voyageur pourra visiter : le palais tout moderne de l'assemblée provinciale (*diputacion*); le palais de la Société basque; l'académie de dessin; la maison dans laquelle a logé François Ier (*Japateria*); celle qu'habita Alphonse le Sage, en 1256, et celle qu'habitait le cardinal d'Utrecht lorsqu'il y apprit son élection à la papauté et prit, en 1522, le nom d'Adrien VI. Il devra surtout visiter les promenades, qui sont belles et admirablement situées. La plus recherchée est la *Florida*.

Comme toutes les villes placées sur la route qui mène de France à Madrid, Vitoria a eu un rôle dans la grande et fatale guerre d'invasion de 1808. Du reste, les souvenirs de cette immense faute de Napoléon Ier se retrouvent vivants, à chaque pas, sur tous les points de l'Espagne. En 1808, Vitoria se montra très-hostile aux Français, qui venaient enlever le roi Ferdinand aux Espagnols; quand vint 1813, là comme ailleurs, la revanche fut terrible.

Vitoria était occupée par l'armée française sous les ordres du roi Joseph et du maréchal Jourdan, qui accomplissaient leur retraite vers la France. L'armée anglo-espagnole, commandée par Wellington, leur livra bataille. Ce fut un désastre épouvantable; les Français vaincus, en fuite, laissèrent 8,000 morts, toute leur artillerie, des bagages immenses; le roi abandonna sa voiture, sa correspondance, une épée; Jourdan y laissa son bâton de maréchal, qui fut envoyé à Londres comme un trophée.

Vitoria, pendant la guerre des carlistes, resta toujours imprenable pour les troupes du prétendant et repoussa leurs assauts. En 1841, elle démentit un peu sa fidélité en prenant une part imprudente au mouvement insurrectionnel.

Vitoria possède un théâtre, des casinos, trois bons hôtels et des services réguliers de messageries. Voici ces principaux services : tous les deux jours, de Vitoria à Saint-Sébastien, desservant Alzola, Deva, Jarauz, Cestona, Arechevaleta, Santa Agueda; — tous les jours de

Vitoria à Bilbao, par Durango, à l'arrivée des trains omnibus; — tous les jours de Vitoria à Bilbao, par Villaro, arrivée et départ avec le train-poste; deux services par jour de Vitoria à Vergara, par Cestona et Santa Agueda; — tous les deux jours, de Vitoria à Vergara par Deva et Alzola; — l'entreprise Pallarès, à Vitoria, met à la disposition des voyageurs les voitures particulières de 2 à 15 places, à volonté, pour toutes les excursions dans les environs et pour les divers trajets dans la province.

Le 7 novembre 1808, Napoleon Ier, marchant vers Madrid, arriva à Vitoria.

CHEMIN DE FER.

À partir de Vitoria, le chemin de fer du nord de l'Epsagne et la route royale de Bayonne à Madrid ne se séparent plus jusqu'à Valladolid. Du reste, il n'y a plus à s'occuper pour le voyageur du parcours que suivaient les diligences, puisque la route nouvelle est celle du chemin de fer, et la seule dont il y ait à suivre l'itinéraire jusqu'à Madrid.

En quittant Vitoria, le chemin de fer parcourt la vallée charmante de la Zadorra, et traverse une série de villages. Le train s'arrête à l'un d'eux:

Nanclarès, 14 kil., 250 hab.; puis il passe près de *Puebla*, 550 hab., village entouré de murs et de portes; près d'*Armiñon*, 270 hab., et, quittant la province d'*Alava*, entre dans la *Nouvelle-Castille*, deux kil. avant d'arriver à Miranda.

Miranda, 19 kil., 2,600 hab., stat. et *buffet*; la première ville de la Nouvelle-Castille semble annoncer par sa laideur le changement que va offrir au voyageur l'aspect du pays. Elle est partagée par l'Ebre, entourée d'une triple enceinte de murs et possède un château avec une petite garnison.

Orono, 4 kil., stat., 230 hab., vill. sans importance. Non loin de là le chemin de fer se fraye un passage dans une gorge étroite, formée par deux énormes montagnes, et si resserrée qu'elle ressemble à une série d'entonnoirs juxtaposés. Au fond de cette longue cavité on trouve

Pancorbo, 14 kil., 1,200 hab., dominée par deux montagnes et deux châteaux en ruine qui défendaient autrefois le défilé. Le chemin de fer, la route royale et le ruisseau l'Oroncillo occupent tout l'espace compris entre le bourg et les montagnes qui le resserrent. Dès sa sortie, le chemin débouche dans la plaine. Pancorbo, en raison de sa position, a été un point stratégique de l'armée française pendant sa retraite de 1813; les détachements français s'y retranchèrent et en repoussèrent Wellington.

Briviesca, 25 kil., stat., 2,100 hab., bon hôtel; petite ville bien bâtie, entourée de murailles, avec quatre portes; importante autrefois sous les anciens rois de Castille. En 1338 le roi don Juan Ier de Castille y investit pour la première fois son fils aîné, Henri, du titre de prince des Asturies, et depuis, l'héritier présomptif du trône en Espagne l'a toujours porté.

On peut visiter dans l'égilse principale une chapelle gothique ornée de curieuses sculptures, et dans le couvent de Sainte-Claire un autel qui est un des chefs-d'œuvre des sculpteurs espagnols.

A six lieues de Briviesca, les touristes vont visiter à Oña le couvent de *San Salvador*, dont la construction gothique est remarquable et qui renferme les tombeaux de deux rois, d'une infante et d'une reine de Navarre. La guerre d'indépendance a dévasté les richesses de ce monastère.

Après avoir traversé les villages de *Pradaños* (400 hab.), et *Castil de Peones* (580 hab.), on arrive à la station de

Monasterio, 20 kil., 650 hab., et à

Quintanapalla, 6 kil., 200 hab. C'est jusque-là que le roi Charles II vint au-devant de sa fiancée, Marie-Louise, fille du duc d'Orléans, nièce de Louis XIV, et c'est dans l'humble église de ce village que le mariage fut célébré. On ne tarde pas à apercevoir les hautes tours de la cathédrale monumentale de

Burgos, 17 kil., 13,000 hab., archevêché; ancienne capitale de la province de Vieille-Castille.

Buffet à la gare; hôtels et posadas nombreux, mais peu confortables. Service régulier de messageries, tous les jours pour Bilbao, Reynosa, Santander, Loagrono et Aranda. Au pied de la ville coule l'Arlanzon, qui la sépare du faubourg de la Vega.

Burgos est un des types les plus caractérisés des villes espagnoles. Les constructions modernes y sont en petit nombre; les vieux édifices, au contraire, y gardent l'aspect imposant de l'architecture castillane; ils rappellent encore la splendeur de l'ancienne capitale des rois de Castille, mais en y pénétrant le voyageur est tristement impressionné de leur abandon et de leur vétusté.

La *cathédrale* a une renommée européenne et la mérite; ses clochers ont 85 mèt. de hauteur; la façade principale, tournée vers l'orient, est du plus pur gothique dentelé. Elle présente un portail profond, fouillé de sculptures, une rosace qui est une merveille de finesse, et aux deux côtés deux tours pyramidales découpées; l'air et la lumière jouent au travers de tout cet édifice aérien, dont la beauté et la construction sont un prodige.

A l'intérieur, tous les murs sont découpés en groupes de colonnettes, qui du sol s'élancent, fines, sveltes, vers le sommet des ogives. Il se divise en trois nefs, l'une principale, que surmonte le dôme, et deux latérales.

Sa richesse est considérable en tableaux, lampes, statues, ornements, vitraux, marbres, châsses, bas-reliefs. L'édifice entier fut achevé vers 1570.

Elle contient les tombeaux en marbre de la famille des Velasco, dont l'un, le connétable de Castille, fut un des fondateurs de l'église, et les sépultures des archevêques de Burgos.

Parmi les beautés que le touriste peut admirer dans ces chapelles et ces sacristies neuves, recommandons à son attention : le célèbre *christ de Burgos*, par le Grecco (Dominique Théotocopuli), peint dans le style vénitien, et qui ne vaut pas sa réputation; au-dessus de la porte du cloître, un buste en pierre qui passe pour le portrait véritable de saint François; dans la chapelle de San Enrique, un admirable tombeau avec statue en bronze à la mémoire d'Enrique de Peralta, qui a fait les frais de cette chapelle; le bel autel gothique de la chapelle Santa Aña; la grille si habilement travaillée qui ferme la chapelle du Connétable; et enfin, dans la sacristie de cette chapelle, un tableau, une *Madeleine*, dont l'auteur est inconnu, mais qui est une des plus belles peintures que l'Espagne puisse opposer à l'Italie.

On voit aussi dans la chapelle de la Présentation une Vierge avec l'Enfant Jésus, qu'on signale comme un chef-d'œuvre et que ses admirateurs attribuent les uns à Sébastien del Piombo, les autres à Michel-Ange. Elle est plutôt dans le style du premier.

Du reste, la cathédrale de Burgos est un de ces édifices qu'on ne doit pas essayer de décrire. Nous plaçons ici un dessin qui donnera une idée de l'ensemble de cet admirable monument.

Après la cathédrale on peut citer : l'église de *San Gil* et celle de *Santa Agueda*, dans laquelle le roi Alphonse VI jura au Cid, sur l'autel, qu'il était innocent de la mort de son frère don Sanche tué à Zamora; celles de *San Esteban* et de *San Nicolas*; — l'arc de triomphe, style grec, élevé à Fernan Gonzalez par ordre de Philippe II; — la porte Santa Maria avec ses tourelles et ses statues; — enfin, le voyageur devra aller à l'hôtel de ville.

Là, dans un modeste sanctuaire, il pourra voir l'urne qui contient les restes du guerrier légendaire de l'Espagne, les restes du *Cid* et de doña Chimena, sa femme. Le Cid avait été enterré au couvent de San Pedro de Cardeña, d'où en 1842 son cercueil a été extrait et porté à l'hôtel de ville de Burgos. Ce couvent, situé à onze kil. de Burgos est digne d'une excursion. Le voyageur y trouvera un édifice remarquable, des sépultures de toute la famille du *Cid* et les souvenirs les plus émouvants de toute l'ancienne histoire de la Castille et de la Navarre.

Burgos a quelques promenades agréables. La plus belle est l'*Espolon*, qui est aussi la mieux ornée et la mieux fréquentée. Le climat de Burgos est très-vif ; il justifie cette habitude qu'ont les Castillans de ne quitter leur manteau ni l'hiver, ni au printemps, ni à l'automne, et parfois même de le conserver l'été.

Pour les faits historiques, nous l'avons dit, Burgos est rempli des noms et des souvenirs glorieux du Cid Campéador et des rois de Castille. Ses édifices racontent au voyageur tout ce passé dont le prestige a maintenant la majesté des légendes nationales.

Quant aux événements modernes, on sait que Napoléon Ier, après une rapide victoire remportée par Lassalle et Bessières, aux portes de la ville, établit à Burgos son quartier général, et c'est de là qu'en novembre 1808 il adressa aux Espagnols sa proclamation d'amnistie. Cinq ans après, à l'époque des revers et de la retraite, en 1813, le roi Joseph essaya de s'y arrêter et de s'y défendre, mais il évacua la place après avoir fait sauter le château.

A peu de distance de Burgos, on va visiter le couvent de *Miraflorès*, bâtit au XVe siècle, avec toute la splendeur du style gothique, pour servir de sépulture aux rois de Castille. L'église, qui porte malheureusement des traces du passage de l'armée d'invasion, contient les tombeaux de Juan II, de la reine Isabelle et de leur fils l'infant Alonzo. Ces mausolées, en albâtre, sont des merveilles de sculpture.

Autrefois, en sortant de Burgos pour se diriger vers Madrid, deux routes parfaitement desservies s'offraient au voyageur, deux lignes différentes aboutissant au même but : — l'une passe par *Lerma*, *Aranda*, *Buitrago* et arrive à *Madrid*; c'est la plus directe ; — l'autre, décrivant une courbe vers l'ouest, suit la vallée du Pizuerga, et passe par *Torquemada*, *Valladolid*, *Olmedo*, *San Chidrian*, *Guadarrama* et aboutit à Madrid.

C'est cette seconde ligne que suit le chemin de fer du Nord de l'Espagne, sauf qu'à partir de *Valdestillas* il se détourne encore plus vers l'ouest, pour aller passer à *Medina*, revient à *San Chidrian*, et incline encore vers l'ouest, pour passer à *Avila* et à l'*Escorial*, avant d'arriver à Madrid.

Quoique suivant le tracé le plus long, le chemin de fer, devant être le plus rapide, fera abandonner les deux lignes de terre. Toutefois, en raison des localités intermédiaires, nous décrirons l'itinéraire du voyageur par les deux routes : à l'*ouest*, *la ligne de fer*; au centre, la ligne de terre directe, par *Aranda*.

DE BURGOS A MADRID
PAR LE CHEMIN DE FER

Quintanilleja, 10 kil., 90 hab., station, dans une vallée peuplée de villages d'un aspect très-agréable, sur les bords de l'Arlanzon.

Estapar, 7 kil., 180 hab., station, dans la même vallée, près du confluent des deux ruisseaux, l'Hormaza et l'Arlanzon.

Pampliega, 13 kil., 420 hab., station.

Villodrigo, 12 kil., 150 hab., station placée, comme tous ces villages dans la plaine bien cultivée qu'arrose l'Arlanzon.

Quintana, 11 kil., 145 hab., station, avec un beau pont en pierre de 18 arches, sur lequel la route traverse le cours de l'Arlanzon.

Torquemada, 10 kil., 3,000 hab., dans une plaine fertile arrosée par le *Pizuergua*, sur lequel est jeté un pont de 25 arches, à l'entrée de la ville. Ce ruisseau se jette dans l'Arlanzon entre *Quintana* et *Torquemada*. Les jardins et les vignobles qui entourent Torquemada sont renommés pour l'abondance et la qualité de leurs produits.

Magaz, 14 kil., 200 hab., village pauvre et mal bâti, au pied d'une colline que surmontent les restes d'un vieux château.

Venta de Baños, 10 kil., auberge, relai, station; pas même de village. Ce point dépend du bourg de Baños, situé à un demi-kil. de là, et qui tire son nom de ses précieuses sources d'eaux minérales. Un roi Visigoth, guéri par ces eaux, y éleva, dit-on, la petite chapelle, qui n'est plus qu'une ruine, mais dans laquelle subsiste une inscription commémorative de cet événement.

La *venta*, c'est-à-dire l'auberge, aujourd'hui la station de Baños, ne tardera pas à être le centre d'une agglomération bien plus importante que Baños même. C'est là, en effet, que la ligne venant du port de Santander, par Reinosa et Palencia, aboutit au chemin de fer du Nord, par laquelle elle se continue jusqu'à Madrid. Ce point sera donc le centre d'un transit commercial fort considérable.

Non loin de là, le chemin de fer et la route longent une partie du canal de Castille.

Dueñas, 6 kil., 2,500 hab., station, sur une colline. Dans la vallée qui se déroule au pied de la ville circulent de front le canal, la rivière, la route et le chemin de fer; la campagne offre de belles cultures. Mais des deux côtés, au delà des limites de la vallée, le touriste ne trouverait que les tristes et pauvres paysages presque déserts des Castilles. Cet aspect de solitude et de tristesse est bien plus saisissant, toutefois, sur l'autre route, celle qui passe par Aranda.

Aguillarejo, 7 kil., 120 hab., station, village sans importance dans la même vallée.

Cabezon, 7 kil., 500 hab., station. Ce bourg, disent les habitants, est tout ce qui reste d'une ville autrefois très-considérable. On n'y voit, cependant, aucun monument, aucune ruine dont l'importance atteste cette splendeur passée. Un vieux château démantelé domine seul cette partie de la vallée qui mène à

Valladolid, 17 kil., 21,500 hab., chef-lieu de la province; évêché, résidence du capitaine général de la Vieille-Castille, siège de l'*audiencia* ou cour d'appel et de l'assemblée provinciale; l'une des villes les plus importantes de l'Espagne.

Valladolid est destinée par sa position à une grande prospérité, à une activité commerciale exceptionnelle. Cette ville est placée sur un point où se joignent et se croisent : la Pizuergua, qui aboutit au Douro, le canal de Castille, la route de terre de Bayonne à Madrid par Burgos, les chemins de fer de France et de Santander à Madrid, et la route transversale qui va d'Aranda à Léon. L'animation qu'a acquise depuis quelques années cette ville ne fera que grandir.

Elle possède quelques bons hôtels; trois établissements de bains très confortables et des services réguliers de messageries : pour *Aranda*, et *Penafiel*, (entrep. Cordobeta); pour *Toro*, *Zamora* (entrep. Gamboa); pour *Rio Tecco* et *Villabon* (entrep. Campesino) ; pour *Léon* et *Oviedo* (entrep. Union Asturiana) ; pour *Bayonne* et pour *Bilbao* (entrep. Vitoria-Burgalesa et Norte y Mediodia). Bateau-poste sur le canal jusqu'à *Palencia*.

Valladolid était autrefois la capitale du royaume espagnol; elle conserva ce rang jusqu'au commencement du xviie siècle. Philippe II se décida alors à choisir pour capitale Madrid. Mais la cité abandonnée par la cour a conservé des traces historiques de son ancienne splendeur, et l'avenir lui promet à titre de compensation une prospérité qui vaudra bien la première. Voici les principaux monuments que Valladolid ait gardés de son passé et que l'étranger doive visiter :

La place du Palais et le palais Royal, anciennne demeure des souverains, qui conserve encore le rang de résidence royale et a été restauré à l'intérieur aux frais de la liste civile; Napoléon y logea en novembre 1812.

La *plaza Mayor*, semblable à celle de Madrid et dont le modèle se retrouve jusque dans de petites localités de l'Espagne; vaste carré monumental, entouré de maisons à balcons et à arcades. C'est là qu'avaient lieu autrefois les auto-da-fé, les courses de taureaux et les exécutions capitales.

La *plaza del Campo Grande*, entourée de palais, de couvent, d'édifices publics maintenant abandonnés, partageait avec la précédente les faveurs officielles et populaires ; elle avait aussi l'honneur des auto-da-fé, des tournois, des *functions reales*, dans les solennités.

La *cathédrale*, œuvre conçue sur un plan gigantesque, dont l'orgueil des rois d'Espagne rêva de faire un monument rival de Saint-Pierre de Rome. Le vieux Herrera devait en être à la fois le Bramante et le Michel-Ange. Mais l'édifice est resté inachevé. Le modèle en bois, selon le projet primitif, est conservé dans les archives, et mérite d'être visité. Cette métropole a eu un sort malheureux ; au lieu de quatre tours projetées, une seule fut bâtie et s'est écroulée il y a vingt ans. Tel qu'il est, cependant, l'édifice est imposant. A l'intérieur il contient des chapelles dont les sculptures et les peintures sont dignes de l'ancienne capitale du royaume. Selon l'usage des vieilles cathédrales espagnoles, cette église a un trésor, enrichi par les libéralités de dunataires magnifiques, et parmi les objets précieux qu'il renferme, on est admis à voir un tabernacle, *la custodia*, de deux mètres de haut en argent massif, pesant 64 kilog., dont la ciselure est très-admirée.

Plusieurs autres églises, notamment : la chapelle de *Portaleci*, qui renferme des ouvrages remarquables en bronze et en marbre ; — l'église de la *Magdalena*, style gothique, dont le retable est une des plus belles œuvres d'Esteban Jordan ; — celle de *las Huelgas réales*, qui possède le tombeau d'une reine de Castille et un retable sculpté par Hernandez ; — l'église de la *Cruz*, où l'on admire de fort curieuses sculptures du même artiste ; — enfin celles de quelques couvents qui renferment des ouvrages trop rarement visités et très-dignes de l'être.

Valladolid a aussi un *musée* qui est un des plus riches de l'Espagne. Il s'est formé des dons des rois et des grands d'Espagne, et s'est accru plus récemment d'une quantité considérable de sculptures et de tableaux enlevés aux églises et aux couvents des environs. Là, comme dans tous les musées de la Péninsule, les ouvrages les plus médiocres sont entassés à côté de chefs-d'œuvre du plus grand prix. On a assemblé sans discernement les produits des diverses écoles espagnoles, des écoles italiennes et quelques flamands.

On y remarque plusieurs *Diego Diaz*, des *Carducci*, deux ou trois *Bronzino*, deux *Zurbaran*, quelques *Ribera*, deux ou trois *Velasquez*, et surtout des *Rubens* précieux. Parmi les sculptures, les plus nombreuses et les plus admirées sont celles de *Hernandez*. On en voit aussi quelques-unes d'*Alonzo Berruguette*, élève de Michel-Ange, et comme son maître, peintre, architecte et sculpteur.

Valladolid possède encore quinze ponts ; une bibliothèque formée de toutes celles des monastères des environs et dans laquelle sont entassés 15,000 volumes ; un institut ou collège d'enseignement secondaire ; un théâtre ; trois casernes ; une *plaza de toros* qui peut contenir 7,000 spectateurs ; une académie des beaux-arts, et enfin une *université* dont la fondation remonte à 1346, et qui a la réputation d'occuper le premier rang parmi celles du royaume. Cette université réunit à ses cours environ 2,000 étudiants.

Telle est la ville actuelle. Quant à l'histoire de Valladolid, elle est celle de la monarchie espagnole jusqu'à 1600, puisqu'elle fut jusqu'à cette époque la résidence des souverains.

Philippe II et Fernand Nunez, chef d'une famille importante et célèbre, y sont nés. — Christophe Colomb y mourut en 1506.

L'industrie locale est très-restreinte; elle se borne à quelques fabriques d'étoffes de laine légère et de rubans de soie. Sauf la vallée de la Pizuergua et celle du Douro, toute la contrée environnante est triste, et peu exploitée.

Après avoir quitté Valladolid, le chemin de fer rencontre le cours du Douro, et franchit le fleuve sur un beau pont, près du village *Puente de Douro*, où passait la route royale. Il passe ensuite à *Viana*, où il traverse un autre cours d'eau affluent du Douro, et même à

Valdestillas, 18 kil., 350 hab., station où la route royale, la voie ferrée et la rivière l'Adaja se croisent. Le chemin traverse cette rivière sur un pont semblable à celui de *Puente de Duero*. En quittant ce village, il oblique à l'est, laissant à l'ouest la route et la rivière. On trouve ensuite les stations suivantes :

Matapozuelos, 8 kil., 220 hab., station ; village sans importance.

Posaldes, 7 kil., 250 hab., station, village isolé ;

Medina del Campo, 9 kil., 3,000 hab., station ; les routes de Madrid et de Ségovie à Zamora la traversent ; le *Zapardiel* l'arrose. Le voyageur y trouve quelques médiocres hôtels ; il peut y voir le cloître de l'hôpital, qui est remarquable, et dominant la ville, la petite forteresse en ruine de la *Mota*, dont les souterrains sont renommés dans la contrée.

C'est là que mourut, en 1504, la reine de Castille Isabelle Ire, et que fut enfermé prisonnier César Borgia.

Avant et après cette station, le chemin de fer traverse la petite rivière le Zapardiel, longe la route de Zamora à Madrid, passe à

San Vicente, 9 kil., 320 hab., station ; à

Ataquines, 10 kil., 250 hab., station, sur la même route, et même à

Arevalo, 16 kil., 2,500 hab., station placée dans une jolie vallée au confluent de l'*Adaja* et de l'*Arevaillo*, petite rivière qui s'y jette. Au-dessous de l'endroit où les deux cours d'eau se réunissent, la voie traverse l'Adaja sur un fort beau viaduc de 25 mètres de hauteur au-dessus de l'eau, et de 4 arches inégales.

Arevallo avait autrefois une résidence royale où vinrent habiter tous les souverains castillans jusqu'à Philippe IV.

Adanero, 10 kil., 300 hab., station placée à l'intersection des deux routes de terre qui, venant l'une de Zamora, l'autre de Valladolid, se dirigent vers Madrid.

San Chidrian, 10 kil., 450 hab., station, bourg important, qui en raison des travaux considérables qu'a exigés la section suivante, a été assez longtemps tête de ligne.

Depuis le 1er juillet l'interruption qui s'étendait de *San Chidrian* à l'*Escorial* a cessé; la voie est ouverte. Elle traverse cette région du Guadarrama où il a fallu exécuter des œuvres gigantesques pour traverser une des plus hautes chaînes de montagnes de la Péninsule. Le trajet de cette lacune se faisait en diligence et en six heures. Les trains la franchissent maintenant. — Ils passent à

Avila, 43 kil., 4,250 hab., station, évêché, chef-lieu de la province de ce nom, et patrie de sainte Thérèse.

Avila possède un double rempart, une enceinte de vieilles murailles percée de neuf portes et qui sont encore imposantes et solides. Une chaîne de montagnes entoure la ville de ses sombres verdures de pins et de chênes. Les flancs de ces montagnes contiennent d'énormes carrières de marbre et de granit.

Le plus bel édifice qu'on puisse y admirer est le monastère Saint-Thomas. La cathédrale remontait, dit-on, aux rois visigoths; elle a été rebâtie par Alphonse IV de Castille au commencement du XIIe siècle. La ville possède de nombreux couvents. L'un d'eux, celui de *San José*, fut la première fondation de sainte Thérèse, qui peupla ensuite non-seulement l'Espagne, mais la France, de ses couvents du Carmel. Dans celui de l'*Incarnation* elle prit le voile.

Avila est donc à la fois le lieu natal de la sainte la plus célèbre de l'Espagne, et le berceau de toutes ces fondations monastiques que le zèle exalté, infatigable de sainte Thérèse multiplia dans les pays chrétiens.

Des hauteurs qu'environnent Avila, l'œil du voyageur s'étend sur les Castilles, sur l'Estramadure et peut même apercevoir jusqu'à Tolède, au delà de Madrid. Le pays environnant est presque désert, nu et triste comme les Castilles.

A partir d'*Avila*, le chemin de fer entre dans la région du Guadarrama. Dès lors, ce n'est que par des pentes continuelles, des déblais et des remblais immenses et des tunnels nombreux; ce n'est que par des efforts gigantesques de travail et des dépenses énormes que la voie a pu se frayer un passage au travers de ces masses montagneuses qui s'élèvent jusqu'aux neiges éternelles, et entourent la plaine de Madrid.

Après avoir franchi des remblais qui comblent des vallées profondes, après avoir passé sous trois tunnels (ceux de *Valdelavia*, de *Majadahonda* et de *Piado de Cañada*), le train arrive à

Navalperal, station, 200 hab., petit village perdu dans un désert montagneux.

La voie franchit encore le tunnel de *Villadar* et mène, à travers une immense forêt de sapins, à

Las Navas, station près du village de ce nom, 200 hab. Le chemin traverse les tunnels de *Païarubia* et de *Robledo*, avant d'arriver à la station de

Robledo, au pied du bourg de ce nom, 300 hab.; l'un des points les plus élevés de la route, au flanc de la chaîne du Guadarrama. Elle passe ensuite sous le tunnel *Portachuelo de Robledo*, sous le point culminant de la chaîne, et conduit à

L'Escorial, station placée entre deux villages, à 101 kil. de *San Chidrian*.

Ces deux villages sont : *Escorial de Arriba* et *Escorial de Abajo*.

L'*Escorial de Abajo* est sans importance; c'est à *Escorial de Arriba*, nommé aussi *San Lorenzo de Escorial*, que se trouve le célèbre palais avec ses vastes dépendances.

Cette demeure historique a toujours été pour les touristes arrivés à Madrid un but d'excursions très-fréquenté, malgré la mauvaise route et les quatre heures ennuyeuses du trajet. Désormais une heure et demie en wagon suffira.

La campagne qui s'étend aux environs et toute celle que traverse la route de Madrid à l'Escorial est si aride, si déserte, si triste, qu'on renonce à comprendre comment les souverains de ce beau royaume ont pu venir placer dans cette région de sables et de ravins desséchés leur capitale et leur plus grand palais.

Ce palais, placé sous le patronage de san Lorenzo (saint Laurent), fut commencé en 1565, par Philippe II, en exécution d'un vœu fit à saint Laurent. En mémoire du gril sur lequel le saint fut supplicié, Philippe II a élevé les constructions de cet édifice sur le plan d'un gril immense. Aux quatre coins, des tours représentent les quatre pieds, et le palais d'habitation du roi, sortant perpendiculairement sur l'un des côtés, représente le manche.

L'aspect de ce vaste monument carré est d'une lourdeur, d'une tristesse infinie. C'est une masse de granit, une forteresse ou un tombeau gigantesque, percé de petites croisées rangées par étages.

L'Escorial.

Le portique principal se compose d'une colonnade surmontée d'une autre série de colonnes plus petites et d'un fronton grec. Au-dessus de l'église s'élève la tour principale terminée par une coupole.

En face de la porte d'entrée on voit le portail de l'église. C'est ce que le voyageur peut visiter de plus curieux à l'Escorial. Sans s'écarter du style sévère, rigide et lourd qui domine l'ensemble du monument, et malgré sa nudité affectée quant à l'ornementation, cette église contient des richesses véritables : des marbres, des statues de bronze, quelques tableaux, des fresques remarquables.

Selon l'usage espagnol, et plus qu'en toute autre église de la Péninninsule, le trésor contient une foule d'objets riches et précieux qui attestent la munificence des souverains castillans pour le luxe de leurs sanctuaires. Ornements, reliquaires, châsses, lampes, flambeaux, vases sacrés, tout y est en argent et en or massifs, ciselés, ornés de pierres précieuses.

Sous l'autel est une crypte, un immense caveau en marbre et en jaspe, dont les froides voûtes couvrent les sépultures royales. La bibliothèque contient des ouvrages précieux du moyen âge et de la Renaissance ; des manuscrits hébreux, grecs, arabes, des restes de la civilisation mauresque en Espagne.

Les jardins, péniblement tracés, n'ont rien d'agréable. Autour du monastère et du palais qui y est adjoint ont été bâties, dans le village, des maisons, des casernes, toutes les dépendances nécessaires à une habitation royale ; et toutes ces constructions offrent le même aspect de régularité, de tristesse et de lourdeur.

Toute cette demeure souveraine, ce vaste tombeau de granit est rempli du souvenir de Philippe II. Dans cette stalle il a prié, sur ce banc de marbre il s'est assis ; à chaque pas le visiteur rencontre la sombre figure du successeur de Charles-Quint.

Non loin de là est une autre résidence royale, la *Granja*, près de San Ildefonso ; demeure plus modeste et moins attristée, pour laquelle la reine Isabelle II semble avoir une prédilection particulière. Nous la retrouverons dans nos *Excursions autour de Madrid*.

Tel est le contraste des temps. Aujourd'hui une station s'élève et la locomotive siffle à quelques pas de l'Escorial, et ce grand édifice de granit est désert.

Villalba, 12 kil., 250 hab., stat. Le chemin de fer suit la vallée du ruisseau le *Guadarrama*, jusqu'à la chaîne de montagne sur laquelle est bâti le village de

Torreladones, 7 kil., 180 hab., village pauvre, dans un site sauvage et abandonné. Ses habitants passaient autrefois pour exploiter les grands chemins, à la faveur de l'isolement et de l'escarpement des routes sur ce point.

Pour arriver à cette station, le chemin de fer a traversé un tunnel percé dans la masse de granit bleu qui forme la base de la montagne. La ligne débouche dans la plaine de sable au milieu de laquelle est bâti Madrid. On arrive à

Las Matas, 6 kil., 100 hab., stat., sans importance, village composé de quelques maisons.

La route royale vient y rejoindre le tracé du chemin de fer, après la déviation que l'un a fait à l'ouest, l'autre à l'est, depuis Burgos.

Las Rosas, 7 kil., 489 hab., stat., bourg d'un aspect agréable, entouré de jardins et de belles cultures dont Madrid absorbe les produits. C'est là que l'ancienne route de terre venant de l'Escorial rejoint la route royale qui va aboutir à Madrid.

Pozuelo, 10 kil., 200 hab., stat., village des cultivateurs pour l'usage de la capitale, avec quelques villas dans une plaine sablonneuse et peu ombragée.

Le chemin passe près d'*Aravaca*, petite localité analogue à la précédente; il laisse à gauche, à quelque distance, la résidence royale du *Pardo*, bâtie au bord du ruisseau le *Mançanarez*, qui manque d'eau neuf mois de l'année; il traverse le *Mançanarez* et débouche dans la vaste plaine qu'on appelle le *Champ du More*.

Là, le train s'avance vers la capitale, ayant à sa gauche la montagne *del Principe pio*, que couvrent des massifs de verdure, et à droite, le cours du *Mançanarez*. Il entre à Madrid par la porte San Vicente, et vient, enfin, s'arrêter au pied d'un amphithéâtre de jardins, au-dessus desquels s'élève le palais de la reine.

MADRID

CAPITALE DU ROYAUME ESPAGNOL

Madrid est la capitale du royaume et le chef-lieu de la capitainerie générale de la Nouvelle-Castille, qui comprend six provinces.

Cette ville est le siége du gouvernement et de toutes les administrations centrales du royaume. Elle compte environ 276,000 hab.

Situation de Madrid et historique de cette capitale. — Madrid est situé au centre de la Péninsule, et au milieu d'un vaste plateau aride, sablonneux, d'un aspect fort triste. Ce plateau est borné du côté du nord par les chaînes du Somosierra et du Guadarrama, au sommet duquel on aperçoit de Madrid, pendant la saison la plus brûlante, des neiges éternelles. Du côté de l'orient et du sud, la plaine se prolonge à découvert et a pour horizon toute une contrée nue, peu habitée et très-desséchée, à l'exception de la vallée du Tage, qui y dessine une fraîche zone de verdure.

Madrid est à 680 mètres au-dessus du niveau de la mer ; c'est la plus élevée des capitales de l'Europe, quoique l'aspect des hautes montagnes qui l'entourent en partie lui donnent l'apparence d'une ville placée dans une plaine basse. — L'air y est très-subtil, très-pur, mais sec, vif et fort dangereux pour les poitrines délicates. Un souffle insaisissable et glacial vient du côté des neiges du Gadarrama ; l'eau qu'on a fait venir à grand'peine dans la capitale est abondante, d'une limpidité admirable, mais froide comme l'eau des Pyrénées. — Elle est amenée à Madrid par le canal du Lozoya ou d'Isabelle II, terminée il y a peu d'années, et qui va à 70 kil. de la capitale, près de Torrelaguna, chercher une des sources de la montagne.

Autour de la ville, toute la contrée est dépouillée d'arbres ; quelques plantations de pins ont pu seules braver la sécheresse de ce sol sablonneux, et le manque de cours d'eau y est le principal obstacle aux cultures. La vallée du Tage et surtout les jardins d'Aranjuez sont pour les légumes la principale ressource de la ville ; les fleurs sont rares et très-chères à Madrid ; quant aux fruits, ils arrivent à dos de mulet de diverses provinces ; mais maintenant les chemins de fer vont apporter en abondance avec rapidité ces produits précieux de l'Andalousie et de Valence.

L'Espagne avait, autrefois, autant de capitales que de petits royaumes ; lorsqu'elle fut devenue une monarchie unique, la cour se transporta successivement dans les diverses villes qui avaient été des résidences royales et sembla hésiter longtemps entre elles pour le choix définitif d'une capitale.

Enfin Philippe II choisit Madrid. Cette préférence étonne lorsqu'on arrive dans le centre de la Nouvelle-Castille, un des pays les plus tristes du continent ; lorsqu'on voit cette ville qui n'a ni histoire, ni vieux monuments, au milieu d'une contrée aride et presque inhabitable.

Ce choix de Philippe II ne s'explique que par deux motifs : d'abord Madrid a l'avantage de sa position centrale au milieu de la Péninsule. En outre, le roi voulut s'affranchir de la rivalité ardente qui existait entre toutes les anciennes capitales : Grenade, Séville, Valence, Tolède, Valladolid, Léon et autres, qui se disputaient l'honneur d'être le siége définitif du pouvoir ; il choisit une ville nouvelle, mais déjà importante, Madrid.

Les principaux *souvenirs historiques* de cette ville remontent au onzième siècle, à l'époque de sa conquête par Alphonse VI. Au commencement du quatorzième siècle, Ferdinand IV y convoqua pour la première fois les *Cortès* ; à la fin de ce même siècle, en 1394, Henri II s'y fit couronner ; ses successeurs y résidèrent souvent ; Charles-Quint y habita surtout et il y fit venir François Ier prisonnier. — Après son abdication, Philippe II, qui lui succéda, adopta définitivement Madrid pour capitale.

En 1808, Madrid fut le théâtre de graves événements politiques et militaires : le départ du roi et de son fils Ferdinand qui se disputaient le trône ; l'arrivée de Murat ; la révolte du peuple contre Murat et les Français, la sanglante journée du 2 mai ; l'arrivée de Joseph Bonaparte, roi d'Espagne, le 20 juillet, au milieu d'une ville en deuil, puis l'arrivée de Napoléon lui-même, que Madrid refusa de recevoir. Mais la ville capitula ; Napoléon, à son tour, refusa d'y entrer et s'établit à Chamartino, à l'entrée de la capitale.

Le 22 janvier 1809, Joseph y rentra ; — le 11 août 1812, ce roi, menacé par l'armée anglaise, partit de Madrid ; le lendemain Wellington y entrait à sa place, mais en libérateur.

Le 2 novembre, Joseph y revint après le départ des Anglais. Enfin, le 17 mars 1813, il quitta Madrid pour toujours. La désastreuse retraite était commencée.

Le 13 mai 1814, Madrid fêta le retour de son roi national Ferdinand VII. Les Madrilènes virent une fois encore les Français entrer dans leurs murs, sous les ordres du duc d'Angoulême, le 23 mai 1823, mais, cette fois, pour affermir Ferdinand VII sur son trône.

Sauf la déplorable condition de ses environs, qui sont aussi tristes que arides, Madrid a, politiquement et administrativement, une situation fort bien choisie. Il suffit, pour s'en convaincre, de jeter un coup d'œil sur la carte d'Espagne qui complète ce livre.

Stratégiquement, et par quelque côté que puisse venir une invasion, cette capitale tire sa sécurité de sa position centrale, de son éloignement égal de toutes les frontières, et de la série de remparts naturels qu'élèvent autour d'elle les innombrables chaines de montagnes qui se croisent en tous sens sur toute l'étendue du territoire.

En outre, pour l'administration et le commerce, Madrid est un point central à partir duquel rayonnent dans toutes les directions les routes, les chemins de fer qui se dirigent vers les villes de l'intérieur et vers les ports nombreux rangés sur le périmètre de ses côtes. De tous ces points extrêmes, le mouvement des voyageurs et du commerce vient, en retour, se croiser ou se concentrer à Madrid. Quand le réseau de toutes ces lignes sera développé, amélioré, complété, la capitale du royaume verra grandir dans des proportions considérables sa richesse, sa population, son activité et son importance à tous les égards.

Distance de Madrid aux principales villes du royaume et aux colonies. — Voici à quelles distances Madrid se trouve des principales villes de la Péninsule. Il y a :

De Madrid : à Guadalajara, 56 kilomètres, — à Tolède, 67 kil.; — à Ségovie, 84 kil., — à Valladolid, 189 kil., — à Salamanca, 217 kil., — à Burgos, 233 kil., — à Albacete, 239 kil., — à Zamora, 250 kil., — à Logrono, 294 kil., — à Léon, 317 kil., — à Saragosse, 317 kil., — à Valence, 353 kil., — à Jaen, 355 kil., — à Murcie, 378 kil., — à Pampelune, 378 kil., — à Badajoz, 380 kil., — à Cordoue, 380 kil., — à Bilbao, 394 kil., — à Alicante, 400 kil., — à Santander, 400 kil. (ces deux ports à égale distance sont l'un sur l'Océan, l'autre sur la Méditerranée), — à Grenade, 426 kil., — à Tolosa, 426 kil., — à Oviedo, 439 kil., — à Lerida, 456 kil., — à Séville, 538 kil., — à Tarragona, 539 kil., — à Malaga, 555 kil., — à Almeria, 573 kil., — à Barcelone, 616 kil., — à Cadix, 672 kil., — à Gerona, 711 kil.

Quant aux colonies espagnoles, Madrid se trouve à 1,000 myriamètres de la Havane, par Cadix; — à 833 myriam., de Saint-Jean-de-Porto-Rico, par Cadix; — à 1,670 myriam. de Manille, par l'isthme de Suez, et à 2,500 myriam. de cette île, par le cap de Bonne-Espérance; — à 722 myriam. de Fernando-Pô, par Cadix; — à 788 myr. d'Annobon, par Cadix; — à 84 myriam. des îles Chaffarines, par Malaga.

Distance de Madrid aux autres capitales de l'Europe. — Voici les distances entre Madrid et les autres capitales de l'Europe. Il y a :

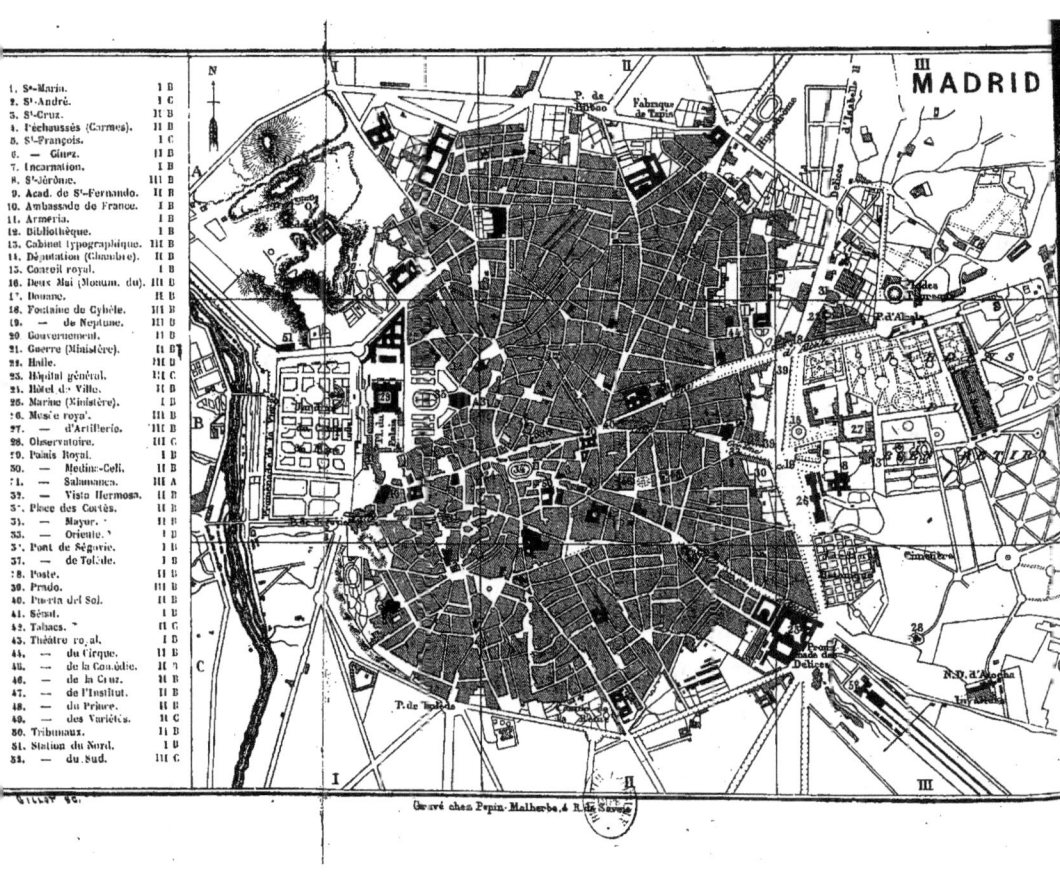

De Madrid à Paris, par Bayonne, 128 myriamètres; — à Londres, par Paris, 167 myriam., — à Bruxelles, par Paris, 172 myriam., — à Berlin, par Paris et Bruxelles, 250 myriam , — à Saint-Pétersbourg, par Paris, Bruxelles et Berlin, 589 myriam., — à Copenhague, par Bruxelles et Hambourg, 250 myriam., — à Francfort, par Paris, 185 myriam., — à La Haye, par Paris et Bruxelles, 206 myriam., — à Hanovre, par la même ligne, 222 myriam., — à Berne, par Barcelone, Perpignan et Grenoble, 162 myriam., — à Munich, par Marseille et Turin, 185 myriam., — à Rome, par Barcelone et la Méditerranée, 156 myriam., — à Naples, par la même ligne, 167 myriam., — à Constantinople, par Valence et la Méditerranée, 361 myriam., — à Alger, même ligne, 106 myriam., — à Athènes, même ligne, 278 myriam., — à Lisbonne, par Badajoz, 59 myriam.

Aspect de Madrid. — Madrid a tout l'aspect d'une ville entièrement moderne; cette capitale n'a rien de tout ce qui caractérise d'une manière si remarquable les vieilles villes espagnoles, comme Tolède, Vitoria, Burgos, Valladolid, Grenade, Séville, Badajoz, Saragosse; ni ces vieux palais, ni ces cathédrales gothiques, ni ces édifices admirables qu'a laissés la civilisation moresque, ni ces rues anciennes et pittoresques qui offrent à côté des quartiers nouveaux le type si bien conservé du moyen âge.

Deux ou trois grandes artères, comme la *calle de Alcala* et la *calle San Geronimo*, sont bordées de magnifiques hôtels en granit; les ministères, la place royale, le palais de la reine et quelques habitations importantes, notamment celles qu'on vient d'élever autour de la *puerta del Sol*, ont un aspect monumental. Mais, à l'exception de ces constructions, qui sont toutes modernes, Madrid ne se compose que d'un amas de rues médiocres, sans caractère, bâties bourgeoisement, de quartiers irréguliers, mal tracés, et le voyageur qui les parcourt a peine à se croire dans la capitale d'un grand royaume.

Quant aux églises, qui occupent le premier rang monumental dans toutes les autres villes espagnoles, elles sont à Madrid d'une médiocrité, d'une laideur qui contraste d'une manière incroyable avec les innombrables et beaux édifices religieux qu'on rencontre partout ailleurs dans la Péninsule. Les églises de Madrid ne sont que des chapelles mal situées, lourdement construites, et n'ayant absolument aucun caractère architectural ni religieux. L'intérieur est orné avec un mauvais goût qui correspond à celui du monument, si l'on peut donner ce nom à ces laides et mesquines bâtisses.

Un détail y est à remarquer ; on n'y voit pour le public des fidèles ni chaises, ni bancs ; des nattes couvrent les dalles, et c'est sur ces nattes qu'on voit pendant les offices s'agenouiller, s'accroupir par terre, les dames en robe de soie, en grande toilette, confondues avec les femmes du peuple ; les hommes de toutes conditions s'y agenouillent aussi. Cet ensemble de fidèles prosternés sur le sol, dans l'égalité d'une humilité toute chrétienne, est digne de frapper l'attention de l'étranger.

Après midi, tout le clergé espagnol quitte la soutane. On voit les prêtres en habit noir circuler dans les rues et aux promenades on les trouve au café, au spectacle, et le seul signe distinctif auquel on les reconnaisse est un petit col-cravate bleu bordé de blanc.

L'odeur de l'huile, qui poursuit le voyageur à travers toute l'Espagne, ne le quitte pas à Madrid. L'huile a dans la cuisine espagnole un rôle général, et comme elle n'est pas épurée, elle lui donne une âcreté qui la rend à peu près détestable pour les étrangers. Les Espagnols sont, du reste, d'une sobriété remarquable ; ils boivent peu de vin, et leur nourriture se compose surtout de mouton, de garbanços, de pommes de terre, de riz, de lourde pâtisserie, de viande très-maigre, dont la qualité médiocre n'est nullement améliorée par la cuisine du pays.

Madrid est traversé de l'est à l'ouest par une grande artère, une large voie publique, qui commence à la porte de *Alcala* et va finir, après plusieurs accidents du sol, au *portillo de la Vega*, près du palais royal.

Cette grande artère est la large et belle rue de *Alcala*, qui passe au bout du *Prado*, monte vers l'hôtel *Péninsulaire*, et descend à la *puerta del Sol*. Nous ne pouvons mieux la comparer qu'au boulevard qui, à Paris, va de la Bastille à la Madeleine. A la *puerta del Sol*, qui est une place demi-circulaire, rebâtie et agrandie depuis peu d'années, cette voie se continue par la *calle Mayor*, qui passe près de la *plaza Mayor*, et va finir, presque en ligne droite, à l'église *Santa Maria*, et au *portillo de la Vega*.

A l'extrémité est de la ville, c'est-à-dire au point où commence la *calle de Alcala*, il y a tout un ensemble de promenades fort belles, placées tranversalement ; ce sont : le *Prado*, rendez-vous célèbre et général des promeneurs élégants, des équipages et des piétons ; les vastes et beaux jardins du *Retiro*, qui s'élèvent autour du palais de ce nom, qu'habitent les princes de la famille royale ; le *paseo de los Recoletos*, et la promenade qui mène à la *Fuente castillana*, le seul endroit de Madrid où l'on trouve un peu d'ombre et de fraîcheur. A quelques pas de là, l'aridité recommence ; on aperçoit le sable et les pins, qu'on y a plantés pour en dissimuler l'aspect.

A l'extrémité ouest de cette grande artère, c'est-à-dire à l'autre bout de Madrid, le promeneur trouve, à droite, la *plaza de Oriente*, dont on a fait un jardin charmant autour du palais de la reine, et de la hauteur à laquelle se trouve placée la demeure royale, son regard s'étend au loin sur les jardins du *champ du More*, la montagne du *Principe pio*, la gare du chemin de fer du Nord, et la vallée du *Mançanarez*.

A l'entour de Madrid règne un boulevard avec un mur d'enceinte, absolument comme celui qui entourait Paris et qu'on a démoli, lorsqu'on a transféré aux fortifications le périmètre de la capitale de la France. Comme à Paris, aussi, on vient de reculer une partie des limites de la ville, de manière à agrandir considérablement l'étendue de Madrid.

De l'ancienne enceinte il reste plusieurs portes, celles de *Alcala*, de *Bilbao*, de *Ségovie*, de *Tolède*, de *Atocha*, près de laquelle se trouve la gare du chemin de fer de Madrid à Alicante et à Saragosse.

Tout près de cette gare, sur une colline assez élevée, on aperçoit trois édifices : le plus rapproché de la ville est l'*observatoire* ; plus loin, deux autres, qui sont contigus : l'église de *Notre-Dame d'Atocha*, où la reine va avec un grand cortége faire solennellement ses *relevailles*, et l'*Hôtel des Invalides*. — Deux grandes voies mènent à ce point extérieur de la ville ; l'une est la promenade du Prado, qui se continue par de belles allées jusqu'à la gare ; l'autre est la *calle de Atocha*, qui part de la *plaza Mayor*, et va directement à l'église de ce nom. C'est cette ligne que suit le cortége royal.

Tel est, autant qu'on puisse le tracer rapidement à la plume, l'aspect général de Madrid. Le voyageur pourra s'en faire une idée bien plus exacte, bien plus complète, en examinant le plan ci-joint de cette capitale.

Nous allons maintenant indiquer au voyageur tout ce qu'il peut lui être nécessaire ou agréable de trouver et de connaître dans Madrid : monuments, établissements publics, administrations, etc., etc., etc.

— Pour que le *Guide* soit, à cet égard, d'un usage plus facile, nous allons classer tous ces renseignements par ordre alphabétique. Ce classement ne répond pas, évidemment, à l'ordre d'importance, mais il est celui qui assure le plus de promptitude dans la recherche des indications.

Académies. — ACAD. ROYALE DES SCIENCES, calle de Atocha, 14. Bureaux de 10 h. à 4 h.

ACAD. D'HISTOIRE, plaza Mayor, 30 et 32. Entrée par l'Arc de triomphe, 3. Bureaux de 10 h. à 3 h. Séances le vendredi, de 8 à 10 h. du soir.

ACAD. ESPAGNOLE, calle Valverde, 26. Réunions tous les jeudis de 7 à 9 h. du soir. Bur. de 8 h. à 5 h. tous les jours.

ACAD. DE MÉDECINE ET DE CHIRURGIE, calle de Atocha, collége de San-Carlos.

ACAD. ESPAGNOLE D'ARCHÉOLOGIE, secrétariat, calle de San Bernardo, 80.

ACAD. DES NOBLES ARTS, calle de Alcala, 19.

ACAD. DE JURISPRUDENCE ET DE LÉGISLATION, calle de la Manlean, 32. Séances publiques le mardi et le vendredi.

Amirauté. — Direction au ministère de la marine, plazuela de los Ministerios. Bur. de 10 h. à 4 h., tous les jours.

Ambassades et Légations. — AUTRICHE, calle de la Estrella, 22. Aud. tous les jours, de midi à 2 h.

AMBAS. D'ANGLETERRE, calle de Torija, 9. Réception de midi à 2 h.

AMBAS. DE BELGIQUE, calle del Barquillo, 14. Aud. de 11 h. à 4 h., tous les jours.

AMBAS. DE BRÉSIL, plazuela de Oriente, 4.

AMBAS. DE DANEMARK, calle de Atocha, 69. Aud. tous les jours, à midi.

AMBAS. DES ÉTATS-UNIS, plaza de Oriente, 1. Bur. ouv. tous les jours, de midi à 3 h.

AMBAS. DE FRANCE, cuesta de la Vega, 5. Bur. ouv. tous les jours, de 2 à 4 h. — Le consul reçoit tous les jours de 2 à 4 h.

AMBAS. DES PAYS-BAS, calle San Mateo, 9. Récept. tous les jours, de 1 à 3 h.

AMBAS. DE PORTUGAL, calle de Fuencarral, 93. Aud. de midi à 1 h. — Bur. ouv. de 1 à 5 h. du soir, tous les jours.

Ambas. de Prusse, calle de Alcala, 61. Aud. tous les jours, de 1 à 3 h.

Ambas. de Suède, calle del Sordo, 37 Récept. tous les jours, à midi.

Ambas. de Russie, calle de Fuencarral, palais de Vista-Hermosa. Bur. ouv. tous les jours, de midi à 3 h.

Archives de la maison royale, au palais de la reine. Ouv. tous les jours, de 10 h. à 3 h. — Les jours fériés, fermé à 2 h. 1/2.

Arch. du registre du sceau royal, calle de Silva, 14. Ouv. tous les jours, de midi à 3 h.; sauf les jours fériés.

Arch. de l'ancien conseil de Castille, plaza de los Consejos, 127. Ouv. de 11 h. à 3 h., tous les jours.

Arch. générales des écritures publiques, carrera San Francisco, 16. Ouv. tous les jours, de 10 h. à 3 h., moins les jours fériés ;

Du ministère des finances, calle de Alcala, 17. Ouv. tous les jours de 10 h. à 4 h.;

Du min. de la justice, calle Ancha San Bernardo, 47; ouv. tous les jours, de 10 h. 4 h.

Artillerie. — Musée au palais du *Retiro*, place de la Pelota. Ouv. du 2 septembre au 24 juillet. On le visite le mardi et samedi, au moyen de billets délivrés par le directeur.

Conseil supérieur d'artillerie, calle de Alcala, 63. Réunion les lundi, mardi et vendredi.

Assistance publique. — Assemblée générale de bienfaisance, calle de Santa Catalina de Donados, 4. — Heures de bureau et d'entrée, de 10 h. à 3 h.

Assemblée municipale de bienfaisance, plazuela de la villa, 111. — De 11 à 3 h.

Assemblée provinciale de bienfaisance, calle de Suzon, 6. — De 10 h. à 4 h.

Asile de mendicité de San Bernardino, au delà de la porte San Bernardino. — On peut le visiter sans permission écrite.

Asile et école des enfants trouvés (Inclusa) au collége de Notre-Dame de la Paz, calle del Meson de Paredes, 74.

Asile des orphelines, au collége de las Urselinas (Huerfanas), calle Alameda, 1.

Sainte Confrérie du Refuge (Santa Hermandad del refugio y pietad), carrera de San Pablo, 16. Distribution de secours et hospitalité donnée aux indigents. — Voyez plus loin Hospices.

Assurances (Compagnies d'); — companias de Seguros : — la *mutualidad*, assur. contre l'incendie, calle de Alcala, 36.

La Union Española, assur. contre l'incendie, carrera San Geronimo, 34.

La Sociedad de seguros Mutuos, assur. contre l'incendie, plaza Mayor, 30, casa de la Panaderia.

La Tutelar, comp. d'assur. mutuelles sur la vie, calle de Alcala, 56.

La Providencia, comp. d'assur. contre la mortalité des bestiaux, calle de la Montera, 28.

Monte-Pio universal, comp. d'assur. sur la vie, calle de la Magdalena, 3.

Athénée, scientifique, artistique et littéraire, calle de la Montera, 52. Réunions mensuelles. Pour y entrer il faut être présenté par un membre.

Audiencia. — Voy. Tribunaux.

Ayuntamiento de Madrid (municipalité), plazuella de la Villa, 111. — Bureaux ouv. tous les jours de 2 h. 1/2 à 4 h. — L'alcade-corrégidor, le maire de la capitale, est le président de l'ayuntamiento. Il y a dix adjoints ou lieutenants de l'alcade, et 28 *regidores* ou conseillers municipaux. Les adjoints ou *tenientes* de l'alcade exercent la juridiction municipale et tiennent audience chacun dans son quartier. Par conséquent Madrid est divisée en dix circonscriptions et dans chacune d'elles fonctionne un adjoint de l'alcade. Ces fonctionnaires ont des pouvoirs analogues à ceux des maires et des adjoints des arrondissements de Paris.

Bains. — Les établissements de bains sont trop peu nombreux, et la rareté de l'eau a été sans doute jusqu'à ce jour la cause de la cherté des prix (2 fr. et 2 fr. 50 par bain). Les plus connus sont ceux : — de *Oriente*, calle Isabel II; — de la *casa de Cordero*, près la *Fonda Viscaina*; — de la *Estrella*, calle Santa Clara. On en trouve encore calle del Caballero de Gracia, calle de Capellanes et calle Hortaleza.

Bibliothèques : — Bibliothèque de l'Université, calle Ancha de San Bernardo, 51. Ouv. au public de 9 à 3 h. 25,000 vol.

Bibl. de San Isidro, calle de Toledo, 43. Ouv. au public de 9 h. à 3 h. 800,000 vol.

Bibl. de la Faculté de médecine, calle de Atocha, 106. Ouv. au publ. de 9 h. à 2 h. 15,000 vol.

Bibl. de la Faculté de pharmacie, calle de la Farmacia, 11. Ouv. au publ. de 9 à 3 h.

Bibl. de l'Académie d'histoire, calle del Léon, 21. Ouv. au public depuis 8 h. du matin jusqu'au soir.

Bibl. nationale, calle de la Biblioteca, 4. Ouv. au publ. l'hiver, de 10 h. à 4 h.; l'été, de 9 h. à 3 h. Elle est fermée pendant la seconde quinzaine de mai et d'octobre pour faire aux livres les réparations nécessaires. 250,000 vol.

Les amateurs de vieux manuscrits et de livres anciens en trouveront à la Bibliothèque nationale une abondante collection; mais y trouveront-ils des employés capables de lire seulement les titres des originaux ou de découvrir les ouvrages demandés? Nous n'oserions l'affirmer.

Il y a aussi à côté de la bibliothèque un cabinet de monnaies et de médailles, le plus riche et le plus curieux de l'Europe. Plus de cent mille modules y sont amassés, entassés, enfouis dans des armoires qu'on n'ouvre jamais.

Ces médailles, phéniciennes, carthaginoises, romaines, gothiques, arabes, si elles étaient classées, offriraient l'histoire numismatique des peuples qui se sont succédé dans la Péninsule. Mais qui entreprendra ce travail? Quand l'Espagne aura-t-elle un ministre qui ait la fermeté de vouloir cette tardive opération de classement, et un savant capable de l'accomplir?

Bibl. de l'Académie espagnole, calle Valverde, 26. Non publique.

Bibl. de l'Académie des nobles arts, calle de Alcala, 19. Ouv. au publ. tous les jours de 10 h. à 2 h., excepté pendant les fortes chaleurs de l'été.

Les Bibl. du collége des *Abogados* (avocats) calle de la Concepcion Geronimo, 7; — du *Cabinet d'histoire naturelle*, calle de Alcala, 19, — et du *Jardin botanique*, au Prado, ne sont pas publiques.

La Bibl. du *corps d'état-major*, calle de Alcala, 59, est ouv. tous les jours aux militaires, de 11 h. à 5 h.

Les grands corps de l'État ont leurs bibl. particulières et réservées.

Bourse. — La bourse de Madrid est située plazuela de la Leña, 14. Elle est ouverte de 1 h. à 3 h. tous les jours non fériés. La première heure est réservée aux valeurs commerciales et industrielles; la dernière heure, aux fonds publics. — 36 agents de change.

Cabinets : d'*anatomie*, de *machines*, etc., etc. Voyez Musées.

Cafés. — Quelques cafés de Madrid, placés dans les beaux quartiers comme la calle de Alcala ou la Carrera San Geronimo, ont à peu près le luxe, le confortable, le service des cafés de Paris. Mais dans les rues secondaires, ces établissements sont mal tenus et rappellent certains cafés des petites villes de province.

Les principaux cafés sont : celui de la calle de Sevilla, fort bien tenu ; le café de la *Iberia*, calle de San Geronimo, très-fréquenté pendant l'été par la haute société (au retour du Prado les dames vont y prendre des glaces et de nombreux équipages stationnent à la porte); les cafés *Suisse*, *del Iris*, de *los Amigos*, de *la Aurora*, etc., calle de Alcala ; celui *del Principe*, calle del Principe, et un grand nombre d'autres; dans les rues secondaires.

Il y a aussi de petits et modestes établissements qui remplacent avec avantage, au point de vue de la tempérance, les innombrables comptoirs des marchands de vins de Paris : ce sont les *horjaterias*. On y vend à très-bas prix le *chocolate*, que les Espagnols prennent quatre ou cinq fois par jour, les verres de limonade à la neige, une décoction de gland doux qui simule le café, sans parfum; de l'*aguardiente*, eau-de-vie mêlée d'anis et d'eau ; parfois un vin blanc léger nommé *amontillado*. Ces *horjaterias* se retrouvent dans toutes les villes d'Espagne, et surtout dans la région du sud.

Caisse des dépôts et consignations (Casa de deposito), calle de Alcala 17. Ouverte de 10 h. à 2 h., tous les jours.

Caisse d'épargne (Caja de ahorros). Elle est ouverte tous les dimanches de 9 h. à 1 h., depuis le mois de mai jusqu'à la fin de septembre, et de 10 h. à 2 h. le reste de l'année. — On y reçoit les versements de 4 à 100 réaux pour la première fois, et jusqu'à 60 les autres fois ; la dernière heure est réservée pour les remboursements.

Il y a à Madrid trois bureaux de la caisse d'épargne : l'un, plazuela de las Descalsas ; l'autre, calle de Toledo, 59 ; le troisième, calle de Fuencarral, dans les bâtiments de l'hospice.

La *Gazette officielle* (Gaceta de Madrid) publie tous les huit jours le résumé des opérations.

Capitainerie générale. — Le siége de la capitainerie générale de la Nouvelle-Castille est calle de Atocha, 4 bur. ouv., de 8 h. du matin à 3 h. ; audience tous les jours du capit. génér., de 2 h. à 3 h. pour les chefs du corps et officiers. Réception pour le public de 1 h. à 2 heures.

Casernes. — Les principales casernes de Madrid sont : celle des hallebardiers, calle San Nicolas ; — des gardes du corps, calle del Conde Duque ; — des invalides, près de l'église d'Atocha, dans l'ancien couvent de ce nom ; — des ingénieurs, calle del Posito, à la porte de Alcala ; — de l'artillerie, près du Retiro ; — celle de la garde urbaine, paseo del Recoletos, 4 ; — des Carabineros, calle de la Encarnacion, 4 ; — de la garde civile, calle San Martin ; — et celles de San Gil, plaza San Marcial, — de Santa Isabel, calle Santa Isabel, 15 ; — de San Francisco, près du couvent de San Francisco ; — de San Mateo, calle San Mateo, 15, et celle del Soldado, calle del Soldado.

Chemins de fer. — Il n'y a en ce moment à Madrid que deux gares de chemins de fer : — celle du chemin de fer du nord de l'Espagne, qui est située, nous l'avons dit, à la porte San Vicente, au pied de la hauteur que domine le palais Royal ; — celle des chemins de fer de Madrid à Alicante, à Valence et à Sarragosse, qui est placée près de la porte d'Atocha, à l'extrémité de la calle d'Atocha et du paseo du Prado.

Chacune des compagnies de ces chemins a établi dans Madrid un bureau central où les voyageurs peuvent se faire délivrer des billets, faire inscrire et charger leurs bagages, se faire renseigner sur les correspondances, et où stationnent aussi les omnibus. Les renseignements que chaque voyageur obtiendra dans chaque bureau central seront très-précis, très-complets, sur tout ce qui se rapporte au service et aux correspondances de la ligne qu'il veut parcourir, soit pour les messageries, soit pour les bateaux à vapeur.

Il est donc inutile que nous placions ici des indications fort longues et essentiellement variables. Les meilleures à prendre seront toujours fournies dans chaque bureaux central.

La compagnie du *Chemin de fer du nord de l'Espagne* a son bureau central à la puerta del Sol, n° 9.

Le *chemin de fer de Saragosse* a son bureau central calle de Alcala, 32.

Le chemin de fer de *Madrid à Alicante*, à Tolède, à Valence, — même bureau. Les réclamations relatives à l'exploitation, au service de la ligne doivent être adressées à la direction du chemin de fer, station de Atocha.

Le chemin de fer de *Cordoue à Séville* a son siège administratif à

Madrid, calle Fuencarral, 2 ; — et la direction de l'exploitation à Séville, calle de las Palmas, 2.

Cimetières. — Les cimetières de Madrid sont à la fois les plus lugubres enclos et les plus tristes monuments qu'on puisse imaginer. Ils ne ressemblent en rien à ceux de France, encore moins à ces sépultures que les Orientaux entourent de bosquets, de fleurs, de colombes et dont ils font des lieux de doux recueillement pour les vivants après en avoir fait le dernier asile de leurs morts.

Qu'on se figure un enclos mal tenu, une sorte de charnier, un ensemble de fosses si bien confondues qu'on peut prendre cet ensemble pour une fosse commune. Alentour sont bâties des galeries ; ces galeries sont divisées en casiers ; dans chacun de ces casiers on glisse un cercueil et on ferme l'ouverture par une dalle qui porte l'inscription funéraire. Ce système est pratiqué comme celui des concessions perpétuelles ou temporaires dans les cimetières français. Le prix de ces cases funèbres est fort élevé ; s'il n'est payé que temporairement, on enlève le cercueil dès que le terme de ce loyer mortuaire est échu, et on ensevelit les restes dans la fosse commune, pour que le compartiment de la galerie soit disponible et prêt à recevoir un nouveau cercueil.

Le voyageur pourra voir ce système particulier de sépultures dans les cimetières de la porte d'*Atocha*, de *Fuencarral* et de *San Sebastian*.

Colléges (Voy. Écoles et Colléges.)

Commerce. — La Chambre de commerce tient ses assemblées plazuela de la Leña, 14, dans l'hôtel de la Bourse.

Congreso (Cortés), palacio del Congreso. — A l'extrémité de la Carrera San Geronimo, sur l'un des côtés d'une petite place triangulaire et sur un terrain en pente, s'élève le palais des Cortés, dont la construction fut votée en 1842, et dont l'inauguration a eu lieu en 1850. Cet édifice, fort mal placé, est construit en granit ; il est vaste, d'un très-bel aspect, et sa façade est copiée sur celle du palais du Corps législatif à Paris. Même colonnade, même fronton triangulaire, même série d'escaliers pour arriver au péristyle de la colonnade. La seule différence est que les deux statues sont remplacées ici par deux lions académiques et par deux magnifiques candélabres en bronze doré.

La salle des séances est grande et bien disposée ; l'intérieur du palais est orné de belles peintures dues aux meilleurs artistes actuels de l'Espagne. — On obtient des billets d'entrée pour les tribunes pendant les sessions.

En face, et au milieu de cette petite place difforme, se dresse une médiocre statue en bronze sur un piédestal de granit : la statue de Michel Cervantès.

Conseil provincial (DIPUTACION PROVINCIAL), calle Mayor, 155, au gouvernement de la province. Bur. ouv., tous les jours de 2 h. à 5 heures.

Conservatoires. — CONSERVATOIRE DES ARTS, CABINET DES MACHINES, calle de Atocha, 14. Les étrangers et les artistes le visitent avec autorisation du directeur.

Conservatoire NATIONAL DE MUSIQUE ET DE DÉCLAMATION, calle de Felipe V, au théâtre royal. Secrétariat ouv. tous les jours, de 10 h. à 2 heures.

Crédit espagnol. — CRÉDIT MOBILIER ESPAGNOL. — Voy. SOCIÉTÉS de crédit et autres compagnies financières.

Dette publique. — Le conseil de direction de la *dette* et l'administration siégent calle de la Salud, 2. Les réunions du conseil ont lieu le mardi et le vendredi. Elles ne sont pas publiques.

Les bureaux de la direction sont ouverts tous les jours de 9 h. 1/2 à 4 h. 1/2. — Tenue du grand livre de la dette : bureaux ouverts de 2 h. à 4 h. — Liquidation : bureaux ouverts de 10 h. à 11 h. — Comptabilité : bureaux ouverts de 10 h. à 4 h.

Douanes. — La direction des douanes est calle de Alcala, 17. — Bureaux ouverts pour les affaires commerciales, tous les jours, de de 3 h. à 4 h. — La direction des *contributions* est dans le même hôtel.

L'administration des tarifs (aranceles) de douane : calle de Alcala, 17, et calle de la Aduana, 10. — Bureaux ouverts à toute heure du jour.

Écoles et collèges. — ÉCOLE DES SOURDS-MUETS ET DES AVEUGLES, calle del Turco, 11. — Tous les vendredis soir il y a des exercices publics par les élèves de ces deux catégories. On peut y assister avec l'autorisation du directeur. — Les parents et amis des élèves peuvent entrer dans l'établissement, sans billet, tous les jours de fête, de 10 h. à 1 h.

ÉCOLE DE DROIT DES AVOCATS (abogados), calle de la Concepcion Geronima, 7. Il y a une bibliothèque spéciale.

ÉCOLE SPÉCIALE D'ARCHITECTURE, calle de los Estudios de San Isidro, 1. — Les élèves y séjournent de 9 h. du matin à 3 h. Le secrétariat est ouvert tous les jours, de 10 h. à 2 h. Les cours ne sont pas publics.

ÉCOLE DES BEAUX-ARTS, à l'Académie des trois nobles arts, calle de Alcala, 19.

ÉCOLE DU CORPS D'ÉTAT-MAJOR, calle de Alcala, 19.

ÉCOLE DE DROIT POUR LE NOTARIAT, en los Estudios de San Isidro, calle de Toledo, 43.

ÉCOLE DES INGÉNIEURS DES PONTS ET CHAUSSÉES, calle del Turco, 9. Ouverte de 10 h. à 4 h.

ÉCOLE DES INGÉNIEURS DES MINES, calle del Florin, 2. L'enseignement y dure quatre années. Outre les sciences mathématiques et physiques, il y a une chaire d'allemand et une autre de droit administratif.

ÉCOLE INDUSTRIELLE, au ministère des travaux publics (fomento), calle de Atocha, 14. Secrétariat ouvert de 11 h. à 5 h.

ÉCOLE NORMALE CENTRALE, calle Ancha de San Bernardo, 8. Secrétariat ouvert de 10 h. à 4 h. On peut visiter l'école de 11 h. à 3 h.

ÉCOLE DE COMMERCE, calle de Atocha, 14, au ministère de fomento. Secrétariat ouvert de 10 h. à 1 1/2.

ÉCOLE SUPÉRIEURE VÉTÉRINAIRE, paseo de Recoletos, 16.

ÉCOLES GRATUITES POUR LES ENFANTS PAUVRES. Madrid possède 8 de ces établissements si utiles et si bienfaisants. Ils sont placés : calle de Atocha, 115 ; calle del Espino, 6 ; calle de Leganitos ; Ancho de San Bernardo ; callejon de San Marcos ; Chambéri, en la plaza ; carrera San Francisco ; Meson de Paredes, à la fabrique de cigares.

Les enfants restent pendant toute la journée dans ces écoles ; l'hiver, de 8 h. à 5 h. ; l'été, de 7 h. à 6 h. Ils ont deux heures de classe le matin, et deux heures dans l'après-midi.

ÉCOLE DES ENFANTS TROUVÉS, au collége de la Paz, calle del Meson de Paredes, 74. Cet établissement est placé sous l'autorité d'une réunion de Dames de charité.

La commission royale pour la direction des écoles publiques de Madrid a son siége plazuela del Conde de Miranda, 4. Les bureaux sont ouverts de 10 h. à 3 h. — Voir plus loin, les *Facultés*.

Églises. — Il y a à Madrid 18 églises paroissiales, qui sont : *Santa Maria*, plaza de los Consejos, 122.

San Martin, Desengaño, 28.

San Ginès, calle de Arenal, 13.
San Salvador y San Nicolas, plaza de San Nicolas, 11.
San Pedro, calle del Murcio, 12.
Santa Cruz, plaza Santa Cruz.
San Andrès, plaza San Andrès.
San Justo y San Miguel, calle San Justo, entre le n° 1 de cette rue et le n° 1 de la place del Cordon.
San Sebastian, calle de Atocha, 51.
Santiago y San Juan, plaza Santiago.
San Luis (des Français), calle de la Montera, 37.
San José, calle de Alcala, 57.
San Millan, plaza San Millan, 7.
San Lorenzo, calle Salitre, 33.
San Ildefonso, plaza San-Ildefonso, 4.
San Marcos, calle San Leonardo, 4.
Celles de *Chamberi*, et celle *del Retiro*.

Toutes ces églises offrent, au point de vue de l'architecture et du style religieux, le plus médiocre aspect. Elles ne sont en rien comparables, nous l'avons déjà dit, aux admirables et nombreuses cathédrales que le voyageur peut voir dans presque toutes les villes d'Espagne.

Parmi ces 18 régions paroissiales on peut citer toutefois :

San Andrès, dans laquelle il faut voir la belle chapelle royale de saint Isidore, patron de Madrid. Elle a été construite aux frais de la couronne et de la ville, sous Philippe IV, et a coûté la somme, énorme pour l'époque, de 10 à 12 millions de réaux. Il y a un grand luxe de marbres et quelques peintures estimées.

San Ginès, une des plus grandes, a été dévastée en 1834 par un incendie. L'intérieur offre encore quelques sculptures et divers tableaux à examiner.

San Justo y San Miguel, dont la façade, ornée de statues et de bas-reliefs, est la seule dont on puisse louer l'aspect monumental. La nef contient quelques œuvres d'art estimables.

Santa Cruz n'a de remarquable que la laideur fantaisiste de sa façade et l'élévation de sa tour, du haut de laquelle on a sous les yeux le panorama de Madrid.

Madrid possède encore d'autres *églises* ou *chapelles*, dont les principales sont :

La *Chapelle royale*, au palais de la reine, 1ᵉʳ étage.
La *Collégiale*, au couvent de San Isidro el Real, calle de Toledo, 45.
Notre-Dame d'Atocha, à l'extrémité de la promenade d'Atocha;
Notre-Dame del Rosario, calle Ancha de San Bernardo, 9.
San Gayetano, calle de los Ambassadores, 19.
San Francisco el Grande, plazuela San Francisco, au bout de la rue de ce nom.
Descalzas reales (couv. royal des carmél. *déchaussées*) plazuela de las Descalzas reales, 2.
La Encarnacion, plazuela de la Encarnacion, 1.
Carmen Calzado, calle del Carmen, 30.
Santo Tomas, calle de Atocha, 4.
Salezas reales, plazuela de la Salezas reales.
Santo Domingo el Real, cuesta Santo Domingo, 6.

La plupart de ces chapelles sont beaucoup plus riches en travaux d'art et en souvenirs historiques que les églises paroissiales. Quelques-unes contiennent des sculptures, des peintures et des tableaux d'un prix inestimable, restes de la splendeur des anciens couvents. Elles sont donc, à ce double titre, plus curieuses à visiter.

La *chapelle royale*, au palais de la reine, est placée au côté nord du palais. On voit sa coupole qui domine l'édifice. Cette chapelle a la forme ovale; l'autel est placé à une extrémité; en face se trouve la tribune royale. L'ornementation intérieure, par les marbres et les dorures qui y sont répandus à profusion, est fort éclatante.

L'église *collégiale* de l'ancien couvent de *Saint-Isidore le Royal* est la plus vaste de Madrid; c'est le lieu des cérémonies royales ou officielles. On y ensevelit même, parfois, les hommes célèbres, que leur renommée rend dignes de cet honneur national.

Les piliers nombreux qui supportent les appuis du dôme obstruent le coup d'œil intérieur; il y a aussi une vraie profusion de statues et de groupes d'un style assez contestable. Toutefois le visiteur oublie promptement ces défauts, pour admirer les peintures qui l'entourent. Il y a là des œuvres des peintres religieux les plus célèbres de l'Espagne : Giordano, Palomino, Moralès, Carducci, Herrera, Cuello, etc.

Mais ce qu'il y a dans cette église de plus précieux, ce sont les reliques de saint Isidore, patron de Madrid, que le roi Charles III y fit placer. — La collégiale appartenait, avant 1789, à un couvent de jésuites, l'un des plus riches de la Péninsule.

Notre-Dame d'Atocha est aujourd'hui le sanctuaire le plus vénéré. Elle appartenait aussi autrefois à un couvent, qui est devenu aujourd'hui l'hôtel des Invalides.

C'est dans cette église que se célèbrent les mariages de la famille royale; c'est là, nous l'avons dit, que la reine vient faire solennellement ses relevailles; c'est là aussi que sont suspendus, autour de la nef, comme à Paris, dans la chapelle des Invalides, les drapeaux pris aux ennemis, et les drapeaux espagnols, qui ont été portés par l'armée dans les batailles célèbres. Cette église est donc à la fois un sanctuaire religieux et patriotique.

Elle est, du reste, comblée de riches ornements par la piété royale, et elle renferme une image de la Vierge qui est l'objet d'une vénération traditionnelle depuis plusieurs siècles.

L'église des *Salesas reales* dépend du couvent de ce nom, réservé aux filles nobles du royaume, et dont la fondation remonte à Ferdinand VI et à sa femme doña Maria-Barbara de Portugal. Sa façade est ornée d'une colonnade grecque, de sculptures au fronton et de deux statues. A l'intérieur, les tableaux, les peintures murales et les marbres sont d'une grande beauté.

Ce que cette église renferme de plus important est le tombeau monumental de Ferdinand VI, le fondateur. — Il est dans le style des mausolées italiens de Florence et de Rome, et digne de rivaliser avec les plus beaux d'entre eux. Il est en marbre, en bronze et en porphyre; les statues et les bas-reliefs sont dignes du meilleur temps de l'école espagnole.

La Encarnacion, église du couvent de ce nom, est une de celles qui offrent le plus d'œuvres artistiques à l'admiration du visiteur. Les autels, le retable principal, les galeries, les peintures et trois ou quatre statues dans les chapelles sont d'un style assez uniforme et d'une grande beauté.

Cette église, plusieurs fois restaurée ou rebâtie en partie, fut fondée, il y a deux siècles et demi, par la reine Marguerite, femme de Philippe III.

L'église et le couvent des *Descalzas reales* sont dus à la princesse Jeanne, fille de Charles-Quint. La façade de la chapelle est lourde et triste; mais l'intérieur mérite d'être visité.

Fabriques royales. — Voir : *orfévrerie, poudres, porcelaines, tabac, papier timbré, tapis.* — Voyez aussi INDUSTRIE.

Facultés. — *Faculté de jurisprudence,* calle Ancha de San Bernardo, 51. Secrét. ouv. de 9 h. à 3 h.

Fac. de médecine, calla de Atocha, 406. Secrét. ouv. de 9 h. à 3 h.

Fac. de pharmacie, calle de la Farmacia, 11. Secrét. ouv. de 9 h. à 3 h.

Fac. de philosophie, à l'université, calle Ancha de San Bernardo, 51. Secrét. ouv. de 9 h. à 3 h.

Fac. de théologie, calle Ancha San Bernardo, 51. Secrét. ouv. de 9 h. à 3 h.

Gaz. — L'usine à gaz de Madrid, construite depuis peu d'années, est une des plus vastes d'Europe. Elle est située au bas de la ville, au delà de la porte de Tolède.

L'administration est dans les bureaux du *Crédit mobilier espagnol,* calle Fuencarral, 2, au bout de la calle de la Montera.

Gouverneur civil de la province (Gobierno), calle Mayor, 115. Le secrétaire général reçoit tous les jours à midi. Les bur. sont ouv. le mardi et le vendredi, de 3 à 4 h.

Gouverneur militaire (Gobierno militar), à la puerta del Sol, 13. Le général gouverneur reçoit de midi à 2 h. Secrét. ouv. tous les matins, de 9 à 10 h.

Histoire naturelle. — Voyez Cabinets d'histoire naturelle, de minéralogie, etc.

Hôpitaux. — *Hôpital général,* calle de Atocha, 108. Ouv. aux visiteurs le mercredi, vendredi et dimanche, de 10 à 11 h. 1/2.

Hôp. de San Juan de Dios, calle de Atocha, 60. Par ordre du conseil de bienfaisance, l'entrée en est absolument interdite aux visiteurs.

Hôp. de la Princesa, au delà de la porte Fuencarral, à l'extrémité de la calle Fuencarral. Ouv. aux visit. le dimanche, de 10 à 11 h. et de 3 h. à 4.

Hôp. de los Invalidos. A côté de l'église de N. D. d'Atocha. Ouv. aux visit. tous les jours, sur permission spéciale.

Hôp. de la Latina, calle de Toledo, 62. Réservé aux hommes. Il vient d'être reconstruit. Ouv. aux visit. tous les jours, de 9 h. à 11 h. et de 4 h. à 6 h.

Hôp. de la Orden Tercera, calle San Bernardo, 13. Ouv. aux visit. tous les jours, de 9 h. à 11 h.

Hôp. de Jesus Nazareno, pour les femmes incurables ; calle de

Amaniel, 11. Ouv. aux visit. le dimanche, de 9 h. à 11 h. et de 3 h. à 5 h. L'été, de 4 h. à 6 h.

Hôp. del Carmen, pour les hommes incurables; calle de Atocha, 117 et 119. Ouv. aux visit. le dimanche, de 9 h. à 11 h. et de 3 h. à 5 h.

Hôp. de San Pedro, pour les prêtres; calle de la Torecilla de Leal, 7. Ouv. aux visit. tous les jours, de 9 h. à 11 h. et de 5 h. à 7 h.

Hôp. de San Luiz de los Franceses, calle de las Tres Cruces, 13. Ouv. aux visit. pendant toute la journée.

Hôp. de Montserrat, pour les voyageurs aragonais, catalans et valençais; plazuela de Anton. Martin, 87. Ouv. aux visit. le dimanche, de 10 h. à 11 h. du matin.

Hôp. de Santa Catalina, calle de los Donados, 4. Il est habité par les enfants aveugles, qui vont suivre les cours au collège des sourds-muets. Ouv. aux visit. les jours fériés, de 2 h. à 4 h.

Hôp. de San Firmin, cours du Prado, 6.

Hôp. militaire, plazuela del Seminario, 1. Ouv. aux visit. le jeudi et le dimanche, de 9 h. à 11 h. 1/2. Avec une permission spéciale du contrôleur, on peut le visiter à toute heure.

Hospice de San Bernardo, calle de Fuencarral, 84. Entrée pour les parents des malades le dimanche, de 9 h. à 11 h. du matin. Ouv. tous les jours aux visit. autorisés par le directeur.

Hôtels. — Les hôtels de Madrid ne sont pas en nombre suffisant pour l'importance de cette capitale. En revanche ils sont très-peu confortables, et la cuisine y est fort médiocre. On peut en dire autant de toutes les villes d'Espagne, excepté Barcelone et Valence.

Les principaux hôtels, ou plutôt les principales *fondas* de Madrid sont :

La fonda Peninsular, très-bien placée, près de la puerta del Sol, dans la calle de Alcala, 15. Elle occupe un ancien édifice dont l'intérieur ne répond pas à l'aspect extérieur. Table d'hôte, 14 réaux par repas; chambres depuis 8 réaux jusqu'à 90 réaux par jour. Table abondamment servie.

La fonda de Europa, calle de Pelegrinos, 4. Chambres depuis 6 réaux et au-dessus par jour.

La fonda de Filippiñas, calle de Carretas, 14. Table et logement : 30 réaux par jour, et au-dessus.

La fonda Viscaïna, calle Mayor, casa de Cordero. Nourriture et logement : 30 réaux par jour, et au-dessus.

La fonda Nueva Peninsular, calle de Alcala, 15. Table d'hôte à 12 réaux. On prend des pensionnaires (huespedes) pour la table et le logement à prix mensuel.

La fonda San Luis, calle de la Montera, 27. Par jour : 12 réaux et au-dessus pour le logement. On reçoit des pensionnaires pour la table et le logement à prix mensuel et convenu.

La fonda de los Leones, postigo San Martin, 20. Par repas, 6 réaux et au-dessus. On reçoit des pensionnaires pour la table et le logement à prix convenu.

La fonda Peruna, calle de Cadix, 8. Depuis 10 réaux par jour et au-dessus. On reçoit des pensionnaires à 16 réaux par jour. L'entrée est par la calle de Barcelone, 4.

La fonda de la Nobla Habana, calle de Alcala, 9. Par repas, 8 réaux et au-dessus. On reçoit des pensionnaires à prix convenu.

La fonda de Barcelona, calle de los Negros, 4. Repas à 6 réaux et au-dessus. On reçoit des pensionnaires.

Pour les établissements où l'on ne sert que les repas, soit à prix fixe, soit à la carte, voyez plus loin RESTAURANTS.

Huespedes (CASAS DE). — Maisons meublées — Outre les hôtels et les restaurants il y a Madrid un assez grand nombre de maisons où les étrangers trouvent le logement, la table, le service, les soins, à des prix moins dispendieux que ceux des grands hôtels. Mais la cuisine s'y fait peut-être remarquer davantage par son caractère indigène, ce qui n'est pas une qualité. Le prix ordinaire est de 6 à 8 fr. par jour. Les maisons de huespedes n'ont pas d'enseigne. L'étranger les reconnaît, en parcourant les rues, à un petit carré de papier blanc attaché au coin du balcon ou de la croisée principale.

Hydrographie. — Direction du service hydrographique, calle de Alcala, 56. Bureaux ouverts tous les jours non fériés, de 10 h. à 2 h. Le directeur, officier supérieur de marine, reçoit aux mêmes heures.

Imprimerie nationale, calle de Carretas, 10. Bureaux ouverts tous les jours, de 10 h. à 3 h. Le magasin des livres est ouvert depuis 8 h. du matin jusqu'à la nuit. Les types des caractères adoptés depuis quelques années sont semblables à ceux des caractères français. La *Gazette officielle* est imprimée dans cet établissement. Il y a aussi un atelier de chalcographie pour la reproduction par la gravure des principaux tableaux des musées.

Institut royal industriel, au ministère des travaux publics, calle de Atocha, 14. Secrétariat ouvert de 10 h. à 4 h., tous les jours. Le directeur reçoit tous les jours.

Instituts universitaires : l'un, à San Isidro, calle de Toledo, 45; l'autre, calle de los Reyes, entre les n°ˢ 2 et 4.

Journaux. — Les principaux journaux de Madrid sont : *el Clamor publico*; — *el Contemporaneo*; — *el Constitucional*; — *el Diario español*; — *la Discusion*; — *el Echo del Païs*; — *la Epoca*; — *la España*; — *la Gaceta de Madrid* (journal officiel); — *la Iberia*; *las Novedades*; — *la Regeneracion*; — *el Reino*.

Il y a aussi trois journaux industriels et financiers : *la Gaceta*, *el Indicador* et *la Revista de los Caminos de hierro*, feuilles des chemins de fer, hebdomadaires; et un grand nombre de publications périodiques : *le Conseiller des ayuntamientos, la Gazette des notaires, l'Espagne médicale, l'Espagne militaire, le Siècle médical, l'Éducation, les Annales de l'enseignement primaire*, etc., etc.

En Espagne on lit peu; aussi les journaux de Madrid ont-ils une publicité peu considérable. Les plus répandus ne sont pas tirés à plus de huit ou dix mille exemplaires par jour, et ceux qui atteignent ce chiffre sont très-rares. La moyenne est de deux à quatre mille exemplaires. Il y a une grande différence avec les journaux de Paris, qui tirent de vingt à trente mille exemplaires; avec ceux de Londres surtout dont le tirage dépasse soixante mille par jour.

La *Gaceta* est le *Moniteur* du gouvernement espagnol. Elle publie tous les décrets, les circulaires des ministres, les actes administratifs et judiciaires. Chaque jour, en tête de ses colonnes, est placé en trois lignes le bulletin de santé de la reine et de la famille royale. Il y a aussi à Madrid quelques *Revues* spéciales.

Jardins publics. — Les jardins sont très-rares à Madrid. Nous en avons expliqué la cause; elle est tout entière dans l'aridité du sol sablonneux qui entoure la ville et dans l'insuffisance de l'eau qu'il faudrait en quantités énormes pour fertiliser artificiellement quelques parties de cette terre aride.

On est cependant parvenu, à grands frais, à créer quatre jardins fort agréables, dessinés à l'anglaise, et dont les massifs de verdure offrent un contraste très-agréable avec l'aridité des moissons et la chaleur du climat.

Le Jardin botanique est situé à côté de la promenade (paseo) qui se continue au delà de la grande allée appelée *salon* del Prado. On peut s'y promener du 1er juin au 30 septembre, depuis six heures du soir jusqu'à la nuit.

Ce jardin mérite d'être visité. C'est un modèle d'horticulture tropicale.

Le jardin du Retiro, le plus vaste et le plus beau, se divise en deux parties : l'une qui est une promenade publique, l'autre qui est réservée, autour du palais del Retiro, et qu'on ne peut visiter que le mardi et le vendredi, de 7 h. à midi, avec un billet pris à l'intendance du palais. Il est situé entre le Prado et la porte de Alcala.

Le public y entre par deux entrées principales, l'une près de la porte Alcala, c'est la plus éloignée ; l'autre près du Prado, en face de la carrera San Geronimo.

Ce vaste et beau jardin remonte au temps de Philippe IV. Lorsque les Français vinrent occuper Madrid (1808), ils établirent leur quartier général au Retiro et firent des jardins royaux des cours de casernes et des places pour l'exercice. Après leur départ, le roi s'empressa de réparer cette dévastation, les jardins furent tracés de nouveau, replantés, et un demi-siècle de soins leur a rendu toute leur ancienne beauté.

Dans l'allée principale, parmi les arbres sont rangées des statues colossales des rois d'Espagne, qui donnent une fort médiocre idée des sculpteurs espagnols. Cette avenue conduit à un vaste étang, au delà duquel sont les jardins réservés. Ceux-ci sont ornés et entretenus avec un soin tout spécial, et sont la plus charmante promenade qu'on puisse rechercher à Madrid.

Le palais du Retiro est habité par les *infants*, princes et princesses de la famille royale.

Le jardin du Palais-Royal. Il est de formation toute nouvelle. C'est la reine Isabelle II qui a fait changer en un jardin élégant et agréable le terrain en friche, nommé *Champ du More*, qui s'étend au pied du palais et qui descend par une pente assez rapide jusqu'à la vallée du Mançanarez. Cette heureuse transformation a complétement changé l'aspect qu'on avait des hautes fenêtres du palais sur cette partie des environs de la ville.

Au bas de la colline où finit ce jardin s'ouvre une porte, qui mène à un pont jeté sur le Mançanarez. A l'extrémité de ce pont on entre dans une petite maison de campagne entourée de jardins, la *Casa del Campo*, qui est une dépendance du palais Royal.

Le CASINO DE LA REINA est un autre jardin, beaucoup moins étendu, qu'on a planté au bas de la ville et qui a pour limite au sud le mur d'enceinte. Il est accidenté, et ses ombrages sont si touffus qu'ils n'offrent aux regards qu'un massif de verdure. Dans la plaine qui est au-dessous de ce jardin s'élève maintenant l'usine à gaz.

Justice. — Voyez plus loin TRIBUNAUX.

Librairies. — Bailly-Baillière, calle del Principe, 11. — Duran, calle de la Victoria, 3; — Leocadio Lopez, calle del Carmen; — Juan Rodriguez, calle de Valverde, 16; — San Martin, calle de la Victoria, 9; — V. Hermando, calle del Arenal, 11.

Dans les deux premières, on trouve les livres français, anglais, italiens, les revues étrangères et les nouveautés qui se publient à Paris.

Loteries. — Nous avons dit l'importance des loteries en Espagne. Elles sont pour le peuple un jeu qu'il poursuit avec ardeur, avec persévérance, presque une passion ; pour le trésor de l'État elles sont la source d'un droit considérable. Aussi la loterie est-elle une sorte d'institution publique, fonctionnant sous le contrôle de l'administration des finances.

L'administration centrale des loteries a son siège plazuela de los Consejos, 127. Le directeur reçoit tous les jours, de 2 h. à 3 h. Les bureaux sont ouverts de 9 h. du matin à 4 h.

Voici la liste et les adresses des bureaux de loteries auxquels on prend les billets :

Bureau 1er, Cuatro Calles; — 2e, calles de los Tintes; — 3e, calle del Desengaño; — 4e, calle Concepcion Geronimo; — 5e, calle de Atocha, 22 et 24; — 6e, calle de Atocha; — 7e, calle de las Platerias; — 8^e, Red de San Luis; — 9^e, calle Mayor; — 10^e, calle del Principe; — 11^e, calle de Toledo; — 12^e, calle de Alcala; — 13^e, plaza de Santo Domingo; — 14e, calle de Hortaleza; — 15e, plaza de Anton. Martin; — 16e, plaza de la Cebada; — 17e, plaza de San Pablo; — 18e, calle de l'Olivo; — 19e, plaza de Isabel II; — 20e, calle de Fuencarral; — 21e, calle de la Cruz; — 22e, puerta del Sol; — 23e, Ancha de San Bernardo; — 24e, quartier de Chambéri.

Messageries. — Les principales messageries ayant à Madrid leurs bureaux et leur tête de ligne sont :

Las diligencias postas-generales calle de Alcala, 15. Service régulier pour : Barcelone, Bayonne, Bilbao, Grenade, Guadalajara, Jativa, Malaga, Murcie, Pampelune par Saragosse, Saint-Sébastien, Séville, Tarragone, Valence, Valladolid et Saragosse.

Cette entreprise était, avant la création des grandes lignes de chemin de fer, la plus importante de l'Espagne; elle s'étendait, ainsi qu'on le voit par la liste précédente, à toutes les grandes routes qui, de Madrid, rayonnent vers les extrémités de la Péninsule, vers Bayonne, vers Barcelone, vers Valence, Malaga et Séville; sauf les lignes de l'Ouest.

Aujourd'hui les chemins de fer ayant été construits spécialement dans ces directions principales ont considérablement réduit et tendent à restreindre chaque jour le service de ces messageries. — La même observation s'applique évidemment aux autres entreprises; mais les moins importantes, desservant des lignes secondaires, seront plus longtemps à l'abri de cette substitution.

Las dil. de Norte y Mediodia, calle del Correo, 2. Elles desservaient exclusivement la ligne de Madrid aux Pyrénées et celle de Madrid à Séville : — Bayonne, Bilbao, Guadalajara, Saragosse, Pampelune, Salamanca, Santander, Séville, Soria, Tolède et Valladolid. — Par suite de la construction du chemin de fer du Nord, il ne lui restera plus à desservir que Santander, Salamanca et Séville.

Las dil. de la Nueva Union, calle de Alcala, 28, ne desservaient que la ligne de Bayonne à Madrid, par Pampelune, Soria et Valladolid.

Las dil. de la Vitoria Burgalesa-Castellana, calle del Empecinado, 4. — Cette entreprise faisait un service de Bayonne et Santander à Madrid *et vice versa*. Elle est une de celles que la création du chemin de fer du Nord devait frapper le plus spécialement.

Las dil. Primitivas, calle de Alcala, 52. Service de Madrid à Ségovie, les jours pairs; départ de Madrid à 6 h. du matin. L'été, service pour la résidence royale de la *Granja* et pour l'Escorial.

Las dil. Madrilenas, calle de Alcala, 12. Pour Séville et la route; service tous les deux jours.

Il y a aussi d'autres entreprises dont le service est moins étendu :

Diligencias de José Arpa, calle de Alcala, 20, pour Alcala et pour Guadalajara.

Dil. pour Carabanchel, place Mayor (au café de la plaza Mayor), 19 et 21. Tous les jours.

Dil. pour Leganès, calle de Toledo, 114. — Deux fois par jour. Prix : 6 réaux.

Dil. pour Navalcarnero, petite ville à 27 kil. 1/2 de Madrid, sur la route de Badajoz, centre d'une grande production de vin; calle Cava Baja, 1. Tous les jours.

Dil. pour Torrelaguna et *Colmenar*, calle de Aduana, 15, posada de Castilla.

Voir plus loin, au mot ROULAGE, pour le transport des marchandises.

Pour les excursions, on trouve aussi des voitures à volonté dont l'indication sera facilement fournie aux voyageurs dans les hôtels où ils seront logés. — Voyez aussi plus loin VOITURES PUBLIQUES.

Ministères. — Les ministères sont de très-beaux hôtels assez semblables à ceux de Madrid; l'entrée est en général un large portail entre deux colonnes, d'un aspect beaucoup plus monumental que les guichets nus, étroits, mesquins, qui, à Paris, servent d'entrée à des édifices aussi somptueux que le Louvre, les Tuileries et les plus beaux hôtels. En revanche, l'intérieur est assez modeste et le service médiocrement organisé.

Voici les adresses des divers ministères et les heures d'entrée dans les bureaux :

Ministère d'État (estado), au palais Royal. — Le ministre n'a pas d'heures fixées pour ses audiences. — Le sous-secrétaire d'État reçoit le samedi, de 4 à 5 h.; — les bureaux sont ouverts tous les jours de 4 à 5 h., sauf les jours fériés et sauf le 6, le 10 et le 25 de chaque mois.

Min. des travaux publics et de l'instruction publique (fomento), calle de Atocha, 14. — Le ministre reçoit le dimanche, de 2 à 4 h. Les bureaux sont ouverts tous les jours, de 4 à 5 h.

Min. de l'intérieur (gobernacion), puerta del Sol, 13. — Le ministre reçoit le public le lundi, à 1 h. Il reçoit le lundi et le samedi les députés, les chefs de service et les personnes munies d'une lettre d'audience. — Le sous-secrétaire d'État reçoit surtout de 2 à 4 h.; les chefs de bureaux et les employés reçoivent de 4 à 5 h. Le public peut entrer dans les bureaux tous les jours, de 11 h. à midi.

Min. des grâces et de la justice (gracia y justicia), calle Ancha San Bernardo, 47. — Le ministre donne audience le dimanche, à

11 h. — Il n'a pas d'heure fixée pour recevoir les députés, les sénateurs et les fonctionnaires. — Les employés reçoivent à toutes heures du jour, selon les affaires.

Min. de la guerre (guerra), au palais de Buena Vista, calle de Alcala, 63. — Le ministre ne reçoit pas le public pendant la cession des Cortès. Quand elles ne sont pas réunies, ils reçoit le dimanche a 1 h. — Le sous-secrétaire d'État n'a pas de jour fixé pour ses audiences. — Les chefs et employés reçoivent tous les jours, de midi à 2 h. du soir.

Min. des finances (hacienda), calle de Alcala, 17. — Bureaux ouverts: le samedi, de 3 h. à 4 h.; le lundi, le mercredi et le vendredi, de 2 h. à 3 h. du soir.

Min. de marine (marina), plaza de los Ministerios, 10. — Le ministre donne audience le dimanche et le jeudi. Les bureaux sont ouverts de 9 h. du matin à 4 h. du soir.

Monnaies. — Hôtel royal des *monnaies*, calle de Segovia et carrera San Francisco. On le visite avec permission spéciale du directeur.

Change des monnaies : — Puerta del Sol; — et calle de Toledo, 51.

Mont-de-Piété, plazuela de las Descalzas. — Il a été fondé le 3 décembre 1702 et approuvé en 1713 par le roi Philippe V, qui le prit sous sa protection. Mais c'est de 1824 que date son organisation définitive. Depuis, des ordres royaux ont fixé successivement à 5 et à 6 0/0 les intérêts des prêts.

Le Mont-de-Piété de Madrid a une organisation analogue à celle du Mont-de-Piété de Paris. On y reçoit les bijoux, les étoffes en pièces, les pierres précieuses, les objets d'or et d'argent, etc., et les employés taxateurs fixent la proportion du prêt. — Au bout d'un an, l'administration vend les objets non retirés et réserve au déposant l'excédant du prix sur la somme due. Après dix ans, cette différence, si elle n'est pas réclamée, appartient au Mont-de-Piété.

Les opérations ont lieu tous les jours non fériés, de 9 h. à 2 h. Les deux derniers jours du mois sont destinés à la vente des étoffes et des bijoux dont le prêt est périmé.

Musées. — *Musée anatomique*, au collège San Carlos, calle de Atocha, 106. — Entrée le dimanche, de 10 h. à 2 h., avec billets.

Musée d'artillerie, dans les jardins du palais de *Buen Retiro*, à la place de la *Pelota* (jeu de paume). Il est ouvert au public du 2 septembre au 24 juillet, tous les jours, quand il fait beau, excepté les jours fériés. On le visite de 10 h. à 3 h., au moyen de billets délivrés par le directeur; les étrangers n'ont qu'à exhiber leur passe-port; mais ceux qui, comme les Français, sont spécialement dispensés du passe-port pour entrer et voyager en Espagne devront, en cas de refus, s'adresser au directeur. — Cette observation s'applique évidemment à tous les établissements dont l'entrée était subordonnée à la présentation du passe-port; mais l'habitude des employés peut rendre encore fort utile la possession de ce titre.

Musée des armures (armeria), plazuela de la *Armeria*, près du palais Royal. —On peut le visiter le mardi et le samedi, de 10 h à 3 h., avec un billet délivré par le grand écuyer de la reine. Ce musée offre une collection très-complète et très-curieuse de toutes sortes d'armures, depuis l'antiquité de la Péninsule jusqu'à celles du moyen âge et jusqu'aux armes modernes. Il y a aussi des armes historiques qui rappellent de grands noms et de grands souvenirs : l'épée du Cid; l'armure de l'électeur de Saxe et le casque de François Ier deux prisonniers de Charles-Quint; l'armure de don Juan d'Autriche; l'épée de Boabdil, le dernier roi des Maures d'Espagne; une épée de Fernand Cortès et un armure de Christophe Colomb. Quant à l'épée de François Ier, elle n'y est plus qu'en effigie; elle a été enlevée par Napoléon Ier en 1808.

Musée de médailles et antiquités, on pourrait ajouter *et de curiosités*. Ce musée est celui qui est annexé à la Bibliothèque nationale, calle de la Biblioteca, 4. On le visite le samedi, de 11 h. à 2 h.

Nous avons dit (v. BIBLIOTHÈQUES.) l'importance numismatique de ce musée, et le désordre incroyable, le pêle-mêle inextricable dans lequel les médailles restent entassées. — On a eu la puérilité d'ajouter à ces collections si précieuses pour l'histoire des *curiosités* : des plumes de sauvages, des pagodes, des magots, des instruments chinois, des flèches d'Indiens, même des momies! C'est pour le public la partie la plus amusante. Mais les monnaies et les médailles, si elles étaient classées offriraient des richesses exceptionnelles aux recherches des savants et des historiens.

Musée d'histoire naturelle, à l'académie de San Fernando, calle de Alcala, 19.—Il occupe depuis le règne de Charles III ce local provisoire, étroit, incommode, où les objets sont à peu près aussi mal entassés que les médailles à la Bibliothèque nationale.

On y remarque pourtant quelques produits uniques et fort curieux.

Dans le cabinet minéralogique on pourra voir une collection de métaux et de pierres rares, des cristalisations admirables, le plus gros lingot d'or natif qui ait été extrait des célèbres mines du Potosi, des diamants bruts d'une énorme grosseur, et une pierre d'aimant naturel qui pèse plus de six livres.

Le cabinet zoologique contient une curiosité hors ligne : le squelette d'un colosse antédiluvien, le *megatherium* de Cuvier, trouvé dans la vase de la rivière le Paraguay, le seul spécimen complet qu'on possède des races antédiluviennes. A côté de ce géant est un squelette d'éléphant qui semble grêle et petit ; à côté de l'éléphant vient le squelette d'un cheval andalou qui n'est plus qu'une miniature auprès de ces colosses.

Musée des ingénieurs militaires, palais de Buena Vista.—Il contient des plans en relief des diverses forteresses, et autres collections relatives au génie militaire. On ne permet plus de le visiter.

Musée naval, au ministère de la marine, plazuela de los Ministerios. On le visite le mardi et le vendredi, de 10 h. à 3 h., excepté les jours de pluie, avec des billets délivrés par le directeur.

Musée ou cabinet des mines, à l'école des mines, calle del Florin, 2. —On y entre les jours de travail, si on est connu des ingénieurs des mines ou du directeur.

Musée ou cabinet des machines, au conservatoire des arts, à la Trinidad, calle de Atocha, 14. — Le directeur en permet l'entrée aux artistes et aux étrangers.

Musée royal de peinture et de sculpture, au Prado. —On le visite l'été, de 9 h. à 2 h., le dimanche, et l'hiver, de 10 h. à 3 h. Les étrangers y sont admis tous les jours.

Ce musée est ce qu'il y a de plus beau et de plus important à Madrid.

« Aujourd'hui, dit M. L. Viardot dans son livre sur les musées es-
« pagnols, qu'il est aussi complet que l'Espagne peut le faire ; aujour-
« d'hui que j'ai pu le comparer à ceux d'Italie, de Belgique, d'An-
« gleterre, d'Allemagne, de Russie, il m'est permis de répéter en
« toute assurance, comme un fait hors de sérieuse contestation, ce
« qu'auparavant je croyais seulement probable : *le musée de Madrid*
« *est le plus riche du monde.* »

Cette vaste et précieuse collection est de formation toute récente; elle ne date que de 1828. — Le roi Charles III a fait bâtir le palais qui la renferme. Pour former ce musée la monarchie espagnole a rassemblé toutes les grandes œuvres dispersées dans le royaume. On a commencé par enlever des palais de Madrid, de la Granja, du Prado, de la Zarzuela, d'Aranjuez et autres demeures royales tout ce que les souverains y avaient amassé de tableaux précieux et de bonnes sculptures.

Après les palais est venu le tour des couvents. Ces monastères renfermaient une quantité considérables d'ouvrages de premier ordre, de toiles célèbres; celui de l'Escorial surtout contenait les œuvres les plus renommées de Vinci, du Corrége, du Titien, de Raphaël, des merveilles enlevées à l'Italie. L'école flamande y était représentée par des peintures admirables.

Lorsque les couvents furent supprimés et que les ordres monastiques furent dispersés, toutes ces œuvres furent enlevées et vinrent se réunir au musée royal de Madrid. Jamais une centralisation ne fut plus rapide et ne produisit un assemblage aussi imposant de chefs-d'œuvre.

Toutefois, si leur réunion dans un édifice spécial a été prompte, il a fallu à l'Espagne de longues années, des dépenses immenses et un essor artistique prodigieux pour amasser les travaux éminents qui forment aujourd'hui le musée royal.

Les vrais fondateurs de ce musée sont les rois Charles-Quint, Philippe IV surtout, amateur passionné, Philippe V, Charles III, et les ordres religieux, assez riches pour rivaliser avec les souverains.

Il résulte de ces faits que le musée royal n'offre pas aux regards de l'artiste studieux une collection historique. Lorsqu'une seule pensée préside, même à travers de longs règnes, à la composition d'un musée, il en résulte un plan, un ensemble, un système. Il en résulte une collection où toutes les écoles sont représentées, selon leur importance, pour former une série qui offre une histoire vivante de la peinture. Ici un résultat tout opposé s'est produit. Amassés à diverses époques, sur tous les points à la fois, par une foule de mains habiles mais isolées, tous ces tableaux forment une collection d'œuvres précieuses, mais ne forment pas un musée régulier dans l'acception historique du mot. Telle école, par exemple, y est représentée par une profusion de pages importantes, tandis que telle autre fait défaut ou n'y figure que dans de très-faibles proportions.

Tel est, au point de vue de l'histoire de l'art, le défaut du musée de

Madrid ; et sous ce rapport, comme le fait remarquer avec raison l'écrivain que nous venons de citer, le musée du Louvre et la galerie *degl' Uffizi*, à Florence, offrent une incontestable supériorité.

Mais, abstraction faite de ce défaut qui ne frappe, du reste, que les artistes studieux ; abstraction faite aussi de la juste critique que mérite le mauvais classement, — disons mieux, le désordre — des tableaux appartenant aux écoles étrangères, il n'y a plus qu'à admirer.

En entrant dans le palais du musée on est en présence de trois galeries : les deux galeries de droite et de gauche sont spécialement affectées aux œuvres des peintres espagnols ; celle du milieu, beaucoup plus vaste et fort belle, contient toutes les écoles italiennes, « dans un effrayant pêle-mêle. »

Entre ces trois galeries sont des salles où l'on a rangé les peintures flamandes, allemandes et françaises.

Il y a là un ensemble d'environ *deux mille* tableaux. Remarquons, en passant, que le visiteur y trouvera bien des absents (et des meilleurs), bien des cadres vides au-dessus desquels on lit : *en réparation*. Qu'il y revienne un an après, il retrouvera ces mêmes places vides !... Où sont donc ces tableaux ? que deviennent-ils ?... La question mérite d'être posée

On comprendra que nous ne puissions pas faire ici une nomenclature exacte de tous les tableaux avec leur description critique. Le visiteur trouvera le *livret* à l'entrée du musée.

Mais nous allons indiquer rapidement les *écoles* qui y sont représentées et les œuvres principales de chacune d'elles.

ÉCOLES ESPAGNOLES.

École de Tolède. — *Luis de Moralès* : cinq tableaux : une Vierge aux douleurs, une Madone, une Circoncision, un Ecce Homo, une Tête du Christ. Ces deux derniers sont les meilleurs.

Blas de Prado : une Vierge entourée de trois saints, recevant du docteur Rep de Villegas l'hommage de son dernier ouvrage.

Fray Baptista Mayno : Allégorie de la victoire du duc d'Olivarès sur une province flamande révoltée.

Pedro Orrente : un Berger avec son troupeau ; — un Berger avec des vaches et des poules ; — une Adoration des bergers à Bethléhem.

De cette école, plusieurs font défaut. Ceux dont l'absence est le plus regrettable sont *Luis Tristan* et le *Greco*.

École de Valence. — *Juan de Juanès* (Juan Vicente Macip), un des plus brillants élèves de Rome, dix-huit tableaux : — une Cène vaste et remarquable ; une série de six tableaux représentant la Vie de saint Étienne ; un Ecce homo ; un Martyre de sainte Agnès, un des plus beaux ouvrages espagnols ; — un Spasimo ou Portement de croix ; une Visitation de sainte Élisabeth, sont les plus dignes d'être examinés.

Les *Ribalta* (Juan et son père Francisco), quatre toiles : Le Christ mort ; un Saint François d'Assises en extase et les Évangélistes.

Ribera : cinquante-cinq tableaux reproduisant les trois manières de ce maître. — A la première appartiennent Prométhée sur le rocher, composition du réalisme le plus violent ; un Saint Barthélemy ; une Madeleine, une Sainte-Trinité qui n'a rien de religieux. — De sa seconde manière, très-adoucie par l'école de Parme, on remarque une splendide Échelle de Jacob ; un Saint Paul ermite et un Saint Pierre. — Sa dernière et sa plus puissante méthode, celle qui atteint la mesure vraie de son talent, est représentée par son œuvre principale, un Martyre de saint Barthélemy ; les Douze Apôtres ; deux pendants : Saint Jacques et Saint Roch ; une Sainte Marie l'Égyptienne.

Jérôme de Espinosa, quatre tableaux : une Madeleine, une Flagellation, et deux Ames, une Ame d'élu, une Ame de damné.

Esteban March : quelques batailles ; la Vue d'un camp.

École de Séville. — Cette école est la plus brillante et la plus puissante, la gloire de l'Espagne artistique ; l'école de Velasquez, de Murillo et de Zurbaran.

Les anciens maîtres de cette école ne sont pas représentés au musée royal. On n'y retrouve ni Sanchez de Castro, ni Luis de Vargas, ni Pedro de Villagas, ni Pierre de Champagne, ni les deux frères Juan et Augustin del Castillo, ni les deux Herrera, ni Pedro de Moya, ni Antoleroz, ni Osorio, ni Sebastian Gomez. Voici les principaux parmi ceux dont les œuvres y sont exposées :

Juan de las Roelas, formé à l'école vénitienne : Moïse faisant jaillir l'eau du rocher.

Francisco Pacheco, peintre et écrivain, beau-père de Velasquez : deux Saint Jean, une Sainte Catherine.

Zurbaran, le peintre des têtes ascétiques, des moines, des cloîtres, et des femmes mystiques (à l'exception du caprice qu'on nomme la Sainte à la flèche). — Le musée ne possède de ce maître qu'un délicieux Enfant Jésus endormi, deux Visions de saint Pierre Nolasque, et une Sainte Bathilde.

Velasquez (Don Diego Rodriguez de Selva y Velasquez), peintre particulier et maréchal des logis du roi Philippe IV ; l'un des courtisans ordinaires de ce prince. — Il est représenté au musée royal par 64 tableaux, parmi lesquels un auteur assure avoir compté 33 chefs-d'œuvre. Il est incontestable que l'admiration, même la plus patiente, ne sait à quelle préférence s'arrêter, dans l'examen de toutes les toiles de ce maître. La galerie de droite en contient une série, qui forme à elle seule un collection sans pareille ; tous les genres y sont réunis.

Mais, dans son œuvre, les portraits sont la partie la plus éminente, et il n'y a pas au monde de plus beaux portraits que ceux de Velasquez. La vie, la transparence des chairs, la souplesse et l'épaisseur des étoffes, le mouvement, le naturel, le saisissement du regard, la profonde étude des physionomies, la fierté des types, rien n'y manque, et par-dessus tout, comme si tant d'effets ne suffisaient pas, le peintre y a ajouté de telles hardiesses d'ombre et de lumière, que ces toiles offrent vraiment la dernière expression à laquelle l'art du portrait puisse s'élever.

Qu'on examine au musée royal, son Philippe IV à cheval, les autres portraits de ce prince en buste et en pied ; ceux du comte-duc d'Olivarès, de Marguerite d'Autriche, d'Elisabeth de France, des infants Marguerite et Balthasar, du marquis de Pescara, de l'alcade Ronquillo, et bien d'autres, et l'on comprendra qu'il n'y a rien d'exagéré dans ce que nous venons d'écrire, dans ce que nous avons ressenti nous-même à leur aspect.

Velasquez n'est pas un peintre idéaliste ; c'est le peintre du vrai, des êtres vivants, des scènes réelles ; il n'a rien du sentiment mystique de Zurbaran, ni de l'élévation religieuse des maîtres italiens. Mais aussi quelle vérité, quel charme dans ses tableaux et dans ses groupes, où la lumière, le mouvement, les personnages, les étoffes, tout devient admirable sous son pinceau. Arrêtez-vous devant les Fileuses, devant les Forges de Vulcain, où l'art du peintre fait oublier le mauvais goût du sujet ; les Ivrognes (borrachos), un tableau sans pareil dans son genre ; la Prise de Bréda, enfin cette vaste et éclatante scène de palais où Velasquez s'est placé lui-même, peignant l'infante Marguerite ; autour d'eux, sur divers plans, il a peint une dame du palais, les deux nains de l'infante, un chien, fantaisie favorite de Velasquez, Philippe IV, la reine et un gentilhomme. La croix de Saint-Jacques placée sur la poitrine du peintre a été peinte par la main royale de Philippe IV, qui, saisi d'admiration, prit le pinceau et traça cette croix sur son pourpoint.

Le seul tableau religieux de Velasquez au musée royal est le Martyre de saint Étienne.

Juan Parejá, mulâtre, domestique de Velasquez et devenu, en broyant des couleurs, un artiste éminent à l'insu de son maitre, a ici son œuvre capitale : la Vocation de saint Matthieu. Elle est digne de Velasquez.

B. Del Mazo Martinez, gendre et élève de Velasquez, six tableaux, dont deux remarquables : une Vue de Saragosse; une Vue de l'Escorial.

Juan de Toledo : plusieurs tableaux de batailles.

Antonio del Castillo : une Adoration des bergers.

MURILLO. Ce grand artiste a tant produit que ses œuvres étaient répandues dans toutes les villes, dans tous les palais et les monastères de l'Espagne. Dans les grandes familles espagnoles on se léguait l'un de ses tableaux comme une terre ou un titre. — Il est représenté par *quarante-cinq* toiles au musée royal.

Cet illustre élève de Velasquez a eu non pas trois manières successives, mais trois genres à la fois, vrai prodige de souplesse et de force. Il a eu le style religieux des écoles italiennes pour ses saints ; le genre ancien, idéal, pour les vierges ; le style pittoresque et réaliste pour ses prodigieux mendiants.

Le visiteur remarquera : l'Adoration des bergers; Jésus et saint Jean, adorable groupe d'enfants; le Jésus au manteau; le Martyre de saint André; deux Annonciations, dont l'une est un prodige d'habileté par la délicatesse de la lumière et des couleurs; les Extases rayonnantes, ardentes et si fortement colorées de saint Augustin, de saint François d'Assises, de saint Bernard et de saint Ildefonse, sujets identiques, habilement variés. — Citons encore, dans un style moins élevé : la Sainte Famille; un Petit chien; une Madeleine; Sainte Anne et les paraboliques aventures de l'Enfant prodigue.

Nous retrouverons Murillo à l'Académie des arts de Madrid, et surtout à Séville. La ville natale du grand peintre a gardé quelques-uns de ses chefs-d'œuvre, et a fièrement refusé de vendre l'un d'eux, le plus beaux de tous, que Wellington offrait de couvrir d'onces d'or.

Don Pedro Nuñes de Villavicencio : Enfants jouant aux dés.

Miguel de Tobar : la Divine Bergère.

Juan Valdès Leal : Présentation de la Vierge au temple.

Alonzo Cano (de Grenade), sept tableaux : Son Christ mort, pleuré par un ange est d'une haute et belle conception ; le Saint Jean à l'île de Pathmos, et la Vierge adorant l'enfant Jésus, sont d'un style large et d'une grande harmonie de couleurs.

Palomino (don Asisclo Antonio Palomino de Castro y Velazco), un seul tableau. — *Juan de Sevella*, *Guevarra* et *Pablo de Cespedès*, trois artistes éminents de l'école andalouse, manquent au musée de Madrid.

École de Madrid. — *Sanchez Coëllo*, l'ami du roi Philippe II, trois portraits remarquables : celui de Don Carlos, dont la vie et la mort furent un dramatique roman ; celui de l'infante Doña Isabel, fille de Philippe II, et celui d'un inconnu.

El Mudo (Juan Fernandez Navarrette), dont les vastes et célèbres tableaux ont été détruits par un incendie, n'est représenté au musée royal que par une petite toile : le Baptême de Jésus.

Pantoja de la Cruz a plusieurs tableaux, aussi curieux que soigneusement peints ; les personnages placés dans sa Naissance de la Vierge et dans sa Naissance du Christ sont des portraits de Philippe II, de la reine Marguerite, des princes de la famille royale et de plusieurs gentilhommes du palais.

Eugenio Caxès : une Descente des Anglais à Gibraltar ; une Madone aux anges.

Vicente Carducho : une Bataille devant Florence en 1602, et plusieurs groupes religieux.

Francisco Collantes. Une très-belle et très-puissante page : la Vision d'Ezéchiel, représentant la résurrection des morts pour le jugement dernier.

Felix Castello : Prise d'un château fort par les Espagnols, en Hollande.

Antonio Péréda : Saint Jérôme se levant pour le jugement dernier.

Juan Carreño : un portrait de Charles II.

José Leonardo : une Marche de troupes et une Reddition de Bréda; le visiteur peut comparer celle-ci avec celle de Velasquez, que nous avons indiquée.

Antonio Arias : Jésus et les Pharisiens.

Matéo Cerézo, trois tableaux remarquables : un Saint François d'Assise, une Assomption de la Vierge, et le meilleur, Saint Jérôme.

Claudio Coëllo : deux Saintes Familles, entourées d'anges et de figures allégoriques.

Goya (Francisco Goya y Lucentès), trois tableaux médiocres : Marie-Louise, femme de Charles IV, portrait équestre, en costume de colonel; Charles IV, et un Picador à cheval.

Mais le musée possède quelques-unes de ces esquisses réalistes, bizarres, mordantes, fougueuses, qui ont fait la célébrité de Goya.

Le Berruguette, Gaspar Bacara et les *Ricci*, de l'école de Madrid, n'ont rien au musée de cette capitale.

ÉCOLES ITALIENNES.

École de Florence. — *Léonard de Vinci* : une réplique de la célèbre Joconde du Louvre; une esquisse de la Sainte-Famille, tableau très-dégradé; et une autre Sainte Famille, peinture délicate et admirable, dans un état exceptionnel de conservation.

Andrea del Sarto, sept tableaux sur bois : une Sainte Famille avec deux anges et saint François; à côté de ce tableau sont deux copies faites par des élèves de del Sarto; le Sacrifice d'Abraham, qui fut envoyé par le peintre à François Ier pour le payer des sommes que le roi lui avait confiées et que sa femme Lucrezia avait dilapidées; un Sujet mystique, merveille de délicatesse du pinceau, qui vient du roi Charles Ier d'Angleterre, et le plus beau de tous, le portrait de cette fatale, honteuse et trop belle Lucrezia Fede, femme d'André del Sarto lui-même; tête adorable et séduisante, beauté idéale et voluptueuse, grâce, parure, tout est réuni dans cette image d'une créature qui fit le désespoir de l'artiste et qui, par ses prodigalités, entraîna cet amant passionné à violer envers François Ier un serment de probité fait sur l'Évangile. C'est un tableau de la tentation offerte par Ève à Adam qu'Andréa aurait dû pour s'excuser envoyer au plus chevaleresque des rois trop galants.

Cesare di Cesto : un Jésus jouant avec saint Jean,

Le *Bronzino* (A. Allori) : Portrait d'une dame italienne avec trois enfants. — Son frère, *Alessandro Allori* : Une très-belle Véronique.

Giorgio Vasari, le célèbre auteur de l'histoire des artistes de l'Italie, un tableau allégorique de la Charité ; curieux en raison de la rareté des œuvres de cet artiste.

Francesco Vanni : une Vierge allant au Saint-Sépulcre.

Salviati (Francesco Rossi) : une Madone.

Francesco Furini : une Charité. La rareté des œuvres de ce maître ajoute au prix de ce tableau remarquable.

Cigoli (Luigi Cardi) : une Madeleine.

Empoli (Jacobo Chimenti) : une belle composition, Jésus aux Oliviers.

Pantormo (Jacobo Carrucci) : une Sainte Famille.

Gentileschi (Orazio Lomi) : un Moïse sauvé des eaux ; — et sa fille *Artemisia* : une Naissance de saint Jean-Baptiste.

École de Parme. — *Corrége* (Antonio Allegri). La plupart des splendides nudités de ses tableaux avaient subi en Espagne l'injure d'un barbouillage pudibond. En arrivant de l'Escorial au musée de Madrid, les œuvres du Corrége ont été délivrées de ce badigeonnage et rendues à leur nudité excessive, contre laquelle, du reste, le sentiment religieux et même la vérité artistique ont le droit de protester. Mais la beauté de l'exécution fait triompher ici, comme dans les plus grands maîtres italiens, la fantaisie savante des nus. On admirera surtout du Corrége la Madeleine se prosternant, encore vêtue de ses splendides parures de pécheresse, aux pieds du Christ qui la repousse : *Noli me tangere*, — et la Sainte Famille en miniature.

Barroccio (Federico Fiori) : un Calvaire habilement point et une Nativité supérieure par la couleur et la lumière aux œuvres ordinaires de cet artiste.

Daniel Crespi : un Christ mort, une des plus belles œuvres que l'Italie ait produites.

École de Rome. — *Raphaël* sept tableaux et trois portraits. Il est curieux de comparer, au musée de Madrid, les portraits de Raphaël et ceux de Velasquez. Nous croyons, malgré des autorités d'un avis contraire, que dans ce genre Velasquez est supérieur. Cette comparaison est une des études les plus attachantes que puisse faire le visiteur dans les galeries du musée royal.

Quant aux tableaux, on y retrouve Raphaël dans toute son inspiration et sa supériorité. Ici, surtout, il a tout un cortége de Vierges : la Vierge à la Perle (la Perla), dont la couleur nous a semblé au-dessous de la renommée de ce tableau ; la Vierge au Poisson, la plus admirable de toutes; la Vierge à la Rose, et une autre Vierge, dans une Sainte Famille en miniature. Mais l'œuvre la plus importante est le Spasimo « l'un des plus grands poëmes de la peinture, » dit M. Viardot. C'est la suprême agonie du Christ, la dernière douleur, *el extremo dolor*, comme disent les Espagnols. Cette vaste page ne peut être comparée qu'à la célèbre Transfiguration du même artiste; elle lui est très-inférieure pour la couleur, mais elle a une supériorité évidente pour le style et la composition.

Gerino de Pistoya : une Madone.

Pinturicchio (Bernardino Betti): la Continence de Scipion, et l'Enlèvement des Sabines.

Sassoferrato (Battista Salvi) : deux Madones.

Carlo Marotto : une Fuite en Égypte.

École de Venise. — *Titien* (Tiziano Vecelli). L'Espagne possède la plus grande partie des œuvres de cet artiste, qui fut de tous les Italiens le peintre préféré de Charles-Quint et de Philippe II. Sa vaste et magnifique Cène, due à sept années de travail, n'est plus qu'une ruine, un lambeau, laissé à l'Escorial, et l'incendie du Pardo, en 1608, a détruit plusieurs des tableaux du Titien.

Malgré ces pertes, le musée royal compte quarante ouvrages du grand Vénitien. Celui de Venise n'est pas aussi favorisé.

Portraits : un beau Vieillard, Titien lui-même ; Charles-Quint à cheval ; Charles-Quint et son chien favori ; Charles-Quint devenu vieux ; deux Portraits de Philippe II ; la Reine Isabelle de Portugal ; Pepran, bouffon du duc d'Albe ; et plusieurs gentilshommes. Comparez ces portraits historiques à ceux de Velasquez et de Raphaël.

Compositions diverses : un Sisyphe et un Prométhée, deux pendants suppliciaires, vastes toiles; deux Saintes Marguerites, l'une au moment où le dragon va l'avaler, l'autre au moment où elle vient de sortir vivante du corps du dragon en faisant le signe de la croix, se délivrant et tuant le monstre par le même miracle ; une Vierge aux douleurs; un Ecce Homo, peint sur ardoise; une Salomé, portant à sa mère Hérodiade la tête de saint Jean-Baptiste sur un plat d'argent : une œuvre merveilleuse, disent les connaisseurs ; une

Tentation d'Adam par Ève; un Christ portant sa croix; un Abraham retenu par l'Ange; une Assomption de Madeleine; deux Mises au tombeau; et la grande et bizarre Allégorie dans laquelle on voit Charles-Quint et Philippe II, avec les reines, présentées à la sainte Trinité. La présentation a lieu dans le ciel. Ce tableau peint à l'âge de quatre-vingts ans par Titien, est admirable de dessin, de couleur, de lumière et de composition.

Sujets mythologiques : Vénus et Adonis : son Adonis est Philippe II; Diane surprise par Actéon; Diane surprenant la faute de Calisto; l'Arrivée de Bacchus à l'île de Naxos, vraie bouffonnerie dont le Titien a fait un chef-d'œuvre; deux Vénus; une Lucrèce qui se poignarde; enfin une allégorie : Offrande à la Fécondité, par des jeunes filles, « un des tours de force les plus étonnants que puisse tenter, dit M. Viardot, le plus aventureux coloriste. » En effet, autour des deux jeunes filles se jouent, dansent, courent, s'agitent, plus de soixante enfants complétement nus. L'art du pinceau en a fait un prodige de lumière et de couleur.

Enfin, l'Allégorie de la bataille de Lépante, peinte par Titien, à l'âge de quatre-vingt-quatorze ans; aussi hardie de composition, aussi éclatante pour le coloris, que les œuvres de sa jeunesse.

Giovanni Bellini : une Madone adorée par deux saints.

Giorgione (Georgio Barbarelli) : un Groupe de Famille, quatre personnages; David ayant tué Goliath.

Le *Tintoret* (Giacomo Robusti) : une Bataille de terre et de mer; une Judith qui voile chastement le corps d'Holopherne, auquel elle a coupé la tête; une Sagesse mettant les Vices en fuite; quelques portraits; et une esquisse assez fantaisiste de la Gloire du Paradis; cette toile gigantesque a trente pieds de hauteur sur soixante-quatorze de largeur; le ciel tout entier est y représenté.

Pietro Mallombra : le Sénat de Venise, attribué jusqu'à ce jour avec une grande admiration au Tintoret.

Paul Véronèse (Paolo Cagliari, de Vérone) : un Enfant Jésus présenté par sa mère à l'adoration de deux saints; une belle Madeleine; un Baptême du Christ; Moïse sauvé des eaux; la Naissance de l'Amour; Vénus et Adonis, qu'on peut comparer à l'œuvre du Titien; une Suzanne entre les vieillards; Jésus au milieu des docteurs; un Saint Gilles; un Centurion; une Sainte Agueda, après son martyre, c'est-à-dire au moment où le bourreau vient de lui couper les deux seins. Le corps est nu jusqu'à la ceinture, et par un geste de pudeur que la souffrance rend sublime, la sainte ramène ses deux mains pour cacher ses deux seins, qui ne sont plus que deux plaies horribles.

Alexandre Véronèse (Alessandro Turchi) : une belle Fuite en Égypte.

Sébastien del Piombo (Fra Sebastiano Luciano) : un Christ aux limbes, son plus bel ouvrage ; un Christ portant sa croix ; et un très-petit cadre du même sujet.

Le *Bassano* (Jacopo da Ponte), un peintre d'animaux, car il en met partout : une Entrée dans l'arche ; une Sortie de l'arche ; une vue du Paradis terrestre ; Orphée charmant les bêtes féroces ; l'Enlèvement d'Europe ; un Voyage de Jacob, et le Christ chassant les vendeurs du temple.

Francesco da Ponte, l'un de ses fils : une Cène ; *Leandro*, son autre fils : une Vue de Venise, et un Christ couronné d'épines.

Palma, le vieux : une Adoration de bergers.

Lorenzo Sotto : la Mort d'Abel.

Le *Caravage* (Michel-Ange Amerighi, de Caravaggio) : Une Mise au tombeau.

École de Bologne. — Rien des vieux maîtres de cette école ni même du Dominiquin.

Augustin Carrache : un tableau remarquable : la Vision de saint François d'Assise.

Guido Reni : Extase de saint Jacques ; Agonie de saint Sébastien ; Sainte Apollonie consolée par un ange après son supplice ; Cléopâtre et l'aspic ; une Madeleine ; une Vierge couronnée par des anges.

Le *Guerchin* (Giovanni Francesco Barbieri) : Allégorie de la Peinture ; Madeleine au désert, une des plus belles parmi les innombrables Madeleines, de toutes les écoles, que possède le musée de Madrid ; saint Pierre délivré de sa prison ; Suzanne au bain, une toile admirable.

Albane (Francesco-Albani) : la Toilette de Vénus, et le Jugement de Pâris ; deux types du genre de l'Albane et deux toiles charmantes.

Lafranc : une grande composition dans le style décoratif, les Funérailles de César.

Quelques tableaux de Barbalonga, du Pesare, d'Andréa Sacchi, de Leonello Spada, de Guido Cagnacci, de Benedetto Castillone et de Benedetto Crespi.

École de Naples. — *Salvator Rosa* : le Sacrifice d'Abraham, qu'on peut comparer dans ce musée avec ceux d'Andrea del Sarto et du Titien ; la Rencontre de Rachel et de Jacob ; une Vue de Salerne ; un Saint Jérôme priant au désert.

Aniello Falcone : deux Batailles.

Le *Calabrais* (Mattia Preti) : Saint Jean-Baptiste à genoux devant son père Zacharias et Élisabeth, sa mère, avec un groupe de bergers.

Massimo Stanzioni : Saint Jean prêchant dans le désert ; Décollation de saint Jean ; un Sacrifice à Bacchus ; et un tableau mystique.

Luca Giordano (dit *Luca fa presto*). Fécondité prodigieuse, imitation étonnante de tous les genres et de tous les maîtres, tel fut le double talent de *Luca fa presto*. Il paraît dans ses œuvres sous tous les aspects. On peut en juger en voyant combien sont différents de style et de couleur : le Songe de saint Joseph ; les Portraits de Philippe II et de Louise d'Orléans ; le Baiser de Judas ; Pilate se lavant les mains ; une Allégorie de la Paix, vaste composition où le peintre lui-même s'est représenté entouré de personnages et d'attributs mythologiques.

Andrea Vaccaro : la Vie de saint Gaëtan, en quatre petits tableaux ; les Femmes gladiateurs ; un Isaac devant Rebecca ; une Assomption de saint Janvier ; une Agonie de sainte Agueda, et une Extase de sainte Rosalie.

Cavillani : un Concert. — *Corrado Giaquinto* : des Paysages. — *Recco* : des natures mortes.

ÉCOLE ALLEMANDE.

Jérôme de Bos : Deux panneaux, Adam et Ève.

Albert Dürer : son Portrait, qui a tout le caractère de bizarre originalité qui distingue le maître ; une Vierge fort médiocre ; deux Allégories sur deux panneaux ; un Calvaire, très-remarquable, et peut-être le Saint Jérôme qui lui est attribué.

Cranach (Lucas Müller) : deux Chasses où figurent des personnages historiques, entre autres l'électeur de Saxe et sa femme.

Christophe Hamberger : un Portrait de vieillard.

Lucas de Leyde : réplique d'une Descente de croix.

Adam Elzhaymer : un tableau bizarre, mais très-habilement peint : Cérès chez la vieille Bécube.

Raphaël Mengs : une Adoration des bergers ; un Saint Pierre en buste ; une Madeleine ; et plusieurs portraits historiques : Charles III, Charles IV, Ferdinand IV, la reine Maria Luisa, et celui de Mengs lui-même. Beaucoup de style ; peu d'habileté dans l'exécution.

ÉCOLE FLAMANDE.

Jean van Eyck, de Bruges : deux panneaux qui ont été les volets extérieurs d'un triptyque.

Michel Coxie : une Mort de la Vierge.

Rubens : une Adoration des rois, dans laquelle Rubens a mis son propre portrait ; Mercure et Argus ; les Trois Grâces, le Jugement de Paris, qu'on peut comparer à celui de l'Albane ; Apollon et Méduse ; Atalante vaincu ; Moïse et les serpents ; une copie très-curieuse du tableau de Titien : la Tentation d'Adam par Ève ; Saturne dévorant un de ses fils ; Médée furieuse ; Andromède délivrée par Persée ; la Victoire couronnant Philippe II ; une Sainte Famille ; un Christ couronné d'épines ; une Vierge glorieuse entourée de quinze saints. Il y a en outre de plus petites compositions : des Allégories assez confuses ; une Kermesse qui est un modèle du genre ; des Nymphes surprises par des Satyres, et le Jardin d'amour.

Corneille de Vos : deux vastes toiles : un Combat de Centaures et de Lapithes ; le Triomphe de Bacchus, et un Apollon Pythien.

Van Dyck : une série de portraits historiques que le visiteur devra comparer à ceux de Titien et de Velasquez ; en outre : la Mort de saint François ; une grande composition : Jésus pris au Jardin des Oliviers ; un Christ mort entouré de trois personnages ; un autre Christ mort sur les genoux de sa mère, comme la Pietà de Michel-Ange.

Rembrandt : un Portrait de femme, 1634.

Jordaens : huit tableaux fort remarquables, parmi lesquels les meilleurs sont : le Méléagre ; une Famille, et le Mariage de sainte Catherine, qui caractérise le mieux la manière du maître.

Breughel de Velours : une Armeria très-bien peinte, avec l'anachronisme de Vénus se promenant parmi les canons du dix-septième siècle ; une Noce ; une Fête de village ; un Saint Eustache ; et plusieurs autres ouvrages inférieurs. — *Breughel le vieux* a aussi au musée royal plusieurs de ses meilleures compositions.

David Téniers : cinquante-trois tableaux, parmi lesquels on remarquera : des Gentilshommes visitant une galerie, qui est une série de portraits historiques où le peintre présente ses œuvres à l'archiduc Albert, gouverneur des Pays-Bas ; douze petits tableaux représentant le roman d'Armide et Renaud d'après la *Jérusalem délivrée;* deux Fêtes champêtres ; trois Tentations de saint Antoine, sujet favori de Téniers et des maîtres flamands, dans lequel leur fantaisie s'est plu à varier de la manière la plus étrange les détails de la tentation ; le Roi boit, et le Jeu de quilles. Plusieurs sont peints sur cuivre.

Isaac et *Adrien Ostade :* des Intérieurs charmants et des Fêtes champêtres où s'épanouissent toutes les fantaisies comiques du genre flamand.

Van der Meulen : une Bataille. — *Philippe Wouvarmens :* plusieurs Combats. — *Peeters Snayers :* une belle Bataille. — *Peeters Nerfs:* divers Intérieurs.— *Van de Velde :* des Marines très-remarquables.— *Sneyders :* plusieurs Chasses. — *Van Veenix :* des Natures mortes. — *Denis Alsloof :* deux Processions de Flamands. — *François Porbus:* plusieurs Portraits, qui sont des chefs-d'œuvre de soin, de fini et de vérité.

ÉCOLE FRANÇAISE.

Nicolas Poussin : douze tableaux. — L'Allégorie du Parnasse ; le Départ pour la chasse au sanglier Calydon ; le David vainqueur, et divers Paysages, notamment celui du Satyre et de Diane, sont les plus remarqués.

Gaspard Dughet, beau-frère du *Poussin :* cinq beaux paysages. L'un d'eux, celui de la Madeleine adorant la croix, est une des compositions les plus belles et les plus originales de l'école française. « Salvator Rosa n'a rien fait, dit M. Viardot, de plus fort et de plus saisissant. »

Moïse Valentin : une grande et belle toile, le Martyre de saint Laurent.

Claude Lorrain (Claude Gelée) : neuf tableaux, dont un, le plus vaste, entièrement dégradé, — un Moïse sauvé, — une Vue du Colysée; — une Vue du Campo Vaccino, — et deux Paysages permettent parfaitement de juger le style du *Lorrain*, ses horizons lumineux, ses compositions larges et vivantes; — mais qu'on s'arrête devant Tobie et l'Ange, et devant Sainte Paule la Romaine, qu'on examine surtout le paysage au milieu duquel prie la Madeleine, et l'on pourra juger que le musée de Madrid n'a rien à envier à aucun autre pour les œuvres de *Claude Lorrain*.

Voici maintenant les autres noms, trop peu nombreux à notre avis, qui représentent sur le catalogue l'école française :

Pierre Mignard : un petit Saint Jean dans le Désert. — *Sébastien Bourdon* : Saint Paul et saint Barnabé à Lista. — *Coypel* : Suzanne accusée par les vieillards. — *Jouvenet* : une Visitation de sainte Élisabeth. — *Hyacinthe Rigaud* : un portrait en pied de Louis XIV. — *Watteau* : un Bal masqué dans un jardin et une Noce de village; — *Joseph Vernet* : trois Paysages. — *Madame Lebrun* : des Portraits.

Cette énumération suffit à prouver combien la peinture française est incomplètement représentée au musée royal de Madrid. Les œuvres qu'elle y possède font honneur, il est vrai, à l'art français; quelques-unes sont au premier rang de ses productions, mais l'Espagne n'a rien de notre école moderne.

Sculptures. — Il faut avoir vu à Madrid et dans quelques autres villes les statues dont on a prétendu *orner* les promenades et les places publiques, pour se faire une idée de la faiblesse actuelle des sculpteurs espagnols. Les églises possèdent, il est vrai, une quantité considérable de sculptures en marbre, en bois, en albâtre ; des retables, des tombeaux, des statues, des autels.

Mais le *musée royal* est aussi pauvre en ouvrages sculptés que les églises en sont riches.

On remarquera, toutefois, les quatre statues de Charles-Quint, de sa sœur, de sa femme et de son fils, par *Pompeio Leoni* ; les Muses; le groupe patriotique de Saragosse et celui des deux héros du 2 mai ; un Amour fort gracieux; et deux tables incrustées de pierres précieuses, don du pape Pie V à Philippe II.

Musée national. — Le musée national est situé calle de Atocha, 14. — Peut-on bien donner ce nom de Musée national à 900 tableaux dispersés dans les corridors, les salles et les appartements du ministère des travaux publics (Fomento) ? Ce musée occupait, à lui seul, l'ancien couvent de la Trinité. Mais le ministère est venu s'installer dans cet édifice, a disséminé les tableaux, et le public, s'il veut visiter « le musée national, » est obligé d'attendre l'heure à laquelle tout le personnel du ministère a quitté les bureaux.

Les tableaux réunis au couvent de la Trinité sont tout ce qu'on put obtenir lorsque les monastères furent supprimés et que le gouvernement ordonna de réunir à Madrid les œuvres d'art qu'ils possédaient. Il est évident que chaque province, chaque localité a fait son possible pour garder ce qu'elle avait de mieux. Les environs de Madrid ont donc fourni la majeure partie de la collection actuelle.

Les œuvres importantes y sont rares. Du reste, pas de catalogue, pas de classement ; un désordre complet et un ensemble de tableaux bons et mauvais, parmi lesquels on n'a même pas pris la peine de faire un triage pour conserver les bons et exclure ceux qui sont indignes de figurer dans un musée.

Au milieu de ce pêle-mêle, voici pourtant les œuvres principales qui méritent l'attention du visiteur :

Artistes espagnols. — *Cornea :* deux vieux tableaux en forme de diptyque.

Le Greco : une Assomption et un Saint Bernard.

Anonyme : six panneaux de bois avec incrustations représentant la Vie de la Vierge.

Carducho : la Vie de saint Bruno, et les Miracles des Chartreux, œuvre immense, série de cinquante-cinq toiles, commandées à *Carducho*, en 1626, par le prieur de la chartreuse del Paular, pour la décoration du grand cloître, et achevée en quatre années.

Francisco Ricci : quelques bons tableaux.

Velasquez : un portrait de l'Infante Marguerite.

Murillo : une Extase de saint François, dont la partie supérieure, la région céleste, est admirable ; un Saint Ferdinand entouré d'anges.

Antonio del Castillo : une Adoration des bergers.

Zurbaran : un Moine.

Ribera : une Tête de rieur.

Juan Carreño : un portrait de Charles II enfant ; un Martyre de saint Barthélemy.

Raphaël Mengs : un beau portrait.

Goya : une Loge au cirque des Taureaux ; œuvre bizarre, fantastique, sorte de caricature énergique et spirituelle qu'il suffit de voir pour l'attribuer sans hésiter à *Goya*.

ARTISTES ITALIENS. — *Daniel de Volterre* : une Descente de croix fort remarquable.

Jules Romain : une copie de la Transfiguration de *Raphael*, avec quelques modifications fort curieuses.

ARTISTES FLAMANDS. — Le musée national contient un assez grand nombre de volets, de panneaux, dont les peintures ont parfois assez de mérite pour pouvoir être attribuées à *Van Eyck* et à ses meilleurs imitateurs, mais dont les auteurs sont inconnus. — Une Descente de croix est attribuée par les uns à *Albert Dürer*, par d'autres à *Lucas de Leyde*; une Adoration des rois, sans auteur connu. mérite d'être remarquée. Il faut signaler aussi deux œuvres de *Quintin Metzys*, et surtout deux admirables Chasses de *Sneyders*.

Musée de l'académie San Fernando. — L'académie des *trois nobles arts*, dite de Saint-Ferdinand (San Fernando), a réuni dans le local qu'elle occupe, calle de Alcala, 19, une collection d'environ 500 tableaux.

On y remarquera : un Saint Jérôme, de *Ribera*; quatre Moines très-beaux, de *Zurbaran*; quatre tableaux de *Murillo*, entre autres Sainte Élisabeth soignant les teigneux, une merveille de couleur, de composition et de vérité; cinq ouvrages de *Goya*, très-curieux, et l'Hercule et Omphale de *Rubens*.

Musées particuliers. — La possession de belles galeries de tableaux est un luxe très-recherché en Espagne. Les grandes familles se sont légué à cet égard une louable tradition, et dans les plus nobles patrimoines ont figuré souvent des collections de tableaux ou des œuvres de maîtres.

Ajoutons que l'étranger, le visiteur verra toujours s'ouvrir devant lui de la manière la plus courtoise, la plus hospitalière, la porte des palais, des hôtels qui renferment ces précieuses galeries.

Les plus belles que nous ayons à lui signaler sont celles du duc de Medina-Celi, du duc d'Albe, du marquis de Javal-Quinto, de M. Salamanca, du duc d'Uceda, du duc de Pastrana, et surtout la galerie de portraits historiques de M. Valentin Cardera.

Observatoire. — Il est situé au-dessus du jardin botanique, entre le cimetière et Notre-Dame d'Atocha.

Palais. — Les palais de Madrid sont : le palais royal, celui du

Retiro, celui du Congrès, celui du Sénat, celui des *Consejos*, le palais de justice, et quelques palais particuliers.

PALAIS ROYAL. — A l'extrémité occidentale de Madrid, sur la limite du plateau qui domine le champ du More et tout un vaste horizon, s'élève le palais royal. Il est de construction moderne.

En 1734, sous Philippe V, le palais fut détruit par un incendie. Sachetti, de Turin, dressa les plans d'un nouvel édifice pour la demeure royale. La construction en commença à la fin de 1737; elle dura vingt-sept ans! Le 1er décembre 1764, le palais actuel fut inauguré. Du côté de la ville, sa façade est élégante, peu élevée; elle a trois étages et donne sur la place de Oriente, dont on a fait un très-beau jardin. A l'une des croisées du premier étage, une branche de palmier, bénie le jour des Rameaux, est attachée au balcon ; là est la chambre de la Reine.

Du côté opposé, la façade est très-élevée par le fait de la pente subite et rapide du sol. Les fenêtres qui s'ouvrent de ce côté laissent voir un horizon triste, mais immense.

Au pied de cette façade, le jardin du champ du More déploie sa verdure jusqu'au Manzanarez, et orne les alentours du château.

L'ensemble du palais forme un carré de bâtiments, avec une cour intérieure, et aux quatre angles des pavillons en saillie. Devant l'entrée s'étend la *place du Palais*, entourée de constructions, de dépendances dont la médiocrité d'aspect n'est pas digne du monument royal. Le palais est construit dans un style simple, large et monumental. Il n'est pas surchargé, comme le Louvre, de ces énormes travaux de sculpture qui ne sont que des beautés et qui semblent destinés à dissimuler par la richesse des détails le manque d'élégance et alourdissent les lignes architecturales.

Tout autour du palais règne une série de pilastres; les pavillons en saillie aux quatre angles sont entourés de colonnes ioniques. — Entre ces pilastres et ces colonnes sont placées les croisées. Celles du premier étage sont d'un aspect très-élégant, et celles des étages supérieurs, sans ornementation, ont une simplicité de très-bon goût.

Au-dessus de la corniche règne une balustrade à l'italienne, ornée de grands vases, et cette découpure aérienne complète d'une manière très-heureuse la perspective. Au milieu du palais s'élève sur la chapelle royale une coupole principale, et aux extrémités sont deux autres dômes de dimension inférieure.

L'intérieur est splendide. Le grand escalier, la salle des Ambasadeurs, les vingt ou trente salons du premier étage, sont dignes des plus beaux palais de souverains, et justifieraient parfaitement le mot que Napoléon Ier aurait dit à son frère Joseph, en gravissant le vaste escalier : « Mon frère, vous seriez mieux logé que moi. »

Pour la chapelle du palais, voir plus haut : ÉGLISES et CHAPELLES.

Le *palais des Cortès* (Congresso) a été décrit plus haut, voir CORTÈS, page 78.

Le *palais du Sénat* n'est un palais que de nom. Il est situé plazuela de los Ministerios, 8. Sa façade est à colonnes cannelées, supportant un fronton triangulaire. Derrière cette façade est l'église d'un ancien couvent d'augustins, et c'est cette église dont on a fait la salle des séances du Sénat.

La *casa de Consejos* (sur la petite place *Consejos*) est un vaste et fort ancien palais des ducs d'Uceda, dans lequel on a installé des administrations de toutes sortes : direction des loteries, tribunaux civils et militaires, bureaux du conseil royal et autres services. — L'aspect intérieur en est très-grandiose, très-monumental ; l'intérieur en est assez délabré.

Le *palais de Justice* (Audiencia), auquel était annexée autrefois une prison, a été très-dégradé par un incendie ; mais sa façade, si endommagée, a été très-remarquable. Cet édifice remonte au commencement du règne de Philippe IV. Il a donc bien près de deux siècles et demi.

PALAIS PARTICULIERS. — Les plus importants sont ceux : de la *reine Marie-Christine*, plazuela de los Ministerios ; — du *comte de Altamira*, calle Ancha de San Bernardo, 18 ; — du *duc de Villa-Hermosa*, à l'angle de la carrera San Geromino et du Prado, — du *marquis de Casa-Riera*, calle de Alcala, 64 ; — des *ducs de Medina-Celi*, sur la place del Congresso, reconstruit il y a peu d'années ; rien de monumental, mais immense étendue ; — de M. *Salamanca*, sur le paseo de Recoletos ; — du duc de *Liria*, plazuela de los Affligidos. — Voir aussi les MINISTÈRES.

Papier timbré. — Bureau du papier timbré : Calle de San Mateo, 5 ; — ouvert de 8 h. du matin à 3 h. — Voyez TIMBRE.

Places. — Il y a, dit-on, à Madrid, 72 places ; mais le plus grand nombre d'entre elles sont de très-petites places, « *plazuelas*, » qui ne méritent pas d'être citées. — Les seules qu'il y ait lieu de mentionner ici sont : la plaza Mayor ; la puerta del Sol ; la plaza de Oriente, la plaza del Congresso ou des Cortès.

La *plaza Mayor* est une place historique. C'est un vaste rectangle formé par des édifices uniformes, dont le rez-de-chaussée est une série d'arcades, qui forment autour de la place un vaste péristyle. Les maisons ont trois étages. La place a 122 mètres de long sur 94 de large. Elle fut construite en deux ans par ordre de Philippe III. Le modèle de cette place se trouve reproduit dans un très-grand nombre de villes espagnoles, même dans des bourgs de peu d'importance, et nous en avons déjà rencontré plusieurs sur la ligne de Bayonne à Madrid.

Au centre est une esplanade elliptique autour de laquelle règne une chaussée pour les voitures ; sous les arceaux est la promenade couverte. Au milieu s'élève sur un vaste piédestal la statue équestre de Philippe III ; malgré ses défauts, c'est l'œuvre de sculpture la moins mauvaise de toutes celles que le voyageur verra à Madrid. Elle est, du reste, l'ouvrage d'artistes italiens.

La *plaza Mayor* a tout un passé historique : c'est là que s'accomplissaient les auto-da-fé du saint-office ; les pièces religieuses de Lope de Vega y étaient jouées en plein air ; les exécutions capitales y avaient lieu ; c'était aussi un vaste théâtre choisi pour les fêtes publiques, les tournois et les combats de taureaux, mais seulement dans le cas des *funcions reales*, c'est-à-dire présidées par le souverain. C'est là qu'eut lieu la dernière de ces fêtes en 1846, à l'occasion des mariages espagnols, celui de la reine avec son cousin le roi actuel, et celui de l'infante sa sœur avec le duc de Montpensier. — En ces solennités, toutes les fenêtres qui entourent la place sont drapées et deviennent autant de loges où se pressent les têtes des curieux ; devant les maisons sont des amphitéâtres qui se prolongent jusque sous les arceaux.

Au milieu de l'une des façades est le balcon de la *Panaderia* sur lequel la famille royale se place pour assister à ces fêtes.

La *puerta del Sol* vient d'être splendidement reconstruite. Autrefois, à l'époque de sa grande célébrité, elle n'était qu'un carrefour fort irrégulier, placé au centre de Madrid et vers lequel, comme des déversoirs aboutissaient toutes les rues principales.

Depuis peu d'années on a démoli les masses fort irrégulières des maisons, et l'on a élevé une série de beaux hôtels qui décrivent un demi-cercle en face de l'hôtel des Postes et du palais de la Gobernacion (ministère de l'intérieur).

La *puerta del Sol* n'a donc rien perdu quant au nombre des rues qui y aboutissent; l'affluence du public et des oisifs y est plus considérable que jamais, et elle est devenue une belle et vaste place demi-circulaire.

La *plaza de Oriente* est devenu le charmant jardin qui élève ses arbres verts et ses statues devant la façade du palais de la reine. Cette transformation est très-heureuse dans une ville où le soleil est aussi ardent et le sol aussi aride qu'à Madrid.

Les quarante-quatre statues en pierre vraiment colossales qui y sont disséminées avaient été faites pour être rangées au sommet du palais royal. Cet ornement grandiose, mais d'un poids menaçant, a été enlevé, et les statues sont descendues sur la place de Oriente. Au milieu de la place s'élève un monument que surmonte la statue équestre du roi Philippe IV. Ainsi que l'annonce l'inscription il a été élevé par la reine Isabelle II en 1844. Mais la statue n'est pas moderne; elle fut dessinée par Velasquez et exécutée par le Florentin Tacca. La pose du cheval a pu donner l'idée de celle du cheval de Louis XIV sur la place des Victoires.

La *plaza del Congresso* est une petite place à peu près triangulaire, très-irrégulière, formée par un terrain très en pente, à l'extrémité de la carrera San Geronimo, près du Prado. Sans les édifices qui l'entourent elle serait d'une incontestable laideur.

En descendant, on voit à gauche la façade du palais du Congresso (des Cortès), que nous avons décrite; à droite, mais plus bas, la longue façade du palais de Medina-Celi, dont le replâtrage n'a rien de monumental; — au milieu s'élève une statue grêle et disgracieuse; elle est en bronze et représente un militaire; c'est en effet le glorieux blessé de Lépante. Mais sur le piédestal on aperçoit gravées les comiques silhouettes de *Don Quichotte* et de *Sancho;* on reconnaît alors l'image de Michel Cervantès Saavedra. Cette statue a été exécutée à Rome et fondue en Prusse en 1835.

Porcelaines (*Fabrique royale de*). — Cette fabrique est établie au palais de la Moncloa, qui appartenait à la couronne. Elle produit par an environ 250,000 pièces de porcelaines, pour les palais royaux et le commerce. C'est le Sèvres de Madrid. On y a fait de grands progrès, et les œuvres qui en sortent maintenant sont de très-belle qualité.

Postes. — L'hôtel de l'administration générale des postes est situé puerta del Sol, 13. — Les courriers arrivent calle San Ricardo, 1.

La principale *boîte aux lettres* est placée à l'angle de cet édifice, en face de la petite rue de San Ricardo et de la calle de Carretas.

En outre, il y a dans chacun des quartiers de Madrid des boîtes (*buzones*) où les lettres peuvent être déposées jusqu'à 6 h. du soir. Voici les endroits où se trouvent ces boites : plaza Isabel II, — plaza Mayor, — plaza Santa Domingo, — plaza de Lavapiès, — calle Ancha San Bernardo, — calle de la Madera, — plaza de Anton Martin, — calle de Toledo, près de la petite fontaine, — plaza del Progresso, — au Saladero (prison principale), — Red de San Luis, — calle de Alcala, — carrera San Geronimo, — calle de Fuencarral, en face l'hospice, — calle de Segovia, — Cava baja, à la porte des Maures, — plaza de Jesus, — carrera San Francisco, — alcantarilla de Leganitos, — à Atocha en face de San Carlos.

En outre, il y a une quarantaine d'autres boîtes secondaires, disséminées aux portes des bureaux de tabac (*estancos*). C'est dans ces estancos que se vendent les timbres-poste. — Ces débits sont fréquemment déplacés, fermés ou supprimés. Il est impossible d'en dresser la liste excessivement variable et qui contiendrait forcément une part probable d'inexactitudes. Le renseignement général suffira.

Si l'on attend des lettres *poste restante*, ou si l'on prévoit qu'il a pu arriver des lettres mal adressées, qui seraient restées à l'administration, il faudra aller au bureau central, calle del Correo, derrière l'hôtel de la Gobernacion. Dans une salle, on verra affichées au mur des listes des personnes auxquelles sont destinées des lettres non distribuées ; il y a le tableau des dépêches venant de l'étranger et celui des lettres venant de l'intérieur.

Si l'on y trouve son nom, on se présente au guichet, on se nomme et l'on reçoit la lettre sans autre formalité, — si, toutefois il n'a pas plu à une autre personne de venir, une heure auparavant, la retirer par le même moyen. — Ce système est d'une simplicité toute primitive, mais vraiment il n'est pas sûr.

Quant au service et au tarif des postes, nous les avons expliqués, au commencement de ce livre, au chap. des *Renseignements généraux*, page 33.

Poudres. — La fabrique royale des poudres est située à la première écluse du canal du Manzanarez. — Elle n'a que 2 moulins et 20 mortiers.

7.

Prisons. — Prison municipale (Saladero), plazuela de Sante Barbara. On peut la visiter de 11 h. à 1 h.

Prison militaire. — A l'ancien couvent de San Francisco. On peut y visiter les prisonniers tous les jours, de midi à 3 h., et aux heures de repas.

Prisons des femmes. — *Maison d'arrêt* (autrefois présidio-modèle), pour les prévenues et les condamnées à la détention, calle del Barquillo, 16. Visit. de 10 h. à midi, et celles qui payent (à la pistole) peuvent recevoir de midi à 2 h. et de 4 h. à 6 h. — *Maison de reclusion* (Recogidas), calle de Hortalezza, 14.

Promenades. — Le Prado. — Le Prado est aussi célèbre que la puerta del Sol. Ces deux noms ont depuis longtemps franchi les Pyrénées et sont devenus populaires hors de l'Espagne. Avant sa transformation récente, la puerta del Sol causait à l'étranger une vraie déception; ce petit carrefour étroit et difforme offrait trop de contraste avec sa réputation.

Sans être aussi sévère pour le *Prado*, il faut avouer que le promeneur qui a vu les *Champs-Élysées* de Paris, les *Cascine* de Florence ou la *Rambla* de Barcelone, est fort surpris de voir que ce célèbre Prado se réduit à une allée unique, sans ombrages, sans ornements.

Elle est longue et large, et se nomme *el salon del Prado*. D'un côté une chaussée parallèle est réservée aux équipages et aux cavaliers, qui retournent patiemment et continuellement sur leurs pas, comme les promeneurs de l'allée. De l'autre côté, une grande esplanade plantée d'arbres, du côté de la ville. Des chaises y sont rangées pour le repos des promeneurs, parallèlement à la grande allée.

Le Prado est situé à l'extrémité de la calle de Alcala et de la calle San Geronimo. — Au-dessus, en face de la ville, s'élèvent les jardins du Retiro.

Restreinte à aussi peu d'espace, la promenade manque évidemment de ce pittoresque, de cette prodigieuse animation qui distinguent, à Paris, la grande avenue des Champs-Élysées.

Mais, malgré ses étroites limites, le salon du Prado est très-recherché, très-fréquenté; il est chaque soir, de 7 à 10 heures, le rendez-vous de toute la société madrilène, et alors, il offre un aspect charmant. Le public y est si nombreux, qu'il faut avancer à pas lents; on se croise, on se presse, on marche dans une foule compacte; n'importe! on se promène au Prado, c'est la mode, c'est une nécessité, c'est un devoir.

A côté, les équipages se meuvent avec la même lenteur dans leur allée; les voitures forment une file continue, se touchant toutes entre elles, et du haut de toutes ces calèches découvertes, les plus aristocratiques beautés de Madrid, à demi couchées sur les coussins, laissent errer un regard nonchalant sur la foule des promeneurs.

Dans l'allée principale, tout le monde est en toilette; les hommes sont habillés et gantés avec toute l'élégance du boulevard des Italiens, et avec un peu plus de recherche peut-être. Quant aux dames, elles y viennent toujours très-parées, décolletées sous le tissu de leurs mantilles, la tête nue, coiffées avec un soin digne de leurs splendides chevelures, et dans leurs cheveux, chaque soir, une fleur naturelle, une rose ou un œillet. Une vraie toilette de bal! Dans toutes leurs mains, enfin, s'agite, claquette et s'agite encore l'éventail, *el abanico*, ce compagnon inséparable de la femme espagnole.

Une marquise a un éventail de dix mille réaux; la marchande de limon a un éventail d'un sou; mais, depuis la reine jusqu'à la mendiante, depuis la vieille centenaire jusqu'à la petite fille de six ans, il n'est pas une Espagnole qui n'ait un éventail à la main.

Il y aurait tout en petit volume à écrire sur l'éventail. Que de signes insaisissables et mystérieux il sait faire sous des doigts habiles; que d'impressions il traduit par ses mouvements, tantôt lents et réguliers comme ceux de l'aile d'un oiseau, tantôt irrités, impatients, convulsifs, selon le calme ou la tempête; avec quelle grâce une femme espagnole vous salue du bout de son éventail, salut charmant, qu'achèvent un regard brillant et un charmant sourire.

Femmes, toilettes, mantilles, fleurs, regards, sourires, éventails surtout, c'est au Prado que l'étranger pourra les voir en foule. A cet égard, le Prado est digne de sa renommée; les Madrilènes en ont fait une promenade ravissante, à laquelle nulle autre ne peut être comparée pour l'élégance et le bon ton.

Ajoutez-y les curieux assis sur leurs rangées de chaises, des milliers de cigarettes, les marchands de limonade et d'eau à la neige, qui font entendre l'éternel cri: *Quien quiere agua?* enveloppez l'ensemble d'un immense et léger nuage de poussière; — Voilà le *Prado*.

A l'extrémité du salon del Prado, une promenade entièrement plantée de beaux arbres s'étend jusqu'à la gare d'Atocha. Il y a dans ce bois des bancs, de l'ombre, de la fraîcheur, et une solitude complète. Le public préfère l'autre moitié du Prado, celle qui est à découvert, brulée par le soleil, mais aussi la plus rapprochée de la ville.

Entre ces deux parties du Prado, à l'extrémité de la grande allée et en face de la fontaine d'Apollon, s'élève un monument d'un aspect particulier. Au-dessus d'un piédestal en forme de tombeau se dresse un obélisque ; — sur l'obélisque on n'a gravé que ces mots: *Dos de mayo*, deux mai. Alentour, une grille circulaire ferme un terrain que le patriotisme espagnol appelle le Champ de la loyauté, *Campo de lealtad*. C'est là que pendant la guerre d'indépendance, en 1808, trois officiers d'artillerie et quelques soldats se sont fait tuer jusqu'au dernier en combattant contre les Français. Le 2 mai fut le jour de cet héroïsme.

Tous les ans, à l'anniversaire de cette date, une grande revue des troupes a lieu sur la promenade du Prado, un prêtre dit la messe au pied de l'obélisque et adresse à la foule une prédication patriotique; puis les régiments défilent devant le monument du 2 mai.

La *Fuente castillana*. — Lorsqu'on arrive à Madrid par la porte de Alcala on a : devant soi, la fontaine de Cybèle et la calle Alcala ; à gauche, le Prado ; à droite, une longue allée plantée d'arbres, le *paseo de Recoletos*. Suivez-la, elle vous mènera droit à la *Fuente castillana*. Cette promenade va de la fontaine de Cybèle à deux autres fontaines, celle *del Cisne* et celle de l'*Obelisco*. Elle est fraîche, arrosée, et quand on s'avance vers l'extrémité, elle devient un jardin très-ombragé qui est certainement la promenade la plus agréable de Madrid. Elle est aussi très-fréquentée. C'est là que se font les parties de plaisir. On y trouve un restaurant.

Le *paseo de las Delicias* est une promenade plantée de beaux arbres qui occupe une esplanade près de la porte d'Atocha. Là elle se divise en deux longues allées droites qui viennent aboutir au canal Manzanarez. Elle est peu fréquentée, en raison de son éloignement de la ville.

Le *paseo de la Virgen del Puerto* est une allée qui va de la porte de Ségovie à la porte San Vicente, derrière le palais royal. Le peuple du quartier s'y réunit le dimanche. Elle est, ce jour-là, très-curieuse à visiter.

La *Florida* est placée du même côté. Elle était autrefois la promenade à la mode. Quoique très-bien située, elle est maintenant abandonnée.

Restaurants. — Outre les hôtels (*fondas*) dont nous avons parlé, et les *posadas* dans lesquelles nous souhaitons au voyageur de ne jamais aller, Madrid possède quelques rares restaurants où l'on est servi soit à la carte, soit à prix fixe.

Jusqu'aux dernières années, Madrid a été une ville très-peu fréquentée par les étrangers, la population flottante y était peu nombreuse; les habitants ont tous leur ménage, les restaurants étaient donc inutiles. C'est là ce qui explique qu'ils soient si rares proportionnellement à la population de la capitale. — Voici les principaux:

Restaurant Lhardy, carrera San Geromino, 12, près de la puerta del Sol; le meilleur, le mieux tenu et le plus cher (à la carte).

Rest. del Cisne, calle de Alcala, 56; repas à 20 réaux et au-dessus.

Rest. Campestre, à la *Fuente castillana* (à la carte).

Rest. Hermant, calle Jacometrezzo, 8.

Rest. del Principe, calle del Principe, 33; repas à 10 réaux et au-dessus.

Rest. Prosper, calle San Geronimo, 23; repas à 12 réaux et au-dessus.

Rest. Pasquet, calle de la Montera, 29; repas à 12 réaux et au-dessus.

Rest. del Caballo blanco, calle del Caballero de Gracia; repas depuis 8 réaux.

Rest. del Carmen, calle del Carmen, 21; repas depuis 6 réaux, et à la carte.

Roulage (*Trasportes*). — Les chemins de fer, comme ils l'ont fait pour les voitures publiques de messageries, ont déjà apporté de grandes modifications dans le service du roulage, et le réseau en s'augmentant lui enlèvera de nouvelles lignes. — Toutefois, comme beaucoup de routes restent encore à desservir par le roulage ainsi que par les messageries, nous plaçons ici la liste des principaux bureaux de roulage auxquels le voyageur pourrait s'adresser en cas de besoin:

Trasportes terrestres y maritimos, calle de Alcala 12; pour l'Andalousie, Juan, Grenade, Malaga, etc., tous les deux jours. — Cette compagnie desservait autrefois les lignes de Valence et de Bayonne, qu'occupent aujourd'hui les chemins de fer.

Trasp. servicio, calle de Alcala, 25; pour les villes d'Andalousie.

Trasp. calle de Alcala, 14 ; service pour Badajoz, Tarragone, Saragosse, Barcelone, etc.

Trasp. generales, calle de Alcala, 14 ; pour tous les points de l'intérieur du royaume.

Trasp. de Saura y comp., parador de la Torrecilla, calle de Toledo, 108 ; pour Carthagène, Murcie, et les routes de la Manche.

Trasp. Carrera de Asturias, calle de Alcala, 22 ; pour les villes des Asturies, Léon, Oviédo, Gijon, etc.

Trasp. Parador del Rincon, calle de Alcala, 21 ; pour Coruña, Santander, Sarragosse, Talavera, Jadraque, Trillo, Valle de Mena, Bilbao ; etc.

Trasp. de San Bruno, calle de Alcala, 40 ; pour Cuenca, Pampelune, Oñate, Eibar, Uclès, Tarancon, etc.

Trasp. Posada del Angel, plazuela de la Cebada, 72 et 74 ; pour les diverses localités de la province de Nouvelle-Castille.

Trasp. Parador de Ocaña, calle de Toledo, 112 ; pour Murcie, Carthagène, Ciudad-Real, et points intermédiaires.

Trasp. del Soldado, calle de Toledo, 156 ; tous les jours, pour Grenade, Jaen, Cordoue, Andujar, Madridejos, Bailen, Valdepeñas, Manzanarez et Ocaña.

Trasp. de Luna, calle de Toledo, 140 ; pour Manzanarez, Valdepeñas, Bailen, etc.

Trasp. de la Madera, plazuela de la Cebada, 102 ; pour toute la province des Asturies, les ports de Navia, Luarca, etc.

Trasp. Posada de la Aduana, calle de la Aduana, 17 ; service de Madrid aux ports de Santona et de Laredo, par la route qui passe à Aranda, à Burgos, à Espinosa et arrive à l'Océan.

Trasp. de Maragatos, calle de Segovia, 27 ; pour les ports de l'Océan, sur la côte de Galice et des Asturies, Vigo, le Ferrol, la Corogne et les localités intermédiaires.

Trasp. de Gallegos, calle de Segovia, 40 ; pour toutes les villes de la Galice et des Asturies.

Trasp. Meson nuevo de Maragatos, calle de Segovia, 59 ; pour les villes de la Galice, jusqu'aux ports, Vigo, le Ferrol, par la route qui passe à Benavente, Ponferrada et Lugo.

Trasp. Meson de los Huevos, calle de la Concepcion-Geronimo, 15 ; pour Zamora, Medina, Cacères, Trujillo, Merida et la ligne de Madrid à Badajoz, frontière de Portugal.

Trasp. de San José, calle de Toledo, 105 ; pour Yepès, Morins et autres points de la Manche.

Trasp. Empresa Riojana, calle de Alcala, 18 et 20 ; pour la ligne de Madrid à Burgos par Aranda ; pour Cuenca et les points intermédiaires.

Nous ne mentionnons pas ici plusieurs autres entreprises spécialement destinées à desservir des lignes absorbées aujourd'hui par les chemins de fer. Elles n'ont plus d'utilité.

Sénat. — Le sénat espagnol tient ses séances au palais du Sénat, plazuela de los Ministerios, 8. Nous avons parlé déjà de cet édifice (V. *Palais*, page 114), et nous avons indiqué l'organisation du sénat. (V. *Organisation politique*, page 21.)

Sociétés financières. — *Banque espagnole* de San Fernando, calle de Atocha, 15. — Elle émet des billets au porteur de 4,000, 2,000, 1,000, 500 et 200 réaux, qui n'ont que le défaut de ne pas être acceptés comme monnaie courante dans toutes les provinces. Le capital constitutif est de 200 millions de réaux ; le gouverneur est nommé par décret royal.

Société de Crédit en Espagne, la plus importante du royaume ; calle del Caballero de Gracia, 23 ; Directeur M. Luis Guilhou. — A Paris, M. Numa Guilhou, 50, rue de Provence.

Banque de Fomento y de Ultramar, calle del Caballero de Gracia, 27.

Société espagnole mercantile et industrielle, calle del Prado, 26.

Crédit mobilier espagnol, calle de Fuencarral, 2 ; fondé par la société du Crédit mobilier de Paris, dont il est une succursale.

La *Banque des Économies*, calle del Desengaño, 27, reçoit les dépôts de fonds depuis 10 réaux, et, d'après ses prospectus, donne 12 pour 100 à ses clients.

La *Beneficiosa*, association mutuelle des capitaux, calle Jacometrezzo, 62. — Capital effectif : 16 millions de réaux ; dernier produit : 10.84 p. 100 des sommes déposées.

Le *Tesoro de Madrid*, caisse d'épargnes pour les capitaux, à intérêt fixe. Elle donne 12 p. 100 lorsqu'ils sont déposés pour un an, 15 p. 100 pour deux ans, 15 p. 100 pour cinq ans. — Calle de Relateros, 5.

Il y a aussi la *Compagnie générale d'assurances*, calle de la Magdelena, 17 ; la *Compagnie las Diligencias-Postas generales*, calle de Alcala, 15, et un très-grand nombre de sociétés *minières* dont la prospérité et les bénéfices ne réalisent pas toujours les riches promesses contenues dans leurs prospectus. — Pour les compagnies d'assurances, voyez au mot Assurances, page 74.

Tabacs. — La fabrique royale de tabacs est située calle de los Embajadores, 59. Elle occupe environ 3,000 ouvriers, qui manipulent par an plus de 100,000 kil. de tabacs de toute provenance. Dans tous les quartiers de la ville sont disséminés les débits (*estancos*). Il n'y a pas en Espagne une régie unique et générale pour le monopole du tabac dans tout le royaume. Certaines provinces ont leur fabrication, leur monopole, leur douane, leur interdiction. Ainsi, à Madrid, des cigares venant de Vitoria sont objets de contrebande. C'est là un des restes des anciens priviléges que possédaient les royaumes et les provinces et que l'unité administrative doit tendre à faire disparaître entièrement.

Tapis. — La fabrique royale de tapis est placée au delà de la porte Santa Barbara. Elle est une imitation de celle des Gobelins, et remonte au règne de Philippe V. Les produits sont peu considérables, mais sont fort beaux comme exécution artistique et comme qualité.

Taureaux (Cirque des). — La *plaza de Toros*, comme on la nomme à Madrid, est située près de la porte de Alcala. Elle a été construite en 1749, par autorisation du roi Ferdinand VI qui révoqua ainsi la défense faite par Philippe V. Elle contient environ 12,000 spectateurs.

Ce vaste cirque n'a rien de monumental, mais il est établi dans les proportions qui conviennent aux assemblées populaires. Autour de l'arène est un pourtour qui sépare le public des combattants ; ce pourtour est destiné à servir de refuge aux toréadors poursuivis avec fureur, mais il n'est souvent qu'un refuge inutile, lorsque le taureau franchit le mur de bois et circule dans cet étroit passage. On s'empresse d'ouvrir une des portes et il rentre dans l'arène.

Après le pourtour commencent de larges gradins en granit, sur lesquels le peuple s'asseoit pour assister aux *corridas*. Ces gradins, *las gradas*, sont en plein air.

Au-dessus des gradins sont plusieurs rangées de places couvertes ; enfin, au-dessus de celles-ci est le rang des loges.

Les places de même nature se divisent en trois catégories selon leur position au soleil, à l'ombre ou à l'ombre et au soleil. Il en résulte des différences dans les prix.

Depuis le printemps jusqu'à l'automne, les *corridas*, les courses, ou plutôt les combats, ont lieu tous les lundis, de 4 à 6 heures. L'espace qui s'étend du haut de la calle de Alcala à la plaza de Toros présente, avant et après la corrida, l'aspect le plus animé. La foule qui va ou revient, les équipages qui circulent, les voitures à volonté qu'emportent au milieu des cris les longs attelages de mules chargées de pompons de toutes couleurs, les gardes municipaux à cheval, et la double perspective qu'offre la courbe de la route, tout cet ensemble déploie sous les yeux de l'étranger un spectacle aussi curieux que pittoresque. Quant aux combats, c'est à Madrid que le voyageur verra les plus remarquables; c'est là que sont les meilleurs taureaux, les *espadas* les plus célèbres et les représentations les plus émouvantes.

Chaque corrida a lieu sous la présidence du gouverneur de la ville.

Il y a aussi à Madrid un club tauromachique, un *Lid*, réunion des amateurs passionnés de l'art du toréador. Le *Lid* possède non loin du grand cirque une petite arène où les associés seuls sont admis.

Télégraphe. — Le bureau central des lignes télégraphiques est au rez-de-chaussée du ministère de la Gobernacion, puerta del Sol, 13.

Le directeur reçoit le mardi à 4 h. Les bureaux de l'administration sont ouverts de 10 h. à 4 h. tous les jours.

Le service des dépêches commence à sept heures du matin et continue jusqu'à neuf heures du soir.

L'organisation des lignes télégraphiques est toute récente en Espagne. Elle s'y est accomplie très-promptement, et chaque année le gouvernement ajoute de nouvelles lignes au réseau principal. Leur ensemble dépasse maintenant 7,000 kil.

Madrid est en relation télégraphique avec toutes les villes importantes situées aux extrémités du royaume : Bayonne, Vigo, Gijon, le Ferrol, la Corogne, Santander, Léon, Oviedo, Barcelone (Perpignan), Valence, Alicante, Carthagène, Murcie, Malaga, Grenade, Séville, Cordoue, Almeria, Cadix, Badajoz, etc. Le réseau télégraphique rayonne ainsi vers tous les points importants du périmètre de l'Espagne. Quant aux dépêches de l'intérieur qui sont desservies, nous ne pouvons en donner la liste, qui se modifie chaque jour en raison du développement continuel des lignes. L'étranger obtiendra, à ce sujet, au bureau central (*puerta del Sol*, 13), les renseignements les plus récents et les seules informations exactes qui puissent être fournies.

Théâtres. — Le théâtre espagnol, qui s'éleva si haut, au temps de Calderon, de Lopez de Vega, de Tirso de Molina et fut une source précieuse à laquelle a largement puisé l'art dramatique des autres peuples, le théâtre espagnol est bien déchu. C'est lui à son tour qui emprunte, qui imite surtout. Il n'est pas rare d'assister, à Madrid, à une comédie, à un vaudeville, à un opéra-comique qu'on croit reconnaître, qu'on reconnaît; le titre et quelques détails ont changé, mais sous ce déguisement l'œuvre est encore reconnaissable; ce sont des pièces françaises qu'on retrouve travesties, défigurées, mais dont l'origine ne peut être douteuse. Les opéras-comiques surtout ont cette destinée, et nous nous souvenons d'avoir surpris un soir *le Domino noir* sous un travestissement qu'il nous serait vraiment impossible de raconter, tant il était compliqué. Pour le grand opéra et pour le ballet, les œuvres des maîtres italiens et français sont très exactement reproduites au théâtre royal.

A Madrid, on va beaucoup moins au théâtre qu'à Paris ; mais les acteurs n'y sont pas inférieurs à ceux des autres pays, et les salles de spectacle sont parfaitement installées.

On fume au foyer, dans les escaliers, dans les couloirs et jusque sur la porte des loges. La cigarette et l'Espagnol sont aussi inséparables que l'Espagnole et son éventail.

On fume avec la même assiduité dans les salles à manger, à table d'hôte, entre chaque plat, au milieu des dames ; dans les bureaux, partout. L'église seule est exceptée.

Voici la liste des théâtres de Madrid avec les indications utiles pour l'étranger :

Théâtre royal, place de Oriente, près du palais, ouvert en 1850. 2,000 places. — Bel édifice, salle vaste, scène profonde et bien machinée. On y joue le grand opéra et le ballet.

Prix des places : Loges de rez-de-chaussée, 200 réaux ; en location 240 ; — loges principales, sans les entrées personnelles, 100 rx ; en locat., 140 ; — loges de face et de côté *id.*; — secondes d'avant-scène, 80 rx ; en locat., 100 rx ; — stalles, 20 rx ; en locat., 25 rx ; — premier rang du second balcon, 12 rx ; en locat., 14 rx ; — second et troisième rang, 8 rx ; en locat., 10 rx ; — autres places inférieures, à 8, 6 et 4 rx.

Théâtre del Principe, calle del Principe, 31. — On y joue tous les genres, excepté les féeries ; il y a parfois spectacle pendant l'après-midi et spectacle le soir. Le prix des places est élevé d'un cinquième pour les représentations de la nuit. — Salle médiocre, contenant 1,200 spectateurs.

Prix des places : Loges de rez-de-chaussée à 5 places, 50 réaux; en location, 60 réaux ; — loges principales, 40 rx; en locat., 50 ; — secondes loges, 30 rx ; en locat., 40 rx ; — stalles, 10 rx; en locat., 12 rx ; — balcon, 10 rx; en locat., 12 rx ; — fauteuils de parterre, 8 rx; en locat., 10 ; — premier rang du balcon, 8 rx ; en locat., 10 rx; — second rang, 6 rx; en locat., 8 rx.; — premier rang du second balcon, 6 rx; en locat., 8 rx; — de face au second balcon., 6 rx; en locat., 8 rx ; — second rang du deuxième balcon, 5 rx ; en locat., 6 rx ; — autres places inférieures, à 6 et à 4 rx.

Théatre du Cirque, plazuela del Rey. — Construit autrefois pour des représentations équestres, comme l'indiquent sa forme et son nom, ce théâtre a changé de destination. C'est aujourd'hui le théâtre populaire. On y joue le drame et le vaudeville. Il contient un grand nombre de places à bas prix, aussi est-il le plus fréquenté. Il y a foule chaque soir. — 1,600 places.

Prix des places : Loges principales, sans les entrées personnelles, 32 réaux ; en location, 40 réaux ; — secondes loges, sans entrées, 16 rx; en locat., 24 rx ; — stalles, 10 rx ; en locat., 14 rx ; — premier rang de l'amphithéâtre principal, 7 rx; en locat., 9 ;— places de l'amphithéâtre principal, 5 rx ; en locat., 6 rx ; — premier rang du deuxième amphithéâtre, 6 rx ; en locat., 8 rx ; — premier rang des galeries d'en haut et du bas, 5 rx ; en locat., 6 rx ; — places de l'amphithéâtre principal numérotées, 5 rx ; en locat., 6 rx ; — places numérotées du deuxième amphithéâtre, 4 rx ; en locat., 5 rx ; — entrée générale, 2 rx. — On reçoit des abonnements mensuels.

Théatre de la Zarzuela, opéra-comique, calle de Javellanos. — Édifice élégant, bien situé, bien fréquenté.

Prix des places : Loges principales (sans les entrées personnelles, de 5 réaux), 50 rx ; en location, 58 rx ; — secondes loges d'avant-scène, sans entrées, 30 rx; en locat., 38 rx; — secondes, loges sans entrées, 25 rx ; en locat., 30 rx ; — stalles, 12 rx ; en locat., 15 rx ; — premier rang de galerie, 7 rx ; en locat., 9 rx ; — places de galerie, 5 rx: en locat., 6 rx ; — premier rang d'amphithéâtre d'entresol, 8 rx ; en locat., 10 rx ; — places d'amphithéâtre d'entresol, 6 rx ; en locat. 7 rx ; — amphithéâtre principal, premier rang, 7 rx ; en locat., 9 rx ;

— autres places du même, 5 rx; en locat:, 6 rx; — premier rang du deuxième amphithéâtre, 6 rx; en locat., 8 rx; — autres places du même, 4 rx; en locat., 5 rx; — galerie du haut, premier rang, 5 rx; en locat., 6; — autres places de la même, 3 rx; en locat., 4 rx; — l'entrée personnelle pour les abonnés et pour les personnes qui ont pris des loges est de 3 rx.

Théatre de las Variedades, calle de la Magdalena, 40. — Autrefois jeu de paume, plus tard opéra, maintenant théâtre français. On y joue la comédie et le vaudeville. — 800 places environ.

Prix des places : Premières loges (sans les entrées personnelles, qui sont de 3 réaux), 30 rx; en loc., 40 rx; — secondes loges, id., 12 rx; en loc., 20 rx; — stalles, 8 rx; en loc., 10 rx; — banquettes, 8 rx; en loc., 10 rx; — premier rang de la 1re galerie, 6 rx; en loc., 8 rx; — autres places de cette galerie, 5 rx; en loc., 7 rx; — premier rang de la galerie principale, 6 rx; en loc., 8 rx; — amphithéâtre principal, 4 rx; en loc., 6 rx; — 1er rang de la galerie du haut, 5 rx; en loc., 7 rx.

Théatre de Lope de Vega, calle del Desengaño, à l'angle de la calle de Valverde, dans l'église d'un ancien couvent. — Drame et comédie. — 800 places.

Prix des places : Loges, avec cinq entrées, 70 réaux; — stalles de parterre, 12 rx; — fauteuils d'orchestre, 10 rx; — premier rang des galeries basses, 9 rx; — autres places de ces galeries, 7 rx; — premier rang de la galerie principale, 8 rx; — autres places de la même galerie, 6 rx; — premier rang de la galerie du haut, 8 rx; — places numérotées d'entrée générale, 4 rx.

Théatre de las Novedades, calle de la Cebada, à l'angle de celle de las Velas. — Drames et pièces à féeries.

Prix des places : Loges d'avant-scène, avec sept entrées, 70 réaux; en loc., 100 rx; — les mêmes, avec cinq entrées, 50 rx; en loc., 60 rx; — loges du rez-de-chaussée avec cinq entrées, 50 rx; en loc., 60 rx; — loges principales avec cinq entrées, 40 rx; en loc., 50 rx; — secondes loges avec cinq entrées, 30 rx; en loc., 40 rx; stalles, 10 rx; en loc., 14 rx; — premier rang de l'amphithéâtre du rez-de-chaussée, 7 rx; en loc., 10 rx; — autres places du même, 5 rx; en loc., 7 rx; — places de l'amphithéâtre principal, 4 rx; en loc., 5 rx; — premier rang de la galerie principale, 7 rx; en loc., 9 rx; — autres places de la même, 5 rx; en loc., 7 rx; — galerie haute, premier rang, 5 rx;

en loc., 7 rx ; — autres places de la même, 3 rx ; en loc., 4 rx.

Théatre del Instituto, calle de las Urosas, 8. — Autrefois affecté aux drames populaires et aux danses andalouses, maintenant au vaudeville et à la comédie. Petite salle, édifice sans apparence. — 700 places.

Prix des places : Loges du rez-de-chaussée, sans l'entrée personnelle, 30 réaux ; — loges principales, id., 16 rx ; — stalles, 8 rx ; — amphithéâtre, premier rang, 6 rx ; — autres places, 4 rx ; — galerie principale, premier rang, 5 rx ; autres places, 3 rx ; — galerie du haut, 1er rang, 4 rx.

Cirque (de M. Paul), calle del Barquillo, 7. — Exercices équestres, travaux d'adresse, etc. — 1,600 places.

Prix des places : Entrée générale, 2 réaux ; pour les loges, 3 rx ; — chaise, avec entrée, 8 rx ; — stalles d'orchestre, 6 rx ; — fauteuils, 10 rx ; loges, sans les entrées, 40 rx.

Timbre. — Les bureaux de recette où l'on va payer les droits de timbre sont plaza Mayor, 7. — Les bureaux où l'on timbre les feuilles en blanc, et où l'on débite le papier timbré, sont situés calle de San Mateo, 5.

Tribunaux (Audiencias, jusgados, etc.) — *Le tribunal suprême de justice* (cour de cassation) siége plazuela de los Consejos, dans le palais de los Consejos. — Les bureaux sont ouverts tous les jours de 10 h. à 1 h.

Il est divisé en trois chambres, dont chacune a son président. La première, la deuxième et la chambre *des Indes* ou des Colonies.

Le *Tribunal suprême de guerre et de marine* siége calle de Atocha, 4, le samedi et le mercredi de 2 h. à 3 h.

Les bureaux sont ouverts à la même heure, tous les jours. Le secrétaire du conseil reçoit le mardi et le vendredi de 2 h. à 3 h.

La *cour royale de Madrid* (audiencia) siége plaza Santa Cruz, au *palais de la Audiencia*. Elle a un premier président, et se divise en quatre chambres, dont chacune a son président.

La justice de *première instance* est exercée dans chacun des districts de Madrid par un tribunal. Il y en a dix qui prennent le nom de leurs districts : 1° de la Audencia, 2° de Lavapiès, 3° del Barquillo, 4° de Maravillos, 5° del Palacio, 6° del Prado, 7° de la Universitad, 8° de las Vistillas, et deux dans les faubourgs, celui *del Norte* et celui *del*

Mediodia. — Les huit premiers siégent au rez-de-chaussée du palais de la Audiencia, plaza Santa Cruz.

Le *Tribunal de commerce* siége à la Bourse, plazuela de la Leña, 14. — Les audiences ont lieu le mardi, le jeudi et le samedi, à midi.

Justice de paix. — Les mêmes divisions, les mêmes districts ont chacun un juge de paix. — On pourra aller demander l'adresse particulière de ces magistrats au palais de la Audiencia.

Le *Tribunal ecclésiastique de l'archevêché* (audiencia arzobispal) siége calle San Justo, 2.

Voitures publiques. — Quoique Madrid soit étendu, on s'y sert peu de voitures publiques, aussi y sont-elles peu nombreuses.

Il y a des voitures de place et des voitures de remises à volonté.

Voici le tarif des *voitures de place* (carruajes de alquiler) : Voit. à un cheval; une *course* : le jour, 4 rx; le soir, 6 rx; après minuit, 10 rx. — L'*heure* : le jour, 8 rx la première, 6 rx les suivantes; le soir, 8 rx la première, 10 rx les suivantes; après minuit, 14 rx la première, 12 rx les suivantes.

Voit. à deux chevaux; la *course* : le jour, 6 rx; le soir, 10 rx; après minuit, 14 rx. — L'*heure* : le jour, 10 rx; les suivantes, 8 rx; le soir, première heure, 12 rx; les suivantes, 10 rx; après minuit, la première heure, 16 rx; les suivantes, 14 rx.

On trouvera des stations : à la puerta del Sol, et calle Mayor, — de Carretas, — de Fuencarral, — de la Montera, — de Arenal, — carrera San Geronimo, — calle de Alcala, — ancha San Bernardo; et aux places : de Santa Ana, — de la Villa, — del Rey, — de Isabel II, — de las Descalzas, — de Anton Martin, — de la Cebada, — et de Matute.

Voitures d'abonnement ou à volonté. — En outre, si l'on veut une voiture à deux chevaux pour une journée, une semaine, un mois, on en trouvera aux adresses suivantes :

Calle de la Magdalena, 20. — Pour un mois, 2,100 rx; pour un jour, 80 rx; demi-journée, 50 rx.

Traversia de la Ballesta, 7. — Pour un mois, 2,600 rx; un jour, 100 rx; demi-journée, 50 rx. — Calle de Valverde, 8, même tarif.

Calle de la Queda, 4. — Pour un mois, de 2,400 à 3,000 rx; un jour, 100 rx; demi-journée, 50 rx.

Calle de las Urosas, 9. — Pour un jour, 100 rx; demi-journée, 50 rx.

Sur les voitures à louer et libres, on voit un petit drapeau en métal fixé à l'un des angles et y on lit : *de alquiler* (de louage).

Nous avons parlé du costume, de la toilette des gens du monde à l'occasion du Prado.

Les femmes du peuple, depuis les enfants jusqu'aux plus vieilles, portent toutes la mantille noire. Le reste de leur toilette ressemble au costume français, y compris la crinoline; mais elles n'ont pas de bonnet, dont la mantille tient lieu. Leur coquetterie recherche surtout les bagues et les bijoux; elles se parent de chrysocale et de doublé avec toute la profusion qui leur est possible.

Les hommes de cette condition ont un costume qui est à peu près le même dans toute l'Espagne. Il faut les voir aux courses de taureaux ou les jours de fête, pour juger la mode et le pittoresque de leur vêtement. Les élégants de cette catégorie portent un pantalon de velours collant, des sandales dont les cordons rouges se croisent sur des bas bien tendus et une veste de drap brun, courte, chargée de petits boutons arrondis et de passementeries si patiemment combinées qu'elles dessinent entre les deux épaules un vase de fleurs. Ils ignorent l'usage de la cravate; la chemise brodée vient se terminer par un petit col qui laisse à nu un cou musculeux et brun; un gros bouton en cuivre doré brille au milieu du col. Ils ont pour coiffure ce traditionnel *sombrero* plat dont les larges bords se relèvent jusqu'au niveau du milieu comme un turban, de manière à former un véritable pluviomètre. Une large ceinture en soie rouge ou violette complète ce costume. Inutile d'ajouter que la cigarette ne les quitte pas; ils la posent derrière leur oreille ou sur leur chapeau, la rallument, en roulent une autre, et dans les cafés prennent du chocolat en buvant de l'eau.

N'oublions pas, enfin, les *Serenos*. Par toutes les villes d'Espagne, aussitôt que le jour finit, vous entendrez des voix qui crient les heures: ce sont celles des *serenos*, les veilleurs de nuit. Le *sereno* est un des types les plus caractéristiques légués par la vieille Espagne du moyen âge à l'époque moderne. « Le *sereno* se promène le long des murs, enveloppé dans son manteau brun; il porte un sabre, un sifflet d'alarme, et tient à la main sa pique. A cette pique est suspendue la lanterne traditionnelle. Cette lanterne a résisté à toutes les illuminations du progrès; les réverbères, le gaz lui-même dans les capitales de province où il commence à briller, n'ont pu triompher de l'ancien attribut du *sereno*, et le passant attardé voit toujours errer ces lumières qui glissent au pied des maisons silencieuses, paraissent ou disparaissent aux angles des rues et offrent un aspect bizarre réveillant à l'imagination tous les vieux et nocturnes romans de l'Espagne.

Au point du jour, les *serenos* se réunissent au poste de leur quartier; ils font le rapport et regagnent leurs demeures, où il leur est permis de ne dormir que le jour.

Chacun d'eux, dans son service, porte un paquet des clefs ouvrant toutes les portes des maisons confiées à sa garde; c'est à lui qu'on s'adresse pour entrer. Madrid ne connaît pas le fléau des portiers. Heureuse capitale! heureux habitants!

Madrid est la patrie de Lope de Vega, de Calderon, de Quevada, savant, poëte et écrivain politique; et des deux poëtes Moratin.

La série des renseignements nécessaires au voyageur qui arrive à Madrid peut s'arrêter ici. — Nous les avons donnés d'une manière aussi complète, mais aussi brève que possible. Quant à décrire la physionomie des habitants, le pittoresque des costumes et des assemblées populaires, les usages de la société madrilène, les types, les particularités, les surprises qui attendent l'étranger; quant à lui faire d'avance ses impressions personnelles, ce n'est pas le rôle du *Guide*. Le voyageur ne tardera pas à en voir bien davantage que nous ne pourrions lui en expliquer ici; il n'y a donc qu'à le livrer à ses propres observations au milieu d'un pays nouveau.

ENVIRONS DE MADRID

LE PARDO. — L'ESCORIAL. — LA GRANJA. — ARANJUEZ. — TOLÈDE.

Le Pardo. — Cette terre royale est située à trois lieues de Madrid, à l'endroit où le *Manzanarez* coupe la route de Madrid à Ségovie.

Le palais fut construit par Charles-Quint, brûlé en 1604, relevé par les soins de Philippe III, et agrandi sous le règne de Charles III. Il est placé à l'entrée de la forêt, et précédé de vastes jardins et de vergers, dans le genre hollandais. Derrière cet édifice commencent et se déroulent les bois, qui forment une seule forêt, entourée tout entière par un mur. Cette enceinte a 15 lieues de circuit; elle ferme au gibier les routes de la campagne et défend l'accès des bois royaux. Il en résulte une abondance considérable de gibier, de loups et de renards. La chasse y est fort belle.

Dans l'étendue des bois se trouvent deux petits pavillons isolés, deux petits palais cachés dans l'épaisseur de la forêt; l'un est nommé la *Quinta*, l'autre la *Zarzuela*, et l'on se souvient encore des opéras-comiques que l'infant Ferdinand y faisait jouer.

L'Escorial. — Nous avons décrit cette célèbre et sévère résidence de Philippe II lorsque nous l'avons rencontrée sur la ligne de Bayonne à Madrid, à la station de l'Escorial. (V. plus haut, p. 62.)

La Granja. — Sur la route qui va de Madrid à Ségovie, et deux lieues et demie avant d'arriver à cette dernière ville, on trouve le village de San Ildefonso. Tout près de ce village est la résidence royale de *Granja*, où la cour va, tous les ans, passer la fin de l'été et l'automne. La reine Isabelle partage sa villégiature entre cette habitation et Aranjuez, où elle va dès le mois d'avril, aussitôt que les bords du Tage ont repris leur verdure et leurs fleurs.

La Granja est à 62 kil. de Madrid. Un incendie ayant détruit un palais d'été que possédaient les rois d'Espagne dans la forêt de San Ildefonso, Philippe V, en 1719, choisit l'emplacement d'une métairie (*granja*) pour y élever une demeure royale qui pût rivaliser avec Versailles pour la beauté de ses jardins. Ce roi était prince français; il introduisait les Bourbons en Espagne; c'était le duc d'Anjou, l'un des trois petits-fils de Louis XIV; il arrivait de Versailles, de Marly, de Fontainebleau, et, outre ses souvenirs, il avait une inclination particulière pour la campagne. Il abdiqua après vingt-quatre ans de royauté, et ce fut à *la Granja* qu'il se retira pour être heureux à son aise. La mort subite de son fils le força peu de mois après à reprendre la couronne.

La Granja resta sa résidence favorite. On appela d'Italie, de France, d'Espagne les artistes les plus renommés pour orner le palais, pour embellir les jardins, et en souvenir de Versailles, ce fut surtout au luxe des eaux, des cascades, des fontaines jaillissantes que le roi s'attacha. Plus favorisé que Louis XIV, Philippe V avait au-dessus du niveau de sa résidence la chaîne du Guadarrama, avec ses neiges, ses sources intarissables; on put ainsi former un vaste bassin, appelé *la mer*, qui domine le domaine royal; il reçoit les ruisseaux de la montagne et fournit aux jardins de *la Granja* des eaux abondantes qui font sa plus grande beauté, genre de beauté rare et précieux en Espagne.

Dans l'église du palais s'élève le tombeau de Philippe V.

C'est à *la Granja* qu'en 1832 le roi Ferdinand VII, malade, révoqua le testament qui léguait la couronne à son frère don Carlos, et sur les instances de l'infante Luisa Carlotta, sœur de la reine Marie-Christine, attribua la succession royale à sa fille, âgée de deux ans.

C'est aussi à *la Granja* qu'en août 1836 la reine régente se vit assaillie par l'insurrection militaire, et après avoir parlementé une demi-journée avec les assaillants, se vit forcée de rétablir la constitution de 1812 et de convoquer les cortès.

Tels sont les souvenirs de cette demeure royale. Quant à son aspect, à ses beautés, au plan de sa division, on comprend que nous n'en placions pas ici la description. Le visiteur les verra beaucoup mieux que nous ne pourrions les décrire.

Bornons-nous à lui signaler les ornements intérieurs du palais; l'étendue des jardins, la magnificence des eaux, des cascades, des bassins, des gerbes jaillissantes; le nombre considérable de statues qui sont dispersées dans la verdure, le labyrinthe, etc., etc. Après Versailles, c'est à cet égard ce qu'on peut voir de plus beau, et *la Granja* est bien plus pittoresque, bien plus agréable au coup d'œil que la monotone et solennelle régularité du domaine de Louis XIV.

Le palais de *la Granja* est situé à 1,155 mètres au-dessus du niveau de la mer.

Aranjuez. — Aranjuez est plus connu, plus visité que *la Granja*; il a été le théâtre de graves événements politiques en 1807, et ensuite en 1808, au moment de la chute de Charles IV et du prince de la Paix. Il n'a pas les beautés de *la Granja*.

Cette résidence est d'un genre plus coquet, moins grandiose; mais, visitée en détail, elle offre des richesses dignes des plus belles demeures souveraines. Elle est maintenant la résidence favorite de la cour.

On part de Madrid à la gare d'Atocha. Le chemin passe à *Getafe*, 14 kil., à *Pinto*, 7 kil., à *Valdemoro*, 6 kil., à *Ciempozuelos*, 7 kil. et mène à *Aranjuez*, 15 kil.

Aranjuez est situé à 49 kil. de Madrid, à l'endroit où le chemin de fer de Madrid à Alicante traverse le Tage. C'est à ce fleuve, encore étroit à ce point, qu'Aranjuez doit ses arbres, ses jardins, sa fraîcheur; nous avons déjà dit que le Tage dessine au travers des environs arides et desséchés de Madrid une zone de verdure. Les rois d'Espagne en ont profité pour s'y faire une résidence d'été. Si *la Granja* est le Versailles espagnol (moins le palais), Aranjuez en est le Saint-Cloud.

En descendant du chemin de fer, on arrive à une vaste esplanade; à droite on voit le village d'Aranjuez, régulier, bien bâti, et dont les habitations sont désertes si la cour est à Madrid, très-peuplées au contraire par toute la haute société de Madrid, si la reine est à sa résidence de printemps. A gauche on aperçoit le palais à côté duquel est celui du prince de la Paix, Godoy, un des personnages trop historiques de la fin du règne de Charles IV.

Philippe II commença le palais d'Aranjuez; ses successeurs achevèrent, agrandirent et embellirent cette demeure. Le palais est dans le style de celui de Fontainebleau et de tous les châteaux français du seizième au dix-septième siècle; murs en briques, angles en pierre, pavillons carrés à girouettes, hautes toitures d'ardoise. Il renferme de très-beaux salons et un petit boudoir mauresque copié sur celui de l'Alhambra. Les fenêtres s'ouvrent sur un coup d'œil splendide; toute la vallée du Tage, une partie de la Nouvelle-Castille et de l'Aragon forment un horizon immense borné par de hautes et lointaines montagnes; au pied du château commencent des jardins dont la fraîcheur et la beauté sont un prodige dans le désert qui entoure Madrid.

Il faut dire ici « les jardins, » car le visiteur en voit se succéder une série dont chacun offre un caractère tout différent et porte l'empreinte du règne dont il est l'ouvrage : le *Parterre*, avec sa colossale fontaine d'Hercule, ses bassins, ses colonnes, ses statues; le *Sotello*, puis le jardin de la *Primavera*, puis celui *del Principe*, tracé par Charles IV avant qu'il fût roi; puis enfin les *nouveaux jardins* de la reine, tracés et plantés pendant le règne actuel; rien n'y manque : fleurs exotiques, montagnes suisses, rochers, pagode, ermitage, statues allégoriques. Il y a surtout un pavillon modeste en apparence et isolé parmi les arbres verts, la *cabane du Laboureur*, la *casa del Labrador*, qui renferme des richesses admirables en tableaux, mosaïques, marbres, tapisseries et autres objets d'art.

Le principal souvenir historique que rappelle Aranjuez est celui des événements du mois de mars 1808. Charles IV régnait; Godoy, prince de la Paix, favori de la reine et du roi, gouvernait; l'infant Ferdinand conspirait contre eux; les troupes françaises venaient de faire invasion en Espagne et marchaient vers Madrid. L'émeute éclata, le peuple pilla le palais du prince de la Paix, et l'infant arracha à son père une abdication que ce roi ne tarda pas à rétracter. L'occupation française mit fin à ce débat, ou plutôt fit succéder à une crise locale une guerre générale et un conflit de cinq ans.

Autour d'Aranjuez, sur les deux rives du Tage, s'étendent des jardins maraîchers qui fournissent Madrid, de légumes, de fraises et de primeurs. C'est là le jardin de la capitale.

Tolède. — Tolède est à 67 kil. de Madrid par la route directe de terre, et à 90 kil. par la ligne du chemin de fer. Avant la construction du chemin de fer, aller de Madrid à Tolède était tout un voyage. Il se faisait en suivant la route qui passe par Illescas et Canavas.

Maintenant, un embranchement du chemin de fer de Madrid à *Alicante* part de la station de *Castillejo*, à 16 kil. au delà d'*Aranjuez*; il descend la vallée du Tage, il passe à Algodor, il suit en grande partie le tracé de l'ancienne route d'Aranjuez à Tolède et mène en trois heures à cette ville. Tolède est désormais aux environs de Madrid, et il n'y a pas un but d'excursion plus important, plus intéressant pour tous les voyageurs.

Tolède a tout un grand passé historique. Sous les Goths elle fut la capitale de l'Espagne et le siége de dix-sept conciles; sous les Maures elle fut le siége d'un petit royaume; conquise par Alphonse VI, roi de Castille et de Léon, elle devint la capitale de la Castille et plus tard de toute l'Espagne. A cette époque de sa splendeur elle avait 200,000 habitants.

L'ancienne capitale du royaume si près de la capitale moderne mériterait une visite à ce titre seul; mais Tolède est certainement la plus curieuse de toutes les cités de la vieille Espagne; elle a conservé tout son caractère, ses anciennes rues, ses palais séculaires, ses habitations pittoresques, ses alcazars et une cathédrale gothique qui est un des monuments les plus admirables de l'Espagne.

A Tolède, dès qu'on s'est engouffré dans le dédale de ses rues sans pareilles, l'illusion est complète; on a reculé de six siècles; on est en plein moyen âge.

Tolède a 18,000 hab. Cette ville est le siége de l'archevêché duquel dépend Madrid, et le chef-lieu d'une province. La ville est bâtie en pente, sur une hauteur au pied de laquelle le Tage décrit une longue courbe; il coule entre des rochers et passe sous deux ponts.

Une enceinte fortifiée entoure Tolède et lui donne l'aspect imposant d'une vieille forteresse; les portes armées de tourelles mauresques complètent à merveille cet encadrement.

A l'intérieur, il faut avoir vu dans quelques villes du Midi les rues étroites, tortueuses, rapides, à toitures avancées, bizarrement anguleuses et découpées, pour ne pas être surpris des rues de Tolède.

Les principales curiosités archéologiques que nous recommandons au voyageur comme dignes d'un examen attentif sont:

La *puerta del Sol*, ravissante construction mauresque, très-bien conservée grâce au climat et à sa solidité.

Les palais, les alcazars, et surtout les restes de celui dont les quatre hautes tours dominent la ville ; il fut la résidence des rois, et malgré les dégradations que le temps lui a fait subir, on peut juger de son importance et de sa beauté d'autrefois.

Le *Collége militaire*, qui occupe l'ancien couvent de Santa Cruz; un des édifices les plus remarquables de l'Espagne; il remonte à 1180. Sa façade seule vaut tout un monument.

L'église *Santiago*, qui doit être une ancienne mosquée, et celle de *Saint-Martin*, autrefois celle du couvent de San Juan de los Reyes. Cette église, qui date de 1477, est un grand et admirable travail ; le chevet et le transept sont des chefs-d'œuvre d'ornementation et de hardiesse. Le cloître est tristement dévasté.

L'église *del Transito*, bâtie en 1566 par les juifs, fut une synagogue, et plus tard fut donnée à l'ordre de Calatrava.

Santa Maria blanca, très-curieuse et très-belle synagogue, d'un style simple, original et rare, assez analogue au byzantin, devint aussi une église en 1405. Mais depuis elle a été très-négligée et a subi des dégradations irréparables.

Enfin, et surtout, la *cathédrale !* On comprend, que nous n'essayerons pas d'en faire ici une description, qui serait aussi inutile qu'insuffisante. Des édifices de cette importance exigent plusieurs visites pour laisser dans la mémoire un souvenir bien défini.

Cette cathédrale fut fondée par saint Eugène, apôtre de Tolède: les Maures, conquérants, en firent une mosquée; le roi Ferdinand le Catholique fit renverser cet édifice profané, et en 1227 commença la construction de l'église actuelle. Cette construction a, dit-on, exigé deux siècles et demi.

Le plan général est celui de cinq nefs parallèles, dont la hauteur diminue vers les côtés. La cathédrale a huit portes, qui sont des merveilles de travail, de sculpture gothique, à l'exception de l'une d'elles, dont on a eu la barbarie de faire un portail grec. Une tour à trois grands étages s'élève à 325 pieds.

A l'intérieur sont 88 piliers formés de groupes de colonnettes, qui vont se disperser dans les nervures des voûtes. Le chœur contient une boiserie merveilleuse, sculptée en style gothique. Les chapelles sont très-nombreuses, riches, et quelques-unes contiennent des tableaux et des tombeaux. Les deux principales sont : la *capilla Mayor*, qui renferme un retable colossal en mélèze sculpté, deux tombes royales et une grille de 9 mètres de haut; l'autre, la *Mozarabe*, contient une mozaïque sans pareille, des fresques curieuses et fort anciennes.

750 fenêtres, ornées de vitraux, éclairent d'un demi-jour et des teintes les plus délicates ce vaste monument.

A côté de l'église, selon l'usage espagnol, est le cloître; on y visitera quelques tombeaux et la bibliothèque du chapitre, où l'on garde dans d'obscurs tiroirs des manuscrits du moyen âge, du huitième au quinzième siècle. Il y a là des missels enluminés d'un prix inestimable, des vieux parchemins historiques du plus haut intérêt.

Mais l'objet essentiel de la curiosité des visiteurs qui ne sont pas assez éclairés pour s'attacher aux beautés architecturales du monument est le *trésor* de la cathédrale. Celui de Tolède est resté le plus riche ou plutôt le seul riche au milieu des événements qui ont peu à peu dépouillé les sacristies de leurs richesses.

Le trésor de la cathédrale de Tolède est une célébrité; il est vraiment prodigieux. On y voit une *custodia* en argent massif de 16 pieds de haut, couverte d'émaux et de diamants à profusion, et montée au moyen de 80,000 vis, dont un livre explique le système; plusieurs statues d'argents massifs, et un *manteau du sanctuaire*, sur lequel sont répandues 85,000 perles, une véritable pluie de diamants et autres pierres précieuses !

Il y a quelques années encore, on ouvrait avec empressement les portes de ce lieu de merveilles aux touristes isolés, aux rares voyageurs qui parcourent l'Espagne; mais depuis l'inauguration du chemin de fer, l'archevêque alarmé, sans doute, par la quantité considérable d'inconnus, qui affluent à Tolède pour la visiter, a fait fermer à leur curiosité les portes du trésor. Il est devenu très-difficile et très-rare d'être autorisé à le voir.

En dehors de ses édifices, Tolède n'a rien de remarquable. Ses industries sont à peu près nulles; la fortune publique y est très-médiocre, et l'on y chercherait en vain ces fabriques de *lames de Tolède* qui ont eu tant de célébrité. Les vastes armureries d'autrefois n'existent plus, et les lames de Tolède ne sont plus qu'une fiction.

Tolède est la patrie de saint Ildefonse, du rabbin Aben-Esra, du jésuite Lacerda, de la savante Louise Sigée et de l'historien Garcilaso de la Vega.

Nous venons de placer sous les yeux du lecteur : 1° la route de Bayonne à Madrid, par le chemin de fer du Nord ; 2° Madrid ; 3° les environs. C'était la première et la principale partie du voyage en Espagne dont le Guide eût à s'occuper pour le voyageur venant de France.

Nous allons maintenant revenir en arrière et décrire toutes les autres routes qui s'étendent entre les Pyrénées, l'Océan et Madrid, dans la partie septentrionale du territoire espagnol.

ROUTE N° 2. — DE BURGOS A ARANDA ET A MADRID.

A Burgos, nous l'avons dit, la route se bifurque : le chemin de fer se dirige à l'ouest, vers Valladolid ; tandis que la route postale va directement à Aranda et à Madrid. Pour toute cette contrée centrale de la Vieille-Castille, qui n'a pas de chemin de fer, cette route restera la seule voie vers Madrid, surtout à partir d'Aranda.

En quittant Burgos, la route passe à

Cogollos, petit village de 260 hab.; à

Madrigalejo, qui n'est qu'une groupe de trois ou quatre maisons et où s'embranche la route qui va de Miranda à Logroño. On rencontre ensuite

Lerma, 37 kil., 1,500 hab., avec un beau pont sur l'Arlanza. On y voit l'inévitable place à arcades, et les ruines du vaste château qui appartenait au célèbre duc de Lerma, ministre de Philippe III. Aux environs, plateau élevé, bien cultivé, mais complétement découvert ; toute cette route parcourt des contrées sans arbres, sans maisons de campagne ; rien de plus triste et de plus monotone.

Bahabon, 16 kil., 360 hab., village auprès duquel la route franchit le ruisseau l'Esqueva ;

Gumiel de Izan, 12 kil., 1,600 hab., petite ville entourée de murailles, selon l'usage du nord de l'Espagne, avec les ruines d'une forteresse qui dominait la place. L'église mérite d'être remarquée. A gauche de la route, et à un quart de lieue à peine, sont les derniers vestiges d'un monastère qui fut un édifice important.

Aranda, 11 kil., 4,250 hab. Cette ville est une des plus anciennes de l'Espagne ; on la fait remonter ou quatrième siècle. Elle fut la résidence passagère de la reine Isabelle la Catholique et de Ferdinand d'Aragon, son mari ; un conseil provincial y fut tenu en 1473, convoqué et présidé par l'archevêque de Tolède. Napoléon, qui suivait cette route, la plus directe pour marcher sur Madrid, s'arrêta à Aranda à la fin de novembre 1808.

Malgré ses souvenirs historiques, Aranda est, à l'intérieur, un amas de rues irrégulières, laides, mal construites, et n'a d'agréable que sa promenade dans la vallée du Duero.

Aranda est au centre d'une contrée où l'on récolte des vins estimés, qui en sont la principale richesse. A l'est, une route va vers Soria; à l'ouest, une autre se dirige vers Valladolid. En ligne droite, se continue la route qui va vers Madrid.

Elle traverse plusieurs petits villages :

Fresnillo la Fuente;

Boceguillas, 5 kil., où s'embranche la route qui va vers Ségovie;

Castillejo, 5 kil., où la route passe sur la rivière Duranton, si près de sa source, qu'elle n'est encore qu'un mince filet d'eau.

La Venta Juanilla, 8 kil., où débouche une autre route, venant de Ségovie. A partir de ce point, la route commence à gravir le flanc nord de la chaîne du Somosierra. La montée est rude, le pays est sauvage, triste, désert; au sommet de cette sierra le voyageur aperçoit briller au soleil les neiges glacées, et sur la pente, s'il fait chaud, glisse çà et là une nappe de neige fondue. Plus on s'élève, plus l'air est sec et froid; on arrive enfin au sommet de la montée, entre deux monts plus élevés que la route, et l'on y trouve :

Somosierra, 6 kil., 460 hab., triste et pauvre village de muletiers. On ne peut s'expliquer que des habitants soient venus se placer au sommet de ce désert de neige et de rochers, exposés à tous les vents, éloignés des cultures, et qu'ils puissent y vivre.

Ce point de la route doit à sa situation un souvenir militaire important. Napoléon y rencontra l'armée espagnole fortifiée, établie dans les défilés et résolue à ne pas laisser franchir ce rempart immense et naturel. L'empereur força le passage, battit les Espagnols, et se précipitant à leur poursuite sur le versant opposé, arriva sur leurs pas à Madrid, en trois jours.

Il ne faut pas parcourir moins de 30 kilomètres pour descendre le versant sud du Somosierra et franchir ses contre-forts. Après avoir quitté le principal versant, on arrive à

Buitrago, 10 kil., 450 hab., dans une étroite vallée où la route passe sur le ruisseau de Xarama. Elle continue à descendre jusqu'à

Cavanillas, 16 kil., 260 hab., d'où part un embranchement qui va rejoindre, à l'ouest, la route de Madrid à Ségovie. On passe ensuite à

San Augustin, 12 kil., 200 hab., où la route commence à longer la vallée du Xadarrama ; à

San Sebastian de los Reyes, 8 kil., bourg de 1,300 hab., où les cultures commencent à reparaître au milieu d'un pays moins désert ; à

Alcovendas, 4 kil., 1,000 hab., entouré de quelques vignobles excellents ; à

Fuencarral, 7 kil., bourg de 2,000 hab., environné de cultures qui servent à la consommation de Madrid. On est, en effet, très-près de cette ville, et à voir la pauvreté, la rusticité des villages qu'on vient de traverser, on ne supposerait guère qu'on va se trouver aux portes de la capitale du royaume. Du reste, loin de se montrer plus agréable, plus orné, le paysage devient plus triste et plus sablonneux au fur et à mesure qu'on avance.

On passe en vue d'un petit village, celui de

Chamartin, qui a eu en 1808 un rôle important ; c'est là que Napoléon établit son quartier général, refusant d'entrer à Madrid, et datant de Chamartin ses décrets de vainqueur ; il y reçut la députation qui lui apportait la capitulation de Madrid. On peut visiter encore, dans l'ancien palais des ducs de l'Infantado, près du village, la chambre qu'il occupait, soigneusement conservée à titre de souvenir historique, avec les mêmes meubles et telle que l'Empereur la laissa en 1808.

La route passe encore près du faubourg nommé *Chamberi*, et, faisant un détour, elle arrive par une belle avenue plantée d'arbres à la porte monumentale de Bilbao. La diligence entre par la calle Fuencarral, qu'elle suit dans toute sa longueur, descend la calle de la Montera, débouche sur la puerta del Sol et remonte vers les bureaux, calle de Alcala. (Voir, plus haut, Madrid, page 65.)

Avant de passer aux autres grandes lignes qui se dirigent des Pyrénées vers Madrid, nous allons explorer toutes les routes qui parcourent la région nord-ouest de l'Espagne : *Galice* et *Asturies*.

Cette région est comprise entre l'Océan, la frontière nord du Portugal, la ligne du chemin de fer du nord de l'Espagne, et la route de Burgos à Madrid par Aranda. (Voir la carte.)

ROUTE N° 3. — DE SAINT-SÉBASTIEN A BILBAO.

A partir de Saint-Sébastien on prend la route ou le chemin de fer du nord de l'Espagne qui passent à *Andoain*, à *Tolosa*, à *Zumarraga*, à *Vergara* et à *Mondragon*. (Voir plus haut, pages 44 et suiv.)

A cette station, une bonne route se détache de la ligne principale et se dirige vers Bilbao, en passant par les localités suivantes :

Udala, 3 kil., 700 hab., après lequel on gravit les flancs du mont Udala, au sommet duquel on trouve les ruines d'une église et un coup d'œil immense sur le pays environnant. La montagne renferme une mine d'acier naturel et des grottes très-curieuses.

El Orio, 17 kil., 1,500 hab., village très-étendu et très-industrieux. Il y a des moulins, des fonderies et des bains d'eaux sulfureuses. La route suit la vallée du Durango, dont les rives sont très-bien cultivées et très-accidentées.

Abadiano, 6 kil., 1,200 hab., entouré de sources minérales, d'ermitages et de montagnes très-pittoresques.

Durango, 6 kil., 2,250 hab., petite ville située dans une belle plaine, au milieu des monts. Elle a une enceinte de murailles selon l'usage de toutes les anciennes villes guerrières du nord de l'Espagne, et quatre portes. On peut y visiter l'église de *Santa Anna*, les promenades, qui sont fort agréables, et les environs.

Jornoza, 11 kil., 800 hab. Près de ce village eut lieu, en mars 1837, un combat très-long et très-acharné entre Espartero, ayant sous ses ordres une légion française, et les troupes de don Carlos. En approchant de Bilbao la route traverse des villages nombreux, une campagne toute peuplée d'habitations, et mène à

Bilbao, 15 kil., 15,000 hab., chef-lieu de la province de Biscaye. Cette ville est assez près de l'Océan pour avoir un petit port (*Portugalette*, à 11 kil.) où est établi un service de bateaux à vapeur pour Santander, Saint-Sébastien et Bayonne.

Exposée au nord et au souffle de l'Océan, protégée du côté sud par les montagnes du pays basque, Bilbao a un climat très-froid. Les rues sont bien bâties, la ville convenablement entretenue, et l'on y trouve trois promenades dont le site est admirable.

Les seuls édifices à y visiter sont les églises, notamment *Santiago*, belle cathédrale gothique fort ancienne ; le pont en fer sur le Nervion, et l'inévitable place carrée, entourée de maisons avec des arceaux au rez-de-chaussée, et le palais de la députation provinciale, au milieu de l'un de ses côtés.

Bilbao fut pendant la guerre civile des carlistes et des christinos le centre des principales opérations militaires dans le pays basque. Sa fidélité à la reine brava trois siéges, et en décembre 1836, Espartero la délivra du dernier par un combat nocturne qui fut très-sanglant. La reine prodigua les récompenses ; elle accorda à la ville les titres officiels attestant sa fidélité, à l'ayutamiento le titre collectif de «Excellence, celui de «Seigneurie» à ses membres, et la décoration de Saint-Ferdinand aux drapeaux de la milice et de la garnison.

En franchissant le pont de Bilbao, on prend une route qui longeant la côte de l'Océan, mène à deux petits ports sur l'Océan :

Portugalette, 11 kil., 1,025 hab., qui sert de port maritime à la ville de Bilbao;

Laredo, 37 kil. de Bilbao, 3,156 hab.; bateaux de cabotage et pêcheurs.

ROUTE N° 4. — DE MIRANDA A BILBAO.

Le chemin de fer de *Miranda* à *Bilbao* a été livré récemment à la circulation.

Il est une section de la grande ligne de *Saragosse* à Tudela, à Logroño, à Miranda et à Bilbao.

Au moment où nous publions ce *Guide*, il n'y a plus que la section intermédiaire d'*Alfaro* à Haro (près de Miranda) qui soit encore en construction.

Les deux extrémités de la ligne sont livrées au public : on va donc en chemin de fer de *Saragosse à Alfaro*, et, à l'autre extrémité, d'*Haro à Bilbao*. — Le milieu, encore inachevé, ne tardera pas à être mis en exploitation.

On prend donc à *Miranda* le chemin de fer pour *Bilbao*. On laisse à gauche l'ancienne route de terre qui, faisant un coude, va passer à *Puentelara*, 17 kil., 120 hab.; à *Berguanda*, 4 kil., 300 hab.; à *Osma*, 17 kil., 200 hab.; à *Berberosa*, 4 kil., 200 hab., village au delà duquel la route se fraye un passage à travers les rochers, les précipices, les sites les plus sauvages ; cette route rejoint la ligne du chemin de fer à **Orduña** et suit à peu près le même parcours.

Le *chemin de fer*, au départ de *Miranda*, prend une ligne plus droite; il va passer à la station de

Pobes, 16 kil.; à celle de

Izarra, 19 kil., près d'*Osma*. Cette station est située au pied de la haute chaîne de montagnes qui, parallèlement à l'Océan, traverse la Biscaye, la Vieille-Castille, le royaume de Léon, et va presque aux confins de la Galice, en changeant de nom dans chaque contrée. Ici cette chaîne se nomme la *sierra Salvada*.

Après avoir franchi cette montagne par de grands travaux d'art, par des percées qui traversent toute l'épaisseur de cette chaîne, le chemin de fer mène à

Orduña, 29 kil. 2,300 hab., à la fin du versant de la montagne; petite ville absolument basque sur la frontière castillane; entourée, selon l'usage, de murailles et de portes comme une forteresse. Elle a eu aussi un rôle dans la guerre des carlistes et des christinos; elle a soutenu des assauts, a été prise plusieurs fois par les deux partis, et définitivement reconquise en mai 1839, par Espartero sur les troupes du prétendant.

La place, invariablement ornée de ses arceaux, l'hôtel de la douane et un ancien couvent, n'offrent rien de curieux à y remarquer.

La ligne entre *Orduña* et *Bilbao*, comme de Miranda à Osma, parcourt une plaine dont les cultures, les nombreux villages, les maisons de campagne et le bel aspect font un grand contraste avec les régions nues, désertes et sauvages de la Castille.

Au delà d'Orduña, on passe près du village de *Saracho*, 540 hab., et l'on atteint

Amurrio, 7 kil., 760 hab.; station. Le chemin de fer laisse à gauche *Llodio*, 2,950 hab., réunion de plusieurs villages au milieu d'une vallée qui est un vrai jardin, et va passer à

Areta, 13 kil., station entourée de plusieurs villages.

On laisse à côté de la ligne *Miravalles*, 350 hab., charmant village qui possède une source d'eau minérale, et près de là l'ermitage de Notre-Dame d'*Udiarragua*, bâti dans un site admirable. On traverse

Arrigoriaga, 10 kil., centre communal de plusieurs villages. L'église de cette localité fut édifiée au XIII° siècle, et on y ensevelit les principaux seigneurs biscayens qui avaient été tués à la bataille d'Albelda.

Le chemin de fer mène ensuite à

Bilbao, 10 kil. (Voir plus haut, page 143.)

ROUTE N° 5. — DE BURGOS A BILBAO.
(CHEMIN DE FER.)

Au départ de Burgos, on prend le chemin de fer du nord de l'Espagne, dont nous avons décrit, en sens inverse, le parcours complet.

On passe : à *Quintanapalla*, 17 kil.; — à *Monasterio*, 15 kil.; — à *Briviesca*, 15 kil.; — à *Pancorbo*, 22 kil.; — à *Orono*, 15 kil., et on arrive à la station de *Miranda*, 4 kil. (Voir, pour le détail, route n° 1, pages 51 et 52.)

A Miranda, on prend l'embranchement de la ligne qui vient de Saragosse, et l'on suit l'itinéraire que nous avons décrit (route n° 4), de *Miranda* à **Bilbao**.

ROUTE N° 6. — DE SANTANDER A MADRID.
(CHEMIN DE FER.)

Santander. — Santander est un beau port militaire et commercial sur l'Océan; il est la première station de tout le commerce maritime entre l'Espagne, l'Angleterre, la France, la Hollande et les États du Nord. Aussi depuis quelques années a-t-il pris un essor considérable, et lorsque le chemin de fer de Madrid sera achevé, Santander sera le point de transit d'un vaste commerce extérieur.

La ville possède 19,000 hab., elle est chef-lieu de la province à laquelle elle donne son nom; siége d'un évêché suffragant de Bilbao, résidence d'un commandant général et d'un commandant maritime. Il y a aussi une école de marine. La rade est sûre, profonde et admirablement entourée par les énormes rochers et par les collines de la côte. Il y a un môle de 600 mètres de long.

Santander est bâti sur une hauteur et fait face à la mer; ses habitations descendent jusqu'au niveau de la plage et y forment une ville moderne, active, remuante, commerciale, au pied de la ville ancienne qui renferme les vieux édifices et les monuments d'une autre époque.

On pourra visiter surtout : le vieux château de *San Felipe*; la cathédrale, belle église gothique au-dessous de laquelle est une crypte, où sont conservées deux têtes de saints; le théâtre, édifice très-bien construit; la prison, bâtie d'après le plan nouveau des maisons centrales; la fabrique de tabacs, qui occupe onze cents ouvriers et qui, par la quantité et le choix de ses produits, est une des plus importantes de l'Espagne.

Il y a plusieurs promenades : le *paseo de Alta*, le *paseo del Sardinero* au bord de la mer, l'*Almeda Primera* ; au centre de la ville, et l'*Almeda Segonda*.

Les bains de mer de Santander sont bien installés et très-fréquentés.

Comme à Bilbao, l'Ayuntamiento a reçu le titre collectif d'Excellence. Santander fut pris en 1808 par les Français.

Santander a un service régulier de *bateaux à vapeur* avec Bayonne, avec Marseille, et un mouvement maritime fort important avec l'Angleterre, dont ce port reçoit les charbons et à laquelle il livre les céréales, les laines, les vins, les fruits et autres produits de l'Espagne.

— Dans les eaux de Santander la pêche est abondante. Aux environs de la ville sont une fonderie royale et des mines de fer. L'industrie locale consiste surtout en raffineries de sucre, papiers, toiles à voiles, chapeaux, liqueurs et tanneries.

Le chemin de fer partant de Santander va rejoindre à *Duenas* le chemin du Nord, qui continue le trajet jusqu'à Madrid. Il n'y a plus qu'une lacune entre Barcena et Reinosa, et les travaux avancent rapidement. Du reste, le tracé de la route et celui du chemin de fer sont les mêmes ; nous n'avons donc qu'une ligne à suivre.

Le chemin de fer part de Santander et passe aux stations suivantes, qui sont toutes dans la vallée étroite de la Bessaya :

Boo, 8 kil., 400 hab. ;
Guarnizo, 2 kil., 360 hab. ;
Renedo, 20 kil., 550 hab. ;
Torrelavega, 8 kil., 220 hab. ;
Las Caldas, 6 kil., 250 hab. ;
Los Corrales, 5 kil., 400 hab. : où l'on traverse la Bessaya ;
Las Fragas, 8 kil., 270 hab. ;
Santa-Cruz, 3 kil., 520 hab. ;
Portolin, 3 kil., 250 hab. ;
Barcena, 3 kil., 260 hab. ; à ce point, le chemin de fer, qui a déjà traversé cinq ponts sur la Bessaya, coupe l'ancienne route de terre, traverse encore le ruisseau et fait un circuit pour éviter un contre-fort de la chaîne des montagnes Cantabriques, qui, nous l'avons dit, s'étend parallèlement à l'Océan dans toute la longueur du nord de la Péninsule.

Mais cette *sierra* oppose tant de difficultés aux travaux, elle nécessite tant de déblais et de tunnels si considérables en plein rocher, qu'entre Barcena et Reinosa la construction de la ligne n'est pas achevée. Il y a là une lacune de 17 kil., que les diligences de la compagnie franchissent en 2 h. 1/2.

La route fait l'ascension et la descente de cette *sierra* transversale, en suivant un tracé sinueux, pénible, au milieu des accidents gigantesques de la montagne. On descend, après ce trajet, vers

Reinosa, 17 kil., 1,750 hab., petite ville, située sur l'Èbre, que traverse un beau pont. Elle est le chef-lieu de l'un des districts de la province de Palencia. De la ville on aperçoit le sommet couvert de neiges de la chaîne Cantabrique qu'on vient de franchir, et le climat y est encore plus rude qu'à Bilbao. Les environs sont très-pittoresques, mais trop violemment accidentés.

En quittant *Reinosa*, le chemin de fer passe à plusieurs stations sans importance :

Pozazal, 12 kil., 260 hab.

Mataporquera, 8 kil., 300 hab. A droite et à peu de distance, on a découvert au bas des pentes de la chaîne Cantabrique des gisements immenses de houille, richesse précieuse pour l'Espagne. Il a là deux bassins houillers dont la Compagnie du chemin de fer du Nord a commencé l'exploitation, et qui promettent une production considérable.

Quintavilla, 8 kil., 170 hab.

Aquilar del Campo, 23 kil., 220 hab., à la jonction de trois routes de terre, notamment celle de *Burgos*, et sur le cours de la Pisuerga.

Alar del Rey, 19 kil., 150 hab. Ce petit village, auquel finit le canal de Castille qui va à Olmos, à Palencia et à Medina, n'avait autrefois d'autre importance que celle d'un entrepôt pour toutes les céréales transportées par le canal. Le chemin de fer, dont il a été longtemps tête de section, lui a donné plus d'activité.

Herrera, 7 kil., 800 hab., bourg bien construit, situé sur les bords de la Pisuerga, que le chemin de fer y traverse sur un pont de quatre arches. On y voit les ruines d'un château construit dans le style mauresque, et la place communale avec ses inévitables arceaux. La campagne environnante est très-soignée. A partir d'Herrera jusqu'à Fromista, le tracé du chemin de fer suit complétement celui de la route de terre. Il suit aussi à peu près la direction du canal de Castille.

Espinosa, 16 kil., 440 hab., dominant la vallée du Buedo. Avant d'y arriver, on parcourt sur la voie un des travaux les plus hardis de la construction du chemin de fer, traversant les flancs de la montagne par une tranchée à ciel ouvert de 18 mètres de profondeur, puis débouchant sur un remblai de 9 mètres de hauteur qui dure pendant 2 kil. environ.

En sortant d'Espinosa, la ligne descend vers la vallée du Buedo; elle traverse cette rivière sur un pont de trois arches, et conduit à

Osorno, 6 kil., 860 hab., bourg situé dans une belle plaine qu'arrose l'Abanadès. Avant d'y arriver, le chemin a franchi ce cours d'eau sur un pont de deux arches.

On laisse à gauche sur le tracé de la route de terre le village de

Las Cabanas, de 200 hab., que domine une vieille tour monumentale et bizarre, carrée, à quatre étages et de plus de quarante mètres de haut. On passe ensuite aux stations suivantes :

Marcilla, 13 kil., 300 hab., village bâti en terre, comme tous ceux de cette contrée. Il est situé sur une hauteur à partir de laquelle la voie descend rapidement vers

Fromista, 5 kil., 1,500 hab.; charmante petite ville, bien située, près de l'endroit où le chemin de fer franchit le *canal de Castille*.

Pina, 6 kil., 1,000 hab. Ce bourg est dominé par une ruine magnifique; ce sont les restes d'un château fort à créneaux, flanqué de huit tours. La masse en est encore fort imposante et d'un très-bel aspect. A cet endroit la ligne passe entre le canal de Castille, à droite, et la rivière l'Ucieza à gauche.

Amusco, 6 kil., 1,800 hab., petite ville au bord de l'Ucieza d'un aspect assez laid, mais placée au centre d'une plaine dont la fertilité est merveilleuse et d'une foule de petits villages dont l'aspect est celui d'une grande prospérité agricole.

Au-dessus des habitations s'élève un édifice hors de proportion avec les maisons environnantes; cette masse informe, c'est l'église, qui frappe du moins par sa colossale lourdeur. A l'intérieur est un autel dont les statues géantes, représentant les douze apôtres, s'élèvent jusqu'à la voûte.

Amusco possède surtout un ermitage très-célèbre dans la contrée. Une jolie petite église gothique y est bâtie.

A moitié chemin entre cette station et la suivante, le chemin de fer, qui depuis assez longtemps circulait entre le canal de Castille et l'Ucieza, franchit cette rivière à *Rivas*, et même à

Monzon, 8 kil., 5804 hab., dans une plaine étendue et fertile. Sur deux hauteurs voisines on aperçoit les ruines de deux petits châteaux forts.

Palencia, 13 kil., 11,500 hab., chef-lieu de la province de ce nom; siége d'un évêché suffragant de Burgos; jolie ville sur la rive gauche du Carrion.

Palencia est une très-ancienne cité; elle fut fondée par les Ibériens et résista d'une manière mémorable à la conquête romaine. Le consul Lucullus l'assiéga sans succès. Plus tard, elle fut florissante sous les Romains, puis sous les Goths, mais les Arabes la ruinèrent. Don Sanche, roi de Castille, la releva vers 1032. On y trouve des antiquités, traces précieuses de chacune des civilisations qui ont dominé l'Espagne.

Cette ville a été le siége de plusieurs conciles; elle fut choisie en 1312 pour y réunir les cortès chargées de nommer un régent de Castille. Palencia garde précieusement le souvenir historique et militaire du courage déployé par les femmes de la ville, lorsqu'elles repoussèrent les Anglais qui assiégeaient cette place et les battirent dans une sortie. Un édit du roi Jean Ier consacra la mémoire de cet événement.

Le voyageur remarquera à Palencia le vieux palais de don Sanche, l'évêché, un hôpital établi dans une maison qu'habita le Cid, et surtout la cathédrale gothique, qui est placée au rang des plus belles églises de l'Espagne.

Palencia fait un commerce actif de céréales qu'on dirige sur Santander; mais la principale industrie locale est la fabrication de couvertures et d'étoffes de laine. Elle occupe un grand nombre d'usines et plus de la moitié des habitants; aussi produit-elle pour toute l'Espagne et pour l'exportation. On y fabrique des cuirs, des poteries et des armes à feu.

Un *chemin de fer*, en construction, partira de *Palencia* et se dirigera vers *Léon*, *Ponferrada*, *Lugo* et les ports de la Corogne et du Ferrol. Il formera la grande ligne du nord-ouest de l'Espagne, et mettra Madrid en relation directe avec ces deux ports éloignés.

Venta de Banos, station du chemin de fer du nord de l'Espagne, allant de Bayonne à Madrid. A partir de cette station, la ligne venant de Santander se confond dans la grande artère qui vient des Pyrénées par Burgos.

Les deux lignes, qui n'en font plus qu'une, se dirigent alors vers *Valladolid*, *San Chidrian*, l'*Escorial* et Madrid.

Pour cette seconde partie de la route de *Santander* à *Madrid*, voir plus haut la description de la ligne du nord de l'Espagne à partir de *Venta de Baños* jusqu'à Madrid. (Page 56 et suiv.)

ROUTE N° 7. — DE SANTANDER A BURGOS.
(CHEMIN DE FER ET ROUTE DE TERRE.)

A partir de Santander, on suit jusqu'à la station d'*Aquilar del Campo* le chemin de fer de *Santander* à *Madrid*, dont nous avons décrit le parcours (route n° 6, pages 146 et suiv.).

A *Aquilar*, tandis que le chemin de fer continue directement vers Palencia et Madrid, on prend une route de terre qui se dirige à l'est vers Burgos. Elle traverse les points suivants :

Llanillo. 16 kil., 120 hab.; village sans importance;

Vasconcillos, 3 kil., 650 hab., sur une chaine de collines très-élevées et dans une des contrées les plus sauvages de la Vieille-Castille. Après avoir suivi les plateaux, la route, prenant des pentes très-accidentées, se dirige vers

Urbel, 22 kil., 440 hab.; village placé au pied de la montagne, dans une belle vallée arrosée de cours d'eau qui y prennent leurs sources et vont au-dessous de Burgos se jeter dans l'Arlanzon. On y élève des troupeaux nombreux. Après avoir traversé le village de *Santivanez*, la route passe à

Arroyal, 11 kil., 360 hab., dans une plaine basse, assez bien cultivée, mais dont les habitations ont un aspect de grande pauvreté.

On franchit à 2 kilomètres de là un des ruisseaux qui de la montagne voisine vont se jeter dans l'Arlanzon, et l'on arrive à

Burgos, 10 kil. (Voir plus haut, page 52.)

ROUTE N° 8. — DE MEDINA DEL CAMPO A ZAMORA.
(CHEMIN DE FER TRACÉ.)

Un chemin de fer est tracé à partir de la station de *Medina del Campo*, située sur la ligne du Nord (Voir page 60), jusqu'à *Zamora*. Il est en construction.

Ce chemin de fer, partant de *Medina del Campo*, passera à

La Nava, 8 kil., et ira à

Castronuno, 25 kil., où il entrera dans la vallée du *Douro*. A partir de là, il suivra la rive gauche de ce beau fleuve pendant tout le reste de son parcours jusqu'à Zamora. Il passera ainsi devant

Toro, 20 kil., 7,000 hab., sur l'autre rive du Douro. (Voir, pour cette ville, route n° 20, page 175.)

Moraleja, 19 kil.; ensuite près de
Morales, 7 kil., et mènera à
Zamora, 5 kil. (Pour Zamora, voir page 175.)

ROUTE N° 9. — DE PALENCIA A LÉON ET A PONFERRADA.
(CHEMIN DE FER DU NORD-OUEST. — TRACÉ. — PROJET.)

Palencia est la dernière station du chemin de fer de Santander Madrid, et la plus rapprochée de la grande ligne du *Nord* qui relie Bayonne à Madrid.

A partir de Palencia, on a tracé et on construit un chemin de fer qui ira passer à *Léon*, — à *Ponferrada*, — à *Lugo*, et se dirigera vers *la Corogne* (Coruña) et le *Ferrol*. — Il sera le chemin de fer du nord-ouest de l'Espagne.

Quand il sera construit, on ira de *Madrid* à *la Corogne* par une grande ligne de fer formée de trois sections :

De *Madrid* à *Venta de Baños* (ligne du nord de l'Espagne);

De *Venta de Baños* à *Palencia* (ligne de Santander);

De *Palencia* à *Léon*, *Lugo* et *la Corogne* (ligne du nord-ouest de l'Espagne).

Actuellement, le chemin de fer du nord-ouest est tracé de *Palencia* à *Ponferrada*. En voici l'itinéraire :

Il franchira le *canal de Castille*, et passera à *Cisneros*, — à *Grajal*, — à *Sahagun*, — à *Ronero*, — à *Mansilla*, — et ira prendre la vallée de la *Dornesga*, qu'il suivra jusqu'à **Léon**.

Au delà de *Léon*, il franchira cette rivière; plus loin, il traversera celle d'*Orviga*; il laissera *Astorga* à 10 kil. à gauche, il ira passer à *Menzanal*, — à *Bembibre*, et, suivant le cours de la *Borza*, il atteindra **Ponferrada**.

Au delà de *Ponferrada*, et se dirigeant vers l'extrémité nord-ouest de la Péninsule, le chemin de fer suivra l'itinéraire de la grande route royale actuelle. — Il ira donc passer à *Cacobelos*, — à *Villafranca*, — à *Ruitalan*, — à *Dancos*, — à *Sobrado*, — à **Lugo**, — traversera la rivière la *Parga*, — passera à *Astariz*, — à *Guiteritz*, — à *Castellana*, — à *Betanzos*, — à *Burgo*, où il franchira le Rio Mero, et conduira à **la Corogne**.

Toutes ces localités sont indiquées et décrites plus loin sur les routes actuelles où nous les avons trouvées.

Lorsque cette grande ligne de fer, qui n'est encore qu'un tracé, sera construite, elle bouleversera complétement le système actuel des routes qu'on prend pour voyager dans cette région N. O. de l'Espagne.

Ainsi, pour aller de *Valladolid* à *Léon*, au lieu de suivre la route directe de terre, on ira, par le chemin de fer, prendre à *Palencia* l'autre chemin de fer qui conduira à *Léon*. — Pour aller de *Burgos* à *Léon*, à *Lugo* et dans les autres villes du N. O. de la Péninsule, ce sera encore à *Palencia* qu'on viendra, par voie de fer, prendre la nouvelle ligne des Asturies et de la Galice.

Mais comme cette grande ligne n'est encore qu'un *tracé* de *Léon* à *Ponferrada*; — comme elle n'est qu'un *projet*, de *Ponferrada* à *Lugo* et à *la Corogne*, nous devons nous en tenir, en ce moment, aux routes actuelles. — Nous allons donc en indiquer le réseau et en décrire les divers parcours entre les villes de cette région.

LIGNE DE MADRID A OVIÉDO ET A GIJON.

Cette grande ligne se divise naturellement en plusieurs sections marquées par les villes importantes qui sont placées sur son parcours. Ces quatre routes sont :

Route de **Madrid** à **Valladolid**. — (V. route n° 1, pages 57-65.)
— de **Valladolid** à **Léon**. — (V. route n° 11, page 154.)
— de **Léon** à **Oviédo**. — (V. route n° 12, page 156.)
— d'**Oviédo** à **Gijon**. — (V. route n° 13, page 159.)

ROUTE N° 10. — DE MADRID A VALLADOLID.
(CHEMIN DE FER.)

Cette route n'est autre que celle du chemin de fer du nord de l'Espagne. Voir l'itinéraire entre la station de Valladolid et Madrid décrit (en sens inverse) pages 57 à 65 :

En partant de **Madrid** on passe aux stations de :

Pozuelos, — *las Rosas*, — *las Matas*, — *Torreladones*, — *Villalba*, — *l'Escorial*, — *Robledo*, — *las Navas*, — *Navalpéral*, — *Avila*, — *San Chidrian*, — *Adanero*, — *Arevalo*, — *Ataquines*, — *San Vicente*, — *Medina*, — *Posaldez*, — *Matapozuelos*, — *Valdestillas*, — *Viana* et **Valladolid**. (Voir page 57.)

9.

ROUTE N° 11. — DE VALLADOLID A LÉON.

Une route se détache de Valladolid au nord-ouest, par la porte *del Puente Mayor*, et se dirige vers les Asturies.

Elle traverse les localités suivantes :

Zaratan, 4 kil., 930 hab. ;

Villanubla, 7 kil., 960 hab. : deux bourgs qui tirent surtout leur importance de la proximité de Valladolid ;

La Mudarra, 14 kil., village de 265 hab., sur le ruisseau d'Ilorniga ;

Valverde, 6 kil., 460 hab., située au point où l'ancienne route de Madrid à Médina vient rejoindre celle qui vient de Valladolid et se dirige vers le même but.

Medina del Rio Seco, 9 kil., 4,600 hab., petite ville très-intéressante à visiter, bâtie sur deux collines au pied desquelles coule le *Rio Seco*.

Medina conserve une partie de ses anciens remparts et six portes fort belles ; ses environs sont agréables, d'un bel aspect et bien cultivés.

C'est près de là, sur les hauteurs de Moclin, qu'eut lieu, le 14 juillet 1808, la grande bataille de Rio-Seco, entre les Français, commandés par le maréchal Bessières, et l'armée espagnole venant de Benavente. Le combat dura six heures ; il fut terrible des deux côtés ; les Espagnols vaincus laissèrent aux mains des Français leur artillerie, leurs bagages et plus de cinq mille prisonniers.

On remarque à Medina : la place municipale, inévitable quadrilatère entouré d'arceaux avec l'hôtel de ville sur le côté principal ; la belle église gothique de *Santa Maria*, dont le maître-autel est une œuvre très-curieuse de Jordan ; celle de *Santiago*, qui est un mélange d'architecture toscane et moresque ; et celle de *Santa Cruz*, bâtie par Herrera, dans un style grec ; deux promenades fort agréables, et les restes de l'ancien palais des amirantes de Castille.

De Medina partent six routes régulièrement desservies et qui se dirigent en divers sens vers : *Palencia* ; — *Léon* ; — *Benavente*, — *Zamora* et la frontière de Portugal ; — *Toro*, — et *Valladolid*.

Après avoir quitté Médina, la route que nous suivons parcourt toute une de ces grandes régions découvertes qu'on traverse dans les Castilles et descend à

Berruecce, 8 kil., 425 hab., puis à

Ceinos, 11 kil., 415 hab., dans une vallée profonde où coule le *Navajos*, qui descend vers Zamora ; on rencontre ensuite :

Vecilla, 8 kil., 835 hab.

Mayorga, 8 kil., 2,000 hab., sur la rivière Cea, qui se dirige, comme tous les cours d'eau de cette contrée, vers le bassin du Douro. La ville a plusieurs églises, dont l'une offre les signes d'une grande antiquité ; un pont de treize arches qui est très-beau ; les ruines d'un vieux château fort et des promenades. Mayorga est presque sur la limite des deux provinces de Valladolid et de Léon.

Isagre, 5 kil., 200 hab., premier village sur le territoire de la province de Léon.

On laisse à gauche deux chemins qui vont, l'un à Benavente, l'autre à Astorga. On rencontre ensuite :

Albirès, 3 kil., 315 hab.

Matallana, 14 kil., 150 hab. ; après ce village on monte vers

Santas Martas, 8 kil., 190 hab., village bien situé, au delà duquel on descend vers la vallée de l'Esla.

Mansilla, 8 kil., 2,000 hab., petite ville sans rien d'important ni de remarquable, sur la rive gauche de l'Esla.

Villamoros, 5 kil., où la route passe sur un pont colossal, de dix-sept arches, bâti par les Romains. Ce pont est jeté sur un ruisseau, *el Curueño*, qui, à peu de distance de là, va se jeter dans l'Esla.

Villarente, 3 kil., 100 hab.

Arcobuija, 8 kil., 120 hab., après lequel on arrive à

Léon, 7 kil., 7,200 hab., chef-lieu de la province de Léon, évêché ; au confluent du Torio et de la Bernesga ; à 334 kil. de Madrid.

Léon fut fondée par les Romains au premier siècle après J. C. Cette ville fut conquise par les Maures ; et en 722 enlevée aux Maures par Pélage Ier, roi des Asturies. En 913, Ordono II la choisit pour capitale des Asturies, qui prirent dès lors le nom de royaume de Léon ; en 1230, ce royaume fut absorbé par la Castille, et la ville de Léon cessa d'être capitale. Elle a été là résidence de dix rois.

Cette ville est encore entourée de ses vieilles murailles, de ses tours rondes sans créneaux et de onze portes monumentales. L'une d'elles est surmontée de la statue du héros Pélage.

Le voyageur aura surtout à visiter la *cathédrale* monument gothique, véritable merveille d'architecture, vastes murailles de dentelle qui frappent d'étonnement et d'admiration. Pour la hardiesse et l'élégance la cathédrale de Léon n'a pas d'égale en Espagne, ni peut-être en Europe. Elle mérite, à elle seule, le voyage de Valladolid à Léon.

L'intérieur est aussi riche en sculptures, en peintures, en œuvres artistiques de toutes sortes que l'extérieur du monument est prodigieux par ses beautés.

Léon possède aussi l'église de *San Isidoro*, qui date du onzième siècle et qui renferme des reliques précieuses et les tombeaux des anciens rois de Léon, des reines et des princes ; — le monastère de *Saint-Marc* qui a appartenu à l'ordre des chevaliers de Saint-Jacques de Compostelle. Sous cet édifice est le cachot où fut enfermé le poëte Quevedo Villegas, lorsqu'il fut disgraciée par Philippe IV.

On peut voir encore à Léon : le théâtre, le palais épiscopal, la plaza Mayor, fidèlement conforme au modèle des places rectangulaires entourées de maisons et d'arceaux ; les palais de Gusman et de Luna ; et les promenades hors de la ville.

L'industrie se borne aux étoffes de laine, aux gants, et à la bonneterie.

Le pays environnant produit des céréales abondantes ; il possède des forêts, et l'on y élève par immenses troupeaux errants les moutons-mérinos. Le costume des habitants varie selon les contrées, mais il est partout fort pittoresque.

ROUTE N° 12. — DE LÉON A OVIEDO.

La route se continue au delà de Léon, en suivant la vallée de la Bernesga jusqu'à moitié chemin d'Oviedo, c'est-à-dire jusqu'à la chaîne des montagnes Cantabriques, où cette rivière prend sa source. On rencontre :

Carvajal, 9 kil., petit village qui est le centre d'une population éparse, de 750 hab. environ ; après s'être éloigné de la rivière pour gravir des pentes boisées sur lesquelles la route est tracée à vol d'oiseau, on descend à

La Robla, 14 kil., centre de plusieurs hameaux et d'une population totale de 1,400 hab., au bord de la Bernesga, qu'on traverse un peu plus loin. Après être passé à trois villages, on trouve :

Pola de Gordon, 8 kil., 150 hab., où la Besnerga, qui n'est plus qu'un ruisseau, car on remonte vers sa source, s'appelle le Gordon. Le chemin devient très-accidenté, parfois très-pittoresque, surtout vers

Villasimpliz, 4 kil., 200 hab., où l'on est en pleine forêt. Après ce village, on redescend dans un vallon très-encaissé où le ruisseau coule entre des rochers. Ici on aborde un des contre-forts de la chaîne Cantabrique; la région montagneuse commence; la route longe le pied d'une chaîne de collines qui va perpendiculairement rejoindre *las Sierras Albas* (nom que prend sur ce point la chaîne Cantabrique).

Après avoir gravi la pente générale du terrain, on arrive à

Busdongo, 25 kil., 200 hab., au pied de la haute chaîne Cantabrique. Ici commence l'ascension lente et difficile des défilés qui franchissent ces monts. Le seul point habité qu'on trouve dans ce trajet, à travers les rochers et les forêts et souvent les neiges, est le monastère d'Albas, isolé dans cette solitude. Le chemin descend ensuite sur le versant nord de la chaîne; on entre dans la province des Asturies, que les montagnes Cantabriques séparent de celle de Léon. La route passe à

Pajares, 8 kil. 1/2, 250 hab., au pied de la montagne; aux sources de la rivière la Lena.

Après avoir suivi la vallée étroite de ce cours d'eau, qu'on franchit à Puente de los Fierros, on passe à

Campomanes, 8 kil., 300 hab., le plus important des nombreux villages qu'on rencontre jusqu'à

Pola de Lena, 3 kil. 1/2, 500 hab., centre municipal des hameaux environnants. Près de là, la rivière le *Caudal* vient, à droite, se jeter dans la Lena. La route, après un assez long parcours, traverse la Lena et bientôt après arrive à

Mieres del Camino, 14 kil., petite ville de 4,000 hab., sur le versant de hautes collines, au milieu d'une contrée très-accidentée, riche en mines de houille et de soufre. A droite est le grand bassin houiller de Sama; à gauche la Lena descend parallèlement à la route pour aller se jeter dans le Nalon.

A peu de distance de Mieres, on passe à la source ferrugineuse de la *Salud* (de la santé) très-fréquentée, et près d'une fonderie de fer considérable. La route mène à

Olloniego, 5 kil. 1/2, 9,650 hab., où l'on franchit sur un beau pont en marbre le Nalon, qui passe ainsi à peu de distance d'Oviedo, sans y aboutir, et va vers le nord-ouest, se jeter dans l'Océan après avoir reçu quatre affluents sur sa rive gauche. Il ne reste plus qu'à parcourir une belle plaine pour arriver à

Oviedo, 8 kil., 9.500 hab., chef-lieu de la province de ce nom; siège d'une cours d'appel, d'un évêché, et d'une université fondée en 1604.

Oviedo est à 390 kil. de Madrid et à 16 kil. de l'Océan.

Cette ville fut fondée au huitième siècle par les Asturiens autour d'un ermitage. Derrière le rempart que lui faisait la haute chaîne des monts Cantabriques, elle resta à l'abri de la conquête maure, contre laquelle les Asturiens luttèrent énergiquement.

Peu de temps après sa fondation, elle fut la capitale du royaume des Asturies, et, de 791 à 913, elle fut la résidence de cinq rois. Lorsque, en 913, Ordogno II transporta sa capitale à Léon, le royaume s'appela royaume de Léon.

En 1808, Oviedo fut la première ville d'Espagne qui se souleva contre l'invasion française. Prise par Ney le 19 mai 1809, elle fut plusieurs fois perdue et reconquise pendant la guerre.

Oviedo est au centre d'un pays magnifique par sa végétation, son activité agricole et industrielle ; cette contrée occupe tout le versant de la chaîne Cantabrique jusqu'à l'Océan, entre la Galice et la Castille.

Oviedo renferme des monuments qui méritent l'attention du visiteur. — La *cathédrale* a été bâtie au quatorzième siècle, sur l'emplacement de l'ermitage primitif. Elle contient les tombeaux des premiers rois asturiens, de plusieurs princes et évêques. Elle est surmontée d'une tour qui domine toute la ville et s'élève à 225 pieds au-dessus de la façade de l'édifice. L'église se divise en trois nefs précédées de trois beaux portails gothiques. Elle possède des reliques précieuses, des cheveux de Madeleine, un morceau des pains multipliés par le Christ dans le désert, une sandale de saint Pierre, un fragment du saint Suaire, des épines, de la vraie croix, et l'un des trente deniers reçus par Judas pour vendre le Christ. Les sculptures sont belles.

Les étrangers devront visiter encore : la *maison municipale*, le couvent de bénédictins de *San Pelayo*, les cloîtres du monastère de *San Vicente*, l'*hospice provincial* ; les palais *del Parque*, de *Toreno*, de *Campo Sagrado* et de *Nava* ; et deux belles promenades d'où le coup d'œil est admirable.

Excursions. — Le voyageur pourra, s'il y est intéressé, aller visiter, à une heure d'Oviedo, les eaux thermales de *Prioro* ; elles sont d'une efficacité très-renommée contre les rhumatismes, les paralysies et les maux d'estomac.

Mais, s'il aime les grands souvenirs historiques, qu'il aille à 55 kilomètres d'Oviedo, à *Conga de Onis*. C'est là que fut l'humble capitale du héros asturien, du premier roi des Asturies, de Pélage I*er*, ancien porte-lance de Rodrigue à la bataille de Xérès. Pélage, à la tête des Asturiens, combattit les Maures et défendit victorieusement l'indépendance de son pays.

La contrée est encore remplie des récits de ses fabuleux exploits; ils sont devenus des légendes héroïques.

Que le voyageur aille jusqu'à *Cavadonga*, et dans la célèbre caverne de la *Cueva*, il trouvera deux modestes tombes : elles renferment les restes des deux plus illustres adversaires des Sarrasins : ceux de Pélage I*er* et d'Alphonse le Catholique.

ROUTE N° 13. — D'OVIEDO A GIJON.

Cette route traverse toute une belle plaine. Elle laisse à droite le chemin de fer, qui, suivant une direction à peu près parallèle, va du bassin houiller de *Sama* à Gijon.

Après avoir traversé la Nora, la route rencontre un chaîne de hautes collines qui se dirigent vers le nord-ouest et vont former dans l'Océan le cap de Penas. Elle descend ensuite à

Puga, 18 kil., 250 hab., village de peu d'importance ; et après avoir traversé deux ou trois hameaux, dans une jolie plaine, elle entre par une porte monumentale à

Gijon, 8 kil., 6,225 hab. Place forte, bâtie sur une presqu'ile; autrefois capitale des Asturies.

On fait remonter aux Romains la fondation de cette ville, et la quantité considérable d'antiquités qu'on trouve dans ses environs atteste cette origine.

Gijon est le chef-lieu de l'un des grands commandements maritimes, et possède depuis 1797 une école d'hydrographie.

Son port est sûr ; il est le centre d'un commerce de cabotage très-actif et la pêche est très-abondante sur toute cette partie de la côte cantabrique.

Gijon possède : une manufacture de tabac très-considérable; des fonderies de cuivre, de lainages, de poteries en grès, des forges et un établissement de bains de mer très en vogue.

Il y a, enfin, un grand commerce de houilles, provenant du bassin de *Sama*.

De **Sama** à **Gijon** un chemin de fer est établi pour l'exploitation du bassin houiller et le transport des charbons qu'on en extrait.

Le trajet se fait en 2 heures 35 minutes. Il y a deux départs : de Sama, à 8 h. au matin et à 4 h. du soir ; de Gijon, à 7 h. du matin et à 3 h. du soir.

LIGNE DE MADRID A LA COROGNE (CORUÑA) ET AU FERROL

Cette grande ligne va, comme la précédente, du centre du royaume à l'un de ses points extrêmes sur l'Océan, et se divise naturellement, par suite des villes importantes qu'elle traverse, en plusieurs sections.

Elle sera remplacée, dans quelques années, par un *chemin de fer* qui sera la ligne du nord-ouest de l'Espagne. Déjà ce chemin de fer est tracé depuis *Palencia* jusqu'à *Ponferrada*. Il se prolongera ensuite vers *Lugo* et vers *la Corogne*.

En attendant qu'il existe, suivons les cinq routes qui forment cette grande ligne :

Route de **Madrid** à **Medina del Campo**. — (V. route n° 1, pages 60-65.)

— de **Medina del Campo** à **Benavente**. — (V. route n° 14, ci-dessous.)

— de **Benavente** à **Lugo** (par Astorga). — (V. route n° 15, page 162.)

— de **Lugo** à la **Corogne** (*Coruña*) et le *Ferrol*. — (Voir route n° 16, page 166.)

— de **Betanzos** au **Ferrol**. — (V. route n° 17, page 168.)

ROUTE DE MADRID A MEDINA DEL CAMPO.

Cette route se compose de 207 kilomètres à parcourir sur le chemin de fer du nord de l'Espagne. Nous avons décrit (en sens inverse) son itinéraire complet. (Voir pages 60-65.)

ROUTE N° 14. — DE MEDINA DEL CAMPO A BENAVENTE.

A *Medina del Campo*, on quitte le chemin de fer pour prendre la grande route stratégique et postale de Galice qui traverse dans toute sa longueur le nord-ouest de l'Espagne, qui va jusqu'aux ports de la *Corogne* et du *Ferrol*, et qui sera remplacée plus tard par le chemin de fer partant de *Palencia*.

En la suivant, on rencontre les localités suivantes :

Rueda, 14 kil., 450 hab., village près duquel on voit les ruines de deux petits châteaux qui furent fortifiés. La route allant de Valladolid à Salamanque traverse ici la grande ligne de Galice.

Tordesillas, 16 kil., 3,550 hab., petite ville dans laquelle se croisent les routes qui vont à *Valladolid*, à *Toro*, à *Medina del Rio*, à *Salamanca* et celle de *Madrid* à *Benavente*.

Le *Douro*, qui a déjà acquis la largeur d'un fleuve, quoiqu'il soit encore bien loin du rivage portugais, passe au pied de la hauteur sur laquelle est bâtie la ville.

On entre à Tordesillas par un pont jeté sur ce fleuve et par une des quatre portes qui restent à la ville, autrefois entourée de murs.

On peut y visiter plusieurs églises et surtout *San Antonio*, dans laquelle est le tombeau de Gonzales de Aldarete, commandeur de l'ordre de Saint-Jean de Calatrava, œuvre remarquable du sculpteur Gaspar de Tordesillas.

Tordesillas a d'importants souvenirs historiques. Cette ville a été la résidence du roi Pierre le Cruel ; de sa célèbre favorite Maria Padilla, qui y mit au monde ses deux enfants ; de Ferdinand le Catholique et de sa fille Jeanne la Folle. Trois siècles plus tard (1808), Napoléon Ier y arrivait pour organiser un grand mouvement militaire auquel la route que nous suivons servit de ligne stratégique.

Villalar, 17 kil., 760 hab., sur une colline au bas de laquelle coule le ruisseau l'Hornilla. On y voit un poteau funèbre très-mémorable ; c'est celui auquel furent exposées les têtes des trois chefs de la grande révolte des *communeros* contre l'autorité royale, après leur défaite par le comte de Haro, en 1521.

A Villalar s'embranche une route qui va, à gauche, vers Toro.

La Motta, 5 kil., 450 hab., dans une belle plaine, avec une route allant aussi vers Moralès et Toro.

Villar, 9 kil., 725 hab., bourg bien bâti, dominant le Rio Seco, qui vient de Medina del Rio et descend vers le Douro.

Outre la grande ligne de Galice, Villar est traversé en sens inverse par la route de Palencia et de Medina à Zamora, qui suit le cours du Rio Seco.

Après avoir franchi cette rivière en quittant Villar, on se dirige vers

Villalpando, 22 kil., 2,500 hab., ville autrefois florissante et considérable dont la population s'élevait à 45,000 habitants. Elle est au milieu d'une plaine bien cultivée sur le bord du ruisseau *Valderaduey* qui va se jeter dans le Rio Seco.

Villalpando n'a conservé de son ancienne splendeur que de nombreuses et belles églises, trois promenades désertes, des couvents et des ermitages.

Los Cerecinos, 5 kil., deux villages jumeaux, de 700 à 800 hab. chacun, séparés par un chemin rocailleux qui ressemble au lit desséché d'un torrent.

Castro-Gonzalo, 11 kil., 750 hab., bourg autrefois fortifié par les Maures pendant leurs guerres contre les rois de Léon.

Castro-Gonzalo est dans une situation très-agréable, au bord de l'Esla, qui peu auparavant s'est grossie de la Cea, et qui, à gauche, ne tardera pas à recevoir aussi l'Orbigo. La plaine est vaste, très-cultivée, entourée de chaînes de collines boisées.

C'est dans cette plaine que, le 26 décembre 1808, le général Lefèvre Desnouettes fut fait prisonnier à la fin d'un combat imprudemment engagé contre l'arrière-garde des Anglais.

Le magnifique pont en pierre de 27 arches, fut alors coupé par les Anglais. Les quatre arches abattues en 1808 n'ont pas été relevées et sont remplacées par des charpentes.

Après un court trajet à travers une belle plaine, on arrive à

Benavente, 5 kil., 2,500 hab., petite ville, bâtie sur un site très-agréable. On y remarquera les ruines de l'ancien palais des comtes de Benavente, la plaza Mayor avec l'hôtel de ville sur une de ses façades, l'évêché, la cathédrale *Santa Maria*, l'une des six églises de la ville qui possède quelques bons tableaux, des maisons peintes d'une coquetterie assez bizarre, et des promenades charmantes aux environs.

Benavente est un ancien comté dont le titre appartient aujourd'hui au duc d'Ossuna. Autour de Benavente rayonnent des routes régulièrement desservies qui se dirigent de cette ville vers *Léon*, *Palencia*, *Valladolid*, *Zamora*, *Orense* et la grande ligne que nous suivons vers *Astorga*.

ROUTE N° 15. — DE BENAVENTE A LUGO, PAR ASTORGA.

En quittant Benavente et en suivant la ligne générale de Galice, on rencontre

San Roman, 8 kil., hameau de 170 hab.;

Pobladura, 4 kil., 500 hab., dans une vallée, avec un pont en pierre sur lequel on passe le ruisseau qui la traverse et qui va se jeter dans l'Orbigo.

Cebrones del Rio, 7 kil., 1,370 hab., chef-lieu municipal de plusieurs hameaux environnants. On y traverse sur un pont de 7 arches la rivière Orbigo, qui descend se jeter dans l'Esla, au-dessous de Benavente. La route suit la vallée de l'Orbigo, dont nous remontons le cours jusqu'à

La Baneza, 6 kil., 2,350 hab., petite ville entourée de murs, avec quatre portes. Elle est médiocrement bâtie, mais parfaitement située dans une plaine où aboutissent le cours de l'Orbigo, qui descend du Nord et celui du ruisseau le Tuerto, qui depuis Astorga est parallèle à la route. Les environs sont d'un bel aspect, bien cultivés et peuplés d'habitations nombreuses.

La Valduerna, 4 kil., 570 hab., village qui est le chef-lieu municipal de plusieurs hameaux disséminés. Après avoir traversé quelques autres groupes d'habitations sans importance, on arrive à

Astorga, 14 kil., 2,900 hab., évêché suffragant de Santiago; ville entourée de murailles en ruines, mais d'une épaisseur exceptionnelle et d'une grande ancienneté.

Astorga était une ville florissante sous les Romains, qui l'appelaient *Augusta*. Son évêché remonte à l'époque de la domination des Goths. Cette place, assiégée en 1811 par Junot, opposa aux Français pendant un mois une résistance très-énergique; elle fut prise enfin; puis, dans la même année, reprise par les Espagnols, et par les Français qui y restèrent jusqu'en 1812.

Le plus bel édifice est la cathédrale, de style gothique, avec trois nefs. Elle contient des œuvres de sculpture sur bois et de serrurerie, des vitraux et des marbres remarquables. La place de la Constitution est conforme au modèle invariable, maisons à deux étages et rez-de-chaussée à arceaux. Il y a aussi plusieurs promenades dont la plus belle et la plus agréable par son vaste coup d'œil est le *paseo Nuevo*, sur les remparts.

Pour aller d'Astorga à Lugo, il faudra traverser deux chaines de montagnes qui, à une grande distance l'une de l'autre, descendent parallèlement de la chaîne Cantabrique et se dirigent du nord au sud-ouest vers le Portugal.

Il y a aussi deux voies entre Astorga et Lugo : l'une est le chemin des *Pèlerins* qui vont à Saint-Jacques de Compostelle (Santiago), il passe par le col de *Foncebadon*; — l'autre est la grande route de Galice, qui, se dirigeant plus au nord, va passer par le défilé de *Manzanal*. En continuant à suivre cette ligne, nous rencontrons, après Astorga :

Pradorey, 5 kil. 1/2, village qui est le centre d'une agglomération communale de 1,200 hab. En quittant la vallée où coule le ruisseau de Cambarros, la route commence à gravir les pentes de la première chaîne, qui s'élève en travers de la ligne que nous suivons. On s'engage dans le défilé, qui ne dure pas moins de six kilomètres, et on parvient sur le plateau élevé où se trouve

Menzanal, 11 kil., petit village de 120 hab., entouré de cultures malgré son élévation. On descend ensuite le versant opposé jusqu'à

Torre, 9 kil., 150 hab., village placé dans une vallée où coulent le Rio Torre et la Boeza. La route, à peu de distance de là, franchit la Boeza, qui, passant du côté gauche de la direction que nous suivons, longe pendant quelques lieues la route, puis se détourne au sud vers Ponferrada. Après avoir passé cette rivière, on rencontre :

Bembibre, 8 kil., 1,800 hab., petite ville bien bâtie, bien située sur un versant à droite de la Baeza, et dominée par les ruines d'un vieux château des ducs de Frias. Près de la ville et de la route on aperçoit l'ermitage de l'*Ecce Homo*, très-renommé dans la contrée.

Congosto, 8 kil., 300 hab., centre d'une agglomération communale de plusieurs villages, à l'endroit où la route traverse le cours du ruisseau le Sil, qui descend de la chaîne Cantabrique vers Ponferrada. Une petite église, Notre-Dame de *la Peña*, placée sur une hauteur, domine le paysage environnant.

Cacobelos, 17 kil., 1,600 hab., bourg important dans une belle plaine. Non loin, au delà, près de Pieros, est un passage assez étroit où, le 3 janvier 1809, eut lieu une rencontre sanglante entre les Français et les Anglais qui furent repoussés hors du défilé.

On franchit la rivière *Ona*, à moitié chemin, avant d'arriver à

Villafranca, 5 kil. 1/2, 2,200 hab., petite ville située dans une vallée très-accidentée, où se rencontrent deux ruisseaux rapides, le *Valcarce* et la *Burbia*.

Villafranca est assez bien bâti; on y visitera surtout l'église collégiale, copiée sur Saint-Jean de Latran, et qui, pendant la guerre d'indépendance, fut dépouillée un peu par tout le monde, Anglais, Français, Espagnols, des richesses qu'elle possédait; le couvent de franciscains de l'*Annonciation*; l'hôpital Saint-Jacques et le palais des marquis de Villafranca, vraie forteresse armée de tours, qui semble garder la petite ville qu'elle domine.

A la sortie de Villafranca on franchit la Burbia sur un beau pont très-long, mais très-étroit.

Le pays environnant est habité par toute une population de pasteurs.

La route, suivant la vallée fort resserrée du Valcarce, qui descend de la chaîne transversale à laquelle nous allons arriver, traverse des villages au-dessus desquels s'élèvent des collines très-accidentées; au-dessus de ces hauteurs se dressent çà et là des ruines de vieux châteaux autrefois fortifiés, et qui servaient à défendre de ce côté l'entrée du pays de Léon. La vallée qu'on remonte va ainsi jusqu'à

Ruitalan, 22 kil. 1/2, 160 hab., dans un fort beau site au pied de la chaîne dont la route va commencer à gravir les premières pentes. Cette chaîne est la *sierra de Piedrafita*, placée comme la précédente en travers de la grande ligne de Galice.

A gauche, une route se détache et se dirige vers Santiago.

En gravissant les défilés de la Sierra, on rencontre deux ou trois hameaux placés dans des solitudes fort pittoresques mais tristes; on parvient enfin, au sommet, où l'on trouve

Piedrafita, 16 kil. 1/2, hameau situé à 1,116 mètres au-dessus du niveau de la mer. Le sommet de cette chaîne de montagnes sépare l'ancien royaume de Léon et la province de Galice, dans laquelle nous allons entrer en descendant l'autre versant de la sierra.

Après avoir rencontré sur ce versant les villages de *Santa Maria* et de *Castello de Noceda*, on arrive à

Dancos, 11 kil., 2,500 hab., la première localité importante que traverse la route après son entrée en Galice. Le pays est encore montagneux et boisé. On descend à partir de Dancos, une vallée où passe la rivière de Navia, encore tout près de sa source, et qui se dirige vers l'Océan où elle va se jeter. Après avoir franchi ce cours d'eau, on rencontre

Santa Maria de Nogales, 4 kil., 220 hab., et l'on commence à gravir les pentes d'une troisième chaîne transversale, la sierra de Becerrea.

Cinq ou six hameaux sont placés sur la route dans son parcours à travers la montagne; on franchit ensuite le ruisseau de Neira, qui jaillit de la sierra, et on arrive à

Sobrado, 18 kil., hameau d'une centaine d'habitants. Enfin, la route, après avoir franchi trois ruisseaux, la *Tordia*, le *Chomosa* et la *Tolda*, qui traversent la vaste plaine où nous nous trouvons, mène à

Lugo, 18 kil., 6,808 hab., chef-lieu de l'une des provinces formées par la capitainerie générale de Galice. Autour de la ville et dépendants de sa municipalité sont un grand nombre de villages, dont la population forme avec celle du centre un effectif communal de 14,000 hab. environ.

Lugo est à 496 kil. de Madrid. Cette ville est bâtie sur la rive gauche du Minho; elle possède un évêché suffragant de Santiago.

A la place de Lugo était autrefois un village habité par les druides. Les Romains y élevèrent une ville, qu'ils appelèrent *Lucense* et qui devint très-florissante. En 715, les Arabes, plus heureux en Galice que dans les Asturies, s'en emparèrent et la gardèrent à peine un demi-siècle. En 755, Alphonse le Chaste s'en empara; mais, en 997, cette ville fut détruite par les Arabes et plus tard relevée par les rois de Léon.

Le 9 février 1809, l'armée française, opérant son grand mouvement stratégique sur la route de Galice que nous venons de parcourir, entra à Lugo, en poursuivant l'armée anglaise. De là elle se dirigea sur les pas des Anglais vers la Corogne.

Lugo est entouré d'une vaste et forte enceinte de murailles flanquées de tours. La ville est bien bâtie. On y remarquera : la cathédrale, monument gothique, avec ses belles boiseries, son maître-autel en marbre et son cloître; le palais épiscopal, l'hôpital, la plaza Mayor, dont, par exception, un seul côté est bâti en arceaux, et deux charmantes promenades.

A un kilomètre de la ville est une source d'eaux thermales et sulfureuses à 36° de chaleur, très-efficace pour les maladies nerveuses et syphilitiques. Les Romains y avaient bâti un établissement de bains.

ROUTE N° 16. — DE LUGO À LA COROGNE ET AU FERROL.

Après sa sortie de Lugo, le voyageur traverse plusieurs villages qui bordent la route; il passe ensuite à

Robade, 12 kil., 200 hab.; où l'on franchit le *Minho*, qui, n'étant pas loin de sa source, n'a encore que peu de largeur; et après avoir passé aussi le petit ruisseau de *Ladra*, la route mène à

Astariz, 5 kil., 120 hab., vill. sans importance, et va traverser une chaîne de hautes collines au pied desquelles est

Guiteriz, 17 kil., 110 hab. Ce village possède une belle source minérale et sulfureuse, qui jaillit de la montagne. Son efficacité a une ancienne renommée dans les environs, et les habitants de la contrée y viennent en grand nombre.

La route franchit la chaîne des collines et passe de la province de Lugo dans celle de la Corogne. Elle mène à

Castellana, 10 kil., hameau situé dans la vallée où coule la rivière Manteo, qu'on traverse à cet endroit. A partir de là, le Manteo et la route, suivant la même vallée, descendent parallèlement vers

Betanzos, 18 kil., 4,220 hab., ancienne ville romaine, *Flavium Brigantum*, sur une hauteur qui domine les vallées où coulent le *Mandeo* et le *Mendo*. Les environs sont bien cultivés : les vignobles y sont estimés. Betanzos ne possède qu'une vaste caserne et deux belles promenades.

Ici la route se bifurque : la grande ligne de Galice continue vers la Corogne, mais à droite une autre route va vers le Ferrol. (Voir plus loin, route n° 17.) Continuons vers la Corogne.

Après avoir dépassé Betanzos, la route rencontre plusieurs villages et passe à

Burgo, 13 kil., 300 hab., où l'on franchit le Rio Mero, qui à droite de la route et tout près du village se jette dans l'Océan. Il y a là une pointe de l'Océan qui avance dans les terres et qui est une des nombreuses sinuosités de la baie de la Corogne.

La route se détourne quelque temps du bord de l'Océan, puis revient longer la plage, et l'on arrive à

Coruña (LA COROGNE), 7 kil., 25,000 hab. Place très-forte, entourée de murs; port militaire; port de commerce; arsenal. Chef-lieu de la capitainerie générale de Galice; résidence d'un intendant militaire; siège de haute cour de justice de Galice; manufacture royale de cigares; tribunal et chambre de commerce.

La Corogne, outre ses murailles, est défendue par les quatre forts, *San Martin*, *Santa Cruz*, *San Amaro*, *San Antonio*.

La ville est divisée en deux parties : la partie haute, la plus ancienne, qu'entourent les murailles; la partie basse, que défendent des ouvrages avancés.

La Corogne, très-importante comme place maritime et port commercial, possède peu de richesses monumentales. Citons toutefois le couvent *Santa Barbara* et l'église collégiale. La promenade de la *Réu-*

nion, celle de *Sainte-Marguerite* et le jardin *San Carlos* sont ce qu'il y a de plus agréable à visiter.

A cinq kilomètres de la ville, est la *Tour d'Hercule*, dont on attribue la construction aux Phéniciens ou aux Carthaginois ; on affirme qu'elle existait avant l'occupation romaine. Elle sert aujourd'hui de phare.

Le port de la Corogne est vaste, sûr et très-animé. Il est une des stations des différentes lignes de bateaux à vapeur. La Corogne est ainsi en rapport régulier avec Hambourg, Londres, Liverpool, Bordeaux, Marseille, et tous les ports de l'Espagne : Vigo, Santander, Cadix, Carthagène, Alicante, Valence et Barcelone. Il y a, enfin, des départs fréquents pour l'Amérique.

La Corogne est à 620 kil. de Madrid.

ROUTE N° 17. — DE BETANZOS AU FERROL.

Le trajet le plus court et le plus agréable pour aller au Ferrol, lorsqu'on est parvenu à l'extrémité de la grande ligne de Galice, est celui des bateaux à vapeur. Ils font deux fois par jour le service entre *la Corogne* (Coruña) et le *Ferrol*.

De Betanzos, nous l'avons dit aussi, un chemin se détache à droite de la route de Galice et se dirige vers le *Ferrol*.

Ce chemin fait, par terre, le tour de la baie qui sépare les deux villes, la Coruña et le Ferrol.

Il traverse le Mandeo, qui passe à Betanzos, et s'élève sur une chaîne de collines du haut de laquelle le voyageur a de magnifiques points de vue sur l'Océan.

Il descend ensuite dans la vallée où coule une large et courte rivière, l'*Eume*, et mène à

Puentedeume, 17 kil., 1,800 hab., bourg situé sur la rive gauche de cette rivière, tout près de l'endroit où elle se jette dans la mer. Sur un des sommets qui entourent la ville on aperçoit une belle ruine, une vieille tour carrée élevée sur un rocher ; elle est le dernier reste du château d'Andrade.

Entre la ville et la mer, la rivière d'Eume, large comme un beau fleuve, est traversée par un pont fort ancien, et vraiment monumental de 58 arches, qui fut, dit-on, construit par le propriétaire du château. Le chemin passe ensuite à

Cabanas, 2 kil. 1/2, 350 hab., dans un site très-accidenté, puis à

Néda, 5 kil. 1/2, 1,250 hab., bourg situé à l'embouchure de la Jubia qui se jette dans l'Océan à la pointe de la baie étroite sur laquelle est placé le Ferrol. Près de Néda est une importante fonderie de cuivre pour la marine royale.

La route traverse alors à gauche. Elle longe le bord de la baie en gravissant la pente élevée de la côte, puis descend vers la plage, où se trouve

Le Ferrol, 8 kil., 16,700 hab., le premier port militaire de l'Espagne. Ce port est le chef-lieu d'une des trois grandes divisions maritimes des côtes d'Espagne. Les deux autres sont à *Carthagène* et à l'île de *Léon* (Cadix).

Le Ferrol possède un arsenal de marine, des chantiers de constructions et une école d'hydrographie.

Comme ville, le Ferrol n'a rien de remarquable ; mais comme place maritime, elle est une des plus fortes de l'Europe. L'ensemble est une admirable forteresse.

Il est au milieu d'une baie longue et étroite qui s'avance en pointe dans le territoire et se termine au fond par l'embouchure de la Jubia.

Pour y pénétrer il faut franchir une passe longue d'une lieue, resserrée entre deux rangées de batteries, dont les feux se croisent. Autour de la ville sont les trois forts de San Felipe, de la Palma et de San Martin, et la place est entourée d'une enceinte très-fortifiée.

Tous ces travaux ne remontent pas au delà des règnes de Ferdinand VI, qui en commença l'exécution, et de Charles III qui les fit terminer.

Le Ferrol fut assiégé vainement par les Anglais en 1799 ; mais il a été pris deux fois par les Français, en 1809 et en 1823.

La ville haute, qui est la plus ancienne, est très-irrégulière, mais la partie nouvelle est régulière et solide comme une vaste caserne. Les chantiers immenses de constructions, la douane, les casernes, l'hôtel du capitaine général de marine, la cathédrale de San Julian et la belle promenade de l'*Alameda* méritent d'être visités.

LIGNE DE MADRID A SANTIAGO DE COMPOSTELLE.

Cette grande ligne traverse toute la partie sud des anciens royaumes de Léon et de Galice, et longe la frontière nord du Portugal.

Pour aller à *Santiago de Compostelle*, soit qu'on vienne de Bayonne, de Burgos, de Valladolid, de Léon ou de Zamora, il faut se diriger sur **Benavente**; toutes ces villes (nous l'avons dit) ont des routes qui y mènent.

A *Benavente* on trouve la grande route (*Carretera general*) qui va de *Madrid* à *Santiago*.

Cette ligne se divise ainsi :

Route de **Madrid** à **Medina del Campo**, par le chemin de fer du Nord de l'Espagne. — (V. pages 60-65.)

— de **Medina del Campo** à **Benavente**, en suivant la route que nous avons déjà décrite. — (V. route n° 14, page 160.)

— de **Benavente** à **Orense**. — (V. route n° 18, ci-dessous.)

— d'**Orense** à **Santiago de Compostelle** (et *de là au cap Finistère*). — (V. route n° 19, page 172.)

ROUTE N° 18. — DE BENAVENTE A ORENSE.

La route sort de Benavente par une belle plaine qu'arrose l'Orbigo et à une lieue de la ville, franchit cette rivière; elle traverse ensuite les localités suivantes :

Santa Christina, 5 kil. 1/2, 530 hab., dans la même plaine, à travers laquelle la route court presque en ligne droite.

Sitrama, 10 kil., 180 hab., village placé sur le versant d'une vallée dans laquelle on traverse un des bras de la *Tera*; puis une série d'autres villages placés de lieue en lieue sur le parcours de la route.

Junquera, 30 kil. 1/2, hameau d'une centaine d'hab., où la route franchit le *Rio Negro* qui va à peu de distance de là, à gauche de la route, se jeter dans la *Tera*.

Mombuey, 5 kil. 1/2, 620 hab., au pied de hautes collines boisées. Après avoir longé le cours de la *Tera*, dont elle remonte la vallée, la route, tout en suivant le pied d'une chaîne de petites montagnes (la Segundera), se détourne un peu et monte à

Puebla de Sanabria, 23 kil., 650 hab., petite place fortifiée, entourée de murailles, avec deux portes. C'est un poste militaire sur la frontière nord du Portugal. Au sommet de la ville s'élève un vieux château fort. — **Bragance**, l'une des plus importantes villes de Portugal, n'est qu'à 30 kil. de là.

La route, en quittant *Puebla de Sanabria*, s'engage dans la montagne; la traverse et mène à

Requejo, 210 kil., 350 hab., située au milieu des pittoresques défilés de la sierra; puis on descend vers

Lubian, 14 kil., 260 hab., village situé au pied du point le plus élevé de la chaîne, entouré de sentiers impraticables pour d'autres que les bergers, les muletiers et les contrebandiers. Auprès du village, le ruisseau la *Tuela* sort de la montagne et s'en va en Portugal.

Canizo, 11 kil., 150 hab., dans une vallée que traverse un ruisseau qui va se jeter dans la *Tuela*. Entre *Lubian* et *Canizo*, le voyageur a quitté le pays de Léon et est entré dans la capitainerie générale de Galice. Après avoir passé un cours d'eau et plusieurs villages, à travers un pays très-accidenté et par une route qui est un vrai chemin de montagnes, on descend à

Verin, 45 kil., 800 hab., petite place fortifiée sur la frontière de Portugal; on y traverse, sur un pont en pierre, la *Tamaya*, qui va en Portugal se jeter dans le Douro. La montagne contient aux environs des mines d'étain et produit une source d'eau minérale très-estimée.

Monterey, 5 kil., 800 hab., nom d'un ancien comté dont le titre appartient au duc d'Albe. Le duc y possède un palais et de riches terres. Il y a fait bâtir un hôpital où s'arrêtent les pèlerins qui vont à Saint-Jacques de Compostelle. Une route part de Monterey et va à Chiaves et autres villes du Portugal.

Villa del Rey, 13 kil., 220 hab., au pied d'une chaîne de montagnes.

Ginzo, 80 kil., 1,100 hab., sur le bord de la rivière du même nom qui se jette dans la *Lima*.

Allariz, 20 kil., 1,800 hab., autre petite place forte située sur le versant de la sierra Pineyra. Jolie ville, bien bâtie. Près de la ville est un couvent dont la fondation remonte à 1324; il fut établi par la reine *Violanta*, femme d'Alphonse le Sage.

Après avoir quitté *Allariz* et franchi la chaîne de montagnes sur le versant de laquelle cette place est située, on descend dans une plaine où la route traverse quatre villages d'un aspect assez agréable, et l'on franchit un cours d'eau affluent du *Minho*; la route passe ensuite au pied de collines très-élevées qui se rattachent à la sierra Secca, et entre enfin dans la vallée du Minho, où l'on arrive à

Orense, 18 kil., 4,850 hab., jolie ville, entourée de jardins et de belles cultures sur les deux rives du *Minho*.

Ce fleuve est traversé à la sortie d'Orense par un pont gigantesque dont on fait remonter la construction aux Romains. Il est divisé en deux parties : l'une qui n'a que trois arches et franchit un ravin ; l'autre, véritable merveille de hardiesse et de solidité, a sept arches et s'élève à cent trente-cinq pieds au-dessus du niveau des eaux.

Au pied de la ville jaillissent trois sources d'eau bouillante, d'une abondance exceptionnelle. Les ménagères d'Orense ont de l'eau chaude sans se donner la peine de la faire bouillir.

La cathédrale renferme un *Christ* très-célèbre et très-vénéré dans la contrée. Il est là depuis plus de cinq cents ans et a toujours été l'objet de la dévotion particulière qui s'attache aux images auxquelles le peuple attribue des vertus miraculeuses.

ROUTE N° 19. — D'ORENSE A SANTIAGO DE COMPOSTELLE ET AU CAP FINISTÈRE.

La route, après avoir franchi le *Minho* sur le pont dont nous venons de parler, à la sortie d'Orense, longe pendant la moitié du trajet le pied d'une chaîne de montagnes (la sierra Martinata) et parfois en traverse les contre-forts. Elle passe à

Cea, 19 kil., 1,200 hab., bourg important, dont l'église, vouée à San Christobal, est un des plus vieux monuments de la Galice. Près des ruines du château s'élève une petite chapelle qui fut, dit-on, un oratoire du grand saint Jacques de Compostelle ; à ce titre elle est l'objet d'une grande vénération et de pèlerinages.

Piñor, 3 kil., centre d'une population éparse de 800 hab. Le voyageur est ici en plein dans cette campagne de Galice qui est l'Auvergne de l'Espagne. Piñor est sur un point élevé qui se rattache à la sierra Martinata. La route descend ensuite vers une vallée, où se trouve

La Gesta, 20 kil., 250 hab., près du ruisseau l'Aneiro, qui prend sa source à peu de distance au pied des monts que longe la route.

On quitte la province d'Orense pour entrer dans celle de Santiago, et l'on rencontre

Castrovite, 30 kil., 200 hab., village situé dans une large et belle vallée, au nord de laquelle on aperçoit les montagnes. En sortant du village on traverse la rivière Ulla, qui va se jeter dans l'Océan.

La route traverse deux ou trois autres hameaux, passe le ruisseau *la Sar*, et un quart de lieue après on arrive à

Santiago (*Saint-Jacques de Compostelle*), 24 kil., grande et belle ville de 29,000 habitants.

Santiago est bâtie sur une colline entourée de hautes montagnes. Elle fut autrefois la capitale du royaume de Galice. Elle n'est plus aujourd'hui que le chef-lieu d'une province comprise dans la capitainerie générale, dont le chef-lieu est à *la Coruña*. Elle est le siége d'un archevêché qui a le second rang en Espagne, et porte le titre de premier chapelain de la reine.

L'histoire de Santiago débute par une légende dont le grand apôtre saint Jacques a les honneurs. Sur la colline déserte où la ville s'est élevée depuis, apparaissait chaque nuit une étoile qui brillait dans les arbres de la forêt. L'évêque d'Iria, prévenu de ce prodige, fit creuser le sol, et à l'endroit marqué par le point lumineux on trouva le cercueil et le corps enseveli de l'apôtre de l'Espagne, de saint Jacques. On comprend le reste. Immédiatement une église est bâtie sur ce lieu sacré, une ville s'élève et grandit; elle devient la capitale des rois galiciens. Cette ville a deux noms : celui de Saint-Jacques, *Santiago*, et celui du Champ de l'Étoile, *Campus Stellæ*, dont on a fait *Compostelle*.

Plus tard, pillée et rasée par les Maures, Santiago fut reconstruite par les rois de Galice, et tout ce que la ville possède encore de monuments ou de richesses remonte à l'époque de ces souverains.

La *cathédrale* est un bel édifice qui date de huit siècles. Elle a la forme d'une croix latine, avec 6 nefs et 25 chapelles. Elle est fort curieuse à visiter. La sacristie possède des tableaux estimés, et la chapelle des reliques renferme des objets sacrés, qui amènent de nombreux pèlerins : du lait de la sainte Vierge, un bras de saint Christophe, qui est celui d'un géant ; sept têtes des onze mille vierges, une épine de la couronne du Christ, et la tête de l'apôtre saint Jacques.

C'est autour de la cathédrale que la ville a été bâtie; les rues sont en pente; les nouveaux quartiers, plus larges et mieux construits, se distinguent facilement de la ville ancienne.

Le voyageur y verra encore : le vaste et beau cloître gothique contigu à la cathédrale, une très-belle promenade, la plaza Mayor, le palais archiépiscopal et l'hospice dans lequel sont reçus les pèlerins, qui venaient autrefois en si grand nombre au tombeau de saint Jacques.

De Santiago, une route se dirige en arrière vers Lugo, où elle va rejoindre la grande ligne de Madrid à la Coruña.

Pour donner un port de mer à Santiago, on a tracé un chemin de fer qui, partant de cette ville, suivra la vallée de la rivière *Ulla*, et ira aboutir *au Carril*, village situé devant une belle rade, sur l'Océan. Il aura environ 45 kilomètres.

Une autre, qui n'est que le prolongement de celle que nous venons de suivre pour arriver à Santiago, se dirige vers l'Océan.

Elle passe à *Puente de Mifeda*, où elle franchit la rivière la Tambre; à *Corson*, village au delà duquel elle traverse une autre rivière, le Lézaro ; à *Ocomareiro*, puis à

Cé, petit port sur l'Océan à la pointe la plus avancée de la baie; et, longeant la mer qui est à gauche et à droite, elle va jusqu'à

San Christobal, autre petit port, au delà duquel s'avance dans l'Océan une pointe élevée de la côte, un cap étroit et montueux : **le cap Finistère.**

A gauche de la grande ligne que nous venons de parcourir sont plusieurs villes importantes : Toro, Zamora, Tuy et Vigo. On s'y rend en prenant à Valladolid, à Benavente et à Orense des routes qui s'embranchent à la *carretera general*. Pour décrire ces routes, revenons en arrière.

ROUTE N° 20. — DE VALLADOLID A TORO ET A ZAMORA.
(ROUTE DE TERRE. — CHEMIN DE FER TRACÉ.)

Lorsque sera construit le chemin de fer qui est tracé de la station de *Medina del Campo* (ligne du nord) à *Zamora*, le moyen le plus rapide sera d'aller en chemin de fer de *Valladolid* à *Medina del Campo*, et de là à Zamora. En attendant, suivons la route actuelle :

La route, en sortant de *Valladolid*, suit la vallée de la Pisuergua et passe à

Arroyo, 7 kil., village de 100 hab., d'une pauvreté incroyable à la porte d'une grande ville; puis à

Simancas, 5 kil., 850 hab., petite ville entourée de murs, sur une colline au pied de laquelle coule la Pisuergua, que franchit un pont de 17 arches.

Simancas est un nom historique et célèbre. C'est là, dans cette petite ville isolée, que sont les fameuses *archives de Simancas*, les archives du royaume, tous les documents les plus précieux non-seulement pour l'histoire de l'Espagne, mais encore pour l'histoire de la diplomatie entre les gouvernements de l'Europe. Elles sont conservées dans un château, véritable forteresse armée de tours et entourée d'un fossé.

La route se détourne ensuite du cours de la Pisuergua et va vers la gauche se jeter dans le Douro. On se dirige en ligne directe, à travers un pays plat et fort triste, vers

Tordesillas, 17 kil., 3,550 hab., sur une colline au bas de laquelle passe le Douro. Nous avons déjà rencontré cette petite ville et nous en avons parlé en décrivant la route de *Medina del Campo* à *Benavente*. (Voir plus haut : Route 14, page 161.)

Villalar, 17 kil., 760 hab., au bord de l'Hormilla, avec son poteau historique et funèbre. (Voir route 14, page 161.)

Morales, 14 kil., 900 hab., bourg important dans une vaste plaine. C'est là que débouche la route venant de *Medina del Rio* et de *Benavente*.

Toro, 5 kil. 1/2, 7,000 hab., dans la même plaine, sur la rive droite du Douro.

Cette ville est entourée d'une enceinte percée de six portes ; la muraille ne servirait à peine de clôture à un jardin ; elle est en terre soutenue de maçonnerie.

On y remarquera la *tour de l'Horloge*, monument bizarre et élégant ; l'hôtel de ville, et le palais gothique des ducs de Berwick.

Toro a eu autrefois un rôle important à cause de sa proximité de Valladolid. Le Cid et le roi don Sanche en firent ensemble le siége ; Alphonse XI, Pierre le Cruel et autres rois vinrent parfois y résider ; les Cortès de Castille y siégèrent. C'est là que fut proclamée la royauté éphémère de Jeanne la Folle et de son mari Philippe Ier, en 1505.

De Toro partent des routes qui se dirigent vers : *Valladolid*; *Medina del Campo*, *Salamanca*, et celle que nous suivons vers *Zamora*. — Après avoir quitté Toro, elle passe à

Fresno de la Ribera, 17 kil., 480 hab., près de la rive droite du Douro, dont la route vient ici reprendre la vallée. On traverse plus loin le *Rio Seco*, qui va se jeter dans le Douro, à gauche et tout près de la route, et l'on arrive à

Zamora, 17 kil., 8,900 hab., sur la rive droite du Douro ; chef-lieu de la province de Zamora ; siège d'un évêché.

Zamora est une des villes les plus anciennes de l'Espagne ; elle était déjà florissante sous les Romains. Les Maures s'en emparèrent et la détruisirent vers la fin du dixième siècle. Elle fut relevée par le roi Ferdinand Ier. Plus tard, conquise par le Portugal, cette ville ne tarda pas à être rendue au roi de Castille. Les chroniques du Cid racontent avec des détails romanesques et dramatiques le siége de Zamora par le Cid et le roi Don Sanche.

Le voyageur visitera dans cette ville: les ruines de la maison qu'habita le *Cid* ; la cathédrale dont l'extérieur est assez simple, mais qui renferme plusieurs ouvrages d'art ; le palais épiscopal ; la curieuse et bizarre enceinte de murailles dont la ville est entourée.

Zamora a un beau pont de seize arches sur le Douro. — Des routes desservies tous les deux ou trois jours partent de cette ville et se dirigent vers Salamanca, Valladolid, Medina del Rio, une autre route va vers Léon, Oviedo et Gijon, par Benavente ; une autre vers *Bragance*, en Portugal. — A Zamora viendra aboutir un chemin de fer partant de *Medina del Campo,* station de la ligne du nord.

D'*Orense* à **Tuy,** à **Vigo** et à **Pontevedra.** — Pour aller à ces trois villes, de quelque côté de l'Espagne qu'on arrive, il faut d'abord venir à Orense. Nous avons décrit la grande ligne qui, de Madrid et de Valladolid, va à Orense en se dirigeant vers *Santiago*.

A Orense on trouve trois autres routes qui vont à *Tuy*, à *Vigo* et à *Pontevedra*, à l'extrémité nord-ouest du territoire espagnol. — Nous allons les indiquer rapidement.

ROUTE N° 21. — D'ORENSE A TUY.

La route sort d'Orense en descendant la vallée du *Minho*, et traverse plusieurs villages qui la peuplent. Elle passe ensuite à

Lagos, 18 kil., 618 hab., où l'on s'écarte du cours du fleuve.

Ribadavia, 8 kil., 1,550 hab., jolie petite ville, entre deux montagnes, et sur le bord de l'Avia, qui va tout près de là se perdre dans le Minho.

Caniza, 18 kil., 470 hab., sur la Deva, autre affluent du Minho ;

Puerto Areas, 25 kil., 380 h., sur un cours d'eau qui se joint à la Deva et se jette dans le Minho. Village bien bâti ; pays très-accidenté.

Porrino, 10 kil., 640 hab., bourg important, sur le Douro, qui se dirige vers *Tuy*. Ici la route se bifurque : à droite, elle va vers Vigo ; à gauche, vers Tuy. Un autre chemin va en droite ligne vers l'Océan et aboutit au petit port de *Bayona*, village de pêcheurs.

En prenant le bras de la route qui oblique vers Tuy, on voit le pays changer d'aspect ; des montagnes de la Galice on descend vers le pays des orangers, vers le Portugal.

Après avoir suivi la vallée du Douro on arrive à

Tuy, 17 kil., 4,000 hab., évêché; petite ville forte sur une hauteur, entourée de murs; très-ancienne et plus importante qu'aujourd'hui à l'époque de la domination romaine dans la Péninsule.

En face, sur une autre colline, s'élève la ville portugaise de *Valanca*. Entre elles coule le Minho, qui sépare les deux villes et les deux royaumes. — Depuis quarante kilomètres en amont, et jusqu'à son embouchure dans l'Océan, ce fleuve sert de limite entre l'Espagne et le Portugal.

Tuy est une ville d'un aspect très-agréable; la cathédrale mérite d'être visitée; la campagne environnante est peuplée de villas et offre des promenades ravissantes.

ROUTE N° 22. — D'ORENSE A VIGO.

On suit la route que nous venons d'indiquer (R. 21) jusqu'à *Porrino*.

Il ne reste plus alors qu'à prendre l'embranchement qui se dirige à droite, vers la baie, et après un parcours de 17 kil. sur ce chemin, on parvient à

Vigo, port situé sur l'Océan, à 557 kil. de Madrid, 5,600 hab., chef-lieu d'un district judiciaire et d'un arrondissement maritime, dépendant de la Coruña.

Cette ville remonte aux Romains; elle est bâtie au flanc d'une vaste colline et d'un aspect très-pittoresque. Elle est dominée par la citadelle *del Castro*, de la plate-forme de laquelle on voit se dérouler l'Océan, la baie, les vallées et les chaînes de montagnes de la Galice: un immense et splendide panorama.

Le port de Vigo a une position admirable; il est placé sur une des plages et vers le milieu d'une longue baie qui, à partir des îles *Ciés*, s'avance dans la terre en forme de pointe pendant une étendue de 30 kil. environ. Autour de cette baie, qui va en se rétrécissant, la côte est montagneuse.

La ville est entourée de murailles délabrées, hors d'usage, et défendue, outre la citadelle, par les deux forts *San Julian* et *San Sebastian*.

Vigo a été autrefois un des ports du commerce espagnol avec « les grandes Indes, » c'est-à-dire avec l'Amérique. Cette époque a été celle de sa plus grande prospérité. Aujourd'hui le port est une des stations des bateaux à vapeur qui font le service autour de la Péninsule et dont nous avons décrit l'itinéraire. Le voyageur pourra donc s'y embarquer pour tous les autres ports de l'Espagne et même, par correspondance, pour l'Italie et la côte d'Afrique. Il y trouvera aussi le service des vapeurs qui vont de Saint-Nazaire à Malaga, en passant par Lisbonne et Cadix.

Vigo possède un lazaret pour toute la navigation de la côte de l'Océan, et une cathédrale d'architecture grecque qui mérite d'être visitée. Il y a une promenade ravissante à faire, à travers mille embarcations, jusqu'au fond de la baie, et jusqu'aux îles qui marquent l'entrée dans l'Océan.

ROUTE N° 23. — D'ORENSE A PONTEVEDRA.

On sort d'*Orense* par la grande route qui va à *Santiago*; on la suit pendant cinq kilomètres environ, et quand on a dépassé le village de *Quintela*, on prend à gauche un chemin qui va directement vers l'Océan.

Ce chemin traverse un ruisseau, le Barbantino, qui, près de là, se perd dans le Minho; puis on passe aux localités suivantes :

Maside, 9 kil., 550 hab.

Carballino, 25 kil., centre d'une agglomération municipale de 1,700 hab., où après avoir franchi un autre ruisseau affluent du Minho, on s'engage dans un chemin fort difficile à travers la montagne. Après une marche pénible dans les défilés, on descend à

Cerdedo, 31 kil., centre d'une agglomération municipale de 1,600 hab., au pied des montagnes, dans une belle vallée où coule la Lerez, qui va directement se jeter dans l'Océan.

A partir de *Cerdedo*, la route suit le cours de la Lerez jusqu'à la fin. Elle passe à

San George de Sacos, 14 kil., centre munic. de 1,000 h. environ.

Tenorio, 8 kil., centre municipal de 1,700 hab. dispersés. Près de là s'élève sur une hauteur une tour en ruine, reste de quelque château fort. Bientôt, après avoir rencontré la route qui vient directement de Santiago, on suit la rive droite de la Lerez; puis, en traversant de nouveau cette rivière à son embouchure, sur un beau pont, on arrive à

Pontevedra, 10 kil., 4,200 hab.; ville dont la construction remonte aux Romains; admirablement située, à la pointe la plus extrême d'une baie qui s'avance à 25 kil. dans les terres, et à l'endroit où la Lerez se perd dans les eaux de l'Océan.

Pontevedra est chef-lieu d'une province dépendant de la capitainerie générale de la Coruña. La baie est remplie de bateaux caboteurs et de petites embarcations. Du fond de la baie la perspective est ravissante vers l'Océan et vers les montagnes qui forment la côte.

La ville est entourée d'une muraille très-ancienne percée de quatre portes, mais sans défense militaire. Elle est d'un aspect très-agréable et très-bien bâtie. Le voyageur y remarquera : l'église gothique de *Santa-Maria*, la tour crénelée qui reste de l'ancien palais des archevêques de Santiago brûlé par les Anglais, et de vastes constructions où furent des couvents ; il y trouvera surtout d'admirables promenades. — Pontevreda est à 538 kil. de **Madrid**.

ROUTE N° 24. — DE MADRID A ZAMORA.
(CHEMIN DE FER TRACÉ.)

Cette route se compose de deux parties distinctes.

De *Madrid* à *Medina del Campo*, on prend le chemin de fer du nord de l'Espagne. — Voir l'itinéraire décrit en sens inverse, entre ces deux villes, de la page 60 à la page 65.

A *Medina del Campo*, on prend une route de terre qui passe à

Nava, 8 kil. ; à

Castranuovo, 25 kil., où elle entre dans la vallée du Douro, et, suivant la rive gauche de ce fleuve, mène à

Toro, 20 kil., 7,000 hab. — A *Toro*, cette route se confond avec celle qui vient de *Valladolid* à *Zamora*. — (Voir route n° 20, p. 174.) Elle passe à

Fresno la Ribera, 17 kil., et conduit à

Zamora, 17 kil., 8,900 hab. — (V. page 175.)

Cette route de Medina del Campo à Zamora sera bientôt remplacée par un *chemin de fer* qui est en construction. Il suivra à peu près le même parcours ; c'est celui que nous avons indiqué sous la désignation de route n° 8 (page 151). — On ira alors de *Madrid* à *Zamora* sans quitter le chemin de fer.

ROUTE N° 25. — DE MADRID A SALAMANCA.

NOTA. — *Salamanca* est le point central de toute la contrée comprise entre le chemin de fer de Valladolid à Avila ; l'Estramadure, au sud et la frontière de Portugal à l'ouest.

A ce point central aboutissent des routes venant :
De la Galice et de Léon, par *Zamora* ;
Du nord-ouest de l'Espagne, par *Valladolid* ;
Du midi et du centre, par *Madrid* et *Avila* ;
Du Portugal, par la route de *Ciudad-Rodrigo*.
Nous allons indiquer ces quatre principales lignes.

A Madrid, le voyageur, partant pour Salamanca, prend le chemin de fer du Nord jusqu'à la station d'**Avila**.

Avila, 120 kil., chef-lieu de la province de ce nom. (Voir plus haut, p. 61.)

La route sort d'Avila, après avoir traversé l'*Adassa*, et par un pays très-montagneux, se dirige vers le nord-ouest. Elle passe à

Aveinte, 20 kil., 200 hab.; village de l'aspect le plus pauvre et le plus triste.

Montalbo, 5 kil., 250 hab. ; même aspect.

Crespos, 9 kil., 250 hab.

Fontiveros, 3 kil., 220 hab.; village sur la rive droite de la rivière le *Zapardiel*.

Peñaranda, 28 kil., 3,450 hab.; petite ville bien bâtie, au centre d'une plaine, où arrivent des routes venant de Ciudad-Rodrigo, de Salamanca, de Madrid et de Zamora.

Peñaranda est le nom d'un duché dont le titre appartient aujourd'hui à la famille de Montijo.

Elle possède des fabriques d'étoffes et est le centre d'un commerce actif que font les muletiers.

Ventosa del Rio, 11 kil., 220 hab.; village bien situé sur le bord de l'Almar.

Calcarrosa, 12 kil., 1/2, 480 hab.; dans une vallée où coule la Tormès, large rivière dont la route va suivre le cours jusqu'à

Santa Maria, 8 kil. 1/2, 150 hab.; village de cultivateurs et de maraîchers, et jusqu'à

Salamanca, 5 kil. 1/2, 14,000 hab., chef-lieu de province ; siège d'un archevêché et de la célèbre université de Salamanca.

Cette université, bien déchue aujourd'hui, est une des plus anciennes de l'Europe. Au xii° siècle elle était déjà renommée en Espagne, et deux siècles plus tard elle rivalisait de célébrité avec celles d'Oxford et de Paris. Elle eut alors jusqu'à dix mille étudiants. Quelques-uns de ses professeurs ont laissé des ouvrages savants et curieux. Les docteurs étrangers, les papes eux-mêmes demandaient des jugements de science et de philosophie à la célèbre université.

Elle possède maintenant des chaires de philosophie, de droit, de jurisprudence commerciale et administrative, de chimie, de littérature, de grec, d'histoire naturelle, et des chaires secondaires d'enseignement classique et de langues étrangères. Sa bibliothèque dépasse 60,000 volumes. — Les constructions affectées à l'université sont vastes et fort belles; il y a de larges cours entourées de cloîtres et de salles; la façade principale est d'un grand travail.

Salamanca est une des villes du royaume les plus riches en monuments.

A chaque pas on rencontre un vieux et beau palais, un couvent, ou une église. Aussi peut-on y compter plus de 25 églises et plus de 20 édifices qui furent des monastères.

Le voyageur, dès son arrivée à Salamanca, oubliera promptement la route si triste qu'il aura parcourue depuis Avila pour y parvenir. Les monuments les plus dignes d'être signalés à son attention sont : l'archevêché, dont la façade et la cour principale sont du plus bel aspect; — la cathédrale, de style gothique, dont le portail vaut tout un édifice, et dont la tour est assez bizarre; — le collége des jésuites; le collége de Calatrava; le vieux Collége, reconstruit en 1760, dont l'escalier est admirable et dont les salles, servant de musée, renferment des collections curieuses.

La *Plaza Mayor* est bâtie en carré, comme celle de Madrid et entourée de maisons à trois étages, avec des arceaux au rez-de-chaussée. Elle est un point central auquel aboutissent plusieurs rues principales, et lorsqu'on la transforme en amphithéâtre pour les courses de taureaux, elle peut contenir 16,000 spectateurs. Selon l'usage invariable, l'hôtel de ville a sa façade sur le côté principal de la place.

On visitera aussi le beau pont romain de vingt-sept arches, parfaitement conservé, élevé sur la Tormès, à l'entrée sud de la ville.

Salamanca fait remonter son origine à une époque antérieure à l'occupation des Carthaginois. Il est certain qu'elle fut sous les Romains une des villes les plus importantes de la Péninsule. Détruite plus tard par les Maures, elle fut relevée par les rois catholiques qui la comblèrent de monuments et de faveurs.

Pendant la guerre d'indépendance de 1807 à 1812, Salamanca fut traversée par les grands mouvements stratégiques des armées. Junot y entra en novembre 1807 avec les Français; les Anglais y passèrent en 1808; enfin, en 1812, Marmont s'y fortifia, changea les couvents en forteresses, et y fut assiégé et bombardé par les Anglais. Il fut forcé d'évacuer la place.

A une lieue environ, au nord de Salamanca est le champ de bataille des *Arapiles*. Lord Wellington y fit subir aux Français une défaite sanglante. La lutte fut terrible. Les généraux Marmont, Clausel, Bonnet, y furent grièvement blessés; le général Ferrey frappé à mort. Un maréchal et deux généraux anglais y reçurent aussi de graves blessures. Ce combat se termina par la retraite de l'armée française et commença pour elle une série de revers.

Salamanca est à 221 kil. 1/2 de Madrid.

ROUTE N° 26. — DE VALLADOLID A SALAMANCA.

Les voyageurs arrivant des Pyrénées et de la région nord de l'Espagne, et voulant aller directement à Salamanca, doivent venir jusqu'à Valladolid, soit par le chemin de fer de Bayonne, soit par les voies de l'intérieur.

A partir de **Valladolid,** on prend le chemin de fer du Nord et l'on passe aux stations de *Valdestillas*, 18 kil.; — de *Matapozuelos*, 8 kil.; — de *Posaldes*, 7 kil.; et l'on s'arrête à **Medina del Campo**, 9 kil. (Voir pour le détail de cet itinéraire, page 60.)

Bientôt un embranchement partant de la station de Medina del Campo conduira jusqu'à *Salamanca*.

En attendant qu'il soit construit, on trouve à Medina un service régulier de voitures publiques, et l'on suit la route de terre, en passant aux localités suivantes :

El Campillo, 8 kil., 200 hab., où commence une plaine étendue.

El Carpio, 8 kil., 620 hab.; bourg fort ancien, que domine une tour autrefois fortifiée attribuée aux Maures. On y trouve aussi le palais des anciens comtes del Carpio et une église souterraine servant à la sépulture de cette famille. La route, à demi-lieue au delà, passe la rivière de *Trabancos* qui va se jeter dans le Douro.

Fresno el Viego, 3 kil., 1,000 hab., bourg autrefois fortifié;

Cantalapiedra, 11 kil., 1,250 hab.; petite ville autour de la quelle on voit les restes de son ancienne enceinte. Elle possède quelques fabriques de tissus. La route descend ensuite vers une vallée fort étroite où l'on franchit un ruisseau, le *Guareña*; on traverse tout un pays fort triste dont nous avons déjà parlé en suivant la route d'Avila à Salamanca ; on y rencontre

Pitiegua, 17 kil., 220 hab., village aussi pauvre que ceux de la route voisine ;

Moriscos, 11 kil., 180 hab.; et pendant tout ce trajet après avoir parcouru une des contrées les plus incultes et les plus misérables de l'Espagne, on arrive à

Salamanca, 5 kil., (Voir plus haut, page 180.)

ROUTE N° 27. — DE SALAMANCA A CIUDAD RODRIGO.

Ciudad-Rodrigo est une des villes situées à l'extrémité du royaume; elle est isolée, près de la frontière de l'Portugal.

De tout le nord de l'Espagne on y va par *Salamanca* ;

De Madrid on y va par *Avila*.

La route de *Salamanca* à *Ciudad Rodrigo* est assez mauvaise ; mais elle traverse un pays moins pauvre, moins triste que les autres parties de la contrée qui entoure Salamanca.

Cette route sort de *Salamanca* en franchissant le grand pont romain jeté sur la Tormès, et passe dans les localités suivantes :

Manuela, 13 kil., 225 hab., dans une plaine ;

Matilla, 11 kil., 270 hab., dans la même plaine, au bord d'un ruisseau qui va sur la frontière de Portugal se perdre dans le Douro;

San Muños, 19 kil., 250 hab. Peu après avoir traversé Matilla le chemin s'est bifurqué ; il s'est partagé en deux autres chemins qui obliquant l'un à droite, l'autre à gauche, vont ensuite se réunir à *Ciudad-Rodrigo*. Nous suivons celui qui est à droite en allant vers cette ville.

Boadilla, 8 kil., 200 hab., village d'un aspect misérable au milieu d'une plaine très-fertile.

Martin del Rio, 6 kil., 200 hab., après lequel on franchit un ruisseau.

San Spiritus, 13 kil., 190 hab., au bord d'un autre ruisseau qui va rejoindre le précédent et se jeter avec lui dans la rivière la *Yeltes*, affluent du Douro.

Ici la route quitte la plaine, fait un coude vers la droite, pour gravir un des contre-forts de la grande chaîne de montagnes qui longe le mont de l'Estramadure, et descend ensuite à

Val de Carpinteros, 7 kil., petit hameau d'une douzaine de maisons, duquel on découvre au loin, sur une hauteur,

Ciudad Rodrigo, 12 kil., 4,900 hab., place forte, entourée de murs, au sommet d'une haute colline qui domine à pic le cours de la rivière l'*Agueda*.

Cette ville est à 22 kil. de la frontière de Portugal. A l'intérieur elle est mal bâtie, et ses vieilles murailles, plusieurs fois réparées, seraient une défense peu sérieuse. Il y a peu d'édifices dignes d'être visités, sauf la cathédrale et le vieux château fort, bâti sous le règne de Pierre le Cruel.

Un beau pont, au pied de la ville, franchit l'Agueda.

Ciudad Rodrigo, ainsi que l'attestent ses murailles, était déjà une place forte sous les Romains. — Pendant la guerre d'indépendance, sa position lui a valu d'être très-disputée par les armées qui manœuvraient dans la Péninsule.

En juillet 1810, Ney assiégea vivement la place et la força à capituler, malgré la belle résistance du vieux général Herrasti. Les Français conservèrent la place jusqu'en 1812. Lord Wellington vint alors les y assiéger; le général Barrié avec 18,000 Français, s'y défendit héroïquement, mais fut forcé de se rendre. Les Anglais pillèrent bravement la ville qu'ils avaient délivrée, ce qui n'empêcha pas le général Wellington de recevoir le titre de *duc de Ciudad Rodrigo*.

Deux routes partant de Ciudad Rodrigo, franchissent la frontière et vont en Portugal. L'une se dirige vers Almeida; l'autre vers Castel Blanco, Santarem et Lisbonne.

ROUTE N° 28. — DE SALAMANCA AUX BAINS DE LESDEMA ET A ZAMORA.

Cette route n'est pas la plus directe entre *Salamanca* et *Zamora*, mais elle est la meilleure et la plus fréquentée, à cause des bains de *Lesdema*, qui se trouvent sur le parcours presque à égale distance des deux villes. C'est là, du reste, le seul point important de la ligne. En quittant Salamanca on suit la vallée de la Tormès, en traversant quelques villages sans importance, jusqu'à

Baños de Lesdema, 51 kil., hameau près duquel se trouvent les sources et les bains.

Ces bains étaient très-fréquentés déjà au temps des Romains et des Maures.

Au pied d'une colline, près du bord de la Tormès, jaillit la principale source d'eau thermale et sulfureuse, dont la température moyenne est de 38 degrés. Elle est recueillie dans un bassin entouré de petites loges avec des lits. Alentour jaillissent plusieurs autres sources minérales et sulfureuses. — Ces bains, malgré l'insuffisance et le peu de confortable de leur installation, attirent chaque année, par l'efficacité de leurs eaux, de nombreux malades.

Près des bains, sur la même rive de la Tormès, est la petite ville de **Lesdema**, 1,600 hab., entourée de vieilles murailles qu'on fait remonter aux Romains, avec sept portes chargées d'armoiries féodales.

A la sortie de *Lesdema*, on franchit un beau pont en pierre, jeté sur la Tormès. La route qui a passé ainsi sur la rive opposée de la rivière se dirige alors vers le nord. Elle passe aux villages de

Asmenil, 12 kil., 300 hab.;

Peñausende, 8 kil., 260 hab., dans une contrée d'un assez triste aspect; elle rencontre deux ou trois *ventas*, et arrive à

Zamora, 20 kil., où aboutissent les routes venant de toutes les villes et de tous les ports de la Galice et de Léon. (Pour *Zamora*, voir plus haut, page 175.)

ROUTE N° 29. — DE MADRID A SÉGOVIE.
(CHEMIN DE FER ET ROUTE DE TERRE.)

Pour aller à *Ségovie*, on part de Madrid, par le *chemin de fer du Nord* de l'Espagne qu'on prend à la gare de la porte *San Vicente*, près du palais Royal. On se sert du train jusqu'à la station de *Torreladones*.

On suit, sur cette ligne, l'itinéraire que nous avons décrit (R. n° 1, p. 65), en sens inverse. On part, ayant à droite la montagne *del Principe Pio*; on traverse le *Champ du More*, on va franchir le *Manzanares*, et on laisse à droite la résidence royale du *Pardo* (V. *Environs de Madrid*, page 132), pour atteindre le village d'*Aravaca*.

Le chemin de fer passe ensuite aux quatre stations suivantes :

Pozuelo, 8 kil., 200 hab., stat., village des cultivateurs pour l'usage de la capitale, avec quelques villas dans une plaine sablonneuse et peu ombragée.

Las Rosas, 10 kil., 489 hab., stat., bourg d'un aspect agréable, entouré de jardins et de belles cultures dont Madrid absorbe les produits. C'est là que l'ancienne route de terre venant de l'Escorial rejoint la route royale qui va aboutir à Madrid.

Las Matas, 7 kil., 100 hab., stat. sans importance, village composé de quelques maisons.

La route royale vient y rejoindre le tracé du chemin de fer, après la déviation que l'un a fait à l'ouest, l'autre à l'est, depuis Burgos.

Torreladones, 6 kil., 180 hab., village pauvre, dans un site sauvage et abandonné. Ses habitants passaient autrefois pour exploiter les grands chemins, à la faveur de l'isolement et de l'escarpement des routes sur ce point.

A Torreladones, on quitte le chemin de fer pour prendre la route de terre qui va, à droite, vers Ségovie. Des voitures en correspondance avec les trains y transportent les voyageurs. A partir d'ici, la route se dirige vers la haute chaîne du Guadarrama qui au nord sert de limite et de rempart à la vaste plaine de Madrid.

On passe à la *venta de la Trinitad*, et l'on parvient dans une vallée où est

Navacerrada, 24 kil., 170 hab., village isolé au pied de la chaîne de montagnes.

A la sortie du village, la route quitte la vallée et commence, en suivant des défilés et des courbes, à gravir le versant sud de la sierra.

Après une ascension lente, parfois difficile, à travers ces hauteurs désertes, arides et couvertes de neiges éternelles, on arrive au sommet, au *port de Navacerrada*. Une colonne s'y dresse. Elle marque la limite des deux grandes provinces : la Nouvelle-Castille que l'on quitte et la Vieille-Castille où l'on va entrer.

Parvenu à ce point, on commence à descendre sur l'autre versant. Celui-ci est boisé, couvert de bruyères, et aussi revêtu de végétation que l'autre côté est aride et désolé. La route décrit dans ces défilés de vastes courbes qui adoucissent la pente. — On arrive ainsi à

La venta de Mosquitos, 10 kil., au pied de la montagne, sur une vallée où jaillissent les sources et où reparaissent les villages. La route va passer ensuite devant les ruines de l'ancienne résidence royale de *Valsain*, autour de laquelle la couronne possède encore de vastes forêts. — On atteint ensuite

San Ildefonso, 8 kil., village auprès duquel est située la résidence royale de la *Granja*. Le palais est bâti au milieu de grands bois et de splendides jardins, à 1,155 mètres au-dessus du niveau de la mer. Nous avons décrit cette royale résidence au chapitre des *Environs de Madrid*, page 153.

La route continue, laissant à droite le domaine de *Quita Pesares* (Quitte-soucis), qui appartient à la reine mère Marie-Christine, et l'on arrive, par la porte San Martin, à

Ségovie, 11 kil., 13,000 hab., qui fut autrefois une des cités les plus importantes de l'Espagne.

Cette ville est bâtie sur une colline allongée au pied de laquelle coulent l'*Eresma* et le *Clamores*. Elle est située à 924 mètres au-dessus du niveau de la mer. Elle est entourée d'une enceinte de hautes et fortes murailles à créneaux, flanquées de quatre-vingt-trois tours, avec cinq grandes portes.

Ségovie, aujourd'hui complétement déchue de son ancienne importance, fut fondée, dit-on, par Hercule. Sous les Romains, elle fut une des grandes places fortes de ces conquérants. Les Arabes en firent la capitale de l'un de ces nombreux petits royaumes qui se partagèrent le kalifat d'Occident. Elle leur fut enlevée par les rois chrétiens de Castille, qui en firent à leur tour leur capitale. Alfonse le Sage y résidait lorsqu'il dressa ses Tables astronomiques.

De tous ces règnes, de cette splendeur, il ne reste plus que quelques monuments admirables, des ruines et des souvenirs.

La plus importante de toutes ces constructions est le célèbre *aqueduc* de Ségovie. Il fut construit sous le règne de l'empereur Trajan. Il va à 17 kil. de la ville prendre les eaux d'un ruisseau qu'il porte, sur cent soixante-et-une arches, à travers une colline, des rochers, une vallée et une plaine. Une section de 200 mètres, rompue au XV° siècle, pendant la guerre, a seule été réédifiée, et sa mauvaise construction fait le plus piteux contraste avec le reste de ce gigantesque et solide monument romain. Malgré les siècles, cet aqueduc alimente encore de ses eaux la ville de Ségovie.

Les églises sont nombreuses et appartiennent toutes au meilleur temps de l'art gothique.

La *cathédrale*, qui est la plus moderne, est seule un mélange des

styles grec, roman et gothique, mais c'est un admirable édifice. Elle a trois nefs ; elle est chargée d'une véritable profusion d'ornements, les marbres de toutes couleurs sont prodigués à l'intérieur, et les grilles des chapelles sont du plus beau travail. Dans une des chapelles est un tableau de Juan de Juni, *la Pietad*, qui, par le style, l'expression et la composition, peut rivaliser avec les plus émouvantes toiles des grands maîtres italiens.

Le cloître est beau ; il renferme encore les tombeaux des évêques; celui de l'infant don Pedro, fils de Henri de Transtamarre, mort en 1366, et celui de Maria Salto, dont on raconte une légende miraculeuse.

Citons encore : l'église gothique de la *Vera Cruz* qui s'élève hors des remparts et a appartenu aux templiers ; — celle des hiéronymites *del Parral*, qui possède de belles boiseries et de beaux mausolées ; — celle de *San Martin*, beau vaisseau gothique auquel on a ajouté une tour moderne ; — celle de *San Juan* qui renferme des tombeaux en marbre sous lesquels dorment les anciens héros chrétiens de Ségovie.

L'art mauresque y a laissé aussi des traces de son passage ; plusieurs vieilles constructions remontent aux Arabes ; la mieux conservée est la *porte de Santiago*.

Il y a aussi l'*Alcazar*, qui est l'édifice le plus important de Ségovie. Mais, malgré sa belle architecture mauresque, il n'est qu'une imitation. Il est à l'extrémité de la ville, près de la cathédrale, et fut bâti par le contemporain du Cid, Alfonse VI, qui copia les alcazars des Arabes, ses adversaires.

C'est à la fois une forteresse et un palais avec sa chapelle. Il a servi aussi de prison politique. Il forme une masse imposante de hautes murailles crénelées ; au sommet des murs règne une couronne de tourelles à créneaux. Au milieu se dresse une tour énorme, plus haute que l'ensemble du monument, et au sommet de cette tour est une plate-forme entourée d'autres tourelles.

On peut encore visiter les anciens appartements du palais, dont les murs sont couverts de mosaïques et de peintures. Dans une des salles sont rangées cinquante statues des rois chrétiens de Léon et de Castille : tout un Panthéon de royales images. Maintenant, une École militaire occupe l'*Alcazar* d'Alfonse VI.

La même déchéance est partout ; l'ancien hôtel des Monnaies, qui frappa autrefois tant de pièces d'or, ne fournit plus que de la monnaie de cuivre, d'humbles *cuartos*. Les célèbres fabriques de drap de Ségovie si renommées pour la quantité considérable et la beauté de leurs produits; ces fabriques qui occupaient plus d'ouvriers que Ségovie ne possède aujourd'hui d'habitants, ne fournissent pas davantage que la plus médiocre usine de Catalogne ou de France.

Toute l'industrie locale se borne maintenant à quelques fabriques de toiles, de verreries, de papiers et d'orfévrerie commune.

Aux environs, la principale ressource agricole est l'élève des moutons, dont la laine est renommée. — Les montagnes qui s'étendent sur le territoire de Ségovie contiennent des mines d'or et de plomb.

ITINÉRAIRE. — DEUXIÈME RÉGION.

Navarre. — Vieille Castille. — Aragon et Catalogne.

Les trois routes suivantes, 30, 32 et 33, forment la ligne de **Bayonne** *à* **Madrid**, *par Pampelune et Soria.*

ROUTE N° 30. — DE BAYONNE A PAMPELUNE, PAR AINHOUE.

Le voyageur trouvera à Bayonne deux services de messageries faisant régulièrement le trajet entre cette ville et *Pampelune*.

La route en quittant Bayonne laisse à droite le château de *Marrac*, à gauche celui de *Veyman*, puis à droite celui d'*Urdains*, et passe à

Ustaritz, 13 kil., 2,450 hab., chef-lieu de canton; bur. de poste; patrie des trois Garat : le ministre, le constituant et le chanteur. On y prend le chemin qui mène à la source thermale et sulfureuse de *Cambo* et au village de ce nom. On descend ensuite, par un défilé, à

Espelette, 19 kil., 1,550 hab.; chef-lieu de canton. A partir de là, la route gravit des pentes sinueuses et arrive à

Aïnhoue, 5 kil., 750 hab., le dernier village sur le territoire français.

A 5 kil. de là, on franchit la Nivelle sur le pont de *Dancharianea*, dont le milieu, comme celui de la Bidassoa, marque la frontière de l'Espagne et de la France.

Ici la frontière est à 27 kil. de Bayonne.

C'est à Aïnhoue que les douaniers français visitent les bagages des voyageurs venant d'Espagne.

La route mène ensuite au village espagnol de

Landibar, où les douaniers espagnols attendent le voyageur venant de France. (Voir : *Douanes*, pages 51.)

Au delà, on passe aux localités suivantes :

Urdax, 3 kil., 650 hab., bourg bâti à l'endroit qu'occupait autrefois un monastère de moines pasteurs. On y voit encore l'église et les bâtiments du couvent abandonné. Aux alentours, le paysage est d'un pittoresque admirable.

C'est à Urdax que passa le prétendant don Carlos à son entrée en Espagne, et à sa sortie après sa défaite. A Urdax fut fusillé Vincente Moreno, l'ancien complice qui avait trahi Torrijos, avec lequel il avait conspiré contre Ferdinand VII.

La route monte ensuite jusqu'au

Col de la Maya, célèbre par le combat sanglant des Français et des Anglais en 1813. Les Anglais en furent repoussés et s'enfuirent jusqu'à *Sorauren*, où Wellington accourut à leur secours et les vengea cruellement.

De cette hauteur on voit se dérouler en arrière le territoire français jusqu'à Bayonne ; puis on descend vers

Maya, 11 kil., 500 hab., village bâti sur une colline qui domine la vallée au fond de laquelle est tracée la route. On franchit le ruisseau la *Maya*, près du village d'Arizcun.

Près de là est aussi le village d'*Azpilcueta*, 500 hab., sur le versant de la montagne où le roi Joseph campa la dernière nuit qu'il passa sur le territoire espagnol, dans la retraite de 1813. On passe ensuite

Elvetea, 3 kil., 360 hab., où l'on remarque un vaste asile pour les pauvres. On franchit le ruisseau *Bastanzubi*, qui plus loin se nommera la Bidassoa et l'on arrive à

Elizondo, 1 kil. 1/2, 1,350 hab., bourg important, traversé par le Baztan. On y remarque en passant l'église, lourde construction surmontée d'une tour à coupole ; le vieux palais des gouverneurs, au bas duquel est le jeu de paume, qui se retrouve jusque dans les moindres villages de la Navarre ; l'hôtel de ville avec ses écussons armoriés et sculptés.

Elizondo est au centre de la riche et belle *vallée de Baztan*, une des contrées les plus fertiles et les plus heureuses du nord de l'Espagne. Les cultures y sont belles ; les habitants y sont actifs et aisés. Cette vallée, comme le *Val d'Andorre* l'est encore aujourd'hui, était le territoire d'une petite république, très-jalouse de son indépendance.

pour laquelle ses habitants ont souvent combattu avec énergie. — Pendant la guerre civile de don Carlos, les deux armées ont plusieurs fois pris cette vallée.

Irurita, 4 kil., 850 hab. On y voit un nombre considérable d'habitations importantes, de vieux palais, qui attestent qu'autrefois de riches familles vinrent s'établir dans cette belle vallée.

Berrueta, 6 kil., 300 hab.; à l'extrémité d'un vallon resserré, sur le versant d'une montagne au pied de laquelle coule le *Baztan*. La route suit le cours du ruisseau, qu'elle domine parfois et au niveau duquel elle descend dans des vallées parfaitement cultivées. On passe auprès de la belle propriété Reparazea, au marquis de Bessolla, et, après une bifurcation de la route, on rencontre encore

Mugaïri, 3 kil., 300 hab.; vill. dépendant d'Orañòs, ayutamiento voisin. La route traverse le ruisseau le Marin, dont la vallée est d'une fertilité remarquable; elle suit à une assez grande hauteur le flanc d'une chaîne de montagnes; elle franchit un vallon sur un beau viaduc de plus de 20 mètres de haut, et mène à

Almandoz, 5 kil., 350 hab., village entouré de montagnes boisées dont les flancs creusés laissent voir des carrières de marbre et desquelles jaillissent des sources minérales.

A partir de là, le chemin gravit, en suivant de longs circuits, deux montagnes; la végétation s'appauvrit, mais le coup d'œil est admirable; le pittoresque de la route ne tarde pas à devenir même saisissant.

Après avoir passé l'auberge de *Velate*, isolée entre deux monts, la route serpente à pic au flanc de la montagne; ou monte à un défilé, le *col de Matacula*, où la route s'élève jusqu'à 830 mètres au-dessus du niveau de la mer. On parvient à

La Venta de Arraïz, vaste auberge bâtie au sommet, sur un plateau désert.

La route commence alors à descendre à travers des accidents de terrain fort nombreux; elle franchit l'*Ulzama*, et mène à

Olagüé, 18 kil., 300 hab. A la sortie de ce village, le chemin suit un vallon très-profond, puis gravit les hauteurs, traverse les hameaux d'*Etulain* et de *Burutain*, après lesquels on arrive à une contrée plus isolée, sans culture, où se trouvent :

Ostiz, 8 kil., 240 hab., sur le versant d'une chaîne;

Sorauren, 4 kil., 220 hab. C'est près de ce village qu'eut lieu, en 1813, une grande bataille entre les Français commandés par le maréchal Soult et les Anglais par Wellington. 32,000 Français occupaient les hauteurs lorsque Wellington arriva à leur poursuite. Sur ce terrain accidenté de collines et de vallées profondes, la bataille fut très-divisée et très-sanglante. Elle fut un désastre pour les Français qui, de là, gagnèrent péniblement la frontière.

Arre, 4 kil., 220 hab. Après ce village, la route franchit l'*Ulzama* sur un pont en pierre, et passe près de *Huerte*, bourg de 620 hab. Elle parcourt ici une contrée moins pyrénéenne, moins montagneuse, où recommencent les cultures.

Villava, 1 kil., 380 hab.; bourg dont la construction remonte aux Romains. On y trouve des ruines romaines, les restes d'un couvent du moyen âge et une grande fabrique de papiers peints.

En suivant la vallée de l'*Arga*, on débouche dans une belle plaine au milieu de laquelle, sur une hauteur, à 3 kil., on aperçoit :

Pampelune, 3 kil., 17,000 hab., chef-lieu de la capitainerie générale de Navarre; siège de la cour suprême de Navarre et d'un évêché suffragant de Burgos.

Pampelune est une des anciennes villes romaines en Espagne. Elle offre aujourd'hui un bel aspect; elle est bien bâtie, bien entretenue. Les murailles dont elle est entourée, et qui ont vu bien des siéges, sont laissées dans un grand abandon; mais la citadelle, fortifiée à la Vauban et imitée de celle d'Anvers, est un très-bon état.

Quelques édifices de Pampelune méritent l'attention du voyageur.

La *cathédrale* est une des plus belles de l'Espagne; elle est du style gothique et du plus élégant, du plus hardi; mais on a commis la barbarie d'y adapter un vaste portique grec, très-élégant, il est vrai, et qui n'a que le défaut de ne pas être ailleurs. Elle a cinq nefs. La grille du chœur est un chef-d'œuvre; la boiserie est tout un monument en bois sculpté; les chapelles et surtout le cloître possèdent une véritable profusion de statues et de reliefs, et des tombeaux remarquables.

La chapelle *Barbazana* possède des reliques précieuses : un morceau de la vraie croix et deux épines de la couronne du Christ.

On visitera encore : — l'église *Saint-Saturnin*; — l'église *San Lorenzo*; — la vaste place de la *Constitution*, sur l'une des façades de laquelle sont le palais de la Députation provinciale et le théâtre, et dont le rez-de-chaussée est, comme partout, entourée d'arceaux; —

la *plaza* des Taureaux, terminée en 1844, et contenant 8,000 personnes; le *jeu de paume*, qu'on trouve partout en Navarre; le grand *Hôpital général*; — la *Maternitad*, asile d'enfants trouvés, un vrai modèle; — enfin la magnifique promenade la *Taconera* de laquelle le regard s'étend jusqu'à l'horizon que borne un vaste cercle de montagnes. Elle est aussi fréquentée que le *Prado* de Madrid.

Pampelune a plusieurs fabriques d'armes, d'étoffes de laine, etc. La plaine qui l'entoure est peuplée de maisons de campagne répandues jusque sur le flanc des hauteurs environnantes.

Mais ce que Pampelune possède de plus remarquable parmi ses constructions, c'est son immense *aqueduc*.

Ce monument gigantesque est de construction toute moderne; il s'étend depuis la ville, à travers la plaine, jusqu'aux montagnes; il les traverse, puis franchit encore deux vallées et va, à *quinze kilomètres* de la ville, prendre les eaux qui jaillissent du mont Francoa, près du village de Subiza qui donne son nom à l'aqueduc. Il est divisé par les accidents du terrain en plusieurs sections, qui ont 300 mètres, 1,000 m., 1,500 m., 1,245 m., 1400 m. de longueur, et autres galeries moins étendues. A certains endroits il s'élève à 18 mètres au-dessus du sol.

Pampelune fut prise en 778 par Charlemagne. Elle fut ensuite la capitale du royaume de Navarre. En 1808, les Français s'en emparèrent et la gardèrent jusqu'en 1814. Elle fut le dernier refuge du roi Joseph, pendant sa désastreuse retraite; et après quatre mois de siège les Français, qui s'y défendaient, furent forcés de capituler.

Ils la prirent encore pendant la campagne de 1823. — Pampelune est à 378 kil. de Madrid.

ROUTE N° 31. — DE PAMPELUNE A LOGROÑO.

La route, en quittant Pampelune, traverse la promenade la *Taconera*, passe au pied de la citadelle, et parcourt la belle plaine environnante.

On commence, ensuite, à gravir la pente des montagnes qui l'entourent, en laissant à droite et à gauche plusieurs villages parfaitement situés, et on parvient à

Astrani, 8 kil., 300 hab., sur le versant nord de la montagne, la

Raniega, dont les pentes vertes et bien cultivées contrastent avec les montagnes arides de la Castille. Il y a là un ermitage très-fréquenté sous le vocable de la *Vierge du Pardon;* on s'élève jusqu'à la *venta del Portillo,* et on descend vers

Legarda, 5 kil., 400 hab.; puis on arrive dans une plaine où se trouve

Puente la Reina, 5 kil., 3,500 hab., sur le bord de l'Arga, un peu au-dessus de l'endroit où le ruisseau le Robo se jette dans cette rivière. Cette petite ville est très-agréable; sa promenade extérieure, les cinq ponts jetés sur les deux cours d'eau, et quelques grandes habitations lui donnent un bel aspect. Un ancien couvent de templiers y renferme le tombeau de Juan de Beaumont, prieur de Navarre. — La campagne environnante produit des vins excellents et de l'huile. En 1835, Puente la Reina, assiégée par don Carlos, repoussa avec bravoure les assiégeants.

Mañera, 4 kil., 1,150 hab., bourg important, campagne fertile, arrosée par le *Salado,* affluent de l'Arga.

Estella, 13 kil., 5,800 hab., chef-lieu d'un district judiciaire; jolie ville, traversée par l'Ega, bien bâtie, et située dans une vallée dont les pentes sont couvertes de jardins et de villas. — On y visitera la place de la *Constitution,* l'église *Saint-Jean,* la charmante promenade extérieure qui descend jusqu'au bord de l'Ega; les deux ermitages célèbres de *Rocamador* et du *Puy,* placés sur deux collines, près de la ville.

Enfin, dans l'église paroissiale de *San Pedro,* est une relique très-renommée dans le pays : une épaule de saint André !

Estella a été une ville romaine. En 1835, elle fut le quartier général de don Carlos. Plus tard, Maroto y fit fusiller quatre généraux et l'intendant Uriz.

Ayeguy, 2 kil., 200 hab., au pied d'une montagne. Près de ce village, à gauche de la route, est le couvent d'*Iraché,* vaste édifice, avec une église gothique et qui possédait alentour une étendue considérable de riches cultures. Il fut bâti par les Goths et comblé des dons du roi de Navarre, don Sanche le Fort. — Après avoir traversé deux autres villages et la vallée de San Esteban, on arrive à

Los Arcos, 15 kil., 2,200 hab., petite ville bâtie au pied d'une hauteur que domine la tour d'un vieux château. Le roi de Navarre, don Sanche le Sage avait donné aux habitants des priviléges, et notamment la dispense du service de guerre. La route traverse trois ruisseaux, arrive dans une belle plaine et monte à

Viana, 17 kil., 2,900 hab., petite ville bien bâtie. On traverse ensuite, en ligne droite, toute la plaine unie, arrosée par mille canaux qui dérivent de l'Èbre, et, franchissant ce fleuve sur un pont de douze arches, on entre à

Logroño, 7 kil., 7,000 hab., chef-lieu d'une province et d'un district judiciaire. Ville fort ancienne, régulièrement bâtie. On pourra y visiter la vieille église de *Santa Maria*, qui remonte à plus de dix siècles; la belle église de *Santiago*, d'une architecture très-hardie: le théâtre; l'ancien couvent des jésuites; le séminaire, l'asile des enfants trouvés; la place la *Redonda* et celle *del Coso*, qu'on transforme en arène pour les courses de taureaux.

La ville est, malheureusement, d'une malpropreté fétide; le cours des eaux y fait seul dans les rues la vidange quotidienne des habitations.

ROUTE N° 32. — DE PAMPELUNE A SORIA.

(CHEMIN DE FER ET ROUTE DE TERRE.)

Autrefois, on allait de Pampelune à *Soria* et de là à *Madrid* par deux routes : l'une, la plus longue, mais la meilleure, allait passer par *Logroño* (Voir ci-dessus, route 31), et se dirigeait ensuite vers *Soria*.

L'autre, plus directe, passait par *Tafalla* et *Alfaro*.

Aujourd'hui, le chemin de fer de *Pampelune à Saragosse* est venu changer ces conditions. On emprunte son parcours pendant une moitié de la route, jusqu'à *Alfaro*, et on continue par terre jusqu'à Loria.

Voici le détail de cet itinéraire :

En partant de Pampelune, on longe dans toute son étendue, et l'on voit se développer à travers les accidents du terrain, l'immense aqueduc dont nous avons parlé, jusque dans la vallée où est la première station :

Noain, 15 kil., 100 hab. Le pays devient plus accidenté; les hautes collines, les rochers et les bois commencent à border la ligne. On passe ensuite à

Las Campanas, 9 kil., 200 hab., stat., hameau sans importance, après lequel on aperçoit celui de *Mendivil*; le chemin de fer à 7 kil. de là, laisse encore à gauche

Barasoain, 400 hab., bourg fort ancien, possédant de vieilles maisons seigneuriales et qui acheta de Philippe IV le titre de ville; il conduit à la station de

Carinoain, 12 kil., 250 hab., et à celle de

Tafalla, 9 kil., 4,400 hab., une des villes autrefois les plus importantes de la Navarre, et ancienne résidence de ses rois. On y voit les ruines du palais qu'ils y firent bâtir. On pourra y visiter aussi l'église dont l'intérieur renferme de bonnes sculptures, l'hôtel de ville, les anciennes fortifications, et la campagne environnante qui est bien cultivée.

Le chemin de fer traverse la plaine où le voyageur voit, enfin, les vignes et les oliviers de l'Espagne, et par une belle vallée mène à la station de

Olite, 5 kil., 2,000 hab., près du ruisseau le Cidacos, qui arrose sa plaine. Olite partageait autrefois avec Tafalla la faveur des résidences royales. Elle possède aussi les ruines du palais qu'y habitaient les rois et qui était, dit-on, une petite forteresse très-complète, très-remarquable. Les restes en sont curieux à visiter. Le voyageur verra aussi à Olite, deux églises dignes d'attention, *San Pedro* avec sa belle tour gothique, et *Santa Maria*.

La voie continue presque en ligne droite à travers la plaine qui s'étend jusqu'à la station de

Caparroso, 12 kil., 1,500 hab., sur une colline au pied de laquelle coule l'Aragon. Au-dessus de cette rivière est un pont de onze arches; le chemin de fer en a construit un second sur lequel il franchit cette rivière; il passe au pied de la ville et mène aux stations suivantes :

Marcilla, 8 kil., 300 hab., dans une contrée assez accidentée et aussi triste que la précédente était belle;

Villafranca, 7 kil., 260 hab., dans la vallée de l'Aragon, que suit le chemin de fer;

Milagro, 4 kil., 300 hab.;

Alfaro, 8 kil., 1,500 hab., petite ville du district de Logroño. Elle fut au temps des Maures une des places les plus fortes sur la frontière de la Navarre; il ne reste que des ruines de ses anciennes fortifications. Ici le chemin de fer passe l'Èbre sur un beau pont, et se dirige, au S. E., vers *Saragosse*.

Il faut donc quitter la voie ferrée et prendre la route de terre pour continuer la route vers Soria, — et ensuite jusqu'à Madrid.

En sortant d'Alfaro, au sud, la route rencontre la vallée où coule l'Alhama, qui se jette dans l'Èbre près de cette ville. Après avoir traversé une pointe du territoire de Logroño, on rentre sur le sol de la Navarre, et l'on arrive à

Corella, 14 kil., 4,000 hab., sur le bord de l'Alhama; jolie petite ville, dans une plaine bien cultivée, qu'arrose cette rivière. La route continue à suivre la vallée de l'Alhama jusqu'à

Cintruenigo, 4 kil., 2,250 hab., autre petite ville d'un aspect très-agréable et entourée de cultures fertiles. Une route, venant de *Tudela*, s'embranche ici à celle que nous suivons pour aller à Soria. Sa contrée commence ensuite, à devenir un peu montagneuse; on quitte enfin le territoire de la Navarre, et après avoir gravi quelques hauteurs, on descend à

Agreda, 25 kil., 3,850 hab., jolie petite ville, au bord du ruisseau la Queiles, au pied d'une hauteur formée de rochers.

Agreda est le chef-lieu du district; c'est une des villes les plus anciennes de l'Espagne. Elle était une des cités importantes des Ibères; plus tard elle fut florissante sous les Romains, et les rois de Castille en firent une place forte de la frontière. Une colonne romaine qu'on y voit encore remonte au temps de Trajan.

Enfin, c'est là qu'est le couvent fondé par la célèbre *Maria d'Agreda*, visionnaire extatique, qui prétendit avoir écrit son *Histoire de la mère de Dieu*, sous la dictée de la Vierge elle-même. Cette abbesse qui fût le personnage mystique le plus renommé du xviie siècle, avait un tel prestige en Espagne, que du fond de son couvent elle adressait des conseils (toujours dictés par la révélation de Dieu) au roi Philippe IV et que ce souverain la consultait avec une croyance entière en ses révélations.

A Agreda vient aboutir la route qui, de Saragosse, va à Soria.

La route traverse ensuite une plaine; elle passe à

Matalebreras, 11 kil., 380 hab., et gravit la chaîne de la sierra de Madero. Après avoir franchi les deux versants, on trouve

Adeal del Pozo, 14 kil., 200 hab., village auquel on parvient après avoir passé un ruisseau qui sort de la montagne, puis

Fuente Sauco, 11 kil., 130 hab., dans une vallée; à droite et à gauche s'élèvent encore et viennent finir deux chaînes de collines, deux contre-forts de la sierra Oncada. On entre alors, transversalement, dans la plaine du Douro, et l'on passe sur un pont très-élevé qui franchit ce fleuve, encore étroit, pour entrer à

Soria, 8 kil., 5,600 hab., chef-lieu de province, dépendant de la capitainerie générale de Burgos; ville autrefois défendue par une muraille et des tours dont il ne reste que des ruines.

Soria est placée sur une hauteur qu'entourent et dominent des sommets plus élevés. La ville est bien bâtie.

On y visitera surtout l'*église San Pedro*, édifice en style grec, avec un très-beau cloître; la *plaza Mayor*, vaste construction conforme au modèle général, entourée de hautes demeures et d'arceaux; la *plaza de Gomara*, sur l'un des côtés de laquelle est la façade du palais des comtes de Gomara, édifice considérable, surmonté d'une tour; plusieurs promenades fort agréables, l'*Espolon*, le *Camino de Madrid* et la *Dehesa*.

On ne manque pas de faire une ascension à l'ermitage de *San Saturio*. Cet oratoire est bâti au sommet d'un rocher très-élevé, à pic, du haut duquel on a un vaste et pittoresque coup d'œil sur les vallées et les montagnes environnantes. On y grimpe par une série d'escaliers qui commencent à l'issue d'un souterrain.

Soria fut donné par Henri de Transtamare à Bertrand Duguesclin, qui était venu à la tête des « grandes compagnies » au secours de ce prince. Le brave Breton la revendit au roi, après six ans, pour une somme considérable. — En 1808, Soria fut occupée par les Français, qui la gardèrent jusqu'en 1812.

A Soria se croisent des routes venant de Burgos, Logroño, Pampelune, Saragosse, Osma et Madrid.

Nous allons suivre cette dernière.

ROUTE 33. — DE SORIA A MADRID.

(ROUTE DE TERRE ET CHEMIN DE FER.)

Cette ligne se divise en deux parties : on va jusqu'à Siguenza par l'ancienne route de terre; et, de *Siguenza* jusqu'à *Madrid*, on emprunte le *chemin de fer* de Saragosse.

La route, à sa sortie de Soria, suit la vallée du Douro et passe aux localités suivantes :

Los Rabanos, 5 kil. 1/2, 300 hab., village situé près du fleuve ;

Lubia, 5 kil. 1/2, 125 hab., sur le ruisseau le *Verde*, environs peu fertiles ;

Almazan, 22 kil., 2,400 hab., petite ville où l'on entre en franchissant le Douro, dont la route s'était éloignée depuis *Los Rabanos*.

Almazan possède encore une grande partie de l'enceinte de murailles dont les Romains l'avaient entourée, et qui fut restaurée par les Maures. Cette ville, bâtie en amphithéâtre sur le versant d'une montagne, regarde vers le nord, et, du côté de la route où nous y arrivons, présente un très-bel aspect. Les murailles ont conservé leurs six portes. Sous la ville sont creusés des souterrains qui aboutissent à divers quartiers ; ce sont sans doute des voies cachées pratiquées autrefois pour la défense de la place.

On y remarquera l'église *Santa Maria*, qui domine le sommet de la ville et offre de loin l'aspect d'une citadelle ; l'église *San Andrès*, dont l'architecture est élégante ; la place de l'Hôtel-de-Ville, grand rectangle pavé, et, selon le modèle général, entourée de maisons avec le rez-de-chaussée en arceaux ; le palais d'Altamira, dont la façade monumentale est le plus bel ornement de cette place ; et le pont bâti sur le Douro, dont les eaux du fleuve attaquent sans cesse les piles et menacent la solidité.

Almazan fut donnée avec Soria, par Henri de Transtamarre, à Duguesclin. Elle lui avait été déjà offerte par le roi don Pedro, son prisonnier, pour prix de sa délivrance, et avait été refusée.

Bordége, 5 kil. 1/2, hameau d'une centaine d'habitants, sur le bord du ruisseau le *Moron* ;

Adradas, 11 kil., autre hameau de 200 hab. environ.

Miño, 17 kil., 220 hab. A la sortie de ce village, la route se bifurque ; mais nous suivons la ligne directe à travers les premières pentes de la grande chaîne de montagnes du Somo-Sierra, qui sur ce point sépare la Nouvelle et la Vieille Castille transversalement à la route. On s'élève, par les défilés de la chaîne, jusqu'à

Mojares, 8 kil., hameau isolé et pauvre, d'une centaine d'habitants, en pleine région des montagnes ; puis on descend dans la vallée du Henarès ; on traverse ce ruisseau, et l'on arrive à

Siguenza, 8 kil., 4,800 hab., petite ville de la Nouvelle Castille, dépendant de la province de Guadalajara, siége d'un évêché suffragant de Tolède.

Autrefois place forte, conservant encore des restes de ses murs, Siguenza, comme Almazan, est bâtie en amphithéâtre sur une montagne au pied de laquelle coule le Henares. Elle a un bel aqueduc, des rues bien bâties et une jolie promenade, l'Alameda. Quant à son importante université d'autrefois, il n'en reste plus rien qu'un collége et un séminaire.

Le voyageur visitera surtout, à Siguenza, l'Alcazar, puissante forteresse armée de tours, qui domine la ville de sa masse imposante, et à laquelle on ne parvient que par les rues les plus escarpées (c'est aujourd'hui le palais épiscopal); la *plaza Mayor,* bâtie sur le modèle ordinaire, mais ayant à l'un de ses côtés la belle façade de la *cathédrale;* l'intérieur de cette église, qui contient des sculptures, des tableaux, des marbres, des œuvres d'art fort remarquables; la chapelle, où sont conservés la tête et le corps de sainte Léorade; le cloître, admirable construction du plus pur gothique, et le collége San Antonio.

Siguenza est une station du *chemin de fer* qui remplace désormais la grande route d'Aragon, et va de *Saragosse* à *Madrid.*

Ici le voyageur prend donc le chemin de fer de Saragosse à Madrid, et suit la vallée du Henares pendant 57 kil. environ. On passe aux deux stations suivantes, qui sont des villages très-peu importants :

Baïdes, 18 kil., 150 hab.

Matillas, 6 kil., 200 hab., et ensuite

Jadraque, 7 kil., 1,500 hab., bourg considérable dans une contrée fertile et bien cultivée. On passe aux stations de

Espinosa. 17 kil., 320 hab.

Humanes, 13 kil., 280 hab.

Yunquera, 10 kil., 250 hab.

Guadalajara, 12 kil., 5,300 hab.; chef-lieu de la province; sur la rive gauche de Henares.

Guadalajara possède quelques édifices digne d'une attention particulière. Le palais des ducs de l'Infantado, mélange assez bizarre d'architecture gothique et mauresque, mais dont les détails sont très-curieux, et dont l'aspect est vraiment monumental. Ce vaste palais est dans un abandon déplorable. La sépulture des Mendoza au couvent de San Francisco, offre une série de tombeaux d'une grande richesse par la beauté des marbres et des sculptures. L'église San

Palais des ducs de l'Infanta à Guadalajara.

Nicolas, qui domine la ville, celle de *San Ginès*, l'*École centrale du génie militaire*, l'*acqueduc romain* qui alimente encore la ville, méritent aussi d'être visités.

IIᵉ RÉGION. — DE SORIA A MADRID.

Au delà de Guadalajara, le chemin de fer suit la vallée du Henares, parallèlement à l'ancienne route d'Aragon. Il passe à

Azuqueca, 11 kil., 180 hab.; station autour de laquelle commence une belle plaine, et à

Alcala de Henares, 12 kil., 4,000 hab. Cette ville autrefois importante, et célèbre par son université, n'est plus qu'une ville triste, dépeuplée, appauvrie. Ses nombreux couvents, ses églises, le palais épiscopal, rappellent une cité florissante qui n'existe plus depuis que, près de là, s'est élevée Madrid, la capitale du royaume. Elle est entourée de murs en ruine et percée de huit portes. On visitera néanmoins l'ancienne université, aujourd'hui un collége, monument fort considérable, et sa chapelle où est le tombeau magnifique du cardinal Ximenès. Il est en marbre et entouré d'une admirable grille. Nous devons mentionner aussi : la cathédrale, belle œuvre gothique, qui reçut du pape Léon X le titre d'église magistrale; le palais épiscopal, le collége du Roi, le collége des jésuites; enfin l'église *Santa Maria Mayor*, où Michel Cervantes fut baptisé, le 9 octobre 1547.

C'est à Alcala de Henares que naquit ce grand écrivain. C'est aussi dans cette ville, possédant autrefois des imprimeries célèbres, que le cardinal Ximenès fit imprimer la Bible polyglotte, qui est resté une des œuvres historiques et précieuses de la typographie.

Alcala est, par l'importance, la seconde ville de la province de Madrid.

Le chemin de fer se continuant à travers la plaine, passe à

Tornejon, 9 kil., 2,000 hab.; petite ville située au milieu de belles cultures fertilisées par la petite rivière qui les traverse.

Vicalvaro, 12 kil., 600 hab. C'est dans la plaine de Vicalvaro qu'au mois de juillet 1854 le maréchal O'Donnell se mit à la tête de plusieurs régiments et livra un combat aux troupes royales, qui furent impuissantes à dompter cette révolte politique et militaire. Espartero s'allia au maréchal O'Donnell. Le ministère de San Luis fut renversé, et le chef de cette rébellion devint le premier ministre, avec l'autorité d'inaugurer son programme libéral.

Vallecas, 4 kil., 350 hab.; petit village de cultivateurs dans la campagne sablonneuse et déserte qui entoure la capitale. Après cette station on arrive à

Madrid, 7 kil. Capitale du royaume. (V. page 65.)

Revenons maintenant en arrière.

ROUTE N° 34. — DE SAINT-JEAN-PIED-DE-PORT (France) A PAMPELUNE.

Saint-Jean-Pied-de-Port, 2,000 hab., à 60 kil. de Bayonne, est un chef-lieu de canton du départ. des Basses-Pyrénées; petite place de guerre; bureau-poste. On part de cette localité pour faire, en deux heures, l'ascension du pic d'Arroday.

Pour aller de Saint-Jean-Pied-de-Port à Pampelune, on peut prendre deux routes qui, après avoir suivi des passages différents au travers des Pyrénées, vont se réunir à **Roncevaux**, où elles n'en font plus qu'une seule jusqu'à Pampelune. Voici ces deux lignes de départ :

L'une, dès sa sortie de *Saint-Jean-Pied-de-Port*, oblique à droite, vers l'ouest, et va traverser les localités suivantes :

Saint-Étienne de Baïgorry, 10 kil., 2,600 hab., autre chef-lieu de canton du même département ;

La Fonderie, 8 kil., 1,100 hab., comm. du départ. des Basses-Pyrénées, où sont situées de grandes usines métallurgiques ;

Les Aldudes, 9 kil., 2,360 hab., comm. du même départ., qui donne son nom au tracé d'un chemin de fer *projeté* qui passerait de France en Espagne par le défilé des *Aldudes* ;

Urepel, 4 kil., 1,600 hab., comm. du même départ., le dernier village sur le territoire français.

La route suit le défilé, en gravissant la hauteur des Pyrénées. A 3 kil. au delà d'*Urepel*, elle franchit la frontière et entre sur le *territoire espagnol*.

Après ce trajet lent et difficile entre les hautes cimes des Pyrénées, blanches des neiges éternelles, à travers les sites les plus escarpés, la route débouche à l'entrée d'une vallée : — c'est la *Vallée de Roncevaux*.

L'autre route, en sortant de *Saint-Jean-Pied-de-Port*, va directement vers la frontière. C'est la plus courte et peut-être la meilleure. Elle mène à

Arneguy, 8 kil., 950 hab., dernière commune du territoire français. A peu de distance au delà, le chemin traverse un pont nouvellement bâti sur la *Nive*. Ce pont, comme celui de la Bidassoa et celui de *Dancharianea*, passe de la rive française à la rive espagnole. On monte ensuite jusqu'à

Luzaïde, 12 kil., 500 hab., village dominant la vallée de **Valcarlos**. Il est sur le flanc de la montagne au pied de laquelle roule le torrent de *Valcarlos*. Cette vallée, comme toute la montagne, est peuplée de contrebandiers.

On continue à gravir les défilés; on trouve au milieu de la contrée la plus déserte un hameau, *Boaenco-Horeca*; puis on descend, et le défilé débouche au sommet de la *Vallée de Roncevaux*.

A l'issue du col de la montagne et au commencement de la vallée où l'on va entrer, on traverse

Roncevaux (Roncevalles), 22 kil., petit village d'une centaine d'habitants.

Ce modeste village, cette vallée, sont célèbres. C'est là que l'arrière-garde de l'armée de Charlemagne, en 788, fut attaquée et taillée en pièces par les Basques, les Navarrois et les Maures; c'est là que périt le neveu, le paladin du grand Empereur, c'est là que mourut Roland !

Cette bataille et la mort du héros sont restées la légende du pays. Il y a encore dans ces montagnes une chanson de guerre qui remonte au XIe siècle, et qui décrit la mêlée terrible où les Francs furent massacrés.

Du reste, malgré cet échec partiel, Charlemagne accomplit dans le nord de l'Espagne une expédition victorieuse. Il conquit la Navarre et le nord de l'Aragon; il en fit deux *marches*, qui devinrent plus tard le comté de Barcelone et le royaume de Navarre. — Il commença le grand mouvement qui rejeta les Sarrasins au delà de l'Èbre.

Les maisons de ce village sont groupées autour du vieux couvent de Roncevaux, qui fut un des plus considérables de la chrétienté. Après Jérusalem, Rome et Saint-Jacques de Compostelle, l'abbaye de Roncevaux est la première dans la hiérarchie des monastères et sous l'autorité directe du pape. La reine en nomme le prieur. Le monastère est une vaste construction, solide et sévère comme une forteresse.

On y conserve des débris d'une armure qu'on dit avoir appartenu à Roland et avoir été portés par lui dans la célèbre bataille.

L'église collégiale n'a rien de remarquable dans sa construction; mais on y visitera avec intérêt des objets fort anciens, un tableau de la Vierge qui passe pour miraculeux, et un livre sur lequel les rois de Navarre venaient prêter serment.

En sortant de ce village si humble, si pauvre et pourtant si célèbre, on descend la vallée étroite de Roncevaux jusqu'à

Burguete, 2 kil., 300 hab., autre village plongé au fond d'un val très-étroit, et entouré complétement de hautes montagnes aux flancs boisés, aux sommets blancs de neige. Les cours d'eau jaillissent des monts et courent en tous sens dans cette vallée et aux environs. Après avoir suivi le val, on monte jusqu'au hameau de Viscarret, puis on redescend dans la vallée de l'Arga. La route franchit cette rivière, qui n'est encore qu'un ruisseau tout près de sa source et mène à

Zubiri, 17 kil., 230 hab., village où commence la plaine de l'Arga. A la sortie de Zubiri on traverse encore l'Arga et suivant le cours de cette rivière on passe à

Zabaldica, 9 kil., 100 hab., hameau situé dans une jolie plaine, derrière laquelle on voit se dérouler la chaîne immense des Pyrénées; puis à

Huarte, 2 kil., 1/2, 600 hab., au bord de l'Arga, dont on continue à suivre la vallée aussi pittoresque que bien cultivée.

On traverse aussi plusieurs fois un ruisseau, on franchit encore l'Arga, et cette route ravissante conduit, à travers les sites les plus hardis et les plus variés, à

Villaba, 2 kil. 1/2, 380 hab., bourg important, plein d'antiquités romaines, où la route se confond avec celle qui vient de Bayonne à Pampelune par *Elizondo*. (V. route 30.)

En continuant à suivre le cours de l'Arga, on arrive dans la vaste et belle plaine au milieu de laquelle s'élève :

Pampelune, 3 kil., 16,000 hab., chef-lieu de la capitainerie générale de Navarre. (Pour cette ville, voir plus haut, p. 195.)

ROUTE 35. — DE PAMPELUNE A SARAGOSSE.

(CHEMIN DE FER.)

On prend, en partant de Pampelune, le chemin de fer, et l'on suit l'itinéraire que nous avons déjà décrit (route 32) jusqu'à *Alfaro*. Bornons-nous à rappeler qu'on passe aux stations suivantes :

Noain, 13 kil.; — **Las campanas**, 9 kil.; — **Garinoain**, 12 kil.; — **Tafalla**, 9 kil.; — **Olite**, 5 kil.; — **Caparroso**, 12 kil.; — **Marcilla**, 8 kil.; — **Villafranca**, 7 kil.; — **Milagro**, 4 kil.; — Et **Alfaro**, 8 kil.

C'est ici que s'arrêtent les voyageurs qui vont vers *Soria*.

Après avoir quitté *Alfaro*, le chemin de fer mène à

Tudela, 17 kil., 2,400 hab. Au bord de l'Elbe et de la Queiles, et dans l'angle formé par le fleuve et la rivière qui s'y jette.

Tudela est située dans une petite plaine très-arrosée, entourée de montagnes; elle est bien bâtie, mais sans aucun monument qui frappe l'œil du voyageur et qui mérite d'être signalé à son attention. Les promenades sont aussi charmantes que la ville est triste.

C'est à une lieue, au-dessous de Tudela, que commencent les deux canaux qui longent la rive gauche et la rive droite de l'Èbre. Le premier, celui de *Tauste* à 45 kil. de longueur; il fournit des chutes d'eau à plusieurs usines et aux irrigations. L'autre, le *canal Impérial d'Aragon*, œuvre importante de Charles-Quint, longe la rive droite du fleuve pendant 155 kil. Il est d'une construction remarquable; commencé par Charles-Quint, continué par Philippe IV, achevé par Charles III, ce canal ne fut creusé et construit qu'en luttant avec énergie contre la résistance des populations rurales, parce que ce nouveau système de transport ruinait l'industrie des muletiers.

Un bateau, halé par des mules, fait le trajet sur ce canal, entre Tudela et Saragosse.

La petite plaine de Tudela et les hauteurs qui l'entourent du côté de Saragosse furent, le 25 novembre 1808 un champ de bataille. Les Français, commandés par Lannes, y atteignirent les Espagnols, les attaquèrent et remportèrent une victoire importante. Plus de 2,000 prisonniers, les bagages et l'artillerie des Espagnols restèrent aux mains des Français.

En partant de *Tudela*, le chemin de fer se dirige dans la vallée de l'Èbre et prend la rive droite du fleuve qu'il suivra jusqu'à Saragosse.

Rivaforada, 10 kil., 350 hab., près du canal Impérial.

Cortès, 12 kil., 1,000 hab., bourg placé au milieu d'une contrée nue, privée d'arbres, et mal cultivée. On peut en dire autant de toute la vaste plaine que le fleuve et le canal auraient permis de faire si riche, si fertile et si agréable, jusqu'à Saragosse.

Gallur, 10 kil., 400 hab., première station sur le territoire d'Aragon. Nous avons quitté la Navarre à la sortie de *Cortès*.

Luceni, 7 kil., 250 hab.

Pedrola, 10 kil., 1,200 hab., jolie petite ville sur la rive droite de l'Èbre, entre la ligne et le fleuve.

Alagon, 5 kil., 1,900 hab., petite ville placée entre l'Èbre et la rivière le *Jalon*, qui s'y jette. Du milieu de la masse des habitations assez laides et pauvres, se détachent le joli clocher de la principale église et la coupole en briques coloriées de la chapelle d'un couvent de jésuites. — (C'est à *Alagon* que vient aboutir le chemin de fer de Madrid à Saragosse.)

Le chemin de fer franchit le Jalon, et continuant à longer l'Èbre et le canal Impérial, il mène aux stations de

Torrès, 4 kil., 270 hab., village situé dans une campagne fort belle et mieux cultivée, au bord de l'Èbre;

Las Casetas, 5 kil., groupe de quelques habitations.

Des deux côtés du fleuve et de la voie, les cultures très-soignées, les irrigations et les nombreuses maisons de campagne éparses dans la plaine et sur les collines environnantes, annoncent l'approche d'une ville importante :

Saragosse, 14 kil., 40,000 hab., chef-lieu de la capitainerie générale d'Aragon; siège d'un archevêché et de la cour d'appel de la province; ancienne capitale des rois d'Aragon.

Saragosse est une des villes du royaume les plus importantes; elle possède quelques bons hôtels, chose rare en Espagne, des cafés convenables, des bains, et en général les ressources que le voyageur peut espérer d'une cité considérable.

Sa partie monumentale, sans être à la hauteur de celle qu'offrent quelques villes d'Espagne, mérite une visite très-attentive du voyageur. Signalons rapidement les édifices à visiter.

Avant tout se place le célèbre sanctuaire de *Notre-Dame del Pi-*

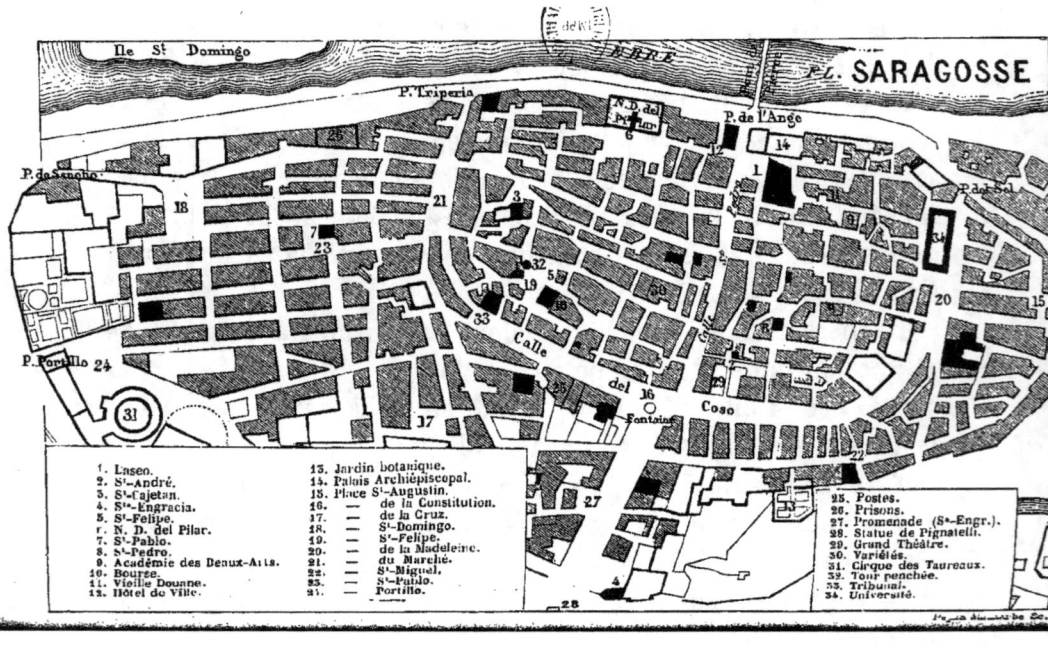

lar. Quiconque a fait une lieue en Espagne connaît *Notre-Dame del Pilar.* Hommes, femmes, enfants, les riches et les pauvres, les femmes les plus dévotes et les filles les plus égarées, tout le monde porte ou possède une figurine en argent ou en métal à bas prix. Demandez quelle est cette image, on vous répondra invariablement : « *La Virgen del Pilar.* »

Voici la légende : Une nuit, la Vierge, envoyée par Jésus-Christ, apparut, entourée d'anges et de lumière, à saint Jacques, qui était avec ses disciples à l'entrée de Saragosse, près de l'Èbre. Les anges portaient une colonne et une statue de la reine des cieux. Sur l'ordre de la Vierge, ils placèrent la statue sur la colonne et fixèrent la colonne sur le sol.

Saint Jacques se prosterna ; la vision disparut. Le saint aidé de ses disciples et secondé aussi par les anges, bâtit autour de la colonne et de la statue descendues du ciel un petit temple désormais sacré.

La célèbre visionnaire mystique Maria d'Agreda qui raconte cette légende assure que cet événement prodigieux eut lieu dans la nuit du 2 janvier, quarante ans après la venue du Christ en ce monde.

On prévoit facilement quelle fut la prospérité de ce sanctuaire. Bien des fois relevé et toujours agrandi, il est devenu une vaste église. Dans l'église est une chapelle d'une richesse exceptionnelle ; cette chapelle, c'est le sanctuaire où sont la colonne et la statue apportées là par les anges. Des lampes d'argent brûlent alentour, les murs sont couverts d'*ex-voto* ; la statue de la Vierge, vêtue de drap d'or, repose sous un dais d'argent. Une grille en argent massif entoure l'autel ; les pèlerins viennent s'y agenouiller de tous les points de l'Espagne.

La cathédrale *San Salvador*, est fort curieuse à visiter. L'édifice extérieur, mélange de toscan, de grec et de gothique est fort peu harmonieux ; mais l'intérieur est comblé de richesses artistiques. Il y a cinq nefs. Les colonnes, les marbres, les sculptures y font un ensemble admirable. Dans la chapelle principale est un retable immense qui est à lui seul tout un monument en albâtre. Toutes les autres ont des reliefs, des statues ou des peintures ; citons enfin le merveilleux tombeau en albâtre de l'archevêque de Luna, et la croix sur laquelle les rois d'Aragon prêtaient serment de respect aux libertés municipales.

Mentionnons encore le portique fort beau de l'église *San Felipe*, la tour mauresque de l'église *San Pedro*; enfin l'église souterraine de *las Santas Masas*, dans laquelle sont rangés les tombeaux où furent ensevelis les chrétiens martyrisés à Saragosse aux premiers temps de l'Église.

Mais le monument le plus renommé de Saragosse, c'est sa *tour penchée*, dite la *Torre Nueva*, quoiqu'elle ait trois cent soixante ans. Cette tour est isolée; elle a été bâtie sur la place *San Felipe* pour y placer l'horloge principale. Elle a trois cents pieds de hauteur, et à sa base quarante-cinq pieds de largeur. A chaque étage, la forme et le style changent; elle est bizarre et élégante, elle est hardie surtout, car elle est penchée à ce point qu'un fil à plomb suspendu à l'arête la plus élevée vient tomber à environ 2 mètres 40 cent. de la base. On a attribué cette inclinaison à un affaissement des fondements sous un côté. L'hypothèse est inadmissible : une tour qui, par accident, pencherait à ce point serait renversée, entraînée, écroulée. Nous donnons un dessin de ce curieux monument.

Les autres édifices qu'il conviendrait de visiter sont : l'*archevêché*, l'*hôtel de ville*, lourde mais curieuse construction; la belle salle de la Bourse, (*la Lonja*); l'*Agaferia*, sorte de château fort bâti par les rois arabes, plus tard, palais des rois d'Aragon, aujourd'hui, une caserne et un fort détaché; le palais de *la Audiencia*, cour d'appel; la *Chambre de commerce*, la *Vieille Douane*, et huit ou dix anciens palais de princes, de ducs et de comtes aragonais, demeures autrefois somptueuses, aujourd'hui abandonnées à toutes sortes de locataires, mais dont les murs attestent l'ancienne splendeur.

La principale promenade est la *Santa Engracia*; elle est très-étendue et fort belle. D'autres promenades hors de la ville sont charmantes.

Saragosse possède des académies de droit, de médecine, des beaux-arts. Le musée de celle-ci mérite une visite attentive.

Saragosse est une des villes les plus anciennes et les plus célèbres de l'Espagne. L'empereur Auguste en fit une grande cité romaine, et lui donna son nom, *Cesarea Augusta*; sous les Goths, elle devint très-florissante, et fut appelée par eux *Cesaragosta*; les Maures en firent le chef-lieu d'une grande province, résidence d'un émir; de *Cesaragosta* les Espagnols ont fait *Saragossa*. Depuis la chute du royaume d'Aragon, dont elle était la capitale, elle n'a fait que décroître. Le canal et le croisement de deux grandes lignes de chemins de fer lui donneront une activité, une importance nouvelles.

Tour penchée de Saragosse.

Outre ces souvenirs lointains, Saragosse s'est acquis une célébrité patriotique et militaire par le plus terrible drame de la guerre d'indépendance. Qui ne connaît le *siége de Saragosse?* — En 1808, il y en eut un premier : Palafox défendait la place. A la nouvelle du désastre de Baylen, les Français levèrent le siége. Mais le célèbre siége de Saragosse c'est celui de 1809. Palafox commandait encore. Le siége dura cinquante jours : la peste ravageait les assiégés, la famine vint s'ajouter à la peste; ils se défendirent avec un héroïsme surhumain.

Les Français, commandés par le maréchal Lannes, furent forcés de conquérir la ville maison par maison, édifice par édifice, quartier par quartier, et chaque marche en avant ne s'accomplissait qu'au prix d'une lutte terrible... Épuisés, affamés, mourants, les assiégés furent enfin forcés de rendre cette place, qui n'était plus qu'un amas de ruines et de cadavres; ils capitulèrent.

« Le 21 février, dit M. Thiers, dix mille fantassins, deux mille cavaliers, pâles, maigres, abattus, défilèrent devant nos soldats, saisis de pitié. Ceux-ci entrèrent ensuite dans la cité infortunée, qui ne présentait que des ruines remplies de cadavres en putréfaction. Sur cent mille individus, habitants ou réfugiés dans les murs de Saragosse, cinquante-quatre mille avaient péri. Un tiers des bâtiments de la ville était renversé; les deux autres tiers, percés de boulets, souillés de sang, étaient infectés de miasmes mortels. Le cœur de nos soldats fut profondément ému. Eux aussi avaient fait des pertes cruelles; ils avaient eu trois mille hommes hors de combat, sur quatorze mille participant au siége... Rien dans l'histoire moderne n'avait ressemblé à ce siége, et il fallait dans l'antiquité remonter à deux ou trois exemples, comme Numance, Sagonte ou Jérusalem, pour retrouver des scènes pareilles. »

Ce grand souvenir saisit l'étranger à son entrée dans Saragosse; et, s'il en explore les quartiers, il retrouvera encore, après un demi-siècle, des traces de cette lutte héroïque.

En 1838, pendant la guerre des carlistes contre les troupes royales, les habitants de Saragosse repoussèrent avec énergie les troupes du prétendant, dont un bataillon avait déjà pénétré dans la ville. Le drapeau de la milice fut décoré du grand collier de l'ordre militaire de Saint-Ferdinand, et la cité ajouta à ses armes une branche de laurier si glorieusement conquise en 1809.

IIe RÉGION. — D'OLORON A JACA ET A SARAGOSSE.

Saragosse est dans une position qui sera favorable à son importance pour l'avenir. C'est là que viennent se croiser le chemin de fer de Barcelone à Madrid ; celui de Barcelone à Tudela et à Pampelune, qui sera aussi plus tard celui de Barcelone à Logroño et à Bilbao. En outre, plusieurs routes divergent vers les villes environnantes : Huesca, Teruel, Daroca, Borja et Jaca, par où on va directement en France, vers Oloron.

Saragosse est à 317 kil. de Madrid.

ROUTE N° 36. — D'OLORON (France) A JACA ET A SARAGOSSE.

(ROUTE A CHEVAL JUSQU'A JACA.)

Oloron, 9,570 hab., chef-lieu d'arrond. du dép. des Basses-Pyrénées. On y remarque l'*église Sainte-Croix*, qui remonte à 1080, et les ruines des anciennes murailles. A la ville est annexé le bourg de *Sainte-Marie*.

Avant le relais qui suit, on rencontre successivement

Escot, commune des Basses-Pyrénées, où l'on remarque les ruines d'un château démantelé qu'une famille de brigands habitait à la fin du xviiie siècle ;

Un rocher qu'on nomme le *Pêne d'Escot*, sur lequel est gravée une inscription romaine ;

Le modeste établissement thermal de la contrée : **Sarrance,** chef-lieu de com. des Basses-Pyrénées, de 1,200 hab., où l'on voit des ruines pittoresques qui ont appartenu à un monastère de prémontrés.

Bédous, commune des Basses-Pyrénées, à 57 kil. de Pau, 1,300 hab., bureau de poste, relais de poste. A quelque distance de ce village, on trouve la source thermale sulfureuse et ferrugineuse de *Suberlaché*, où un modeste établissement de bains a été récemment établi. Après le relais qui précède, on rencontre successivement :

Accous, commune des Basses-Pyrénées, de 1,600 hab. ;

Le **Pêne d'Esquit**, où l'on remarque un pont d'une hardiesse extrême, et d'où l'on va visiter, dans la gorge, *Lescun*, chef-lieu de commune des Basses-Pyrénées, de 1,400 hab., où l'on admire une magnifique cascade ;

Etsant, commune des Basses-Pyrénées, où l'on signale une maison moderne dont la façade est revêtue d'inscriptions en caractères arabes ;

Le pont de *Sebers,* voisin du *Portalet,* citadelle à laquelle on arrive par le *Pont d'Enfer,* et à laquelle on monte par un escalier taillé dans le roc ;

Et enfin, à 73 kil.,

Urdos, commune des Basses-Pyrénées [1].

En quittant Urdos, le chemin gravit le versant nord des Pyrénées et passe :

Au hameau de *Lazaret,* à 25 minutes de là ;

A la *forge de Paranère,* qui est à une heure un quart de *Lazaret;*

A l'auberge de *Paillette,* où on arrive en un quart d'heure ; — et à travers le défilé on parvient à

La *croix du Somport,* 11 kil. d'Urdos. Elle est plantée dans un rocher, et marque la limite de la France et de l'Espagne.

A partir de là, on commence à descendre sur le versant opposé, et, après une demi-heure de marche dans le défilé, on rencontre la *douane* et les douaniers espagnols. Quand leur visite est terminée, on suit la route qui descend dans la vallée où l'*Aragon* prend sa source, et on continue en longeant le cours de cette rivière, dont on traverse plusieurs fois les sinuosités.

On passe ainsi près des ruines de l'ancien monastère de *Santa Cristina,* édifice isolé ; et l'on suit la vallée de *Garcipollera,* à l'extrémité de laquelle on trouve un hameau, *la Venta de San Antonio.*

Le chemin passe devant le vieux fort délabré de Candanchui ; et l'on parvient au pont à péage, le dernier avant d'entrer à

Canfranc, 11 kil. de la croix du Somport ; 150 hab., joli village sur la rive droite de l'Aragon. La route traverse son unique rue et la grande place au-dessus de laquelle s'élève un vieux château de très-bel aspect, qui fait face aux Pyrénées. Depuis la *croix du Somport* jusqu'à *Canfranc* le trajet dure une heure et demie. Il ne peut se faire qu'à cheval ou à mulet, depuis *Urdos* jusqu'à *Jaca.*

Le chemin s'élargit, suit la vallée bien ombragée de l'*Aragon,* puis s'engage dans un nouveau défilé qu'il faut gravir péniblement. A droite et à gauche, les torrents, les précipices, les cascades acciden-

---

[1] Cette première partie de la route 56 est extraite du *Guide en France,* par M. A. de Cesena, collection *Garnier frères.*

tent cette route des plus pittoresques. Puis on descend de ce chemin, parfois taillé dans d'immenses blocs de rocher rouge, vers la vallée de l'*Aragon* qu'on traverse et (après une heure de marche), on y trouve :

Villanueva, 5 kil. 1/2, 250 hab., au milieu d'un vallon entouré de montagnes dont les cimes vont en s'élevant jusqu'aux plus hauts sommets. Après une heure de trajet, on passe à

Castiello, 5 kil., 150 hab., village bâti sur la pente d'une montagne, et dans un très-beau site. Au delà, il faut encore traverser un défilé dans les masses énormes des rochers, puis on rentre dans la vallée de l'Aragon, fraîche, verte, bien cultivée, qui s'élargit jusqu'au pied de

Jaca, 5 kil. 1/2, 3,300 hab., place fortifiée, entourée de murs épais et de tours, au sommet d'une colline, sur la rive gauche de l'Aragon. Depuis *Castiello*, le trajet a duré environ une heure et demie au pas du cheval.

On y pénètre par six portes gothiques. Cette ville était déjà une forteresse au temps des Romains ; les Maures en firent une place importante ; plus tard, les rois d'Aragon ajoutèrent un lis à ses armes et lui donnèrent des titres attestant sa fidélité. Le voyageur y visitera la *cathédrale*, dont le portail gothique est très-beau, et dont la fondation remonte à huit siècles ; l'*hôtel de ville* (ayuntamiento) où l'on voit attaché par des chaînes le vieux livre où sont écrites les libertés communales ; le vieux château féodal des comtes de Bervedel.

Enfin, le touriste montera jusque sur la plate-forme de la citadelle qui domine la ville, et de là son regard embrassera les masses des Pyrénées, la vallée de l'Aragon, la montagne Noire, couverte de sapins, et, à ses pieds, la ville qui descend jusqu'à la vallée.

Il ne manquera pas de faire des excursions au monastère de *San Juan de la Peña*, et à l'ermitage de la *Virgen de la Cueva*, deux lieux célèbres dans les légendes aragonaises. Le premier, illustré par un miracle de saint Jean-Baptiste, renferme les tombes des anciens rois d'Aragon ; le second est à l'entrée d'une grotte où trois cents chevaliers chrétiens proclamèrent le royaume de Sobrarbe qui devint celui d'Aragon. Ils y élurent pour premier roi Garcia Ximenès.

A sa sortie de Jaca, la route s'engage sur les flancs de la montagne de la Peña (dont un chemin de piéton va directement traverser les défilés rocheux), et après un parcours très-accidenté, mène à

Bernués, 14 kil., vill. de 150 hab. On continue à descendre par des pentes moins rudes, vers

Anzanigo, 11 kil., 250 hab., vill. où l'on traverse, sur un pont de cinq arches, la rivière le *Gallego*. On rencontre ensuite les deux auberges, *ventas*, de *Garoneta* et de *Piquera*, avant d'arriver à

Ayerbe, 17 kil., 2,800 hab., jolie petite ville, sur le versant d'une colline. La route traverse ensuite toute une contrée déserte, triste, des landes et des bois, et passe devant une venta isolée, celle de *Turuñana*, et l'on parvient à

Gurrea, 20 kil., bourg de 600 hab., sur le bord du *Gallego* qui descend vers l'Èbre dans la même direction que la route. On suit le cours de la rivière, on traverse le village de Soton, on passe la venta de la Camarera, et l'on rencontre la route qui vient à gauche d'Huesca. Alors on oblique à droite et l'on passe le *Gallego* pour entrer à

Zuera, 17 kil., 1,550 hab., sur la rive droite du Gallego. Station du chemin de fer de Barcelone à Saragosse. La route va maintenant suivre cette rive et passe à

Villanueva del Gallego, 11 kil., 540 hab. Station du même chemin de fer. Parcourant la plaine qui s'étend des deux côtés de cette rivière et de l'Èbre, on arrive à

Saragosse, 11 kil., 40,000 hab., chef-lieu de la capitainerie générale d'Aragon et ancienne capitale du royaume de ce nom. (Voir SARAGOSSE, p. 210.)

NOTA. — On a projeté un chemin de fer qui suivrait la ligne que nous venons de parcourir : partant d'Oloron, et passant par Paillette, Jaca et Ayerbe, Guerra et la vallée du *Gallego* jusqu'à Saragosse. — Le chemin de fer de *Saragosse à Madrid* en serait la continuation. On irait ainsi d'Oloron à Madrid par Saragosse en ligne directe. Mais la partie comprise entre Saragosse et les Pyrénées ne sera longtemps qu'un projet.

EXCURSIONS DES PYRÉNÉES EN ESPAGNE. — Soit de *Gavarnie*, soit de *Cauterets*, on fait aussi des excursions à travers les défilés des Pyrénées, qu'on franchit jusqu'à *Penticosa*, et de là à *Jaca*. Ces excursions ne peuvent se faire qu'à pied ou à cheval, mais surtout à mulet. — On comprendra que nous ne placions pas ici la description de ces chemins pour lesquels il faut des guides vivants et non des livres.

ROUTE N° 37. — DE SARAGOSSE A MADRID.

(CHEMIN DE FER.)

On prend, au départ de Saragosse, le chemin de fer qui de *Saragosse* va à *Alfaro* se bifurquer en deux lignes : celle de Miranda et celle de Pampelune.

La voie circule entre le *canal impérial d'Aragon*, qui est à gauche, et le cours de l'*Èbre*, dont on remonte la rive droite.

On passe ainsi à la station de *las Caselas*, 14 kil., — à celle de *Torrès*, 5 kil.; — on franchit la rivière le *Jalon*, et on va passer à

Alagon, 5 kil., 1,900 hab., petite ville placée entre l'Èbre et la rivière le *Jalon*, qui s'y jette. Du milieu de la masse des habitations, assez laides et pauvres, se détachent le joli clocher de la principale église et la coupole en briques coloriées de la chapelle d'un couvent de jésuites.

A *Alagon*, on quitte la ligne transversale qui va vers *Miranda* et *Pampelune*. La voie que nous suivons se détourne vers le sud pour se diriger sur Madrid.

Le chemin de fer franchit alors le *canal d'Aragon* et entre dans la vallée du *Jalon*, dont il va suivre la rive gauche jusqu'aux montagnes de *Medina-Cœli*.

En parcourant dans toute sa longueur cette vallée, on passe aux stations suivantes, qui sont espacées à de très-courtes distances, et dont la plupart sont des localités sans importance :

Grisen, 5 kil., 350 hab.

Plasencia, 8 kil., 1,200 hab., bourg situé de l'autre côté du Jalon. Une route venant de Tarazona et de Borja vers Saragosse vient aboutir à Plasencia.

Rueda, 7 kil., 700 hab.

Epita, 4 kil., 950 hab., sur la rive droite du Jalon, qu'on traverse pour aller de la station au bourg.

Salillas, 5 kil., 250 hab., village au bord de la rivière, comme toutes les autres stations.

Calatorao, 5 kil., 560 hab.

Bicla, 5 kil., 1,500 hab., bourg fort ancien, fondé par les Romains. On y retrouve encore des ruines romaines.

Morata, 8 kil., 1450 hab., dans une des parties les plus agréables de cette belle et fertile vallée. La voie rencontre et franchit plusieurs fois les sinuosités du Jalon.

Morès, 9 kil., 250 hab.

Paracuellos, 6 kil., 500 hab., village situé au pied du versant nord de la chaîne de montagnes au bas de laquelle passent la rivière et le chemin de fer.

Calatayud, 13 kil., 10,000 hab., siège d'un évêché. Rien ne saurait donner idée du coup d'œil étrange qui s'offre ici au voyageur. Une immense chaîne de rochers nus longe le cours de la rivière; au flanc de ces rochers, des quartiers sont comme suspendus, d'autres sont creusés dans le roc et n'ont que des façades; d'autres sont bâtis sur les sommets où s'élèvent des édifices hardis dont la base surplombe le reste de la ville.

De cet ensemble vraiment extravagant de constructions de toutes sortes se détachent les monuments principaux : le palais épiscopal, l'hôtel de ville, un nombre considérable d'églises dont les clochers ajoutent au pittoresque du coup d'œil, l'arène des taureaux, de vastes couvents presque aussi nombreux que les églises, et le théâtre.

Calatayud fut autrefois une ville arabe; ses souterrains furent habités par les Maures, et le quartier où ils sont situés en a gardé le nom; l'église *Santa Maria* fut une mosquée et celle de *San Andres* a un clocher mauresque. Quelques autres églises sont fort anciennes et curieuses à visiter pour le voyageur qui voudra gravir les rues escarpées de la ville.

La vallée et les environs de *Calatayud* sont riches et bien cultivés. En face de la ville, la rivière *Xiloca*, qui descend des montagnes d'Albarracin, va se jeter dans le *Jalon*. — A partir de Calatayud jusqu'à Jadraque, la route de terre de Saragosse à Madrid et le chemin de fer sont contigus et suivent exactement le même parcours.

En partant de Calatayud, la voie longe la rivière et remonte la vallée encaissée entre des collines très-tourmentées; elle passe devant deux ou trois *ventas*, et mène, à travers une belle campagne, à

Terrer, 7 kil., 500 hab.

Ateca, 11 kil., 3,650 hab., ancienne ville mauresque, sur le bord du *Jalon*. On y visitera la vieille tour, unique reste du château fort dont le Cid victorieux chassa les Arabes; l'église principale, dont le clocher est d'architecture mauresque, et qui possède une image de la Vierge qui passe dans la contrée pour miraculeuse; l'hôtel de ville, bel édifice moderne. Le chemin de fer continue à remonter par des pentes rapides le cours du Jalon.

On passe près de *Bubiera*, 11 kil., 700 hab., charmante petite ville, au bord de la rivière. Elle fut plus importante qu'aujourd'hui à l'époque des Romains. Les environs sont très-fertiles. On arrive bientôt après à

Alhama, 13 kil., 580 hab., sur la rive du Jalon, ancienne petite place forte des Arabes et très-fréquentée au temps des Romains; son église gothique est très-vieille. Derrière la ville s'élève une masse de montagnes; au sommet du rocher qui domine le bourg se dresse encore le vieux château fort qui fut bâti par les Maures.

Bains. A un demi-kilomètre d'*Alhama*, et à une grande hauteur jaillissent de la montagne deux sources d'eau minérale, très-abondantes et très-efficaces pour les rhumatismes et la pierre. Elles dégagent une quantité considérable de gaz acide carbonique.

Les Romains y avaient fondé un établissement de bains très important. Ces bains sont encore très-fréquentées. On y trouve, avec des eaux puissantes, des logements suffisants et d'excellentes conditions pour la vie matérielle.

Après avoir quitté *Alhama*, le chemin de fer passe au pied de la hauteur sur laquelle est bâti

Cetina, 4 kil. 1/2, bourg de 850 hab., dans un très-beau site. On trouve ensuite :

Ariza, 10 kil., 850 hab., bourg autrefois fortifié, qui garde encore des restes de ses vieux murs. Il possède une église gothique fort ancienne, et un couvent changé en citadelle par les habitants pendant la guerre de 1808 et 1809.

On laisse à gauche, sur l'autre rive du Jalon : *Monréal de Ariza*, 7 kil., 380 hab. A un kilomètre de Monréal, le chemin de fer sort du territoire de l'*Aragon* et entre sur celui de la *Vieille-Castille*, qui fait ici une pointe entre l'*Aragon* et la *Nouvelle-Castille*.

La ligne passe en vue de *Huerta de Ariza*, 5 kil, 150 hab., village de la Vieille-Castille, près duquel s'élève un vaste couvent à la place qu'occupait un palais d'été des rois de Castille. Ce monument est un des plus considérables parmi les couvents de l'Espagne. Il est digne, par son architecture et son étendue, d'être dans une capitale. Le chemin conduit ensuite à la station de

Arcos de Medina-Cœli, 23 kil, d'*Ariza*, 460 hab, sur le bord de *Jalon*, au pied d'une colline que surmontent les murs d'un ancien château fort, belle et solide ruine. Ici le chemin de fer s'écarte du cours du *Jalon*, qui est si près de sa source qu'il n'est qu'un ruisseau très-rapide. Après avoir passé près de deux villages, on arrive à

Lodares, 12 kil. 1/2, hameau d'une centaine d'habitants, au pied de la montagne où s'élève

Medina-Cœli, 4 kil., 1,650 hab. — La station est au bas de la ville, dans le faubourg.

Medina-Cœli a été une place forte, au sommet de la montagne dont elle occupe le plateau. L'intérieur de la ville est peu agréable; le climat y est rude. On y voit une vieille église qui a rang de collégiale avec un abbé mitré; dans cette église, autour du grand autel, sont rangés les tombeaux des ducs de Medina-Cœli. La ville possède le palais de cette famille, qui occupe un des premiers rang dans la grandesse d'Espagne, deux couvents, un hôpital, une magnifique promenade qui, faisant le tour extérieur de la ville, domine tout le pays environnant. A 1 kil. de là est une saline dont l'exploitation est considérable. Les voitures et les diligences s'arrêtent à Lodares, au pied de la montagne.

Après avoir quitté Medina-Cœli, le chemin de fer longe encore l'ancienne route de terre, qui est à gauche, et la chaîne de montagnes qui est à droite. C'est la sierra de *Mistra*, et la voie a été tracée par des travaux considérables de déblai sur le versant sud de cette chaîne. On traverse un tunnel qui a près d'un kilomètre; on commence ensuite à descendre vers la station de

Alcuneza, 20 kil., 1,100 hab., petite ville autrefois plus importante, à l'entrée de la vallée. Au delà, on continue à descendre en s'éloignant de la montagne dans la vallée du Henarès jusqu'à

Siguenza, 6 kil., 4,800 hab., évêché. A partir de Siguenza jusqu'à Madrid, nous avons déjà décrit la route qui suit le chemin de fer. (V. page 203, route 33 de *Soria* à *Madrid*.) On peut se reporter à ce que nous avons déjà dit sur la suite de cet itinéraire.

Bornons-nous donc à rappeler que pour achever ce trajet jusqu'à Madrid on passe aux stations suivantes :

Siguenza, 8 kil.; — *Baïdes*, 18 kil.; — *Matillas*, 6 kil.; — **Jadraque**, 6 kil.; — *Espinosa*, 17 kil.; — *Humanès*, 13 kil.; *Yunquera*, 10 kil.; — **Guadalajara**, 12 kil.; — *Azuqueca*, 11 kil.; **Alcala de Henarès**, 12 kil.; — *Torrejon*, 9 kil.; — *San Fer-*

nando, 4 kil.; — **Vicalvaro**, 8 kil.; — *Vallecas*, 4 kil.; — et **Madrid**, 7 kil. — Pour Madrid, voir page 65.

ROUTE N° 38. — DE SARAGOSSE A HUESCA.
(CHEMIN DE FER ET ROUTE DE TERRE.)

En partant de Saragosse, on prend, en remontant vers le nord, le chemin de fer de Saragosse à Barcelone. On passe aux stations suivantes :

Villanueva del Gallego, 12 kil., 540 hab.; sur la rive droite de la rivière le *Gallego*.

Zuera, 9 kil., 1,350 hab.; où la route venant de Jaca franchit le Gallego sur un pont qui sépare aussi la ville de la voie.

Almudevar, 22 kil., 2,000 hab., ancienne ville forte, au sommet de laquelle s'élèvent les ruines d'un vieux château. Elle est bâtie au milieu d'une grande plaine.

Tardentia, 9 kil., 625 hab. — A cette station on quitte le chemin de fer. On prend un service de correspondance dont les voitures transportent directement les voyageurs, par une route qui remonte la vallée de la Lemla, jusqu'à

Huesca, 16 kil., 10,000 hab., chef-lieu de la province de ce nom; siége d'un évêché; résidence d'un commandant militaire.

Huesca est une ville fort ancienne; elle remonte aux Romains. Elle était entourée de murailles flanquées d'un grand nombre de tours dont quelques-unes se dressent encore autour de la partie supérieure de la ville. Au moyen âge, une ville plus étendue a été bâtie autour de cette place forte, et une muraille peu digne du nom de rempart, une sorte de mur d'octroi entoure la ville actuelle, qui domine une belle plaine. Huesca, sous la domination arabe, eut aussi un palais des rois maures; plus tard, elle fut la capitale de l'Aragon, au début de la formation de ce royaume.

Parmi les monuments qui restent à cette cité, autrefois importante, on remarquera la cathédrale, bel édifice gothique, qui occupe l'emplacement où s'éleva la première église dont les Arabes firent une mosquée. Le maître-autel est admirable; il est en albâtre et se compose de grandes figures sculptées. C'est le plus beau, en ce genre, que possède l'Espagne et qu'on puisse voir. Citons encore : le palais épiscopal, près de la cathédrale; — l'hôtel de ville, flanqué de belles tours ; — l'ancien palais des rois d'Aragon, où est établie maintenant l'université d'Huesca ; — et la rue de Coso, qui est une sorte de boulevard, promenade la plus fréquentée,

Près d'Huesca, deux anciens monastères méritent d'être visités.

ROUTE N° 39. — DE SARAGOSSE A BARBASTRO.
(CHEMIN DE FER ET ROUTE DE TERRE.)

Pour aller de *Saragosse* à *Barbastro*, on prend le même chemin de fer, et suivant l'itinéraire que nous venons de décrire (R. 38) on passe à : — *Villanueva del Gallego*, 12 kil.; — *Zuera*, 9 kil.; — *Almudevar*, 22 kil.; — *Tardentia*, 9 kil. Ici on continue par le chemin de fer, et on passe aux stations de

Grañen, 16 kil., 780 hab., bourg de cultivateurs au milieu de grandes plaines.

Sariñena, 22 kil., 2,700 hab., petite ville placée au centre d'un grand nombre de villages et d'une contrée qui produit une quantité considérable de blé, de laines et de mulets.

Selgua, 32 kil., 570 hab. — A cette station on quitte le chemin de fer. On y prend des voitures de correspondance qui font un service régulier et transportent directement le voyageur à

Barbastro, 10 kil., 6,200 hab., siège d'un évêché, chef-lieu d'un district judiciaire.

La ville est bâtie au sommet et sur le versant d'une colline au pied de laquelle coule le Vero, ruisseau qui, près de là, se jette dans la Cinca. De l'autre côté du ruisseau est un faubourg qui se rattache par trois ponts à la partie nouvelle et basse de la ville.

L'ensemble de la ville, quand on la parcourt, est d'un aspect désagréable; elle n'a ni les curiosités des monuments anciens, ni le mérite du progrès moderne. On peut y remarquer cependant : la cathédrale qui a un bel autel en albâtre, un chœur très-travaillé, et dont la tour est isolée de l'édifice ; — la maison de la mission Saint-Vincent de Paul ; — un hôpital, et d'anciens couvents qui n'ont rien d'artistique dans leur construction.

Un chemin muletier part de Barbastro, remonte, vers le nord, la vallée de la Cinca, va franchir les Pyrénées et débouche dans la vallée d'Aure (France).

ROUTE N° 40. — DE SARAGOSSE A TERUEL ET A ALBARRACIN.

Cette route, une des moins fréquentées, traverse toute une contrée peu habitée, assez triste, et en général des localités peu importantes.

Au départ de Saragosse, on laisse à droite la grande route qui va de *Saragosse* à *Madrid*; on prend un chemin tracé sur la rive gauche de la Huerba, qui se jette dans l'Ebre devant la ville; on franchit le canal Impérial d'Aragon, et, remontant la vallée de la Huerba, on passe aux villages de *Quarte* et de *Cadrete*, et l'on trouve ensuite :

Maria, 14 kil., 400 hab., au bord de la rivière.

Muel, 11 kil., 950 hab., bourg placé à l'endroit où s'embranche le chemin qui va, vers la droite, rejoindre la grande ligne de Saragosse à Madrid. Sur la place centrale du bourg s'élève une fontaine très-ancienne et digne d'une ville importante.

Longares, 11 kil., 900 hab., dans une plaine bien cultivée. La route, depuis Muel, a quitté la vallée de la Huerba, pour suivre la plaine.

Cariñena, 8 kil., 2,000 hab., petite ville entourée de vieux murs. Autrefois place forte sous les Arabes. On y voit un grand nombre de constructions gothiques et mauresques, une église qui fut une mosquée, et une cathédrale moderne très-élégante, auprès de laquelle se dresse une vieille tour, reste d'une forteresse des chevaliers de Calatrava.

La route, quittant la plaine, commence à gravir une chaîne de hautes collines; les franchit au pont du col de Saint-Martin et parvient à

La venta de Guelba, 17 kil., hameau isolé au sommet du passage. On descend alors vers

Mainar, 6 kil., 280 hab., au pied de la chaîne et au bord de la Huerba, qui passe là avant d'aller décrire à travers la plaine le circuit qui la sépare de la route pendant 42 kil.

Retascon, 8 kil., 200 hab. Après ce village on franchit encore des hauteurs, puis on descend à

Daroca, 4 kil., 2,700 hab. Cette ville, lorsqu'on y arrive, offre un aspect très-bizarre : elle est bâtie dans une vaste cavité, une sorte de cirque naturel formé par des collines. Alentour, sur le sommet des collines, s'élève une enceinte de murailles flanquées de tours, qui enveloppe et défend la ville. Cette muraille fut construite par les Arabes. — La ville est pauvre et mal bâtie.

On pourra, toutefois, y visiter : l'église collégiale, ancienne mosquée arabe, avec des statues d'albâtre, fort nombreuses dans toute cette contrée de l'Espagne; — le curieux et vaste tunnel percé dans la montagne qui entoure Daroca, tunnel qui sert à déverser dans la plaine les eaux de la ville. Sans cet exutoire, le fond d'entonnoir où est bâtie Daroca n'aurait aucun écoulement pour les eaux.

Au pied des murs et des hauteurs qui les supportent coule le Jiloca, rivière qui descend des montagnes d'Albarracin et dont la route va, en remontant, suivre très-exactement le cours jusqu'à la fin.

Ne quittons pas *Daroca* sans parler au voyageur du reliquaire encore conservé à l'église collégiale : on y garde une relique célèbre et curieuse : les *hosties sanglantes* ou « les *saints corporaux.* » Il y a toute une légende. Ces hosties avaient été conservées pour la communion de six chevaliers chrétiens; les Maures surviennent; on court aux armes; le prêtre cache les hosties; les chevaliers reviennent victorieux et demandent à communier; le prêtre veut retirer les hosties de l'endroit où il les avait cachées, enveloppées dans les linges de l'autel, les corporaux; ces linges étaient inondés de sang.

Cette relique sanglante, soigneusement déposée à l'église, est solennellement exposée, tous les ans, sur l'autel, le jour de la Fête-Dieu.

Au delà de *Daroca*, la route entre dans une région plus fertile et mieux cultivée. Toute la vallée du Jiloca, dont nous remontons le cours, et qui, parfois, s'étend en large plaine, est une des plus favorisées de l'Aragon. Après avoir traversé trois villages sans importance, on arrive à

Calamocha, 8 kil., 1,600 hab., petite ville dans une belle plaine, sur la rive droite du Jiloca.

Caminréal. 6 kil., 650 hab. La route, ici, traverse la rivière et passe sur la rive gauche.

Monréal del Campo, 5 kil., 1,550 hab. Ancienne place fortifiée, bâtie en 1120, sous le règne d'Alphonse Ier, roi d'Aragon, pour défendre la frontière de son royaume contre les Maures.

Villafranca del Campo, 11 kil., 700 hab. Avant d'y arriver, la route a franchi de nouveau le Jiloca, qui, maintenant et jusqu'à sa source, s'appelle la *Cella*. Revenue sur la rive droite, la route y traverse les localités suivantes :

Torramocha, 11 kil. 1/2, 250 hab., dans la plaine de la Cella ;

Villarquemado, 11 kil., 780 hab. Au delà de ce bourg et avant d'arriver à la chaîne de hautes collines qui nous sépare d'Albarracin et de Teruel, la route passe près d'un grand lac, entouré de murailles, situé au pied de ces collines : c'est la source de la Cella. Elle franchit ensuite un défilé qui coupe la chaîne et descend vers

Caudete, 11 kil., 540 hab., situé sur le versant sud de ces hauteurs en face d'une vaste et belle plaine arrosée par le Guadalaviar et par mille canaux dirigés à travers la campagne.

Ici la route se bifurque : d'un côté, elle va vers *Teruel* ; de l'autre à *Albarracin*, à distance à peu près égale.

A gauche, la route longe le cours du Guadalaviar et, suivant le pied des collines, mène à

Teruel, 11 kil., 7,200 hab., chef-lieu de l'une des provinces qui forment la capitainerie générale d'Aragon ; siège d'un évêché ; résidence d'un commandant militaire.

Teruel est entourée d'une enceinte très-délabrée, percée de neuf portes ; mais dans cette enceinte s'élèvent comme des remparts les flancs de la colline, et c'est sur le plateau qu'est bâtie la ville. Ces remparts naturels sont revêtus d'une muraille qui donne à la place l'aspect d'une forteresse. Au pied des murs coule le Guadalaviar.

La ville reçoit les eaux d'une colline située à 3 kilomètres de là, par un aqueduc très-remarquable, qu'éleva, en 1560, Bedel, architecte français. Cet aqueduc franchit la vallée et le ravin qui est auprès de la ville sur des arcades aussi solides que hardies. C'est un des plus beaux de l'Espagne.

Outre ce grand travail, le voyageur pourra visiter quelques constructions importantes. La cathédrale, édifice gothique, à trois nefs, dont le retable offre de belles sculptures attribuées au français Joli, contient quelques œuvres d'art ; — la *plaza Mayor*, dallée, est entourée de belles maisons ayant leur rez-de-chaussée en arceaux : — la tour de l'église Saint-Martin, charmante construction mauresque, qui s'élève sur une des portes de la ville, de style gothique, est couverte d'arabesques, de faïences émaillées, et se termine par une couronne de créneaux ; — l'église *San Pedro* possède de bonnes sculptures ; — celle de *San Salvador* mérite aussi d'être visitée, ainsi que l'ancien couvent de jésuites, aujourd'hui devenu une caserne, mais dont la chapelle, transformée en un magasin d'armures, contient des peintures murales et des sculptures dignes d'un plus noble usage.

Teruel a une légende. Comme dans le roman celtique de *Tristan* et d'*Iseult*; comme dans celui de *Roméo* et de *Juliette*, c'est la légende de deux amoureux ensevelis dans la même tombe. Ici Roméo s'appelle Martinez de Marcilla, et Juliette se nomme Isabelle de Segura. — Mais le roman de Teruel a moins de poésie : il est augmenté d'un mari qui reste veuf.

Marcilla meurt la nuit même où son amante venait d'épouser un autre homme nommé Azagra. Isabelle entre à l'église pendant les funérailles, donne un dernier baiser au cadavre de Marcilla et, l'enlaçant de ses bras, elle expire dans cette suprême étreinte. — Allez dans le cloître de l'église *San Pedro*; vous y verrez le tombeau sous lequel dorment ensemble de l'éternel sommeil les deux *Amants de Teruel*, morts en l'an 1217, époque à laquelle on mourait encore d'amour.

Revenons à *Caudete*, c'est-à-dire au point de bifurcation de la route. Au lieu de tourner à gauche pour aller vers *Teruel*, tournons à droite.

De ce côté, aussi, la route suit le pied des collines et longe le cours du Guadalaviar, qu'elle remonte jusqu'à

Albarracin, 17 kil., 1,550 hab., petite ville bâtie sur le versant d'une colline; ancienne place forte entourée des ruines de ses murailles; siége d'un évêché suffragant de Saragosse.

Albarracin est une ville isolée dans une chaîne de collines, et sauf Teruel qui est à 28 kil. de là, tout le pays environnant est désert, sauvage, dépeuplé. Autour de la place des rochers, des torrents, des carrières de marbre.

La ville est bâtie sur le roc; ses rues sont taillées au flanc du granit, et du côté des collines on voit au-dessous les ravins, les gorges profondes, toute une région violemment accidentée.

Au sommet de cette ville, qui est un amas de maisons et de rochers, s'élève la cathédrale, dont la tour élancée domine tout le paysage environnant.

Les bois des collines, les pâturages pour les troupeaux et les blés de la plaine sont les seules richesses de cette contrée, dont les mines de marbre sont abandonnées.

Une route part d'*Albarracin*, passe par *Teruel*, traverse Ségorbe et se dirige vers la Méditerranée. Parvenue près du bord de la mer, à Murviedro, elle rencontre le chemin de fer qui va de *Castellon de la Plana* à *Valence*, et par cette voie, elle mène à ces deux villes, qui sont l'une à gauche, l'autre à droite, à peu de distance de Murviedro.

LIGNE DE PERPIGNAN A MADRID

PAR BARCELONE, LERIDA ET SARAGOSSE.

Cette grande ligne, qui part de Perpignan (France) et va des Pyrénées orientales à Madrid, se divise naturellement en trois parties :

Route de Perpignan à Barcelone. — (V. ci-après route n° 41.)
— de Barcelone à Saragosse par Lerida. — (V. route n° 42, page 259.)
— de Saragosse à Madrid. — V. route n° 37, page 219.)

ROUTE N° 41. — DE PERPIGNAN A BARCELONE.

(ROUTE DE TERRE ET CHEMIN DE FER.)

Perpignan, 23,465 hab., chef-lieu du départ. des Pyrénées orientales, ancienne capitale du Roussillon, est placée à l'extrémité du chemin de fer qui, longeant le littoral de la Méditerranée, vient de Narbonne.

Soit qu'on arrive de *Bordeaux* par *Toulouse* et *Carcassonne*; soit qu'on arrive du côté de *Lyon* et de *Marseille* par *Montpellier*, c'est à Narbonne qu'on vient aboutir; et de là un chemin de fer se dirige vers Perpignan.

On part de Perpignan par la porte Saint-Martin pour aller vers le sud. On laisse à gauche un vieil aqueduc; on franchit la petite rivière la *Canterane*; plus loin celle de *Réart*; et laissant à gauche et à droite plusieurs villages et quelques ruines historiques on s'élève sur un plateau. La route descend alors vers la vallée du *Tech*, elle remonte un peu le cours de cette rivière et l'on rencontre :

Le *Boulou*, 22 kil., 1,550 hab., bourg important dans une vallée, sur la rive gauche du Tech. On y voit les ruines des murailles qui en faisaient autrefois une place forte, et une ancienne église des Templiers dont le portail est en marbre blanc, orné de bas-reliefs dont le style est aussi bizarre que naïf.

A droite, une route se dirige vers *Amélie-les-Bains*, en remontant la vallée du Tech.

On franchit cette rivière, et plus loin le ruisseau de Rome, au delà duquel on trouve une ancienne forteresse, flanquée de tours, nommée l'*Écluse basse*. On passe ensuite devant une autre construction moins importante dite l'*Écluse du milieu*, puis on monte à l'*Écluse haute* et aux ruines du château des Maures. La route arrive enfin dans un défilé où est situé

Perthus, 2 kil., 980 hab., bourg que domine la forteresse française de Bellegarde, sentinelle placée sur la frontière, à 420 mètres de hauteur. Au delà, le voyageur passe devant une pyramide de granit sur laquelle est gravé ce mot : *Gallia*; et quelques pas plus loin, deux bornes qui marquent la limite entre la France et l'Espagne,

Un drapeau rouge et jaune, qui flotte sur un poste de cantonniers apprend au voyageur qu'il marche maintenant sur le territoire espagnol.

On traverse le *Llobregat*, véritable torrent qui tombe de la montagne ; on voit des deux côtés de la route les sommets des Pyrénées dont on franchit la chaîne ; et, suivant le versant sud, on descend à travers une région fort triste, à,

La Junquera, 4 kil., 900 hab., premier bourg espagnol, situé dans une vallée marécageuse, où poussent les joncs qui lui ont donné son nom. Ici le voyageur soumet ses bagages à la visite de la douane.

— La route gravit ensuite des hauteurs très-accidentées où souffle un vent terrible, impétueux, la *tramontana*, et passe à

Molins, 7 kil., 450 hab., joli village à l'entrée d'une plaine. On y traverse la Muga, puis on suit la route tracée dans la plaine jusqu'à

Figueras, 8 kil., 8,560 hab., place forte où s'arrête le service des messageries françaises.

La ville, qui n'a rien de curieux ni d'attrayant, est dominée par la citadelle de San Fernando, qui peut contenir 20,000 hommes et 800 chevaux. Elle est d'une construction très-habile ; les chemins qui y parviennent sont taillés dans le roc, et, sous la citadelle, de vastes souterrains servent de magasins et de refuge.

Cette citadelle, que tout semblait devoir rendre imprenable, a été prise par les Français en 1794 ; reprise par eux en 1808 ; et, en 1811, après avoir bravement soutenu un siége de cinq mois, elle se rendit encore à l'armée française.

On part, de Figueras, dans la diligence espagnole, attelée de sept mules et d'un cheval qui porte le *delantero*. La route traverse encore la plaine, passe devant l'ermitage de *Santa Ana*, et, après avoir traversé la *Fluvia*, arrive à

Bascara, 14 kil., 150 hab., sur une colline au bas de laquelle coule la rivière. C'est dans ce village qu'en 1814, le roi Ferdinand VII, détrôné depuis 1808 et prisonnier de la France, fut rendu par l'armée française, sous les ordres de Suchet, à l'armée espagnole. C'est de là que le roi, rentrant dans son royaume, se dirigea vers sa capitale. On rencontre ensuite les villages d'*Oriols*, de *Medina* et

Sarria, 24 kil., 500 hab., sur la rive gauche de la *Ter*; bourg très-commerçant, après lequel on parvient à

Gerona (Girone), 5 kil., 8,200 hab., ville très-forte, chef-lieu d'une province dépendant de la capitainerie générale de Catalogne; siége d'un évêché.

Deux montagnes se dressent derrière la ville; elles sont surmontées de forts qui la défendent. Girone est bâtie au pied de ces montagnes; une partie sur le versant et une autre dans la plaine. Entre ces deux moitiées de la ville coule l'*Oña*. Toute la place est entourée de remparts, de tours et de bastions.

La *cathédrale* est un vaste édifice dont les grands murs plats et le portique moderne manquent de style religieux, mais dont la nef est fort belle. Le maître-autel est à lui seul une curiosité, il serait presque une merveille s'il y avait plus d'élégance dans la profusion d'or, d'argent, d'émaux, de pierres précieuses dont il est enrichi. Le dais qui le surmonte est en argent; les chapelles renferment plusieurs tombeaux avec de belles statues.

Outre cet édifice, on visitera : le palais épiscopal; la charmante église *San Felix*, ornée de flèches gothiques, deux ou trois autres; et l'on gravira surtout les rues escarpées de Girone pour parvenir au sommet de la ville. De là, le regard s'étend sur une immense perspective qui s'achève au fond de l'horizon par la vue des Pyrénées.

Girone est une des places militaires de la Catalogne, et, en raison de sa proximité de la frontière, elle a eu à subir bien des siéges, à repousser bien des attaques. Le plus récent et le plus célèbre est celui de 1809. Il dura sept mois. Après une résistance héroïque, après des efforts inouïs de courage, dans lesquels les femmes de Girone se sont fait une célébrité, épuisés, décimés par la fièvre et le typhus, en proie à une famine horrible, les habitants furent forcés de se rendre aux Français, que commandait le général Gouvion Saint-Cyr.

En partant de Girone, on prend la ligne du chemin de fer; on arrive, en 54 minutes, à

Empalme, station. 25 kil. Ici le chemin de fer se bifurque.

Une ligne va directement par *Hostalrich* et *Granollers* à Barcelone.

L'autre se dirige vers la Méditerranée, et, longeant le bord de la mer, passe à *Arenys* et à *Mataro*, pour arriver à Barcelone.

Quoique celle-ci ait 5 kil. de plus, elle doit être préférée, car rien n'est plus agréable que ce parcours à travers des villages de pêcheurs, sur la plage de la mer qui vient presque baigner le talus de la voie. C'est aussi par cette ligne qu'on traverse deux localités importantes:

Arenys del Mar, 37 kil., 4,900 hab., très-jolie petite ville sur le versant d'une colline couverte de jardins et faisant face à la mer. Elle possède un chantier de constructions et une école royale de marine.

Après avoir traversé un tunnel, après être passé devant les *bains de Titus*, où jaillissent des eaux minérales et thermales très-estimées pour les douleurs rhumatismales, on rencontre à 1 kil. et demi de là

Caldetas, 650 hab., sur une des collines qui bordent la plage. Ce bourg est entouré de belles cultures. En le quittant, on aperçoit les ruines du vieux manoir de Rocaberti. On traverse une petite rivière, la Llevaneras, — puis *Mata*, village de pêcheurs, — et on arrive à

Mataro, 10 kil., 16,800 hab., l'une des villes importantes du littoral. Elle est divisée en deux parties. Sur la colline se dresse, entourée de ses murs, comme une forteresse, la vieille ville, qui est absolument ce qu'elle était il y a trois ou quatre siècles. Plus bas, en descendant vers la mer, a été bâtie la nouvelle ville, avec des rues larges, des maisons élégantes, des édifices importants; elle est animée et commerçante. Un peu plus loin est le faubourg de la *Habana*.

A Mataro, le voyageur pourra visiter : la place de la Constitution; l'hôtel de ville; l'église principale, dont le chœur renferme de belles boiseries; le théâtre et le collége.

Mataro, pendant l'invasion de 1808, fut prise et saccagée par une division italienne de l'armée française. Les soldats s'y livrèrent, dit-on, au meurtre, au pillage, au viol, et allaient terminer par un incendie lorsque le général Lecchi mit fin à ces violences.

Le chemin de fer continue à longer le bord de la mer, ayant à sa gauche la plage et les flots couverts de barques, à sa droite la chaîne de collines qui, nous l'avons dit, règne comme un rempart autour de toute la Péninsule espagnole.

A 5 kil. de là, on passe à

Vilasar, petite ville de 3,000 hab., dont toutes les maisons sont rangées en face de la mer ;

Masnou, 6 kil., 4,000 hab., ville bâtie sur le versant d'une colline au-dessus de laquelle s'élève la tour d'une élégante église. La voie franchit la petite rivière d'Alella et va bientôt traverser un magnifique tunnel creusé au travers d'un énorme promontoire de rocher qui s'avance dans la mer. On débouche ensuite dans le village de

Mongat, 3 kil., bâti sur le versant de ce rocher, et tout près

Tiana, petite ville de 2,000 hab., qui donne son nom aux vins estimés de la contrée.

Au-dessus du rocher de Mongat s'élève le château fort du même nom, qui défendit, pendant quatre jours, le passage contre la division italienne dont nous venons de parler, et qui se dirigeait sur Mataro. Ce château fut enfin pris d'assaut et les troupes continuèrent leur marche.

On passe à une lieue de là près de la chartreuse de *Montalegre*, bâtie par ordre du pape Nicolas V, Catalan d'origine. C'est un des plus beaux monuments qu'on puisse visiter, quoique le temps, l'abandon et la guerre civile n'y aient plus laissé que des ruines. Le chemin de fer s'écarte ici du rivage et va passer à

Badalona, 9 kil., 10,000 hab., ville fort ancienne et qui fut une des places de guerre des Romains sur le littoral. Elle a, au bord de la mer, un chantier de construction. Elle possède aussi d'importantes usines métallurgiques.

Le chemin de fer passe ensuite sur un ruisseau. Il parcourt une plaine peuplée de maisons de campagnes, d'usines, de fabriques toute verte de jardins ; et venant passer au bord de la mer, au pied de la citadelle, il laisse à droite le faubourg de *Barcelonnette*, et s'arrête enfin, près du port, à la porte de

Barcelone, 7 kil., et demi (à 28 kil. de Mataro), 153,000 hab., chef-lieu de la capitainerie générale de Catalogne. Port sur la Méditerranée ; place forte.

Le voyageur trouvera à Barcelone : des hôtels convenables, des cafés dignes d'une grande ville, et un service continuel et régulier de *bateaux à vapeur* avec Marseille et avec tous les ports de l'Espagne. (V. aux *Renseignements généraux* : Bateaux à vapeur, *page 32.*)

Les principaux *hôtels* sont : la *Fonda del Oriente*, sur la Rambla; — de *las Cuatro Naciones*, idem.; — de *las Cuatro partes del Mundo*, calle Montsarrat; de *la Europa*, calle del Conde de Assalto.

Les *cafés* les mieux fréquentés sont sur la Rambla de Capuchinos et à la place Royale. On trouvera des *bains* : calle San Francisco, calle de Monjuich, calle de la Canuda, calle Trenta Claus, calle de Mediodia, etc.

Le principal *bureau de poste* est sur la Rambla, au n° 1; et douze boîtes (*buzones*) sont disséminées, comme à Madrid, dans les divers quartiers de la ville.

Les *voitures de place* ont plusieurs stations, notamment : Plaza del Theatro, plaza del Palacio Réal, plaza de la Constitucion. Même tarif qu'à Madrid. — En outre, à Barcelone comme à Valence et dans le sud de l'Espagne, on trouve, pour les excursions au dehors, des tartanes, sortes de carrioles couvertes, non suspendues, très en usage dans une partie du royaume. On est horriblement cahoté dans ces véhicules primitifs, dont nous reparlerons.

Quant aux *messageries*, elles sont supprimées par le chemin de fer sur les routes de Barcelone à Saragosse, à Arenys, à Granollers, à Marthorell. — Mais on trouvera, à Barcelone, des services réguliers de voitures publiques pour Tortosa, Castellon de la Plana, Peniscola, Valence, Ségorbe, tout le littoral. Les bureaux des messageries sont sur la Rambla. Inutile d'ajouter que le trajet de Barcelone à ces villes est bien plus rapide et bien plus agréable par les bateaux à vapeur. — Chaque jour, dans tous les hôtels, on trouvera affichée la liste des bateaux à vapeur pour les jours suivants, avec leurs destinations.

Barcelone est la seconde ville du royaume par sa population. Mais elle dépasse la capitale par son activité, ses grandes industries, ses progrès de toutes sortes et par le mouvement considérable de son port.

Elle est aussi, nous l'avons dit, au centre d'une province, la Catalogne, qui est le foyer industriel de l'Espagne, et qui, sous ce rapport, est d'un siècle en avant des autres provinces du royaume.

Barcelone est le siège d'une cour suprême de justice, la résidence du capitaine général de Catalogne; le chef-lieu d'un arrondissement

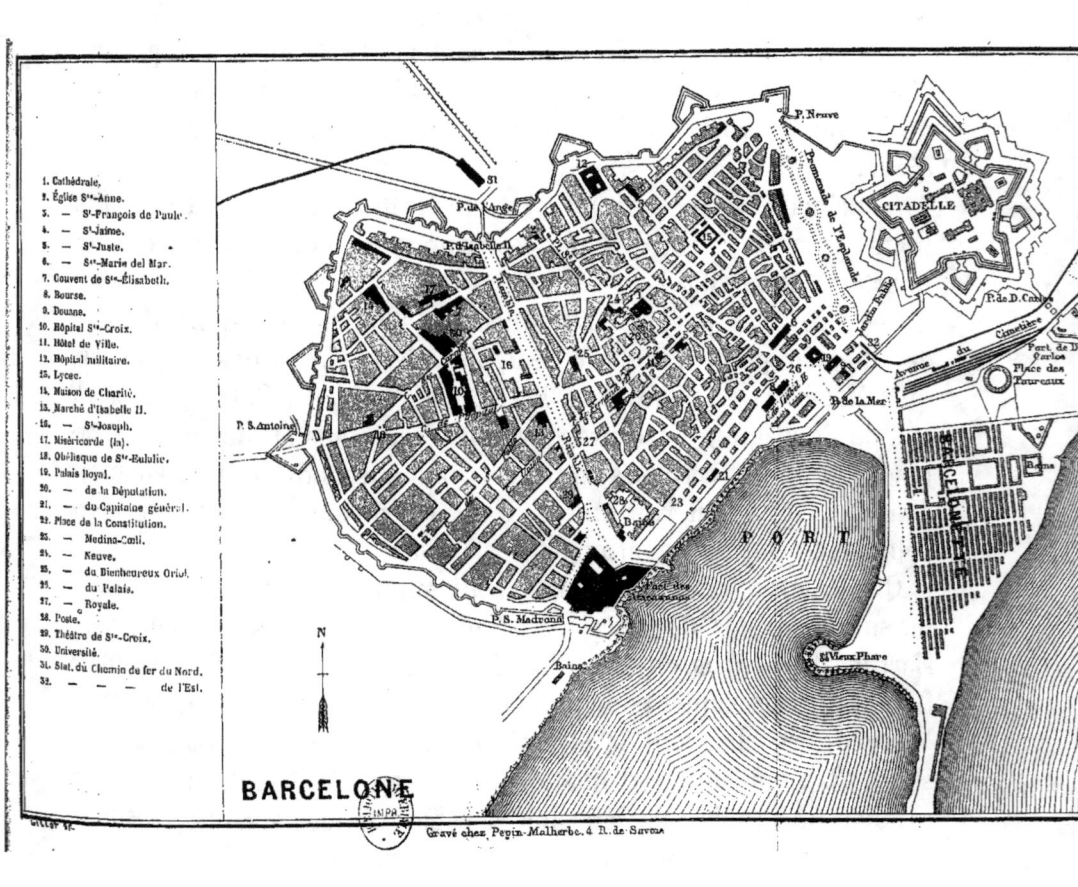

et maritime, d'une province administrative, et le siége d'un évêché suffragant de Saragosse.

La ville était entourée d'une enceinte. Cette muraille a été abattue en partie pour donner à la ville l'espace libre qu'exigeait son développement. Aussi, partout trouve-t-on des quartiers qu'on reconstruit, des rues qui se transforment; partout une population active et intelligente. Les Français y sont en très-grand nombre et mêlés à toutes les industries. On en compte plus de dix mille.

Barcelone est bien au-dessus de Marseille pour l'importance de la ville, sa beauté, son mouvement et la richesse industrielle de la province qui l'environne. Toutefois, le port français est un centre commercial beaucoup plus considérable.

Barcelone est traversée par une grande voie, la *Rambla*, qui est un magnifique boulevard de 1 kil. et demi. Elle ressemble au boulevard des Italiens de Paris, à la calle *de Alcala* de Madrid. Elle se divise en plusieurs parties et porte différents noms, selon ses sections; mais la plus élégante et la plus fréquentée est la *Rambla de Capuchinos*. C'est là qu'aboutissent les rues les plus larges et les plus belles; c'est là que sont les principaux hôtels, les cafés les plus riches, les maisons les plus somptueuses, les bureaux des grandes messageries, la façade du théâtre du Lycée; c'est là que se réunit la foule des étrangers et des promeneurs.

La *Rambla* s'étend depuis le port jusqu'à l'autre extrémité de la ville, près de la gare du chemin de fer de Martorell.

ÉGLISES. — La cathédrale est du XIIIe siècle. Elle a été bâtie sur l'emplacement qu'elle occupait aux premiers siècles du christianisme. A la fin du IXe siècle on y plaça les restes de sainte Eulalie, patronne de Barcelone, et elle en prit le vocable. Sous l'église est une crypte étendue, dans laquelle s'élève un magnifique tombeau, une urne, supportée par des colonnes de jaspe, et entourée de lampes toujours allumées. Cette urne renferme les reliques de sainte Eulalie.

Cette cathédrale est du plus beau gothique. Les voûtes sont d'une hauteur et d'une hardiesse remarquables; les tours élevées. L'intérieur est divisé en trois nefs. Le maître-autel, entouré d'une colonnade élégante, est tout un petit monument d'une finesse parfaite. Le chœur est une merveille de sculpture et d'ornementation.

Plusieurs chapelles méritent un examen particulier. Dans celle de

Saint-Olaguer, on voit, dans un cercueil en verre, le corps du saint martyr vêtu de ses habits pontificaux.

Le cloître, formé d'arcades gothiques et inégales mais très-gracieux dans son ensemble, entoure un *patio* où l'eau jaillit sous les ombrages verts. La cathédrale a aussi des archives où sont conservés des titres qui remontent jusqu'au delà de l'invasion des Arabes.

Cette belle église est pourtant inachevée. Une façade splendide reste à faire ; le projet existe, les dessins sont prêts ; mais la dépense en fait ajourner sans cesse l'exécution.

On visitera aussi : — *San Justo et San Pastor*, la plus ancienne des églises de Barcelone ; — *Santa Maria de los Reyes*, du XIV° siècle, une des plus élégantes constructions de l'art gothique ; — *Santa Maria del Mar*, près de l'ancien palais Royal auquel elle communiquait par une tribune, autre édifice gothique ; — la collégiale de *Santa Ana*, où l'on voit le mausolée de don Miguel Bohera, général des galères sous Charles-Quint.

Autres édifices. — Le *Théâtre du Lycée*, dont la belle façade est sur la Rambla, est le plus vaste de l'Europe. La salle peut contenir 4,000 spectateurs. Il est même plus grand, à l'intérieur, que le nouveau théâtre de l'Opéra en construction à Paris. Le sommet de l'édifice est une belle terrasse ornée de fleurs, d'où la vue s'étend sur la promenade, sur la ville et sur les navires du port.

Deux autres théâtres, celui de *Santa Cruz* et celui de *Capuchinos* sont élégants.

Le palais de la Députation provinciale (*Casa de la Diputacion*), qui sert aujourd'hui à l'assemblée de la province, et aux audiences de la Cour d'appel, servait autrefois aux assemblées des états de Catalogne. La façade est d'architecture corinthienne, avec un portique monumental.

Le *palais de la Reine* est une vaste maison carrée, unie, sans colonnes ni sculptures, qu'on a improvisé demeure royale lorsque la reine Isabelle II fit un voyage à Barcelone en 1844. Sur ses murs rougeâtres on a peint en grisaille des ornements, des corniches, des fenêtres ; et de loin ce trompe-l'œil produit une illusion assez réussie.

La *Douane* est un vieux palais orné de marbre rouge.

La *Bourse* (Lonja), édifice moderne, est d'une construction très-soignée. On y a déployé un luxe remarquable de marbres et de sculptures. Elle renferme aussi la Chambre de commerce et l'école des Beaux-Arts.

Le *Cirque des taureaux* (plaza de Toros), construit en 1833, au delà de la porte de la Mer, contient 10,000 personnes.

Citons encore : — la *Casa consistorial*, qui sert aux archives municipales ; bel édifice gothique qui fait face à la *Diputacion*; — le palais du marquis d'Aytona (casa de Gralla), mélange de style grec et d'architecture Renaissance, très-remarquable dans ses détails.

PLACES ET FONTAINES. — La principale place de Barcelone est la *place Royale*, entourée de hautes et belles maisons neuves, avec une galerie à arcades au rez de-chaussée, selon l'usage espagnol. Elle communique par un passage avec la Rambla et par un autre avec la calle Fernando VII.

Au milieu s'élève un monument allégorique construit en marbre et en jaspe. Des bas-reliefs historiques et des fontaines entourent la statue principale.

La *place du Palais* est ornée par une belle fontaine en marbre de Carrare. Des rochers, des chevaux, des enfants, les statues allégoriques des quatre provinces catalanes, forment un groupe très-monumental au sommet duquel s'élance un Génie aux ailes ouvertes. L'eau jaillit avec force dans un large bassin.

La *place du Théâtre* possède une lourde fontaine d'architecture égyptienne, presque aussi laide que celles du Château-d'Eau ou de la place du Châtelet, à Paris. Celle de Barcelone est à l'entrée de la Rambla. Elle se termine par une statue allégorique de la ville.

La *place del Padro* a pour ornement un obélisque élevé en 1672, avec des inscriptions en l'honneur de sainte Eulalie. A les lire on se croirait devant un tombeau : c'est une fontaine

La *place Medina-Cœli* a une colonne rostrale, surmontée de la statue en pierre de l'amiral catalan Marquet, à la mémoire duquel elle a été élevée.

Les eaux arrivent à toutes ces fontaines par deux aqueducs qui vont puiser dans les montagnes aux sources de Colcerola et de Moncada. L'un remonte au xive siècle ; l'autre ne date pas de plus de quarante ans. Outre l'alimentation de ces grandes fontaines, des canaux distribuent l'eau à travers toute la ville.

BIBLIOTHÈQUES. — Les *Archives générales d'Aragon*, sont une collection précieuse de tous les documents relatifs au royaume d'Aragon, au comté de Barcelone, au royaume de Valence, et aux colonies, depuis l'époque de Charlemagne.

La *Bibliothèque de San Juan*, possède 40,000 volumes et quelques manuscrits bien conservés. — La bibliothèque épiscopale, au séminaire Conciliar, renferme 16,000 volumes, des manuscrits, une importante collection de médailles et d'échantillons de minéraux.

Il faut indiquer aussi le *musée Salvador*, curieuse collection faite pendant deux siècles, de père en fils, par les Salvador, avec un dévouement admirable à la science. C'est un musée de sciences naturelles : la médecine, la pharmacie, la zoologie, la minéralogie, la botanique, y sont représentées par des séries précieuses de livres, d'instruments, d'échantillons et de types parfaitement classés.

FORTIFICATIONS. — La ville a pour défenses : — la *citadelle*, qui fut terminée en 1725 ; elle est en bon état, et située près de la mer ; — le fort des *Atarazanas*, qui domine le port et l'entrée de la Rambla ; il renferme des ateliers militaires, la direction de l'artillerie, et peut contenir 3,000 hommes et 350 chevaux ; — le fort de *Montjuich*, bâti sur un rocher qui domine la ville et la rade. Il peut contenir 10,000 hommes. Ce fort est aussi menaçant pour la ville que pour les assaillants ; l'armée qui l'occupe peut bombarder Barcelone et la détruire.

Sous Philippe V, les troupes du prétendant Charles d'Autriche, maîtresses du fort Montjuich, en donnèrent une preuve. En 1808, les Français, qui s'en emparèrent, tinrent en respect les Barcelonais impatients de se révolter ; et en 1842, Espartero riposta à une insurrection de Barcelone, en la faisant bombarder du haut de ce fort.

Barcelone a deux faubourgs : — *Barcelonnette*, qui est déjà une petite ville de 12,000 habitants, bâtie de l'autre côté du môle, et sur un plan régulier comme des plates-bandes dans un carré de jardin ; — *Gracia*, charmant village, peuplé d'habitations de plaisance, de villas, de restaurants pour les parties de plaisir. Il est situé à un demi-kilomètre, au pied de la montagne San Pedro.

Le *plan* ci-joint donnera au lecteur une idée exacte de la ville de Barcelone, du port, des fortifications et des faubourgs.

A Barcelone viennent aboutir : 1° tous les bateaux à vapeur qui font le service des ports autour de l'Espagne ; — 2° les chemins de fer d'Arenys, de Martorell, de Saragosse et de Lerida ; — 3° les routes venant du sud ; de Valence, de Tortose, de Peniscola, etc. ; — 4° et la route de France qui sera remplacée plus tard par un chemin de fer.

Quant aux souvenirs historiques, on sait qu'en 1808, les Français parvinrent, au moyen d'une ruse, à occuper le fort de Montjuich, et malgré les attaques fréquentes de l'armée espagnole, ils restèrent ainsi maîtres de la ville jusqu'en 1813. — En 1823, le maréchal Moncey obligea le vieux Mina à capituler et à abandonner Barcelone aux Français ; — en 1835, les Barcelonais s'insurgèrent contre le gouvernement, et Barcelone eut de sanglantes journées ; — cette ville prit, en 1837, une part active à la guerre civile entre les carlistes et les christinos ; — en 1840, les habitants chassèrent la reine mère et les deux infantes, au cri de *Vive Espatero !* — en 1842, Barcelone, encore révoltée, fut bombardée du haut du fort Montjuich par ce général.

ROUTE N° 42. — DE BARCELONE A LERIDA ET A SARAGOSSE.

(CHEMIN DE FER.)

Le chemin de fer, en quittant Barcelone, décrit une courbe vers le nord-ouest et traverse toute une riche et belle contrée peuplée de villages, d'usines, de maisons de campagne. Il passe aux villages de *Horta*, de *San Andrès* et de *Santa Coloma*, qui sont des stations très-rapprochées ; et, après avoir traversé d'énormes rochers, on parvient aux stations suivantes :

Moncada, 11 kil., 250 hab., village sur une colline au sommet de laquelle s'élèvent les restes du château des Moncade. La voie se fraye au passage par une tranchée au flanc de la colline et arrive dans une belle plaine, à la station de :

Serdanoyla, 14 kil. Cette station dessert deux localités : *Serdanoyla*, 600 hab., et *Ripollet*, 1,450 hab. On traverse de belles campagnes ; à gauche, on aperçoit les hauteurs de Montserrat, à droite de grands bois.

Sabadell, 8 kil., 14,000 hab., ville remplie d'usines, de fabriques, de filatures de laine et de coton, qui occupent environ 8,000 ouvriers. Avant de s'arrêter à la station, le chemin de fer fait le tour de la ville, dont on voit les nombreux établissements. *Sabadell* était déjà une ville importante et industrielle au XII° siècle.

Après avoir longé encore le contour de la ville, le chemin de fer s'engage par des tranchées dans une contrée fort accidentée ; il passe en vue des ruines du vieux château fort *los Caballeros de Egara*, qui dominent le petit village de *San Pedro*, et l'on arrive à

Tarrasa, 9 kil., 8,800 hab., autre ville industrielle, qui possède d'importantes fabriques de draps.

Après avoir quitté *Tarrasa*, le chemin de fer s'engage dans une région montagneuse, bien plus accidentée que la précédente. Pendant 30 kilomètres environ, on ne circule que dans les tranchées profondes, sur des remblais à une hauteur considérable, des viaducs hardis dont l'un a 280 mètres d'élévation sur la vallée. Tous ces travaux d'art se succèdent sans discontinuer, et font de cette partie de la ligne une des voies les plus difficiles et les plus accidentées qui aient jamais été construites.

On parvient ensuite dans une plaine très-riche et bien cultivée où est

Monistrol, 18 kil., 1,500 hab., bourg important à peu de distance de la station qui est au village de *Villadecabals*. Le bourg et la station sont séparés par le Llobregat, qu'on passe sur un large pont en pierre.

Le *Montserrat*. C'est de Monistrol qu'on part pour aller au Montserrat; et, chaque année, plus de 50,000 touristes et pèlerins viennent de France et d'Espagne pour visiter la célèbre montagne, son église, son monastère, ses ermitages et ses grottes merveilleuses.

La montagne est à 2 lieues de Monistrol. A cheval ou à dos de mulet, on y va en deux heures. C'est une des excursions les plus intéressantes que puissent faire les touristes. Le but de cette excursion se divise en deux parties : le pied de la montagne où sont les grottes; la hauteur où sont les monastères, l'église et les ermitages.

La montagne est une agglomération de plusieurs pics de rochers séparés par des crevasses profondes, par des masses terreuses que la pluie lave et entraîne depuis des siècles vers la vallée. Les croyants racontent que cette montagne fut au nombre de celles qui, d'après l'Évangile, se fendirent à l'heure où le Christ expira. Le Montserrat est donc une montagne sainte.

A la base on trouve l'entrée des *Grottes*. Ces mystérieuses profondeurs, ces cavités bizarres qui se succèdent dans le centre de la terre, ces galeries souterraines que semblent soutenir des colonnades de cristaux, ces voûtes chargées de stalactites éclatantes et bizarres, sont une des curiosités les plus remarquables qu'on puisse voir en

Europe. On comprendra que nous n'en essayons pas ici une description minutieuse. Il ne faut pas moins de six heures au visiteur pour parcourir ces immenses et nombreuses cavités, depuis la grotte de l'*Esperanza* jusqu'aux belles galeries qui terminent la *Boca de l'inferno*.

Le sommet du Montserrat est à 1,512 mètres au-dessus du niveau de la mer. Le sentier par lequel les piétons et les cavaliers le gravissent a 8 kilomètres de développement ; celui que peuvent prendre les voitures pour aller au monastère n'a pas moins de 19 kilomètres et demi. Le premier est tracé, nous pourrions dire risqué, à travers des accidents de terrain et de rocher, qui sont parfois d'un aspect effrayant. Du haut de ce sentier escarpé, au fur et à mesure qu'on avance dans cette ascension de six heures, on voit se développer, s'étendre, tout un immense horizon, et, en se tournant vers l'orient, on découvre au loin, jusqu'en pleine mer, la nappe bleue de la Méditerranée.

Au sommet de la montagne, et complétement isolée parmi les pointes de rocher qui terminent le Montserrat, s'élève le *monastère*. C'est le plus célèbre de l'Espagne. Mais quels récits fabuleux ! quelle légende ! Elle commence au IXe siècle. — Une lumière mystérieuse fit découvrir sur la montagne une statue miraculeuse de la Vierge ; une simple statue en bois, cachée à cette hauteur par un évêque goth à l'époque de l'invasion arabe. La statue refusa de se laisser emporter par l'évêque Gondemar. On érigea un sanctuaire à la place même, et à côté un ermitage pour desservir la chapelle.

Le diable vient se loger en face et se fait ermite ; il devient l'ami du cénobite qui habite le premier ermitage, et lui suggère de violer et d'assassiner la fille du comte Vifredo de Barcelone. L'ermite coupable est changé en bête et le diable s'amuse fort de l'aventure.

Mais on s'empare de cette bête fauve qui court la montagne ; on la mène au comte de Barcelone ; la bête parle, miracle ! elle révèle où est le cadavre de la jeune fille tuée ; on creuse le sol et on y trouve la jeune fille vivante. La bête fauve redevient ermite. Dieu a pardonné. Le diable est vaincu. Telle est, en quelques lignes, la longue et étrange légende de Montserrat.

A la suite de cet événement miraculeux, le comte Vifredo fit élever, à côté du petit sanctuaire de la Vierge, sur la montagne, un vaste couvent de bénédictines ; sa fille en fut l'abbesse. Plus tard, des moines vinrent remplacer les religieuses, et, dès lors, commencèrent une célébrité, une prospérité sans égales pour le monastère et le sanctuaire de Montserrat.

Ce serait presque écrire une autre légende que de raconter tous les dons, toutes les richesses prodigués à ce monastère par les rois d'Aragon, de Castille, et, plus tard, par les rois d'Espagne. On ne saurait ni énumérer, ni croire la quantité de diamants, de pierres précieuses, les sommes d'or et d'argent, les objets d'art dont l'église de la Vierge de Montserrat fut comblée.

Cette prospérité, cet entassement continuel de richesses au sommet de cette montagne dura jusqu'en 1807. Mais la grande guerre de 1808 changea le Montserrat en une forteresse. Le couvent, les ermitages devinrent une citadelle et des forts. La lutte fut terrible. Les Français firent sauter l'église, avec les Anglais et les Espagnols qui s'y défendaient.

A la fin de la guerre, il n'existait plus rien des richesses fabuleuses du Montserrat; tout avait disparu, tout était dispersé.

La Vierge miraculeuse y fut rapportée en 1812; puis enlevée encore, et replacée, en 1824, après l'expédition française de 1823. En 1827, le roi Ferdinand VII fit commencer la reconstruction de l'église et du monastère. Des prêtres libres desservent aujourd'hui la chapelle, et le couvent est un vaste caravansérail où les voyageurs et les pèlerins trouvent toujours pour asile une cellule. La reine Isabelle II a fait de riches dons à l'autel de la Vierge de Montserrat, et d'autres libéralités ont rendu un peu de son ancienne splendeur à ce célèbre sanctuaire.

Revenons à la station de *Monistrol*. Le chemin de fer après l'avoir quittée, va passer à celle de

San Vicente, 6 kil., 400 hab., sur le bord du Llobregat; et conduit à

Manresa, 8 kil., 13,500 hab., jolie ville, au pied de laquelle coule le Cardoner, affluent du Llobregat. La campagne environnante est très-belle et très-peuplée. La ville, comme Tarrasa, possède de grandes fabriques de draps, des filatures de coton et des distilleries.

Au sommet de la ville, qui est bâtie en pente, s'élève l'église collégiale, bel édifice gothique dont la tour est d'un bel aspect; la *plaza Mayor* est parfaitement construite; les rues sont belles, les maisons élevées, et l'ensemble de Manresa peut faire envie aux plus importantes villes d'Espagne. — Manresa, ainsi que le prouvent les restes d'anciens travaux, a été une ville romaine. — En 1711, elle fut prise et incendiée par les Français.

Le chemin parcourt ensuite une plaine bien cultivée et passe aux stations suivantes :

Bajadell, 12 kil., 350 hab., desservant trois autres villages rapprochés. De nouvelles difficultés de terrain très-considérables succèdent à la plaine de Manresa.

Calaf, 23 kil., 1,300 hab., ancienne petite place forte encore entourée de murs percés de portes. Il y a des bassins houillers aux environs.

San Guim, 12 kil., 600 hab., dans une contrée pauvre et mal cultivée.

Cervera, 14 kil., 4,200 hab., sur une hauteur, au-dessus d'une belle vallée où coule le ruisseau la Cervera.

Cervera avait autrefois une université qui fut enlevée à Barcelone par Philippe V, mais qui fut supprimée en 1837. On en voit les vastes bâtiments. Mais l'édifice le plus digne de l'attention du visiteur est l'hôtel de ville, dont la façade est sculptée avec profusion et élégance. Cervera était une ville romaine.

Depuis Manresa la ligne de fer suit le même itinéraire que l'ancienne route de Barcelone à Saragosse. Elles ne se séparent pas jusqu'à Lerida.

Tarrega, 14 kil., 3,200 hab., ancienne ville romaine, bâtie sur le bord du ruisseau la Cervera. On y visitera plusieurs constructions gothiques d'un beau style et surtout deux églises élégantes. La plaine qui environne Tarrega est riche et bien cultivée. Les coteaux qui la bornent sont couverts de vignobles.

La voie laisse deux bourgs importants à droite et à gauche, passe près de celui de *Villagrasa*, et mène à la station de

Belpuig, 11 kil., 1,100 hab., bourg de cultivateurs, auprès duquel on va visiter les restes d'un ancien monastère qui fut important. Les murs restés debout attestent que cet édifice fut l'un des plus beaux de la Catalogne. On doit surtout visiter le cloître et l'église, les deux parties les moins dégradées de ce monument. Le cloître est une admirable superposition de trois rangs d'arcades, de styles très-différents. Les plus élevés, sont d'une élégance bizarre, d'une hardiesse ingénieuse qui sont une surprise. Quant à l'église, ce qu'elle offre de plus remarquable, c'est le vaste tombeau du fondateur, Ramon de Cardona, élevé à la mémoire de ce dernier par son épouse la duchesse Isabelle. Il est en marbre blanc et adossé au mur de l'église :

c'est un grand travail très-compliqué, chargé de sculptures, de scènes en bas-reliefs et d'ornements. On est saisi d'admiration et de tristesse à la vue de ce splendide mausolée, perdu abandonné au milieu de ces ruines désertes et oubliées.

Après avoir traversé le village de *Golmés*, dans une plaine nue et élevée, on parvient à la station de

Mollerusa, 9 kil., 400 hab., autre localité d'un aspect assez pauvre, composée d'habitations de cultivateurs; on passe encore à quelques villages semblables au précédent. On entre ensuite dans une campagne moins déserte; les habitations deviennent plus nombreuses; les champs sont plantés, bien cultivés; le paysage, qui s'anime et s'embellit, indique l'approche d'une ville, et l'on arrive à

Lerida, 25 kil., 13,000 hab., place très-forte, entourée de remparts, ancienne ville romaine, sur la rive droite de la Sègre. Elle est le chef-lieu de la province, et le siège d'un évêché suffragant de Tarragone.

Lerida est une ville célèbre. Au VIe siècle, elle était déjà un évêché goth; en 797, les Arabes s'en emparèrent; elle leur fut enlevée et réunie en 1149 à l'Aragon par Béranger IV. Mais Lerida doit, surtout, sa renommée aux sièges mémorables qu'elle a soutenus.

En 1646, les Français commandés par le comte d'Harcourt l'assiégèrent en vain. En 1647, le prince de Condé, qui trois ans auparavant avait si brillamment vaincu les Espagnols à Rocroy, vint mettre le siège devant Lerida. L'armée française commença l'attaque comme une fête : elle ouvrit la tranchée au son des violons.

Le siége fut poussé avec vigueur, et réduisit la ville à la dernière extrémité. Mais, avant de se rendre, les habitants tentèrent un effort désespéré : ils attaquèrent les Français avec tant de furie qu'ils les forcèrent à lever le siége. Ce fut la revanche de Rocroy. Enfin, en 1707, Lerida ayant pris parti pour le prétendant autrichien, dans la guerre de la succession d'Espagne, le duc d'Orléans, venu au secours de Philippe V, s'empara de la place, et la saccagea.

En 1810, après une résistance digne des précédentes, Lerida se rendit aussi au maréchal Suchet qui la bombardait. En 1812, la ville faillit être détruite par une explosion de poudre qui avait été préparée pour livrer la place aux Espagnols; mais le projet échoua.

Lerida possède trois églises remarquables. L'*ancienne cathédrale*, édifice gothique byzantin fut commencée en 1202 et terminée en

1278. Le cloître et l'intérieur sont d'une architecture très-élégante où l'art gothique et le style arabe, sont capricieusement mêlés. Elle a été changée en caserne, divisée en étages; malgré cet acte de barbarie de Philippe V, on peut en admirer les détails.

La *nouvelle cathédrale*, édifiée au XVIIIe siècle, sous Charles III, est un vaste et beau monument de style grec, à trois nefs. Elle possède une relique extraordinaire : le lange qui enveloppa, dit-on, le Christ nouveau-né dans l'étable de Bethléem.

L'église *San Lorenzo*, la plus ancienne de toutes, fut un temple romain. Les Arabes en firent une mosquée. La conquête chrétienne la rendit au culte catholique.

C'est dans la partie des Pyrénées comprise dans la province de Lerida que s'élève le pic de la *Maladetta*, le plus élevé de cette chaîne (3,482 mètres).

Le chemin de fer, qui vient de *Tarragone* à *Monblanc*, ne tardera pas à arriver à Lerida. Cette ville sera donc, par deux lignes de fer, en relation directe avec deux ports de la Méditerranée : Barcelone et Tarragone.

A partir de Lerida, on laisse à droite la route de terre qu'on suivait exactement depuis Manresa. Le chemin de fer se détourne vers le nord pour aller vers Barbastro et Huesca, ainsi que nous l'avons déjà dit. Il passe alors aux stations suivantes :

Raymat, 18 kil., 500 hab., près du bourg d'*Alguayre*, dans une plaine bien cultivée.

Almacellas, 6 kil., 600 hab., dernier bourg sur le territoire de la province de Catalogne.

Binefar, 21 kil., 270 hab., dans une contrée plus déserte, moins fertilisée par les cultures. Première localité que trouve le voyageur en entrant dans l'Aragon.

Monzon, 11 kil., 2,600 hab.; petite ville forte bâtie sur une colline de rochers. C'est une des anciennes forteresses, aujourd'hui en ruine, que nous rencontrons souvent sur les frontières des anciens États. Au sommet du rocher qu'entoure la ville, se dresse un vieux château fort encore très-important; il est crénelé, très-solide, très-élevé et pouvait servir de vigie sur une grande étendue. Il a appartenu aux Templiers.

Au pied de la ville, de ses rues accidentées, de ses vieilles demeures, coule la *Cinca*, qui sert au flottage des bois coupés sur les Pyrénées et qui descendent jusqu'ici, où ils sont chargés sur le chemin de fer.

Selgua, 5 kil.; 370 hab., station qui dessert *Barbastro*, à 10 kil., de là, par un service de correspondances. — (Voir *Route* 39, p. 224)
    Sariñena, 32 kil., 2,700 hab.
    Grañen, 22 kil., 780 hab.
    Tardentia, 16 kil., 625 hab.
    Almudévar, 9 kil., 2,000 hab.
    Zuera, 22 kil., 1,350 hab.
    Villanueva, 9 kil., 540 hab.

Voir, pour les détails relatifs à ces sept stations, les routes 38 et 39, de Saragosse à Huesca et à Barbastro (p. 225 et 224).

Saragosse, 12 kil., 40,000 hab. — (Voir p. 210)

ROUTE N° 43. — DE SARAGOSSE A BILBAO, PAR PAMPELUNE.

(CHEMIN DE FER ET ROUTE DE TERRE.)

Cette route se compose de plusieurs sections :

1° De *Saragosse* à *Tudela* et à *Pampelune*. — On suit le *chemin de fer* dont nous avons décrit l'itinéraire en sens inverse : *Route* 35, (*pages* 209 *et suiv.*), et qui passe aux stations suivantes :

Las Caselas, 14 kil. ; — *Torres,* 5 kil. ; — *Alagon,* 4 kil. ; — *Pedrola,* 6 kil. ; — *Luceni,* 7 kil. ; — *Gallur,* 7 kil. ; — *Cortès,* 10 kil. ; — *Rivaforada,* 12 kil. ; — **Tudela,** 10 kil. ; — *Alfaro,* 17 kil. ; — *Milagro,* 9 kil. ; — *Villafranca,* 4 kil. ; — *Marcilla,* 7 kil. ; — *Caparroso,* 8 kil. ; — *Olite,* 12 kil. ; — **Tafalla,** 5 kil. ; — *Garinoain,* 9 kil. ; — *Las Campanas,* 12 kil. ; — *Noain,* 6 kil. ; — **Pampelune,** 15 kil.

A partir d'*Alfaro*, le chemin de fer se continuera en ligne droite vers *Logroño, Miranda,* et remontera vers *Bilbao,* à 235 kil.

Mais, pour le voyageur qui est allé passer par *Pampelune,* la seconde partie de la route consiste à aller de cette ville à *Bilbao.*

2° De *Pampelune* à *Bilbao* :

Ici encore nous trouvons un chemin de fer en construction. — De la station de Pampelune il remontera la vallée et le cours tortueux de l'Araquil, jusqu'à *Alsasua*.

Là il rejoindra le chemin de fer de Bayonne à Madrid ; — on empruntera cette ligne jusqu'à *Mondragon*.

A Mondragon, le voyageur trouve une route de terre directe, de 55 kil. environ, pour aller à Bilbao.

Actuellement, l'itinéraire de Pampelune à Bilbao consistera donc à aller de Pampelune à Mondragon et de là à Bilbao.

En partant de Pampelune, l'ancienne route et le nouveau chemin de fer en construction suivent la même ligne. Le voyageur, après avoir traversé la belle plaine qui environne la ville, passe à

Erice, 11 kil., 200 hab., petit village à l'extrémité de cette plaine. Il entre dans une région boisée, accidentée de collines, et rencontre :

Irursun, 6 kil., 225 hab., autre village bâti au pied de la montagne la Trinitad, et sur le bord du ruisseau le Lecumberri. On continue ensuite à remonter le cours de l'Araquil, et l'on passe auprès de nombreux villages à droite et à gauche de la route : — *Villanueva*, 260 hab. ; — *Yabar*, 370 hab. ; — *Murguindueta*, 100 hab. ; — *Iraneta*, 310 hab, — qui peuplent la vallée de l'Araquil. Le plus important est

Huarte-Araquil, 14 kil., d'Irursun, 600 hab., bourg situé sur la rive droite du ruisseau. On passe ensuite devant deux autres villages, *Arruazu*, — *Lacunza*, — et on parvient à

Arbizu, 5 kil., 740 hab., un des bourgs les plus considérables de cette riche vallée ; et à

Echarri-Aranaz, 3 kil., 1,100 hab., qu'entourent de fertiles cultures. Près de ce bourg eut lieu, en 1834, un combat entre les carlistes et les troupes de la reine.

On continue à remonter la vallée qui se rétrécit ; on approche des montagnes du Guipuscoa ; on passe devant quelques villages : — *Bacricoa*, 400 hab. ; — *Irtumendi*, 430 hab. ; — *Urdiain*, 360 hab, — qui sont à peu près à égale distance ; et on arrive à

Alsasua, 7 kil., 800 hab., station qui sera importante, à la jonction des deux chemins de fer de Bayonne à Madrid et de Pampelune à Bayonne. Près de cette ville eut lieu, en 1833, un combat à la suite duquel plusieurs officiers et soldats de la reine, faits prisonniers, furent fusillés par les carlistes.

A partir d'Alsasua, on prend la direction suivie par le chemin de fer du Nord, et on remonte à

Mondragon, 20 kil., 2,200 hab., dont nous avons déjà parlé (p. 47) en décrivant la route n° 1, de Bayonne à Madrid.

Un service régulier de messageries en correspondance avec le chemin de fer conduira le voyageur d'*Alsasua* à Mondragon jusqu'à ce que cette partie de la voie soit livrée.

A *Mondragon*, on prend les diligences qui desservent régulièrement *Bilbao*, et l'on suit une belle route postale.

Cette route va passer à *Udala*, 3 kil. ; — à *Elorio*, 17 kil. ; — à *Abadiano*, 6 kil. ; — à *Durango*, 6 kil., — à *Zornoza*, 11 kil., — et mène à **Bilbao**, 15 kil.

Nous avons déjà décrit ce parcours à la seconde partie de la route 3, de *Saint-Sébastien à Bilbao*. (Voir, pour cet itinéraire et pour la ville de Bilbao, page 143.)

ROUTE N° 44. — DE SARAGOSSE A BILBAO, PAR LOGROÑO ET MIRANDA.

(CHEMIN DE FER EN CONSTRUCTION.)

Une grande ligne de fer, partant de *Saragosse*, ira à Tudela, à Logroño, à Miranda et à *Bilbao*. — En y ajoutant le chemin de fer, qui de Saragosse se dirige vers Barcelone, cette ligne traversera une grande partie du nord de l'Espagne, parallèlement aux Pyrénées, et ira, comme elles, de la Méditerranée à l'Océan.

Le chemin de fer de *Saragosse* à *Bilbao* est livré au public à ses deux extrémités ; la section intermédiaire est encore en construction, mais ne tardera pas à être exploitée.

Voici les trois sections de cette ligne :

1° De *Saragosse* à *Alfaro*. — On suit le chemin de fer, déjà exploité depuis plusieurs années. Nous avons décrit son parcours (en sens inverse) en venant de Pampelune à Saragosse.

On passe aux stations de : *Las Caselas*, 14 kil., où s'embranche du côté du sud, la ligne de Madrid ; — *Torres*, 5 kil. ; — *Alagon*, 4 kil. ; — *Pedrola*, 5 kil. ; — *Luceni*, 10 kil. ; — *Gallur*, 7 kil. ; — *Cortès*, 10 kil. ; — *Rivaforada*, 12 kil. ; — **Tudela**, 10 kil., — et *Alfaro*, 17 kil.

(Voir, pour le détail de cet itinéraire la seconde partie, de la route n° 35, pages 209 et 210.)

2° D'*Alfaro* à *Haro*. — A partir d'Alfaro, et jusqu'à ce que le chemin de fer soit construit, on parcourt en diligence, la route de terre de Tudela à *Logroño* et à *Miranda*.

Cette route et le tracé du chemin de fer suivent la vallée de l'Èbre et remontent la rive droite du fleuve jusqu'à Miranda.

Par la route, comme par le tracé du chemin de fer, on franchit l'*Arga* en sortant d'Alfaro. On va passer à

Calahorra, 18 kil., 6,000 hab., ancienne *Calagurris* des Romains. Siége d'un évêché important, suffragant de Burgos.

Cette ville est bâtie sur le versant d'une colline qui fait face au cours de l'Èbre, à l'endroit où ce fleuve reçoit le *Cidados*, qui passe au bas de la ville, et l'Ega, qui vient du côté opposé.

Calahorra, autrefois importante, n'est plus qu'une vieille cité, étrangère à toutes les transformations modernes. Tout y est ancien : les édifices, les maisons, les usages ; l'aspect en est triste. — Elle n'a à offrir au voyageur que sa cathédrale, dont le portail gothique date des premiers siècles du catholicisme en Espagne ; sa place de l'hôtel de ville, entourée d'arceaux selon le modèle ordinaire, et un vaste couvent dans lequel on a trouvé place pour un théâtre, une école et une prison.

Calahorra a d'importants souvenirs historiques. Lorsqu'elle était Calagurris, cité romaine, elle prit parti pour Sertorius contre Pompée qui en fit deux fois le siège. Le second siège fut horrible. Les Calagurritains se défendirent, sous les ordres de Sertorius, avec une persistance qui fut un des plus grands actes d'héroïsme de l'antiquité. Affamés, mais résistant encore, les défenseurs de Calagurris en vinrent à manger, dit-on, la chair de leurs femmes et de leurs enfants qui mouraient épuisés par la famine. La ville fut enfin forcée de se rendre ; les habitants furent tués sans pitié, la place fut rasée.

Rebâtie sous César, cette ville devint importante sous les Goths et sous les Maures. En 1054, le roi don Garcia de Castille l'enleva aux Arabes.

Quelques années plus tard, elle fut défendue par le Cid contre les troupes du roi d'Aragon.

Calahorra vit depuis entrer dans ses murs : en 1366, Henri de Transtamarre, avec les grandes compagnies de Bertrand Duguesclin, vainqueur de Pierre le Cruel ; — en 1813, le maréchal Clausel, à la tête des Français, qui suivaient la route que nous parcourons.

Calahorra est la patrie du célèbre Quintilien.

À 20 kil. environ., au sud de cette ville, près du village d'*Aruedillo*, jaillit une abondante source d'eau thermale à 50 degrés de chaleur. Il y a un établissement de bains assez confortable et très-fréquenté.

Après avoir quitté Calahorra, on traverse plusieurs localités peu importantes, et l'on atteint

Logroño, 40 kil., 7,000 hab.; chef-lieu de l'une des provinces qui forment la capitainerie générale de la Vieille-Castille. Nous avons déjà parlé de cette ville en terminant la route n° 31 (page 198).

Le voyageur, suivant le tracé du chemin de fer, ou la route de terre, continue ensuite à longer la rive droite de l'Èbre ; il va plus loin franchir la *Najerilla*, à l'endroit où cette rivière se jette dans le fleuve.

Après avoir passé à *San Ascencio*, 27 kil.; — à *Briones*, 5 kil. 1/2, 2,800 hab., — on arrive à

Haro, 6 kil., 6,400 hab. Cette ville est située dans une vallée fertile et parfaitement cultivée, fermée au nord par les montagnes de *Toloño*, qui resserrent ici le cours de l'Èbre.

Haro a donné son nom au comté dont le titre a été rendu célèbre par le comte de Haro, premier ministre de Philippe IV ; c'est ce ministre qui, en 1659, vint à l'île de *la Conférence*, dans la Bidassoa, traiter avec Mazarin la paix des Pyrénées et conclure le mariage de l'Infante avec Louis XIV.

3° D'*Haro* à *Bilbao*. — Le chemin de fer est livré depuis *Haro* jusqu'à *Bilbao*.

En partant d'Haro on se dirige, en suivant l'Èbre, vers

Miranda, 20 kil., 2,600 hab. Station où le chemin de fer que nous suivons croise celui du nord de l'Espagne.

Il va passer ensuite aux stations de : — *Pobes*, 16 kil; — *Izarra*, 19 kil.; — *Orduña*, 29 kil.; — *Amurrio*, 7 kil.; — *Areta*, 15 kil. — *Arrigoriaga*, 10 kil., et l'on arrive à **Bilbao**, 10 kil.

Pour le détail de cette partie de l'itinéraire, voir la route n° 4, de *Miranda* à *Bilbao*, que nous avons déjà décrite, page 144.

ROUTE N° 45. — D'AX (France) A URGEL ET A BARCELONE.

Parfois des voyageurs, étant aux bains des Pyrénées, veulent faire une excursion en Espagne, par le val d'Andorre jusqu'à Urgel, et de là jusqu'à Barcelone.

Voici la route qu'ils auront à suivre :

Ax, 1,680 hab., chef-lieu de canton du département de l'Ariége, et centre de nombreux établissements de bains thermaux et sulfureux. On y compte plus de cinquante sources, dont la température varie entre 43 et 75 degrés. — Des routes venant de Toulouse, de Foix, de Saint-Girons, aboutissent à Ax.

En partant d'*Ax*, on prend la route qui va à l'*Hospitalet*, c'est-à-dire au pied des Pyrénées. On va en voiture jusqu'à

Mérens, 8 kil., 700 hab. Là s'arrête la route et commence le chemin qui ne peut être parcouru qu'à cheval et surtout à dos de mulet, la meilleure monture dont on puisse se servir dans toutes les Pyrénées. On arrive ainsi en deux heures de marche, à

L'Hospitalet, 9 kil., 150 hab., dernier village français, à l'entrée du défilé de la montagne. — Un quart d'heure après, en remontant le cours torrentueux de l'Ariége, on parvient au

Pont de Cerda, où l'on franchit la frontière des deux pays, et où l'on trouve le poste des douaniers espagnols à la visite desquels on soumet ses bagages. (Voir *Douanes*, page 31.)

A partir de là, le chemin s'engage sur le flanc de la montagne, tantôt à travers les pentes des rochers, tantôt dans des gorges rocailleuses et arides.

L'ascension de ce chemin de fer perdu dans les Pyrénées est lente, pénible, elle conduit enfin à une hauteur de 2,500 mètres. — Du haut de ce sommet le voyageur voit en face de lui se dérouler au pied des monts tout le pays du *Val d'Andorre*.

Il commence à descendre le versant sud ; ce côté est moins aride que l'autre ; les arbres verts et les pâturages élevés couvrent çà et là le flanc de la montagne. On parvient ainsi jusqu'à une gorge assez verte, au fond de laquelle coule la *Valira*, tout près de sa source.

Enfin, après avoir continué à descendre, on trouve à l'issue du défilé :

Soldeu, le premier village de la république d'Andorre. — Après trois quarts d'heure de marche, on atteint le second :

Canillo, bourg de 650 hab., au delà duquel on traverse sur un pont la Valira dont on va prendre la rive gauche.

Le chemin passe près d'une chapelle, celle de *Mérichel*, qui est un lieu de pèlerinage très-fréquenté par les Andorrans. Après être revenu par un autre pont sur la rive droite de la Valira, on arrive à

En-Camp, 550 hab., charmant village, sur une élévation, entouré d'une campagne très-bien cultivée et de l'aspect le plus pittoresque. A une heure et demie de là, on passe à

Las Escaldas, 300 hab., autre village d'un aspect très-florissant, entouré de rochers énormes au pied desquels jaillissent des sources minérales et sulfureuses. Il y a deux établissements de bains bien tenus et fréquentés.

On continue à suivre la vallée de la Valira, dont les rives sont couvertes de belles cultures; on parvient jusqu'au ruisseau l'*Ordino*, qu'on traverse, et l'on arrive à

Andorra, 900 hab. Siége du gouvernement de la république d'Andorre, et le plus important des bourgs de la vallée.

Le pays d'*Andorre* est un état indépendant, un petit territoire neutre, au pied des montagnes qui séparent deux grandes nations.

Sa plus grande longueur est de 40 kil. de l'est à l'ouest, et de 32 kil. du nord au sud.

Il se divise en six communes ou paroisses : Andorra, San Julian de Loria, Canillo, En-Camp, Ordino et Massana.

La république d'Andorre a une armée de 600 hommes, qui se réunit une fois par an pour une revue.

Ce petit État, qui appartenait autrefois au prince-évêque d'Urgel, a subi plusieurs fois le contre-coup de la lutte politique et militaire entre la France et l'Espagne. Mais Napoléon Ier lui a rendu son ancienne indépendance, son organisation antérieure, et depuis rien n'y a été changé. La république est gouvernée par deux viguiers, nommés l'un par le préfet de l'Ariége au nom du gouvernement français; l'autre par le prince-évêque d'Urgel. C'est celui-ci qui a le pouvoir actif; l'autre est surtout honoraire.

La justice est exercée par deux baillis que nomment les viguiers, et en cas d'appel un juge supérieur décide. Il peut y avoir aussi appel définitif auprès du souverain, qui, selon son tour, a nommé ce juge.

Il y a un conseil général de vingt-quatre membres. C'est l'assemblée nationale du pays.

Pas de codes, pas de lois écrites; les lois de l'usage, la tradition, la conscience du juge suffisent dans cet heureux pays. Pas d'impôts; mais une simple *quistia*, modeste tribut alternativement perçu par la France et par l'évêque d'Urgel. Chaque paroisse entretient ses chemins.

IIe RÉGION. — D'AX A URGEL ET A BARCELONE.

L'agriculture, les pâturages, quelques industries fort simples, et surtout la contrebande organisée entre la France et l'Espagne, constituent toute la richesse des Andorrans. Mais ce petit peuple est libre, très-religieux, bienveillant, hospitalier, paisible, très-résolu à garder son indépendance ; et il est heureux. L'aspect de bien-être qui règne dans tout le pays d'Andorre frappe autant le voyageur que la simplicité toute primitive de cette contrée. — Heureuse vallée; digne de figurer comme dans les opéras-comiques; heureuse république qui est un vrai petit roman politique caché au fond d'une vallée des Pyrénées !...

Après avoir visité la modeste capitale du pays d'Andorre, on passe à

Santa Coloma, hameau d'une centaine d'hab., à une demi-heure d'Andorre. On franchit un torrent ; on suit la rive droite de la Valira, et après avoir traversé cette rivière on entre à

San Julian de Loria, à une lieue, 600 hab., l'une des six paroisses ou communes de la république. On y trouve des dépôts considérables de marchandises provenant de France et d'Espagne et placées en magasin sur ce territoire neutre pour être introduites en contrebande dans les deux pays.

En quittant San Julian, on franchit un torrent qui tombe de la montagne, et à trois quarts de lieue de là on arrive à la frontière du territoire d'Andorre. Encore quelques pas et un poste de douaniers apprend au voyageur qu'il est maintenant sur le sol de l'Espagne.

Le chemin suit un défilé; il rencontre de nouveau la Valira qu'il traverse pour en gagner la rive droite, et mène à

Anserrall, 12 kil., 210 hab., village situé dans un vallon très-agréable. Ici la campagne devient très-belle ; elle offre l'aspect d'une fertilité remarquable et se montre partout bien cultivée. Le chemin qui la parcourt conduit enfin à

Urgel, 8 kil., 3,000 hab. Place de guerre; siége d'un évêché; chef-lieu d'un district judiciaire.

Trois forts placés en avant d'Urgel, lui servent de défense; ce sont : la citadelle et deux forteresses, le *Castillo* et la tour de *Solsona*. La place est entourée d'une forte muraille percée de quatre portes. On pourra y visiter : la cathédrale de style gothique; le palais des princes-évêques; quelques anciens couvents.

Les Français s'emparèrent d'Urgel et incendièrent cette ville 1694; elle fut prise de nouveau par eux en 1794, et saccagée en punition de sa longue résistance. En 1827, elle fut le foyer de l'insurrection carliste. Le comte d'Espagne, qui commandait les insurgés, fut assassiné par eux et son cadavre fut jeté dans la Sègre, aux portes d'Urgel.

La *Sègre* et la *Valira*, qui descendent des Pyrénées, viennent se réunir au delà de cette ville dont elles entourent en grande partie les murs, et à laquelle elles font une seconde défense. Alentour, les collines dessinent une sorte de bassin.

A gauche, un chemin, se dirigeant au nord-est, remonte la vallée de la Sègre et va d'Urgel à Puycerda, à Livia, à Montlouis, à Olette et à *Prades* (France).

Prenons au sud la route qui mène à Barcelone. A la sortie d'Urgel elle franchit la *Sègre* et s'engage dans un défilé pittoresque, profond et sombre, creusé à travers d'énormes masses de rochers. On arrive à

Orgaña, 27 kil., bourg de 950 hab., dans un vallon où coule la *Sègre*. Au-delà on franchit trois fois les sinuosités de cette rivière, et, suivant la vallée par la rive gauche, on atteint

Oliana, 22 kil., 460 hab., vieux bourg qui conserve encore des constructions arabes. Il est entouré de magnifiques campagnes. On ne trouve guère à y remarquer que le portail de l'église qui est fort ancienne, et la laideur des rues.

La route quitte maintenant la vallée de la Sègre, qui se dirige au sud vers Lerida. On tourne à gauche, vers l'est ; on franchit la petite rivière de *Salada*, et l'on parvient dans une plaine au milieu de laquelle s'élève

Solsona, 17 kil., 2,000 hab., petite ville forte, entourée de murailles et bâtie sur une éminence, au bord du *Ruisseau noir*.

On y trouve des usines métallurgiques et des fabriques de couteaux catalans. On y remarquera une vieille église gothique et un ancien palais des ducs de Cardona.

En quittant Solsona, la route devient mauvaise. Elle s'engage dans une région montagneuse et parfois très-sauvage, qu'elle est forcée de franchir pour arriver dans la vallée du *Cardona*. On franchit cette rivière sur un pont de sept arches et on entre à

Cardona, 17 kil., 2,000 hab., autre place fortifiée. Cette ville est une véritable forteresse. Une solide muraille flanquée de tours lui sert d'enceinte. Au pied des murs coule le Cardona, qui en enveloppe presque entièrement le périmètre, comme les fossés creusés au pied des anciens châteaux forts. Au-dessus de la ville, au sommet d'une montagne, à 450 mètres au-dessus de la vallée, se dresse le château de Cardona, vraie citadelle à l'épreuve des bombes et à peine accessible par les hauteurs rapides qui serpentent au flanc du rocher.

Cardona possède une des plus vieilles églises de l'Espagne; celle-ci remonte au viiie siècle, et, dans une crypte creusée sous le maître-autel, elle conserve les corps de deux martyrs, les reliques de san Hemeterio et san Celedonio.

Entre la ville et la citadelle s'élève un rocher considérable, blanc, cristallin, étincelant au soleil : c'est une montagne de sel gemme. Ce bloc est d'une pureté admirable et suffit à une exploitation active. Dans l'intérieur sont des grottes qui sont de vrais palais de cristaux. Au pied de cette montagne, la rivière qui en détrempe la base est salée et conserve pendant deux ou trois lieues encore le goût du sel.

Le chemin rencontre de nouveau une région fort accidentée; elle circule parmi les collines et les rochers jusqu'à la descente qui mène à

Suria, 17 kil., 500 hab., village situé dans un pays assez boisé; et l'on suit le cours du Cardona jusqu'à

Manresa, 22 kil. et demi, 13,500 hab., ancienne ville romaine, peuplée aujourd'hui d'usines, de fabriques de draps et de distilleries, (Voir plus haut, page 242.)

Ici le voyageur trouve le chemin de fer qui vient de Saragosse, de Lerida, passe à *Manresa* et se dirige sur Barcelone. Nous avons décrit l'itinéraire de cette ligne (voir route n° 42, p. 242), et les localités comprises entre *Manresa* et *Saragosse*.

Bornons-nous donc à rappeler que le chemin de fer, partant de Manresa, passe aux stations suivantes : — *San Vicente*, 8 kil.; — *Monistrol*, 6 kil.; — **Tarrasa**, 18 kil.; — *Sabadell*, 10 kil.; — *Serdanyola*, 8 kil.; — *Moncada*, 4 kil.; — et **Barcelone**, 11 kil., 153,000 hab. (V. page 233.)

ROUTE N° 46. — DE BARCELONE A VICQ.

(CHEMIN DE FER ET ROUTE DE TERRE.)

En partant de Barcelone on prend le chemin de fer qui mène à *Granollers*. Pendant 10 kilomètres cette ligne se confond avec celle de Barcelone à Saragosse.

On passe donc aux stations de

Clot, 3 kil., centre d'usines et de fabriques considérables.

Horta, 2 kil., village composé de belles maisons de campagne, entouré de riches cultures. On y voit une maison qu'habita l'archiduc Charles d'Autriche, qui disputa le trône à Philippe V.

San Andrès, 2 kil. et demi, ville très-active et considérable ; grand commerce agricole. Le général Prim y remporta, en 1843, un succès sur les insurgés de Catalogne.

Santa Coloma, 1 kil. et demi, village d'agriculteurs avec quelques usines aux environs.

Moncada, 3 kil., 250 hab. Ici le chemin de fer se divise en deux branches. L'une va, à l'ouest, vers Saragosse ; l'autre, que nous allons suivre, se dirige, au nord, vers *Granollers*.

En quittant *Moncada* on passe le *Ripollet* sur un pont métallique ; plus loin, sur un autre pont du même genre, un ruisseau, et on atteint

San Vicente de Mollet, 5 kil., 900 hab. A cette station on trouve un service régulier en correspondance avec les trains, pour conduire les voyageurs à 20 kil. de là, aux bains renommés de *Caldas de Monbuy*.

Les sources y fournissent en abondance une eau thermale à 67 degrés, très-chargée de chlorure de sodium. Il y a des établissements très-suffisants et très-fréquentés.

Le chemin de fer franchit ensuite le ruisseau le *Mollet*, et sur un viaduc très-hardi, le ruisseau très-encaissé de *Parets* ; puis il entre dans une vaste et riche plaine où l'on trouve

Montmelo, 3 kil., 300 hab., village bâti entre deux collines, et que les wagons traversent. Au-dessus de la voie, les deux côtés du village sont en communication par un pont.

On franchit encore sur un pont métallique un autre ruisseau, le *Congost*, et l'on arrive bientôt à

Granollers, 8 kil., 3,600 hab., petite ville fort ancienne, chef-lieu d'un district judiciaire ; localité très-commerçante, et bien bâtie.

On y voit les restes de ses anciennes fortifications ; la *Plaza Mayor*, qui a un aspect monumental, et une église du XIIIe siècle.

Aux environs, le touriste visitera : l'ermitage de Notre-Dame de *Bellula* ; les ruines du vieux château fort de la *Roca* ; la belle église de *San Feliz de Canovellas* et le *Monseny*, blanc de neiges glacées ; la chapelle et le monastère de *San Miguel*, placés au flanc d'une montagne creusée par des grottes profondes où mugissent les eaux souterrains, et devant laquelle s'étend un amphithéâtre admirable formé par d'énormes rochers desquels jaillissent des cascades.

Le district de Granollers possède plusieurs sources d'eaux thermales et d'eaux minérales d'une grande efficacité.

A droite, le chemin de fer continue vers *Hostalrich*, *Empalme*, et bientôt atteindra *Girone*. Plus tard, il se prolongera jusqu'à Perpignan.

Mais pour aller à Vicq, il faut ici laisser le chemin de fer et tourner à gauche pour prendre la route qui mène à

La Garriga, 8 kil., 1,200 hab., bourg important à l'entrée de la vallée où coule le *Congost*. On passe à

Aguafreda, 8 kil., 360 hab., dans un pays très-accidenté ; à

Centellas, 7 kil. 1/2, 1,500 hab., bourg placé dans une vallée très-étroite, au pied d'une montagne. On y voit une église de style grec surmontée d'une tour élevée, et les ruines du palais des comtes de Centellas.

Le chemin, dans son parcours difficile à travers des gorges étroites entre les montagnes, rencontre

Balaña, 3 kil., 650 hab., dans un site très-abrupt ; population de pasteurs ;

Colsespina, 3 kil., auquel est réuni le bourg de *Tona*, ensemble 1,700 hab.; endroit renommé par ses fromages ; ces deux bourgs sont comme deux forteresses qui gardent le passage des défilés au delà desquels s'ouvre enfin la plaine.

Vicq, 3 kil. 1/2, 12,200 hab.; siège d'un évêché fort ancien ; chef-lieu d'un district judiciaire ; autrefois place fortifiée, ainsi que l'attestent les ruines des murailles qu'on voit encore autour de la plus vieille partie de la ville.

Malgré les accidents du terrain élevé sur lequel elle est bâtie, cette ville est en général bien construite. Elle possède quelques édifices importants.

La *cathédrale*, toute moderne, bâtie sur l'emplacement d'une église du Ve siècle, est d'un aspect très-monumental. La façade porte de nombreuses sculptures et des statues. Le maître-autel est un admirable ouvrage en albâtre, dont le style délicat et gothique contraste avec l'architecture grecque du monument. A côté de l'église est un fort beau cloître gothique du XIIIe siècle. L'autel principal renferme des reliques précieuses.

On remarquera encore à Vicq : l'évêché ; la *plaza Mayor*, entourée de vieilles maisons à rez-de-chaussée en arceaux ; les chapelles de deux couvents ; la chapelle *Santa Eulalia* et la belle promenade de la Rambla.

On trouve à Vicq des chemins qui vont à Manresa, à la station d'Hostalrich, à Girone, à Urgel, enfin celui qui mène à Puycerda, et dont nous allons parler.

En 1810, les Français prirent Vicq, s'y fortifièrent et repoussèrent les Espagnols. En 1847, la ville bloquée et menacée par des bandes carlistes leur résista bravement jusqu'à l'arrivée de l'armée royale.

ROUTE N° 47. — DE BARCELONE A PUYCERDA ET A LA FRONTIÈRE FRANÇAISE.

(CHEMIN DE FER ET ROUTE DE TERRE.)

De *Barcelone*, pour aller à *Puycerda*, on suit jusqu'à *Vicq* la route n° 46 que nous venons de décrire.

A partir de Vicq, on prend le chemin qui remonte la vallée de la *Ter*, dont il longe la rive droite. On passe à

Voltrega, 5 kil. 1/2, 260 hab., sur le bord de cette rivière à

San Esteban de Viñolas, 6 kil., 250 hab., autre village placé au bord de la Ter, au pied de la chaîne de montagnes qui en resserre la vallée ; et l'on parvient à

Ripoll, 8 kil., 1,250 hab. Cette petite ville, qui était autrefois bien plus importante et possédait de beaux édifices, a été dévastée, presque détruite par l'incendie, pendant la guerre des carlistes et des christinos. Cet acte de barbarie n'a laissé que des ruines à la place du magnifique monastère des bénédictins dans lequel Vifredo comte de Barcelone, avait fondé la sépulture de sa dynastie ; mais ces ruines mêmes attestent la beauté du monument anéanti. La façade est une des plus curieuses que la bizarrerie de l'art puisse enfanter ; les sculptures de toutes sortes dont elle est chargée, le travail patient qui en a fouillé, transformé, animé la moindre pierre, offrent une profusion inouïe de détails. Quant à ce qui reste de l'intérieur du monument, on y a mélangé les styles de sept ou huit siècles différents ; le cloître en ruine est encore d'une ampleur saisissante, et d'un travail minutieux dans ses ornements.

La ville de Ripoll s'efforce de se relever de ce désastre. Sa reconstruction continue sans cesse. Deux rivières, la *Ter* et le *Frazer* entourent une moitié de Ripoll et se réunissent, du côté sud, au pied de ses murs.

Deux chemins partent de Ripoll et se dirigent vers la France, par les Pyrénées. L'un remonte le cours de la Ter, va à *Comprodon*, franchit les montagnes et mène à *Prats de Mollo* et *Céret* (France).

L'autre remonte le cours du Frazer vers *Puycerda, Livia, Montlouis* et *Olette* (France). C'est celui que nous suivons.

Il parcourt toute une vallée encaissée entre de hautes chaines de montagnes, contrefort des Pyrénées. Tout ce trajet se fait à travers la contrée la plus pittoresque et la plus accidentée. Les gorges étroites où courent les torrents, les vallées vertes et fraîches surmontées de roches nues, se succèdent sans discontinuer. On passe à

San Cristobal, 4 kil., 600 hab., agglomération de forges catalanes, dans un pays où le sol abonde de minerai de fer ; on entre ensuite dans un défilé étroit, dont les flancs sont formés de rochers et de cavernes ; ces cavernes furent en 1809, des forteresses pour les Espagnols combattant contre les Français.

Le chemin à la sortie de cette gorge mène à

Ribas, 7 kil., 950 hab., au confluent des trois petits torrents qui forment le Frazer. Près de ce bourg sont deux sources d'eau minérale froide, très-purgative.

Le chemin de fer, en s'engageant au delà de *Ribas* dans la chaine des Pyrénées, devient plus difficile, plus accidenté encore. Il traverse, par mille variations violentes du terrain, la *sierra de Cadix*, et après avoir rencontré deux villages perdus dans cet amas de rochers, de montagnes, de précipices, on monte jusqu'au *col de Tosas*.

A partir de ce sommet, on descend par un versant beaucoup plus court que le versant sud et bien moins tourmenté, vers

Puycerda, 23 kil., 1,900 hab. Cette ville autrefois fortifié n'a plus aujourd'hui pour enceinte qu'une muraille qui conviendrait beaucoup mieux à un jardin potager qu'à une ville frontière.

La ville est bâtie sur le versant d'une colline ; ses rues sont fort laides, ses maisons mal construites; l'intérieur de la ville doit donner aux touristes des Pyrénées une déplorable idée des villes espagnoles et de leur édilité.

On y remarquera toutefois : l'église *Santa Barbara*, qui a trois nefs gothiques et très-obscures; une ancienne habitation mauresque et la place à arcades de l'hôtel de ville.

Au sommet du plateau s'élevait autrefois une citadelle, qui, prise en 1678 par les Français, fut rasée et n'a jamais été reconstruite.

De *Puycerda* partent des chemins qui vont : — l'un, descendant la vallée de la Sègre, vers *Urgel*; — un autre, au nord-est, vers *Sallat* et *l'Hospitalet* (France) ; — un troisième, remontant en partie le cours de la Sègre, vers *via, Montlouis* et *Olette* (France).

ROUTE N° 48. — DE BARCELONE A MARTORELL.
(CHEMIN DE FER.)

La gare de départ est à l'extrémité de la Rambla, au N. O. de la ville. Le voyageur traverse cette magnifique campagne qui entoure Barcelone et dont nous avons déjà parlé; ces villages, ces bourgs peuplés d'habitants industrieux; cette plaine hérissée de hautes cheminées d'usines. On passe à

Sans, 3 kil., 3,500 hab., une véritable petite ville toute moderne, formée de maisons élégantes; entourée d'usines et de filatures de coton.

On suit la route en ligne droite, bordée d'habitations qui forment comme une rue depuis *Sans* jusqu'à

Bordeta, 1 kil., 1,100 hab., bourg important, peuplé d'usines, entouré de jardins et de villas. En vue de la ligne, se dresse à droite une ancienne tour au sommet de la montagne *San Pedro*. Bientôt la voie débouche dans une vaste plaine couverte de magnifiques cultures, sillonnée d'irrigations, où l'on trouve :

L'Hospitalet, 1 kil., 2,900 hab., bourg de cultivateurs. On continue à voir des deux côtés de la ligne de belles maisons de campagne; on passe devant une vaste ferme modèle, et on parvient à

Cornella, 3 kil., 1,550 hab. On y retrouve des filatures considérables et on y remarque une vieille église d'un très-bon style. Toute la plaine environnante est aussi bien arrosée que celle de Valence. A droite et à gauche, au pied des collines qui bordent la plaine, on voit de charmants villages.

San Feliu de Llobregat, 3 kil., 2,600 hab., petite ville où, comme dans toute cette partie de la Catalogne, les femmes fabriquent de la dentelle. Après un parcours dans une région plus inégale, à travers quelques collines, on atteint

Molins del Rey, 4 kil., 3,000 hab. Autour de cette petite ville est une autre plaine sillonnée d'irrigations et très-fertile. *Molins* est au bord du Llobregat, avec un beau pont sur cette rivière. A la sortie de la plaine on retrouve les collines, plus tard on traverse le tunnel de *Palleja*, et on passe devant.

Papiol, 6 kil., 1,000 hab., bourg bâti sur une colline au sommet de laquelle s'élève un vieux château en ruine. Après avoir longé le cours du Llobregat et être passé sous un long tunnel, on arrive à

Martorell, 6 kil., 4,300 hab. Depuis plusieurs années, cette petite ville est tête de ligne du chemin de fer que nous venons de parcourir pendant 27 kil. Elle est bâtie sur une éminence au pied de laquelle s'élève un vieux pont romain parfaitement conservé. C'est une seule arche ogivale, très-hardie, élégante, d'une solidité prodigieuse, avec une sorte de portique dressé au-dessus de la voie et au sommet du pont. De ce point on domine le cours du Llobregat et les deux côtés de sa pittoresque vallée jusqu'à un horizon très-éloigné. Ce pont se nomme le *pont du Diable*.

On peut prendre à Marthorel des voitures à volonté pour aller à Colbato et de là au *Montserrat*, dont nous avons parlé. (Route 42, page 240.)

ROUTE N° 49. — DE BARCELONE A TARRAGONE.

La route de Barcelone à Tarragone est le commencement de la grande ligne qui longe le littoral de la Méditerranée et s'en va aux bouches de l'*Èbre*, à *Peniscola* et à *Valence*. (Voir la carte.)

Un chemin de fer suivra cette direction et dans quelques années sans doute, unira *Barcelone* à *Valence*. Jusqu'à Tarragone, il est déjà tracé et en construction. — Mais, en attendant qu'il s'achève, le voyageur doit prendre la grande route de terre, sur laquelle fonctionne, du reste, un service régulier de grandes messageries qui desservent toutes les localités intermédiaires.

A son départ de Barcelone, par cette route, le voyageur traverse toute la contrée que nous venons de décrire (route 48) jusqu'à

Molins del Rey. On continue à travers la plaine jusqu'à

Villarana, 8 kil., 450 hab., bourg de cultivateurs. Ici commence la région montagneuse. La route s'y engage, passe au travers des défilés, descend dans des vallées étroites, et passe sur un viaduc gigantesque qui va d'une montagne à une autre. Elle débouche sur le flanc de celle-ci et gagne des pentes moins rudes. Elle continue ainsi, en passant devant plusieurs *ventas* et en vue de plusieurs villages, jusqu'à la sortie des montagnes. Le voyageur voit s'ouvrir alors devant lui une belle et fraîche vallée qui va s'élargissant jusqu'à la plaine.

Villafranca del Panadès, 11 kil., 5,500 hab., ancienne ville, est bâtie au milieu de cette plaine.

On y remarque un ancien palais des rois d'Aragon; plusieurs belles constructions gothiques qui gardent l'aspect de demeures princières; un ancien hôpital destiné aux pèlerins du Montserrat, et une vieille église gothique au-dessus de laquelle s'élève une très-haute tour qui se termine par une coupole.

Du côté du nord, à l'extrémité de la plaine, on voit la masse imposante du *Montserrat* (v. page 240) qui domine l'horizon.

La route passe à 14 kil. du petit port de *Sitjas*, et après avoir traversé le village de *los Monzes*, mène à

Arbos, 10 kil., 1,250 hab., bourg situé au-dessus d'une charmante vallée. On y visitera l'église *San Julian*, dont l'architecture est très-belle, la façade ornée de statues et surmontée de deux tours d'un bon style. L'intérieur possède de belles sculptures.

Du haut de la colline où est bâti Arbos on aperçoit, à l'est, la Méditerranée, qui est à quatre lieues de là.

La route descend; elle laisse à droite et à gauche plusieurs villages importants qu'on aperçoit sur les hauteurs voisines, et bientôt le voyageur voit en face de lui la haute tour de

Vendrell, 4 kil., 4,400 hab. Cette ville est bâtie sur le versant d'une haute colline. Au-dessus s'élève sa tour à trois étages; à gauche de la route et beaucoup plus près qu'à *Arbos*, on voit la mer qui se perd à l'horizon. Les environs de Vendrell sont bien cultivés et d'un bel aspect.

La route continue à longer la mer de très-près; elle passe sous un arc de triomphe, le *Portal de Barra*, dont on fait remonter aux Romains la construction élégante, solide et admirablement conservée. On parvient jusqu'au bord de la mer, à

Torre den Barra, 15 kil. 1/2, 1,850 hab., bourg de pêcheurs. La route passe au pied d'un bourg :

Altafulla, 4 kil., 1,100 hab., bâti sur une hauteur, en face de la mer. On franchit la rivière la *Gaya*, et pendant que la route s'étend sur la plage, on voit à droite sur une colline une ruine isolée : la *Tour des Scipions*, qu'on suppose, en raison des figures allégoriques qui y sont sculptées, être un tombeau romain. On arrive enfin, en longeant la Méditerranée, à

Tarragone, 7 kil., 12,500 hab.; belle ville qui s'élève sur un site imposant, en face de la mer, à l'embouchure de la rivière Francoli.

Tarragone était au temps des Romains la capitale de la *Tarraconnaise*, et le siége principal du pouvoir de Rome dans la Péninsule. Les consuls, les préteurs, les empereurs même y résidèrent.

Elle n'est plus aujourd'hui qu'un chef-lieu de province, siége d'un archevêché, d'un district judiciaire et d'une intendance militaire. Elle est à peine la moitié de ce qu'était sous les Romains l'importante *Tarraco*.

Malgré la déchéance de sa prospérité, cette ville offre encore au visiteur des monuments et des ruines anciennes dignes de toute son attention.

La cathédrale remonte à 1120. Elle est placée sur un plateau au sommet de la ville, et sa façade gothique est d'une grande beauté. L'intérieur est vaste, orné de vieilles et curieuses tapisseries; les vitraux, les boiseries du chœur et quelques tombeaux sont des œuvres admirables. Le cloître est d'une élégance parfaite. Dans une des chapelles on conserve la main du roi don Jaime Ier d'Aragon; et les restes de plusieurs autres princes aragonais.

L'*archevêché* bâti récemment à la place qu'occupait l'ancien capitole romain est un bel édifice. On visitera encore la *Rambla* dont une partie est bordée de constructions importantes; la vaste place de la Constitution qui remplace le cirque des Romains; le théâtre, l'hôpital, le séminaire, et la belle promenade qui fait le tour des remparts.

Les *antiquités* à visiter sont : la vieille tour qui reste du palais de l'empereur Auguste; les bains romains, près du port; le vaste aqueduc romain, de 8 kil., parfaitement conservé, mais ne servant plus; les voûtes qui restent de l'ancien cirque; les ruines des anciennes murailles, composées de blocs énormes, bâties par les Celtes et augmentées de constructions romaines; trois tours qui remontent à la même époque; et une quantité considérable de débris de colonnes, de marbres, de blocs sculptés, qu'on trouve partout où l'on creuse le sol. Tous les vestiges de la ville antique gisent ensevelis sous la ville actuelle, dont une partie a été édifiée avec ces débris.

Du reste, Tarragone, comme beaucoup d'autres villes dont nous avons parlé, se divise d'une manière très-visible, en deux parties bien distinctes : en haut la vieille cité entourée de ses murs; en bas la ville nouvelle, le port, le mouvement, le commerce.

Une ville aussi ancienne ne peut manquer d'avoir des souvenirs historiques importants. En 467, Tarragone fut prise par les Wisigoths. En 763, les Arabes s'en emparèrent; mais ardemment disputée par les deux adversaires pendant toute la guerre entre les rois chrétiens du nord de l'Espagne et les Maures, Tarragone fut complétement ruinée. Toutes les grandes et belles constructions élevées par les Romains furent dévastées, détruites, et ce ne fut qu'au XII° siècle que la ville se releva de ce désastre.

En 1705, l'archiduc Charles, compétiteur au trône espagnol, s'en rendit maître, et cette place appartint à l'Autriche jusqu'au traité d'Utrecht, qui, en 1713, la rendit à Philippe V. — En 1811, après un siége d'un mois, après cinq assauts repoussés avec une ardeur et une bravoure héroïques, les Français s'emparèrent de Tarragone. Il fallut enlever, arracher chaque partie de la ville à une garnison de 16,000 hommes, à une population en armes qui combattaient avec furie. Tarragone est une des villes où a résisté avec le plus d'intrépidité le patriotisme espagnol, qui, du reste, se déploya partout avec une énergie désespérée contre l'invasion française.

Comme port, Tarragone a peu d'importance. Il est complétement annulé par la proximité de Barcelone.

Un chemin de fer va de Tarragone à Reuss et à Montblanc, pour se continuer plus tard jusqu'à Lerida. — Au sud, la route qui vient de Barcelone se continue le long de la côte vers *Peñiscola*, *Castellon* et *Valence*.

ROUTE N° 50. — DE TARRAGONE A REUSS ET A MONTBLANC.

(CHEMIN DE FER.)

Le chemin de fer de Tarragone à Reuss est un des plus anciens de l'Espagne. Il n'a cependant que 14 kil. de parcours.

Il sort de Tarragone par le côté S. O., traverse la rivière le Fran-

coli, et parcourant un pays plat, mène en vingt-sept minutes à
Reuss, 14 kil., 2,900 hab., ancienne place forte, ville très-industrielle. Elle est remplie de métiers à tisser le coton, le chanvre, la soie, et possède un nombre fort considérable d'usines à vapeur. C'est à cette activité de l'industrie locale qu'est due la création du petit chemin de fer qui relie depuis longtemps Reuss à Tarragone.

Il y a aussi, alentour, toute une population d'agriculteurs, et la contrée est bien cultivée.

Ici, comme à Tarragone, une ville nouvelle, composée de belles constructions, de fabriques, de magasins, s'élève à côté de la petite forteresse d'autrefois et contraste par son mouvement avec l'immobilité du vieux quartier.

On pourra visiter à Reuss : l'église paroissiale, que surmonte une belle tour ; l'hôtel de ville, qui est un bel édifice, et quelques vieux couvents. Reuss a des fabriques de soieries, de passementeries, de toiles peintes, et fait une exportation considérable de vins et de fruits par le chemin de fer et par le port de Tarragone.

Le chemin de fer suivant l'ancienne route de terre, vers Montblanc, arrive par des tranchées à

La Selva, à 5 kil. 1/2, 4,000 hab., ville située sur le versant de hautes collines. Elle possède aussi plusieurs usines. Le chemin, après avoir traversé ces montagnes, va passer à

Alcover, 5 kil., 2,700 hab., autre petite ville avec quelques usines, mais dont la population est surtout agricole. Le chemin de fer longeant la vallée de la rivière dont il remonte le cours, conduit à

Montblanc, 14 kil., 4,300 hab.; ancienne ville forte, encore entourée de murailles flanquées de tours. Elles sont ce qu'il y a de plus curieux dans cette localité autrefois importante, maintenant bien déchue. A deux lieues de là sont les ruines du couvent de *Poblet*, où étaient les sépultures des rois d'Aragon transférées dans la cathédrale de Tarragone où nous les avons indiquées. La campagne environnante est arrosée par le Francoli qui est ici près de sa source.

ROUTE N° 51. — DE TARRAGONE A LERIDA.
(CHEMIN DE FER.)

La route de Tarragone à Lerida se compose en ce moment de deux parties :

1° Le chemin de fer de *Tarragone* à *Montblanc*. — (V. la route précédente.)

2° La route de terre de Montblanc à Lerida, qui sera bientôt remplacée par le prolongement du chemin de fer.

A la sortie de Montblanc, la route de terre et le tracé du chemin de fer se dirigent au N. O. vers Lerida par le même itinéraire.

Après avoir traversé la plaine la route parvient à la chaîne de montagnes qui en coupe transversalement la direction, *la sierra de Prades*. On passe aux stations suivantes qui ont, du reste, très-peu d'importance :

Espluga, 5 kil., 420 hab., village situé à l'issue des tranchées profondes et des défilés de la montagne.

Vimbodi, 3 kil. 1/2, 300 hab., dans une vallée bordée des deux côtés par les contre-forts de la chaîne qu'on vient de traverser. On y voit quelques forges.

Vinaxa, 6 kil. 1/2, 750 hab., dans une plaine plus fertile que les contrées qui précèdent.

Las Borjas de Urgel, 8 kil., 600 hab., bourg fort ancien.

Juneda, 7 kil., 360 hab.

Artesa, 9 kil., 300 hab.

Lerida, 7 kil., 13,000 hab. (Pour *Lerida*, voir route 42, p. 244.)

ROUTE N° 52. — DE TARRAGONE A TORTOSE.

De Tarragone à Tortose, la route et le tracé du chemin de fer en construction suivent le même itinéraire; ils longent ensemble le bord de la mer dont ils ne s'écartent que pour aller passer à Tortose.

Cette ligne est celle qui vient de Barcelone et se dirige par le littoral vers Valence.

En sortant de Tarragone, on franchit le *Francoli* sur un pont de six arches, près de son embouchure dans la mer. On laisse à droite Reuss et toute une belle campagne couverte de vignes, de villages et d'usines. On passe à

Villaseca, 7 kil., 750 hab., bourg qui est à une petite distance de la mer. On laisse à gauche, à l'extrémité d'un petit cap, le port de pêcheurs le *Salon*, et, continuant à travers la belle plaine qui entoure Tarragone, on va jusqu'à

Cambrils, 8 kil., 2,500 hab., autre petit port de pêcheurs et de cabotage. Cette ville était autrefois une place forte ; le clocher ressemble bien plus à la tour d'une forteresse qu'à celle d'une église.

Ici la plaine cesse ; la région accidentée, boisée, montagneuse commence. Les vignes et les arbres verts couvrent ces hauteurs. On parvient à

Hospitalet, 11 kil., ancien caravansérail, *hôpital* pour les voyageurs et les pèlerins, fondé par les princes d'Aragon. Il a aussi l'aspect d'un fort, sous ses murailles épaisses et ses tours. C'est aujourd'hui une *venta* entourée de quelques maisons. A partir de là on aborde la montagne.

Le chemin de fer se creuse un passage au travers ; la route serpente par des courbes sur ces hauteurs couvertes de rochers et de bois épais. C'est là qu'est le funèbre *col de Balaguer*, défilé rendu trop célèbre par l'innombrable quantité d'assassinats qui, depuis des siècles, ont été commis dans cette gorge étroite, déserte et sinistre. Il faudrait dit-on compter par milliers les crimes commis et les cadavres ensevelis dans ce défilé profond.

On quitte enfin cette masse de montagnes pour arriver à une vallée charmante, où l'on trouve :

Perello, 22 kil., 1,150 hab., à une lieue et demie de la mer. Des montagnes entourent le vallon et le bourg. Après avoir traversé encore une contrée très-accidentée, on atteint une large plaine sablonneuse et on se rapproche de la mer, qui fait ici un petit golfe.

Ici, on laisse la route qui, continuant en ligne droite, s'éloigne de la mer, va couper le cours de l'Èbre à 16 kil. de son embouchure, passe à *Amposta*, et se continue vers *Valence*.

En vue du petit golfe, à kil. de *Perello*, on prend une autre route qui tourne à droite et conduit à

Tortose, 22 kil., de *Perello*, 16,000 hab. ; ville forte sur la rive gauche de l'Èbre, à 40 kil. de l'embouchure de ce fleuve.

Tortosa, ancienne *Dertosa*, fut autrefois une ville importante. Elle n'a pas cependant un bel aspect ; ses constructions n'ont rien d'agréable à l'œil. Les seuls édifices à y remarquer sont la cathédrale, qui est un beau monument gothique ; le palais épiscopal, et deux ou trois anciens palais. Cette ville est le siège d'un évêché suffragant de Tarragone ; elle appartient aussi à la province dont Tarragone est le chef-lieu.

Elle possède des fabriques de soierie, de porcelaine, de papier, d'eau-de-vie, de savon, et beaucoup de poisson. La pêche y est importante, car on y a construit, dans le cours de l'Èbre, un barrage qui empêche le poisson de remonter le fleuve. Elle eut autrefois une université qui a été supprimée.

La contrée environnante est riche en mines de fer, de plomb, de mercure, de houille; en carrière de ces marbres et de cet albâtre dont la Catalogne possède de si beaux ouvrages sculptés. Il y a au bord de la mer des salines, et dans la montagne des sources minérales.

Tortose fut un municipe des Romains; les Goths s'en emparèrent; les Maures l'enlevèrent aux Goths; et l'on trouve dans la ville des restes des constructions de ces trois conquérants. — En 1141, le comte de Barcelone arracha cette place importante aux Arabes. — En 1649, les Français la prirent au roi Philippe IV. Les armées de l'empire l'occupèrent en 1811.

Tortose est à 150 kil. de Barcelone et à 410 kil. de Madrid.

A partir de cette ville, la route et le chemin, après avoir longé pendant 5 kil., le cours de l'Èbre, qu'on franchit à sa sortie sur un beau pont, se dirigent vers le littoral, vers *Peñiscola* et *Valence*.

ROUTE N° 53. — DE TARRAGONE A PEÑISCOLA.

De *Tarragone* jusqu'à *Perello*, on suit la route et le tracé du chemin de fer que nous venons d'indiquer à l'itinéraire précédent. (Route 52.)

A 7 kil., au delà de Perello, la route se bifurque. Le tracé du chemin de fer oblique à droite, va passer à *Tortose*, 15 kil., et, en décrivant une courbe, revient à *Uldecond*, à *Benicarlo* et à *Peñiscola*. — C'est cet itinéraire qu'on suivra lorsque le chemin de fer sera en exploitation.

Mais jusque-là, on continue à suivre la route directe de terre. Celle-ci, en s'éloignant de *Perello*, va en ligne droite, et arrive jusqu'à l'Èbre, qu'elle rencontre à 46 kil. de l'endroit où ce fleuve se jette dans la Méditerranée. On traverse le fleuve, qui est ici fort large, et on entre à

Amposta, 22 kil., 1,750 hab., bourg important. Il est situé au bord du fleuve, et à la jonction de l'Èbre avec le petit canal de navigation qui va droit à la mer, près de Rapita.

San Carlos de Rapita, 8 kil., 1,200 hab., bourg de construction récente et d'un aspect très-uniforme, est bâti au fond du *port des Alfaques*.

A cet endroit, la mer forme une baie; près du port, vient déboucher dans cette baie le petit canal qui part d'Amposta et qui remplace pour la navigation les bouches de l'Èbre, impraticables aux navires.

La route longe la mer, qui se déroule à gauche sous le regard du voyageur; on franchit la *Cenia*, qui se jette dans la mer et qui depuis 30 kil. sert de limite aux deux capitaineries générales de Catalogne et de Valence.

On quitte donc la Catalogne, en vue d'une tour carrée qui marque aussi la frontière de ces deux grandes provinces. On passe un ruisseau, le *Cervol*, et la première ville qu'on rencontre sur le territoire du pays de Valence est

Vinaroz, 18 kil., 9,000 hab., port de pêcheurs et de cabotage, ancienne ville fortifiée.

Cette ville est bien bâtie; devant elle s'étend une plage unie et très-large, le long de laquelle sont rangés les bateaux. — C'est à Vinaroz que mourut, en 1742, le maréchal duc de Vendôme.

La route, ayant à gauche la mer, à droite de belles campagnes et de riches vignobles, conduit à

Benicarlo, 5 kil., 6,000 hab., ancienne ville fortifiée, encore entourée de murs et de fossés. La ville forme un ensemble assez laid d'habitations médiocres, au milieu desquelles s'élèvent les restes d'un vieux château fort. Les vins de Benicarlo, comme ceux de toute cette contrée, sont fort estimés.

La ville a un petit port très-négligé, sans importance, qui, comme celui de Valence, s'appelle le *Grao*.

En sortant de Benicarlo, la route se bifurque : la ligne principale se continue en ligne droite, vers *Castellon* et *Valence*; — une autre se détourne à gauche pour aller passer, tout près de là, à

Peñiscola, 4 kil., 2,000 hab. La côte fait ici une pointe isolée dans la mer; cette pointe est une montagne, un roc de 68 mètres de hauteur, qui est entouré par les flots. Un banc de sable, souvent couvert par la vague, unit seul au continent cette sorte de forteresse.

Sur cette montagne à pic est bâtie Peñiscola, une des plus anciennes villes de la péninsule; véritable sentinelle avancée, entourée de murs et surmontée d'un vieux château qui sert aux magasins de la troupe.

Cette ville n'est peuplée que de pêcheurs et des paysans qui cultivent la campagne du littoral.

On fait remonter aux Carthaginois la fondation de Peñiscola. Elle fut ensuite prise par les Romains, puis par les Goths, et plus tard par les Maures. En 1233, le roi d'Aragon l'enleva aux Arabes et en fit don à l'ordre des Templiers. Elle appartint ensuite à l'ordre de Montessa, et en 1429, fut incorporée à la monarchie.

En 1811, les Français s'en emparèrent après douze jours de bombardement. Ils y furent assiégés à leur tour en 1814 par les Anglais et capitulèrent après un nouveau bombardement qui fut terrible.

Une route de 4 kil. descend de Peñiscola et vient sur le littoral rejoindre la grande ligne de Barcelone à Valence, qui la met en relation directe avec ces deux villes et les autres ports de la côte.

ITINÉRAIRE. — TROISIÈME RÉGION.

Nouvelle Castille. — Valence. — Murcie.

ROUTE N° 54. — DE MADRID A CUENCA.

La route de Madrid à Cuenca, sort de Madrid par la porte d'Atocha, entre la gare du chemin de fer d'Alicante et l'église d'Atocha, placée, ainsi que l'hôtel des invalides, sur une hauteur hors de Madrid. On passe à

Vallecas, 5 kil., 1,600 hab., dont on remarque l'église paroissiale ; et parcourant la plaine aride et nue qui entoure la capitale, on atteint

Vacia-Madrid, 11 kil, 250 hab. Dans cet humble village, s'élèvent encore quelques vieilles constructions, qui furent des palais. Le mieux conservé est celui des comtes d'Altamira.

Plus loin, on franchit sur un beau pont suspendu, le *Jarrama*, et l'on parvient à une contrée où la campagne prend enfin l'aspect de la fertilité. On y trouve

Arganda, 5 kil. 1/2, 3,000 hab., dans une vallée agréable ;

Perales de Tajuña, 11 kil., 1,550 hab. ; vieux bourg bâti dans un beau site, au pied d'une haute colline, dans une campagne toute plantée de vignes et d'oliviers. La route franchit la rivière le *Tajuña*, et va descendre à

Villarejo de Salvañes, 11 kil., 3,000 hab., petite ville située dans un vallon qu'entourent des hauteurs considérables. Sur l'une de ces hauteurs sont les ruines d'un vieux château fort.

Après avoir traversé toute une région montagneuse et boisée, on débouche dans une plaine où est situé

Fentidueña de Tajo, 11 kil., 750 hab., vieux bourg en face duquel s'élève une haute colline surmontée d'un ancien donjon. Entre le bourg et cette colline coule le Tage. On passe ce fleuve et l'on traverse une autre plaine plus étendue que la précédente au milieu de laquelle est

Belinchon, 11 kil., 250 hab., première localité de la province de Cuenca. La route après avoir traversé le reste de la plaine, franchit une chaîne de montagnes qui, de ce côté, entourent la province de Madrid, comme le Guadarrama et le Sommosierra la limitent au nord. Sur le versant opposé on arrive à

Tarancon, 6 kil., 5,000 hab., petite ville fort ancienne, bâtie sur les hauteurs, au pied desquelles passe la rivière le *Rianzares*, qui prend sa source tout près de là, dans la chaîne de montagnes.

Le *Rianzarès* a donné son nom à un titre de duc que porte maintenant le duc de Rianzarès, second mari de la reine-mère, Marie-Christine. Le duc est né à Tarancon, et possède aux environs des terres considérables.

C'est sur ses terres qu'est bâti l'ermitage de N. D. de *los Rianzarès*, dans lequel on vénère une statue de la Vierge donnée, dit-on, par un roi goth qui l'avait reçu du pape Grégoire le Grand.

Tarancon possède aussi une belle église gothique à trois nefs. — On laisse à droite la vieille route qui va de Madrid vers Valverde, Castillejo et Valence. On suit une route qui longe le pied de la chaîne de montagnes. On y trouve :

Huelves, 11 kil., 370 hab., sur le versant d'une colline que surmonte un ancien château fort, selon l'usage général du moyen âge.

Alcazar, 5 kil., 1/2, 200 hab., village isolé ayant à gauche les montagnes, à droite une grande plaine ;

Carrascosa, 8 kil., 420 hab., même situation.

On franchit plus loin, sur un pont de pierre la *Giguela* qui prend sa source très-près de là dans les montagnes situées à gauche, parallèlement à la route, et on atteint

Horcajada de la torre, 9 kil., 680 hab., bourg ainsi nommé à cause de la haute tour qui surmonte son église. Il est bâti sur une colline qui domine deux vallées.

La route se rapproche de plus en plus de la chaîne de montagnes, dont elle suit en partie les accidents. Elle traverse encore la Giguela, et passe à

Naharros, 5 kil. 1/2, 200 hab. On coupe ici transversalement une chaîne secondaire de montagnes boisées qui se détache de la précédente et descend perpendiculairement vers le sud. Sur le versant opposé, cette chaîne forme le bassin du *Jucar*. On voyage donc à travers les hauteurs et les pentes de cette chaîne ; on y rencontre deux villages, et l'on descend le versant opposé.

Après cette descente, la route traverse une belle vallée qui longe cette chaîne. On y trouve :

Albaladejito, 11 kil., 150 hab., où l'on franchit le *Jucar* qui descend des montagnes d'Albarracin. La route suit la vallée étroite où serpente cette rivière, et l'on arrive à

Cuenca, 5 kil. 1/2, 7,800 hab., chef-lieu de la province de ce nom ; ville fort ancienne, autrefois bien plus importante.

Cuenca fut surtout au temps des Arabes une ville de guerre, une forteresse. Elle est bâtie sur une colline, dont elle occupe tout le versant ; elle est encore entourée d'une enceinte de murs, avec six portes. Au pied de la colline plusieurs ponts sont construits sur le *Jucar* et le *Huecar*, qui se réunissent par deux vallées étroites à la base de la ville, du côté du sud.

Derrière la colline que surmonte la ville, se dressent de hautes montagnes. Une forteresse mauresque, l'Alcazar, dominait la masse des habitations étagées au flanc de la colline. On comprend que les rues soient très-inégales et offrent des pentes rapides.

Parmi les nombreuses églises de Cuenca, il faut signaler la *cathédrale*, vaste et bel édifice gothique à trois nefs. L'intérieur est curieux à visiter ; les chapelles contiennent presque toutes des objets dignes de l'attention du voyageur : des sculptures, des tableaux, des tombeaux, des grilles ouvragées. La salle du chapitre a des boiseries bizarres ; la sacristie a de riches ornements et le tombeau d'un prélat. Le maître-autel, avec ses énormes colonnes de jaspe, ses sculptures en marbre et en bronze, est un des plus beaux qu'on puisse voir. L'autel même est un tombeau où l'on conserve le corps de l'évêque saint Julien patron de la ville. Le cloître est digne de l'église.

En 177, Cuenca, après neuf mois de siége, fut enlevée aux Arabes par Alfonse VIII, roi de Castille.

En 1706, la ville, restée fidèle à Philippe V, fut forcée de se rendre à l'archiduc Charles d'Autriche, son compétiteur ; mais ensuite elle ouvrit ses portes au roi.

En 1808, les Français commandés par le maréchal Moncey, entrèrent à Cuenca. Quelques jours après un autre corps de l'armée française attaqué par les habitants dévasta la ville, la pilla et faillit l'incendier.

Cuenca est le chef-lieu d'une province qui est une des plus arriérées de l'Espagne, sous le rapport de la civilisation, de l'enseignement et de l'industrie. Importante autrefois par ses colléges, ses fabriques, son commerce, elle est aujourd'hui entièrement déchue et appauvrie. Elle est, du reste, par sa situation, éloignée de la capitale, des ports et des grandes lignes de fer. Cet isolement dans un pays montagneux boisé, parfois sauvage, explique le contraste que présente Cuenca au voyageur qui vient de Valence ou de Barcelone. La population de la contrée ne se compose que de pâtres et d'agriculteurs.

ROUTE N° 55. — DE CUENCA A VALENCE.

La région qui sépare Cuenca de Valence, n'offre pas de souvenirs importants, et les contrées pittoresques y sont rares. Le pays est planté d'arbres verts, d'oliviers, de vignes, mais il est monotone, et la route bordée çà et là de figuiers de Barbarie ou d'aloès couverts de poussière, ne change d'aspect qu'en s'approchant de la belle plaine de Valence.

Après avoir quitté Cuenca, après avoir traversé le ruisseau de *las Moscas*, on passe dans une série de villages mal bâtis et assez tristes qu'il suffit d'indiquer :

Arcas, 11 kil., 560 hab.;

Villar de Soz, 6 kil., 450 hab., où le chemin vient rejoindre l'ancienne route de terre de Madrid à Valence que nous avons quittée à Tarancon pour longer la montagne; on traverse de grands bois de pins, et on va passer à

Nava Bamiro, 14 kil., 380 hab.;

Almadovar del Pinar, 17 kil., 500 hab., entouré de landes et de bois;

Campello, 17 kil., 600 hab.;

La **Puebla Salvador,** 11 kil., 450 hab.;

Minglanilla, 8 kil., 2,000 hab. Ici le pays plat cesse : une région montagneuse commence. A peu de distance de Minglanilla s'étend un vaste banc de sel gemme. Pour son exploitation on y a creusé des galeries profondes et très-curieuses à visiter. L'intérieur est une véritable série de grottes de cristal : les parois ont l'éclat de la nacre et la dureté du granit.

La route descend dans une vallée où elle traverse la rivière le *Cabriel* qui va plus loin se jeter dans le *Xucar*. Plus loin, on traverse deux fois encore les sinuosités de ce cours d'eau, et l'on arrive au pied de la chaîne des *Contreras*, au bas desquelles est une *venta* qui prend leur nom.

La route franchit ces montagnes, descend dans une vallée où elle passe un ruisseau au bord duquel est

Villagordo, 17 kil., 200 hab., village placé dans un site très-agréable au pied des montagnes.

La route remonte sur une nouvelle chaîne de montagnes, redescend dans la vallée où coule le *Magro* et sur le bord de cette rivière passe à

Caudette, 5 kil., 600 hab., où finissent les montagnes, et où commence une plaine. On parcourt cette plaine et l'on arrive à

Utiel, 5 kil., 7,000 hab., ville charmante entourée d'arbres et de villas. Au changement d'aspect qu'offre maintenant la campagne, on voit qu'on est près de quitter la Nouvelle-Castille et que la belle région valençaise va commencer. Les environs sont verts d'oliviers, de citronniers et de vastes vignobles. On continue par une belle contrée jusqu'à

Requena, 11 kil., 10,000 hab., la ville la plus importante de la route. Elle est divisée en deux parties ; sur la colline qui forme un énorme rocher, s'élèvent les vieilles habitations autrefois entourées de murs ; une vraie forteresse, au sommet de laquelle se dresse la haute tour de l'église *San Salvador*.

Au-dessous est la ville nouvelle dont les habitations s'étendent jusqu'au bord de la rivière l'*Oleana*. Cette ville possède quelques fabriques de soieries et d'étoffes de laine. Aux environs la culture du mûrier se mêle à celle de la vigne et des oliviers.

Au delà de Requena la route s'engage dans une région montagneuse formée par la chaîne de *las Cabrillas*. En gravissant les hauteurs plantées de pins, on rencontre plusieurs auberges isolées, des *ventas*, celle de *Rebollar*, celle de *Quemada*, et on parvient au sommet, au *puerto de Cabrillas* où l'on quitte la Vieille Castille pour entrer dans la province de Valence, dont on aperçoit déjà les splendides campagnes.

La route suivant ce défilé, descend vers d'autres *ventas* et arrive à celle qui domine le bourg de

Buños, 27 kil., 7,000 hab., situé au pied des montagnes dans une jolie vallée, près du *Xucar*. Le parcours de la route est encore assez accidenté jusqu'à

Chiva, 11 kil., 4,850 hab., belle petite ville au pied des dernières collines de la chaîne et dominée par un ancien fort. Elle est au bord d'un ruisseau qui sort de la montagne et dont la route suit le cours pendant 12 kil. environ. Là on franchit le cours d'eau qui va à droite se perdre dans la mer.

On parcourt ici la belle *Huerta* de Valence, toute plantée de citronniers, d'orangers, de rizières, de maïs, entourée de coteaux couverts de vignes et de caroubiers. La route conduit à

Mislata, 17 kil., 750 hab., bourg d'agriculteurs, tout près du *Guadalaviar*. Cette rivière qui descend des montagnes d'Albarracin, coule à gauche de la route jusqu'à Valence. Mais à partir d'ici, elle se distribue en huit ou neuf branches qui entourent Valence et vont se jeter dans la mer.

Après un rapide trajet dans cette plaine coupée en tous sens, de cours d'eau et de canaux, toute parée d'une végétation splendide, semée çà et là de bouquets de palmiers, éclairée par un soleil tout oriental, mais rafraîchie par les brises de la mer, on arrive à

Valence, 3 kil., 107,000 hab. — (Pour *Valence*, voir plus loin, page 284.)

ROUTE N° 56. — DE MADRID A VALENCE.

(CHEMIN DE FER.)

Cette grande ligne est une des premières qui aient été construites en Espagne, et l'une des plus importantes. Elle se bifurque à *Almanza* et met ainsi Madrid en communication rapide et directe avec les deux beaux ports de la Méditerranée : *Alicante* et *Valence*.

On prend le chemin de fer à la gare d'Atocha, à Madrid. On laisse à gauche l'Observatoire, l'église d'Atocha et l'hôtel des Invalides, et le train s'élance au travers d'une campagne, nue, triste, aride, la plus laide partie de la Nouvelle Castille. On passe aux stations suivantes :

Gétafe, 14 kil., 3,500 hab., petite ville dans une plaine, à peu de distance de la station. Elle possède une belle église paroissiale, à trois

Santa Maria Magdalena, et un grand collège de frères de la Doctrine chrétienne. A 2 kil., sur une hauteur, s'élève une chapelle à laquelle on va chaque année en grande fête faire un pèlerinage en procession.

Pinto, 7 kil., 2,400 hab. Cette petite ville est bâtie dans un fond, au pied du remblai du chemin de fer qui passe au niveau du toit de ses maisons. On voit se dresser de l'autre côté de Pinto, la dernière tour d'un vieux château, qui appartint autrefois à Rodrigo de Mendoza et qui est la propriété du duc de Frias. Çà et là, l'aridité de la campagne est interrompue par quelques étendues de verdure : ce sont des vignobles estimés.

Valdemoro, 6 kil., 2,500 hab., autre petite ville sans rien de remarquable. Elle a quelques usines et une école d'enfants de troupe de la garde civile, ou gendarmerie espagnole. La ville est à 1/2 kil. de la station.

Ciempozuelos, 7 kil., 2,000 hab., encore une petite ville, à 1/2 kil. de la gare, sur une hauteur. La plaine qui l'environne est arrosée par des canaux qu'alimente le Zarrama, et offre un aspect de fertilité qui fait un agréable contraste avec le pays aride et nu qu'on a parcouru jusque-là.

Il y a auprès de Ciempozuelos des bancs de sel gemme et des mines de soude en exploitation.

Le chemin de fer traverse le Jarrama et mène à une vallée verte, fraîche, fertile où coule le Tage. On est à

Aranjuez, 15 kil., 5,500 hab. C'est là, nous l'avons dit qu'est la *résidence royale* où la cour va passer le printemps — Voir : *Environs de Madrid*, page 134.

Du chemin de fer on voit, à droite les massifs d'arbres verts et toute la belle zone de jardins, de cultures, de prairies, que trace le Tage au travers du désert de sable qui entoure Madrid.

Castillejo, 14 kil., station placée fort loin du village dont elle a pris le nom. C'est là que s'embranche le chemin de fer qui, suivant le cours du Tage, se dirige vers Algodor et **Tolède**.

Pour *Tolède*, voir *Environs de Madrid, Tolède*, page 137.

Villaseguilla, 9 kil., 950 hab. Comme aux environs de Ciempozuelos, il y a ici, sous le sol, des nappes considérables d'eau salée qu'on rencontre en creusant les puits. La contrée produit d'excellents vins.

Huerta, 10 kil., 2,000 hab.' dans une plaine fertile, bien arrosée, mais malsaine. La ville est à 4 kil. de la station. A cette gare on trouve des voitures pour deux petites villes voisines : *Guardia* qui est à gauche à peu de distance, et *Mora* qui est à droite, à six lieues de là.

Tremblenque, 18 kil., station placée à un kil. de la ville de ce nom, 2,600 hab. Cette station est le point d'un mouvement commercial assez considérable en produits agricoles.

Villacañas, 18 kil., 3,400 hab., petite ville qui fait un commerce actif de réglisse, de blé, de vins et autres produits locaux. Il y a dans les environs quelques mines de soude et des stagnations d'eau salée. Ici le chemin de fer franchit le *Rianzares* qui descend des montagnes de Tarancon et va à peu de distance, à droite de la ligne, se jeter dans la *Giguela*.

Quero, 16 kil., 800 hab.; la gare est à 3 kil. du bourg. Avant d'arriver à la station, le train passe sur un pont en tôle qui franchit la *Giguela*. La plaine est nue, parsemée de flaques d'eau salée; elle est malsaine et peu cultivée.

Alcazar de San Juan, 13 kil., 7,500 hab., la première localité qu'on rencontre dans la province de Ciudad-Real, où l'on vient d'entrer en quittant celle de Tolède.

Alcazar est une des villes les plus anciennes des peuples primitifs de l'Espagne ; sa fondation remonte aux Celtibères. Elle a été successivement possédée par les Romains, les Goths et les Arabes. Plus tard, sous les rois chrétiens, elle fut le siège de l'ordre des Chevaliers de Saint-Jean de Jérusalem.

Cette ville est entourée de belles terres, bien cultivées. Elle possède des fabriques de chocolat, de savon, etc.

La station du chemin de fer reçoit des chargements considérables, des produits du sud de l'Espagne, des charbons de bois, de la houille, du plomb, etc.

Ce grand mouvement commercial s'explique : c'est à Alcazar que vient aboutir le chemin de fer de Ciudad-Real ; or, c'est à Ciudad-Real que viennent se réunir les grandes routes, et que se réuniront les chemins de fer en construction, qui arrivent de Badajoz, de la frontière de Portugal, de Cadix, de Séville, de Cordoue, de Jaen, de tout le sud de l'Espagne.

A 32 kil. d'Alcazar est le village de *Toboso*, dont Cervantès a fait le pays natal de Dulcinée, la dame des pensées du célèbre Don Quichotte.

Ce détail est un argument que peuvent invoquer ceux qui réclament pour *Alcazar* l'honneur d'être la ville natale de Michel Cervantès. Ceci serait d'autant plus acceptable, que dans la même contrée se trouvent les nombreux moulins à vent mis en scène d'une façon si comique par le conteur et si bravement combattus par le héros. Mais les biographes n'ont jamais pu se mettre d'accord à ce sujet.

Criptana, 9 kil., 5,200 hab., petite ville bâtie sur une hauteur, entourée de moulins à vent et d'une vaste plaine découverte. A moitié chemin entre cette station et la suivante, on franchit la rivière le *Zancara* qui va au sud se jeter dans la Giguela.

Zancara, 11 kil., station placée à 4 kil. du bourg, 550 hab., au milieu d'une contrée malsaine et de la plus triste campagne.

Socuellamos, 18 kil., 3,200 hab., petite ville située dans une plaine fertile en grains, bien cultivée et arrosée par un ruisseau qu'on traverse à la sortie de la station.

Villarobledo, 16 kil., 5,200 hab. Cette ville possède plusieurs églises, parmi lesquelles l'église paroissiale mérite d'être visitée, des couvents et un ancien grenier public pour les blés dont on fait dans cette localité un grand commerce. Aux environs s'étendent des bois d'arbres verts.

Près de Villarobledo eut lieu en 1836, un combat important entre les troupes royalistes et les carlistes qui y furent battus.

Minaya, 22 kil., station placée à 3 kil. du bourg de Minaya, 1,800 hab., dont elle prend le nom. Alentour, s'étendent de grandes cultures de céréales et des vignes. Un peu plus loin est toute une colline formée du calcaire blanc, connu sous le nom de blanc d'Espagne. Le chemin de fer se fraye un passage dans une chaîne de hautes collines qui descend transversalement vers le sud.

Roda, 20 kil., près d'un bourg de 700 hab. Cette station est le centre d'un transit très-actif de produits agricoles et minéraux des contrées environnantes : blé, bois, cuivre et houille. On quitte ici la province de Ciudad-Real pour passer dans celle d'Albacète. La première localité qu'on y rencontre est

La Gineta, 18 kil., 2,800 hab., petite ville placée au centre d'une contrée bien cultivée et productive en céréales et en vins. Au delà, le chemin de fer rencontre l'ancienne route de terre et le canal de Saint-Georges creusé pour l'assainissement et l'irrigation de la campagne.

Albacète, 17 kil., 13,200 hab., chef-lieu de l'une des provinces administratives comprises dans la capitainerie générale de Valence.

Cette ville était autrefois fortifiée; elle n'a plus pour défense qu'un fossé et un mur de jardin, dont on l'entoura pendant la guerre des carlistes, en 1836.

Elle est le centre d'un grand commerce des grains de la Manche; ses marchés sont importants. C'est aussi à Albacète qu'il faut venir pour trouver à profusion toutes les prétendues *lames de Tolède*, que Tolède ne fabrique plus. Celles-ci sont d'une valeur bien plus médiocre, c'est de la coutellerie usuelle confectionnée par les procédés primitifs; des lames de toutes sortes, ornées de devises en damasquinage. La station d'Albacète peut rappeler à cet égard celle de Châtellerault, par le nombre des vendeurs qui se pressent aux portières des wagons, leur marchandise à la main; mais ceux-ci dépassent certainement les industriels de la station française par l'exagération des prix, qui sont dix fois la valeur de leurs couteaux.

Les principaux édifices sont l'église paroissiale qui est en construction, l'hôtel de ville, le palais de justice, le théâtre qui fut un monastère, le Casino, la *plaza* de taureaux et la Halle où se tiennent les marchés et les foires importantes dont nous avons parlé.

Chinchilla, 20 kil., 7,500 hab., à peu de distance de la station. Cette ville est bâtie sur une haute colline dont elle occupe le sommet et le versant et, en partie, les habitations de ses agriculteurs sont creusées dans les flancs mêmes de la montagne.

Entre *Albacète* et *Chinchilla*, s'embranche le chemin de fer en construction qui doit se diriger vers Murcie et le port de Carthagène. Par cette voie on ira directement de Madrid à *Carthagène*, par Albacète et Murcie, en chemin de fer. Ce sera du reste, le même itinéraire que par l'ancienne route de terre.

A partir de Chinchilla, on monte sans cesse jusqu'à

Villar, 18 kil., 700 hab., bourg situé à 930 mètres au-dessus du niveau de la mer. Sauf quelques bois d'arbres verts dont il est entouré, toute la campagne environnante est nue, déserte et sans culture, comme celle que nous avons traversée, entre *Cuenca* et *Requena*. C'est la même contrée.

Alpera, 22 kil., 2,400 hab. La plaine est mieux cultivée. On approche du pays de Valence.

Après avoir quitté Alpera, on passe près d'un *Pantano* élevé par les Arabes. Ce *Pantano* est une énorme digue en maçonnerie, d'une soli-

digue prodigieuse, qui va d'un rocher à un autre et ferme l'issue d'une vallée étroite où s'assemblent les eaux. Grâce à cette digue, les eaux arrêtées, recueillies, distribuées, sont disséminées en irrigations dans la campagne qu'elles fertilisent. Nous retrouverons ces beaux travaux des Maures dans la province de Valence et en Andalousie où la fertilité actuelle est due encore à leurs merveilleux travaux.

Après une tranchée, et un parcours accidenté, le chemin de fer mène à

Almansa, 20 kil., 9,000 hab. Cette ville est à gauche, en bas de la ligne, dans une plaine, et traversée dans sa longueur par l'ancienne route royale de Madrid à Valence, qui en forme la rue principale. Elle n'est pas pavée, ce qui fait selon la saison, qu'on y étouffe dans la poussière ou qu'on y patauge dans la boue.

Un vieux château, bâti sur une colline isolée, domine la ville. On voit à Almanza une pyramide élevée par Philippe V, en mémoire de la grande victoire que son armée y remporta sur celle du prétendant l'archiduc d'Autriche, le 25 avril 1707. Le duc de Berwick, qui commandait pour Philippe V, enleva cent douze drapeaux aux ennemis, leur prit tous leurs bagages, leur artillerie, et leur tua ou leur mit hors de combat 14,000 hommes. La légende assure que la Vierge apparut et protégea les soldats de Philippe V, comme Vénus vint planer au-dessus de la grande bataille des Grecs et des Troyens pour protéger son fils Énée.

Il y a dans Almanza une belle église paroissiale, d'un style simple et sans ornements, un hôpital et un hôtel de ville convenable.

A 14 kil. d'*Almanza* le chemin de fer se bifurque. L'une des voies de cette grande ligne continue, directement vers *Alicante*. Nous viendrons la reprendre ici. — L'autre se dirige à gauche et va au nord, vers *Valence*. C'est celle que nous suivons. — Le point de séparation est à la *venta de la Encina*.

Le chemin de fer s'engage dans une région très-accidentée : à droite et à gauche des collines labourées, plantées de bois de caroubiers et d'oliviers, peu d'habitations et de villages ; les aloès bordent la route. La première station est

Fuente de Higuera, 28 kil. d'Almanza, 2,100 hab., petite ville ancienne, sur une hauteur qui domine la voie. Après cette station, le chemin de fer traverse un tunnel de plus de 1,500 mètres, puis un second moins étendu. On passe ensuite à

Mogente, 10 kil., 3,500 hab., petite ville fort ancienne qui s'élève à droite de la route, au-dessus d'un ruisseau, sur le versant d'une colline. Elle conserve encore un grand nombre de constructions arabes.

Le chemin va passer au-dessus de la route de terre; on aperçoit à gauche les ruines du château de Montesa, ancien siége d'un ordre de chevalerie; et, franchissant une vallée, on aboutit à

Alcudia, 12 kil.; 700 hab. En quittant cette station, la ligne traverse une tranchée, va franchir la vallée de la Perda, passe sur un pont métallique le ruisseau de Montesa et mène à

Jativa, 8 kil., 1,300 hab. Cette petite ville est bâtie sur le versant d'une chaîne de collines qui ferme de ce côté l'admirable plaine de Valence. Elle fut une des principales villes que les Arabes se bâtirent dans ce beau pays. Les ruisseaux jaillissent de toutes parts de la montagne et vont se disperser dans la plaine qui se déroule depuis le pied de ces hauteurs jusqu'à la mer.

Jativa, comme Mogente, conserve un grand nombre de vieux édifices mauresques. Elle possède aussi un hôtel de ville, une belle église collégiale, une halle pour la vente de la soie, une place de taureaux, des hospices, de nombreux couvents et des promenades élevées du haut desquelles le regard s'étend sur toute la plaine et jusqu'à la mer dont sa ligne bleue se perd à l'horizon dans la couleur du ciel.

Jativa est entourée de vieilles murailles qui montent jusqu'au sommet de la montagne où elles vont aboutir à un château fort maintenant abandonné.

Au départ de Jativa, la contrée change d'aspect. On laisse en arrière la région montagneuse, et le chemin de fer se dirige presque en ligne droite, ou par des courbes très-molles, à travers de la splendide *Huerta* de Valence.

On ne saurait imaginer une plaine parée de plus de verdure et de lumière, plus arrosée, et plus fertile. Les champs sont disposés en étages, de manière qu'en levant des vannes on inonde les rizières qui les couvrent; le maïs, les mûriers, le nopal à cochenille, les légumes y croissent avec une prodigieuse vigueur de végétation; dans toute la campagne paraissent çà et là, de grands bois d'orangers, de citronniers, de grenadiers. Le chemin de fer en traverse quelques-uns, et en passant dans ces massifs frais et parfumés, le voyageur peut, comme nous l'avons fait, par la portière du wagon, cueillir au vol une branche d'oranger fleurie. La vigne et les figuiers produisent dans toute cette contrée des fruits délicieux. C'est cette plaine que les Maures appelaient avec l'Andalousie, et à plus juste titre, le *Paradis de l'Occident*. Leurs poëtes la chantaient encore, un siècle après l'expulsion des Arabes, dans des vers pleins de regret.

Du reste, en parcourant la plaine, depuis sept ou huit siècles qu'ils l'ont abandonnée, on retrouve partout, vivant et utile, le souvenir des Maures. Cette fertilité qu'on admire est leur ouvrage. Les mille canaux qui se croisent en tous sens et dispensent l'eau et la fécondité dans la *Huerta* furent creusés par eux; ce sont eux qui, pour les remplir d'eau vive et courante, ont détourné le cours entier du Guadalaviar; aussi cette rivière n'est-elle, aux portes de Valence, qu'un vaste lit desséché au-dessus duquel s'élèvent de beaux ponts.

Telle est l'admirable campagne qui se déroule sous les yeux du voyageur jusqu'à Valence. Avant d'y parvenir, à partir de Jativa, on franchit de nouveau la *Montesa*, on passe le *Carraixet*, puis la rivière l'*Albaïda* sur des ponts de charpente, et l'on rencontre ensuite les stations suivantes :

Manuel, 7 kil., 1,000 hab. Après avoir franchi plusieurs cours d'eau on passe à

Carcagente, 9 kil., 7,000 hab., charmante ville d'un aspect tout oriental, avec ses toits en terrasse, ses bouquets de palmiers, ses jardins au-dessus desquels s'élèvent les branches des grenadiers et des orangers; avec ses murs, blanchis à la chaux, ses églises à coupole et ses petits dômes en porcelaine de diverses couleurs.

Alcira, 4 kil., 12,500 hab., ancienne place forte des Arabes, entourée de murs et bâtie dans une île que forme le Zucar.

Algemesi, 4 kil., 4,600 hab., qui possède une belle église ornée de marbres et de peintures.

Benifayo, 10 kil., 1,200 hab., bourg important au-dessus duquel on voit s'élever les deux flèches et la coupole d'une belle église, et la tour d'un vieux château.

Silla, 9 kil., 2,600 hab. Près de ce bourg est le grand lac d'*Albuféra*. Ce lac, de forme allongée, se lie à la mer par un canal naturel. Il est entouré de marécages où la chasse est abondante, et de rizières qu'on y a faites pour cultiver et assainir un peu ses bords. Il porte des bateaux de pêche et de promenade. Il a 4 kil. de largeur et s'étend parallèlement, au bord de la mer, sur une longueur de 17 kilom. Ce lac a donné son nom au titre de duc que le maréchal Suchet reçut de Napoléon Ier.

Catarroja, 4 kil., 3,600 hab., petite ville de riches agriculteurs, au centre de la partie la plus fertile du jardin de Valence.

Alfafar, 3 kil., 1,500 hab., bourg de cultivateurs, à une petite distance de la station, qui est isolée à droite de la voie.

Valence, 5 kil., 107,000 hab., chef-lieu de la capitainerie générale de Valence, archevêché, siége d'une université fondée en 1209 et d'une haute cour de justice.

Valence est à une lieue de la mer; son port est le *Grao*, auquel on va soit par une route de terre, qui est une large allée plantée d'arbres centenaires, soit par un chemin de fer spécial.

La ville est une place de guerre entourée d'une enceinte de murailles qui remonte à 1356. Les murs sont crénelés, armés de tours, entourés d'un fossé et percés de quatre portes monumentales qu'on ferme soigneusement tous les soirs.

Valence est la ville la plus agréable à habiter. Elle a tous les avantages d'un port de mer, un service régulier de *bateaux à vapeur* avec tous les ports de l'Espagne, et dont les arrivages et les départs sont affichés partout ; elle possède les meilleurs hôtels; le climat, rafraîchi par la brise de mer, est délicieux ; la ville est comblée de beaux fruits par l'immense jardin qui l'entoure; les habitants sont hospitaliers, intelligents ; les rues principales sont belles et animées: les magasins de toute sorte y abondent, et, lorsqu'on veut s'égarer un peu dans le dédale des vieilles rues étroites, on retrouve, dans toute son originalité, l'ancienne ville mauresque.

Les paysans des environs aiment les vêtements pittoresques ; on les voit venir portant sur leur épaule gauche la *manta*, aux couleurs éclatantes, qui pend comme une draperie, et leur sert à la fois de parure, de manteau, de bissac, de lit, de couverture, de tout. Le Valençais et sa *manta* ne se séparent pas.

Les paysans portent le pantalon court et flottant, le vieux chapeau en cône tronquée du temps de Philippe II. Leurs habitations sont toutes blanchies à la chaux ; le chocolat national, le riz, le piment vert et le poisson sont la nourriture populaire.

Les marchés de Valence étalent des fruits et des légumes d'une prodigieuse beauté.

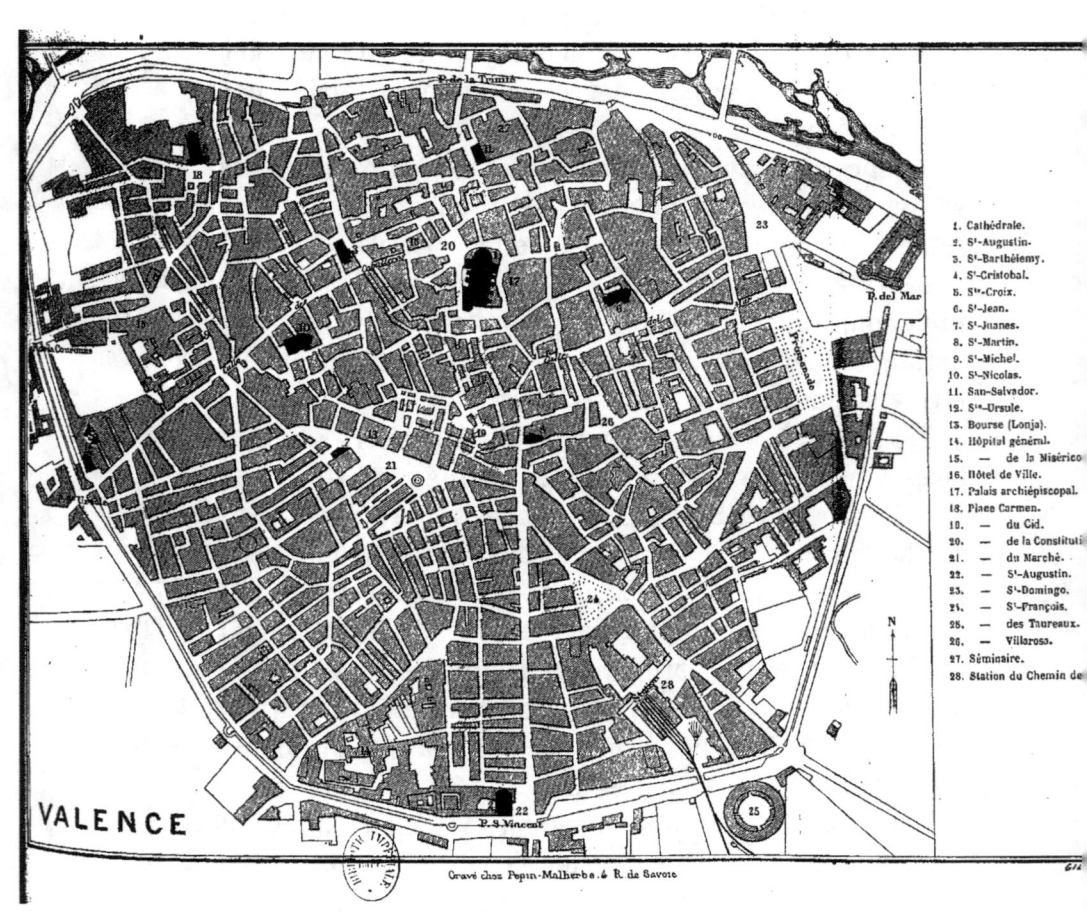

Nous recommandons aussi aux amateurs de pittoresque le marché aux pastèques, qui se tient la nuit, à la clarté des lanternes, sur la vieille place où s'élève l'ancienne église des *Santos Juanes*.

Dans les quartiers principaux, on passe devant de beaux hôtels, des demeures vraiment seigneuriales ; et dans la partie plus moderne de la ville, les habitations sont d'une élégance et d'un confortable parfaits. Quelques rues affectées au commerce sont remplies de magasins de toutes sortes et fort animées. Elles sont toutes dallées et pavées.

Valence possède plusieurs édifices dignes d'être visités.

La *cathédrale* (*el Sol*) est d'une forme incomplète. Elle est bâtie depuis 1240 sur un emplacement qu'occupa un temple romain devenu une église sous les Goths et une mosquée sous les Arabes. Elle est formée de trois nefs dont les voûtes sont supportées par de beaux piliers.

La grande tour qui la surmonte, et dont la gravure ci-jointe reproduit fidèlement l'aspect, fut terminée en 1521 ; on la nomme *el Miguelete*. Elle a 46 mètres de hauteur ; elle est de forme octogone ; les lignes en sont simples et élégantes ; elle se termine par une terrasse au-dessus de laquelle on a construit le campanile aérien de l'horloge. La porte principale est de style ogival, très-ornée, et porte sept têtes d'homme et sept têtes de femme.

A l'intérieur, le retable, les boiseries et la grille du chœur sont très-remarquables. Les chapelles ont de belles peintures et des tombeaux qui sont de vrais ouvrages d'art. On visitera surtout les reliques, la salle des portraits des évêques, et les sculptures en albâtre qui sont derrière le chœur.

Parmi les autres églises, citons : *Saint-Martin*, au-dessus du portail de laquelle on voit en relief une image équestre du saint coupant la moitié de son manteau pour la donner à un pauvre, et dont l'intérieur renferme quelques peintures précieuses, surtout celle de Ribalta, qui est au maître-autel ; — *Santa Catalina*, qui fut une mosquée, et où des femmes dévotes s'enfermaient plus tard dans des cellules ; — *Santos Juanes*, sur la place du Marché, possédant de beaux marbres et des peintures du Palomino et de Juan de Joanes ; — *San Bartolomé*, une des plus anciennes ; — *San Juan del hospital*, où l'on va visiter le tombeau de l'impératrice Constance-Auguste, de Constantinople, qui vint se réfugier en Espagne et y mourut ; — *San An-*

Valence. — La cathédrale.

drés, qui renferme de précieuses peintures de vieux maîtres espagnols; — *San Esteban*, ancienne mosquée, etc., etc.

Valence possédait 27 couvents, dont on voit encore les principaux et qui ont changé de destination. Le plus important est celui du *Temple*, ancien palais arabe qui devint un couvent lorsqu'il appartint aux Templiers. Sa chapelle est une des plus belles à visiter.

Les autres édifices publics de Valence sont :

Le palais de l'archevêque ; — l'hôtel de ville, terminé en 1471, où l'on garde d'anciens étendards maures, et dont le grand salon est richement orné ; — le palais de justice, vaste monument qui remonte au seizième siècle ; — la fabrique royale des tabacs, établie dans l'ancienne douane ; — la bourse, *lonja*, beau palais gothique dont l'intérieur est très-monumental ; — l'hôtel de la Gobernacion, ancien couvent de jésuites ; — l'Hôpital général, vaste et parfaitement tenu, et trois ou quatre hospices spéciaux.

Un des établissements les plus importants est le *Presidio*, vaste maison de réclusion où toutes sortes de métiers sont en activité.

Valence possède encore un grand séminaire, plusieurs colléges, dont l'un fut fondé en 1586, par l'archevêque de Valence; un institut secondaire, des écoles primaires, une académie des beaux-arts, une école de commerce, et des sociétés scientifiques, des académies de médecine, des sciences, et une école spéciale de droit.

Il y a deux bibliothèques à visiter : celle de l'université, qui possède 40,000 volumes, et celle de l'archevêché, 14,000 volumes. Valence a un *Musée* provincial, fondé en 1386, qui renferme quelques bonnes toiles des artistes de l'école valençaise; un théâtre, un casino, un hippodrome et une *plaza* de taureaux à l'entrée de la ville.

Les promenades sont fort belles ; les plus agréables sont : la *Glorieta*, charmant jardin plein de fleurs et d'arbres exotiques, avec une tribune où vient jouer chaque soir la musique militaire ; — l'*Alameda*, plantée d'ormeaux, à l'entrée de la ville ; — le *Jardin botanique* qui offre une collection considérable et vraiment curieuse de toutes les végétations; le *Jardin de la reine*, renommé pour la beauté de ses fleurs et de ses fruits. Autour de la ville quelques grandes habitations particulières possèdent d'admirables jardins.

Valence a des industries assez actives. Les fabriques de chocolat y sont nombreuses; les filatures de soie y sont importantes. L'industrie locale consiste encore en fabriques de tissus, d'étoffes de laine, de velours, de peluches, de faïence, de papiers, de sparterie, de toiles, de draps, et quelques fonderies.

La ville et la province exportent à Madrid et à l'étranger des quantités considérables d'oranges, d'huiles, de fruits, de vins et d'étoffes.

Parmi les usages locaux, le plus curieux est celui des *tartanes*. Dans les rues de la ville et dans la campagne, ce sont les seules voitures publiques ou particulières. On les retrouve, d'ailleurs, à Alicante et à Murcie. Voici ce que nous avons déjà dit à cet égard dans notre livre : *Les Tartaneros* : « Le véhicule est de forme très-allongée, comme une charrette; deux bancs suspendus à des courroies sont adaptés dans le sens de la longueur aux parois de la tartane, et les voyageurs se font face, ainsi que dans les omnibus. Des cerceaux parallèles s'arrondissent au-dessus et sont recouverts d'une toile cirée plus ou moins peinte; l'entrée est à l'arrière de cette étrange voiture, et le marchepied est un arc en bois, placé à moitié hauteur au-dessous de la caisse. La tartane ne reçoit qu'un seul cheval, quoiqu'elle porte jusqu'à dix voyageurs; mais, pour économiser les frais d'entretien qu'exigeraient des ressorts, le char est assis sur l'essieu de ses deux roues.

« Il résulte de ce système de construction qu'au moindre choc, à la plus petite inégalité de terrain, ou si le cheval se risque à trotter un peu, les cahots les plus violents font bondir en tous sens l'infortuné voyageur; si la course devient plus rapide, c'est une torture; les personnes se heurtent entre elles, leurs têtes frappent les parois, et les patients, étourdis, meurtris de cette brutale épreuve, ont pour toute consolation l'aspect des autres tartanes où d'autres malheureux subissent le même sort.

« Mais le cheval n'en porte que plus fièrement les pompons rouges et jaunes qui parent sa tête, et le tartanero, assis en dehors sur un petit siége fixé au brancard de droite, les jambes pendantes, le fouet à la main, fume sa cigarette avec l'impassibilité d'un homme qui n'a jamais imaginé qu'on voyageât autrement.

« La vérité est que, dans la province de Valence, il n'a pas existé d'autre véhicule public, et aujourd'hui encore les rares voitures particulières qui violent cette tradition barbaresque sont des exceptions, des hardiesses de progrès complétement impuissantes à triompher de la routine qu'elles ont osé affronter. »

Les *tartaneros* formaient autrefois une corporation puissante, trèsturbulente, et qui donnait dans Valence le signal des émeutes et des manifestations populaires. Elle est réduite aujourd'hui à une attitude plus modeste et plus pacifique.

Dans la *Huerta* existe aussi, depuis des siècles, une corporation utile, celle des *labradores*, cultivateurs. Les labradores ont des syndicats pour les eaux, des tribunaux choisis par eux et parmi eux, et toute une législation tirée de l'usage local et de la justice patriarcale. On cite les tribunaux des labradores comme des modèles d'équité.

Historique. — *Valence* a de nombreux souvenirs *historiques*. C'est l'ancienne *Valentia Edetanorum*, colonie romaine. Elle fut conquise par les Goths, puis par les Arabes, et plus tard, détachée du grand kalifat de Cordoue, elle devint en 1031 la capitale d'un petit royaume.

En 1094 le Cid l'enleva aux Maures et resta souverain du royaume de Valence jusqu'à sa mort, en 1099. La ville et la province retombèrent en 1101 au pouvoir des Arabes, qui les conservèrent jusqu'en 1238, époque à laquelle Jacques Ier, roi d'Aragon, s'en empara.

Valence est la première ville d'Espagne où fut établie une imprimerie.

En 1705, l'archiduc Charles, prétendant choisi pour le trône espagnol par la coalition de l'Angleterre, de l'Autriche et de l'Allemagne, vit Valence se déclarer pour lui, contre Philippe V, petit-fils de Louis XIV.

Mais en 1707 le duc d'Orléans, intervenant au secours de Philippe V, dans la guerre de la succession d'Espagne, reprit la ville et les autres places importantes de cette contrée.

En 1808, Valence s'insurgea avec énergie contre l'invasion française. Trois cents Français furent massacrés à la citadelle de la ville, où ils s'étaient réfugiés pour y chercher un abri contre l'irritation populaire. Le maréchal Moncey assiégea la place et fut forcé de lever le siège.

Le maréchal Suchet, en 1812, prit enfin Valence, et conquit dans cette campagne le titre de duc d'Albuféra, nom du grand lac voisin de la ville.

Valence vit le 16 avril 1814, le roi Ferdinand VII rentrer dans ses murs et y publier le décret qui reniait la Constitution et révoquait les actes des Cortès chargées de l'interrègne.

En 1835, les Valençais se signalèrent par une insurrection; en 1836, nouvelle émeute et proclamation de la Constitution de 1812; en 1838, nouveaux et sanglants désordres; en 1840, c'est du port de Valence, le *Grao*, que la reine mère Marie-Christine s'embarqua, fuyant la révolte de Madrid et se dirigeant vers la France.

En 1843, c'est à Valence que commença la grande insurrection militaire qui rendit le royaume à la reine mère régente, et valut au chef de ce mouvement, le général Narvaez, le titre de duc de Valence.

Cette ville est la patrie des papes Alexandre VI et Célestin III; de Guilhem de Castro, poëte dramatique; de Hugues de Moncade, célèbre capitaine, qui passa en Italie, fit la guerre à Clément VII, pilla le Vatican et fut vice-roi de Naples.

Le Grao. — Le *Grao* est le port de Valence. Il est à 5 kil. de la ville. On y va par deux routes : la route de terre et le chemin de fer spécial.

Par le chemin de fer on franchit la distance en quelques minutes. Il y a huit trains par jour de Valence au Grao; et neuf du Grao à Valence.

La route de terre est une belle et large avenue bordée de deux rangées de vieux ormeaux. On la parcourt en tartane. Malgré le chemin de fer, elle est très-fréquentée.

Au Grao sont la douane, les bâtiments de commerce et les bateaux à vapeur qui desservent le littoral. On a construit un môle de 300 mètres pour agrandir le port, qui du reste a peu de fond. C'est là aussi qu'on se baignait. Mais depuis quelques années, les baigneurs vont un peu plus loin. Arrivé au Grao, on prend à gauche un large chemin sablonneux, qui longe la plage. « C'est de ce côté et en continuation du Grao qu'ont été bâties les six rangées parallèles de chaumières blanches, couvertes en chaume, qui se déroulent maintenant sur une très-longue étendue et forment, en une seule agglomération, les deux villages de *Cañamelar* et de *Cañabal*, véritables villes de roseaux, ainsi que l'indiquent ces deux noms.

« En cet endroit, la mer offre un aspect calme, des bords unis et faciles comme ceux d'un lac. La côte, sur une longueur d'un kilomètre, est coupée en ligne droite. A gauche, dans le lointain, s'élèvent des monts que la neige couvre jusqu'au printemps et qui resplendissent comme des nuages d'argent sous le ciel lumineux de ce beau pays; à droite le môle, le port, le Grao avec ses mâts et ses lourdes portes. En arrière la plaine où s'alignent aujourd'hui six longues rues parallèles au bord de la mer. En face, une nappe de sable, si unie, à pente si douce, si égale, que le flot s'y déroule en larges nappes à peine assez hautes pour baigner le pied d'un enfant. L'œil ne voit au loin que l'immensité...

« Les baigneurs ont enfin découvert cette admirable rive qui regarde l'Orient, et chaque année, maintenant, ils y accourent en foule. » — Ces deux villages sont formés de charmantes chaumières, de jolies maisons à terrasse, entourées de jardins, qui sont à la disposition des baigneurs.

ROUTE N° 57. — DE VALENCE A SÉGORBE ET A TERUEL.
(CHEMIN DE FER ET ROUTE DE TERRE.)

En partant, on prend la route de Valence à Barcelone, qui plus tard sera remplacée par une grande ligne de chemin de fer longeant le littoral.

Cette ligne est déjà livrée, à son extrémité sud, de *Valence* jusqu'à *Castellon*; — elle sera bientôt construite, à son extrémité nord, de Barcelone à Tarragone. On travaille aussi à la partie intermédiaire.

Au départ pour *Ségorbe* et *Teruel*, on suit la ligne de ce chemin de fer qui longe la Méditerranée en se dirigeant vers le nord.

On passe en vue de l'ancien couvent de *San Miguel de los Reyes*, qui remonte à 1541 et qui est un des plus beaux édifices monastiques de l'Espagne. Le cloître surtout est une magnifique galerie de style grec.

Après avoir dépassé le village d'*Oriols*, on traverse

Tabernes Blanques, 3 kil., 400 hab. A la sortie de ce village, on franchit le ruisseau le Carraixet. Près du pont est une chapelle et plus loin un couvent. La route passe devant plusieurs *ventas*, traverse quelques hameaux et mène à

Murviedro, 27 kil., 7,000 hab., stat. Cette ville est l'ancienne *Sagonte*. Elle conserve encore de nombreux vestiges de son ancienne importance et des ruines de ses monuments antiques. Les pièces d'or et d'argent, les mosaïques, les colonnes, les bas-reliefs qu'on a trouvés en creusant le sol rappellent l'antique prospérité de Sagonte. Les édifices de l'époque grecque et romaine ont été abandonnés et peu à peu les ruines même ont disparu. Mais le théâtre a survécu aux siècles et à l'abandon. Il est parfaitement conservé et c'est là évidemment le plus curieux, l'unique modèle peut-être, qui subsiste, aussi complet, des théâtres antiques. Une partie a été détruite en 1808, mais ce qui reste est encore plus important que tout ce qu'on pourrait chercher en Grèce ou en Italie. Ce théâtre fut-il bâti au temps des Scipions? fut-il avant eux l'œuvre des Grecs? La question n'est pas résolue.

Il reste aussi quelques traces du cirque romain. Au-dessus de la ville s'élève une ruine imposante, le *Castillo*. C'était la forteresse, et en examinant le mélange curieux des constructions dont il est formé, on peut se convaincre que ce château fort existait à l'époque des Sagontins; sur ses fondements, les Romains, les Goths, les Arabes ont successivement fait des réparations et de nouveaux travaux.

Des murailles qui entouraient la place il ne reste que trois grandes portes mauresques. L'église paroissiale est un vaste édifice à trois nefs, sans ornements et contenant un maître-autel colossal.

Ici, comme à Valence, la ville possède, à 5 kilomètres de là, un port, le *Grao de Murviedro*. Celui-ci n'est plus qu'un petit port de cabotage.

En 1811, le maréchal Suchet s'empara de Murviedro après avoir gagné sur les Espagnols la bataille de Sagonte.

A Murviedro, le chemin de fer se continue par le littoral vers Castellon de la Plana. Mais pour aller vers *Ségorbe*, on le quitte et on prend une route qui se dirige, à gauche, vers l'intérieur de l'Espagne.

Cette route remonte la vallée de la *Palencia*, dont elle suit la rive droite. On y rencontre

Torres-Torres, 15 kil., 500 hab., bourg situé dans une belle plaine au bord de la Palencia. On arrive ensuite par une charmante vallée, large, fertile, jusqu'à

Ségorbe, 11 kil., 6,500 hab., ancienne *Segobriga*; siège d'un évêché suffragant de Valence.

Cette ville s'élève de l'autre côté de la rivière, sur la rive gauche, et forme un amphithéâtre qui domine une vaste et belle campagne. Les bords de la rivière sont de ravissants jardins. Du reste, toute cette vallée est une des plus fertiles et des plus agréables du pays de Valence.

Ségorbe fut une place importante sous les Romains et l'on y voit encore une partie bien conservée de l'ancienne enceinte romaine. On y trouve aussi quelques constructions mauresques dans la vieille partié de la ville, qui est la plus élevée. Au pied de la colline s'étendent les habitations, les rues nouvelles et les jardins.

On peut visiter à Ségorbe : la *cathédrale*, qui possède quelques peintures; le palais épiscopal; le couvent de *Saint-Martin*, dont la façade est de style grec et dont l'intérieur renferme plusieurs belles peintures et notamment le *Christ aux limbes* de Ribalta.

Ségorbe fut enlevée en 1245 aux Maures par Jacques Ier d'Aragon, les Français s'en emparèrent en 1812. — Parmi les titres des ducs de Medina-Cœli est celui de duc de Ségorbe. — La ville possède des fabriques de papier, d'amidon, et les environs produisent de beaux marbres.

La route continuant à longer la rive droite de la *Palencia* dont elle remonte le cours, mène à

Jerica, 11 kil., 3,000 hab., autre petite ville très-ancienne, bâtie sur une colline qui domine la plaine et la rivière.

Au sommet s'élève une sorte de forteresse : c'est la vieille ville, entourée de murs et de grosses tours, au milieu de laquelle se dresse le château fort. Plus bas sont les quartiers nouveaux, plus spacieux et plus réguliers. Jérica conserve des constructions qui remontent aux Romains et un plus grand nombre de l'époque arabe. La route va traverser la *Palencia*, elle arrive à une région plus montagneuse, la vallée se rétrécit, et c'est au milieu d'un cercle de hautes collines qu'on trouve

Vivel, 5 kil. 1/2, 2,600 hab., vieille petite ville au-dessus de laquelle s'élève la haute tour de l'église paroissiale. Elle est isolée dans une contrée de moins en moins peuplée, au fur et à mesure qu'on s'éloigne du bord de la mer en se dirigeant vers le centre du royaume.

On passe ensuite aux localités suivantes :

Barracas, 11 kil., 300 hab.

Sarrion, 19 kil., 950 hab., au bord du ruisseau le Mijarès;

Puebla de Valverde, 14 kil., 1,200 hab., dans une région montagneuse boisée, et peu habitée. En jetant un regard sur cette campagne un peu sauvage, déserte, sévère, on est frappé du contraste avec la splendide et florissante *Huerta* de Valence qu'on a quittée au départ.

La route franchit toute une région montagneuse et descend vers la vallée du Guadalaviar, où l'on arrive à

Teruel, 17 kil., 7,200 hab. — Voir pour cette ville page 227. —

Ici l'on trouve la route n° 40 que nous avons décrite et qui vient de Sarragosse par Daroca à Teruel. On va aussi de Teruel à la ville voisine : **Albarracin**. (V. route 40, page 228.)

ROUTE N° 58. — DE VALENCE A CASTELLON DE LA PLANA.
(CHEMIN DE FER.)

Ce chemin de fer n'est que la première partie de la grande ligne de Valence à Barcelone, qui remplacera la route royale entre ces deux villes.

A Valence on prend le chemin de fer, déjà décrit, qui mène aux stations suivantes :

Murviedro, 27 kil., 7,000 hab., ancienne *Sagonte*, dont nous avons parlé en décrivant la route précédente.

Almenara, 8 kil., 1,850 hab., bourg sur une colline que surmonte un vieux château. Le chemin court à mi-côte, ayant à gauche des collines couvertes d'arbres, de vignes et de maisons ; à droite, la plaine et la mer à 5 kilomètres.

Nules, 8 kil., 4,000 hab., première ville qu'on rencontre sur le territoire de la province de Castellon de la Plana. Elle est entourée de murailles et de tours. On y entre par quatre portes.

Villaréal, 11 kil., 8,400 hab., l'une des anciennes résidences royales du roi don Jaime d'Aragon. On voit s'élever au-dessus de la ville la haute et belle tour de la cathédrale. La ville est entourée de murs. Plus loin on franchit le *Mijares*, que la route royale traverse près de là, sur un pont en pierre qui porte des inscriptions commémoratives de sa construction. La voie se rapproche de la mer ; elle laisse à droite et à gauche deux bourgs importants et quelques hameaux ; le voyageur traverse le champ de bataille où, en 1709, Philippe V fut vaincu par les troupes du prétendant l'archiduc Charles d'Autriche, dont nous avons parlé plusieurs fois, et l'on arrive bientôt à

Castellon de la Plana, 6 kil., 20,000 hab., chef-lieu de l'une des provinces qui forment la capitainerie générale de Valence. La ville est grande, les places nombreuses, les rues sont presque toutes sans pavé, ce qui rend moins rude l'usage des tartanes, faites surtout pour les chemins sablonneux du bord de la mer.

L'édifice le plus important de Castellon est l'église paroissiale, à côté de laquelle s'élève une tour de 46 mètres de hauteur où sont les cloches. On pourra visiter à l'intérieur de l'église une série de chapelles qui renferment de belles peintures appartenant aux écoles italienne, hollandaise et espagnole. Il y a là surtout plusieurs toiles importantes de *Ribalta*. Castellon est la patrie de cet artiste et a gardé quelques-unes de ses meilleurs œuvres. Les couvents de la ville en conservent aussi qui sont très-estimées.

Castellon possède un théâtre, un hôtel de ville assez monumental, un hospice, deux asiles pour les indigents, un collége, une école normale, plusieurs écoles; une maison de plaisance appartenant aux évêques de Tortosa; quelques fabriques de toiles, de tissus de coton et des papeteries.

Cette ville exporte une quantité considérable de grains, de chanvre, de cordages, d'huile, de vins et de fruits, que la province produit en abondance.

Castellon fut enlevée aux Maures, en 1223, par le roi Jacques Ier d'Aragon. En 1837, elle fut vainement attaquée par les troupes de don Carlos, que les habitants repoussèrent avec énergie.

Ici s'arrête, *en ce moment*, le chemin de fer. On continue activement sa construction, et plus tard il se continuera jusqu'à Tarragone et Barcelone.

De Valence à Castellon de la Plana, il y a deux trains par jour. Le trajet se fait en deux heures.

A Castellon, on prend les diligences qui attendent l'arrivée des trains pour emporter les voyageurs vers *Tarragone* et *Barcelone*.

En face de Castellon de la Plana, à 60 kilom. en mer de la côte, est le groupe des petites *îles Columbrettes*. Ces pointes de rocher qui sortent des flots sont évidemment un prolongement sous-marin du continent qui s'avance dans la mer, et dont les inégalités font saillie à la hauteur des flots.

ROUTE N° 59. — DE VALENCE A BARCELONE.
(CHEMIN DE FER ET ROUTE DE TERRE.)

On va de Valence à Barcelone par deux moyens : — soit par les *bateaux à vapeur*, — soit par la route qui longe tout le littoral compris entre ces deux ports.

Les *bateaux à vapeur* font le trajet en 20 heures. On voit dans tous les hôtels, dans tous les lieux publics, des affiches annonçant trois jours d'avance le départ du vapeur, son nom, le nom du capitaine, le prix des places. La même publicité a lieu dans tous les ports de l'Espagne.

Il y a les *vapeurs-courriers*, les *paquebots à vapeur espagnols*, les *vapeurs à hélice entre Marseille et Santander*, qui font un service régulier. — V. page 32 les détails que nous avons donnés à ce sujet.

Tant que le chemin de fer ne sera pas achevé entre Barcelone et Valence, le trajet en bateau à vapeur sera évidemment le plus rapide et le plus agréable pour les voyageurs qui peuvent supporter la mer.

La *route de terre*, c'est-à-dire la grande ligne de Valence à Barcelone, doit être remplacée, nous l'avons dit, par un chemin de fer qui suivra le même itinéraire et longera, comme elle, tout le littoral.

Déjà la voie est en construction, à une extrémité de *Barcelone*, jusqu'à *Tarragone*; et à l'autre, elle est livrée de *Valence* à *Castellon de la Plana*. On continue la construction intermédiaire.

C'est donc cette ligne, composée en partie du chemin de fer et de la route royale, que suivra le voyageur pour aller de Valence à Barcelone, et que nous allons suivre avec lui.

Au départ de Valence, on prend le chemin de fer de Valence à Castellon de la Plana.

On passe aux stations de

Murviedro, 27 kil., 7,000 hab.; — **Almenara**, 8 kil., 1,850 hab.; — **Nules**, 8 kil., 4,000 hab.; — **Villareal**, 11 kil., 8,400 hab.; — et **Castellon de la Plana**, 6 kil., 20,000 hab.

Tout ce parcours est celui que nous avons décrit plus haut sous le titre de *Route n° 58, de Valence à Castellon de la Plana.* (V. page 294.)

A *Castellon de la Plana*, nous l'avons dit (ou plus loin quand le chemin de fer sera poussé au delà), on quittera le chemin de fer, et on trouvera des diligences qui attendent le voyageur pour le transporter à *Tarragone* et à *Barcelone*.

En partant de *Castellon*, on laisse la magnifique campagne et les belles plaines du pays de Valence ; le paysage offre déjà l'aspect montagneux de l'Aragon, quoiqu'on soit encore loin de cette province.

Depuis Castellon on s'est rapproché de la mer, on en longe le bord et à certains endroits on la voit se dérouler, à droite de la route, dans toute la profondeur de l'horizon. A gauche, au contraire, règne une chaîne de montagnes, de ces hauteurs qui entourent la Péninsule et dont nous avons parlé à la page 8. On voyage ainsi entre les collines et les flots.

Plus loin, la montagne s'avance jusque dans la mer. Il faut que le chemin se détourne de la plage et gravisse les hauteurs. Rien de plus hardi que cette route, serpentant au flanc de la montagne, et du haut de laquelle le voyageur domine les vagues qui bondissent à la base de ce promontoire.

Au delà commence une descente rapide, au bas de laquelle on trouve

La Venta de Oropesa, 20 kil. Cette auberge, placée au bord de la route, n'est que la sentinelle avancée du bourg d'*Oropesa* qu'on laisse à droite.

Oropesa est une ancienne forteresse, autrefois importante et qui conserve une partie de ses murailles. Elle est bâtie au sommet d'une colline isolée. Elle n'a plus que 350 habitants. Le 10 octobre 1811, les Français s'en emparèrent après une vive résistance de sa petite garnison. La route mène ensuite à

Torreblanca, 14 kil., 1,750 hab., joli bourg à 3 kilomètres de la mer, et au delà duquel on franchit un ruisseau torrentiel dont le lit est souvent desseché.

Alcala de Chisvert, 14 kil., 6,000 hab., petite ville située sur des hauteurs qui dominent une belle vallée fraîche et fertile. L'intérieur de la ville n'a rien qui mérite l'attention du voyageur, sauf l'église paroissiale, édifice de construction récente, à trois nefs, qui possède quelques beaux tableaux.

La route continue à longer le bord de la mer, elle s'en écarte en passant devant le village de *Santa Magdalena*, et le voyageur se trouve bientôt en face de *Peñiscola*, bâtie au sommet d'un cap qui fait pointe dans la mer, à 5 kilomètres à droite de la route.

Si l'on veut monter visiter Peñiscola, on prend à droite le chemin qui s'embranche à la grande route et qui y mène

(Pour **Peñiscola,** voir plus haut page 269.)

Soit qu'on redescende de *Peñiscola*, soit qu'on continue directement sans s'y arrêter, on atteint bientôt :

Benicarlo, à 20 kil. de *Alcala de Chisvert*, 6,000 hab.

Ici le voyageur a devant lui la route de *Peñiscola à Tarragone*, (V. route n° 53, page 268) et, en la continuant, celle de *Tarragone à*

17.

Barcelone (V. route n° 49, page 261), que nous avons déjà décrites en sens inverse, en venant de Barcelone à Peñiscola.

Bornons-nous donc à rappeler que la grande route royale passe aux localités suivantes, au delà de Peñiscola :

Benicarlo, 5 kil.; — *Vinaroz*, 5 kil.; — *San Carlos de la Rapita*, 18 kil.; — *Amposta*, 8 kil.; — *Perello*, 20 kil.; — *Hospitalet*, 22 kil.; — *Cambrils*, 11 kil.; — et **Tarragone.** — Pour le détail de cet itinéraire, voir route n° 53, page 268.

Au delà de *Tarragone* on passe à : *Torre den Barra*, 11 kil.; — *Vendrell*, 15 kil.; — *Arbos*, 4 kil.; — *Villafranca del Panades*, 5 kil.; — *Villarana*, 11 kil.; — *Molins del Rey*, 8 kil.; — et à 8 kilomètres de là on arrive à **Barcelone.** — Pour le détail de cet itinéraire, voir la route n° 49, page 261.

ROUTE N° 60. — DE MADRID A ALICANTE.
(CHEMIN DE FER.)

Le chemin de fer de Madrid à Alicante est la même ligne que nous avons déjà suivie jusqu'à *Almansa*. Après cette station, il se bifurque : une ligne va à gauche vers Valence; l'autre continue directement vers Alicante.

De *Madrid* à *Almansa* on passe aux stations suivantes, qu'il nous suffit de rappeler :

Madrid; — *Getafe*, 14 kil.; — *Pinto*, 7 kil.; — *Valdemoro*, 6 kil.; — *Ciempozuelos*, 7 kil.; — **Aranjuez**, 15 kil.; — *Castillejo*, 14 kil.; — *Villasequilla*, 9 kil.; — *Huerta*, 10 kil.; — *Tremblenque*, 18 kil.; — *Villacañas*, 18 kil.; — *Quero*, 16 kil.; — *Alcazar de San Juan*, 13 kil.; — *Criptana*, 9 kil.; — *Zancara*, 11 kil.; — *Socuellamos*, 18 kil.; — *Villarobledo*, 16 kil.; — *Minaya*, 22 kil.; — *la Roda*, 20 kil.; — *la Gineta*, 18 kil.; — *Albacete*, 17 kil.; — *Chinchilla*, 20 kil.; — *Villar*, 18 kil.; — *Alpera*, 22 kil., — **Almansa**, 20 kil. — Voir pour le détail de cet itinéraire la route n° 56, de Madrid à Valence, page 276.

A 14 kilomètres après avoir dépassé *Almansa*, on laisse à gauche l'embranchement qui se dirige vers Valence.

On continue, en suivant la ligne principale, qui décrit des courbes nombreuses à travers les accidents du terrain et passe aux stations suivantes :

Caudete, 25 kil., 5,600 hab., petite ville située sur une colline à

5 kilomètres de la station qui porte son nom. C'est une ville d'agriculteurs qui n'a rien à signaler. Après avoir franchi un ravin, le chemin arrive à

Villena, 13 kil., 8,000 hab., autre petite ville bâtie dans une belle vallée, à la base de hautes collines. Elle est le centre d'un commerce agricole fort important. Elle a des foires qui rivalisent avec celles d'Albacete pour les grains et les vins que produisent en grande quantité ses environs, et pour les draps, les tapis et le papier à cigarettes qu'on fabrique à profusion à *Alcoy*, une des villes voisines. (Voir plus loin, route n° 61, d'*Alicante* à *Valence*.)

Villena est dominée par un ancien château fort ; elle possède de belles places et des habitations qui ont l'aspect de vieux palais du quinzième siècle.

Sax, 11 kil., 2,200 hab., ville bâtie au-dessus d'une plaine que traverse la ligne et où coule le *Vinalopo*, que la voie franchit après la station. Sax est construite sur la pente d'une haute colline et au sommet s'élèvent, selon l'usage, les ruines d'un ancien château fort.

Après avoir dépassé Sax, le chemin traverse un tunnel creusé sous un pic élevé de 880 mètres ; il parcourt la belle et fertile plaine où est situé le charmant village d'Elda, dont les environs rappellent le pays de Valence ; et après un trajet plus accidenté on atteint la station de

Monovar, 12 kil., 7,700 hab., petite ville située sur une hauteur, à droite de la voie et au-dessus de la vallée du *Vinalopo*, dont le chemin de fer suit le cours et la rive droite. Les habitants fabriquent des toiles, de la serge, de la sparterie, mais ces produits, en général grossiers, ne dépassent pas l'usage qu'en font les paysans de la contrée.

Au delà de Monovar, le chemin de fer franchit, sur un pont en métal très-hardi, très-élevé, un ravin profond, et mène à la station qui dessert

Novelda, 6 kil., 8,000 hab., jolie ville située à 2 kilomètres à gauche de la voie, au bord du Vinalopo, et entourée de jardins. On y fabrique de la dentelle. La campagne environnante est splendide par sa végétation, qui est tout à fait celle de Valence, de Murcie et de l'Andalousie. Derrière la ville s'étend la chaîne de montagnes dont le chemin de fer longe le pied depuis un assez long parcours.

Après avoir franchi sur trois ponts les ravins qui traversent la ligne, on atteint

San Vicente, 22 kil., 1,000 hab., bourg important, entouré de maisons de campagne qui annoncent l'approche de la ville; et à 8 kil. de là, on arrive à

Alicante, 8 kil., 27,500 hab., ancienne *Lucentum*, chef-lieu de l'une des provinces qui forment la capitainerie générale de Valence et d'un district maritime, à 375 kil. à l'est de Madrid.

Alicante, par la beauté du climat et la végétation environnante, autant que par sa position géographique, est une des villes orientales de l'Espagne. Elle a de belles constructions, mais ses rues mal pavées. Elle est située dans une cavité de la côte, sur une plage basse, au bord de la mer, et entourée de hauteurs.

L'église collégiale, dont le portique est soutenu par deux énormes colonnes de marbre rouge est un bel édifice. Au milieu est une haute grille bien ouvragée qui entoure les siéges du chapitre. Les chanoines y portent aux offices la soutane rouge. L'architecture intérieure est d'un beau style. Le cloître, qui entoure un *patio* plein d'orangers, est digne de l'église, mais il n'a aucun ornement.

L'un des couvents d'Alicante, celui des religieuses de Sainte-Claire, a la prétention de conserver parmi ses reliques le suaire authentique dans lequel fut enseveli le Christ mort. On sait que plusieurs autres villes prétendent posséder la même relique.

A gauche d'Alicante et dominant la ville s'élève une montagne isolée, un pic qui a 280 mètres de hauteur. Au sommet est un fort qui en occupe tout le petit plateau et qui est habité par une garnison peu nombreuse. On ne peut y monter que par les sentiers étroits, escarpés, tracés sur le flanc de la montagne. En raison de sa position aérienne et facile à rendre inaccessible, ce petit fort a pu être considéré longtemps comme imprenable.

Devant Alicante la mer a peu de fond, les bateaux ne peuvent venir jusqu'à la côte; les eaux de la Méditerranée y sont vaseuses, fétides, et les bains impossibles. Quand on essaye de s'y baigner, il faut ensuite aller se laver pour enlever l'odeur nauséabonde de cette eau visqueuse

Il y a à Alicante une manufacture de tabac où se fabriquent des quantités considérables de cigarettes. Alicante a depuis longtemps un commerce extérieur très actif, et depuis qu'elle est la tête de ligne du chemin de fer qui part de Madrid, son mouvement commercial est devenu fort considérable. Ce port exporte surtout des vins, des fruits, de la sparterie, des huiles qu'on épure à Marseille, de la réglisse que la contrée produit en abondance et de la cochenille. Il reçoit pour les diriger sur Madrid des chargements de cacao, de sucre, de morue, et de productions françaises.

On peut visiter à Alicante un musée qui est une propriété particulière et qui possède environ mille tableaux précieux des maîtres espagnols, et une belle collection de médailles.

Alicante fut une des plus importantes villes romaines en Espagne. Elle passa aux Goths, puis aux Arabes, et fut enlevée à ces derniers, en 1258, par le roi de Castille. — En 1705, l'archiduc Charles, rival de Philippe V s'en empara, à l'époque où il prit aussi Valence et d'autres villes du littoral.

En 1823, Alicante fut la dernière ville qui se rendit aux Français. En 1844, elle s'insurgea en faveur du prétendant don Carlos.

Alicante est une des stations des bateaux à vapeur qui desservent régulièrement les ports de l'Espagne. Le voyageur y trouvera donc, aux jours indiqués d'avance par des affiches, tous ceux dont nous avons expliqué le service, pages 32 et 33.

ROUTE N° 61. — D'ALICANTE A VALENCE.
(ROUTE DE TERRE ET CHEMIN DE FER.)

Il y a trois moyens d'aller d'Alicante à Valence :

1° *Par les bateaux à vapeur* qui font entre ces deux villes un service régulier. (V. pages 32 et 33.)

2° *Par le chemin de fer*, dont nous avons décrit les deux branches. On va en sens inverse de la direction que nous venons de suivre, sur la ligne de Madrid. On passe à

San Vicente, 8 kil.; — *Novelda*, 22 kil.; — *Monovar*, 6 kil.; — *Sax*, 12 kil.; — *Villena*, 14 kil. — *Caudete*, 13 kil.; — et l'on arrive à *Almansa*, 25 kil. — Pour le détail de cet itinéraire, voir en sens inverse la seconde partie de la route n° 60, qui précède.

A *Almansa*, on prend le train qui, à la bifurcation, se dirige vers Valence, et dont nous avons décrit le parcours, p. 281 — On passe aux stations de

Fuente de Higuera, 28 kil.; — *Nogente*, 10 kil.; — *Alcudia*, 12 kil.; — *Jativa*, 8 kil.; — *Manuel*, 7 kil.; — *Carcagente*, 9 kil.; — *Alcira*, 4 kil.; — *Algemesi*, 4 kil.; — *Benifayo*, 10 kil. — *Silla*, 9 kil.; — *Catarroja*,

4 kil.; — *Alfafar*, 3 kil.; — et **Valence**. — Pour le détail de ce parcours, voir la route n° 56, page 281 et suiv. — *Valence*, page 284.

3° *Par l'ancienne route de terre*, qui traverse le delta formé par la bifurcation du chemin de fer. — En voici le parcours :

On prend à Alicante les messageries, et suivant la route qui se dirige vers le nord, on passe à

Muchamiel, 6 kil., 4,000 hab., petite ville située sur le bord du Castalla et à 4 kil. de la mer. Ici la route s'éloigne de la Méditerranée qui se trouve très-reculée entre Valence et Alicante par un grand promontoire que termine le cap **San Martin**. On va passer à

Xixona (ou Jijona), 17 kil., 5,000 hab., au bord du Cosco, autre ruisseau souvent à sec. La ville s'élève en amphithéâtre sur une haute colline que surmonte un ancien château fort. Au delà de Xixona la route s'engage dans une chaîne de montagnes qui se dirige transversalement vers le cap San Martin. Elle la traverse au défilé du *puerto d'Abayda* et descend vers

Alcoy, 17 kil., 15,000 hab., chef-lieu d'un district judiciaire. La ville est bâtie sur une colline au pied de laquelle coule un ruisseau, le rio de Alcoy. La ville, par ses rues en pente, ses édifices qui font saillie, les maisons et les terrasses qui en couronnent le sommet, est une de celles qui ont l'aspect le plus agréable.

Mais Alcoy est surtout une ville industrielle; la proximité des deux grands ports de Valence et Alicante, celle des deux lignes de chemin de fer, entre lesquelles elle est placée et qui plus loin se réunissent pour atteindre Madrid, assurent aux industries d'Alcoy un nouvel essor de prospérité.

On y centralise une immense quantité de laines, dont les fabriques d'Alcoy font des draps, des serges, des *mantas*, des flanelles; il y a aussi une fabrication très-considérable de papiers et de papier à cigarette; de nombreux moulins à huile qui absorbent les produits abondants de la contrée; mais selon l'usage espagnol, c'est de l'huile non épurée, d'un goût horrible pour quiconque n'est pas indigène. Il faut qu'elle revienne épurée de Marseille.

Une légende locale raconte qu'au XIII° siècle, saint Georges en personne fit une apparition sur la ville et la protégea contre les Maures.

On traverse ensuite le Guadapalar qui va se jeter dans la mer près de Gandia, et l'on atteint

Concentaina, 5 kil., 6,000 hab., petite ville qui fut une place forte des Arabes. On y voit encore les ruines de ses murailles et au sommet une vieille tour, seul reste de leur forteresse. Les ducs de Medina-Cœli y possèdent un beau palais très-ancien. Plus loin, on passe, au village d'*Agrès*, de la province d'Alicante dans celle de Valence, et la route mène à

Albayda, 11 kil., 3,000 hab., petite ville qui possède des habitations fort anciennes, et notamment un vieux palais des marquis d'Albayda.

Après une heure de trajet dans une contrée accidentée, on entre dans la *Huerta* de Valence et l'on arrive à

Jativa, 5 kil. 1/2, 13,600 hab. Ici la route de terre est remplacée par le chemin de fer. Le voyageur s'arrête à Jativa pour y prendre le train, et de là il suit jusqu'à Valence la ligne que nous avons déjà parcourue en venant de *Madrid* à *Valence*.

Il passe à *Manuel*, 7 kil.; — *Carcagente*, 9 kil.; — *Alcira*, 4 kil.; — *Algémesi*, 4 kil.; — *Benifayo*, 10 kil.; — *Silla*, 9 kil.; — *Catarroja*, 4 kil.; — *Alfafar*, 3 kil.; — et arrive à **Valence**, 5 kil.

Pour le détail de ce parcours en chemin de fer, voir la fin de la route n° 56, de Madrid à Valence, pages 282 et suivantes.

ROUTE N° 62. — D'ALICANTE A MURCIE.

En partant d'Alicante pour se diriger vers Murcie, Carthagène et les routes de l'Andalousie, le voyageur entre dans une région toute nouvelle, dont Valence lui a déjà montré l'aspect. C'est le sud de l'Espagne, c'est toute cette contrée brûlante, couverte d'une végétation orientale et africaine, sur laquelle se fonda l'empire arabe d'Occident.

Dès sa sortie d'Alicante, le voyageur voit le pays prendre son nouvel aspect. Les palmiers deviennent plus nombreux, le climat est plus chaud; la route parcourt de grandes landes arides et nues et conduit à

Elche, 22 kil., 20,000 hab., la ville aux palmiers. Nous voici entrés dans la contrée des cités mauresques. Elche a tout l'aspect d'une ville arabe, et la plupart de ses vieux édifices remontent à l'époque des kalifes.

On y remarque le beffroi à horloge qui surmonte une vieille prison; l'église principale dont la tour est très-élevée; l'hôtel de ville et quelques vastes places.

Autour d'*Elche*, comme autour de Valence, s'étend jusqu'à la mer, à 2 lieues 1/2 de là, une belle plaine coupée en tous sens de canaux d'irrigation. Toute cette campagne est couverte de plantations de palmiers alignés le long des canaux et cultivés avec des soins infinis par la population agricole de cette contrée dont ils sont la richesse. Outre les fruits, ce sont ces palmiers qui fournissent la quantité innombrable de branches, de *palmes* qui, le jour des Rameaux, sont bénites et distribuées dans toutes les villes d'Espagne.

Ces branches ont alors perdu leur couleur verte ; elles ont été étiolées en les liant comme les jardiniers lient la salade pour la faire blanchir, aussi les palmes du jour des Rameaux ont-elles une couleur d'un jaune pâle. On les orne de clinquant, de rubans, de frisures, et dans beaucoup d'endroits, au lieu de conserver ce rameau bénit dans la maison, on le place à l'un des balcons extérieurs comme une sauvegarde.

A Madrid, nous l'avons dit, une branche de palmier bénite est toujours attachée à la fenêtre de la reine.

En sortant d'Elche, on franchit, sur un pont hardi et très-élevé, le Vinalopo qui, à 2 lieues 1/2 de là, va se jeter dans la mer.

On voyage à travers cette belle campagne qui est une forêt de palmiers, et l'on atteint

Albatera, 17 kil., 2,000 hab., petite ville dont les maisons sont presque toutes surmontées de la terrasse mauresque.

Au delà, la route s'engage dans une région montagneuse, coupée de vallées vertes et fertiles où s'élèvent des massifs d'orangers, de grenadiers, de palmiers ; on passe à

Callosa, 8 kil. 1/2, 3,000 hab., jolie petite ville tout orientale, dans un site très-accidenté, où s'élève une belle église du seizième siècle. La route gravit ensuite une montagne et descend dans la vallée de la Segura, où est située

Orihuela, 26 kil. 1/2, 24,000 hab., une des villes les plus importantes de la province d'Alicante, siége d'un évêché.

Au-dessus de la ville, sur une colline, s'élèvent les ruines d'un ancien château fort. L'enceinte des murailles qui complétait la défense de la ville a disparu. On trouve, toutefois, des restes nombreux des anciennes fortifications et des constructions mauresques. La ville est bien bâtie. Ses principaux édifices sont : la *cathédrale*, monument gothique élevé sur les ruines d'une mosquée ; la caserne, l'hôtel de ville et le palais épiscopal. On trouve autour de la ville de belles promenades bien ombragées.

Orihuela est une ville fort ancienne. Elle était déjà importante sous les Carthaginois.

Arrosée, par la *Segura*, fertilisée par de nombreuses irrigations, la campagne environnante est d'une prodigieuse fertilité. Orihuela est le centre d'un commerce agricole considérable en blé, chanvre, soie, cochenille, et en fruits magnifiques.

La route ne tarde pas à passer, à travers une région plus accidentée, de la province d'Alicante dans celle de Murcie. Elle traverse le village de la *Aparecida*, à 5 kil 1/2, et descend ensuite vers une vaste et riche plaine, bien arrosée, toute couverte d'orangers, de nopals à cochenille, de mûriers et de chanvre. A l'entrée on trouve

Monteagudo, 13 kil. 1/2, 1,100 hab., joli bourg bâti au milieu de cette belle contrée, sur le versant d'un coteau que surmontent les ruines d'un vieux château. Après avoir traversé toute cette splendide plaine où se déroule la Segura, on arrive à

Murcie, 5 kil. 1/2, 40,000 hab., chef-lieu de l'une des provinces qui forment la capitainerie générale de Valence; résidence de l'évêque de Carthagène, siége d'un tribunal de commerce et d'un district judiciaire.

Cette ville est au centre de la fertile plaine dont nous venons de parler, une des plus riches et des plus belles contrées du sud de l'Espagne. Les irrigations répandues en tous sens par les Maures y entretiennent, sous un climat tout oriental, une végétation admirable. La *Segura* décrit une vaste courbe et des sinuosités à travers cette plaine, et devant la ville elle reçoit la *Lorca*, qui descend de la sierra Segura, parallèlement à la grande route de Grenade à Murcie.

Murcie, dégagée de son ancienne enceinte de murs, dont elle ne conserve que trois portes, est une ville spacieuse, bien bâtie, percée de belles rues et de grandes places. On commence à voir ici, en plus grand nombre, les maisons construites comme dans toute l'Andalousie et formant un carré de galeries autour d'un *patio*, où une fontaine murmure sous les orangers. Il y a plusieurs palais et des rues bordées de beaux édifices et de magasins.

La cathédrale est moderne; elle est de style grec et forme un édifice imposant. Elle occupe l'emplacement où s'élevèrent d'abord une mosquée arabe, changée en église par les templiers, et une autre cathédrale bâtie à la place de la mosquée au quinzième siècle. La façade du monument actuel et ses trois portiques sont de remarquables travaux. Cette cathédrale a été dévastée en 1854 par un incendie. Au milieu de l'édifice s'élève une vaste coupole ; la tour a 146 mètres de haut, et, quoique formée de divers styles, elle offre un ensemble très-harmonieux ; elle est, avec la façade, ce qu'il y a de plus remarquable.

Le palais épiscopal est un des plus beaux palais de l'Espagne. La construction en est monumentale, l'intérieur d'une grande richesse, et sa situation, au sommet de la ville, en fait une admirable résidence.

Murcie possède encore huit ou dix églises, des hospices, quelques couvents déserts, une vaste et magnifique place à l'entrée de la ville en arrivant d'Orihuela, un jardin botanique, cinq colléges, enfin un beau pont construit sur la *Segura*.

L'industrie principale des Murciens est celle de la soie qu'on y récolte et qu'on y travaille ; la ville a aussi des fabriques de draps, de céruse, de savon, de salpêtre ; et la campagne environnante, outre sa riche production d'oranges et de cochenille, fournit des quantités considérables de blé.

En 1829, Murcie subit un tremblement de terre qui y causa de grandes pertes.

Murcie a peu de souvenirs *historiques*. Elle n'eut aucune importance dans l'antiquité ; mais lorsque s'étendit la conquête arabe, elle prit un développement rapide ; sa campagne fut fertilisée par les Maures et la ville devint, en 1056, la capitale de l'un des petits royaumes arabes qui se partagèrent le sud de la Péninsule.

En 1253, Alphonse X, roi de Castille, en chassa les Maures et annexa Murcie à son royaume.

En 1705, l'archiduc Charles, prétendant au trône de Philippe V, vint assiéger Murcie, après avoir pris Carthagène et Orihuela.

L'évêque de Murcie, Louis de Belluga, prit la défense de la place, inonda la plaine en rompant les digues, força l'armée ennemie à se retirer, et, après son départ, courut délivrer les deux villes voisines.

En 1810, Murcie fut occupée par les Français.

A Murcie on trouve : une belle route qui va à Grenade par Lorca et Guadix, et que nous décrirons ; une autre qui vient d'Alicante ; une route qui se dirige vers Albacete et qui va être remplacée par un

IIIe RÉGION. — DE MURCIE A CARTHAGÈNE.

chemin de fer; un chemin de fer qui va vers Carthagène. Il en résultera une grande ligne de fer allant de Carthagène à Murcie, à Albacete et à Madrid.

Murcie est à 450 kil. au S. E. de Madrid.

ROUTE N° 63. — DE MURCIE A CARTHAGÈNE.
(CHEMIN DE FER.)

On quitte Murcie par son plus beau quartier, par la vaste place qui fait face au pont; on franchit la *Segura* pour aller prendre, à l'extrémité du pont, le chemin de fer.

La voie longe, pendant 8 kilomètres, la vallée de la Segura, sur la rive droite de cette rivière; elle tourne ensuite pour se diriger vers le sud. Elle passe aux stations suivantes :

Beniajan, 6 kil., l'un des villages de cette belle plaine;

Orihuela, 4 kil., bourg situé à l'endroit où commence une région montagneuse qui ferme au sud la plaine de Murcie;

Riquelme, 10 kil.;

Balsicas, 11 kil.;

Pacheco, 8 kil., 2,600 hab., bourg dans une belle campagne, entouré de hauteurs;

La Palma, 5 kil.; et après être passé près du village de *San Anton*, qui est presque un faubourg de la ville, on arrive à

Carthagène, 12 kil., 38,000 hab., port militaire, siège d'un district judiciaire et d'une école de navigation; chef-lieu de l'un des trois grands *départements* maritimes (les autres sont le *Ferrol* et l'île de *Léon*) qui se partagent les côtes d'Espagne.

Cette ville, célèbre dans l'antiquité, est bien déchue; il est impossible, en la parcourant, en se souvenant de son ancienne importance maritime, de ne pas être très-impressionné de la décadence dans laquelle l'incurie des Espagnols et l'inertie du gouvernement l'ont laissée tomber.

On voit encore, dans l'intérieur de Carthagène, de vastes places, des rues larges et bordées de constructions importantes, de belles demeures; on s'arrêtera dans la *calle Mayor*, sur la place de la *Merced*, devant l'hôtel de ville, devant le bel hospice de la *Caritad*, et quelques autres édifices.

Mais la vieille cathédrale n'est plus qu'une ruine; les trois églises qui restent debout sont à peine dignes d'une grande cité ; le *Presidio* ou maison de réclusion est sans importance ; enfin l'Arsenal, si actif autrefois, et dont les grandes constructions rappellent l'ancienne importance, est désert, presque abandonné.

Et pourtant un magnifique port, abrité par un cercle de collines, s'ouvre devant la ville ; il est fort étendu, calme, et n'a qu'un inconvénient, celui d'un petit écueil à fleur d'eau, mais toujours signalé, *la Losa*, qui est situé à l'entrée.

Carthagène n'a conservé que sa défense militaire, qui est surtout l'œuvre de la nature et le résultat de sa position topographique.

Elle est entourée de belles et solides fortifications armées de bastions dont les feux se croisent, et qui sont protégées par quatre forts.

A droite et à gauche du port, deux hautes collines gardent l'accès de la ville. Elles sont surmontées de forteresses dont les feux croisant sur la rade en défendraient l'entrée. Mais ces forts si importants, qui remontent à une haute antiquité, sont abandonnés comme inutiles.

Tel est aujourd'hui l'état de cette grande cité maritime dont Asdrubal fit une émule et une colonie puissante de Carthage, 228 ans avant J. C. C'est de là qu'Annibal partit avec des flottes et toute une armée pour envahir l'Italie pendant la deuxième guerre punique. En 210, Scipion s'en empara, et Carthagène resta, sous les Romains, une des places maritimes, une des villes les plus florissantes de la Méditerranée.

Carthagène fut dévastée par les Goths ; les Maures, qui leur succédèrent, la laissèrent à moitié ruinée. Mais au seizième siècle cette ville se releva, et pendant deux siècles redevint la plus puissante des cités maritimes de l'Espagne.

A la fin du dix-huitième siècle, une nouvelle décadence commença ; elle n'a fait que continuer jusqu'à nos jours, et Carthagène attend que l'Espagne moderne, entrée si résolûment dans la voie des grands progrès, la fasse participer à la résurrection de ses forces et de sa prospérité.

Carthagène est une des stations régulièrement desservies par les bateaux à vapeur qui font le service des côtes de l'Espagne et dont nous avons parlé à la page 32. — Cette ville est à 490 kil. au S. E. de Madrid.

ROUTE N° 64. — DE MURCIE A LORCA
ET LA ROUTE DE GRENADE.

En partant de Murcie par le beau pont élevé sur la *Segura*, la route qui s'ouvre devant le voyageur commence la grande route royale qui se dirige vers *Grenade* et *Séville*, et traverse ainsi tout le sud de la Péninsule jusqu'à *Ayamonte*.

Cette route remonte le cours de la *Sangonera* jusqu'à la sierra Segura, en Andalousie, où cette rivière prend sa source. Jusqu'à Lorca, la route longe la rive gauche. On passe aux localités suivantes :

Lebrilla, 22 kil., 2,600 hab., petite ville d'un aspect rustique, traversée par un ravin dont les eaux vont se jeter à 4 kilom. de là dans la Sangonera.

Alhama de Murcia, 8 kil., 5,000 hab., ville célèbre, dans le sud de l'Espagne, par ses eaux thermales. Elle est bâtie dans un site fort pittoresque au milieu d'une vallée qu'entourent des montagnes.

Au milieu de la ville s'élève une colline de rochers que surmontait autrefois un château fort. De cette colline jaillissent les trois sources dont les eaux, à la température de 42 degrés, sont très-efficaces pour les rhumatismes. On y a bâti un établissement de bains très-convenable et très-fréquenté.

On continue, par une belle route, à travers une campagne couverte d'une végétation tout orientale, jusqu'à une vallée, au pied de hautes collines, où l'on trouve

Totana, 11 kil., 9,000 hab., dont on aperçoit de loin la tour rougeâtre et crenelée, haute de 72 mètres. Cette tour est celle de l'église. La ville a plutôt l'aspect d'un immense village agricole. Au centre de la grande place est une fontaine en marbre alimentée par les eaux de la montagne. Un ravin, desséché pendant neuf mois de l'année, partage la ville. La campagne environnante est admirable ; mais la population est pauvre, bizarre et, comme toute celle du sud de l'Espagne, vit des moindres produits du sol.

La route, se rapprochant ensuite du cours de la Sangonera, après un trajet accidenté, mène à

Lorca, 22 kil., 45,500 hab., siège d'un évêché. Cette ville est située sur le versant des montagnes qui forment le bassin de la Sangonera et à droite de la route que nous suivons. Les nouveaux quartiers s'étendent dans la plaine qu'arrose cette rivière; et, par les constructions modernes dont ils sont formés, par les beaux jardins qui les entourent, ils offrent un aspect très-agréable.

La partie haute de la ville, c'est-à-dire la plus ancienne est dominée par un vieux château fort qu'élevèrent les Maures pour sa défense. Autour de la forteresse sont les rues escarpées, tortueuses, des anciennes cités.

On visitera surtout, à *Lorca*, l'église collégiale de *San Patricio*, bel édifice à trois nefs avec plus de vingt chapelles; l'hôtel de ville, la prison et la grande plaza Mayor qui est entourée des principaux édifices de la ville.

Les habitants de Lorca gardent le souvenir du désastre qui les frappa en 1802. La chaîne à laquelle la ville est adossée est traversée de gorges profondes et étroites. A l'exemple des anciens *pantanos* construits par les Maures et dont on pourra admirer un modèle en passant à Alpéra (route n° 56, de *Madrid* à *Valence*), on avait bâti une digue fermant en travers l'une de ces gorges pour y arrêter l'eau des torrents. Mais, en 1802, les eaux amassées crevèrent la digue et se précipitèrent sur la vallée, où elles causèrent des ravages terribles dont quelques ruines marquent encore la trace.

Ce désastre détruisit 600 maisons, fit périr 6,000 personnes et 25,000 bestiaux.

Lorca possède des fabriques de draps communs, de papier et de poterie. Cette ville fait un commerce important des céréales, des laines et des huiles que produit la contrée.

Au delà de Lorca, après avoir traversé deux fois la rivière, à l'entrée et à la sortie de la ville, la route la traverse de nouveau pour passer à la *Venta Nueva* (12 kil.), — puis à *Velez-Rubio* (16 kil.) où elle entre en Andalousie.

A partir de là, cette route royale va franchir la *sierra Segura*, passe à *Baza*, à *Guadix*, à *Diezma* et conduit à **Grenade** et à **Séville**. — Nous décrivons plus loin son parcours en parlant des routes de l'Andalousie. — (V. route n° 75, de *Grenade* à *Murcie*, et n° 83, de *Séville* à *Grenade*.)

ROUTE N° 65. — DE MADRID A MURCIE.

La route de Madrid à Murcie se compose de deux sections :
1° le chemin de fer depuis *Madrid* jusqu'à *Albacete*;

2° La route (et plus tard le chemin de fer tracé) d'*Albacete* à *Murcie*.

De *Madrid* à *Albacete* on prend le chemin de fer de Valence et d'Alicante, dont nous avons décrit le parcours. — (V. route n° 56, p. 276.)

A **Albacete** s'embranche le tracé du chemin de fer qui doit, à droite de la voie, se diriger vers Murcie. C'est là aussi que le voyageur quitte le train pour prendre la route de terre qui, suivant le même itinéraire, le conduira, par les diligences, à Murcie.

Le chemin, après avoir quitté Albacete, parcourt de grandes plaines nues et tristes, cultivées en céréales; il va passer à

Pozo-Cañada, 12 kil., village placé à l'intersection de la route qui va de *Chinchilla* à *Alcaraz* et à *Ciudad-Real*.

La Venta Nueva, 16 kil., 650 hab.

Tobarra, 17 kil., 9,000 hab., ville agricole, située sur le versant d'une haute chaîne de collines que traverse la route, mais sans rien de curieux à signaler.

Hellin, 5 kil. 1/2, 9,000 hab., autre ville, mieux bâtie et plus active, située sur une colline en face d'une belle plaine qu'arrose au sud le rio *Mundo* qui plus loin se jette dans la Segura. On y remarque la coquetterie des maisons, la beauté des rues et une vaste église à trois nefs.

A Azarque, près d'Hellin, est un établissement de bains considérable. Une source d'eau sulfureuse, très-renommée pour son efficacité, y jaillit et suffit à de nombreux baigneurs.

Plus loin, à droite de la route, sont situées d'importantes mines de soufre, exploitées depuis les Romains. Leur proximité explique la source sulfureuse qui jaillit à Azarque.

La route franchit ensuite deux ruisseaux qui vont de gauche à droite vers la Segura; passe à la *Venta de Vinatea* et s'engage dans une région montagneuse, formée par la sierra de la Cobeza, qui est en travers de la ligne que nous suivons. — On parvient au

Puerto de la Mujer, qui est le défilé principal pour traverser la montagne. Après un trajet assez étendu sur le versant opposé, après un long parcours sur les pentes d'une contrée très-accidentée, la route vient déboucher dans la plaine de la *Segura*, dont elle s'était écartée, et où se trouve

Cieza, 42 kil. 1/2, 10,000 hab. Ici l'on voit devant soi changer l'aspect du pays; derrière la sierra on a laissé la Manche avec ses grands plateaux nus et cultivés en céréales; en face apparaissent les belles campagnes de la contrée de Murcie.

Les bords de la Segura se montrent couverts d'orangers, de grenadiers, de mûriers et de champs fertiles. La ville est bâtie sur une hauteur qui domine cette plaine. A peu de distance, on trouve sur un des coteaux voisins les restes d'une ancienne ville romaine.

A partir de *Cieza* la ligne suit, jusqu'à Murcie, la vallée de la Segura dont elle longe la rive gauche, et cette vallée est couverte d'une végétation admirable. On y rencontre :

Le *Puerto de la Lozilla*, 12 kil.; — la *Venta de la Rambla*, 5 kil., et l'on atteint

Sorqui, 5 kil., 1,600 hab., vieux bourg sur la rive gauche de la Segura. La plaine qui s'étend devant Sorqui fut, il y a plus de deux mille quatre cents ans, le champ d'une mémorable bataille entre les Carthaginois et les Romains. Massinissa y remporta une victoire importante sur les deux Scipions; et les belles rives de la Segura servirent de tombeau à des milliers de combattants.

Molina, 5 kil. 1/2, 4,000 hab., est une petite ville qui n'a d'importance que par les salines qu'on y exploite. Continuant à suivre la rive gauche de la Segura, on arrive bientôt, à travers des campagnes magnifiques, à

Murcie, 11 kil., 40,000 hab. chef-lieu de l'une des provinces de la capitainerie générale de Valence. — Pour *Murcie*, voir page 505.

ROUTE N° 66. — DE MADRID A CARTHAGÈNE.

La route de Madrid à Carthagène se compose de trois sections déjà décrites :

1° Chemin de fer de *Madrid* jusqu'à *Albacete*. — (V. route n° 56, page 276.)

2° Route et chemin de fer tracé d'*Albacete* à *Murcie*. — (V. route n° 65, page 511.)

3° Chemin de fer de *Murcie* à *Carthagène*. — (V. route n° 65, page 307.)

Pour la ville de *Carthagène*, voir page 507, à la fin de cette route.

ROUTE N° 67. — D'ALICANTE A CARTHAGÈNE.

On va d'Alicante à Carthagène, soit par les *bateaux à vapeur*, soit par les routes du continent.

Les *bateaux à vapeur* qui desservent le littoral de l'Espagne font entre ces deux ports un service régulier. (V. page 32.) Dans chacune de ces villes, des affiches annoncent le départ des *vapeurs*.

Sur le territoire, la route d'*Alicante à Carthagène* se compose de deux sections déjà décrites :

1° Route d'*Alicante* à *Murcie*. — (V. route n° 62, page 303);

2° Chemin de fer de *Murcie* à *Carthagène*. — (V. route n° 63, page 307.)

ROUTE N° 68. — DE VALENCE A MURCIE.

La route de *Valence à Murcie* se compose de deux sections déjà décrites :

1° De *Valence à Alicante*. — (V. route n° 61, en sens inverse, page 301.)

2° D'*Alicante à Murcie*. — (V. route n° 62, page 303.)

ROUTE N° 69. — DE VALENCE A CARTHAGÈNE.

On va de *Valence à Carthagène*, soit par mer, soit par les routes du territoire.

Les *bateaux à vapeur* font entre ces deux ports un service régulier (v. page 32), et, dans chaque ville, le départ de chaque *vapeur* est annoncé par des affiches.

La route, sur le territoire entre Valence et Carthagène, se compose de trois sections déjà décrites :

1° De *Valence* à *Alicante* par l'ancienne route ou par la bifurcation du chemin de fer. — (V. route n° 61, page 301.)

2° D'*Alicante* à *Murcie*. — (V. route n° 62, page 303.)

3° De *Murcie* à *Carthagène*, chemin de fer. — (V. route n° 63, page 307.)

ITINÉRAIRE. — QUATRIÈME RÉGION.

Nouvelle-Castille. — Andalousie.

ROUTE N° 70. — DE MADRID A CIUDAD-REAL.

Le chemin de fer de Madrid à Ciudad-Real est le commencement de deux grandes lignes importantes se dirigeant : l'une vers les principales villes de l'Andalousie, Cordoue, Jaen, Séville, Cadix ; l'autre, vers Badajoz, la frontière de Portugal et Lisbonne.

Ce chemin de fer se confond lui-même avec la ligne de Madrid à Alicante depuis *Madrid* jusqu'à la station d'*Alcazar de San Juan*, à 148 kil. de la capitale.

On prend donc le train à Madrid, à la gare d'Atocha, et l'on passe aux stations suivantes :

Getafe, 14 kil.; — *Pinto*, 7 kil.; — *Valdemoro*, 6 kil.; — *Ciempozuelos*, 7 kil.; — *Aranjuez*, 15 kil.; — *Castillejo*, 14 kil.; — *Villasequilla*, 9 kil.; — *Huerta*, 10 kil.; — *Tremblenque*, 18 kil.; — *Villacañas*, 18 kil.; — *Quero*, 16 kil.; — **Alcazar de San Juan**, 13 kil.

Pour le détail de cet itinéraire, v. la route n° 56, de *Madrid* à *Valence*, page 276.

A *Alcazar*, à droite de la voie, se détache de la ligne un autre chemin de fer qui tourne vers le sud. Il se dirige vers la vallée de la *Giguela*, franchit cette rivière sur un beau pont, et passe à

Argamasilla, 26 kil. Station sans importance, dans une contrée nue et presque déserte, qui produit des céréales. On atteint ensuite, après un parcours presque égal,

Manzanares, 24 kil., 9,000 hab., petite ville d'un aspect très-agréable, sur la rive droite de l'Azner, qui va, plus loin, se perdre dans la *Guadiana*, au delà de Daimiel. Manzanares a de belles rues, des maisons bien construites et une belle église gothique, qui mérite d'être visitée, quoique moderne.

La population est surtout agricole ; elle possède cependant quelques fabriques d'eau-de-vie, de draps et de tissus de laine et de savon.

La campagne environnante, arrosée par l'Azner, est couverte de belles exploitations agricoles.

Le chemin de fer franchit l'Azner, et, descendant sur la rive gauche la vallée de cette rivière, il mène, à travers une vaste plaine, à

Daimiel, 22 kil., 13,200 hab., grande ville, sur un plateau élevé, qui domine la plaine que nous venons de parcourir. Cette ville contraste par sa laideur avec celle qu'on vient de quitter ; elle est aussi un centre agricole ; la contrée fournit du blé et des laines estimées.

Almagro, 22 kil., 8,600 hab., petite ville située sur la rive gauche d'un cours d'eau qui va se jeter dans la Guadiana, au nord ; elle n'a pas d'édifices curieux à signaler ; elle fut autrefois le siège d'une université.

Cette ville est bien déchue, mais elle a acquis depuis plusieurs années une importance spéciale : on y fabrique une immense quantité de dentelles qui servent, non-seulement en Espagne, mais même à l'exportation. La campagne environnante est riche en blé, en huile et en vins très-estimés. Elle produit aussi des mulets et des taureaux renommés. On va passer ensuite à

Migueltura, 17 kil., 750 hab., et un quart d'heure après on arrive à

Ciudad-Real, 4 kil., 10,400 hab., à 263 kil. de Madrid, chef-lieu de l'une des provinces qui forment la capitainerie générale de la Nouvelle-Castille.

Cette ville, autrefois importante par ses industries agricoles et par sa population, est en pleine décadence. Des quartiers déserts et en ruines, une enceinte de murailles mal entretenue et qui ne servirait à aucune défense ; nulle activité industrielle, si ce n'est dans quelques fabriques d'étoffes et dans les moulins à blé qui couvrent les bords de la Guadiana ; une population rare et triste dans une ville deux fois trop grande pour elle, tel est l'aspect qu'offre Ciudad-Real, bien peu digne aujourd'hui de ce nom de « *ville royale*. »

Mais Ciudad-Real montre au voyageur une église dont l'architecture est fort remarquable, c'est la *Collégiale*. Elle forme une seule nef de 55 mètres de long, d'une construction simple et hardie. C'est un admirable vaisseau et un modèle très-rare dans d'aussi vastes proportions.

On remarquera encore, à Ciudad-Real, la place de la Constitution, carrée, avec le rez-de-chaussée à arceaux, selon l'usage espagnol; d'autres églises, plusieurs couvents, une caserne et de belles et larges rues auxquelles il ne manque qu'un peu plus d'animation.

Au delà de *Ciudad-Real* le tracé du chemin de fer en construction, suivant l'itinéraire de la grande route de terre se dirige vers *Merida*, *Badajoz*, et par un chemin de fer livré au public depuis le 1er juillet 1863, franchit la frontière pour se continuer jusqu'à *Lisbonne*, capitale du Portugal.

ROUTE N° 71. — DE MADRID A JAEN.
(CHEMIN DE FER ET ROUTE DE TERRE.)

La route de Madrid à Jaen se divise en deux parties :

1° Le chemin de fer, qui va maintenant jusqu'à Santa Cruz de Mudela et qui se prolongera jusqu'à travers l'Andalousie, par Baylen, Andujar et Cordoue ;

2° La route de terre, qui, se détachant de la station de *Santa Cruz* et plus tard de celle de Baylen, se dirige vers *Jaen*. Celle-ci deviendra de plus en plus courte, au fur et à mesure que la construction du chemin de fer s'avancera vers Andujar.

On prend donc à Madrid, à la gare d'Atocha, le chemin de fer d'Alicante, jusqu'à la station d'*Alcazar de San Juan*. On passe, nous l'avons dit, aux stations de

Getafe, 14 kil.; — *Pinto*, 7 kil.; — *Valdemoro*, 6 kil.; — *Ciempozuelos*, 7 kil.; — *Aranjuez*, 15 kil.; — *Castillejo*, 14 kil.; — *Villasequilla*, 2 kil.; — *Huerta*, 10 kil.; — *Tremblenque*, 18 kil.; — *Villacañas*, 18 kil.; — *Quero*, 16 kil.; — *Alcazar de San Juan*, 13 kil.

Pour le détail de cet itinéraire, v. route n° 56, page 276.

A *Alcazar*, on quitte la ligne d'Alicante et on se dirige, par l'embranchement dont nous avons parlé, à la route précédente, vers l'Andalousie. Le voyageur, suivant cette nouvelle ligne, va passer à

Orgamassilla, 26 kil., à

Manzanares, 24 kil., 9,000 hab., dont nous avons déjà parlé en parcourant cette voie pour aller à Ciudad-Real (page 314.)

Mais ici, au lieu de tourner à droite par l'embranchement qui va vers *Daimiel*, *Almagro* et *Ciudad-Real*, on continue directement par la grande ligne ferrée qui se dirige vers *Cordoue*. On passe à

Val-de-Peñas, 28 kil.; 11,400 hab., ville renommée pour son vin, qui est incontestablement le meilleur vin rouge de l'Espagne. On en exporte une quantité considérable de toute cette contrée. Transporté dans des pays plus froids, vers le nord, ce vin devient encore meilleur, surtout lorsqu'il a perdu le goût et l'odeur des outres goudronnées dans lesquelles il fut enfermé.

Val-de-Peñas est une ville bien bâtie; ses rues et ses places sont larges; son église principale est d'une belle architecture.

La voie franchit le *Jalabon*, passe au village de *Torrenueva*, traverse plus loin un autre cours d'eau qui va, comme le précédent, vers la *Guadiana*, et l'on arrive à la dernière station *actuelle* :

Santa Cruz de Mudela, 14 kil., 2,400 hab. Cette petite ville est placée à l'entrée d'une région plus accidentée, qui révèle l'approche de la *Sierra Morena*, énorme et longue chaîne de montagnes qui s'étend sur tout le nord de l'Andalousie.

Située sur une colline, dernier mamelon des contre-forts de cette chaîne, *Santa Cruz* offre un aspect très-agréable.

Santa Cruz de Mudela est le nom d'une famille illustre; l'un des chefs de cette maison fit des preuves de grande bravoure à la bataille de Lépante.

A *Santa Cruz*, en ce moment, s'arrête la circulation sur le chemin de fer. La construction continue au delà. On prend donc la diligence, et l'on commence à gravir les pentes de la région montagneuse, où l'on trouve :

Almuradiel, 8 kil., 500 hab., un des villages que fit bâtir le roi Charles III pour peupler la montagne et en éloigner les brigands qui, auparavant, régnaient en maîtres sur cette contrée déserte, que le voyageur ne pouvait traverser sans danger. Plus loin, à travers des hauteurs sans végétation, on parvient à

La Venta de Cardenas, 17 kil., simple auberge servant de station aux voyageurs; puis on aborde les défilés de la montagne; les rochers énormes, les ravins profonds, les gouffres, les précipices, les plus violents accidents du sol entourent la route. C'est sauvage, saisissant et d'un aspect tourmenté et terrible.

On passe près de la pyramide qui marque la frontière de la Nouvelle-Castille et de l'Andalousie, on quitte la province de Ciudad-

Real pour entrer dans celle de Jaen ; enfin on commence à descendre le versant sud de la *Sierra Morena*. Sur ses pentes on rencontre

Santa Elena, 11 kil., 600 hab., fondé dans un pays de mines en 1767, comme, *Almuradiel*, qui est sur l'autre versant. Ce village est dans le site le plus pittoresque et n'est habité que par des agriculteurs, des muletiers et des bergers. On continue à descendre jusqu'à

Las Navas de Tolosa, 8 kil., 300 hab., charmant village au pied des dernières hauteurs de la sierra et en face d'une immense plaine. Cette plaine fut, en 1212, un vaste champ de bataille. Une grande armée réunie devant Tolède, par les trois rois de Castille, de Navarre et d'Aragon, avait refoulé les Maures jusqu'au delà de la sierra Morena, et leur livra ici un combat qui se termina par une glorieuse victoire des troupes catholiques.

On voyage ensuite sur les prolongements élevés de la chaîne; peu à peu la végétation orientale de l'Andalousie se montre au voyageur; le pays prend un aspect tout nouveau, on est en pleine contrée d'aloès, d'oliviers, de lauriers-roses, quand on atteint

La Carolina, 5 kil. 1/2, 2,000 hab., jolie ville fondée aussi par Charles III pour peupler les régions de la sierra. Rien de régulier et de coquet comme cette localité, avec ses rues larges et droites, ses églises aux clochers élégants et sa belle place à huit côtés, entourée de deux rangs de galeries.

« Santa Elena, Venta-Nueva, Venta del Rey sont les chefs-lieux de quelques établissements miniers. Le fond des populations de ces villages est allemand; mais il n'a fallu qu'un demi-siècle au soleil d'Andalousie pour transformer ces blondes familles attirées des bords du Rhin par Charles III. » (*Ant. de Latour.*)

On parcourt une riche campagne et l'on trouve

Carboneros, 3 kil. 1/2, 550 hab., village d'agriculteurs dans un pays couvert d'oliviers;

Guarroman, 6 kil., 1,100 hab., réunion de hameaux fondés par Charles III dans une contrée très-fertile ; et la route, suivant de fraîches vallées, mène à

Baylen (ancienne *Bœcula*), 11 kil., 5,500 hab., petite ville située sur une hauteur, entourée d'autres collines. Elle est bien construite, mais sans édifices à signaler.

Baylen a, depuis 1808, un renom tristement célèbre. C'est là qu'eut lieu, le 19 juillet, la désastreuse capitulation de trois divisions de l'armée française commandées par le général Dupont.

Après un combat sanglant qui avait duré toute la matinée, les deux armées, lassées, font une trêve. Le général Dupont n'avait plus que 5,500 hommes entourés par les bataillons serrés de 30,000 Espagnols.

Pendant la trêve arrive le général Védel à la tête de sa division ; il se jette avec fureur sur les lignes espagnoles pour délivrer les autres régiments français. Mais l'obstacle est infranchissable ; le général Dupont est forcé d'ordonner à la division Védel de s'arrêter, s'il ne veut faire massacrer par les Espagnols la division Barbou. Peut-être, par un effort désespéré pour seconder Védel et le rejoindre, le général Dupont eût-il percé les lignes ennemies et sauvé l'honneur de la journée. Mais accablé par le nombre des adversaires, il consentit à négocier. Pendant les négociations, les Espagnols surprennent une dépêche adressée de Madrid au général Dupont. A la vue du plan stratégique qui y est expliqué, le commandant en chef, Castaños, changea les termes de la capitulation. La division Barbou resta prisonnière, et les deux autres, désarmées, furent dirigées sur Cadix pour évacuer l'Espagne. Après leur reddition les trois divisions françaises, épuisées, accablées de honte, désespérées, défilèrent devant l'armée victorieuse.

En souvenir de cette journée le général Castaños reçut des Cortès le titre de duc de Baylen.

La capitulation de Baylen est un des faits que le patriotisme espagnol oppose avec le plus de fierté aux souvenirs de l'invasion française ; les poëtes de la Péninsule ont écrit sur cette humiliation de nos drapeaux des strophes triomphantes.

Le duc de Rivas, notamment, a publié sur la défaite de Baylen une ode qui finit ainsi :

« Vive l'Espagne ! s'écria le monde en s'éveillant de sa léthargie.
« A ce bruit formidable un astre s'éteignait dans le firmament.
« Du trône de l'Éternel deux archanges descendirent : l'un allait
« porter la nouvelle au pôle dont la neige se changeait en flamme ;
« L'autre allait creuser une tombe à Sainte-Hélène, morne écueil
« qui, sous la zone embrasée, se dresse au-dessus de l'Océan. »

Beaucoup de Français vont avec émotion visiter le champ de bataille de Baylen.

Ici la route se bifurque. A droite, elle s'en va, suivant le tracé du chemin de fer, vers Andujar et Cordoue; à gauche, elle se continue vers Jaen et Grenade. C'est cette seconde ligne que nous suivons.

Après 13 kilomètres de parcours au delà de Baylen, on franchit, sur un magnifique pont suspendu, le *Guadalquivir*, le beau fleuve qui du nord-est au sud-ouest traverse toute l'Andalousie, et on atteint

Menjivar 14 kil., 1,700 hab., à 1 kilomètre du fleuve, dans une magnifique plaine que domine la tour de cette petite ville.

Parcourant une campagne couverte de belles cultures, la route traverse de nombreux hameaux agricoles et conduit enfin à

Jaen, 22 kil., 18,000 hab., chef-lieu de l'une des provinces qui forment la capitainerie générale de l'Andalousie. Elle occupe l'emplacement de l'ancienne *Auringia* et fut florissante sous les Romains et les Goths.

Après eux, Jaen fut la capitale de l'un des petits royaumes formés par le démembrement du kalifat de Cordoue et fut conquise, en 1246, par Ferdinand III, roi de Castille.

Cette ville est solidement bâtie sur le flanc d'une montagne exposée à des vents violents, et terminée par des rochers qui de loin ressemblent à une citadelle. La partie élevée de la ville, c'est-à-dire l'ancienne cité romaine et mauresque, était entourée d'une forte enceinte de murailles. Elles ont été abattues par le temps, et les habitations se sont multipliées, formant des quartiers nouveaux jusqu'au pied de la montagne où les rues se dispersent dans des routes bordées de jardins et de champs. Au pied de la ville coule la rivière de *Jaen*, qui va, au nord, se jeter dans la Guadiana.

Tout ce qu'il y a de vraiment important à Jaen, c'est sa *cathédrale*, mais elle suffit, car elle est un des plus grands et des plus beaux monuments de l'Espagne.

Cette cathédrale est une œuvre moderne; elle a été terminée vers 1801 et construite sur un emplacement qu'occupèrent d'abord une mosquée, puis une église dédiée à la Vierge. La façade est vaste et d'un beau style; elle s'appuie sur deux tours de 65 mètres de haut. Elle a trois portes ornées de colonnes; le portail du milieu forme une entrée digne du monument.

L'intérieur est une croix latine divisée en trois nefs dallées de marbre. Le chœur, la grille, l'abside sont de magnifiques œuvres d'art.

Le grand autel porte un tabernacle à huit colonnes de jaspe, qui est tout un petit édifice. Les chapelles contiennent toutes soit des tableaux des vieux maîtres de l'école de Séville, soit des sculptures anciennes et remarquables. Dans la sacristie et dans la salle du chapitre sont conservées des ornements précieux, des objets d'or et d'argent, une *custodia* très-riche et des tableaux, dont l'ensemble constitue à la cathédrale un *trésor* d'une valeur devenue très-rare aujourd'hui dans les églises d'Espagne.

Dans la principale chapelle est une relique placée sous l'autel dans un coffre d'argent massif. C'est le mouchoir de Véronique, sur lequel est imprimée la face sanglante du Christ. Ce mouchoir est placé dans un cadre d'une richesse digne de la relique. Mais Jaen n'est pas la seule ville qui prétende posséder ce linge précieux; et quel est celui qui est authentique?

Plusieurs autres églises méritent d'être visitées. Les plus dignes d'être signalées sont: *San Juan*, vieil édifice gothique; *San Ildefonso* et sa belle façade; *San Andres*, le portail de *San Miguel* et la chapelle du couvent des *Descalzas*, où l'on voit un remarquable et bizarre tableau de l'assomption de la Vierge.

Jaen possède une magnifique *plaza* de taureaux, un hospice, deux asiles, l'un pour les vieillards, l'autre pour les orphelins; plusieurs collèges, un séminaire, un musée de peinture, un théâtre médiocre; plusieurs belles places, notamment celles de *Santa Maria* et de *San Francisco*; et sur la première de ces deux places un assez bel *hôtel de ville*.

En parcourant les rues horriblement pavées de cette ville, le voyageur aura soin de s'arrêter devant un grand nombre de vieilles demeures, de vieux palais dont quelques-uns ont de magnifiques façades; les unes gothiques, les autres mauresques, d'autres à colonnades grecques.

Partout, il apercevra derrière les grandes portes des habitations les *patios* de l'Andalousie, ces belles cours carrées, embellies d'orangers et de citronniers, au milieu desquelles grésille l'eau d'une fontaine; et à l'entour les galeries de la maison qui s'ouvrent sur cette enceinte fraîche et embaumée.

Jaen a conservé de ses anciennes défenses six portes lourdement construites. Mais elle n'a qu'une promenade, l'*Almeda*. Du reste, à quoi bon les promenades dans une ville où tous les habitants ont leurs *patios* verts et fleuris, des jardins délicieux et une splendide campagne autour de la ville?

N'oublions pas les *eaux de Jabalcuz*, déjà célèbres au temps des Arabes et dont la source jaillit dans un site des plus agréables. Cette source est située à demi-lieue de Jaen. L'eau qu'elle fournit est à une température de 30 degrés cent. Elle est très-claire et contient surtout du sulfate de magnésie et du sulfate de calcium. La source jaillit d'une colline dont les rochers sont du marbre noir.

De Jaen on va à Baylen rejoindre la route royale (et bientôt le chemin de fer) pour aller à *Cordoue*, à *Séville* et à *Cadix*.

Une autre route se dirige directement au sud vers *Grenade* et *Malaga*.

ROUTE N° 72. — DE JAEN A GRENADE.

Toute la route qu'on va suivre parcourt un pays inégal, tantôt couvert de végétations magnifiques, tantôt aride et accidenté; mais elle ne traverse aucune localité importante. Le voyageur, jusqu'à Grenade, ne voit au bord de la route que des hameaux et les *ventas* ou auberges qui servent aux relais.

On sort de *Jaen* par un pont qui franchit le ruisseau *Valparaiso*, et après avoir traversé plusieurs fois ce cours d'eau dont les sinuosités passent sous la route, on trouve

El Ventorillo de la Guardia, 11 kil., et après cette hôtellerie, trois autres *ventas*; celle *del Chaval*, celle de *las Palomas*, celle *del Rancoral*, qui sont les stations des relais.

La route traverse ensuite une région montagneuse, se fraye un passage sous une voûte de rochers à la *puerta de Arenas*, et conduit à

Campillo de Arenas, 25 kil., 1,250 hab., bourg situé dans une vallée verte et fertile, qu'entourent de hautes collines sombres et boisées.

La vallée conduit, en se rétrécissant, au défilé

El Puerto Carretero, 12 kil. On passe ici de la province de Jaen dans celle de Grenade.

Il ne reste plus devant le voyageur qu'une route très-pittoresque, très-accidentée, tracée dans un pays désert et sur laquelle il ne rencontre que les *ventas* dont nous avons parlé.

Derrièra ces *ventas*, à une lieue ou demi-lieue dans les terres, sont des villages sans importance, tels que *Campotejar*, derrière la venta *Barajana*; celui de *Benuela*, à droite de la route, derrière le hameau d'Andar, etc., etc.

On traverse sur un petit pont le ravin de *Cubillos*, plus loin on passe encore devant quelques habitations échelonnées sur la route ; puis on franchit un autre ruisseau qui va au delà de la ville se perdre dans le *Genil*, et on arrive à

Grenade, 39 kil., 69,000 hab., chef-lieu de la capitainerie générale qui comprend les trois provinces de Grenade, d'Almeria et de Malaga; siége d'une cour d'appel (*audiencia*) et d'un archevêché.

Cette grande ville est située à 686 mètres au-dessus de la mer, sur les hauteurs de trois collines qu'elle couvre de ses rues, de ses édifices, de ces vieux et célèbres monuments.

Autour de la ville s'étend, au pied des collines, une campagne d'une richesse et d'une beauté admirables. Nous sommes ici en plein pays mauresque ; devant nous est une des anciennes capitales d'un royaume arabe et le dernier rempart de la puissance des Maures en Espagne. Là-haut, sur la plus élevée des trois collines, se dresse un énorme château fort, un palais-citadelle, formé de tours et de remparts, entouré de flots de verdure : l'ALHAMBRA !

C'est surtout en présence d'une cité comme Grenade, et plus tard devant Séville, qu'on comprendra ce que nous avons dit sur la pauvreté monumentale de Madrid, sur l'aspect peu imposant qu'offre cette capitale dépourvue de tous ces palais, de ces forteresses, de ces vieux et splendides édifices qui frappent à Grenade les regards du voyageur.

On pense bien que nous n'allons pas essayer ici une description de l'*Alhambra*. Il faudrait décrire pas à pas chaque tour, chaque salle, chaque cour, chaque ornement, car pour ce monument une description générale est impossible. On ne saurait imaginer un amas plus irrégulier de constructions qui se succèdent devant le visiteur ; il faut aborder chaque détail, l'examiner et continuer sa route au travers de ce vaste ensemble de murailles, de jardins, de salles, de galeries, de portiques, de couloirs obscurs, de fontaines et de salles de toutes sortes. Nous laissons au touriste le soin de cette exploration. Si le lecteur veut des descriptions écrites, qui, soit dit en passant, ne lui apprendront presque rien, il pourra lire celles qu'en ont faites M. de Laborde et Théophile Gautier. Impossible de suppléer d'une manière plus patiente, plus soignée, plus brillante, à la vue de l'édifice lui-

même. Bornons-nous à des indications générales et non descriptives :

L'*Alhambra* ne flatte pas le coup d'œil ; il a l'aspect d'une vaste forteresse et non celui de ces élégants palais mauresques que rêve l'imagination. Il est formé à l'extérieur d'une série de grosses tours reliées entre elles par une haute et forte muraille. Tout est bâti en brique, ce qui ajoute à la sévérité de l'apparence.

A l'intérieur, les murs sont couverts d'un stuc très-solide dans lequel la main des artistes arabes a fouillé, dessiné, sculpté, répandu des millions d'arabesques, partout et en tous sens. En réalité, l'édifice était ce qu'il paraît être : un château fort des rois maures.

Pour le plan, les cours, les portiques, les bains, les galeries sont imités des palais de Justinien. L'architecture est un mélange très-heureux de détails gothiques et mauresques ; sur les murs, les plafonds et et les corniches, le dessin des ornements est copié sur celui des étoffes asiatiques et surtout de l'Inde et de la Chine. Les fontaines sont dans le style hébraïque et assyrien, ainsi qu'on peut s'en convaincre en examinant celle de la *cour des Lions*. Autour d'une immense vasque sont des lions à tête rayée, aux jambes droites et grossièrement façonnées, comme celles des Égyptiens ou des Assyriens. Pourtant l'ensemble est harmonieux.

Dans l'enceinte, formée par les murs et les tours, sont plusieurs bâtiments, des palais, des appartements, dont il faut visiter les salles merveilleuses, les galeries, les bains, etc.

L'ensemble de l'*Alhambra* comprend onze tours d'inégale grandeur reliées entre elles : la tour *Quebrada*, *del Homenage*, de *la Vela*, de *la Armeria*, de *Comarès*, de *los Picos*, de *la Sultana*, de *las Infantas*, de *l'Agua*, de *los Siete Suelos* et de *las Carceles*.

Il y a six portes : celle de *los Granados*, qui précède les jardins extérieurs ; celle *del Juicio*, qu'on trouve après les jardins extérieurs et qui est l'entrée principale de l'enceinte ; celle *del Vino*, sur la plaza de *los Algibes*, celle *del Carril* et la porte de *Hierro*, ou porte de fer, du côté du Généraliffe.

Les bâtiments intérieurs sont séparés entre eux par des cours pleines de verdure (des *patios*) : celle de *la Alberca*, celle des *Lions*, qui est la plus belle, celle de *la Mosquita*, celle de *los Baños* et celle de *la Lindaraja*.

A l'extrémité est un couvent, *San Francisco*, entourée de jardins et de ruines.

Au milieu de la vaste enceinte est une église dédiée à *Santa Maria*, placée derrière le palais de Charles-Quint.

Dans l'intérieur, une partie des anciens palais fut démolie et Charles-Quint fit élever à la place qu'elle occupait un très-beau palais de forme carrée, qui fut achevé par son fils Philippe II. On y a déployé un grand luxe de marbres et d'ornements. Au centre est une cour circulaire surmontée d'une immense coupole supportée par 32 colonnes en marbre. Partout ailleurs ce palais serait admirable; ici ce monument de style renaissance fait, avec les autres constructions de l'Alhambra, un contraste si choquant qu'on regrette de l'y trouver.

Le voyageur visitera surtout la tour de *Comarès* dans laquelle est la merveilleuse salle mauresque des *Ambassadeurs*, formant un carré de 160 pieds de côté; la tour de la *Vela*, qui a 82 pieds de haut, au sommet de laquelle est une plate-forme d'où le coup d'œil s'étend sur toute la ville et sur toute la contrée environnante jusqu'aux montagnes qui ferment l'horizon. — Au sommet de la *Vela* est une tourelle avec une cloche qui, depuis longtemps, est la cloche populaire, et dont le son, dans les événements importants, suffit à mettre toute la population en émoi.

Les cours, et surtout celle des *Lions*, sont entourées d'admirables galeries à colonnes de marbre blanc, qui forment un encadrement ravissant aux massifs d'orangers, de myrtes, de lauriers-roses qui remplissent les *patios* de fleurs et de verdure.

L'*Alhambra* fut commencé au treizième siècle par le kalife Abou-Abdallah-ben-Naser, et terminé au quatorzième siècle.

Après l'*Alhambra* vient le *Généraliffe*. Le *Généraliffe* ne mérite pas, à notre avis, sa renommée. C'est un ancien palais de plaisance que les rois maures s'étaient fait bâtir sur la colline qui domine l'Alhambra. A l'intérieur, les murailles abandonnées, ruinées, rongées par le temps, ne portent plus que des traces confuses des ciselures mauresques. Un badigeon odieux s'est ajouté aux morsures du temps pour faire mieux disparaître les ornements primitifs.

Ce qui a mérité au *Généraliffe* sa réputation, ce sont ses jardins.

« Un canal, dit M. Théophile Gautier, revêtu de marbre, occupe toute la longueur de l'enclos, et roule ses flots abondants et rapides sous une suite d'arcades de feuillages formées par des ifs contournés et taillés bizarrement. Des orangers, des cyprès sont plantés sur chaque bord.

« La perspective est terminée par une galerie-portique à jets d'eau, à colonnes de marbre, comme le patio des Myrtes de l'Alhambra. Le canal fait un coude, et vous pénétrez dans d'autres enceintes ornées de pièces d'eau et dont les murs conservent des traces de fresques du seizième siècle, représentant des architectures rustiques et des points de vue. Au milieu d'un de ces bassins s'épanouit, comme une immense corbeille, un gigantesque laurier-rose d'un éclat et d'une beauté incomparables. Au moment où je le vis, c'était comme une explosion de fleurs, comme le bouquet d'un feu d'artifice végétal; une fraîcheur splendide et vigoureuse, presque bruyante, si ce mot peut s'appliquer à des couleurs, à faire paraître blafard le teint de la rose la plus vermeille !

« Les eaux arrivent aux jardins par une espèce de rampe fort rapide, côtoyée de petits murs en manière de garde-fous, supportant des canaux de grandes tuiles creuses par où les ruisseaux se précipitent à ciel ouvert avec un gazouillement le plus gai et le plus vivant du monde. A chaque palier, des jets abondants partent du milieu de petits bassins et poussent leur aigrette de cristal jusque dans l'épais feuillage du bois de lauriers. »

Les édifices religieux méritent de ne pas être oubliés à côté de ces grands restes de l'art et de la splendeur mauresques.

La *cathédrale* a trois siècles; elle fut terminée en 1560. Elle est de style renaissance, toute remplie de colonnes grecques. La façade a trois portes fort belles. L'intérieur forme cinq nefs que séparent des groupes de colonnes liées en pilier. A l'entour des nefs latérales sont rangées les chapelles, toutes enrichies de tableaux précieux, de groupes sculptés par des maîtres et d'œuvres d'art remarquables. La cathédrale de Grenade est à cet égard une des plus importantes à visiter. La chapelle principale, *capilla Mayor*, est à elle seule tout un admirable édifice, avec sa colonnade corinthienne, sa coupole élégante et ses beaux vitraux. La chapelle *royale* renferme deux mausolées considérables : l'un en marbre de Carrare est celui de Ferdinand V et d'Isabelle dont il porte les statues; l'autre, aussi en marbre, est celui de Jeanne la Folle et de Philippe Ier. Ce sont deux œuvres considérables.

Au-dessus de la cathédrale s'élève une tour de 57 mètres de haut formée de trois étages de colonnes. La cathédrale à 120 mètres de long et 70 de largeur.

Citons encore d'autres églises : *San Salvador, San Jose*, avec sa vieille tour ; *San Juan*, ancienne mosquée arabe, dans le quartier d'Albaycin ; la belle église de *las Augustinas*, avec ses deux tours élégantes ; *San Luiz*, et vingt autres que le voyageur rencontrera en montant et en descendant à travers cette grande ville, si pittoresque, si accidentée.

Sept ou huit couvents possèdent encore des tableaux de maîtres et méritent d'être visités.

Indiquons aussi : l'*hôtel de ville*, ancien édifice arabe, bien des fois restauré ; — le grand couvent dans lequel est établie l'*université* que Grenade possède depuis les rois maures et que Charles-Quint institua de nouveau en 1531 ; — le *Presidio*, ou maison centrale, installé aussi dans un ancien couvent ; — le *musée de peinture*, un des plus médiocres de l'Espagne ; — la *manufacture royale* des poudres ; l'archevêché, etc.

Les places et les promenades sont nombreuses.

On ne compte pas moins de 90 places ou *plazuelas*. La plus importante est celle *del Triunfo*, qui est une vaste et belle promenade ombragée, très-fréquentée. Elle est entourée d'édifices : l'hôpital, la caserne de la *Merced*, ancien couvent ; le cirque de taureaux, et, à l'extrémité, se termine par la porte mauresque de *Elvira*.

Sur cette place s'élève une colonne de marbre blanc, de 16 pieds de hauteur, surmontée d'anges et d'une image de la Vierge. Le piédestal est en marbre noir orné d'écussons armoriés et de médaillons.

Il faut citer parmi les autres : la *plaza Nueva*, sous laquelle passe le *Darro*, et sur l'un des côtés de laquelle est l'*Audiencia*, très-beau palais du temps de Philippe II ; la *Birrambla*, aujourd'hui place de la *Constitucion*, sur laquelle est le palais de l'archevêque et qui servait autrefois aux jeux publics, aux fêtes et aux émeutes ; la *plaza Larga*, la *plaza de Gracia*, égayée d'arbres et de fleurs ; la *plaza San Augustin*, etc., etc.

Grenade est renommée pour ses belles et larges promenades. On jugera qu'elles ne sont pas au-dessus de cette réputation en parcourant, outre celle *del Triunfo*, celles de *San Fernando*, de *Gracia*, le *Campillo*, une des plus recherchées et des plus élégantes ; celle *del Campo del principe*, au pied de l'Alhambra ; et surtout les longues et fraîches avenues qui longent le bord du Genil, et qui sont entourées de jardins, de villas, de toute une végétation splendide.

La ville nouvelle s'étend dans toute la vallée comprise entre la colline d'Albaycin, couverte par les anciens quartiers mauresques, et la colline occupée par la vaste enceinte de l'*Alhambra* et le *Generaliffe*.

Selon l'usage des villes andalouses, les rues anciennes sont étroites tortueuses pour se dérober au soleil; les rues modernes sont plus larges, mieux tracées et bordées parfois de trottoirs en marbre. Autrefois, dit-on, Grenade possédait plus 70,000 maisons, aujourd'hui ce nombre est réduit à 10,000 environ.

Mais ici, comme dans toute l'Andalousie, ce sont des maisons de genre mauresque. Au dehors elles sont couvertes de peintures; au dedans, elles entourent de leur double rang de galeries, de beaux *patios*, remplis d'orangers et de lauriers-roses. L'étranger qui passe, jette un regard d'envie, à travers la porte grillée, sur ces cours fraîches et embaumées, qui encadrent la vie de famille et où tout semble préparé pour le repos sous la verdure et les fleurs.

« Grenade, dit encore M. Théophile Gautier, est gaie, riante, animée, quoique bien déchue de son ancienne splendeur. Les habitants se multiplient et jouent à merveille une nombreuse population; les voitures y sont plus belles et en plus grande quantité qu'à Madrid. La pétulance andalouse répand dans les rues un mouvement et une vie inconnus aux graves promeneurs castillans, qui ne font pas plus de bruit que leur ombre : ce que nous disons là s'applique surtout à la Carrera del Darro, au Zacatin, à la place Neuve, à la calle de los Gomeles, qui mène à l'Alhambra, à la place du théâtre, aux abords de la promenade et aux principales rues artérielles. Le reste de la ville est sillonné en tous sens d'inextricables ruelles de trois à quatre pieds de large, qui ne peuvent admettre des voitures, et rappellent tout à fait les rues mauresques d'Alger. Le seul bruit qu'on y entende, c'est le sabot d'un âne ou d'un mulet qui arrache une étincelle aux cailloux luisants du pavé, ou le fron-fron monotone d'une guitare qui bourdonne au fond d'une cour intérieure.

« Les balcons, ornés de stores, de pots de fleurs et d'arbustes, les brindilles de vigne qui se hasardent d'une fenêtre à l'autre, des lauriers-roses, qui lancent leurs bouquets étincelants par-dessus les murs des jardins, les jeux bizarres du soleil et de l'ombre, qui rappellent les tableaux de Decamps représentant des villages turcs, les femmes assises sur le pas de la porte, les enfants à demi nus qui jouent et se culbutent, les ânes qui vont et viennent, chargés de plumets et de houppes de laine, donnent à ces ruelles, presque toujours montantes et quelquefois coupées de quelques marches, une physionomie particulière qui n'est pas sans charme et dont l'imprévu compense, et au delà, ce qui leur manque comme régularité.

« Les maisons un peu riches sont peintes extérieurement de la façon la plus bizarre, d'architectures simulées, d'ornements en grisaille et de faux bas-reliefs. Ce sont des panneaux, des cartouches, des trumeaux, des pots à feu, des volutes, des médaillons fleuris de roses pompons, des oves, des chicorées, des amours ventrus soutenant toutes sortes d'ustensiles allégoriques sur des fonds vert-pomme, cuisse de nymphe, ventre de biche : le genre rococo poussé à sa dernière expression. L'on a d'abord de la peine à prendre ces enluminures pour les habitations sérieuses. Il vous semble que vous marchez toujours entre des coulisses de théâtre. Nous avions déjà vu à Tolède des façades enluminées dans ce genre, mais elles sont bien loin de celles de Grenade par la folie des ornements et l'étrangeté des couleurs. Pour ma part, je ne hais pas cette mode, qui égaye les yeux et fait un heureux contraste avec la teinte crayeuse des murailles passées au lait de chaux. »

Grenade a de grands souvenirs historiques. Cette ville fut fondée au dixième siècle sur les ruines de l'ancienne *Illiberis*. De 1235 à 1492 elle fut la capitale d'un royaume maure de 3 millions habitants. Cet état fut le dernier que les Arabes possédèrent en Espagne.

Attaquée à son tour par les armées de Ferdinand et d'Isabelle, Grenade était défendue alors par une enceinte de plus de *mille tours* et par 400,000 habitants. Elle tomba la dernière, en 1492, au pouvoir du roi catholique.

Sa décadence commença avec la dynastie espagnole et depuis elle n'a fait que continuer.

Le 11 novembre 1500 fut signé à Grenade le traité secret par lequel Ferdinand le Catholique et le roi de France Louis XII se partageaient le royaume de Naples.

A travers la ville coulent le *Darro* et le *Genil* ; la campagne environnante, la Vega, est couverte d'irrigations mauresques et de campagnes admirables par leur éclatante fertilité. Elle produit le coton, la canne à sucre, le chanvre, la soie, des vins précieux, du blé, du riz, de l'huile et des fruits magnifiques.

Quant à l'industrie, celle de la soie, autrefois si florissante, est bien réduite. Des fabriques de sucre, de savon, d'eau-de-vie et quelques exploitations minières forment toute la richesse industrielle de la contrée.

Grenade est à 424 kilomètres de Madrid.

ROUTE N° 73. — DE GRENADE A MURCIE.

On prend, en partant de *Grenade*, la grande route qui traverse tout le sud de l'Espagne, et va de *Séville* à Grenade et à *Murcie*.

La route se dirige vers l'est, traverse la belle campagne qui entoure Grenade, et parvient à une région montagneuse formée par les contré-forts de la sierra Nevada, habitée par une immense population de bergers. Elle parvient à travers les hauteurs jusqu'à la *venta de la Cruz del Puerto*, traverse le lit d'un torrent, et se continue dans deux défilés étroits, formés par un gigantesque et pittoresque déchirement de la montagne.

En quittant le second, *las Muelas de la Vieja*, on descend vers

Diezma, 34 kil., 1,500 hab., bourg située sur le versant de la montagne, en face d'une assez belle plaine. On continue à descendre en suivant le cours d'un ruisseau, le Fardès, jusqu'à

Puranella, 6 kil., 800 hab., bourg d'agriculteurs, dans une plaine bien fertilisée. Puis le voyageur passe devant une multitude de collines bizarres, dans lesquelles toute une population s'est creusé des habitations souterraines qui pourtant dominent la plaine. Ces fourmilières humaines ont de loin l'aspect de forteresses isolées.

Après avoir voyagé au travers de ces étranges villages, on atteint

Guadix, 15 kil., 2,800 hab. Cette ville est bâtie sur la rive gauche du *Guadix* qui prend sa source à droite dans la sierra Nevada, à 12 kilomètres de là et va vers le nord se jeter dans le Guadalquivir, près de Mengibar.

Les géologues assurent que *Guadix* est située au centre d'un vaste bassin qui fut autrefois un lac salé. Cette ville conserve des restes de ses anciennes fortifications mauresques, quelques vieux palais abandonnés et forme un ensemble de constructions médiocres.

La cathédrale, l'hôtel de ville, l'hospice, fondé par Charles III, un séminaire, et l'évêché sont les seuls édifices à y remarquer.

Les ressources locales se composent de produits agricoles, de bestiaux, et de quelques industries, celle des cuirs, du fer et du cuivre.

Guadix est le siége d'un évêché suffragant de Grenade.

A une lieue et demie de Guadix sont les eaux de *Graena*, très-célèbres au temps des Maures qui en faisaient un grand usage.

Ce sont des sources chaudes et froides d'eau ferrugineuse et sulfureuse, très-efficaces contre les rhumatismes et les affections nerveuses. Il n'y a pas là d'établissement de bains; mais les étrangers trouvent à s'installer dans les logis creusés au flanc de la montagne par une population brune et pittoresque de *gitanos* dont cette localité est la résidence.

A droite de la ligne que nous suivons, une route se détache et va de *Guadix*, vers le sud-est, à *Almeria*. (V. ci-après route 75.)

En sortant de Guadix, on traverse une large et magnifique plaine couverte de cultures, arrosée de nombreux cours d'eau; on passe devant deux auberges :

La *venta de la Fuente Alamo*, 8 kil.; — La *venta de Gor*, 8 kil.;

Bientôt après on franchit un torrent; la plaine finit, et la route commence à gravir des hauteurs boisées. On monte ainsi à

Baza, 24 kil., 13,700 hab., chef-lieu d'un district judiciaire. Cette ville est bâtie sur le versant d'une colline très-élevée, en face d'une riche plaine, très-peuplée, très-cultivée, qui s'étend au pied de la chaîne de montagne la *sierra de Baza*.

Baza possède peut-être l'église la plus ancienne de l'Espagne; elle remonte au temps des Goths. Elle a été d'abord une église chrétienne, puis une mosquée sous les Arabes, et a été rendue au culte catholique. Elle a eu à subir bien des restaurations. L'édifice est gothique, à trois nefs; les boiseries du chœur sont remarquables, et les orgues sont dignes de la plus importante cathédrale. Le clocher est moderne et contraste trop avec le vieil édifice.

Dans une des chapelles de cette église sont conservés les restes de saint Maxime, martyr.

On trouve dans la ville et à ses abords de nombreux vestiges d'antiquités romaines et de constructions arabes. Au milieu de Baza subsistent encore les ruines de l'*Alcazaba* des Maures.

Les collines qui entourent Baza sont aussi vertes, aussi fertiles que la plaine, la *Haya*, et sont couvertes de végétations.

La route, en quittant Baza, traverse la riche plaine qui s'étend au pied de la ville; elle franchit, presque à sa sortie, la petite rivière la *Baza*, qui va au nord se jeter dans le *Guadalantin*, et le voyageur parcourant de belles campagnes peuplées de hameaux, passe devant

La *venta del Peral*, 17 kil.; il franchit un autre ruisseau, et arrive l'extrémité de la plaine, où il trouve

Cullar de Baza, 4 kil. 1/2, 6,000 hab., petite ville bâtie, non-seulement au pied de la chaîne qui traverse la route, mais encore creusée, en partie, dans les flancs mêmes de la montagne.

En quittant cette pittoresque localité, la route s'engage dans une région montagneuse, très-accidentée, coupée de vallées profondes et fertiles, de rochers à pic, et l'on atteint

Las Vertientes, 17 kil., 150 hab., petit village isolé au milieu de cette belle contrée, où les sites les plus riants se mêlent aux aspects les plus sauvages. On débouche ensuite par la vallée dans une vaste plaine où l'on trouve

Chirivel, 5 kil. 1/2, 1,650 hab., bourg mal construit et qui n'a d'autre apparence que celle des rustiques maisons de paysans dont il est formé. — La route longe la rive gauche de la *Sangonera* dont elle suivra le cours jusqu'à Murcie. Elle conduit à

Velez-Rubio, 17 kil., 13,200 hab., l'une des villes les plus importantes de la province d'Almeria. Elle est bâtie sur une colline au pied de laquelle coule la rivière et s'étend une belle vallée. Une muraille percée de portes entoure la ville qu'elle ne défendrait pas.

Au sommet de la colline s'élève l'église principale, dont les deux tours dominent les environs. L'intérieur de la ville est coupé de rues larges, mais sans ornements. Dans la partie basse surtout les quartiers sont spacieux, formés d'habitations agricoles avec enclos et jardins.

A 1 kilomètre au sud de la ville jaillit une source ferrugineuse, très-efficace contre les maladies lymphatiques. On l'appelle la *Fontaine du Chat*. De l'autre côté, au nord, à une lieue environ, s'élève sur une haute colline la petite ville de *Velez Blanco*.

La route quitte *Velez Rubio* et, à 6 kilomètres, passe de la province d'Almeria dans celle de Murcie.

Elle suit une vallée très-encaissée, parfois très-étroite; elle passe au pied des hauteurs sur lesquelles se dresse une vieille tour mauresque, isolée, la *Torrecilla*; elle franchit plusieurs fois les sinuosités de la rivière dont elle suit la vallée, et après ce parcours où l'on n'a rencontré que la *Venta Nueva*, on arrive à

Lorca, 37 kil., 45,500 hab. (V. page 309.)

La route qui reste à parcourir entre *Lorca* et Murcie a déjà été décrite d'une manière spéciale, en sens inverse : route n° 309.

Bornons-nous donc à rappeler qu'elle passe : à *Totana*, 22 kil., 9,000 hab. ; — à *Alhamada de Murcia*, 14 kil., 5,000 hab. ; — à *Lebrilla*, 8 kil., 2,600 hab. ; — et aboutit à **Murcie**, 22 kil., 40,000 hab.

Pour les détails de cette partie du chemin, voir la route n° 64 entre *Murcie* et *Lorca*, page 509.

ROUTE N° 74. — DE GRENADE A CARTHAGÈNE.
(ROUTE DE TERRE ET CHEMIN DE FER.)

Le parcours entre Grenade et Carthagène se compose de deux routes que nous avons déjà décrites :

1° De *Grenade* à *Murcie* ; — voir la route précédente, n° 73.

2° De *Murcie* à *Carthagène;* voir le chemin de fer dont l'itinéraire est indiqué, route n° 63, page 307.

ROUTE N° 75. — DE GRENADE A ALMÉRIA.

Cette route se compose de deux parties :

1° De *Grenade* jusqu'à *Guadix*. Nous en avons décrit le parcours, route 73, page 331.

2° De *Guadix* à *Almeria*. — En voici l'itinéraire :

A **Guadix,** on quitte la route qu'on a suivie depuis *Grenade*, et l'on prend celle qui, tournant vers le sud-est, se dirige vers Almeria.

Elle s'engage presque aussitôt sur les pentes et à travers les immenses accidents de terrain de la sierra de Baza, prolongement de la sierra *Nevada*.

Toute la contrée que la route parcourt est déserte, sauvage, montagneuse, et le voyageur fait un long trajet sans trouver d'autres habitations que de très-médiocres *ventas*, isolées çà et là sur le bord du chemin.

Il rencontre ainsi : la *venta de los Llanos*, au pied de la montagne ; il franchit la chaîne par des défilés où il trouve la *venta del Baranquillo*, 6 kil.; puis il descend sur le versant opposé.

Ici la route franchit le ruisseau *Alboloduy* qui sort de la montagne; elle va passer au hameau de

Arroyo, 1 kil., et à partir de là, s'engage dans la vallée de l'Alboloduy que nous allons suivre jusqu'à la Méditerranée, jusqu'à Almeria.

A droite de la route s'élève pendant tout ce parcours, la chaîne de la sierra de Baza. A gauche, s'élève la sierra de *Pilabres* qui s'écarte bientôt de la route.

En suivant la rive droite du ruisseau on passe à

Ocaña, 11 kil., 1,100 hab., bourg d'agriculteurs situé au pied de la chaîne de montagne et au bord de l'*Alboloduy*.

La route franchit de nouveau ce cours d'eau et passe sur la rive gauche où l'on trouve un petit village :

Las Alcubillas, 18 kil., 150 hab. Plus loin on rencontre la *venta de la Rambla*, à 8 kilomètres, et on va ensuite traverser l'Alboloduy pour revenir sur la rive droite et entrer à

Gador, 1,850 hab., bourg d'un aspect purement agricole, très-bien situé au pied d'un cercle de collines. Il donne son nom à la sierra de *Gador*. Ici le ruisseau *Alboloduy* prend le nom de rivière d'*Almeria*.

On laisse sur la rive gauche *Rioja*, localité sans importance; et l'on passe à

Benadadux, 5 kil., 860 hab., village rendu assez animé par l'exploitation des mines de plomb que renferme la montagne à laquelle il est adossée. Après avoir parcouru une très-belle plaine, on arrive à

Almeria, 6 kil., 26,000 hab., chef-lieu d'une des trois provinces qui forment la capitainerie générale de Grenade. Elle est le siége d'un évêché, d'une administration des douanes et la résidence de vices-consuls.

Almeria est admirablement située. D'un côté s'étend une vaste et fertile plaine, entourée par les masses énormes, volcaniques, de toute une région montagneuse, et par des sommets très-élevés. De l'autre côté la mer, un golfe arrondi et immense, où la plage est magnifique.

Le port est un des plus commerçants de la côte; il est aussi une station des *bateaux à vapeur* qui desservent les villes du littoral. Ici, comme partout, le voyageur en trouvera le passage annoncé par des affiches dans tous les lieux publics.

Almeria fut une ville importante des Romains : *Murgis*. Sous les

Arabes elle fut très-prospère. Elle est encore entourée en grande partie de l'enceinte de murs dont ils l'enveloppèrent pour la défendre du côté de terre.

Au nord-est de la ville, sur une hauteur qui la domine, s'élève aussi un vieux fort très-considérable et très-solide, qui fut construit par les Maures et restauré sous Charles-Quint; c'est l'*Alcazaba*, avec sa double enceinte de murs inébranlables, sa fontaine, et son ancienne mosquée.

Sur une autre colline se dressent quatre tours mauresques. Ces deux sommets fortifiés sont réunis par une épaisse muraille, flanquée de tours, qui descend d'un sommet jusque dans la vallée et remonte se rattacher à la forteresse sur l'autre colline.

Quelques parties de ce rempart qui escalade les flancs de deux hauteurs, sont si anciennes qu'on les attribue aux Carthaginois et même aux Phéniciens, dont Alméria fut une colonie.

Du reste, à l'exception de quelques édifices consacrés aux administrations publiques, tout ici offre l'aspect d'une ville mauresque; rues étroites et sinueuses, maisons fermées à l'extérieur et s'ouvrant à l'intérieur sur le *patio* qui se retrouve dans toute l'Andalousie; habitations peu élevées. Il faut y ajouter un soleil torride, une lumière si vive et si brûlante qu'elle peut défier toutes les ardeurs de l'Orient.

Les principaux édifices à visiter sont: la *cathédrale*, édifice gothique, placée sur un côté d'un cloître à arceaux, de forme carrée, dont l'extérieur offre absolument l'aspect d'une forteresse, destinée à protéger l'entrée de l'église;

L'église *Santo Domingo*, qui fut autrefois une mosquée;

La *Casa de la diputacion*, où se tiennent les assemblées de la province;— L'hôtel de ville, *ayuntamiento*, que surmontent deux tours carrées.

Citons encore: la place de la Constitution, en forme de trapèze, entourée de belles constructions; trois promenades situées hors des murs et surtout celle qui s'avance jusque dans le golfe. Celle-ci, d'où la vue s'étend en pleine mer est la plus agréable et la plus fréquentée. On y va par la porte *del Mar*.

Almeria est le centre d'un commerce actif. Ce port exporte des vins, des soies, des fruits, des huiles, de la sparterie, des marbres, du plomb, tous les produits de la contrée, — Il reçoit des tissus de soie, de coton, de laine, de la lingerie et autres produits usuels que cette région de l'Espagne ne fabrique pas.

Alméria, lorsque eut lieu la chute du grand kalifat de Cordoue, devint, en 1009 la capitale d'un petit royaume maure. Mais elle fut prise par les troupes catholiques, en 1147; reprise par les Maures en 1157, et conquise définitivement à la monarchie espagnole, en 1489, par Ferdinand le Catholique.

ROUTE N° 76. — DE GRENADE A MOTRIL.

On part de Grenade par la porte du sud, la *puerta del Pescado*, ainsi nommée parce qu'elle s'ouvre sur la route par où arrive la marée. La route traverse la magnifique plaine qui environne la ville; elle franchit le *Genil*, qui près de là se perd dans le Guadalquivir, et passe à

Armilla, 3 kil. 1/2, 1,400 hab., bourg situé dans une partie humide et malsaine de la plaine; et après avoir traversé le ruisseau le *Dilar*, on passe à

Algendin, 4 kil., 2,400 hab., petite ville bâtie sur une hauteur d'où l'on domine toute la plaine qu'on vient de parcourir et d'où l'on voit encore Grenade.

C'est dans la plaine qui s'étend autour d'Algendin qu'en 1500 fut rassemblée la grande armée catholique, destinée à faire la conquête des montagnes Alpujarres, dernier refuge des Maures.

La route gravit ensuite les hauteurs, passe entre les extrémités de deux chaînes de montagnes, la sierra Nevada et la sierra de Tedeja; et descend vers

Padul, 8 kil., 3,000 hab., petite ville placée dans la fraîche et fertile vallée de Lécrin. A l'entour, les hauteurs sont couvertes de troupeaux; dans la vallée le voyageur est entouré de belles cultures qui rappellent la plaine de Valence ou de Grenade.

On franchit la rivière la *Laguna*, puis on atteint

Durcal, 5 kil., 1,900 hab., au milieu d'une belle campagne fertilisée par le ruisseau le *Durcal*. Ici ce cours d'eau et le précédent se réunissent et forment le *Rio grande*, dont nous allons suivre la vallée.

On trouve ensuite :

Talara, 6 kil., 950 hab., dans une région plus montagneuse;

Beznar, 3 kil., 600 hab., ancien village mauresque, mal construit, délabré, entouré cependant d'une jolie vallée dont la fertilité est prodigieuse.

La route passe près de l'endroit où le Rio Grande se jette dans le *Guadalfeo*, qui descend de la sierra Nevada, et bientôt après, elle mène à

Velez de Benaudalla, 15 kil., 3,200 hab., petite ville arabe qui s'élève sur le versant de la montagne en face de la rive gauche du Guadalfeo. Les restes d'un vieux château dominent la montagne. La vallée est fertile, très-peuplée, et la sierra de Lujar, à laquelle est adossée Velez, contient des mines de plomb en exploitation, qui sont une des ressources principales de la contrée.

Non loin de là sont les deux *puits d'Annibal*, d'une immense profondeur, creusés autrefois pour l'exploitation du minerai, dont toute cette chaîne de montagne renferme des quantités prodigieuses.

Devant Velez, on franchit la rivière dont la route va maintenant longer la rive gauche; elle s'en écarte pour gravir la sierra de Lujar, laissant à sa droite le Guadalfeo couler dans sa vallée profondément encaissée. Du sommet de la montagne, le voyageur aperçoit au loin un horizon sans autre borne que le ciel, et, noyée dans ce fond de lumière, la nappe de la mer.

La route descend ensuite dans la vallée où est

Motril, 11 kil., 14,000 hab., ville fort ancienne, située à une lieue de la mer.

Il est inexplicable qu'on ait bâti cette ville si près de la Méditerranée et qu'on l'ait pourtant élevée trop loin de la plage pour en faire un port qui eût été parfaitement placé.

En arrière s'élèvent les montagnes; entre Motril et la mer s'étend une campagne où abondent avec une fertilité merveilleuse le riz, le coton, la vigne, les orangers. Le climat est délicieux. Ce petit coin de terre perdu au fond de l'Espagne est un des plus heureux qu'on puisse imaginer. Et pourtant l'aspect de la ville est triste, pauvre, peu animé. Des anciennes murailles dont elle était entourée, on ne voit plus qu'une porte et quelques ruines. Les nouveaux quartiers offrent seuls une apparence confortable et régulière.

Il ne reste à Motril qu'une seule église surmontée d'une tour en briques. Elle forme deux nefs assez étendues. Pour mieux la défendre contre les Arabes, les architectes en firent une sorte de forteresse, lourde, épaisse, solide, sans aucune style religieux.

Motril n'a pas de port. Une route conduit à trois lieues de là, à l'est, à la petite baie de *Calahooda*, où est un village de pêcheurs.

Une autre route, longeant le bord de la mer, va, du côté de l'ouest, à *Almunecar* (port), à *Velez-Malaga* et à *Malaga*.

ROUTE N° 77. — DE GRENADE A MALAGA
(ROUTE DE TERRE. — CHEMIN DE FER TRACÉ.)

Un chemin de fer partira de Grenade, passera par *Santa-Fé*, par *Loja* et ira vers *Antequera* rejoindre le chemin de fer en construction qui de *Cordoue* se dirigera vers *Malaga*.

On ira donc de Grenade à Malaga en chemin de fer.

Mais, jusqu'à ce que les deux lignes, dont il se formera, soient construites, le voyageur prendra la route suivante sur laquelle est organisé un service régulier de messageries. C'est, à peu près, le même itinéraire.

En sortant de Grenade, la route longe la rive droite du *Genil* et passe près de plusieurs villages, situés sur les deux rives, dans la magnifique plaine qu'on traverse : *Almilla*, *Ogijarès*, *Ascudia*, puis *Zubia*, et bientôt conduit à

Santa-Fé, 11 kil., 4,400 hab., ville bâtie dans un pays plat, humide, au bord du Genil. L'ensemble de la ville est assez régulier ; des maisons s'éparpillent à l'entour dans une fertile campagne. L'ancienne enceinte de murailles n'existe plus. Les rues sont droites, larges ; les constructions ont un bon aspect.

Les édifices principaux à visiter sont : l'église collégiale, de style grec, surmontée de deux tours et très-embellie à l'intérieur de marbres et de jaspes ; l'hôtel de ville, l'hospice, la prison et la halle, qui entourent la grande place.

Santa-Fé a trois souvenirs importants.

Le premier est celui de sa fondation par la reine Isabelle la Catholique, qui la fit bâtir en quatre-vingt-dix jours, et entourer de murs et de fossés, pour loger la grande armée catholique qui campait dans la plaine de Grenade.

Le second se rattache au trophée suspendu sous la grande porte de l'église collégiale : une lance, un vieux parchemin sur lequel est écrit : *Ave Maria*, et une tête de maure. C'est un souvenir des combats héroïques qui marquèrent les derniers jours de la lutte contre les Arabes. La lance est celle qu'un chef maure vint planter, en signe de défi, à la porte de la reine; le parchemin est celui qu'un guerrier castillan, Pulgar, alla, en réponse au défi, clouer avec sa dague sur le portail d'une mosquée voisine, et que le Maure vint traîner à la queue de son cheval aux yeux de tout le camp; la tête est celle de cet infidèle que le jeune Garcilazo de la Véga tua dans un combat singulier à la suite de ces provocations.

Le troisième souvenir de Santa-Fé est celui du tremblement de terre que cette ville éprouva en 1807 et qui lui causa de graves dommages.

La route, en sortant de Santa-Fé, passe sur la rive gauche du Genil dont nous remontons le cours, et continue à parcourir la vaste plaine qui environne Grenade.

Elle va passer ensuite à la *venta de Lachar*, près de laquelle est

Lachar, 11 kil., 650 hab., village bâti sur une colline isolée.

On franchit ensuite plusieurs cours d'eau qui viennent se perdre dans le *Genil*; puis, le plus important d'entre eux le *Cacino*. Ici le vallée se rétrécit, ses deux côtés deviennent plus élevées, plus rocheux, le Genil est très-encaissé, son cours prend la rapidité du torrent. Dans cette vallée on trouve

Loja, 22 kil., 16,000 hab. La ville n'a pas d'édifices à remarquer; l'ensemble est d'un médiocre aspect. Mais la vallée est magnifique, fertile, très-pittoresque. Le cours du Genil qui bouillonne au fond de cette gorge profonde est couvert d'écluses, de chutes, où bruissent toute une longue rangée de moulins et de fabriques de draps. De tous côtés les cours d'eau jaillissent et vont se jeter dans la rivière.

Au delà de Loja, le Genil et la route se séparent; le Genil se dirige au nord vers le Guadalquivir; la route tourne au sud et passe de la province de Grenade sur le territoire de celle de Malaga. Un ruisseau, le *rio Frio*, que la route franchit, marque ici la séparation des deux provinces.

On laisse aussi à droite la route qui se continue, venant de Grenade, vers *Antequera*, à 17 kilomètres de *Loja*.

On quitte la vallée pour gravir les montagnes qui forment, en travers de la route, une chaîne élevée, la sierra de *Antequera*.

A 17 kilomètres on trouve une venta, près du sommet nommé le *puerto de los Alazores*; puis on commence à descendre sur le versant sud, et on parvient au relais établi à la *venta de los Hornajos*.

La route, très-accidentée, atteint ensuite:

Colmenar, 11 kil., 6,500 hab., ancienne ville arabe, qui conserve encore plusieurs constructions mauresques. Elle n'offre rien de curieux à visiter, mais la campagne environnante est couverte de vignes magnifiques et de champs très-fertiles.

On entre ici dans la vallée de la *Guadalmedina*, qui sort de la montagne et va se jeter dans la mer près de Malaga. On s'en écarte ensuite pour gravir une côte du haut de laquelle on découvre la mer, et au bas de la descente on arrive à

Malaga, 22 kil., 78,000 hab., chef-lieu d'une des trois provinces qui forment la capitainerie générale de Grenade; siège d'un évêché suffragant de Séville, résidence d'un commandant militaire et d'un commandant maritime.

Malaga est une des villes les plus favorisées : son port est magnifique, son climat splendide, sa population très-belle, sa campagne produit des fruits renommés, son commerce se développe, et, contrairement aux autres villes du littoral dont nous avons signalé l'état de décadence, Malaga, la vieille colonie phénicienne, après bien des phases diverses, est maintenant en voie d'embellissement et en pleine période de prospérité.

La ville a deux parties bien distinctes : les vieux quartiers qui ont conservé tout leur caractère mauresque; le nouveau qui est bien bâti et très-animé.

Nous allons en indiquer rapidement les principaux édifices :

La *cathédrale* est une belle église renaissance. Sa façade est ornée d'une haute colonnade en marbre; sur les côtés s'élèvent deux tours rondes; elle a sept portes. A l'intérieur, qui forme trois nefs, sont rangées quinze chapelles. Le maître-autel, les boiseries du chœur, les orgues, sont à remarquer. Le voyageur s'arrêtera aussi devant quelques tableaux et plusieurs sculptures très-distinguées qui embellissent les chapelles. Dans la chapelle de la *Encarnacion*, notamment, est un retable sculpté, tout en agathe. C'est un travail admirable. On a déployé, du reste, un grand luxe de marbres, pour le pavage de l'église et pour ses ornements.

Il y a aussi à citer : *San Juan* et *Santiago*, deux vieilles églises qui remontent à la fin du quinzième siècle; et surtout celle de *los Santos Martyres*, qui est la principale après la cathédrale. L'intérieur offre une profusion incroyable d'ornementations en marbre, en jaspe et d'assez belles sculptures en bois.

Malaga.

Le visiteur s'arrêtera devant les deux édifices mauresques : l'*Atarazanas*, arsenal des arabes, avec son merveilleux portique de jaspe blanc; l'*Alcazaba*, ancienne forteresse, dont il ne reste plus qu'une partie occupée par le commandant militaire.

Mentionnons encore : le palais épiscopal dont l'entrée en marbre blanc est fort belle; l'hôtel de ville, avec ses deux tours; le théâtre élégant, mais petit; le cirque des taureaux qui contient 10,000 spectateurs; la douane et le *préside*, succursale pénitentaire de celui de Grenade.

Malaga possède des places nombreuses et de charmantes promenades. La place de la Constitution, est un vaste quadrilatère, qui forme le centre commerçant de la localité. Sur un des côtés est l'hôtel de ville. Au milieu s'élève un monument érigé à la mémoire de Torrijos qui fut fusillé à Malaga avec ses compagnons, en 1831, après leur tentative d'insurrection libérale. Un de leurs complices les livra.

Parmi les promenades, la plus fréquentée est l'*Alameda*, située près du port, longue d'un demi-kilomètre, ornée d'arbres, de statues, de bancs en marbre. A ses deux extrémités sont deux fontaines. La première, dont les statues jettent l'eau d'une manière plus bizarre que décente, est cependant au point de vue de la sculpture et de l'ensemble une œuvre magnifique. Elle est toute en marbre blanc. L'autre est bien moins importante.

La calle *Hermosa*, digne de ce nom, et surtout celle de *las Alamedas de Capuchinos*, qui longe la rade, sont aussi de très-belles promenades.

Malaga possède : des hôtels passables, des cafés, des établissements de bains, une bibliothèque qui dépend de l'évêché, des colléges, une école normale et des hospices spéciaux très-bien tenus, ce qui est rare.

Hors de la ville, sur une colline isolée s'élève un vieux château fort, le *Gibel fharo*, dont la grosse tour fut construite, dit-on, par les Phéniciens. C'est celle qu'on voit au premier plan du dessin ci-joint. Elle est entourée d'une enceinte de remparts à créneaux, flanquée de tours, et cette muraille descendant sur le flanc de la colline vient rejoindre l'autre forteresse : l'*Alcazaba*.

Malaga fait un commerce très-actif par l'exportation des vins, des raisins, des fruits, des huiles, des anchois, des fers, des toiles, de la cochenille, etc. Les seules industries un peu actives sont celles des soieries, de la mégisserie et la fabrication des chapeaux.

La contrée environnante produit des vignes, des oliviers, des orangers, des mûriers, des cannes à sucre, des nopals, des troupeaux à laine estimée. Elle renferme des mines de fer qui alimentent des forges importantes. Enfin, ce territoire est un des plus riches de l'Espagne en carrières de marbre, d'agathe et de jaspes précieux.

Le port de Malaga est une des stations des *bateaux à vapeur* qui desservent régulièrement le littoral de la Péninsule. (V. page 52.) Le voyageur trouvera dans tous les endroits fréquentés de la ville des affiches annonçant l'arrivée et le départ de chacun de ces vapeurs.

Quant à la *partie historique*, Malaga, nous l'avons dit, fut fondée par les Phéniciens. Elle fut très-florissante sous les Carthaginois et sous les Romains. Mais en raison de son importance et de sa prospérité elle fut une des premières villes dont les Maures firent la conquête.

Après le démembrement du kalifat de Cordoue, elle fut aussi la capitale d'un petit État maure qui dura 64 ans, de 1015 à 1079.

Elle appartint ensuite à plusieurs princes arabes qui se la disputèrent, et fut prise, en 1487, par Ferdinand le Catholique.

En 1810, les Français s'en emparèrent. Le 11 décembre 1831, le général Torrijos et ses quarante-neuf compagnons qui s'étaient mis à la tête d'une révolte libérale, furent trahis et fusillés. Le monument érigé sur la place de la *Constitucion* rappelle le souvenir de cette exécution. Il fut élevé à leur mémoire en 1842.

Malaga est à 535 kilomètres au sud de Madrid.

ROUTE N° 78. — DE MADRID A GRENADE.
(CHEMIN DE FER ET ROUTE DE TERRE.)

La ligne de *Madrid* à *Grenade* se compose des trois sections suivantes qui ont été déjà décrites :

Route de **Madrid** à **Manzanares**. — (V. route n° 70, page 514.)
— de **Manzanares** à **Jaen**. — (V. route n° 71, page 516.)
— de **Jaen** à **Grenade**. — (V. route n° 72, page 522.)

ROUTE N° 79. — DE MADRID A ALMERIA.
(CHEMIN DE FER ET ROUTE DE TERRE.)

La ligne de *Madrid* au port d'*Almeria* se compose de quatre sections déjà décrites :

IVe RÉGION. — DE MADRID A CORDOUE.

Route de **Madrid** à **Manzanares**. — (V. route n° 70, page 314.)
— de **Manzanares** à **Jaen**. — (V. route n° 71, page 316.)
— de **Jaen** à **Grenade**. — (V. route n° 72, page 322.)
— de **Grenade** à **Guadix** et à **Almeria**. — (V. route n° 75, page 334.)

ROUTE 80. — DE MADRID A CORDOUE.
(CHEMIN DE FER ET ROUTE DE TERRE.)

La ligne de *Madrid* à *Cordoue* se compose des sections suivantes :
1° De **Madrid** à **Manzanares**. — (V. route n° 70, page 314.)
2° de **Manzanares** à **Baylen**. — (V. route n° 71, page 316, déjà suivies pour aller à Jaen.)
3° de **Baylen** à **Cordoue** dont nous allons indiquer l'itinéraire.
A Baylen, nous l'avons dit (page 320), la route qui vient de Madrid se bifurque. D'un côté elle va au sud vers Jaen et Grenade ; de l'autre elle va à droite vers *Andujar* et *Cordoue*. C'est cette seconde ligne que nous venons reprendre ici pour la suivre à travers l'Andalousie.

A une lieue de Baylen, on traverse la rivière de la *Campana* qui va se jeter tout près de là dans le Guadalquivir ; on passe à

La Casa del Rey, 12 kil., 850 hab.; on descend ensuite vers la vallée du *Guadalquivir* où l'on trouve

Andujar, 13 kil., 9,700 hab., ville d'un aspect peu agréable, mais très-heureusement située dans une belle et fertile plaine qu'arrosent le *Guadalquivir* et la *Jandula*, un de ses affluents.

Aussi, toute la campagne autour de la ville est-elle couverte de jardins, de cultures, de maisons de campagne, de fermes. Plus loin elle est toute plantée d'oliviers et couverte de pâturages.

Quant à l'intérieur d'Andujar il est assez bien construit mais privé d'édifices importants. On pourra y visiter : l'église principale, de style gothique, avec une façade renaissance, qui renferme un saint sépulcre, modèle curieux et rare des vieilles sculptures des anciens maîtres espagnols; la place de la *Constitucion* et l'hôtel de ville, bâti selon l'usage sur l'un de ses côtés. Nous y avons remarqué aussi deux promenades charmantes près du fleuve.

En 1809, le roi Joseph et le maréchal Soult s'arrêtèrent à Andujar. C'est dans cette ville que le 8 août 1823 le duc d'Angoulême rendit son ordonnance contre les arrestations arbitraires pour obtenir la dé livrance du roi Ferdinand VII que les Cortès transportées à Séville, gardaient prisonnier.

A la sortie d'Andujar, la route franchit sur un vieux pont le Guadalquivir et passe ainsi sur la rive gauche. Elle s'écarte des sinuosités qu'il décrit, va traverser un ruisseau près de l'endroit où il se jette dans le fleuve, et conduit à

Villa del Rio, 25 kil., 3,600 hab., ancienne ville arabe, sur une colline que domine un vieux château mauresque dont on a fait l'église paroissiale.

La route continue à suivre la large vallée du Guadalquivir dont elle descend le cours. A droite, sur l'autre rive, on aperçoit une petite ville, *Montoro*, au bord du fleuve, où l'armée française, après le désastre de Baylen, trouva pendus, mutilés ou abandonnés les cadavres d'un grand nombre de Français, faits prisonniers isolément et égorgés. On parvient ensuite à

Pedro Abad, 17 kil., 1,600 hab., bourg situé au milieu d'une magnifique campagne.

On atteint à 5 kilomètres le relais d'*el Carpio*, dépendant de

El Carpio, 2,700 hab., petite ville d'un aspect très-pittoresque qui s'élève sur une hauteur en vue de la route. On aperçoit de loin sa tour arabe et son vieux château fort. Carpio est la patrie du célèbre chevalier Bernard de Carpio, un des héros des armées catholiques, et dont Lope de Vega a chanté les exploits.

Au relais d'*el Carpio*, une route qui va aussi du côté gauche, mène, à deux lieues de là, à

Bugalance, ville de 9,000 âmes, où le touriste peut aller visiter les restes d'un château fort, armé de hautes tours, que fit construire en 935 le kalife de Cordoue, Abdérame III.

La route continue à travers une vaste et fertile plaine, fertilisée par les eaux du Guadalquivir. Le système des irrigations qu'y se répandent à travers les cultures est encore ici l'ouvrage des Maures.

Au relais de la *Casa Blanca*, la route tourne à droite et franchit le Guadalquivir, très-encaissé, sur un pont en marbre noir, un pont unique certainement.

Revenue sur la rive droite, la route longe le fleuve; elle parcourt de vastes pâturages qui couvrent ses bords; elle franchit deux ruisseaux qui viennent se perdre dans le Guadalquivir. Un instant le voyageur aperçoit **Cordoue.**

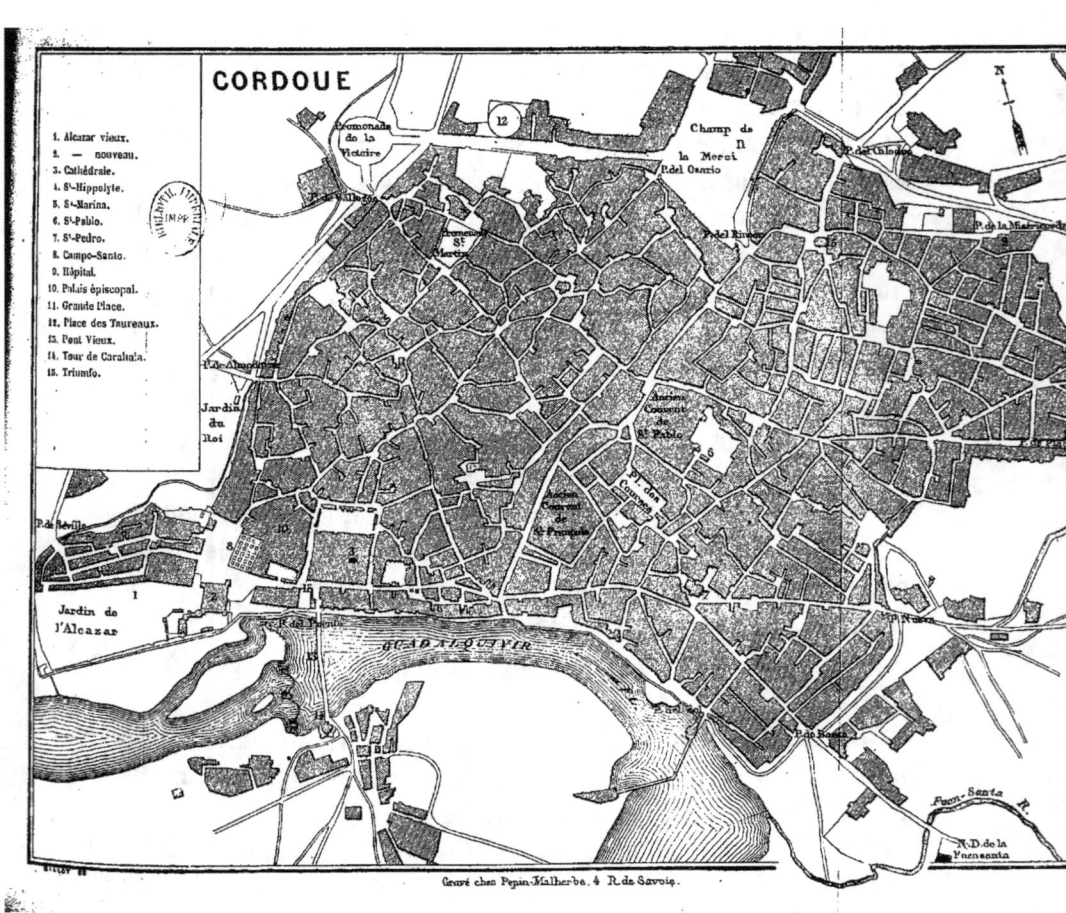

Puis on s'engage derrière un pli du terrain à travers une campagne touffue d'orangers, parée de tous côtés de groupes de palmiers, de grenadiers, d'une végétation admirable. Au milieu de cette plaine tout orientale s'élève l'ancienne capitale des kalifes d'Occident :

Cordoue, 17 kil., 60,000 hab., chef-lieu de l'une des cinq provinces qui forment la capitainerie générale de l'Andalousie; évêché; sur la rive droite du Guadalquivir.

Nous voici dans la capitale de l'empire maure. Autour du voyageur, tout est un monument, une trace, un souvenir de la grande époque des kalifes. Ici le passé est vivant, il est debout, il saisit l'imagination; on est transporté à dix siècles en arrière! plus loin encore, car aux édifices mauresques, aux rues étroites et tortueuses que les Arabes ont laissées, se mêlent des restes importants de l'époque romaine.

Ce que le voyageur a de mieux à faire, c'est de s'égarer à son gré dans le dédale de ces rues, de ces monuments, de ces quartiers, où rien ne ressemble aux villes modernes. Une description méthodique de cette grande cité arabe est impossible. Nous allons donc nous borner à indiquer les édifices qui, par leur importance et par leur renommée, se détachent de cet ensemble.

Cordoue est entourée d'une enceinte de murs, flanquée de tours inégales et de formes différentes. Les Maures et les chrétiens après eux ont travaillé à cette muraille de défense.

Il ne faut prendre que pour un conte le récit d'après lequel Cordoue comptait, au temps des kalifes, deux cent mille maisons, soixante mille palais; mais il n'est pas douteux qu'elle eût alors un demi-million d'habitants et que les palais, les bains et les mosquées étaient en nombre prodigieux dans cette capitale du kalifat d'Occident.

Le grand édifice de Cordoue, c'est la MOSQUÉE.

A la place qu'elle occupe les Romains avaient élevé un temple à Janus. Les Goths en firent un temple chrétien et le dédièrent à saint Georges. Le kalife Abd-el-Rahman fit raser cette église et fit commencer à la place une mosquée qu'il voulut faire sans rivale. Il s'y voua comme à une œuvre sainte, et chaque jour l'illustre kalife venait pendant une heure travailler de ses mains à la construction de l'édifice.

Commencée en 780, cette mosquée immense fut presque achevée

Cordoue.

en 795, sous Hikem, fils du fondateur, mais elle fut complétée, augmentée, embellie sous ses successeurs.

A l'extérieur, on ne voit qu'une vaste forteresse. Les murs sont de hauts et solides remparts, fortifiés par une série de piliers gros comme des tours dont chacun est surmonté d'une couronne de créneaux.

L'édifice mesure 207 mètres de longueur et 147 mètres de largeur. Il a seize coupoles et vingt portes s'ouvraient à la foule des fidèles qui remplissaient la mosquée. Les encadrements des portes et des croisées sont sculptés dans le marbre et forment les dessins élégants qui caractérisent l'art mauresque.

A l'intérieur, tout est élancé, léger, gracieux. Le visiteur s'arrête devant une véritable forêt de colonnes qui du sol s'élancent sveltes, hardies, jusqu'aux arcades qui supportent les voûtes.

L'espace est si grand, les colonnes sont si nombreuses, que l'ensemble forme *dix-neuf* nefs parallèles du nord au sud, et *trente-six* allées de colonnes de l'est à l'ouest.

Toutes ces colonnes sont en marbre, en jaspe, en porphyre. Il y en a là plus de mille, toutes égales, mais le travail a été sculpté avec tant de soin qu'il n'y a pas deux chapiteaux dont les sculptures se ressemblent.

Au-dessus de cette forêt de colonnes sont placés des arcs en maçonnerie, percés à jour, qui forment deux rangs superposés et vont ainsi jusqu'à la voûte. Les voûtes étaient autrefois des plafonds, des caissons mauresques fouillés de milliers d'arabesques comme les lambris de l'Alhambra. Elles sont formées aujourd'hui par des coupoles.

On évalue à 4,500 le nombre des lampes que les Maures allumaient à l'heure de la prière pour éclairer cette fabuleuse mosquée.

Enfin il y avait dans certaines parties réservées, surtout dans le sanctuaire du Koran, des richesses qui ont disparu, comme le Koran lui-même; mais on peut y voir encore une sorte de tabernacle gigantesque, formé d'une coupole creusée dans un seul bloc de marbre, et supporté par des colonnettes. Les ornements sont d'une finesse et d'une élégance admirables.

Voilà la mosquée. La conquête catholique en expulsa les Maures, et en juin 1256, le roi Ferdinand en fit une cathédrale sous le vocable de *l'Assomption de la Vierge*. On travailla à disposer l'intérieur pour une église; mais on ne porta aucune atteinte à la construction même du monument.

Malheureusement il n'en fut pas toujours ainsi! En 1523, le chapitre, tourmenté d'un saint zèle, se résolut à bâtir une *église* au milieu de l'immense mosquée. La municipalité indignée défendit sous peine de mort de donner un seul coup de marteau au bel édifice des Maures. Mais Charles-Quint se laissa fléchir par les chanoines ; la permission fut accordée ; et l'on bâtit alors au sein même de la mosquée d'Abd-el-Rahman une cathédrale catholique. C'est celle que le visiteur trouve aujourd'hui au milieu de la forêt des colonnes mauresques. Elle fut commencée en 1525. Mais trois ans plus tard, les événements ayant amené Charles-Quint à Cordoue: « Ah! s'écria-t-il, si j'avais su ce que vous vouliez faire, jamais vous ne l'eussiez fait ; car ce que vous avez fait là, aussi bien se pouvait-il faire partout ailleurs, et ce qui était là n'avait pas son égal dans le monde. »

Cet acte de vandalisme rend sévère pour la cathédrale actuelle. En la visitant on admirera, toutefois, cet édifice qui est du plus beau gothique flamboyant. Les ornements en marbre, les grilles ouvragées, le magnifique maître-autel et ses sculptures, œuvre de Cornejo, les précieuses orfèvreries du trésor, les orgues, quelques tombeaux, et autres ouvrages très-distingués forment un ensemble d'une grande valeur artistique. Quel dommage que tout cet édifice ne soit pas ailleurs, sur l'une des places de Cordoue, et qu'on n'ait pas laissé debout les soixante ou quatre-vingt colonnes qu'il a fallu abattre pour lui faire une place au centre de la grande mosquée !

A une extrémité de la mosquée, à la place de l'Alminar d'Abd-el-Rahman III, on a élevé une tour qui a 94 mètres de haut. Elle est formée de cinq étages. Les cloches de la cathédrale sont au sommet. La base de la tour est un socle en jaspe bleu. L'ensemble est de style italien.

Passons aux autres édifices :

Cordoue possédait deux *alcazars*. L'un, l'*alcazar vieux*, n'est plus qu'un amas de ruines romaines et mauresques. C'était une vaste forteresse contenant de splendides palais. L'*alcazar nouveau* fut construit par Alphonse VI qui voulut imiter les édifices maures. Au moyen âge il fut la résidence des inquisiteurs ; il est maintenant une prison. Devant cet édifice restent encore la *Palama* au pied de laquelle étaient les bains des rois arabes, et le *Campo santo*, sorte de charnier, de cimetière, où les Maures suppliciaient les catholiques.

Quelques églises méritent d'être visitées : la collégiale de *San Hipolito* renferme les tombeaux en jaspe des rois Ferdinand IV et Alphonse XI ainsi que celui de l'historien Ambrosio de Morales; *Santa Marina* est une des plus vieilles églises gothiques de l'Andalousie; — *San Pedro*, plus ancienne encore était un temple chrétien vers la fin de la domination romaine et sous le Goths. — La chapelle de *N. D. de la Fuensanta*, hors de la ville, possède de curieuses peintures sur cuivre de D. Téniers. Quelques couvents conservent encore de très-beaux cloîtres. On pourra en juger en visitant celui de *San Pablo*.

Citons maintenant : le *palais épiscopal*, orné de marbres magnifiques et de jardins spacieux; — l'hôtel de ville, — la grande place entourée d'une superbe colonnade; — la place des taureaux; — l'hôpital *San Sebastian*, — et surtout le *Triumfo*, gracieux monument formé d'une colonne que surmonte la statue en bronze dorée de saint Raphaël, patron de la ville. Le socle est en marbre et en jaspe d'une grande beauté.

Cordoue possède deux belles promenades, des eaux abondantes, des fontaines, et toute la ville est un *véritable musée* de marbres sculptés, de colonnes miliaires de statues tronquées, d'inscriptions, restes épars qui attestent l'ancienne splendeur de Cordoue sous les Romains, les Goths et les Arabes.

Enfin, en sortant de la ville par la route que nous suivons et qui se dirige vers le sud de l'Andalousie, le voyageur traverse le Guadalquivir sur un vieux pont de seize arches qui fut construit d'abord par les Romains, et plus tard réédifié par les Maures. Il est gardé, à l'entrée, par une vieille forteresse romaine et arabe : la Carrahola.

Cordoue avait autrefois des industries importantes, et surtout celle des *cuirs* qui eurent une si grande célébrité. Aujourd'hui toute son activité industrielle se réduit à la fabrication de chapeaux et d'orfèvrerie commune. — La contrée environnante produit comme toute l'Andalousie, des vins, de l'huile, des soies, des chevaux, des mines; mais le commerce si considérable, auquel donnaient lieu autrefois ces produits, a presque entièrement cessé. Le chemin de fer de l'Andalousie, dont Cordoue est une des plus grandes stations, aura sans doute pour effet de développer de nouveau la production et le commerce de ces richesses du sol.

Cordoue fut fondée par les Romains en 152 avant J. C. Elle devint très-florissante sous les empereurs; elle eut le titre de Municipe et le privilège de battre monnaie.

Elle fut prise par les Goths en 572. Les Maures vinrent à leur tour s'en emparer en 711. Ils en firent en 756 la capitale du grand kalifat d'Occident. — En 1051 cet empire arabe fut démembré et Cordoue resta la capitale d'un royaume arabe.

En 1236 elle fut enlevée aux Maures et dévastée par Ferdinand II, roi de Castille. — Depuis cette époque a commencé et a continué sa longue décadence.

En 1808, les Français commandés par le général Dupont et combattant l'insurrection de l'Andalousie, poursuivirent les insurgés qui se réfugièrent dans Cordoue et en fermèrent les portes. Alors s'engagea une lutte terrible. Les Français pénétrèrent dans la ville dont il fallut conquérir les rues et les quartiers défendus avec fureur par les insurgés. Les maisons furent pillées par les paysans réfugiés à Cordoue, saccagées ensuite par les soldats français. Les cadavres et les objets précieux jonchaient les rues. La fièvre du sang et la fièvre du pillage changèrent pendant une journée la grande capitale des kalifes en un théâtre de crimes et de dévastations. — L'Andalousie, à la nouvelle de cet événement, se souleva avec exaspération contre les Français. — Le désastre de Baylen, quelques jours après, vengea cruellement les Espagnols.

Cordoue est la patrie de plusieurs hommes célèbres : de Lucain, de Sénèque, du maure Averroès, de saint Euloge, de Morales, de Gongora et de Cespedes.

Quand le réseau du chemin de fer projeté, sera construit, Cordoue sera le point d'intersection de trois lignes : l'une allant vers *Andujar*, *Manzanares* et *Madrid*; l'autre vers *Malaga*; la troisième, qui est en exploitation depuis plusieurs années, se dirigeant vers *Séville*, *Xeres* et *Cadix*.

Cordoue est à 290 kilomètres au sud de Madrid.

ROUTE N° 81. — DE CORDOUE A MALAGA.

(CHEMIN DE FER TRACÉ.)

Un chemin de fer est projeté pour remplacer la route, fort mauvaise, qui va de *Cordoue* à *Malaga*.

La ligne projetée passera à *Carlota*, — à *Mantella*, — elle franchira le *Genil*, — ira passer à **Antequera**, — et recevra près de cette ville l'embranchement venant de *Grenade* (voir route 77, page 359); — elle suivra ensuite la vallée du *Guadaljore*, — et se détournera à l'est pour atteindre Malaga.

Ce chemin de fer n'étant encore qu'un projet, nous ne pouvons en décrire l'itinéraire définitif. — Mais nous avons voulu du moins en indiquer la direction générale, et nous ne manquerons pas de placer ici la description complète de son parcours lorsqu'il sera construit.

On comprend qu'un *Guide* est essentiellement soumis à des additions, à des modifications continuelles ; surtout en ce qui concerne l'Espagne, où le réseau des voies de communication est, en ce moment, en pleine période de transformation.

ROUTE N° 82. — DE CORDOUE A SÉVILLE.
(CHEMIN DE FER.)

A la sortie de Cordoue, le chemin de fer traverse en ligne droite la magnifique plaine qui entoure la grande cité arabe.

Il suit le bord de l'ancienne route de terre, ayant à gauche, tout près de la voie, les sinuosités du Guadalquivir dont on longe la rive droite. Il passe ainsi à

Almodovar, 22 kil., 1,400 hab. Derrière ce bourg mauresque s'élève un rocher isolé, et sur ce rocher un vieux château fort, bâti par les Arabes, dont la haute tour domine tout l'horizon de la plaine, jusqu'à la chaîne de la sierra Morena qui la ferme, au nord, comme un immense rempart.

Au delà d'Almodovar, le chemin de fer franchit sur un long viaduc la rivière le *Guadatio*, qui vient de l'autre côté de la voie se jeter dans le Guadalquivir. Après avoir traversé plusieurs ravins dont on voit les lits desséchés, altérés, on passe à

Posadas, 10 kil., 3,000 hab., petite ville d'un aspect très-médiocre, peuplée d'agriculteurs et de gitanos.

Continuant à longer le cours très-sinueux du fleuve, le chemin de fer traverse la rivière Bambazar, qui vient s'y jeter ; il parcourt une campagne peu habitée, parfois assez triste, et atteint la station de

Palma, 20 kil., petite ville de 5,700 hab., située à gauche de la ligne, à une lieue environ, sur l'autre rive du Guadalquivir, qu'on traverse pour y parvenir sur un pont de bois ; tout près de Palma, le *Genil* vient se jeter dans le fleuve, et la campagne qui environne la ville, arrosée par ces deux cours d'eau, offre l'aspect d'une admirable fertilité, sous sa splendide verdure et sous ses fleurs d'orangers et de grenadiers.

Le chemin de fer franchit plus loin le lit d'un ravin sur un petit pont, traverse une contrée un peu plus peuplée de fermes que la région précédente et touche à

Peñaflor, 4 kil., 2,200 hab., charmante petite ville au pied des collines.

La ligne passe ensuite sur un pont métallique qui traverse le Guadalvacar, autre affluent du Guadalquivir, et laisse à droite, dans la vallée, les ruines du vieux château de San Felipe debout sur un amas de rochers. Après avoir franchi un nouveau ravin, le chemin de fer mène à

Lora del Rio, 19 kil., 5,000 hab., ancienne ville romaine, située dans une partie très-fertile de la plaine, entourée des collines qui s'élèvent en gradins jusqu'à l'horizon.

A dix kilomètres de là, sur une hauteur où sont les ruines d'une ville détruite, s'élève une chapelle très-renommée dans ce pays; dans cette chapelle est une statue de la Vierge douée de pouvoirs miraculeux, et qui attire chaque année toute la population. On y fait alors des fêtes populaires. Cette madone est la protectrice de la contrée.

A sa sortie de Lora, le chemin de fer tourne vers le sud et franchit sur un vaste pont métallique le cours du Guadalquivir, dont on atteint ainsi la rive gauche.

Une grande plaine se déroule aux yeux du voyageur. Il continue à suivre le cours du fleuve et atteint

Guadajoz, 15 kil., village dépeuplé par l'insalubrité locale et où il ne reste que l'église. Il est situé à l'endroit où le Corbones, qui descend du sud, se perd dans le Guadalquivir. Près de ce village avait lieu autrefois une foire importante, la foire de Mairena, le Beaucaire de l'Espagne. Le pays environnant est renommé pour l'élève des taureaux de combat. Ici le fleuve et le ruisseau donnent au terrain bas et marécageux une humidité très-pernicieuse. Les fièvres y sont permanentes et ont changé le village en un désert depuis que l'incurie des habitants n'a plus assaini le sol en y continuant les travaux d'irrigation que les Arabes savaient si bien pratiquer partout.

A deux lieues et demie au sud de cette station est la ville de *Carmona*, 15,500 hab., ancienne cité arabe, bâtie au sommet d'une colline qui domine la plaine et entourée des ruines de ses fortifications. Au sommet de la ville sont encore debout les restes d'un vieil alcazar. De cette hauteur on jouit d'un magnifique coup d'œil sur la plaine,

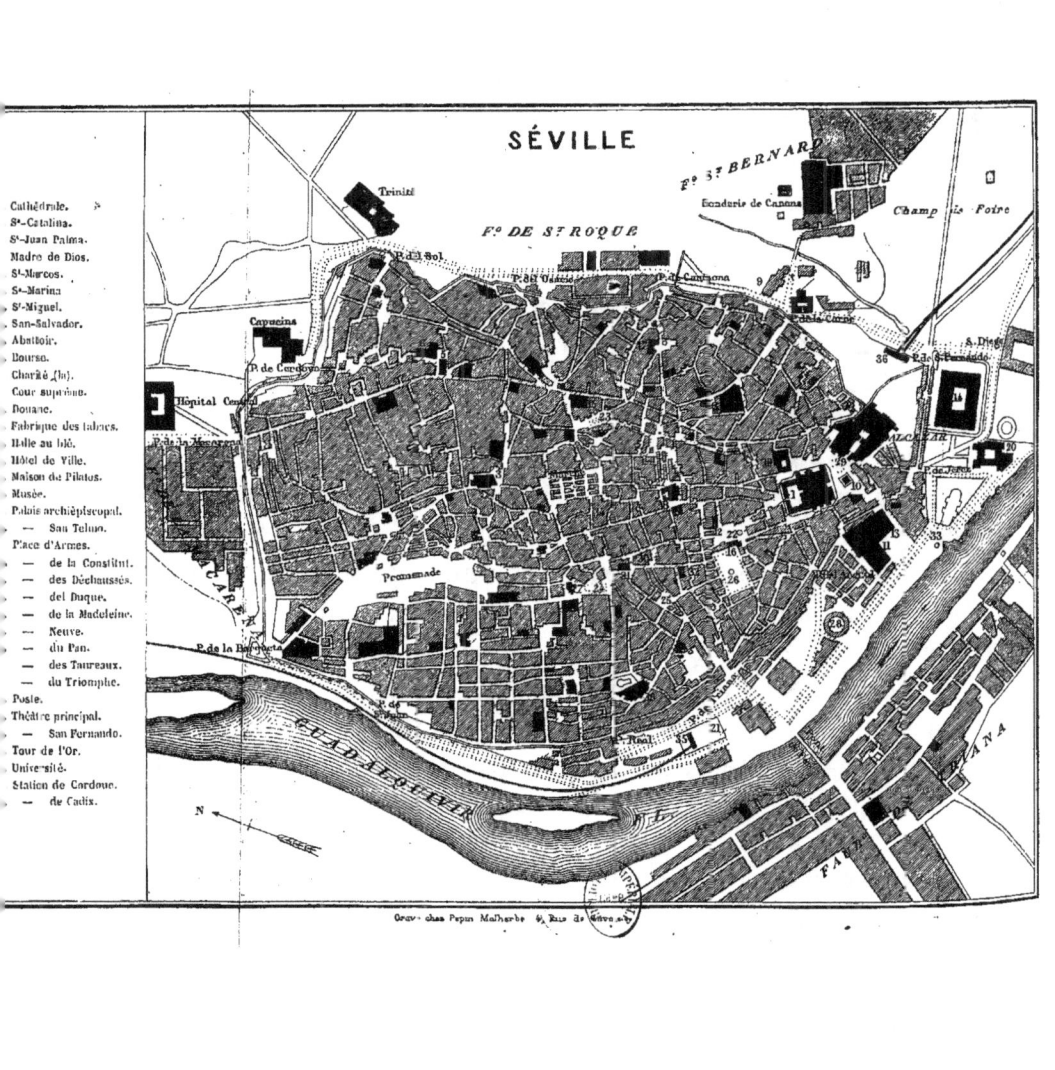

IVe RÉGION. — SÉVILLE.

le cours du fleuve et les montagnes qui, au loin, ferment l'horizon.

Sur l'autre rive du Guadalquivir, à droite de la ligne, sont : *Alcolea*, bourg très-actif, dans une campagne aussi salubre, aussi belle que la plaine de la rive droite est humide et malsaine ; — et *Villanueva del Rio* près duquel on exploite des mines considérables de houille, ressource fort importante pour le pays.

Le chemin de fer, passant en ligne droite près des sinuosités et des grandes courbes que décrit ce fleuve, continue vers

Tocina, 5 kil., 1,100 hab., bourg situé entre la voie et le fleuve, dans un bas-fond malsain ; un vrai pays de fiévreux, sous le double effet de la chaleur du climat et de l'humidité du sol. On passe ensuite à la station de

Brenès, 14 kil. On aperçoit le bourg de ce nom, situé aussi entre la ligne et le Guadalquivir, à 1 kil. des deux. Le chemin de fer qui s'était écarté des longs détours que décrit le fleuve, s'en rapproche ici ; il passe en vue de

La **Rinconada**, 9 kil., 600 hab., village situé dans les prairies qui bordent le Guadalquivir. Pendant cinq kilomètres environ la ligne et le fleuve se sont suivis presque parallèlement. Ici le Guadalquivir se détourne encore à droite pour aller faire un long circuit, dans lequel il reçoit les eaux de la rivière Huebla, qui descend de la sierra Morena.

La voie du chemin de fer continue directement et forme la corde du grand arc de cercle décrit par le fleuve. Enfin, le *Guadalquivir* et la ligne se rejoignent aux portes de la grande ville andalouse, dont le voyageur aperçoit depuis une heure les remparts et la haute tour : la Giralda.

La voie court au travers d'une plaine unie, couverte de cultures, hérissée de nopals et d'aloës, verte d'orangers, parsemée de ruines, de villas ou de fermes ; et le voyageur fait son entrée à *Séville*, en face de la belle promenade des *Delicias*.

Séville, 11 kil., 103,000 hab., chef-lieu de la capitainerie générale d'Andalousie ; siége d'un archevêché, d'une université et d'une haute cour de justice.

Ce qui frappe le regard du voyageur à son arrivée devant Séville, c'est l'enceinte de ses remparts crénelés et armés de tourelles. Cette muraille finement découpée est aussi solide, aussi nette, que si elle ne datait que de dix ans. Elle a huit kilomètres de circuit et est percée de quinze portes. L'ouvrage des Maures est resté ici dans un état admirable de solidité et de conservation.

Les portes se nomment : la *Puerta de Cordoba*, du côté par lequel nous arrivions ; la P. *del Sol* ; la P. *de Carmona* ; la P. *del Ossario* ; la P. *de la Carne*, la P. *de San Fernando* ; la P. *del Carbon* ; la P. *del Aceite* (huile) ; la P. *del Arenas* ; la P. *de Triana*, en face du pont qui conduit au vaste faubourg de *Triana* ; la P. *Real*, en face de la rue de *las Armas* ; la P. *San Juan*, qui remplace la vieille porte mauresque *del Ingenio* ; la P. *de la Macarena*, nom d'une princesse arabe ; la P. *de Xeres*, située au côté opposé à celui par lequel nous arrivons, et qui a été reconstruite pour mieux orner la promenade *la Cristina* ; enfin la P. *Barqueta*, qui a été enlevée pour livrer passage au chemin de fer par lequel nous entrons en arrivant de Cordoue.

Séville offre aux étrangers quelques hôtel convenables : *las Fondas de Paris*, *de Madrid*, *de la Europa*, *de Londres*, et de nombreuses *casas de Huespedes*, où l'on est logé, nourri, comme dans celles que nous avons indiquées à Madrid.

Il y a aussi plusieurs *cafés* dignes de la grande ville, et des *bains* qui, s'ils n'ont plus l'ancienne splendeur mauresque, sont du moins aussi bien tenus qu'à Paris et mieux qu'à Madrid. Les principaux sont ceux de la *Magdalena*, *la calle Italica*, ceux de *la calle de las Sierpes*, ceux de la place *San Vicente* et ceux de *la calle de las Armas*.

Les voyageurs trouveront à Séville (au pied de la *Torre del Oro*) un service de *bateaux à vapeur* qui font, sur le Guadalquivir, le trajet entre Séville et Cadix.

Passons maintenant à l'aspect général de la capitale andalouse et à ses principaux monuments. Nous parlerons ensuite très-brièvement de son histoire.

« Comme Cadix, Séville séduit de prime abord l'étranger par la propreté et l'élégance de ses habitations toutes peintes de vives couleurs, et ornées de gracieux miradores qui, faisant saillie sur la rue, semblent, avec les fleurs qu'ils renferment, autant de serres suspendues. Toutes les maisons sont pourvues d'une cour intérieure qu'on nomme *patio*, espèce d'atrium circulaire, dallé de marbre, avec une fontaine d'eau jaillissante au milieu, autour duquel règne une rangée de petites colonnettes, reliées entre elles par des arcs à plein cintre arabe, qui soutiennent une galerie vitrée servant de corridor aux étages supérieurs de l'habitation. Ce *patio*, sorte de salon d'été, n'est séparé de la rue que par une petite grille de fer presque toujours habilement ouvragée, voile transparent à travers lequel l'œil du passant peut aisément pénétrer dans tous les détails de la vie intime des Sévillans ; ceux-ci ont l'habitude, dès les premières chaleurs, de quitter les étages supérieurs de leurs habitations et de s'installer dans le patio.

« Si l'intérieur de la capitale andalouse rappelle à première vue Cadix, cette analogie cesse du moment que l'on s'engage dans l'inextricable réseau de ses rues et ruelles, véritable labyrinthe où l'étranger, à défaut de fil d'Ariane, est à chaque instant obligé de demander son chemin. Il nous suffira de dire que Séville compte *quatre cent soixante-dix-sept rues*, pour que nos lecteurs soient suffisamment édifiés à cet égard.

« C'est surtout dans les anciens quartiers que la ville arabe lui apparaît dans toute son originalité primitive. D'ailleurs, à l'exception des trois façades de construction moderne qui forment la place de *l'Infanta Isabel*, et de quelques édifices civils et militaires, tels que la *Fundición del artilleria* (fonderie de canons), la *Lonja*, la *Plaza de Toros*, il n'est pas une habitation privée, un monument public qui n'ait conservé la physionomie mauresque dans toute sa pureté.

« C'est bien toujours, en effet, cette architecture plus gracieuse que grandiose, sans relief ni moulures, où l'élégance de l'ornementation, la multiplicité et la recherche des détails l'emportent sur la grandeur de l'œuvre. Reflet fidèle d'une croyance qui ne s'inspire que du sensualisme et de jouissances matérielles, l'art mauresque sollicite les sens et ramène l'esprit vers la terre, bien différent en cela de l'architecture gothique qui, par l'ampleur de ses proportions, le majestueux développement, la pureté de ses grandes lignes, porte la pensée vers le ciel, que ses flèches hardies semblent nous montrer du doigt [1]. »

Le premier point vers lequel doit se diriger le voyageur c'est la place *del Triunfo*. C'est là que sont réunis les trois principaux monuments de Séville. Sur le côté nord de la place est la *cathédrale* et auprès d'elle la *Giralda*. Sur le côté sud, l'*Alcazar* ; sur le côté oriental le palais de la *Lonja*, qui contient le tribunal de commerce et les archives des Indes.

---

[1] Édouard Cazenave, *Du climat de l'Espagne* 1 vol. in-8°.

Le *Triunfo*. — Au milieu de la place est un croix de marbre entourée d'une grille de fer : le *Triunfo*.

Le jour de la Toussaint, 1755, à dix heures du matin, pendant que le prêtre célébrait la messe, un tremblement de terre (celui qui fut si terrible pour Lisbonne) faillit faire écrouler la cathédrale. La foule se précipita au dehors ; le prêtre sortit, l'hostie à la main, et alla achever la messe sur la place. A l'endroit où il vint se placer, cette croix a été érigée, et chaque année, le même jour, l'officiant vient à la même heure achever le saint sacrifice sur le piédestal de la croix.

Alcazar. — L'Alcazar était un palais enveloppé dans une forteresse, selon le modèle ordinaire des alcazars. Celui-ci s'étendait jusqu'à la tour *del Oro*. Des quartiers ont été bâtis entre cette tour et la masse actuelle de l'édifice, et en ont interrompu la jonction. On y retrouve cependant une grande partie des anciens murs et des tours.

« L'histoire de l'*Alcazar* se résume en quelques lignes. La première origine de l'Alcazar se perd dans le nuit des temps. Vers la fin du douzième siècle, il est reconstruit par le roi maure Abd-el-Asiz. Au milieu du treizième, saint Ferdinand y plante sa bannière sur une petite tour, encore debout à un angle de la place Santo Tomas ; et c'est aussi dans le milieu du siècle suivant que don Pèdre lui donne sa dernière forme, en se servant encore pourtant de la main et du génie des architectes arabes. Après don Pèdre, les rois de Castille l'habitèrent souvent, mais en passant et comme une maison où l'on reçoit l'hospitalité au nom du maître absent. Un siècle et demi après, Charles-Quint y vient épouser une infante de Portugal ; il ne refait pas l'Alcazar, il se contente d'y ajouter une partie nouvelle, et même après Charles-Quint, l'Alcazar est encore le palais de don Pèdre.

« Le voyageur qui visite l'Alcazar entre d'abord dans une première cour, plus longue que large, encombrée, à droite et à gauche, de chétives maisons et de remises improvisées. Cette cour, qui s'appelle encore le Patio de la Monteria, avait été nommée ainsi parce que les Monteros de Espinosa, cette antique garde des rois d'Espagne, y tenaient leurs assises. Plus tard on y dressa deux théâtres, dont le dernier périt dans un incendie en 1691. Ce n'était pas là cependant, mais dans un verger devenu aujourd'hui une place, que Lope de Rueda, le Thespis espagnol, préludait, sur d'humbles tréteaux et par des scènes familières, aux drames héroïques de Calderon et de Moreto.

« Une seconde entrée conduit à une espèce de cour d'honneur sur laquelle donne la véritable façade du palais. Cette façade n'est qu'une porte de moyenne grandeur, entourée d'arabesques peintes ou dorées; elle rappelle un peu la porte du Sérail à Constantinople. Une inscription gothique, placée en dehors, et qui fait elle-même partie des ornements de l'entrée, donne la date précise des restaurations de don Pèdre. Par cette porte, et après avoir traversé une étroite galerie, on se voit subitement introduit dans un grand patio de marbre dont la première vue vous plonge dans une sorte d'enchantement : au centre s'élève une belle fontaine; mais le murmure des eaux manque, depuis des siècles peut-être, au double étage de colonnes dont cette cour est entourée.

« Sur ces quatre faces, d'une poésie vraiment orientale, s'ouvrent et reçoivent le jour par des portes colossales, percées de guichets plus petits, des appartements intérieurs. Ici tout semble arabe, tout ce qui reste du moins du relief des peintures, du plâtre des incrustations, du bois des sculptures; mais, en y regardant avec plus de soin et de plus près, dans ces figures à demi effacées de la frise du salon principal, le salon des Ambassadeurs, on reconnaît les rois de la dynastie gothique; et dans les ornements tourmentés qui courent, comme le feuillage de la sculpture antique, autour des portes massives, que distingue-t-on? le *Credo* des Apôtres, et le premier chapitre de l'évangile de saint Jean.

« Ces salles basses formaient les fraîches habitations de l'été; au-dessus étaient celles de l'hiver, qui n'ont gardé que deux souvenirs de leur royale splendeur : une chambre mauresque qui fut, dit-on, celle de don Pèdre, et une toute petite chapelle gothique que l'on attribue aux rois catholiques.

« Mais cette partie supérieure du palais domine ces délicieux jardins dont la renommé s'est répandue dans le monde entier. On s'étonne d'abord de les trouver si petits; mais ces fontaines jaillissantes, mais ces orangers chargés tout ensemble de fleurs et de fruits, mais ces cyprès que le vent incline d'un mouvement si mélancolique, il s'élève de tout cela des parfums si pénétrants, des voix si douces, de si charmants appels, que l'on se demande si, par hasard, on ne se serait pas endormi sur quelque volume entr'ouvert des *Mille et une Nuits*.

« Mais, parmi ce doux rêve, le nom de Maria de Padilla, que la tradition attache encore aux bains de l'Alcazar, ramène fatalement celui de don Pèdre et le souvenir de l'événement terrible qui fut l'une des pages tragiques de son histoire, le meurtre de don Fadrique, son frère.

« La tradition, dont il faut toujours tenir compte, s'obstine à placer le meurtre dans le patio appelé de las Munecas, où l'on montre encore les traces de son sang. Ce que je crois certain, c'est que de ce côté était la chambre à la porte de laquelle vint frapper le maître; peut-être même était-ce celle que j'habitais. Don Fadrique aurait donc été arrêté, en effet, dans le patio de las Munecas, d'où, se dégageant de l'étreinte de Lopez de Padilla, il serait allé tomber dans la cour de la façade. Cette manière d'expliquer les choses, sans contredire ouvertement la tradition, aurait cet avantage de respecter entièrement le récit de Lopez de Ayala.

« Mais où était cet appartement du Colimaçon, dont parle la chronique, et qui était alors celui de Maria de Padilla? Je le placerais dans l'angle de gauche, au fond du grand patio, car j'ai ouï dire qu'il y avait précisément dans le mur, de ce côté, un escalier tournant qui allait aboutir à la chambre mauresque qui fut, dit-on, celle de don Pèdre.

« Maria de Padilla mourut à l'Alcazar de Séville, en l'absence du roi, qui la pleura amèrement, car elle était la seule qui était parvenue à dompter son génie farouche. Elle fut portée à Astudillo, où elle avait bâti un monastère; mais le roi en fit revenir son corps, et le déposa dans la chapelle royale de la cathédrale. Les historiens louent sa discrétion, son affabilité, sa bonté, et le roi don Philippe II lui fit décerner le titre de reine.

« Au-dessus des bains de Maria de Padilla, s'étend la vaste salle où se célébra le mariage de Charles-Quint avec l'infante de Portugal. Des fenêtres cintrées de cette salle, l'œil embrasse les jardins, et y découvre un pavillon arabe, élevé par ordre de l'empereur, charmant édifice, mais qui ne peut faire oublier ni la cathédrale, violemment introduite au milieu de la mosquée de Cordoue, ni cette ébauche de palais, si pesamment établie sur une partie de l'Alhambra[1]. »

Dans les jardins de l'*Alcazar*, ces « délices des rois-maures, » qu'on a tant chantés, on remarque surtout les beaux bassins de marbre des

---

[1] Ant. de Latour, *Études sur l'Espagne* t. II.

bains des sultanes; les allées pavées en briques, et à travers ces briques des milliers de petits trous par lesquels l'eau jaillissait et jaillit encore du sol, enveloppant les promeneurs, comme les belles promeneuses d'autrefois, dans un nuage vif et frais de rosée.

Cathédrale. — Après l'*Alcazar* qui méritait la première visite à cause de sa renommée et de son antiquité, hâtons-nous de passer à la *cathédrale*. Elle est l'édifice le plus considérable de Séville.

Ce fut en 1401 que le chapitre de Séville résolut de faire édifier sur les ruines d'une mosquée la plus grande église *qui pût être au monde.*

Tout ce qu'on put réunir de richesses, d'architectes, de sculpteurs, de peintres, d'ouvriers, fut employé à ce monument.

En 1462, il était déjà à moitié de sa hauteur ; l'architecte Simon prit alors la direction des travaux qu'il continua jusqu'en 1502. En 1507 la toiture fut placée. En 1511 elle s'écroula emportant trois arceaux. La cathédrale s'acheva, enfin, en 1519.

Elle a la forme d'un quadrilatère, de 400 pieds de long sur 291 de largeur. Elle a neuf portes. L'entrée principale qui est à l'est, ne s'ouvre qu'au roi et à l'archevêque revêtu de ses ornements pontificaux.

A l'extérieur, ce grand édifice est d'un style nu, sévère, un peu lourd. Il y a loin de ces fermes et épaisses murailles aux magnifiques dentelles de pierre de la cathédrale de Léon, ou aux splendides sculptures qui se découpent dans le ciel sur les murs de la cathédrale Tolède.

A l'intérieur, l'église est immense. Elle est divisée en cinq nefs. Tout y est dans des proportions gigantesques. Les voûtes sont supportées par des piliers, par des groupes de colonnes qui au sommet s'élancent dans les nervures. Ces piliers ont 145 pieds de haut. Le maître-autel est grand comme une cathédrale. Le pavé est dallé en marbre noir et blanc. L'église a 93 fenêtres ornées de beaux vitraux.

Le maître-autel est au centre de la nef principale et entouré d'une grille d'un travail prodigieux, terminée en 1524, par un moine dominicain. Le même moine a fait la grille de la chapelle de l'*Antiqua*. Le retable du maître-autel est sculpté dans un bois incorruptible, l'Alerce. Il a fallu de 1482 à 1526 pour achever cet immense et admirable travail. Autour du chœur sont rangés cent-dix-sept sièges

Séville.

sculptés. Il y a là un lutrin d'une beauté exceptionnelle et deux orgues énormes.

Autour de l'église sont rangées 37 chapelles. Il faut longtemps et bien des visites attentives pour les examiner une à une et en apprécier les beautés. La longue série d'œuvres d'arts et de souvenirs historiques qu'elles renferment ne peut pas être énumérée ici. Les tableaux précieux y abondent.

La *capilla mayor* a un tabernacle en vermeil, trois grilles remarquables, un retable gothique qui est un chef-d'œuvre, et une sacristie où sont des tableaux d'Alejo Fernandez. — Dans la chapelle du baptistère arrêtez-vous : — c'est là qu'est la célèbre toile de Murillo : *Saint Antoine de Padoue*, la plus haute expression du génie du peintre. — La *capilla real* est tout un édifice. L'arc de voûte qui en forme l'entrée a 87 pieds de haut. La grille qui la ferme est surmontée de la statue équestre de saint Ferdinand, recevant les clefs de Séville. Sur la frise de l'arc sont douze statues en pierre. Autour de la chapelle sont les tombeaux de doña Béatrix, épouse de saint Ferdinand, de Maria de Padilla et d'Alphonse le Sage, fils de saint Ferdinand. Tous les rois de Castille ont leurs images peintes à la voûte. Au milieu de la chapelle est un double autel. Le second de ces autels est une châsse en or et en cristal où repose le corps du roi saint Ferdinand. Il est là, vêtu de son armure, cuirasse, brassards, enveloppé dans le manteau royal, la couronne en tête ; le visage, les mains nus, et dans un prodigieux état de conservation. A côté du glorieux cadavre qui semble endormi d'un sommeil de plusieurs siècles, sont la canne et l'épée du saint roi. — Sous cette châsse est un caveau dans lequel on l'avait placée auparavant. On y garde une petite statue en ivoire de la Vierge, que le roi portait dans les batailles, fixée au pommeau de sa selle.

Que dire des autres chapelles après ce grand souvenir du héros qui a délivré l'Espagne catholique ? Quarante-cinq architectes, soixante-sept sculpteurs, trente-huit peintres, vingt-trois graveurs, verriers, orfèvres et serruriers y ont entassé leurs œuvres et consacré la plus grande partie de leur vie.

Le voyageur s'arrêtera devant des peintures de Murillo, de Juan de las Roëlas, de Luis Vargas, d'Alejo de Fernandès, de Zurbaran, de Pablo de Cespedès, de Hernando de Sturnio ; devant les sculptures de Montañez et de Rodan, deux artistes sévillans, devant celles de Mercandante de Bretaña, de Miguel Florentin, et de Juan de Ségura.

Adossé à la cathédrale est le *Sagrario* ou église paroissiale. Il a été construit en 1615. Cette église possède un maître-autel dont le retable achevé en 1709 est une œuvre considérable du célèbre sculpteur Cornejo. Au-dessous est la sépulture des archevêques de Séville.

Dans son ensemble, la cathédrale offre quatre parties distinctes; Le *patio* des orangers, qui lui sert d'entrée; le *sagrario*, église paroissiale; la *cathédrale* et la *giralda*.

La *Giralda*. — Cette célèbre tour est celle dont on voit la silhouette à gauche et au dernier plan, dans le dessin que nous donnons d'une perspective de Séville.

Malgré tout ce qu'on a dit de merveilleux sur cette tour, ou plutôt en raison même de cet excès d'éloges, la *Giralda* ne nous a causé, nous l'avouons, d'autre impression que celle de sa hauteur. Les belles tours gothiques, en pierres sculptées, aux découpures élégantes et aux lignes harmonieuses, nous revenaient alors à la mémoire avec le souvenir d'une grande supériorité de style et de majesté.

Mais la *Giralda* est le monument populaire, à Séville; du reste sa teinte rougeâtre, chauffée par le soleil, a le don d'émerveiller l'œil des artistes.

« L'inventeur de l'algèbre, Gaver ou Guever, fut, dit-on, aussi l'architecte de la Giralda. Après en avoir élevé deux en Afrique, dont une au Maroc, il donna la troisième à l'Espagne. A l'époque de la conquête, elle toucha le cœur de saint Ferdinand, et du xie au xvie siècle, elle garda sa forme première. Elle n'avait alors que cent cinquante pieds d'élévation; mais elle avait pour couronnement quatre globes superposés, en cuivre doré, qui, touchés des rayons du soleil, se faisaient distinguer de huit lieues. Un tremblement de terre emporta, en 1395, les quatre boules d'or, et pendant un siècle et demi une simple girouette les remplaça sur leur tige tronquée. Mais en 1568, Fernan Ruiz exhaussa la tour de cent pieds et lui donna l'aspect qu'elle conserve encore aujourd'hui.

« La Giralda est régulièrement carrée. Chacune de ses faces a cinquante pieds de largeur. Bâti en pierres de taille jusqu'à hauteur d'homme, tout le reste est en briques. On raconte des choses inouïes de la profondeur et de l'étendue de ses fondations. Qui voudrait l'arracher du sol, entraînerait avec ses racines tout un quartier de Séville. L'épaisseur des murailles répond à ses formidables assises. Médiocre au point de départ, elle va augmentant à mesure que l'on monte. Des trente-cinq coudes dont se compose l'escalier gigantesque et sans degrés qui du bas mène au faîte, si les premiers pouvaient donner passage à deux cavaliers de front, les derniers pourraient laisser à peine passer un homme à pied.

« De distance en distance, la tour est inégalement percée d'étroites fenêtres, surmontées d'arabesques, dans lesquelles se joue la lumière autour de ces colonnettes si familières à l'art mauresque; l'art chrétien y entremêla depuis des fresques représentant des sujets religieux. Mais de cette œuvre de Luis de Vargas, le temps n'a guère épargné, et à demi encore, que les patrons de Séville, qui, placés sur la façade du nord, n'en ont pas moins eu à souffrir des ardeurs du soleil. Ces peintures devaient être d'un bel effet dans la vivacité première des couleurs; mais je ne sais si je n'aime pas mieux encore la Giralda baignée dans ses teintes roses, sous lesquelles se reconnaît à peine, de loin en loin, quelque figure presque effacée. La tour arabe s'est obstinée à repousser loin d'elle tout ce qui prétendait altérer son originalité native.

« Les cent pieds ajoutés par Fernan Ruiz se décomposent en trois corps de bâtiments : le premier, qui renferme les cloches, et il n'y en a pas moins de vingt-cinq, de différente grandeur, continue dans toutes ses proportions l'édifice primitif; seulement il est percé d'arcades régulières qui, en laissant passer le jour, lui donnent une légèreté singulière. Le second, également carré, mais de dimensions moindres, appartient à l'ordre dorique. On lit sur les quatre faces de la frise : *Turris — Fortissima — Nomen — Domini*. Le dernier, plus léger encore, et de forme ronde, est terminé par une coupole portée sur des colonnes ioniques, c'est le piédestal d'une statue de la Foi, de quatorze pieds de haut. Cette statue, qui tourne sur une base de fer, sert de girouette et porte une palme dans la main gauche; on la nomme la Giralda (Girouette). Ce nom, tiré sans doute de sa mobilité, est devenu celui de la tour même. [1] »

AUTRES ÉGLISES. — Séville est peuplée d'églises. Le voyageur les rencontrera à chaque pas; et s'il y entre, il trouvera presque dans chacune une œuvre d'art à admirer ou un souvenir historique. A ce titre, on peut indiquer surtout les suivantes :

[1] Ant. de Latour, *Études sur l'Espagne*, t. II.

San Marcos, dont la tour mauresque est la plus ancienne de Séville, et qui possède quelques bons tableaux ;

Santa Marina, avec son clocher maure, sa belle statue de la patrone par Bernard Gijon, et le mausolée de l'historien Pedro Mejia ;

Omnium Sanctorum, avec une autre tour arabe, et des tableaux de Francisco Varela ;

San Esteban, qui possède deux saints de Zurbaran, et un beau retable ;

San Isidoro, où sont une statue par B. Gijon, des toiles de Las Roëlas et de Juan Valdès ;

La chapelle du couvent de *San Pablo*, deux tableaux d'Arteaga ;

San Andrès, de belles œuvres de Montañez, et des toiles de Valdès, et un retable fort ancien ;

Santa Ana où sont, de nombreuses peintures de Campaña et d'excellents bas-reliefs dont l'auteur est inconnu ;

San Miguel, église gothique d'un très-bon style ;

Santa Lucia, où est un beau tableau de las Roëlas ;

Santiago, où l'on voit le manteau impérial de Charles-Quint et le tombeau de Molina ;

L'église de l'Université qui renferme deux belles statues et une *Conception* de Montañez (qui a prodigué les *Conceptions* à Séville), et des peintures de Cano et de las Roëlas.

Au couvent de *San Inès*, la chapelle possède trois statues magnifiques par Montañez, et dans une châsse en cristal le corps de *Maria Coronel*, fondatrice de ce monastère. Le corps de la morte est dans un état étonnant de conservation. Maria Coronel est célèbre pour la résistance presque héroïque qu'elle opposa à l'amour de don Pedro et aux criminelles poursuites de ce roi.

La chapelle du *couvent de San Clemente*, outre le bel autel, qui est l'œuvre de Montañez, renferme le tombeau de la reine doña Maria de Portugal, mère d'Alfonse XI et ceux de plusieurs princesses.

San Pedro possède un remarquable *saint Pierre* de las Roëlas, et un maître-autel admirablement sculpté par Delgado.

N'oublions pas enfin la chapelle de la *Caritad*, et les deux magnifiques tableaux de Murillo : La *Multiplication des pains* et *Moïse frappant le rocher*. La même chapelle possède le curieux et horrible tableau de Valdès représentant un archevêque rongé par les vers dans son cercueil. Cette chapelle appartient à la confrérie de *Charité* institué pour l'inhumation des suppliciés, confrérie qui est en grand honneur à Séville et dont les personnages les plus élevés tiennent à être membres honoraires.

AUTRES ÉDIFICES PUBLICS. — La *Lonja* (Bourse) que nous avons indiquée sur la place del *Triunfo* est l'œuvre d'Herrera. C'est un solide édifice couronné d'une galerie en pierre que supportent des colonnes. En face de l'entrée principale s'ouvre un vaste et élégant *patio* entouré de colonnes de marbre reliées par des arcades; il est dallé de marbre et orné d'une élégante fontaine. Au-dessus s'élève une coupole terminée par un belvédère que supportent des colonnes. Le tribunal de commerce et les archives de l'Inde occupent la *Lonja*. Les deux escaliers de cet édifice, le grand et le petit, sont d'une beauté remarquable.

Le *palais épiscopal*, près de la cathédrale, n'a rien d'artistique dans sa construction.

Sur la place de la *Constitucion* sont deux édifices importants :

La *casa Capitular*, hôtel de ville, dont les deux belles façades renaissance, ornées de colonnes corinthiennes, sont surpassées par la beauté et la richesse des appartements. Les marbres, les sculptures, les ornements sont d'une recherche de très-bon goût.

L'*Audiencia*, ou palais de justice, n'est remarquable que par son étendue.

La *Tour de l'Or*, est un vieux monument romain réédifié par les Arabes. Elle est située près du Guadalquivir et se reliait autrefois à l'Alcazar par une ligne de murailles et de tours qui, nous l'avons dit, ont été détruites pour faire place à un quartier de la ville et à une promenade. Elle se compose de trois corps superposés; son périmètre est octogone; elle se termine au sommet par une coupole couverte en faïence.

On l'appelle la tour de l'Or parce qu'elle servait autrefois à enfermer les trésors du roi don Pedro, et plus tard les lingots apportés des mines d'Amérique par les navires espagnols. — Elle est occupée aujourd'hui par les bureaux de la navigation du Guadalquivir.

La *Douane* est un ancien couvent.

L'hôtel de la monnaie, *Moneda*, est un vaste palais à façade de marbre.

La halle au blé (Alhondiga) a dû être un palais mauresque.

Les *hôpitaux* de la *Sangre* et de la *Caritad* sont à la fois de beaux édifices et des établissements parfaitement organisés ; il y a aussi l'hospice de *San Lazaro*, et l'asile de *San José* pour les enfants trouvés.

Le *Presidio*, ou maison centrale de réclusion, est un des plus vastes et des mieux administrés qu'on puisse visiter. Il est distribué en grands ateliers de toutes sortes qui sont constamment en activité et dont l'organisation en fait un établissement modèle.

Il y a aussi une grande prison établie dans l'ancien couvent *del Popolo*.

La fonderie des canons (*Fundicion de artilleria*), est une des plus considérables et des mieux organisées qu'il y ait en Europe. — Près de là est un établissement pyrotechnique.

Hors de la ville est située la grande *Fabrique de tabacs*, vaste édifice voûté, entouré d'un fossé, et qu'on prendrait pour une caserne fortifiée. L'État y occupe 4,600 employés ou ouvrières. On y confectionne des quantités immenses de tabac à priser, de cigares et surtout de cigarettes.

L'*abattoir* est un établissement considérable et bien organisé.

THÉÂTRES. — Séville possède deux théâtres : le plus important est celui de *San Fernando*, calle de Colcheros, bâti en 1847 et qui contient 2,200 spectateurs ; — le plus ancien, le *théâtre principal*, ne peut contenir que 1,300 personnes ; sa décoration intérieure est empruntée à tous les genres d'ornements, depuis le gothique jusqu'aux pagodes chinoises.

La *Plaza de toros*, cirque des taureaux, est très-vaste ; il est, comme celui de Madrid, formé d'un rez-de-chaussée et d'un étage en pierre, que surmonte une rangée de loges en bois.

BIBLIOTHÈQUES. — Séville possède une bibliothèque importante qui porte un nom glorieux ; la *Colombine*. Elle fut fondée par Hernando Colomb, fils de Christophe Colomb, et laissée par lui au chapitre de la cathédrale. Elle occupe près du *patio* des orangers un bâtiment qui dépend de l'Église.

Hernando Colomb a laissé, écrits de sa main, quatre gros volumes dans lesquels il avait commencé le catalogue de sa bibliothèque.

Sur un exemplaire de Sénèque, en regard d'une prophétie relative à la découverte « d'un continent immense » et de « nouveaux mondes » au delà de l'Océan, on peut lire écrit en latin de la main de Hernando Colomb :

« Cette prophétie a été accomplie par mon père, l'amiral Christophe Colomb, en l'année 1492. »

Cette bibliothèque, remplie de souvenirs précieux, de manuscrits et de livres rares, mérite les recherches les plus attentives des voyageurs studieux.

Les *archives des Indes*, qui sont à la Lonja, classées à l'étage supérieur, offrent aussi une collection inestimable de documents sur l'histoire maritime de l'Espagne.

La *Bibliothèque provinciale*, à laquelle on a ajouté celle de l'université, possède de belles séries d'ouvrages historiques et classiques.

Celle de Don José de Avala est citée comme une collection exceptionnelle de livres rares.

ENSEIGNEMENTS. — Séville possède une *université* avec des chaires pour les belles-lettres et les sciences ; — une école normale; deux écoles pour les enfants pauvres et les orphelins; — une académie des *nobles arts*, qui a l'honneur d'avoir été fondée par Murillo ; — plus de cent vingt écoles secondaires ou primaires, qui sont des établissements particuliers ; — et, pour que rien n'y manque, jusqu'à des *écoles de danse* nombreuses, où se perpétuent les pures traditions de la danse andalouse, et où se transmettent les règles de la chorégraphie élégante et passionnelle des mañolas.

MUSÉES. — La cathédrale, les autres églises, et quelques palais de Séville possèdent une quantité considérable de toiles, qu'ont laissées les maîtres de l'école de Séville. A cet égard on peut dire que la cité entière est un musée : les plus belles œuvres des artistes de l'Andalousie sont restées à la capitale andalouse.

Quant au *Musée* qu'on a formé, il n'est qu'une réunion des précieuses richesses enlevées aux couvents, à l'époque de leur suppression.

C'est bien ici la patrie de Murillo. Un salon tout entier est rempli de ses œuvres et porte son nom. On comprendra que nous ne fassions ici ni la description ni l'énumération des toiles qu'il renferme, le visiteur les comptera et les admirera sans le secours du guide.

Dans d'autres salles, on trouvera d'admirables pages : de Zurbaran, de Cano (une seule), de las Roëlas, de Valdès Léal, de Miguel Tobar, du vieux Herrera, de Pablo Cespedès, etc...

Quant à la sculpture, elle y occupe, comme à Madrid, une très-petite place. — *Montañez*, qui a rempli les églises sévillanes de ses statues et de ses groupes expressifs, Montañez qui a sculpté ces prodigieuses figures de la *Passion du Christ* que les confréries promènent pendant la *semaine sainte*, occupe le premier rang dans le trop modeste musée de sculpture.

Un saint *Dominique* et un *Christ* y représentent son œuvre, au milieu d'un petit nombre d'autres statues dues à ses élèves. Il y a aussi un *saint Jérôme* de Torregiano, l'irascible Italien qui, à l'âge de dix-huit ans, cassa le nez de Michel-Ange dans l'école de Laurent de Médicis.

Les étrangers seront autorisés à visiter quelques galeries particulières dans lesquelles des amateurs riches, de vrais connaisseurs, ont réuni un choix très-précieux de tableaux des maîtres espagnols, italiens et flamands.

Rues et places. — Séville possède un très-grand nombre de places et surtout de *plazuelas*, quelques-unes seulement méritent d'être signalées aux étrangers :

La place del *Triunfo*, par laquelle nous avons commencé l'examen des monuments sévillans, a le mérite d'être entourée par la *cathédrale*, la *Giralda* qui est auprès, l'*Alcazar* et la *Lonja*.

La place de la *Constitucion* a le bel édifice de la *casa Capitular* (hôtel de ville), celui de l'*Audiencia* et au milieu une élégante fontaine en marbre blanc.

La *place Neuve* est une esplanade carrée, vaste, nue, sans ombrage ; on y rôtit au grand soleil, sans autre refuge que des bancs brûlants et quelques petits orangers. En revanche cette place a une régularité parfaite, mais rien de plus.

La place de la *Magdalena* est tout l'opposé. Elle est plantée d'arbres, et couverte d'une foule animée d'étrangers, et de marchands en plein vent. Elle possède une fontaine médiocre.

La place de la *Incarnacion* est aussi très-animée par les grandes halles qui y sont situées et par le mouvement quotidien du marché.

La place *del Duque*, est une promenade ombragée et des plus fréquentées ; elle emprunte son nom au vaste et splendide palais du duc de Medina Sidonia qui en occupe tout un côté.

Citons la rue de *las Sierpes*, si pittoresque, si empreinte du caractère local ; celle de los *Francos*, dallée et couverte de toiles comme un bazar oriental ; celles de *los Catalanos* ; de *Genova* ; le carrefour de la *Campana*, qui est à Séville ce que la *Puerta del Sol* est à Madrid, le foyer des oisifs et des causeurs ; enfin parmi les 477 rues que Séville prétend posséder, on a donné à quelques-unes d'entre elles les noms de calle de Murillo, de Hernando Herrera, de Christophe Colomb, de Cervantès, de Velasquez, de Lépante, de Saragosse, de Baylen et autres noms mémorables dans le souvenir national.

Promenades. — La promenade en vogue à Séville, est la vaste étendue plantée d'arbres, dont les belles allées se développent depuis la *Tour de l'Or* jusqu'à la porte de Xérès. Elle se nomme *las Delicias de Christina*. Un salon, des fontaines, des parterres fleuris, des bancs, ornent cette promenade. Mais pourquoi les affreuses briques dont on a pavé le « salon, » au lieu d'un sable doux et fin si agréable aux promeneurs ?

Des *Delicias* on domine le port, le cours du Guadalquivir et tout le mouvement des embarcations qui couvrent le fleuve. Cette partie de la ville est humide et malsaine, dès que la nuit est venue.

Dans l'intérieur de la ville, les deux promenades favorites sont la *plaza del Duque*, où se réunit la société élégante, et la *Magdalena*, dont nous avons déjà parlé.

Nous recommandons enfin au promeneur qui préférera la solitude à la foule, les quatre grandes allées plantées d'arbres énormes, vieux comme l'*Alcazar*, qu'on nomme l'*Alameda* d'Hercule. Cette promenade est à l'entrée de la ville, près de la route de Cordoue. Les fontaines y sont mal entretenues. Mais à chacune des extrémités se dressent deux colonnes ; d'un côté deux vieilles colonnes de granit, que surmontent deux fort laides statues d'Hercule et de César ; de l'autre côté deux colonnes modernes qui portent chacune un lion et l'écusson de Castille.

Palais particuliers. — Séville possède quelques demeures monumentales ou historiques, qui méritent toute l'attention du voyageur.

La plus importante est la *casa de Pilatos*, le magnifique palais des ducs de Medina Cœli. Construit au seizième siècle, il reproduit, dit la tradition, les dispositions de la maison de Pilate à Jérusalem. On a, du reste, donné aux diverses parties du palais des noms correspondants aux stations de la Passion du Christ.

Le portail est à colonnes de marbre blanc. Il s'ouvre sur un vaste *patio* qu'entourent de splendides galeries formées d'arcs supportés par des colonnades de marbre. Les murs sont revêtus de belles faïences en couleur, et les arcs ornés de bustes historiques. Une chapelle très-riche est au fond. Les salles, les galeries, les escaliers, les plafonds, offrent une richesse étonnante en marbres, en boiseries, en peintures et en ornements de toutes sortes.

Le palais de *San Telmo*, hors de la porte de Xérès, est rectangulaire, à un seul étage, et flanqué de tourelles aux quatre coins. Le portail est en marbres sculptés, mais surchargés d'ornements. Il est entouré de beaux jardins. Sa construction date de 1680. — Ce palais est habité par le duc et la duchesse de Montpensier.

La *casa de las Taveras*, qui appartient au marquis del Moscoso, fut occupée, autrefois, par le tribunal du saint-office. Le portail et la vue de l'admirable *patio*, en marbre blanc, arrêtent le promeneur devant cette belle demeure. C'est là, dit la chronique, que le roi don Sanche le Brave allait chaque nuit voir une belle Andalouse, la célèbre doña Estrella, mise en scène par Lope de Vega; c'est là aussi que le frère d'Estrella tua la négresse qui ouvrait la porte au roi.

Le palais *del Duque* appartient aux ducs de Medina Sidonia. Il a l'aspect d'une demeure de souverain. La place *del Ducque* occupe le terrain des anciens jardins de ce palais.

La *casa de Torreblanca* et quelques autres vieilles habitations historiques frapperont encore l'attention du touriste.

Couvent de Sainte-Thérèse. — Sainte Thérèse, l'infatigable fondatrice des couvents du Carmel, en vint fonder un à Séville et y passa deux ans. Ce couvent, qu'a habité la célèbre sainte, est aujourd'hui une école primaire placée encore sous l'invocation du *Carmel*. Elle est située dans la rue de Saragosse, en face du jardin du couvent démoli de San Francisco.

Il ne faut pas confondre cette demeure qui fut la fondation et la résidence de la sainte, avec le couvent actuel des carmélites de sainte Thérèse, qui est placé presque en face de la maison où mourut Murillo.

Enfin, n'oublions pas le *port*, l'*aqueduc* et le *pont*.

Le *port*, formé par le Guadalquivir devant la ville, s'étend depuis le pont de *Triana* jusqu'aux abords du palais San Telmo. Au bas de la *Tour de l'or* est l'embarcadère des bateaux à vapeurs qui font le trajet entre Séville et Cadix.

Le *pont de Triana* est ainsi nommé parce qu'il aboutit au vaste faubourg de *Triana*. Il se compose de trois arches en fer très-développées. Les piles sont en granit.

Le faubourg de *Triana* auquel il conduit, est une véritable petite ville industrielle. C'est ici, notamment, qu'est la grande fabrique de porcelaine, qui appartient à une compagnie anglaise, et à laquelle sert l'argile des bords du Guadalquivir. Il y a plusieurs autres usines et des ateliers nombreux.

L'*Aqueduc* va chercher ses eaux à *Alcala de Guadaira* et détourne pour l'usage des Sévillans tout un ruisseau. Cette construction est divisée en deux parties : 10 kilomètres de canaux souterrains, et la longue série de quatre-vingt-dix arcades qui finit à un château d'eau bâti près de la porte de *Carmona*. Cet aqueduc si solide, si bien conservé est l'œuvre des Romains ; il fut construit au temps de César, époque à laquelle furent élevés les remparts et où commença la plus grande prospérité de Séville.

Le *Guadalquivir* n'est pas seulement célèbre par les chants qu'il a inspirés au poëtes arabes ; mais aussi par de terribles inondations. Parfois elles ne font que féconder la plaine, au risque de rendre très-malsaine toute la région submergée ; mais d'autres fois ses débordements ont été terribles.

En 1297, il ravagea le faubourg de Triana. En 1434, même inondation. En 1485, un véritable désastre. Il entraîna dans ses flots débordés quarante villages et plusieurs villes : Palma, Ecija, Guadajos, Breves et pendant trois jours Séville fut presque entière sous les eaux.

En 1626, le 25 janvier, le fleuve fit une nouvelle irruption dans la ville. Il s'éleva jusqu'au premier étage des maisons. Trois mille habitations s'écroulèrent, des centaines d'habitants furent noyés, le pont fut emporté, des édifices importants furent renversés en partie.

L'année 1784 amena un désastre plus grand encore que les deux précédents. Le pont fut emporté de nouveau, la ville inondée, dévastée par les flots, des milliers d'habitants, des richesses incalculables furent engloutis. Quand le fleuve se retira, les habitants de Séville, trouvèrent plusieurs navires hollandais laissés à sec sur la promenade des *Delicias* !

Pendant les dernières années d'autres inondations ont encore submergé une grande partie de la ville et causé des dommages considérables.

Historique. — Sur tous les édifices de Séville et jusque dans les ornements des habitations particulières, on trouve multipliée à l'infini une devise qui est un rébus historique : c'est la devise de Séville. Elle se compose des deux mots *no* et *do*, entre lesquels est placé un écheveau en forme de 8 (une *madeja*) ; ce qui, à la lecture, fait « NO m'ha deja DO ; » c'est-à-dire : « *Elle ne m'a pas abandonné.* »

Ce rébus armorial conserve le souvenir de la fidélité de Séville envers le roi Alphonse le Sage, pendant la guerre que ce prince soutint contre son fils rebelle, don Sanche. Le témoignage exprimé par le roi devint la devise urbaine des Sévillans.

Quant à l'*histoire* de Séville, elle est considérable et commence aux temps fabuleux. Elle remonte à Hercule.

Ce héros marqua son voyage dans le détroit et dans le sud de l'Ibérie en fondant Séville. Les Phéniciens l'agrandirent ; les Grecs à leur tour remontèrent le Guadalquivir et firent de la cité fondée par Hercule une ville importante.

Les Romains s'en emparèrent ensuite et ce fut sous leur domination que Séville atteignit son plus grand développement. César la fit entourer de murs et y fit construire des monuments importants, notamment l'acqueduc qui fournit encore l'eau aux Sévillans.

En 413 les Vandales arrivèrent dans la Bétique à laquelle ils donnèrent leur nom — *Vandalucia* — et y trouvèrent toute prête cette magnifique capitale où s'établirent leur rois.

On sait qu'à la faveur des discordes qui éclatèrent entre les princes vandales, les Maures, appelés par l'un d'eux, arrivèrent en Andalousie. Ils s'en emparèrent, et, en 730, leur royaume se substitua au royaume vandale.

En l'an 1000, ils élevèrent la *Giralda*. En 1184, ils terminèrent la reconstruction de l'Alcazar.

Les rois maures, qui s'étaient partagés le sud de l'Espagne, eurent entre eux des guerres acharnées. Les armées catholiques de Castille, pendant ces dissensions, attaquèrent Séville, en firent le siége en 1248, et la ville capitula.

Le 25 novembre de cette année le roi saint Ferdinand y fit son entrée et vint s'asseoir en vainqueur dans l'Alcazar des Maures. Deux ans après, il y réunissait les Cortès du royaume. Ce roi donna à Séville le titre de « *Très-noble.* »

Alphonse le Sage en fit sa capitale et y réunit encore les Cortès en 1262. — Il lui donne en 1283 la devise : « Elle ne m'a point abandonnée. » « *no* madeja *do*, » représentée, nous l'avons dit, par le rébus d'une écheveau (madeja) entre ces deux syllabes *no* et *do*.

Sanche le Brave y rassemble, à son tour, les Cortès, en 1284.

Puis vint le règne de don Pedro le Cruel ou le Justicier. Séville moderne est encore remplie de son souvenir et des traces de son règne.

En 1444, Juan II lui donne le titre de « *Très-loyale.* »

Ferdinand et Isabelle vinrent y préparer la dernière expédition contre les Maures de Grenade. Alors commença la grande époque de richesse et d'activité commerciale pour l'Espagne, et surtout pour Séville ; l'époque de la prépondérance maritime des Espagnols et d'une accumulation considérable de trésors amassés sur tous les points du monde, depuis les Flandres jusqu'en Amérique.

Le règne de Philippe IV vint mettre un terme à cette immense prospérité. Dès lors, Séville, comme toute l'Espagne, est en pleine décadence.

En 1726 fut signé à Séville le traité de paix de l'Espagne avec la France, la Hollande et l'Angleterre coalisées.

En 1808, c'est à Séville que se réunit la junte suprême du gouvernement, au nom du pays soulevé par l'invasion française.

Deux ans après, le maréchal Soult y fait son entrée, et les Français occupent la ville jusqu'au mois d'août 1812.

En 1820, le roi Ferdinand y jure le rétablissement de la constitution libérale de 1812.

En 1823, les Cortès viennent y établir leur séances, et fuyant devant l'armée française, vont abriter leurs assemblées derrière les remparts de Cadix.

En 1834, Séville se soulève encore, proclame la constitution de 1812 et se livre à tous les désordres de l'anarchie.

En 1843, les Sévillans se révoltèrent contre le régent Espartero. Il marcha sur Séville, la bombarda pendant deux jours, mais les remparts restèrent infranchissables, Séville brava le duc de la Victoire et la paix se rétablit au retour de la reine Marie-Christine à Madrid ; retour qui fut le signal de la chute d'Espartero.

Les armes de Séville représentent saint Ferdinand assis sur un trône entre deux évêques debout : Saint Léandre et saint Isidore. Au-dessous est écrite la devise, plus ancienne, que nous avons indiquée.

Les *productions locales* sont surtout le blé, le chanvre, les fruits, la réglisse, le tabac, les orangers, les olives, le coton. Nous avons dit quelle est la merveilleuse fertilité des rives du Guadalquivir et des vallées qui y aboutissent.

La fabrication des étoffes de soie est la plus grande industrie de Séville. La province élève des quantités considérables de taureaux, de chevaux andalous, de moutons à laine renommée, et de chèvres dont le poil sert aux tissus.

Séville est le point central duquel rayonnent un grand nombre de routes : le chemin de fer qui va vers Cordoue, celui qui se dirige vers Xérès et Séville ; et les routes qui vont à *Ecija*, à *Grenade*, à *Antequera*, à *Malaga*, à *Gibraltar* (par Xérès), à *Huelva*, à *Badajoz* et à *Merida*. Cette dernière sera remplacée par un chemin de fer qui est concédé. Il reliera Séville avec Badajoz, les lignes du Portugal et Lisbonne.

ROUTE N° 83. — DE SÉVILLE A GRENADE.

On prend, au départ de Séville, l'ancienne route de Cordoue, qui sort au nord-ouest par la porte de Carmona, et longe l'aqueduc.

On se détourne ensuite à droite pour descendre vers la belle vallée de la *Guadaira* qui, au-dessous de Séville, se perd dans le Guadalquivir.

La route remonte à peu de distance la rive droite de cette rivière et conduit, à travers de splendides campagnes, vers

Alcala de los Panaderos, 11 kil., 6,900 hab., charmante petite ville bâtie sur deux collines, au bord de la Guadaira.

Sur la colline de l'ouest s'élève un vieux château fort, d'une belle architecture, qui domine le paysage.

Au-dessous se déroule la ville dont les habitations ont un aspect assez régulier. L'église paroissiale est vaste et d'un bon style. L'hôtel de ville est situé sur une place bien bâtie. De beaux jardins s'étendent aux bords de la rivière. On voit à Alcala un très-grand moulin qui suffit à peine à l'alimentation des boulangeries, car cette ville est peuplée de boulangers, et, comme son nom l'indique, (*Alc. de Panaderos*), c'est elle qui fournit presque tout le pain consommé à Séville et aux environs.

Ici la route se bifurque :

1° Une ligne, la plus longue mais la meilleure, se dirige vers le nord et va passer à

Carmona, 18 kil., 2,600 hab.

La Portugalesa, 16 kil., 900 hab.

La Luisiana, 12 kil., 750 hab.

Ecija, 14 kil., 24,000 hab., belle et curieuse ville bâtie sur la rive gauche du Genil, avec un beau pont qui traverse cette rivière et sert au passage de la route qui va vers Cordoue.

Ecija est remarquable par la chaleur torride de son climat et par les nombreux édifices, les vieux palais, les demeures coquettes et plus modernes dont elle est formée. C'est une des villes de toute l'Espagne les plus agréables à visiter. A chaque pas, le touriste s'arrête devant les tours arabes qui surmontent les églises, devant les patios en fleurs d'élégantes habitations, devant les palais comme ceux qui entourent la *plaza Mayor*, et l'ornementation bizarre des faïences coloriées qui parent toutes les maisons. — Le théâtre est à ciel ouvert comme ceux de la Grèce antique. Les promenades sont ravissantes, et partout de beaux jardins lancent autour des habitations leurs bouquets de verdure, leurs massifs d'orangers et de grenadiers.

La ville est entourée de collines couvertes d'oliviers. Les environs produisent les taureaux les plus renommés.

En partant d'*Ecija*, on tourne à droite, on prend un chemin qui va traverser un ruisseau affluent du Genil, et l'on atteint

Estepa, 30 kil., 850 hab., et

La Roda, 10 kil., 980 hab., bourg situé dans une plaine au pied de la Sierra d'Estepa. C'est ici que l'on rejoint l'autre embranchement de la route.

2° La seconde branche de la route jusqu'à *Roda*, est plus directe que la précédente; mais elle est mauvaise et évite le passage à *Ecija*, une des visites les plus intéressantes que puisse faire le voyageur.

En suivant cette ligne directe on passe à

Mairena del Alcor, 11 kil., 3,800 hab., célèbre par la foire qui s'y tient chaque année au mois d'avril et qui en fait le Beaucaire de l'Andalousie.

Marchena, 28 kil., 11,800 hab., ville autrefois entourée de murailles.

On y remarque plusieurs églises, notamment l'église paroissiale, grand édifice dont tout le chœur est en bois de cèdre; l'ancien château fort des ducs d'Arcos, et une source d'eau sulfureuse.

Ossuna, 28 kil., 16,000 hab. Cette ville et son territoire furent donnés, en 1445, au grand-maître de l'ordre de Calatrava, puis érigés en duché en 1562 par Philippe II. Le titre en est porté encore aujourd'hui par le duc d'Ossuna, grand d'Espagne, ambassadeur en Russie, et possesseur d'une immense fortune territoriale.

La ville est bien construite et entourée d'une campagne très-productive. Les voyageurs y visiteront surtout le palais des ducs d'Ossuna ; — l'église principale dans laquelle sont les tombeaux des ducs et dont les chapelles possèdent quelques tableaux de maîtres ; — plusieurs couvents, et notamment celui qui a été assez vaste pour qu'on puisse y établir une église, un théâtre, une caserne et une école.

Aux environs d'Ossuna sont d'importantes carrières de marbres.

Pedrera, 16 kil., 1,500 hab., au pied de la chaîne des montagnes d'Estepa, qui sont couvertes d'oliviers et de troupeaux.

La Roda, 11 kil., où l'on rejoint l'autre embranchement qui est allé passer par *Ecija*.

Les deux lignes sont confondues maintenant en une seule qui mène à

Mollina, 11 kil., 1,600 hab., petite ville assez laide, encadrée dans une ligne de montagnes, la sierra de Camorra, dont les masses rocheuses, sauvages, creusées çà et là de cavernes profondes, offrent un aspect très-pittoresque, mais autrefois très-peu rassurant.

Après avoir traversé cette région montagneuse, et franchi un ruisseau, on arrive à

Antequera, 14 kil., 20,500 hab., ancienne ville romaine, autrefois importante. Elle est située sur une colline, au milieu d'une petite plaine verte et fertile. A l'entour de la plaine se dressent les sommets élevés de la sierra de los Tormes qui la ferment au sud, et la sierra d'Estepa, qui se prolonge au nord.

Cette ville est au centre d'une production abondante d'oliviers, de vignes, et l'on y élève surtout des troupeaux considérables dont la laine très-belle est employée dans la province à la confection des meilleurs tissus qu'on fabrique dans tout le sud de l'Espagne.

Antequera est remplie d'antiquités romaines, soit qu'on les trouve par des fouilles, soit qu'on les rencontre encore debout sur le sol, parmi les rues de la ville. La plus importante de ces antiquités est l'*Arc d'Hercule* sur la *plaza Ana*.

On y remarque aussi plusieurs églises, notamment *San Sebastian* dont la coupole est surmontée d'un ange en bronze doré qui déploie un drapeau, et porte, dit-on, des reliques de sainte Euphémie, patronne de la ville ; l'église *Santa Maria* ; — quinze ou seize couvents dont une moitié, celle des femmes, encore habitée ; — l'hôpital, le séminaire, le collège, pour lesquels ont servi, ici comme presque partout, d'anciens monastères.

En dépassant Antequera, la route continue dans la vallée que ferment à droite et à gauche les deux chaînes de montagnes dont nous avons parlé. Elle remonte ainsi jusqu'à sa source le cours de Guadalhore et passe devant

La venta d'Archidona, 11 kil., hameau d'auberges et relais, dépendant de la ville d'**Archidona**, 7,800 hab., qui est à demi-lieue de là sur le versant de la montagne. Cette ville, aussi ancienne qu'Antequera, possède quelques édifices d'une belle construction, et une belle place devant l'hôtel de ville ; mais ses rues sont des rampes escarpées très-difficiles à parcourir. Au sommet de la ville on oublie la fatigue de l'ascension devant la vaste et pittoresque étendue que découvre le regard.

Au delà d'*Archidona*, la route passe de la province de Malaga dans celle de Grenade. Elle mène à

Loja, 17 kil. ; — s'engage dans la vallée de Genil, passe à *Lachar*, 28 kil. ; — et à **Santa-Fé**, 11 kil.

Elle traverse le Genil dont elle va prendre la rive droite, — et après un trajet entre une série de villages placés sur les deux côtés de cette rivière, elle conduit à

Grenade, 11 kil. — Toute cette partie de la route, depuis *Loja* jusqu'à *Grenade* a déjà été décrite en sens inverse : route n° 77, *de Grenade à Malaga*, V. p. 339.

Pour *Grenade*, V. p. 323.

ROUTE N° 84. — DE SÉVILLE A MALAGA.

(ROUTE DE TERRE. — CHEMIN DE FER TRACÉ.)

L'itinéraire de Séville à Malaga se divise en deux parties :
1° De *Séville* à *Antequera* ; — V. la route précédente, n° 83 ;
2° D'*Antequera* à Malaga ;
Cette seconde partie de la route ne traverse aucune localité importante, pas même un bourg ; elle ne rencontre dans tout son parcours

que des hameaux et des *ventas*. Elle sera remplacée jusqu'à Malaga par le chemin de fer venant de Cordoue.

Mais elle est fort intéressante à parcourir en raison des accidents considérables de terrain, des changements du paysage qu'elle traverse.

A Antequera, on tourne à droite pour se diriger vers le sud.

On se trouve dès lors en face de la haute chaîne de montagnes, la *Sierra de Antequera* qui s'étend transversalement à la direction de la route.

On s'engage sur ses pentes nord pour la franchir. Autour du voyageur se succèdent les rochers énormes, bizarres; la montagne est tourmentée, abrupte, sauvage, et çà et là laisse voir entre ces immenses roches arides des pâturages verts et élevés qui rappellent ceux des Alpes.

Après 8 kilomètres de cette ascension, on arrive au sommet. Sur ce point désert, nu, exposée à tous les vents, est la *venta del Rosario*.

Du haut de ce sommet, le voyageur découvre en ligne droite, en face de lui, toute la contrée qu'il va parcourir jusqu'à Malaga. Si le temps est serein, et il l'est presque toujours dans ce pays lumineux comme l'Orient, on peut voir à l'horizon l'immense nappe bleuâtre de la Méditerranée.

A partir de ce point, il faut descendre sur le versant sud de la chaîne; la descente est aussi rapide que la montée a été rude; ce sont les mêmes pentes escarpées à travers la montagne.

Après 6 kilomètres de ce parcours, on arrive enfin à la vallée.

La route circule alors entre une série de coteaux, entre des vignobles, des cultures, des hameaux; elle passe devant la *venta* de Galves, à 3 kil.; — puis elle franchit le ruisseau de Campanellas qui va, près de Malaga, se perdre dans le *Guadalhore*. La route oblique à gauche, et va passer à une *venta* dépendant de

Almogia, 11 kil., village placé à gauche dans l'intérieur des terres.

On trouve ensuite deux autres *ventas*, dont l'une à 5 kil. d'Almogia, et l'autre à 5 kil. de la première; — et parcourant la belle campagne que nous avons déjà décrite (à la fin de la route n° 77), on arrive à

Malaga, 5 kil. — V. pour *Malaga*, p. 341.

ROUTE N° 85. — DE SÉVILLE A XÉRÈS ET A CADIX.

(CHEMIN DE FER. — BATEAUX A VAPEUR.)

Le trajet de Séville à Cadix se fait par deux moyens : — 1° Par le chemin de fer qui passe à Xérès-la-Frontera ; — 2° Par les bateaux à vapeur sur le Guadalquivir.

1° DE SÉVILLE A CADIX PAR LE CHEMIN DE FER.

Le chemin de fer franchit la distance en 5 heures, par les trains omnibus. On prend le train à la gare placée au delà de la porte San Fernando, à l'extrémité de la promenade des *Delicias*, près de la fabrique des tabacs.

Le chemin, dès son départ, suit l'ancienne route et longe la rive gauche du Guadalquivir; bientôt il traverse sur un pont métallique la rivière *Alpadaira*, à l'endroit où elle se jette dans le fleuve. La campagne est plantée d'oliviers dont les produits sont renommés. On passe à la station de

Las Hermanas, 13 kil., 3,650 hab. Ici la voie s'écarte du cours du Guadalquivir pour suivre l'ancienne route de terre; elle traverse la plaine, puis monte vers

Utrera, 17 kil., 15,000 hab. Ancienne ville mauresque, autrefois fortifiée, le point le plus élevé de la ligne.

Les environs sont accidentés et agréables ; de belles collines bien cultivées forment autour de la ville une vallée charmante. L'une de ces collines est surmontée d'une vieille tour au pied de laquelle restent écroulées les ruines du château fort dont elle faisait partie.

Utrera, quoique bien déchue de son importance d'autrefois, est encore une des plus jolies ville de l'Andalousie. Elle est bien construite et ses rues nouvelles sont bordées de belles habitations. Parmi les églises, la plus ancienne et la plus curieuse est *Santiago*. Elle a été une mosquée des Arabes. Au-dessous est une crypte dont le sol a la propriété de dessécher et de conserver les corps, comme les caveaux de Saint-Michel à Bordeaux. Dans l'église on conserve parmi d'autres reliques, un des trente deniers que reçut Judas pour vendre le Christ.

On trouvera en Espagne un autre de ces trente deniers de Judas : il est à la cathédrale d'*Oviedo*, dans les Asturies.

L'église principale, la *Asuncion*, a une belle entrée au-dessus de laquelle se dresse une tour très-haute et très-hardie, d'un fort bel aspect.

La *plaza Mayor*, aujourd'hui place de la *Constitucion*, est entourée de belles demeures, et, comme celle de Madrid, a le privilége des fêtes publiques et des solennelles *funcions de toros*.

La campagne qui environne Utrera est renommée pour sa fertilité en céréales, en vins et en oliviers.

Au delà d'Utrera le chemin de fer descend dans la vallée du Salado de Moron. Il y passe à

Alcantarillas, 10 kil., station située à peu de distance du village de ce nom, au bord du ruisseau le Salado. La ligne franchit ici ce cours d'eau sur un pont métallique, et, obliquant à l'ouest, rentre dans la vallée du Guadalquivir.

On se rapproche rapidement de ce fleuve dont on s'était écarté pour passer à Utrera, et l'on atteint

Las Cabezas, 9 kil., station sur la rive gauche du Guadalquivir, en face de la plus petite (*isla menor*) des deux îles formées par les trois bras de ce fleuve.

Cette station dessert la petite ville de *Las Cabezas*, 3,200 hab., située à 5 kilom. de là, à l'est de la ligne, sur une haute colline isolée.

Le chemin de fer parcourt ensuite, sur un talus, une grande plaine marécageuse, malsaine, où croupissent aujourd'hui les eaux que les Arabes avaient distribuées autrefois dans des milliers de canaux d'irrigation et qui y répandaient la fertilité. Ici leur ouvrage ne s'est pas conservé comme autour de Valence et de Grenade ; il n'en reste plus que des vestiges.

La ligne en quittant ces marais traverse des collines et mène à la station de

Lebrija, 10 kil., 12,500 hab. L'une des plus jolies villes de cette contrée.

Situé sur une colline que surmontent les ruines d'un vieux château fort, entourée d'une campagne magnifique, formée de maisons élégantes, Lebrija occupe une position des plus favorables. Elle domine d'un côté la plaine qui s'étend jusqu'au Guadalquivir, à une lieue de là ; de l'autre côté une série de collines couvertes de cultures et de troupeaux.

la merveille de Lebrija, l'orgueil de ses habitants, c'est la belle et haute tour de leur église principale. Cette tour est à la fois la copie et la rivale de la *Giralda* de *Séville*. Mais elle a sur la célèbre Giralda cet avantage qu'au lieu de servir de clocher à un édifice de style gréco-romain mélangé de gothique, elle est adaptée à une vieille église qui fut une mosquée et conserve les caractères principaux des constructions mauresques. Cette église est richement ornée. Le retable est, dit-on, l'œuvre d'Alonso Cano.

Le chemin de fer s'écarte de plus en plus du Guadalquivir; après une lieue de parcours, il passe à environ 5 kil. de

Trebujena, 3,200 hab. Petite ville très-déchue, sans activité et située dans une contrée triste et peu fertile. — On atteint ensuite la station de

El Cuervo, 12 kil. — et le chemin de fer conduit à

Xérès-la-Frontera, 20 kil. 36,000 hab.; belle ville, rendue célèbre par les vins blancs auxquels elle donne son nom.

Le voyageur en arrivant à Xérès est frappé du grand nombre des édifices, de la régularité et de la coquette apparence des habitations. L'ensemble de la ville offre un aspect remarquable de luxe, d'aisance et de propreté; les villages qui l'environnent, les grandes propriétés vinicoles dont Xérès est entourée, attestent aussi la richesse de cette contrée.

Toute la campagne autour de Xérès est un vaste vignoble. Dans quelques-unes des principales exploitations on est admis à visiter des caves immenses, des chais, *Bodegas*, qui contiennent jusqu'à dix ou douze mille tonneaux. Par la quantité et la valeur des vins dont ils sont remplis, ils rappellent quelques-unes des magnifiques caves de la Champagne ou les chais de Cognac. Ici comme à Cognac les produits de certains crus vieillissent depuis un siècle.

Xérès était autrefois peuplée de couvents; la plupart de ces édifices sont maintenant changés en casernes ou en entrepôts de vins.

Quant aux monuments à visiter, citons les plus importants :

L'*Alcazar*, ancienne citadelle arabe, une forteresse enveloppant un palais, n'offre plus que des murs délabrés. Ses deux tours crénelées, de l'*Or* et de l'*hommage*, dominent une extrémité de la ville.

L'*Église collégiale*, lourde dans ses proportions, est la seule digne d'être remarquée parmi les sept ou huit églises de la ville;

Xérès.

IVe RÉGION. — DE SÉVILLE A XÉRÈS ET A CADIX.   585

L'Hôtel de ville (Casas municipales) est un bel édifice gréco-romain, dont la façade est ornée de huit colonnes et de sculptures;

Le *Cirque des taureaux* est un des mieux construits.

Xérès fut fondée par les Phéniciens; c'est l'ancienne *Asta*. Devant ses murs, les Carthaginois et les Romains se livrèrent un grand combat à la suite duquel Rome posséda la ville et la fortifia.

Elle fut enlevée ensuite aux Romains par les Goths.

En 711, c'est dans la campagne qui entoure Xérès, sur les bords du Guadalète, que fut livrée, entre les Goths et les Arabes, la mémorable bataille qui décida la chute de la monarchie des Goths, et rendit les Maures maîtres de l'Andalousie où ils fondèrent le grand Kalifat d'Occident.

En 1252, les armées des rois catholiques vengèrent les Goths sur ce même champ de bataille, et enlevèrent Xérès aux Arabes. Ces événements ont été les sujets des plus belles légendes héroïques de la vieille Espagne.

En sortant de Xérès, le chemin de fer se dirige vers l'Océan. A gauche sont la route de terre, et plus loin le Guadalète qui descendent de concert dans la même direction. La voie traverse une tranchée; elle circule ensuite entre d'immenses vignobles, que séparent entre eux des haies d'aloès et de figuiers de Barbarie. Les maisons de campagne sont dispersées à droite à gauche dans tout ce riche paysage. Bientôt on descend vers la mer; déjà le voyageur aperçoit au loin la baie, les mâts des navires, les murailles de Cadix, isolée au milieu des eaux.

Le train suit une courbe, et s'arrête à la première ville bâtie à l'extrémité nord de la baie :

Le Puerto Santa Maria, 14 kil., 18,500 hab., à l'embouchure et sur la rive droite du Guadalète.

En face, à 11 kil., est Cadix, dans son île. Les deux villes sont séparées par l'Océan, et les bateaux à vapeur vont sans cesse de l'une à l'autre, en une heure.

Le Puerto, « ville de plaisir, de mouvement, de passage pendant l'été, dit M. Ant. de Latour, n'existe guère pendant les autres saisons que par le mouvement qu'elle emprunte à Cadix et à l'île. Le Puerto est entouré, cependant, de terres bien cultivées, et ce n'est pas sans fierté qu'il montre ses belles caves aux étrangers. Ses maisons ont un air de fête, ses rues sont propres; sa population est remuante et gaie. »

Avant toute chose, il faut citer au Puerto la *plaza* des taureaux. C'est là qu'ont lieu les courses, ou plutôt les combats, les plus célèbres de l'Andalousie. « Quand vient la Saint-Jean d'été, il n'est bruit dans toute l'Andalousie que des courses du Puerto. Elles durent deux jours, et à la Saint-Pierre elles recommencent. La veille et l'avant-veille, on voit les routes se couvrir de gens qui se hâtent; tout ce qui marche, tout ce qui roule est mis en réquisition. On ne voit que cavaliers fringants portant dames en croupe, calesas légères, lourdes berlines chargées de familles entières; chariots à bœufs, sur lesquels s'arrondissent des cerceaux recouverts de draps, ornés de rubans et de fleurs, et d'où s'échappent des cris, des chansons, des bruits de guitare. Le bateau à vapeur se charge de passagers, à sombrer; la mer se couvre de barques, qui de Cadix, qui de Puerto Real, qui de Rota, qui de San Fernando, amènent des flots incessants. »

Quant aux monuments à visiter, il faut citer surtout : l'église paroissiale, qui est un très-bel édifice gothique, et qui possède un tabernacle en marbre et en jaspe très-artistique; plusieurs couvents, notamment celui de la *Victoria*, et le théâtre.

Le Puerto a de ravissantes promenades. Près du port est celle du *Vergel*, plantée d'arbres, et remplie chaque soir d'une foule pittoresque et animée; dans la ville est la *Victoria*, un vrai jardin d'orangers.

L'histoire du *Puerto* remonte aux temps du siége de Troie. Un des chefs grecs, au retour de ce mémorable siége, vint errer jusque-là, et y fonda cette ville à laquelle il donna son nom : le port de *Ménesthés*.

Lorsque les Arabes occupèrent l'Andalousie, ils détruisirent en partie le *Puerto*. Alphonse le Sage leur enleva cette place et la réédifia. Elle fut donnée plus tard à la famille des Guzman, et fut le chef-lieu d'un comté. Philippe V la fit rentrer dans les possessions de la monarchie ; il y habita trois mois.

Le chemin de fer, en sortant du *Puerto*, franchit le Guadalète à son embouchure, près d'un pont suspendu où passe la route ; il va ensuite décrire une grande courbe qui effleure et *entoure* les sinuosités de la *baie*. En suivant cette courbe, le chemin de fer franchit la rivière *San Pedro*, et passe sur une bande de terre qui pénètre dans la baie. Ici, à droite du voyageur qui va vers Cadix, est le **Trocadéro**;

Un embranchement se détache à droite du chemin de fer, et va aboutir au *canal*, qui est le *Trocadero*.

Ce canal part du fond de la baie, et, coupant une langue de terre, va directement à Puerto Real (ville que nous allons atteindre). Ce canal est à la fois une ligne creusée pour défendre l'accès de la baie du côté de terre, et une voie directe que suivent les bateaux à vapeur pour aller de Cadix à Puerto Real.

Les bords de ce canal sont couverts de magasins pour le dépôt des marchandises, et de chantiers de construction. Ici commence la prodigieuse animation qu'offrent aux yeux du voyageur toute la baie et l'île de Léon. (Voir plus loin le plan de la baie et de l'île.)

A l'entrée du canal, en venant du côté de la terre, sont deux forts qui en défendent l'accès : *San Lorenzo del Puntal*, qui est encore solide, avec une caserne, et celui du *Trocadero*, pris en 1823 par l'armée française, démantelé, et qui depuis n'est plus qu'un magasin pour des agrès de navires.

Lorsque le duc d'Angoulême, après un combat énergique de part et d'autre, se fut emparé de ces forts, il fut maître du canal, et bloqua dans Cadix les Cortès qui y gardaient le roi Ferdinand VII prisonnier. Cette victoire eut pour résultat la délivrance du roi.

Le chemin de fer, après avoir passé devant ces forts, et continuant à contourner la baie, atteint :

Puerto Real, 10 kil., 5,500 hab., ancien port de Cadix, *Portus Gaditanus*, fondé à l'époque de la domination romaine, par le second des Balbus. La ville actuelle fut construite, à partir de 1483, par les rois catholiques sur les ruines du port romain.

Puerto Real est une ville de marins, de pêcheurs, de marchands, de constructeurs maritimes. Mais elle est aussi habitée par un grand nombre de personnes riches qui se trouvent trop à l'étroit dans l'île où est resserrée Cadix. Il y a une belle église, des promenades très-agréables, et à l'entour de nombreuses villas.

Puerto Real est situé à une pointe de la baie, et à 11 kilomètres de Cadix, par mer.

Le chemin de fer, en quittant Puerto Real, continue à suivre le contour de la baie ; il passe à travers un terrain bas, sablonneux, que couvrent des marais salants. Ces marais sont coupés de canaux dont le poisson est très-délicat et fort recherché.

Le chemin franchit le plus large de ces canaux ; puis, tournant à droite pour se diriger vers Cadix, il rencontre un bras de mer qui du côté de l'est ferme l'île de Léon au fond de laquelle est Cadix. Ce bras de mer c'est le canal de Santi Pietri.

La voie le traverse sur un pont de 3 arches. Le voyageur entre dans l'*île de Léon*.

A droite est la baie dont le chemin de fer a fait le tour par une grande courbe; à gauche l'Océan; en arrière le canal de Santi Pietri qui ferme l'île, comme la base d'un triangle; en face, au fond d'une bande étroite et allongée, est Cadix.

Avant de s'enfoncer dans la profondeur de cette île qui n'est qu'un chemin entre deux mers, on voit à droite, dans la baie, une groupe de bâtiments, une forteresse isolée au milieu des eaux. C'est l'arsenal de la *Carraca*. Il n'est accessible qu'au moyen de barques.

La *Carraca* forme un ensemble de bâtiments comprenant : des chantiers de construction maritime, des bassins, une caserne, un dépôt d'artillerie, des magasins militaires, un *presidio*, un maison de correction, dont les détenus sont ouvriers, et une école de marins.

La *Carraca* dépend d'une ville que le voyageur voit à droite, à l'entrée de l'île de Léon; c'est

San Fernando, 2 kil., 19,000 hab., place de guerre dont la défense est complétée par les nombreux fossés creusés à l'entour pour les marais salants qui sont l'industrie principale des habitants.

Outre l'arsenal de la *Carraca*, San-Fernando possède une fonderie de balles, des casernes, et surtout un *observatoire* qui est le plus ancien de l'Espagne, qui est parfaitement organisé et qui fixe le méridien pour les calculs astronomiques des marins espagnols.

Dans toute la longueur de la ville règne une immense rue où est situé l'hôtel de ville, édifice principal de la ville. Cette rue aboutit au bras de mer le rio Pedro. Ce bras de mer est celui que le voyageur a franchi sur un pont de cinq arches, le *Suazo*, qui remonte aux Phéniciens. Le fort de Santi Pietri défend le passage du canal dans la mer.

San-Fernando remonte à une antiquité mythologique; cette ville emprunta successivement son nom à Junon et à Vénus, et figure dans l'histoire de la jeunesse d'Hercule.

Au moyen âge elle s'appelait *Léon*, et conserva ce nom jusqu'en 1814, époque à laquelle les Cortès lui donnèrent celui de Saint-Fer-

dinand en récompense de son attitude patriotique dans la guerre d'indépendance. On lui conféra aussi le titre de « berceau de la liberté espagnole. »

Au delà de San Fernando, le voyageur, ayant à gauche la haute mer, à droite la baie, s'engage dans la profondeur de l'*île de Léon*. La chaussée qui conduit au fond de l'île où nous trouverons Cadix, est étroite, battue des deux côtés par les flots. C'est pittoresque et grandiose. La voie court sur le chemin presque en droite ligne.

A dix kilomètres de San Fernando, la langue de terre que nous suivons est coupée en travers par un canal, — la *Cordatura*, — qu'on y a creusé pour ajouter une défense de plus. L'île est donc partagée ainsi en deux îles. Cette tranchée est armée d'une fortification. Ne pouvant la franchir, le chemin de fer fait un coude à droite; il tourne l'obstacle en passant sur un magnifique remblai dont le talus baigne sa base dans les flots de la baie.

Plus loin il perce d'une tranchée un promontoire fortifié. Puis l'espace s'élargit; à droite et à gauche sont des jardins, de la verdure, des peupliers, et çà et là quelques palmiers découpent leur fine silhouette dans la clarté du ciel, au-dessus des jardins.

On passe au faubourg *San José*, situé dans cette petite campagne improvisée au milieu des eaux; on remarque son élégante église, et bientôt le train va s'arrêter entre la porte de Terre et le Môle, sur une esplanade formée par un immense remblai qui a comblé ici une étendue occupée autrefois par la mer.

La seule entrée de Cadix, en venant par l'étroit chemin du continent, est la *porte de Terre*.

Après avoir traversé une série de pont-levis, de voûtes obscures, pratiquées à travers les défenses de la place, on entre enfin à

Cadix, 14 kil. 1/2, 55,000 hab., chef-lieu du département maritime de l'*île de Léon*, qui comprend toute la côte d'Andalousie; de l'une des cinq provinces dont la capitainerie générale est à Séville; siège d'un grand commandement militaire, d'un évêché, d'un district judiciaire, d'une chambre de commerce et de nombreux consulats étrangers.

Cadix est « un vaisseau de pierre » situé au milieu des flots, et ne se reliant à la terre que par l'étroite voie que nous avons traversée. Le plan topographique placé plus haut peut seul donner une idée exacte de la situation de la baie qui l'entoure, des villes, des chemins, des canaux, des forts, qui découpent en tous sens les contours de la baie.

La ville est entourée d'un rempart et de forts. L'enceinte a 4 kilomètres et demi de tour ; elle n'est percée que de cinq portes : celle de Terre, celles de la mer, de Séville, de la Coleta et de San Carlos.

En avant des murailles se détachent des forts admirablement situés mais très-médiocrement entretenus : à l'extrémité de l'île, au nord-ouest de la place, le fort Santa Cathalina, bâti sur un promontoire qui domine la mer ; le fort de *San Sebastian*, très-avancé dans la mer, et qui garde l'accès de la porte de la Coleta ; la fortification de la *Corbatura*, dont nous avons parlé et qui coupe l'isthme ; et le château de *Puntales* en face du Trocadero.

Voilà pour l'aspect extérieur. A l'intérieur, les rues sont larges, droites, régulières ; les maisons sont peintes de vives couleurs et presque toutes couronnées d'une terrasse avec un belvédère où les habitants peuvent le soir aspirer librement les brises de l'Océan. La population est vive, affairée, mais élégante. Quant aux femmes de Cadix, leurs grands yeux noirs, leurs vêtements éclatants et pittoresques, leur gaieté adoucie par une nonchalance de créole, leur beauté et leur type sont dignes de leur renommée. Nous n'en dirions pas autant pour toutes les villes d'Espagne, pour Madrid notamment.

Si de l'ensemble il passe aux détails, voici les édifices que le voyageur pourra visiter à Cadix :

La *Tavira*, haute tour placée au centre de la ville, et du sommet de laquelle le regard s'étend sur un immense panorama maritime, depuis les falaises au pied desquelles débouche le Guadalquivir, jusque sur l'étendue de la baie et sur la campagne qui commence au delà du canal *Santi Pietri*;

La nouvelle cathédrale, vaste édifice de marbre blanc, au sud de la ville, chargée de colonnes et d'ornements en marbre et en jaspe ; une coupole la domine ; elle a une crypte admirablement construite, quelques bons tableaux, et un vrai trésor de reliques et de joyaux ;

L'ancienne cathédrale, *Santa Cruz*, dont la principale chapelle contient un retable très-remarqué ;

La *plaza* des Taureaux, à l'entrée de la ville, près de la porte de Terre ; — le grand théâtre, calle Lope de Vega ; — le petit théâtre *del Balon* ;

L'académie des beaux-arts, la faculté de médecine, des colléges, un séminaire, plusieurs bibliothèques et le bel asile la *Casa de Mise-*

Couvent des Carmes, à Cadix.

ricordia, qui renferme les orphelins, les aliénés et les vieillards. Cet asile était autrefois le couvent où Murillo tomba d'un échafaudage en peignant son *Mariage de Sainte Catherine*. On peut y voir le chef-d'œuvre inachevé.

Enfin, ce qu'il y a de plus agréable dans cette ville entourée d'une ceinture de pierres et environnée par la mer, ce sont les promenades. La plus belle est celle qu'on peut faire en suivant les remparts. La plus fréquentée est l'*Alameda*, un véritable jardin, qui d'un côté est borné par une rangée d'élégantes habitations, et qui de l'autre s'ouvre sur un vaste horizon, sur la baie et sur la côte d'Espagne.

Cadix possède de bons hôtels, des pensions bourgeoises, des cercles, des bains, tout ce que peut désirer une population qui aime le luxe, les plaisirs, le bien-être, les fêtes, et qui s'y adonne avec autant d'ardeur que d'activité aux affaires.

Au point de vue commercial, Cadix est une ville fort importante; elle a de grandes maisons; son port est le centre d'un mouvement considérable des navires de tous les pays, et surtout du Levant, d'Afrique, d'Italie, d'Angleterre, de France, de Hollande et de Portugal. — Néanmoins, sans être descendue à la décadence de Carthagène, cette ville maritime a considérablement perdu de son ancienne prospérité commerciale. Malaga, qui est, au contraire, en voie de rapide progrès, lui enlève chaque année une grande part de l'activité qu'elle pourrait reconquérir.

Pour ce qui est des *souvenirs historiques*, Cadix est de toutes les villes d'Espagne celle qui possède les plus lointains et les plus nombreux.

Des Phéniciens, chassés du littoral de l'Asie par l'arrivée des Hébreux, vinrent en Afrique et de là sur la côte méridionale de l'Espagne, où ils fondèrent *Cadix*, à laquelle ils donnèrent ce nom semblable à celui de l'une des villes de l'ancienne Judée.

Au vi° siècle avant Jésus-Christ, les Espagnols et les Phéniciens de Cadix furent en guerre. Les Carthaginois vinrent au secours des Phéniciens et s'établirent sur divers points de la même côte. Vers 550 avant Jésus-Christ, ils s'emparèrent aussi de *Cadix*. Annibal y apporta pour orner le temple d'Hercule les dépouilles de Sagonte.

Puis Cadix, qu'on appelle alors *Gadès* se donne aux Romains; Scipion y met une garnison romaine. Soixante-neuf ans avant Jésus-Christ, un modeste questeur qui devait être un jour Jules César venait à Gadès, et vingt ans après il y revenait à la tête de ses armées et faisait de Gadès une cité romaine. Sous Auguste, Gadès devint une

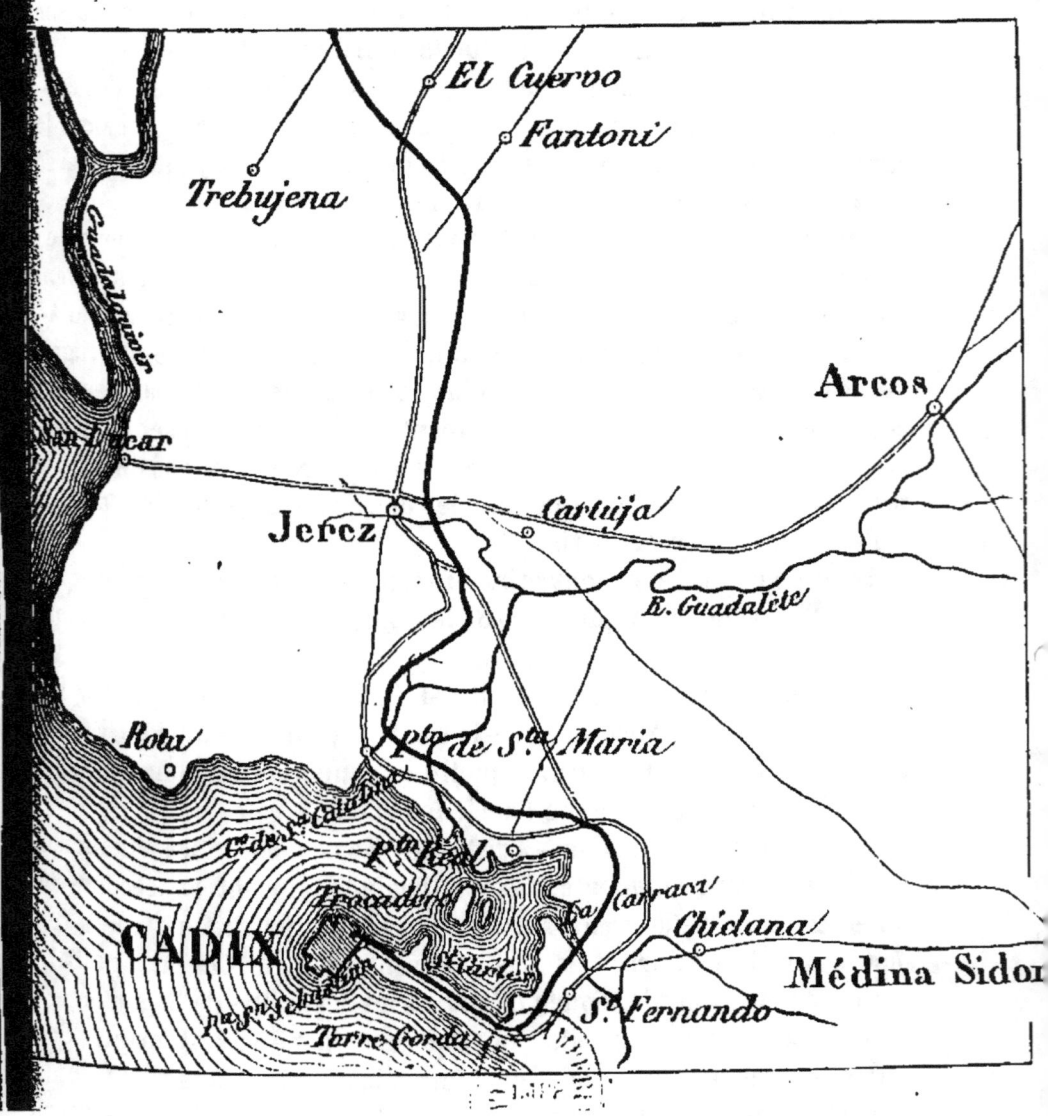

des villes les plus importantes de l'Empire; elle donna à Rome les deux Balbus; plus tard l'agriculteur et écrivain Columelle, le poëte Cassinius Rufus et la mère de l'empereur Adrien, une Espagnole, Domitia Paulina.

Sous les Goths, Gadès perdit toute son importance; elle dépendait du diocèse de Xérès. Les Arabes qui n'étaient pas plus que les Goths un peuple maritime, l'oublièrent dans le même abandon; ils la laissèrent même dévaster par une troupe de Normands qui y débarquèrent et la pillèrent.

Vers 1262, le roi Alphonse le Sage, qui était à Séville, enleva Cadix aux Arabes, la fit rebâtir, l'entoura de ses remparts, la repeupla, y fonda un évêché et en fit une capitale de province. En 1370, les Portugais vinrent, comme les Normands, saccager la ville.

En 1470, le célèbre Ponce de Léon enleva Cadix à son roi; la royauté fut forcée de le reconnaître seigneur et marquis de Cadix. L'île prit alors le nom d'île de *Léon*. En 1492, à la mort du marquis, elle fut rendue à la royauté espagnole.

Ferdinand et Isabelle donnèrent une grande importance à Cadix comme ville de commerce.

Trois fois menacée par les rois d'Alger, en 1530 par Barberousse, en 1550 par Salarraïs, et en 1574, Cadix échappa à leurs tentatives.

Elle reçut de Philippe II ses armes actuelles : Hercule et ses deux colonnes, avec la devise : *Plus ultra*.

Le 29 avril 1587, l'amiral anglais Dracke vint brûler des navires dans la baie; en 1596, le comte d'Essex saccagea la ville. Il fallut relever Cadix, rebâtir ses remparts, augmenter ses défenses. En 1625 les Gaditans prirent leur revanche, ils repoussèrent une flotte anglaise qui n'emporta que la peste.

En 1649, commença à Cadix une épidémie qui dura trois ans.—Le 15 mars 1711 un ouragan terrible y fit périr 600 habitants.

En 1720, le tribunal des Indes fut transporté de Séville à Cadix qui vit alors l'époque de sa plus grande prospérité commerciale.

En 1755 eut lieu le formidable tremblement de terre qui effraya Séville et frappa Lisbonne d'un si grand désastre; la mer se leva et se précipita sur la ville qu'elle inonda.

Le 3 et le 5 juillet 1797, l'amiral Nelson vint bombarder Cadix. Il reparut en 1800 pour l'attaquer encore; mais il s'éloigna : la ville était décimée par la peste.

Le 14 mai 1808, la flotte française de l'amiral Rosily, bloquée dans le port de Cadix, fut forcée de se rendre à l'amiral espagnol Jean Ruiz de Apocada.

En 1810, Cadix fut vainement assiégée par les Français; ce siège dura jusqu'au 24 août 1812. L'île de Léon est le seul point de l'Espagne où l'armée française, maîtresse de tout le reste de l'Espagne, n'ait jamais pu pénétrer.

Au mois de septembre 1823, pendant que l'armée du duc d'Angoulême s'emparait du Trocadero, la flotte française bombardait Cadix. Les Cortès qui y étaient enfermées avec le roi Ferdinand VII leur prisonnier, furent forcées de capituler et de rendre le roi à la liberté. Jusqu'en 1828, une armée française occupa le port de Cadix.

2° DE SÉVILLE A CADIX, PAR BATEAUX A VAPEUR.

Les *bateaux à vapeur*, nous l'avons dit, ont leur embarcadère à Séville au pied de la *Torre del Oro*. Le trajet coûte 60 réaux et se fait en 8 heures.

Comme pour tous les services de bateaux à vapeur du littoral, on trouvera à Séville et à Cadix dans tous les lieux publics, des affiches indiquant le nom des navires, le jour et l'heure du départ.

Quand le temps est beau, c'est un magnifique voyage de suivre toutes les sinuosités du fleuve, de longer ses deux rives couvertes de riches campagnes, de villages, et d'apercevoir çà et là l'horizon coupé par les lignes capricieuses des montagnes.

Au départ, le bateau passe devant la promenade des *Delicias* qui est à gauche, et le monastère de *los Remedios* qui est à droite. Il suit le cours du fleuve à travers la splendide plaine qui entoure Séville; il passe en vue de

Saint-Jean d'Alfarache, village charmant qui a donné son nom au célèbre Guzman d'Alfarache; et d'un autre village, *Gelves*, qui en est très-rapproché.

On atteint bientôt l'endroit où, sur le côté gauche du fleuve, s'ouvre l'embouchure de la *Guadaira*. Plus loin s'élève sur la rive droite du Guadalquivir:

Coria, ancienne ville romaine, qui battait monnaie, et n'est plus qu'un bourg sans importance.

On glisse devant *la Puebla*, village placé sur la même rive. Puis le fleuve se divise en trois bras qui forment et séparent deux îles:

à gauche l'*isla Menor*, petite, fraîche, charmante ; à droite l'*isla Mayor*, grande, plate, couverte de pâturages et de troupeaux de taureaux.

Le bateau suit le bras du fleuve qui passe entre ces deux îles. Au delà, les trois bras se réunissent en un seul ; les rives sont basses et peu habitées ; le Guadalquivir s'élargit avec majesté ; le vol des oiseaux de mer annonce l'approche de l'Océan. De grands bois de pins s'élèvent des deux côtés. Le bateau s'arrête devant le môle de *Bonanza*, puis reprend sa course vers l'Océan.

A gauche, devant la large embouchure où le fleuve et la mer se confondent, s'élève à mi-côte

San Lucar de Barrameda, 18,000 hab., ville d'un aspect charmant. Elle n'est peuplée que d'agriculteurs, de vignerons, de pêcheurs, ou de riches propriétaires qui ont choisi ce site admirable pour leur résidence d'été. Mais le vieux château fort qui domine la ville, le palais des Medina Sidonia, les coupoles et les clochers qui s'élancent çà et là, donnent à *San Lucar* un très-bel aspect.

Une ligne de rochers qui est à fleur d'eau quand la mer est basse forme une barre à l'embouchure du fleuve. On la franchit par une passe étroite et difficile, et le navire entre dans l'Océan.

Le bateau à vapeur tourne à gauche pour longer la côte vers Cadix. Il passe devant

Chipiona, ancienne ville romaine, aujourd'hui village de pêcheurs. Plus loin le voyageur voit à gauche, sur la falaise :

Rota, 1,500 hab., bourg de jardiniers et de vignerons, au-dessous duquel s'étendent de beaux jardins. Le territoire environnant produit un vin généreux, très-recherché, le *Tintilla*, et fournit Cadix de légumes et de fruits délicieux.

Rota fut fondée, dit-on, par les Arabes. En 1264, ils l'abandonnèrent au roi Alfonse le Sage. Elle fut plus tard une des sept villes données en échange de Cadix au duc d'Arcos. En 1702, elle fut pillée et saccagée par les Anglais, qui y restèrent vingt-deux jours. Les Français l'occupèrent en 1810, mais, surpris pendant la nuit du 5 au 6 mai 1811 par les Espagnols, ils en furent chassés.

Après avoir dépassé Rota, on voit bientôt resplendir au soleil les blanches murailles de

Cadix, la ville commerçante et élégante, assise au milieu de sa baie, entourée de forteresses.

Le vapeur s'arrête dans la baie, en avant du port, et l'on débarque au moyen de bateaux qui transportent au quai les bagages et les voyageurs.

Pour *Cadix*, voir page 389.

ROUTE N° 86. — DE CADIX A GIBRALTAR.

La forteresse anglaise de Gibraltar est situé à la pointe d'un cap (la pointe d'Europe), à l'extrémité sud du continent espagnol ; elle est complétement isolée de l'Espagne, non-seulement par la couleur du drapeau qui y flotte, par le langage des habitants, l'aspect des maisons, et les usages locaux, mais surtout au point de vue des relations.

Il n'y a pour aller à Gibraltar que deux chemins passables, qu'il faut renoncer à appeler des routes. L'un vient de *Malaga*, l'autre vient de *Cadix* et de *Tarifa*. Tous les deux longent le bord de la mer, et se dirigent, de deux points opposés, vers le détroit de Gibraltar.

L'Espagne a si peu de rapports avec Gibraltar qu'elle n'a pas créé de voie de communication plus importante pour y conduire.

Il est vrai qu'il y a aussi la *voie de mer*, et celle-ci est la plus rapide et la plus commode.

Par les *bateaux à vapeur*. On prend à Cadix, à son passage, un des bateaux à *vapeur* qui font le service des ports du littoral : — soit ceux de la Compagnie de *Saint-Nazaire*, qui vont jusqu'à Malaga ; — soit ceux de la Compagnie Lopez, qui vont de Marseille à Cadix.

Nous avons déjà dit bien des fois qu'on trouve dans tous les hôtels, dans les cafés, sur les places, des affiches annonçant le passage de chaque *vapeur*.

Pour aller *par terre* à Gibraltar, on sort de l'île très-allongée au fond de laquelle est *Cadix*, par l'unique voie qui s'étend sur cette étroite langue de sable : le chemin de fer.

On revient ainsi jusqu'à *Léon* (San Fernando), — dont nous avons parlé à la route précédente. Ici l'on quitte le chemin de fer et l'on prend la route qui venant de Puerto Real se dirige, à droite, vers le sud, vers le littoral.

Cette route longe pendant une moitié du parcours le bras de mer si étroit qui enferme l'île de *Léon*, et il mène à

Chiclana, 17 kil., 22,500 hab., belle ville bâtie dans une plaine qu'arrose le *Lirio*, courte rivière qui va se perdre dans la mer, tout près des montagnes d'où elle jaillit.

Derrière la ville s'élève la colline de Santa Ana, pittoresquement ornée par une ruine. Du sommet on découvre l'Océan, les découpures de la baie et l'île de Léon, jusqu'à Cadix.

Chiclana est une des villes les plus favorisées de l'Andalousie. Le climat brûlant du sud de l'Espagne y est adouci par les brises de l'Océan; la campagne produit des vins recherchés, la population est active, industrielle, commerçante, et très-aisée; les environs sont peuplés de villas et les quartiers nouveaux de la ville sont construits avec une coquetterie et un confortable très-rares en Espagne.

Près de *Chiclana* sont les deux sources d'eaux minérales sulfureuses du *Pozo* et de la fuente *Amarga*, où sont établis des bains en marbre, dignes de ce pays vraiment oriental. L'efficacité de ces eaux leur a fait depuis une trentaine d'années une grande réputation.

Dans l'intérieur de la ville, parmi les édifices qui attireront l'attention du voyageur, on peut citer : — l'église principale, — le théâtre qui est fort élégant, — le palais municipal qui fut autrefois le couvent de *San Telmo*, — et surtout le bel hospice qui est un des plus vastes et des mieux tenus. On visitera aussi des caves et des chais qui par leur importance rappellent ceux de *Xérès*.

A la sortie de *Chiclana*, la route se bifurque :

A gauche, elle remonte le cours du Lirio, et parvient à travers une région montagneuse à

Medina Sidonia, 12,000 hab., charmante ville, bâtie sur le versant d'une colline très-élevée, au-dessus d'une belle plaine, et qui étale au soleil ses maisons peintes de toutes couleurs.

Une visite à faire à cette ville coquette et bien située peut décider le touriste à choisir ce bras de la route.

Au delà de *Medina Sidonia*, le voyageur prend une route qui descend à droite vers la mer et qui vient rejoindre l'autre ligne près de *Tarifa*. Elles n'en font plus ensuite qu'une seule jusqu'à *Gibraltar*.

A droite, à la sortie de *Chiclana*, s'il ne se détourne pas pour aller passer à *Medina Sidonia*, le voyageur prend la route qui va longer le littoral et en suivre les grandes sinuosités.

On se dirige alors vers l'Océan; on traverse un village où s'élève une haute et belle tour parmi les ruines d'un ancien château fort; et l'on arrive au petit port de

Conil, 17 kil., 3,850 hab., à l'endroit où la rivière *Conileta* se perd dans la mer, après un très-petit parcours. Cette ville n'a rien de remarquable et son port n'a d'autre mouvement que celui des bateaux pêcheurs et de quelques barques de cabotage.

En continuant à suivre la route au delà de Conil, on passe à deux lieues et demie de là près du cap *Trafalgar*, tristement célèbre par la bataille navale de 1805.

La flotte anglaise commandée par Nelson y fit subir une désastreuse défaite à la flotte française sous les ordres de l'amiral Villeneuve et à l'escadre espagnole que commandait l'amiral Gravina. Nelson et Gravina furent tués dans le combat ; M. de Villeneuve fut fait prisonnier. L'Angleterre y perdit douze navires, et la France dix-sept.

La chaîne de montagnes qui forme autour de l'Espagne une côte élevée, une sorte de remparts, oblige ici la route à s'écarter un peu de la mer. On parvient ainsi à

Vejer la Frontera, 11 kil., 9,500 hab., au bord de la rivière la Barbate et à 8 kil. de l'endroit où elle se jette dans l'Océan.

Cette ville n'a d'intéressant que plusieurs vieilles constructions mauresques, deux églises dont l'une est fort ancienne, et surtout sa situation pittoresque sur une pente au pied de laquelle est un pont qui franchit la rivière.

C'est par ce pont que la route continue de l'autre côté de Vejer.

La route, qui devient ici de moins en moins bonne, passe près du lac de Janda, et s'engage dans la région montagneuse du bord de la mer. Elle conduit le voyageur aux environs de Tarifa, au bord d'un petit ruisseau presque toujours à sec, le *rio Salado*, dans la vallée où fut livrée, en 1340, une des plus grandes batailles qui aient eu lieu en Espagne entre les rois catholiques et les Maures.

On a fait de cette sanglante journée des récits fabuleux ; les Espagnols racontent que soixante mille soldats catholiques y remportèrent sur quatre cent mille Arabes une victoire si terrible, qu'ils leur tuèrent deux cent mille combattants et, pour leur compte, n'en perdirent pas une centaine. — Abstraction faite de ces gasconnades héroïques et passées à l'état de légende, il est certain que cette journée porta le dernier coup aux Arabes et décida, sans retour, leur expulsion du royaume.

Au delà de ce lieu mémorable, la route longe le bord de l'Océan et conduit à

Tarifa, 38 kil., 8,250 hab., petite place forte entourée d'une enceinte flanquée de tours. C'est une ancienne forteresse mauresque ; elle tire son nom de Tarik, chef arabe qui y débarqua.

Au milieu des nombreuses constructions mauresques conservées par cette ville plus peut-être que par toute autre cité espagnole, on remarquera un vrai château fort arabe, l'*Alcazaba*, formée de tours et de murs crénelés. Il rappelle le nom de Gusman le Bon, qui s'y défendit héroïquement.

Les Maures avaient repris Tarifa en 1292. Elle ne leur appartenait déjà plus à l'époque de leur grande défaite du *Rio Salado*, près de cette ville en 1340.

Dans l'intérieur de Tarifa on ne trouve à remarquer que la laideur des rues, le manque d'espace, le caractère arabe des vieux quartiers et des murailles, et une belle église gothique.

Tarifa est le point le plus extrême du continent, au sud du territoire espagnol.

Il n'y a plus au delà que la petite île de *Tarifa*, située à 250 mètres de la plage et surmontée d'une belle tour et d'un phare ; — le détroit de Gibraltar ; — et sur l'autre bord du détroit la pointe de la côte d'Afrique.

Après avoir franchi *Tarifa*, la route, comme si l'Espagne finissait là, n'est plus qu'un chemin parfois fort mauvais. On ne se douterait guère qu'on doit cependant trouver devant soi deux ports, deux villes importantes *Algésiras* et *Gibraltar*.

De quelque côté qu'on arrive vers ces deux ports, qu'on vienne de Tarifa qui est à l'ouest, de Ronda qui est au nord, ou de Malaga qui est au nord-ouest, les routes sont également mauvaises. Cette pointe du continent espagnol où se dresse le *Gibraltar* des Anglais est complétement laissée à l'écart par l'Espagne.

La route, après avoir quitté Tarifa, suit les sinuosités du bord de la mer ; elle se dirige vers le nord, longe une partie de la baie, et atteint

Algésiras, 19 kil., 11,350 hab., port situé sur la côte occidentale de la baie d'Algésiras, dans le détroit de Gibraltar.

La ville du côté de la terre n'a aucune muraille, aucune défense, mais le port est fortifié.

Cette place n'a du reste, ni importance militaire, ni prospérité commerciale, malgré sa position à l'extrémité du royaume et le voisinage de Gibraltar.

Le mouvement des navires de commerce a peu d'importance.

Cependant, à l'intérieur, entourée d'un cercle de collines, ouverte du côté de la mer, la ville offre un aspect charmant ; sa situation est très-agréable ; ses rues sont belles, bien aérées, bien construites.

On se plaît à y remarquer : l'aqueduc qui va au delà des collines chercher l'eau des montagnes ; la principale promenade, deux hospices, des casernes, le théâtre, et quelques habitations très-élégantes.

Devant Algésiras eut lieu, en 1811, un combat naval entre les Français et les Anglais.

Algésiras donne son nom à la baie sur l'un des côtés de laquelle cette ville est située. — De l'autre côté de cette baie est *Gibraltar*. — Entre ces deux villes, la mer s'avance dans les terres jusqu'à *San Roque*.

On ne peut visiter *Algésiras*, voir cette ville maritime sans importance, abandonnée, oubliée ainsi en face de *Gibraltar*, sa redoutable voisine, sans être frappé du contraste que présentent ces deux cités.

Il semble que l'Espagne aurait dû tout faire pour changer Algésiras en une place de guerre de premier ordre, et pour la rendre digne de rivaliser avec la ville que les Anglais sont venus faire si prospère, si commerçante et si forte, de l'autre côté de la baie. — Quand on examine, ces deux places, la comparaison est vraiment humiliante pour l'Espagne.

La route, en sortant d'Algésiras, longe le bord de la baie, continue ainsi à se diriger vers le nord, et parvient à l'extrémité où est située la ville de

San Roque, 11 kil., 8,000 hab. — Cette ville est de formation toute récente. En y arrivant on est frappé du changement d'aspect. Ce n'est plus la cité andalouse avec ses vieux murs mauresques, tant bien que mal restaurés et recrépis, ses rues étroites, ses patios d'orangers et sa négligence paresseuse.

C'est une ville soignée, confortable, proprette, avec des rues alignées, aérées, des places régulières, et une campagne peuplée de villas. On voit qu'on approche du territoire anglais et que les étrangers ont étendu jusqu'ici leurs goûts, leurs habitudes de confort et d'activité.

A San Roque viennent aboutir trois routes : l'une descend des montagnes de Ronda, l'autre vient de Malaga, la troisième remontant du sud arrive de Tarifa et d'Algésiras. C'est celle que nous avons

Vue de Gibraltar.

suivie. — Au delà de *San Roque* ces trois routes n'en font plus qu'une.

On franchit la rivière de Guadarranque qui se jette dans la baie, et l'on entre alors sur l'étroit promontoire de rochers qui s'enfonce entre les rivages de la baie et de la Méditerranée.

Ils'avance dans la mer en face de la *pointe d'Afrique* sur laquelle est située *Ceuta*, possession espagnole.

Ces deux caps qui s'allongent dans les flots marquent de ce côté la fin du *détroit de Gibraltar*. A l'Est on entre dans la Méditerranée.

En suivant la route au delà de San Roque, on parcourt donc le promontoire dans presque toute sa longueur, et on arrive à

Gibraltar, 6 kil., 20,000 hab., la puissante ville anglaise, qui occupe cette extrémité isolée du territoire espagnol.

La ville est bâtie sur le versant ouest de la chaîne de rochers qui forme le promontoire et, par conséquent, fait face à la baie. Elle regarde du côté de l'Océan et tourne le dos à la Méditerranée. Devant la ville s'ouvre le port, au milieu de la baie.

En supposant qu'on soit placé sur une embarcation dans la baie, en face de la ville, on voit le promontoire qui s'allonge comme un bras de granit entre les deux mers.

Dans une cavité est placée la ville avec son port. Mais à gauche, en remontant vers le fond de la baie, vers San Roque; à droite, en allant vers la mer, jusqu'à l'extrémité du cap, qui se nomme la *pointe d'Espagne*, tout ce promontoire n'est qu'une chaîne de rochers à pic, s'élevant à 400 et à 500 mètres au-dessus des flots.

Les flancs de cet amas de granit sont hérissés de canons. Aux deux côtés du port se dressent des forts qui en défendent l'accès; à la *pointe d'Espagne* sont deux forts et un phare qui s'élèvent dans l'espace, au-dessus de la mer, à l'extrémité du continent.

Tel est l'ensemble. Il faut examiner séparément la ville et la longue forteresse au milieu de laquelle elle est placée.

En mettant le pied dans *Gibraltar*, par l'étroite chaussée qui y mène, le voyageur est frappé d'un changement complet. L'Espagne cesse tout à coup pour faire place à une ville anglaise. On passe subitement de l'Andalousie à l'Angleterre.

Les maisons bâties à l'anglaise sont peintes en gris, en brun, rayées de blanc, et toutes modernes; la ville est un port libre où viennent trafiquer des marchands de tous les pays; on voit se croiser les costumes les plus divers, on voit circuler toutes sortes de monnaies.

Sur toutes les portes s'étalent des enseignes en anglais ; les temples protestants se dressent librement dans les rues non loin des modestes chapelles catholiques et d'une synagogue.

Ici plus de maisons arabes, plus de *patios* ornés d'orangers, entourés d'arcades de marbre blanc, plus de ces splendides promenades de Grenade et de Séville. Une ville entassée ; des maisons qui disputent aux ruelles étroites un espace trop restreint, des quartiers où étouffe une population active, remuante ; une seule *rue, Maint-Street ;* une seule place digne de ce nom, *Commercial-Square !* Quels mots étranges tout près de l'Alhambra, de la Giralda, du Guadalquivir et de l'Alcazar !

Cette grande place réunit les principaux hôtels, la Bourse et un cercle. Hors de là, ce ne sont que rues tortueuses, malsaines, qu'habitations incommodes. En un mot, le coin de l'Europe le plus exigu, le plus fétide et le plus inhabitable, sous un soleil brûlant avec les miasmes d'un port vaseux.

En revanche, Gibraltar est pour ses industrieux habitants un véritable comptoir où se font en pleine liberté tous les trafics. C'est là le foyer de la contrebande anglaise ; les cargaisons y arrivent et toute une légion d'industriels se charge de faire pénétrer ensuite, sur le territoire espagnol, les cotons, les étoffes et les innombrables articles de fabrication britannique qui abondent en Espagne. Un triple cordon de *carabineros* et de douaniers établi autour de cette presqu'île n'a jamais empêché ce commerce illicite de prospérer, et toutes les cargaisons de se disperser rapidement sur le territoire. — Ce résultat n'a rien de fort étonnant quand on sait combien il est facile de... s'entendre avec les douaniers espagnols.

La ville étant place de guerre et les Anglais veillant avec une activité excessive à prévenir toute surprise, les étrangers ne peuvent obtenir qu'une permission de quinze jours pour y séjourner et ils doivent avoir pour garant un négociant ou un officier.

Quand le coup de canon de *Rockgun* annonce le coucher du soleil il faut que tous les étrangers quittent la ville, que les marins regagnent leurs navires, et que les habitants rentrent chez eux pour n'en plus sortir jusqu'au coup de canon qui annonce le jour. Les officiers qui circulent la nuit doivent tous porter des lanternes allumées.

La forteresse. — La forteresse s'étend sur toute la longueur des

Grotte des stalactites à Gibraltar.

rochers qui forment le promontoire. Elle se compose d'un immense bloc de granit qui s'allonge dans la mer, et qui a 4 kilomètres et demi de long sur 1,200 mètres de largeur, et 4 à 500 mètres de hauteur à pic au dessus des flots.

Dans toute sa longueur, dans toute sa surface, cette masse allongée de rochers est creusée par des galeries. Toutes ces galeries sont des magasins, des postes, des chemins soigneusement masqués. Mais au dehors la surface est hérissée de rangées de canons dont on ne voit que les gueules et qui indiquent l'immense travail de défense creusé à l'intérieur de ce vaste rocher.

Çà et là se détachent quelques forts : les batteries sont échelonnées sur toute la longueur du promontoire, depuis le fond de la baie jusqu'à l'extrémité de la pointe d'Europe où l'immense forteresse de granit se termine par deux forts et par un phare du haut duquel on domine les deux mers.

Du reste, sur plusieurs points de ce rocher, la vue s'étend à de grandes distances, et le voyageur voit se dérouler sous ses yeux un immense tableau : le territoire de l'Andalousie, les deux mers qui se confondent dans ce détroit, et au loin, dans un horizon inondé de lumière, la côte africaine où s'élève *Ceuta*.

L'entretien et les travaux incessants de Gibraltar ont coûté et coûtent encore à l'Angleterre des sommes considérables. Ce fameux Gibraltar dont les Anglais sont si fiers et les Espagnols si humiliés, vaut-il bien tout ce qu'il a dépensé ? Est-ce donc une si terrible défense du détroit ? Avec les progrès de la marine, avec les navires cuirassés et les chaloupes canonnières, une flotte ne pourrait-elle pas braver cette forteresse et les canons dont elle est hérissée ? — Nous croyons à ce sujet qu'il faut considérablement réduire le prestige de Gibraltar.

Son principal mérite, est de protéger, de couvrir complétement l'étendue de la baie et d'en faire un vaste et infranchissable refuge pour la flotte britannique.

Mais l'Espagne a d'un côté du détroit *Algésiras*, de l'autre, sur la côte d'Afrique *Ceuta*; ne serait-ce pas assez pour commander le passage du détroit si elle avait fortifié ces deux points ?

Gibraltar ne peut être enlevé que par surprise. L'attaque de ce port et de ce promontoire de granit serait inutile. C'est donc par surprise que les Anglais l'occupèrent en 1704. — Les Espagnols et les Français essayèrent en vain de s'en emparer en 1705, en 1708, en 1782. — L'Espagne, pourtant, ne désespère pas de délivrer, un jour, son territoire du pavillon britannique.

Au sommet des rochers de Gibraltar, dans les grottes et sur les espaces où s'épanouit une assez belle verdure, vit une espèce de singe que les Anglais ne chassent pas. Ces bizarres et primitifs habitants du roc de Gibraltar sont, du reste, très-inoffensifs et font un bizarre contraste avec le foyer d'activité industrielle et militaire que la civilisation de l'homme a établi autour de leurs refuges.

En face de la pointe de Gibraltar, sur la côte d'Afrique, sont les deux possessions espagnoles **Ceuta** et plus loin **Tetouan**. Le gouvernement y a établi des *présides*.

Sur la côte africaine sont aussi les petites îles **Chaffarines** qui appartiennent à l'Espagne et qui, en 1863, ont été déclarées *ports francs*.

Gibraltar est à 782 kil. de Madrid.

ROUTE N° 87. — DE SÉVILLE A HUELVA.

Un chemin de fer est projeté de Séville à Huelva, pour donner un essor nouveau à l'exploitation des immenses et précieuses mines de fer et de cuivre, des carrières de jaspe et de marbre que possède cette province.

Il traversera la plaine de *San Lucar la Mayor*, passera à Manzanilla et descendra la vallée du *Tinto* jusqu'à Huelva.

En attendant qu'il soit construit, suivons l'ancienne route de terre.

Cette route qui conduit au port de *Huelva* sort de Séville par la porte de Triana, par le pont métallique dont nous avons parlé, et traverse le faubourg de *Triana*. Elle quitte bientôt la vallée du Guadalquivir qu'elle laisse derrière elle, et gravit une hauteur au sommet de laquelle on atteint

Castillejo de la Cuesta, 2 kil. 1/2, 920 hab., village d'agriculteurs, entouré de pentes fertiles et bien cultivées.

C'est dans cet humble village qu'est mort *Fernan Cortès*, pauvre, disgracié, exilé, après avoir conquis pour l'Espagne un empire dans le nouveau monde. Le voyageur pourra visiter la maison où a expiré le conquérant du Mexique.

La route descend ensuite vers une immense plaine couverte de cultures, de prairies, de vignes, d'oliviers, d'orangers, à l'extrémité de laquelle on trouve

San Lucar la Mayor, 17 kil., 2,650 hab., — (qu'il ne faut pas confondre avec *San Lucar de Barrameda*, belle ville située sur la rive gauche et à l'embouchure du Guadalquivir, et devant laquelle passe le bateau à vapeur lorsqu'il sort du fleuve et entre dans l'Océan.)

San Lucar la Mayor n'est qu'une petite ville assez rustique, spacieuse, convenablement bâtie, et au-dessus de laquelle se détache une haute tour rougeâtre qui est une copie de la *Giralda*. Cette tour sert de clocher à l'église, qui est un assez bel édifice.

San Lucar est située sur une colline et domine la plaine que la route a traversée.

Après avoir quitté cette ville, la route parcourt un pays accidenté; elle descend dans deux vallées où elle franchit deux ruisseaux qui vont un peu plus loin se réunir à gauche de la route en une seule rivière et se jettent ensemble dans un des bras du Guadalquivir, au N. O. de l'isla Mayor. On parvient après une série de côtes et d'accidents assez pittoresques de terrain, à

Manzanilla, 22 kil., 2,000 hab., petite ville qui donne son nom à un vin blanc célèbre, délicat, léger, produit par les vignes environnantes. C'est là que sont les chais où est déposé le *Manzanilla*, et où s'approvisionne l'exportation.

La route continue dans une région assez accidentée et va descendre dans une vallée bien arrosée où l'on trouve :

La Palma, 11 kil., 3,800 hab., petite ville auprès de laquelle coulent deux ruisseaux dont les rives sont couvertes d'une belle végétation, mais dont les environs sont fort arides.

Au delà de *la Palma* on laisse à droite un chemin qui va passer la rivière *Tinto* et conduit au bourg de *Valverde* dont les mines de cuivre sont renommées.

On va directement, à travers une contrée nue et brûlée du soleil jusqu'à une grande plaine, à l'extrémité de laquelle la route franchit le *Tinto* qui descend à gauche vers la mer.

A peu de distance du vieux pont de pierre sur lequel on a traversé cette rivière, on atteint

Niebla, 17 kil., 920 hab. Ce bourg, triste, à peine peuplé, fut autrefois la capitale d'un petit royaume arabe, une place forte, une ville considérable. On peut juger de son ancienne importance à l'aspect de ses murailles flanquées de tours, et en visitant les ruines de l'Alcazar qui fut le palais de ses rois. Du reste, la ville mauresque subsiste avec tout son caractère ; les rues tortueuses, les vieilles demeures abandonnées, tout rappelle une époque à laquelle a succédé le plus pitoyable abandon.

A partir de *Niebla*, la route suit la rive droite du *Tinto* dont elle descend le cours, et qu'elle accompagnera ainsi jusqu'à la fin du trajet. La vallée est agréable, le chemin est facile. On franchit un ruisseau qui vient à droite se jeter dans le *Tinto* et on entre à

San Juan del Puerto, 11 kil., 2,200 hab. Ici une petite ville charmante, animée, prospère, d'un aspect jeune et vivant, succède à la cité ruinée, dépeuplée dont *Niebla* a offert au voyageur le triste tableau.

La plaine est verte et fertile ; le *Tinto* qui l'arrose est couvert de barques qui descendent vers son embouchure et vont se disperser, voiles ouvertes, dans l'Océan. La ville a tout à fait le caractère des localités andalouses ; les orangers et les grenadiers l'entourent à profusion.

En continuant la route vers *Huelva*, on laisse à gauche, sur l'autre rive du *Tinto* la ville de

Moguer, 5,600 hab. C'est un port situé sur la rive gauche à l'endroit où le *Tinto* entre dans l'Océan. Il n'a d'autre activité que celle d'un commerce assez considérable en vins et autres produits de la contrée.

Ce petit port ignoré, à l'embouchure d'une très-modeste rivière, garde pourtant un des plus grands souvenirs de l'Espagne. C'est de là que partit Christophe Colomb, avec deux bâtiments légers, le 3 août 1492, pour aller à la découverte du nouveau monde.

A quelques pas d'ici, à la *Rabida*, nous trouverons un souvenir plus émouvant encore du grand Colomb.

Laissant à gauche les bouches du *Tinto* sur lesquelles est placé *Moguer*, la route se dirige au S. O. à travers une riche campagne, vers

Huelva, 11 kil., 8,000 hab. Cette ville est placée au fond d'une baie, très-allongée et très-découpée, formée par deux rivières très-élargies qui se jettent dans l'Océan. Les deux rivières sont le *Tinto*

dont nous avons suivi le cours et plus loin l'*Odiel*, qui viennent s'unir à l'endroit où elles vont disparaître dans la mer.

La ville est peu importante. Les édifices à y visiter sont : l'église *San Pedro*, qui fut autrefois une mosquée et qui porte encore un minaret mauresque ; — celle de la *Concepcion*, vaste église romane, dans l'intérieur de laquelle on trouve quelques bons ouvrages d'art ; — divers couvents qui ont changé de destination ; — l'ancien palais des ducs de Villafranca, — et la belle place de la Constitucion.

Mais Huelva a un des ports les plus sûrs et les plus spacieux de l'Espagne. Ce port est formé tout entier par la baie qui s'étend, depuis la ville jusqu'à la mer. Il ne sert toutefois qu'à un mouvement considérable de bateaux de pêche et de navires de cabotage chargés des produits de la contrée et surtout des minerais.

Huelva, en effet, est placée à l'issue d'une province qui est une des plus riches du royaume en minerais précieux. Cette contrée possède les vastes gisements de pyrite de fer du Rio Tinto près de *Valverde*; du pyrite de cuivre dans la montagne de *Tarsis*, et des carrières de marbre et de jaspe, dans les autres montagnes.

Les sources minérales y sont abondantes. A la mine du Rio Tinto, à la Coronada, à San Lucar de Guadiana, jaillissent des eaux très-différentes et très-énergiques en raison de la quantité de minerai dont elles sont chargées.

La Rabida. Le touriste ne quitte pas Huelva sans avoir fait une excursion au vieux monastère de la Rabida.

On traverse la baie, et, parvenu sur l'autre bord, on gravit une colline escarpée. A quelques pas de la porte est une vieille croix en pierre, sur les marches de laquelle, Christophe Colomb, en 1486, pauvre, mais tourmenté par ses grands projets, vint tomber épuisé de lassitude, mourant de faim, et demander secours au monastère de Rabida.

C'est là aussi, qu'il exposa au prieur hospitalier ses projets pour la recherche d'un nouveau monde; et c'est de là qu'il partit pour aller s'embarquer au port de Moguer avec ses deux légers bâtiments.

Le duc de Montpensier a fait restaurer, dans les vieux murs abandonnés, la salle où habita Colomb ; il y a fait placer quatre tableaux représentant les principales scènes du séjour de Colomb à ce monastère. Le prieur y figure à juste titre, car sans l'appui, les démarches et l'enthousiasme de ce moine, Colomb n'eût peut être jamais obtenu l'ordre royal qui lui permit d'aller découvrir un monde et d'y planter le drapeau de l'Espagne.

ROUTE N° 88. — DE SÉVILLE A AYAMONTE.

La route de Séville à Ayamonte se divise pour nous en deux parties :

1° *De Séville* jusqu'à *Huelva*; voir la route précédente, n° 87 ;

2° *De Huelva* à *Ayamonte* :

La route sort au N. O. d'Huelva, longe l'extrémité de la baie, traverse le cours de l'Odiel, et s'engage dans une région coupée de collines, de vallées et de ravins.

Elle suit le bord de l'Océan dont elle se rapproche de plus en plus en se dirigeant vers Ayamonte.

Après avoir quitté Huelva, la première localité un peu importante qu'on rencontre est

Gibraléon, 11 kil., 5,500 hab., sur la pente d'une colline, au pied de laquelle coule l'Odiel. Un pont franchit cette rivière et unit la ville à l'autre rive.

Gibraléon fut une ville plus considérable ; ses vieux châteaux abandonnés attestent son ancienne importance. Ce n'est plus aujourd'hui qu'une petite ville d'agriculteurs, entourée de beaux orangers.

La route se rapproche ensuite de l'Océan, et après avoir gravi plusieurs collines, descend à

Cartaya, 22 kil., 4,200 hab. Cette ville est admirablement située : elle est dans une vallée, au bord d'une rivière, le Rio Pedra, qui s'élargit ici au point d'avoir pour embouchure un bras de mer long de 7 à 8 kil. Le petit port de *Cartaya* est donc placé à peu près comme celui d'Huelva. Il a aussi quelques bateaux de cabotage.

En quittant la ville, on traverse la rivière, on gagne l'autre côté de la vallée, et la route continuant à se rapprocher de l'Océan mène à

Lepe, 5 kil., 3,000 hab., petite ville très-ancienne, fondée par les Romains. Elle est assez près de la plage pour avoir un port sur l'Océan et un mouvement commercial par les bateaux caboteurs.

On longe le bord de la mer et l'on parvient bientôt à travers les hauteurs et les aspérités de la côte à

Redondela, 6 kil., 650 hab., village situé à une lieue de la plage. Le reste de la route n'offre rien d'intéressant, ni d'agréable, jusqu'à

Ayamonte, 17 kil., 6,000 hab., port sur l'Océan. Cette ville est située à l'extrémité du territoire espagnol ; elle est bâtie sur la rive gauche et à l'embouchure de la *Guadiana*, qui depuis *San Lucar de Guadiana* sépare le Portugal et l'Espagne.

En face, sur l'autre rive du fleuve, sont deux villes portugaises : au bord de la mer, **Villa Real**, plus haut *Castromarim*.

Ces trois sentinelles rivales, placées l'une sur la rive espagnole, les deux autres sur la rive portugaise, pour garder le passage de l'Océan dans la Guadiana, ne sont pas des gardiennes très-redoutables.

Ayamonte, notamment n'a pas de remparts et tout son appareil militaire consiste en deux batteries qui commandent le passage du fleuve. Sa population se livre à la pêche et à la construction des bateaux.

On peut partir en barque d'*Ayamonte* et remonter le cours de la Guadiana, jusqu'à *San Lucar de Guadiana*, 40 kil., 1,200 hab. Le trajet entre les bords rocheux et déserts du fleuve est peu intéressant. En face de *San Lucar*, on trouve sur l'autre rive du fleuve une petite ville portugaise : **Aloutin**.

Au delà, la Guadiana tourne au N. O., entre en Portugal, et c'est la rivière *Chanza* qui continue la frontière.

D'*Huelva* à *Ayamonte*, le trajet peut aussi avoir lieu par mer. Outre quelques rares bateaux à vapeur, on peut faire un voyage assez agréable en prenant un des nombreux bateaux caboteurs qui vont et viennent sans cesse entre les deux ports.

ROUTE N° 89. — DE MADRID A SÉVILLE.

La ligne de Madrid à Séville se compose de quatre sections que nous avons décrites :

De *Madrid* jusqu'à *Alcazar de San Juan*, — chemin de fer, voir route n° 56, page 276.

D'*Alcazar de San Juan* jusqu'à *Baylen*, — route n° 71, page 316.

De *Baylen* à *Cordoue*, — voir route n° 80, page 345.

De *Cordoue* à *Séville*, — chemin de fer ; — voir route n° 82, page 353.

ROUTE N° 90. — DE MADRID A CADIX.

Le trajet de Madrid à Cadix se compose :
1° Des quatre sections qui précèdent (R. 89) et forment la ligne de Madrid à Séville ;
2° De la route n° 85 de *Séville* à *Cadix* ; v. page 381.

ROUTE N° 91. — DE MADRID A GIBRALTAR.

La ligne de Madrid à Gibraltar comprend :
1° De *Madrid* à *Séville*, les quatre sections indiquées ci-dessus, route n° 90 ;
2° De *Séville* à *Cadix*, la route n° 85, page 381.
3° De *Cadix* à *Gibraltar*, la route n° 86, page 396.

ROUTE N° 92. — DE SÉVILLE A BADAJOZ.

On sort de Séville par le pont et le faubourg de Triana comme pour aller à Huelva. Bientôt après on tourne à droite pour se diriger vers le nord, en suivant à peu de distance la rive droite du Guadalquivir dont on remonte le cours.

Dans la plaine et au bord du fleuve on trouve le bourg de

Camas, 9 kil., 900 hab., qu'entoure une des plus riches campagnes de l'Andalousie. On laisse à droite le Guadalquivir, et la route commence à remonter la vallée de la Huebla à partir du point où cette rivière se jette dans le fleuve. On passe bientôt à

Santi Ponci, 2 kil., 1,000 hab. Modeste bourg d'agriculteurs, bâti sur les ruines d'un municipe romain autrefois célèbre : *Italica*, patrie des empereurs Trajan, Adrien et Théodose. Il est à propos de faire remarquer ici le grand nombre d'hommes illustres données par les villes d'Espagne à la puissance romaine. Au-dessus du bourg s'élève un vieux couvent dont l'église sert maintenant de paroisse aux habitants.

La route continuant à remonter vers le nord, passe à peu de distance de l'endroit où la Huebla reçoit sur sa rive gauche la *Cala* qui descend comme elle de la Sierra Morena vers le Guadalquivir. On passe devant les deux *ventas* de la *Pajanosa* et del *Chaparro*, et la route franchit sur un pont le cours de la *Huebla*.

IVe RÉGION. — DE SÉVILLE A BADAJOZ.

En passant ainsi sur la rive gauche de cette rivière, la route se dirige vers le nord entre les deux rivières la *Huebla* et la *Cala*, qui descendent parallèlement, l'une à gauche, l'autre à droite, et dont on remonte le cours.

La longue plaine, arrosée des deux côtés par ces rivières, est fraîche et fertile. Dans cette plaine on trouve

El Ronquillo, 47 kil., 500 hab., village situé entre la *Huebla* et la *Cala*, à égale distance, demi-lieue environ, de chacune d'elles.

La route suivant la même direction, passe à la *Venta de Navalucebro*; elle commence à gravir les premières pentes qui annoncent le versant sud de la Sierra Morena, et conduit à

Santa Ollala, 14 kil., 1,000 hab., bourg d'agriculteurs et de bergers, autour duquel la campagne devient montagneuse et boisée.

Laissant à gauche une chaîne de collines, dernier contre-fort de la Sierra, la route descend dans une vallée où elle traverse la rivière *Cala*, à peu de distance de sa source. Elle se dirige ensuite vers un défilé à l'entrée duquel elle trouve la *Venta del Colubrin*.

Le voyageur gravit alors la pente de ce défilé qui traverse la Sierra Morena. Il passe ici de la capitainerie générale d'Andalousie dans celle d'Estramadure ; et peu à peu monte entre de hautes montagnes, jusqu'à

Monasterio, 14 kil., 3,200 hab., la première ville que rencontre la route sur le territoire de l'Estramadure, et la plus élevée sur cette partie de la chaîne. Cette localité n'a rien de remarquable que sa situation élevée, le vaste coup d'œil qu'on plonge sur les deux versants de la Sierra, et une vieille église dont le clocher domine ce paysage mouvementé.

A partir de *Monasterio*, on commence à descendre sur le versant nord de la Sierra Morena. La route laisse à gauche les hauteurs considérables de la chaîne, et suivant l'autre côté du défilé descend vers une plaine à l'entrée de laquelle elle trouve

Fuente de Cantos, 17 kil., 5,400 hab., petite ville d'un aspect très-rustique, sans édifices curieux, chef-lieu d'un district. C'est là que naquit le 7 novembre 1598, dans une humble famille de laboureurs, Francisco Zurbaran, l'un des peintres les plus illustres de l'Espagne.

Au delà de *Fuente de Cantos*, la route se bifurque, à travers une région montagneuse :

A droite elle va passer à

Los Santos de Maimona, 23 kil., 800 hab., bourg traversé par le chemin qui va de Badajoz à Llerena;

A gauche, elle se dirige vers

Zafra, 24 kil., 5,500 hab., ancienne ville forte des Maures, située au pied des collines sur la pente d'une vallée couverte d'oliviers, de vignes, de jardins et de maisons de campagne.

Quoique son enceinte de murailles ait disparu, *Zafra* conserve encore un aspect assez imposant. Le vieux château fort qui s'élève à une extrémité de la ville; les portes monumentales qui ont survécu aux murs dont elles faisaient partie, plusieurs édifices, comme le beau palais des ducs de Zafra avec sa colonnade de marbre, rappellent l'ancienne importance de la cité. La ville moderne est remarquable par la régularité de ses rues, leur bon entretien, et quelques places dont la plus belle est celle de la *Constitucion*, entourée d'arcades.

Jafra et la campagne environnante, offrent un aspect de prospérité que le voyageur ne retrouvera pas souvent lorsqu'il avancera plus loin sur les chemins de l'Estramadure.

Au delà de *los Santos de Maimona* et de *Zafra*, les deux bras de la route vont se joindre dans une belle plaine qu'arrosent les rivières la *Zafra* et la *Guadajira*.

Ces deux cours d'eau sortent de la montagne à gauche de la route, et vont, à droite, se réunir et se jeter dans la *Guadiana* qui traverse Merida et Badajoz.

Après avoir franchi ces deux cours d'eau et avoir longé la grande plaine qui s'étend à droite jusqu'à la Guadiana, la route mène à

Santa Marta, 30 kil., 1,600 hab., bourg situé dans un vallon très-encaissé, et sans rien de remarquable.

La route se dirigeant à travers une campagne assez unie, traverse deux ruisseaux l'*Autrin* et plus loin celui de *Albuera*, qui, parallèlement aux deux cours d'eau déjà rencontrés descendent de gauche à droite vers la *Guadiana*.

Aussitôt après on atteint le village de

La Albuera, 24 kil., 500 hab., située dans une grande plaine qu'arrose le ruisseau du même nom.

Près de ce village eut lieu, le 16 mai 1811, une bataille entre les Français commandés par le maréchal Soult et l'armée anglo-espagnole qui assiégeait Badajoz. Le ruisseau de la Albuera séparait les deux armées. Le combat fut sanglant; les Français furent battus, et le maréchal Soult fut forcé de se replier en arrière, laissant encore les ennemis entre lui et la ville de Badajoz qu'il avait tenté de délivrer.

Au delà de *la Albuera*, la route traverse en ligne droite une belle plaine couverte de prairies, la plaine de la Florida ; elle suit la rive droite du ruisseau de *Revillas*, qui descend avec elle jusqu'à

Badajoz, 24 kil., 23,000 hab., chef-lieu de la capitainerie générale d'Estramadure ; ville forte, entourée d'une solide muraille, d'un fossé et de plusieurs forts.

Badajoz est situé sur une hauteur au pied de laquelle passent la *Guadiana* et le ruisseau de Revillas, qui vient s'y jeter. La rivière au nord et le ruisseau à l'ouest, entourent la ville. Deux ponts sont construits sur la *Guadiana*, pour donner passage aux routes qui vont de Badajoz à Elvas (Portugal), et à Albuquerque (Espagne). Une autre route, parallèle au cours de la Guadiana, va à Merida. C'est la grande ligne de *Madrid* à *Lisbonne* ; elle sera remplacée par un chemin de fer qui est en construction.

Badajoz est plutôt une place de guerre qu'une ville monumentale. A l'intérieur, elle se compose de rues bien tracées, bien aérées et bordées de belles habitations dont les façades peintes ont un aspect très-agréable.

La cathédrale semble faire partie des constructions de la place de guerre. On y a sacrifié l'élégance à la solidité. Sa voûte peut, dit-on, résister aux bombes et donner asile aux habitants. A l'intérieur, les seuls travaux remarquables, parmi tous les monuments, sont la belle boiserie sculptée du chapitre, et le tombeau sculpté d'un ancien évêque.

Le point le plus important, le vrai foyer de la ville, est la place de *San Juan*, devenue *plaza de la Constitucion*. Tout Badajoz est là ! D'un côté la cathédrale, d'un autre le théâtre, entouré de cafés et de beaux magasins ; plus loin, l'hôtel de ville, et au centre de la place, qu'entourent les façades de tous ces édifices, une jolie promenade plantée d'arbres, *el Salon*, où les promeneurs élégants sont aussi assidus qu'au *Prado* de Madrid, à la *Glorietta* de Valence, à l'*Alameda* de Malaga, ou à la place *del Duque* de Séville.

Badajoz n'est qu'à trois lieues de la frontière portugaise ; et à 389 kil. de Madrid.

Au point de vue stratégique, *Badajoz* est la principale forteresse de l'Espagne sur la frontière du Portugal. Cette place, entourée de murs et d'un fossé, est défendue aussi par la *Guadiana* et le ruisseau, qui entourent une partie de sa base. Elle est protégée par neuf bastions, deux ouvrages avancés, et par le château fort de San-Cristobal, situé en face de la ville, sur la rive droite du fleuve, avec une tête de pont.

En raison de sa situation et de sa défense militaire, Badajoz a été un des points stratégiques les plus importants de la guerre entre les Français et les troupes anglo-espagnoles.

Les Français s'en emparèrent en 1811, mais les armées anglo-espagnoles la reprirent en 1812.

Nota. — La route que nous venons de décrire, de *Séville* à *Badajoz*, sera remplacée, dans quelques années, par un chemin de fer qui ira de Séville à Merida, où il rejoindra la ligne qu'on construit actuellement de Merida à Badajoz et à Lisbonne.

Ce chemin de fer, de Séville à Merida, a été concédé, en 1863, à la compagnie du chemin de *Séville à Cadix*, et sera le prolongement de cette ligne vers le nord de l'Espagne, comme vers la capitale du Portugal.

ROUTE N° 93. — DE SÉVILLE A XÉRÈS DE LOS CABALLEROS.

Le voyageur allant de *Séville* à *Xérès de los Caballeros* suivra la route qui précède (n° 92) jusqu'à **Zafra.**

Arrivé à *Zafra*, il quittera la route qui va en ligne directe vers Badajoz ; il tournera à gauche et prendra une route qui se dirige vers le sud-ouest.

La contrée qu'elle traverse est montueuse et boisée ; la campagne est presque déserte jusqu'à

Burguillos, 11 kil., 3,000 hab., petite ville bâtie sur le versant d'une montagne. La population se compose presque entièrement d'agriculteurs et de marchands de bestiaux. La foire de Burguillos, au mois d'août, est renommée dans la contrée. La ville n'a aucun édifice important. Son seul souvenir historique est d'avoir appartenu aux Templiers.

Le voyageur trouve, au delà de Burguillos, une contrée plus inhabitée encore que la précédente. La route se dirige à travers une campagne montueuse, déserte et couverte de bois, vers

Xérès de los Caballeros, 17 kil., 6,500 hab., ancienne ville forte des Maures. Elle conserve encore les murailles dont ils l'entourèrent; mais, dans cette enveloppe qui a plus de six cents ans, une ville nouvelle a été bâtie; ses édifices sont sans importance, mais ses rues sont bien tracées et les maisons bien construites.

Xérès de los Caballeros s'élève sur une colline; au sommet, trois grosses tours sont encore debout et rappellent la forteresse dont elles faisaient partie. Elles sont contemporaines de la vieille muraille arabe.

Autour de la ville s'étendent des jardins aussi fertiles que ceux de Grenade ou Murcie, des enclos remplis d'orangers et une campagne très-bien cultivée. La vallée est verte de prairies. Les grands bois qui environnent cette localité fournissent une immense quantité de glands, et servent à nourrir de grands troupeaux de porcs, qui sont la principale richesse de la contrée.

Xérès de los Caballeros fut donnée, comme *Burguillos*, aux Templiers, et c'est alors que cette ville ajouta à son nom : « de los Caballeros, » des chevaliers.

A demi-lieue au sud de Xérès, coule la rivière l'*Ardila* qui marque à cet endroit la frontière du Portugal et de l'Espagne.

ROUTE N° 94. — DE SÉVILLE A MERIDA.

Un chemin de fer, concédé en 1863, à la compagnie du chemin de Cadix à Séville, ira, dans quelques années, de Séville à Merida. Il mettra Cadix en relation directe avec la ligne venant de Lisbonne, et avec le nord de l'Espagne.

En attendant que cette ligne importante soit construite, le voyageur allant de Séville à Merida, suivra l'ancienne route de terre dont voici l'itinéraire :

1° De **Séville** jusqu'à **Los Santos de Maimona**, on suivra la route déjà décrite, R. n° 92, page 410;

2° Au delà de *Los Santos de Maimona*, la route parcourt une campagne unie et triste, jusqu'à

Villafranca de los Barros, 8 kil., 4,200 hab., laide petite ville d'agriculteurs. Plus loin le pays devient plus accidenté. La route descend vers Merida, parallèlement à la rivière de Matachel qui coule à une lieue et demie de là. On traverse plusieurs petits ruisseaux affluents de cette rivière, on passe en vue de deux ou trois villages entourés de plantations d'oliviers, et l'on atteint

Almendralejo, 17 kil., 6,000 hab., charmante ville, située au centre d'une campagne agréable, fertile, qu'entourent plus loin de vastes prairies.

On passe au petit village de *Torremajia*, enfin, à l'extrémité de la plaine on aboutit à la route qui vient de Badajoz et l'on entre à

Merida, 22 kil., 5,500 hab., chef-lieu d'un district de la province de Badajoz, et autrefois une des plus importantes villes romaines de l'Espagne.

Merida est aujourd'hui une petite ville triste, sans animation, sans activité industrielle, sans édifices importants qui méritent l'attention du visiteur. Après la place de la *Constitucion* et deux ou trois églises peu remarquables, il n'y a rien à signaler dans la ville moderne.

Mais au milieu de cette localité complétement déchue, surgissent de toutes parts des restes de l'antique Merida, la célèbre cité où les Romains élevèrent tant d'importants édifices. Partout, sous le sol ou dans les murs modernes, des colonnes brisées, des débris de palais et de temples; des ruines imposantes font souvenir de ce que fut Merida. La plupart des édifices, malgré les siècles qui les accablent, sont encore debout.

On peut encore admirer à Merida : le vieux et magnifique pont de soixante-quatre arches qui traverse la Guadiana, au nord de la ville; — l'aqueduc qui fournit depuis tant de siècles les eaux à la ville; — les ruines d'un aqueduc bien plus considérable; — l'arc de triomphe de Trajan, que les habitants ont baptisé du nom de Saint-Jacques; — le cirque, encore bien tracé; — la Naumachie, qui n'est plus qu'un bassin de pierre; — le théâtre découvert, dont sept rangées de gradins subsistent; — les ruines du temple de Mars qui fut un splendide édifice en marbre blanc; — le temple de Diane, dans la colonnade duquel un grand d'Espagne s'est fait un palais; — des vestiges considérables de remparts, de tours, de portes monumentales qu'on retrouve bien au delà des limites de la ville actuelle.

Toutes ces constructions romaines ont évidemment appartenu à une grande et magnifique cité.

Merida, cependant, nous semble destinée à se relever de sa décadence. Elle ne redeviendra jamais la puissante et monumentale ville que les Romains firent si florissante ; mais elle sera le centre d'un grand mouvement commercial et d'un transit considérable de voyageurs, lorsque viendront s'y croiser les deux plus grandes lignes de chemin de fer de l'Espagne : celle de Lisbonne à Madrid allant de l'O. à l'E.; et celle de Cadix et de Séville à Madrid se dirigeant du sud de l'Espagne vers la France.

ITINÉRAIRE. — CINQUIÈME RÉGION.

Nouvelle-Castille. — Estramadure.

ROUTE N° 95. — DE MADRID A TALAVERA DE LA REINA.

Le voyageur a deux routes à prendre pour aller de *Madrid* à *Talavera de la Reina* :

1° La grande route postale de *Madrid* à *Badajoz*.
Elle sort par la porte de Ségovie et va passer à

Mostoles, 16 kil., 1,200 hab.; au delà duquel elle franchit le Guadarrama qui descend vers le Tage ; — elle traverse ensuite :

Naval Carnero, 11 kil., 4,200 hab., qui produit des vins estimés;

Valmojado, 11 kil., 800 hab.;

Santa Cruz de Retamar, 17 kil., 1,700 hab.;

Maqueda, 11 kil., 400 hab., village qui possède des ruines d'édifices romains; on franchit le ruisseau de Maqueda et l'on passe à

Santa-Ollala, 6 kil., 1,000 hab. La route, à partir d'ici, longe la rive droite de la rivière d'Albergue qui va se jeter dans le Tage devant *Talavera*.

On passe dans deux autres villages sans importance situés à 11 kil. l'un de l'autre ; puis on rencontre le cours de l'Albergue qu'on franchit à l'endroit où elle se perd dans le Tage, et l'on arrive à **Talavera de la Reina.**

2° La *ligne de Tolède* :

Celle-ci est moins directe, mais plus rapide, car le voyageur franchit en chemin de fer plus de la moitié du parcours.

On prend donc le chemin de fer de *Madrid* jusqu'à *Tolède*, et l'on suit l'itinéraire que nous avons indiqué à ce sujet, route n° 56, pages 276 et 277.

Arrivé à *Tolède* (voir pour cette ville, page 137), le voyageur prend un service régulier de messageries qui fait le trajet entre cette ville et *Talavera de la Reina*.

La route sort de Tolède par la porte de Visagra ; elle s'écarte du cours du Tage, traverse une large plaine et va à la

Venta de Guadarrama, 11 kil., traverser la rivière de ce nom qui descend à gauche vers le Tage. En continuant à travers la plaine on passe à

Rielves, 5 kil., village de 350 hab. environ ; la plaine s'élargit, mais s'abaisse autour de

Torrijos, 6 kil., 2,250 hab. Cette petite ville fut autrefois entourée de murs dont elle garde quelques débris. Les rois de Castille, lorsqu'ils avaient Tolède pour capitale, vinrent parfois habiter Torrijos. Mais excepté l'église, le cloître d'un couvent en ruines, et le vieux palais des comtes d'Altamira, rien ne rappelle dans cette petite ville mal bâtie et d'une insalubrité notoire, le passage des rois.

Aussitôt après être sorti de *Torrijos* on trouve

Gerindole, 2 kil., 1,400 hab., bourg d'agriculteurs au milieu de la plaine ; plus loin

Carmena, 7 kil., 1,250 hab., autre bourg sans importance ; puis on monte à

Carriches, 4 kil., 600 hab., et l'on parvient dans une vallée fraîche et fertile où est situé le bourg de

Cevolla, 10 kil., 4,550 hab. Cette vallée s'ouvre à gauche sur celle du *Tage* qui coule à un quart de lieue du bourg.

Au milieu des maisons d'agriculteurs s'élève le palais du duc de Frias. Le duc possède presque toute la campagne qui s'étend si fertile sur les versants des deux collines jusqu'aux bords du Tage.

La route longe maintenant la rive droite du fleuve à un kilomètre de distance ; elle rencontre la route postale qui va de Madrid à Badajoz et se confond avec elle.

Cette route, nous l'avons dit plus haut, franchit ici l'Albergue, à l'endroit où cette rivière se jette dans le Tage ; et à un kilomètre de là on entre à

Talavera de la Reina, 23 kil., 8,000 hab., chef-lieu d'un district de la province de Tolède, au milieu d'une belle et riche plaine qu'arrosent en sens divers le *Tage* et l'Albergue.

Le *Tage* passe au sud de la ville sous un vaste pont. Ses deux rives sont de vastes et fertiles jardins; la campagne qui environne Talavera séduit surtout par son aspect de fraîcheur et sa verdure lorsqu'on vient de parcourir, par la route postale, le désert aride qui entoure Madrid.

Talavera fut nommée « *de la Reina* » lorsque le roi Alphonse XI en fit don à sa femme la reine doña Maria. Elle était alors entourée de murs dont elle a conservé quelques parties bien inutiles.

Les seuls édifices à visiter sont les églises : la *collégiale*, qui est de style gothique, et celles de plusieurs couvents dont l'intérieur est plus intéressant que l'architecture extérieure. Elles contiennent quelques œuvres d'art.

Talavera, comme Tolède, a conservé ses vieilles rues tortueuses, ses quartiers vieux de plusieurs siècles, son aspect moyen âge et ses coutumes d'autrefois. Mais elle n'a plus les célèbres fabriques de ces soieries qui faisaient merveille à la cour d'Espagne.

Talavera a deux souvenirs historiques importants : — Sur les bords du Tage et de l'Albergue, eut lieu en 1809, devant la ville, une grande bataille entre les Français commandés par le roi Joseph et cinq généraux et l'armée anglo-espagnole que commandaient Wellington et le général de la Cuesta. La bataille commencée le 27 juillet fut reprise le lendemain et dura toute la journée du 28. Les pertes furent considérables de part et d'autre ; mais comme les Français battirent en retraite, la journée fut une victoire pour les Anglais et les Espagnols. Wellington, qui n'était encore que sir Arthur Wellesley, en fut récompensé par le titre de lord avec les noms de baron de Douro et vicomte de Wellington.

En 1835, à la nouvelle de la mort du roi Ferdinand VII, c'est à Talavera qu'éclata la première insurrection carliste et que commença la longue guerre civile qui durait encore dix ans après.

ROUTE N° 96. — DE MADRID A PLASENCIA.

De *Madrid* à *Plasencia* la route à suivre se divise en deux parties :

1° De *Madrid* jusqu'à *Talavera* le voyageur prendra l'un des deux itinéraires indiqués à la route n° 95 qui précède.

2° A partir de *Talavera*, on continue à suivre la grande route potale de *Madrid* à *Merida* et à *Badajoz* qui se dirige vers la frontière de Portugal.

Cette route s'écarte du cours du Tage qui descend vers la gauche; elle se dirige à droite à travers une belle plaine très-peu habitée, dans toute laquelle elle ne rencontre que

Torralba, 28 kil., 350 hab., village d'agriculteurs, avant d'arriver au pied de

Oropesa, 6 kil., 1,900 hab., ancienne place forte, qui se dresse encore entourée de son enceinte de murailles et surmontée de son ancien château fort, au sommet d'une colline.

Cette petite ville n'a de remarquable que ses murs, son église principale et l'ancien palais des comtes d'Oropesa.

La route revient à gauche vers le cours du Tage; passe au bourg de

La Calzada de Oropesa, 11 kil., 1,200 hab., bourg situé au milieu d'une vaste plaine fort triste, déserte et presque sans culture. C'est la dernière localité appartenant à la province de Tolède et à la Nouvelle-Castille. Au delà, la route entre dans l'Estramadure, et la première ville qu'on y rencontre est

Navalmoras, 22 kil., 2,800 hab., où l'on remarque un ancien château et deux églises dont une fort ancienne. La route continue à se diriger au S. O. vers le Tage; elle franchit un ruisseau qui descend à gauche de la colline et va à droite se perdre dans la *Tietar*, comme deux ou trois autres qu'on a traversés depuis Torralba; et elle conduit à

Almaraz, 11 kil., 560 hab. Ici la route n'est plus qu'à 5 kil. du Tage. Au sud du village d'Almaraz la grande ligne postale de Badajoz va franchir le fleuve sur un magnifique pont formé par deux arches gigantesques soutenues sur les rochers des deux rives. Il porte les armes de la ville de *Plasencia* qui l'a fait construire à ses frais. On passe ensuite sur ce pont pour aller à Plasencia en venant du sud, de Séville, de Merida, de Badajoz; mais en venant de la ligne de Madrid et de Talavera, on laisse à gauche le pont et le fleuve.

La route tourne à droite en quittant *Almaraz* et se dirige au N. O. vers

Toril, 11 kil., 200 hab., village sans importance. Elle traverse toute une campagne presque déserte jusqu'à

La Venta de Bazayona, 11 kil., placée sur la rive gauche de la rivière la *Tietar*, dont le cours très-sinueux va se perdre dans le Tage.

De l'autre côté de la rivière la campagne est encore plus déserte. Elle s'étend autour des voyageurs en grandes plaines nues et inhabitées, jusqu'au pied de la colline sur laquelle est située

Malapartida, 37 kil., 2,250 hab. On y voit les ruines d'un vieux château fortifié et une église assez moderne dont la façade est d'une belle construction.

Ici la contrée change d'aspect; aux grandes landes unies et désertes succède tout à coup une région montagneuse qu'il faut gravir. On descend ensuite dans la vallée, au fond de laquelle est

Plasencia, 5 kil., 6,500 hab., dans laquelle on entre en franchissant le pont qui traverse le *Jerte*. Les deux rives du Jerte sont vertes, fertiles, plantées de jardins, et le cours d'eau forme devant la ville une île charmante. Du haut des remparts on a un coup d'œil très-agréable sur la rivière, la vallée et les hauteurs environnantes. Car Plasencia a des remparts; elle est entourée d'une solide muraille, flanquée de soixante-huit tours et percée de six portes, qui remonte à 1198.

Malgré l'irrégularité de ses rues, Plasencia offre l'aspect d'une ville importante. A l'entour des remparts règne une promenade qui permet non-seulement de voir toute la campagne, mais encore de juger rapidement l'ensemble de la petite ville. On découvre du haut de cette promenade les arcades hardies de l'aqueduc qui franchit la vallée et apporte aux habitants les eaux des montagnes de Torno situées à quatre lieues et demie de là.

Parmi les sept ou huit églises de Plasencia, la cathédrale, quoique inachevée, mérite d'être signalée comme un des plus beaux édifices de la province. Sa façade est d'un travail élégant; au dedans elle forme trois nefs séparées par de hautes colonnes qui se divisent aux nervures de la voûte. Le maître-autel a de bons tableaux; la boiserie du chœur est un fouillis de curieuses sculptures et la grande grille qui le ferme est digne des admirables travaux de ce genre dont les églises d'Espagne offrent de si précieux modèles.

La place principale, située au point central où aboutissent toutes les rues de la ville, est selon l'usage entourée de belles maisons avec rez-de-chaussée à arcades.

Quelques couvents, le palais épiscopal, le bel hospice des enfants trouvés, méritent d'être indiqués. Le voyageur remarquera aussi les façades ornées et monumentales de quelques palais particuliers.

L'ancien couvent de San Francisco est changé en une filature de soie considérable; les bords du Jerte sont peuplés de moulins à huile qu'alimentent les vastes plantations d'oliviers de cette contrée. — Plasencia dépend de la province de *Cacerès* (Estramadure).

ROUTE N° 97. — DE MADRID A MERIDA ET A BADAJOZ.
(CHEMIN DE FER TRACÉ. — LIGNE DE PORTUGAL.)

Cette grande route postale va de Madrid à *Talavera de la Reina*, à Mérida, à Badajoz, — et, franchissant la frontière portugaise, — se dirige vers Lisbonne.

Nous en avons déjà décrit les deux sections suivantes :

1° De **Madrid** à **Talavera de la Reina**; — on passe à *Mostoles*, 16 kil., 1,200 hab.; — à *Navalcarnero*, 11 kil., 4,200 hab.; — à *Valmojado*, 11 kil., 800 hab.; — à *Santa-Cruz de Retamar*, 17 kil., 1,700 hab.; — à *Maqueda*, 11 kil., 400 hab.; — à *Santa-Ollala*, 6 kil., 1,000 hab.; et on arrive à **Talavera de la Reina**.

Voir le détail de cet itinéraire, route n° 95, page 418.

2° Au delà de **Talavera**, nous avons déjà décrit le parcours de la route. Elle passe à *Torralba*, 28 kil., 550 hab.; — à *Oropesa*, 6 kil., 1,900 hab.; — à la *Caljada de Oropesa*, 11 kil., 1,200 hab.; — à *Navalmoras*, 22 kil., 2,800 hab.; — à *Almaraz*, 11 kil., 560 hab.

Voir le détail de cet itinéraire, route n° 96, page 420.

Arrivé à *Almaraz*, le voyageur laisse à droite la route qui se dirige au N. O., vers *Plasencia*; il suit la grande route postale, il va à 5 kil. au sud traverser le Tage sur le magnifique pont à deux arches que la ville de Plasencia y a fait élever. Le Tage est ici encaissé entre d'énormes rochers qui servent d'appui aux culées du pont. Du reste, ce fleuve, en descendant vers le Portugal, s'enfonce de plus en plus entre des rives rocheuses et élevées, parfois très-abruptes et très-pittoresques.

Après avoir passé le Tage, la route traverse toute une contrée montagneuse, où elle ne rencontre que quelques hameaux et conduit à

Jaraicejo, 22 kil.; 1,200 hab. Cette petite ville fut autrefois plus importante sous les Maures, dont elle garde encore quelques constructions et notamment la vieille tour qui surmonte la colline. Elle n'est plus qu'un bourg sans importance, isolé dans une vaste solitude.

A une lieue au delà, la route traverse, sur un pont en pierre de neuf arches, la rivière del Monte, qui descend de la Sierra Guadalupe et va à l'O. se jeter dans le Tage.

La route gravit ensuite les premières pentes d'une chaîne transversale ; elle franchit la montagne par un défilé désert, sauvage, sans rencontrer une seule habitation jusqu'au hameau de *Carrascal*, situé au pied du versant opposé. Plus loin, on franchit un ruisseau qui va, à droite, se jeter dans le *rio del Monte ;* le chemin monte ensuite jusqu'à

Trujillo, 21 kil., 5,000 hab., ancienne *Turris Julia*, chef-lieu d'un district judiciaire, dépendant de la prov. de Cacerès.

Cette ville bâtie au sommet et sur le versant de la montagne, fait face à la route par laquelle nous y arrivons et présente de ce côté l'aspect d'une imposante forteresse, avec un château fort, ses remparts, et sa ceinture de tours.

A l'intérieur, lorsqu'on est parvenu au sommet, l'aspect est le même, car toute la vieille ville qui entoure le château fort, se compose de maisons crénelées, de murs épais percés de meurtrières, armés de tourelles ; une vraie forteresse féodale bâtie sur les ruines d'une ville romaine.

Trujillo, en effet, comme tant d'autres villes espagnoles, n'a d'important que les restes de son passé. Ici le passé remonte jusqu'aux Romains qui, les premiers fortifièrent cette place élevée. Une tour qui sert de clocher à l'église *Santa Maria*, fut bâtie sous Jules César, et s'appelait la tour *Julia*, nom qu'elle a donné à la ville.

Au milieu des souvenirs de l'époque romaine s'élèvent plusieurs vieilles églises gothiques qui méritent, par leurs détails, d'être visitées. La place entourée d'un péristyle à arceaux, et plusieurs anciennes demeures féodales sont à remarquer.

Quant aux environs ils déroulent sous l'œil du voyageur une campagne très-accidentée, mais assez triste, où les cultures sont rares et dont la principale richesse consiste dans les troupeaux.

La route, en quittant Trujillo descend vers une vallée où elle franchit le ruisseau le Salor qui va à l'O. se jeter dans la *Magasca*, affluent du *rio del Monte*. Puis on se trouve en présence d'une énorme chaîne de montagne qui s'étend en travers de la route. Cette chaîne transversale règne depuis Cuenca et les monts de Tolède, jusqu'au delà de la frontière de Portugal, à Portalègre.

On s'engage dans le défilé qui la gravit et la traverse, et l'on parvient, après 17 kil. de parcours, au point le plus élevé du passage : *El puerto de Santa Cruz.*

Le versant opposé est plus rapide. Après l'avoir parcouru, on débouche au sud de la chaîne dans une plaine à l'entrée de laquelle on trouve

Villamegia, 7 kil., 800 hab., au bord du ruisseau le Burdalo, qui longe le pied des montagnes où il a pris sa source. Ce ruisseau passe à droite de la route, qui le franchit, et suivant la vallée conduit à

Miajadas, 11 kil., 4,000 hab., petite ville sans importance. En la quittant la route passe de la province de Cacerès dans celle de Badajoz. On traverse pour la seconde fois le rio Burdalo qui revient à gauche de la route décrire une courbe, et après cette courbe il s'en rapproche encore, à

La Venta de la Guia, 16 kil. A partir de là, la route et le ruisseau descendent vers la vallée de la *Guadiana*. Le ruisseau va à gauche se jeter dans le fleuve et la route, après un parcours égal, atteint

San Pedro, 15 kil., 750 hab., tout près de la rive droite de la *Guadiana*. Tandis que le fleuve va décrire, à gauche, une grande courbe à l'extrémité de laquelle il revient vers Merida, la route continue en ligne droite, passe à

Trujillanos, 5 kil., 400 hab., village situé dans une campagne boisée et peu habitée. On arrive ensuite à

Merida, 9 kil., 5,500 hab., qui fut une des plus grandes et des plus importantes cités romaines en Espagne. Elle n'est plus qu'un modeste chef-lieu de district de la province de Badajoz. — Pour *Merida*, voir à la fin de la route n° 94, page 416.

A la sortie de Merida, la route passe sur le pont et franchit la Guadiana qui passe ainsi à droite du voyageur.

La route et le fleuve s'en vont parallèlement, à une lieue environ de distance l'un de l'autre, depuis Merida jusqu'à Badajoz. On laisse à gauche la route qui se dirige vers le sud et va à Séville (route n° 94), on parcourt la plaine qui s'étend sur les bords du fleuve ; on passe en vue d'un village, d'un ancien château fort qui appartint, dit-on, aux Templiers, comme plusieurs points de cette contrée, et devant l'ermitage de *Barbano* où est une vierge très-vénérée des populations environnantes. La route traverse ensuite

Perales, 17 kil., qui n'est qu'un relais, franchit un ruisseau affluent de la Guadiana, et passe à

Lobon, 9 kil., 1,200 hab., bourg très-ancien qui s'élève sur une colline entre la route et le fleuve. Lobon est contemporain de l'ancienne et florissante Merida romaine. Un vieux château surmonte le bourg et domine toute la plaine des deux côtés.

La route franchit ensuite deux ruisseaux, la *Guadajira* et *l'Autrin*, à 6 kil. l'un de l'autre, qui vont, à droite, se jeter dans la Guadiana. Elle traverse toute une contrée peu habitée, assez boisée, plantée d'oliviers et très-monotone au milieu de laquelle on rencontre

Talavera la Real, 14 kil., 2,650 hab., petite ville mal bâtie, malsaine, et sans rien d'intéressant, sur la rive droite de l'Albuera qui va, à une lieue à droite de la route, se jeter dans la Guadiana.

Après Talavera, la campagne change d'aspect; à la plaine sablonneuse et boisée, succède une vallée bien cultivée, parsemée d'habitations, dans toute la longueur de laquelle circule la route, ayant à gauche des collines, à droite le fleuve.

C'est à travers des jardins et des prairies que la route mène à

Badajoz, 17 kil., 23,000 hab., dont les remparts s'élèvent sur une haute colline. Cette ville est le chef-lieu de la capitainerie générale d'Estramadure. (V. *Badajoz*, à la fin de la route n° 92, page 413.)

A 8 kil. de *Badajoz*, la grande route que nous suivons et la *Guadiana*, entrent dans le royaume de Portugal.

La *Guadiana* tourne subitement à gauche, descend vers le sud et sert de frontière au Portugal et à l'Espagne, dans deux parties de son cours, et va se jeter dans l'Océan devant Ayamonte.

La route franchit le fleuve sur un magnifique pont; parcourt une plaine et se dirige vers Elvas (Portugal), où elle se bifurque. Mais après des parcours différents, ses deux embranchements vont se réunir avant d'atteindre Lisbonne.

Chemins de fer. — La grande route postale que nous venons de suivre de Madrid à Merida et à Badajoz sera remplacée par deux lignes de chemin de fer.

1° L'une, *en construction*, est déjà livrée depuis Madrid jusqu'à Cuidad Real (V. route n° 70, page 314), et se continuera par *Puerto*

Lano, — Almaden, — Cabeza del Buy, — Medellin, — **Merida** et **Badajoz**. Au delà de cette ville, cette ligne se joindra au chemin de fer de Portugal.

Le chemin portugais, comme la route actuelle, se divisera en deux embranchements, qui sont en construction, et qui vont aboutir à *Lisbonne*.

2° L'autre ligne, *projetée*, sera la continuation normale de la ligne concédée de Séville à Merida. Elle ira de *Merida* à *Trujillo*, suivra la vallée du Tage, jusqu'à *Talavera de la Reina*, et de là à Madrid.

ROUTE N° 98. — DE BADAJOZ A CACERES.

La route qui se dirige vers *Caceres*, sort de Badajoz par le pont qui traverse la Guadiana au N. de la ville et va sur l'autre rive du fleuve passer devant le fort Cristobal. Au delà, on franchit aussi la rivière Gebora qui descend le long de la frontière du Portugal et se jette dans la Guadiana en amont de Badajoz.

On traverse la plaine dans laquelle, au bord de cette rivière, les Français, commandés par le maréchal Soult, remportèrent une victoire importante sur le corps d'armée espagnol qui s'y était placé pour protéger Badajoz. Sur 12,000 hommes qui le composaient, cinq mille seulement purent prendre la fuite abandonnant drapeaux et artillerie ; deux mille furent tués, cinq mille prisonniers. Cette victoire, remportée le 6 février 1811, fut suivie, quarante-deux jours après, de la prise de Badajoz.

Après avoir longé quelque temps la rive gauche de la Gebora, on se dirige, à travers une contrée peu habitée, vers une plaine et l'on passe à

La Roca, 34 kil., 200 hab. La plaine cesse bientôt, et la région des montagnes commence. La route s'engage sur les premières pentes de la *Sierra de san Pedro*, c'est ici le nom que prend la longue chaîne de montagnes de Tolède qui va jusqu'à la frontière de Portugal. On descend, entre deux collines, dans un vallon resserré où l'on traverse

Puebla de Obando, 6 kil., 600 hab.; village de bergers. La route traverse ensuite un ruisseau qui sort de la Sierra et descend vers la Guadiana, près de Badajoz.

Il faut ici franchir la chaîne de montagnes. Des deux côtés de la route, la contrée est complétement déserte, triste, sauvage. On prend au *puerto de Clavin* le défilé qui se fraye un passage à travers les sinuosités de la Sierra, et l'on descend sur le versant nord. La route traverse au bas de la montagne un ruisseau et plus loin une rivière, le *Salor*, qui se réunissent près de là et vont se jeter dans le Tage au-dessous d'Alcantara, sur la frontière de Portugal.

Depuis *Puebla*, la campagne a traversé un véritable désert, une solitude complète de monts, de rochers, de bois. Au delà du Salor, la vallée se peuple de quelques habitations. Après la vallée commence une grande plaine presque déserte, couverte de friches et de pâturages; la route la traverse en ligne droite et mène au terme de cet ennuyeux trajet, à

Caceres, 59 kil., 12,500 hab., chef-lieu de l'une des deux provinces qui forment la capitainerie-générale d'Estramadure ; siège de la cour d'appel (*audiencia*) de cette grande province qui, par exception, n'est pas à Badajoz.

Sous les Romains, Caceres était une place forte. Elle occupe une colline qui domine la plaine. Au sommet était l'ancienne ville fondée en 142 avant J. C. par le Romain Q. Cæcilius Metellus. Elle resta sous les Goths et les Arabes une forteresse ; elle a conservée presque toutes ses vieilles constructions mauresques, son enceinte de murailles flanquées de solides tours et percées de cinq portes. Cette partie de la ville est curieuse.

A partir du pied des remparts, sur tout le versant de la colline jusqu'à la plaine, s'étend la ville nouvelle ; elle est formée de belles constructions, mais ses rues tracées sur la pente du coteau exigent une véritable escalade. Malgré ce défaut, la ville possède un grand nombre de palais appartenant à d'anciennes familles et des habitations importantes qui renferment ou offrent sur leurs façades d'assez beaux travaux d'art.

Les églises méritent d'être visitées : *San Mateo*, au sommet de la colline, fut une mosquée ; la cathédrale, *Santa Maria*, est un bel édifice gothique. Elle a trois nefs et ce qu'elle renferme de plus curieux est un beau retable en bois de cèdre couvert de sculptures remarquables et orné des statues des évangélistes ; il y a aussi plusieurs tombeaux.

On visitera aussi : la *plaza* des Taureaux parfaitement construite ; la palais épiscopal ; celui de la députation provinciale ; le palais de justice; *las Velatas* ancien *alcazar* des rois maures; et la façade artistique et bizarre du palais de *los Golfines*.

Caceres est une des cités espagnoles qui offrent une réunion des plus complètes de constructions appartenant à toutes les époques, depuis les Romains.

La campagne environnante est très-peu peuplée, peu cultivée; couverte de grands pâturages et de bois. Elle est à six siècles en arrière des progrès agricoles et industriels de notre époque. L'industrie locale est surtout celle des tanneries. — Caceres est à 220 kil. de Madrid.

ROUTE N° 99. — DE BADAJOZ A ALCANTARA.

Cette route se divise en deux sections :

1° De *Badajoz* jusqu'à *Caceres*, on suit la route accidentée, mais peu intéressante, que nous venons de décrire (Route n° 98).

2° De *Caceres* à *Alcantara* : — Au pied de la colline de Caceres, à gauche des routes qui viennent de *Badajoz* et de *Merida*, se détache un chemin qui se dirige au N. O. Il traverse la grande plaine couverte de pâturages qui entoure Caceres, et dans ce parcours il rencontre :

Arroyo del Puerto, 12 kil., 6,000 hab., petite ville sans édifice important, entourée d'habitations rurales et dont la principale ressource est l'élevage des bestiaux.

Le chemin s'élève ensuite sur une chaine de collines peu considérables et descend vers une autre plaine à l'entrée de laquelle on trouve

Brozas, 21 kil., 6,500 hab., sur la rive gauche d'un ruisseau que le chemin franchit avant d'y arriver, qui sort de la colline et va aussi se perdre dans le Tage.

Près de *Brozas* sont des sources sulfureuses très-efficaces, avec un établissement assez fréquenté.

Le chemin parcourt la plaine qui s'étend jusqu'au bord du Tage, et le voyageur aperçoit de loin sur la falaise de rochers qui borde la rive gauche du fleuve les murs imposants de

Alcantara, 17 kil., 3,500 hab., ancienne place très-forte, encore entourée d'une solide muraille.

Cette ville est une de celles dont le nom est le plus connu hors de l'Espagne. Elle doit cette célébrité à l'ordre de *chevalerie d'Alcantara*, et au fameux *pont d'Alcantara* dont elle a pris le nom.

Alcantara fut fondée par les Arabes sur les ruines d'une ville romaine : *Interamnium*. En face était le magnifique pont qui est encore debout. Les Arabes donnèrent à leur nouvelle ville le nom de cet admirable monument : *Alcantara* (pont).

Elle leur fut enlevée en 1214 par Alphonse IX roi de Léon. — En 1217 ce roi donna Alcantara et son territoire à l'ordre de *Calatrava* qui les transmit à l'ordre militaire et religieux de Saint-Julien du Poirier. Celui-ci prit en 1221 le nom d'ordre d'*Alcantara* et garda sa règle particulière. Le grand maître était seigneur d'Alcantara e des environs.

En 1479, un traité fut conclu dans cette ville entre les rois de Portugal et de Castille.

En 1833, l'ordre d'Alcantara a été supprimé ; sa ville et ses biens ont été rendus à la nation.

On peut voir à Alcantara les couvents en ruines de Saint-Benoit et du Saint-Esprit ; ces restes rappellent l'ancienne prospérité de l'ordre qui fit élever ces édifices.

L'église seule des anciens chevaliers est restée debout, c'est là que sont leurs tombes. Elle offre quelques œuvres d'art.

Quant au célèbre *pont d'Alcantara*, magnifique et hardie construction des Romains, il mérite toute sa renommée. Il vaut à lui seul le voyage de Badajoz ou de Mérida à Alcantara.

En cet endroit, nous l'avons dit, jusqu'au delà de la frontière de Portugal, le Tage est encaissé entre de hauts rochers à pic. De l'un à l'autre de ces bancs de rochers, les Romains, sous le règne de Trajan, élevèrent, pour franchir le fleuve, ce pont à six arches.

Toute la construction se compose de blocs de granit : leur poids fait seul la solidité de l'ensemble, car ils ne sont même pas liés par le ciment. Appuyé des deux côtés sur les rochers des rives, le pont décrit une courbe qui, au milieu, s'élève à 58 mètres, dont 10 dans les eaux du fleuve, et 48 mètres au-dessus.

Au milieu, la route qui le traverse passe sous une tour de 14 mètres de haut, qui donne de loin à l'ensemble un aspect aussi bizarre que monumental. On croirait voir le profil d'une cathédrale.

Charles-Quint, ainsi que l'indique une inscription, fit restaurer en 1543 une des petites arches que les Maures avaient détruites pendant leur dernière guerre. Cette arche fut encore renversée en 1808 par l'armée anglo-espagnole; on la reconstruisit plus tard, mais seulement en bois; et en 1836, pendant la guerre des carlistes et des troupes royales, elle fut abattue encore une fois.

La belle œuvre des Romains est donc restée avec cette rupture; mais les arches encore debout n'ont rien perdu de leur solidité.

L'intérieur de la ville n'offre que des constructions très-médiocres, des rues étroites, escarpées, mal entretenues. Toute l'importance d'Alcantara est dans ses belles ruines et dans ses souvenirs.

A 2 lieues 1/2, à l'ouest, la rivière Eljas, qui descend dans le Tage, marque la frontière du Portugal.

ROUTE N° 100. — DE MERIDA A PLASENCIA.

La route sort de Merida au nord de la ville, en continuation de celle qui vient de Séville. Elle forme donc la suite de la ligne directe qu'on peut suivre pour aller de *Séville* à *Plasencia*. Elle longe l'aqueduc romain qui fournit des eaux à la ville (Voy. page 422); elle passe à

Carrascalejo, 3 kil., 100 hab., petit village qui borde la route; à

Aljucen, 3 kil., 250 hab., dans une vallée au milieu de pâturages et de terrains en friche, et au bord du ruisseau l'Aljucen.

Après avoir traversé ce ruisseau, qui fort heureusement n'est qu'un ravin presque toujours à sec, on s'engage dans une contrée montueuse, triste, complétement déserte; on atteint la Sierra San Pedro, qui traverse toute cette partie de l'Espagne.

Il faut alors franchir cette chaîne, à travers des sites encore plus sauvages; le défilé est désert, difficile; après plusieurs heures de marche dans ce défilé on descend vers

La Casa de Don Antonio, 22 kil., 900 hab. Au delà de ce bourg on traverse le ruisseau l'*Ayuela* et on parvient à travers des bois à

Aldea de Cano, 5 kil. 1/2, 1150 hab., autre bourg sans importance. Après avoir franchi le rio *Salor* qui va au N. O. se jeter dans le Tage au-dessous d'Alcantara, le voyageur parcourt une campagne inhabitée, peu cultivée et de l'aspect le plus triste, et qui pourrait être très-fertile, jusqu'à

Caceres, 22 kil. 1/2. — Pour cette ville, voir à la fin de la route n° 98, page 428.

Après avoir quitté Caceres, la route s'étend à travers des pâturages et de vastes terrains en friche ; elle va passer à

El Casar, 11 kil., 6,200 hab., petite ville renommée pour ses tanneries et pour ses ateliers considérables de cordonnerie. Continuant à marcher directement vers le Nord et vers le cours du Tage, on rencontre

Garrovillas, 17 kil., 6,600 hab., autre petite ville industrielle. Elle possède de nombreuses fabriques de draps communs, des tanneries importantes et des moulins. Elle est située dans un vallon agréable au pied des collines, mais la campagne environnante est aussi mal cultivée que dans les autres parties de ce trajet.

La route, à 7 kil. de là, arrive au bord du Tage.

Le voyageur ne trouve sur cette rive du fleuve qu'une auberge, et près de là il voit se dresser sur une haute colline une vieille tour effondrée. Cette tour est tout ce qui reste d'une grande cité romaine, *Alconetar*, qui couvrait cette colline et qui était placée à l'endroit où le rio del Monte se jette dans le Tage. Cette ville fut détruite vers le milieu du xiii° siècle par les Maures. Les environs sont tristes, déserts, abandonnés comme les ruines qu'ils entourent.

En face de l'emplacement qu'occupait Alconetar, on voit surgir des eaux du Tage deux arches magnifiques d'un vieux pont romain. C'est encore une ruine ; il ne reste plus des autres arches écroulées que les piles encore debout sous les eaux du fleuve. Ce pont fut aussi l'ouvrage des Romains. Il servait au passage de la grande voie romaine qui allait du nord au sud de la Péninsule, de Santander à Cadix. Personne depuis des siècles n'a relevé ce monument, et les voyageurs traversent le Tage dans un bac.

Sur la rive droite, la route remonte le cours d'un petit ruisseau qui vient là se perdre dans le fleuve ; et, suivant la vallée, conduit à

Cañaveral de Alconetar, 17 kil., 2,400 hab., petite ville située à peu de distance du Tage, sur sa rive droite, dans un site très-accidenté, entourée de collines, de rochers, et au milieu d'une contrée fort aride. L'inégalité du terrain et la mauvaise construction des rues sont tout ce qu'il y a de remarquable.

Ces accidents de terrain ne sont que le commencement de la région montagneuse que la route va franchir. En sortant de Cañaveral, le chemin s'engage dans le défilé de la montagne de la *Sierra de Caña-*

véras, qui est transversale à la direction de la route et ferme de ce côté le bassin du Tage.

On peut juger, en la traversant, de l'état affreux dans lequel, par l'effet des siècles et de l'abandon, est tombée la belle voie pavée des Romains. La route, après avoir franchi la chaîne, descend et mène à

Grimaldo, 7 kil., humble et misérable hameau bâti autour du château des comtes de Oliva. On continue à parcourir une contrée déserte, inculte, montueuse, et l'on atteint une plaine où l'on trouve

Holguera, 5 kil., 500 hab., bourg situé à une lieue de la rive droite du Jerte.

Au delà de ce bourg, la route qui suit la plaine, se rapproche du cours du Jerte, et longe la rive gauche de cette rivière jusqu'à

Galisteo, 11 kil., 1,300 hab. Cette petite ville, qui s'élève au milieu de la plaine, et qu'entourent de nombreux vestiges de l'occupation romaine, est une véritable forteresse. Elle est entourée d'une très-ancienne muraille crénelée, et ses portes, armées de tourelles à meurtrières, ont un aspect tout féodal. A l'intérieur de ce rempart, rien ne semble changé depuis huit cents ans. C'est la vieille cité du moyen âge.

Galistea, si solidement fortifiée, fut au xiiie siècle la capitale d'un petit État indépendant, apanage d'un Infant de Castille, et qui s'étendait presque jusqu'aux portes de Caceres.

La rivière le *Jerte* passe au côté N. O. de la ville; on y voit un beau pont construit en 1545. On laisse à gauche la rivière et l'on continue en ligne droite à en remonter le cours à travers une plaine jusqu'à

Plasencia, 17 kil., 6,000 hab., où la route et la rivière se joignent de nouveau. — Pour *Plasencia*, voir à la fin de la R. n° 96, page 422.

ROUTE N° 101. — DE BADAJOZ A TRUJILLO.
(ROUTE DE TERRE ET CHEMIN DE FER.)

La route de *Badajoz à Merida* et *à Trujillo*, n'est autre que la grande route postale de Badajoz à Madrid (*la carretera general*) qu'on suit jusqu'à *Trujillo*.

Nous avons décrit cette route dans le sens de Madrid à Badajoz, —

R. n° 97, page 423. Il n'y a donc qu'à lire en sens inverse cet itinéraire entre *Badajoz*, *Merida* et *Trujillo*.

Bornons-nous à rappeler qu'entre ces trois villes, la route, partant de Badajoz, passe aux localités suivantes :

De *Badajoz*; — *Talavera la Real*, 17 kil., 2,600 hab.; — *Lobon*, 13 kil. 1/2, 1,200 hab.; — *Posta de Perales* (relais), 9 kil. 1/2; — **Merida**, 17 kil., 5,500 hab.; — *Trujillanos*, 9 kil. 1/2, 400 hab.; — *San Pedro*, 5 kil. 1/2, 750 hab.; — *Venta de la Guia*, 15 kil. (relais); — *Miajadas*, 16 kil., 400 hab.; — *Villamegia*, 11 kil., 800 hab.; — et après avoir atteint le sommet du défilé, le *Puerto Santa-Cruz*, à 7 kil., — à **Trujillo**, 17 kil., 5,000 hab.

Pour *Trujillo*, v. route n° 97, page 424.

ROUTE N° 102. — DE BADAJOZ A XÉRÈS DE LOS CABELLEROS.

Pour aller de *Badajoz* à *Xerès de los Caballeros* (chef-lieu de l'un des districts de la province de Badajoz), on sort par la porte du sud et l'on prend la route qui va vers *Séville*.

Nous avons décrit cette route en sens inverse en venant de Séville à Badajoz. (V. route n° 92, page 410.)

Après avoir quitté Badajoz, on passe à *la Albuera*, 24 kil., 500 hab., où les Français furent battus en 1811; — à *Santa-Marta*, 21 kil., 1,600 hab.; — *Zafra*, 50 kil., 5,400 hab.

Voir, pour le détail de cette partie de la route, page 412.

A Zafra, on quitte la ligne qui se dirige au sud, vers Séville; on tourne à droite, et l'on parcourt une contrée montueuse, plantée d'oliviers. On atteint

Burguillos, 11 kil., 3,100 hab. Petite ville sans édifice important; population agricole; élevage de bestiaux.

Cette ville, comme celle que nous allons atteindre, a appartenu à l'ordre des Templiers.

Après avoir traversé une contrée boisée et à peu près déserte, on arrive à

Xerès de los Caballeros, 17 kil., 6,500 hab. (Voir, pour cette ville, page 415).

ROUTE N° 103. — DE MADRID A LISBONNE (Portugal).
(CHEMIN DE FER ET ROUTE DE TERRE.)

Cette grande ligne, qui va de la capitale de l'Espagne à la capitale du Portugal, se divise en deux parties :

1° De *Madrid* à *Badajoz* :

Nous en avons décrit le parcours. (V. route n° 97, page 423.)

Elle sera remplacée, nous l'avons dit, par deux lignes de chemin de fer; l'une en construction et déjà livrée jusqu'à *Ciudad-Real*; — l'autre *projetée*, par *Talavera de la Reina* et *Merida*.

2° De *Badajoz* à *Lisbonne* :

Deux routes partent de Badajoz et seront bientôt remplacées par deux chemins de fer en construction et livrés en grande partie.

L'un de ces chemins de fer, le plus direct, suit le parcours de la route de terre, par *Evora*, *Vendas Novas* et *Barreiro*; il aboutit à la rive droite de l'embouchure du Tage qu'on traverse en bateau à vapeur pour débarquer à Lisbonne. Il est déjà livré entre Evora et Barreiro.

L'autre, se détachant de la frontière au delà de Badajoz fait un long circuit au nord; il suit exactement le trajet de l'ancienne route royale par : *Arronches, Portalegre, Crato, Abrantès, Santarem* et *Lisbonne*. Il est déjà livré depuis Crato jusqu'à Lisbonne (200 kilomètres).

On aura donc à choisir, au départ de Badajoz, entre ces deux lignes.

Mais la plus *directe* est celle du sud, par Evora; en voici le parcours :

On sort de Badajoz par la porte de *las Palmas*, à l'O. de la ville; on franchit la Guadiana sur un pont de vingt-huit arches, et la route (plus tard, le chemin de fer) traverse en ligne droite une grande plaine. Elle atteint la rive gauche de la rivière la Caya, qui, un peu plus bas, se perd dans le Tage.

Ici, cette rivière sépare le royaume espagnol et le Portugal. La frontière est située à 8 kil. de Badajoz.

En attendant le pont du chemin de fer, les voyageurs traversent la *Caya* dans un bac. — Sur la rive droite, ils sont en Portugal.

La route gravit la chaîne de collines qui s'élève le long de cette rive; puis on parcourt une campagne déserte, des pâturages, et l'on voit bientôt se dresser sur une hauteur la première ville portugaise :

Elvas, 11 kil., 10,500 hab. Place forte, siége d'un évêché suffragant d'Evora.

Elvas est une des villes les mieux défendues de la frontière de Portugal. Les deux forts de *Sainte-Lucie* et de *Lippe* dominent la place et sont d'un accès si difficile qu'on les dit imprenables. L'un d'eux doit son nom au comte de Schaumbourg-Lippe, qui l'a fait construire. Un bel aqueduc y conduit les eaux.

La ville possède : un arsenal, une fonderie de canons, une fabrique d'armes, de belles casernes, plusieurs églises, dont une seule, la cathédrale, de style gothique, mérite l'attention ; un hôpital militaire, un théâtre ; quelques fabriques de draps et de poterie. Les habitants des environs se livrent à un commerce actif de contrebande sur la frontière espagnole.

En 1803, les Français, commandés par Junot, s'emparèrent d'Elvas.

A la sortie d'*Elvas*, la route se bifurque : — à droite, elle se dirige vers *Estremoz*, *Arrayolos* et *Vendas-Novas* (station du chemin de fer) ; — à gauche, elle va passer, en longeant le pied des montagnes, à *Villa-Viçosa*, à *Evora*, où elle trouve le chemin de fer en construction. Celle-ci devant être remplacée en entier par le chemin de fer, est celle que nous avons à indiquer ici.

La route parcourt un pays très-accidenté ; à gauche est la plaine, à droite la masse des montagnes dont on suit le pied. On traverse deux ruisseaux qui sortent de la montagne et vont vers la frontière où ils se perdent dans la Guadiana. On atteint

Villa-Viçosa, 25 kil., 3,500 hab., ville bien située et bien bâtie, entourée de charmantes maisons de campagne. On y remarque une belle église, la *collégiale*, et l'ancien palais des ducs de Bragance.

En 1665, Villa-Viçosa assiégée par les Espagnols, fut délivrée par le général français Schomberg, au service du Portugal. Les Portugais, sous ses ordres, remportèrent une victoire importante sur les Espagnols, près de la ville.

La route franchit encore trois ruisseaux qui sortent du pied de la montagne, et vont aussi vers la Guadiana. Après avoir traversé le troisième, on entre à

Redondo, 14 kil., 700 hab., bourg placé au flanc de la montagne sans rien de curieux.

A partir de Redondo la route s'engage dans une région de montagnes, parcourt des côtes élevées; descend dans un vallon très-pittoresque où elle traverse un torrent près de sa source; et remonte sur le versant d'une chaine qui se dirige vers le sud.

Parvenu au sommet, on descend dans une splendide campagne au milieu de laquelle est

Evora, 22 kil. 1/2, 14,900 hab., chef-lieu de la province d'Alentejo, archevêché, siége d'une université fondée en 1578. C'est une ville fortifiée; mais le mauvais état de ses murailles et de ses deux forts la rend peu digne de ce nom et la laisse sans défense sérieuse.

Ici l'on trouve le chemin de fer en exploitation.

Evora est une ancienne cité romaine, *Ebura*. Sertorius l'entoura de remparts; Jules César l'érigea en municipe. Ici, comme partout où ils ont séjourné, les Romains ont laissé des monuments qui au travers des siècles rappellent encore par leurs ruines les anciens dominateurs. Le vieil aqueduc de 4 kilomètres qui alimente encore la ville est leur ouvrage; le *temple de Diane* qu'ils élevèrent est encore debout, mais n'est plus un temple.

Outre ces restes de la domination romaine, Evora possède : une cathédrale gothique, l'une des plus vieilles et des plus remarquables de la péninsule; plusieurs autres églises très-intéressantes à visiter; une bibliothèque, un musée qui renferme des œuvres précieuses, et deux belles places. Quant à l'intérieur de la ville, il se compose de rues fort laides, mal tracées et mal construites.

Les souvenirs historiques d'Evora remontent aux Romains, à Sertorius et à Jules César. Elle fut occupée après eux par les Goths, et prise par les Arabes en 715. Elle fut conquise par les rois chrétiens en 1168. Pendant la guerre entre le Portugal et l'Espagne, les armées espagnoles s'en emparèrent en 1663, mais les Portugais, commandés par Schomberg, en reprirent possession en 1665, après la victoire de Villa-Viçosa. Evora s'insurgea en 1828 pour l'infant don Miguel, mais sa révolte fut promptement apaisée.

Le chemin de fer, au delà d'Evora, traverse une région montagneuse; ensuite il débouche dans une vaste et riche plaine où l'on rejoint l'autre embranchement de la route qui est allé passer à

Estremos, ville forte (6,500 hab.), et à *Arroyos* (2,000 hab.); — et l'on atteint bientôt

Montemor-o-Novo, 27 kil. 1/2, 3,200 hab., petite ville située dans la plaine, au milieu de belles campagnes et sur la rive droite de la rivière la *Caña* qui est là tout près de sa source, et va se perdre dans le Tage. Les Arabes avaient fortifié cette place ; les ruines du château fort qu'ils y bâtirent subsistent encore. On peut y visiter deux ou trois églises et une ravissante promenade. Comme dans toute la province, les fabriques de poterie et les tanneries sont les principales industries locales.

En sortant de Montemor, le chemin de fer franchit la Caña ; il parcourt une plaine étendue et peu habitée où l'on ne trouve qu'un médiocre village — *Silveras* — et l'on atteint

Vendas-Novas, 22 kil., 700 hab.

Au delà de cette station, on traverse encore toute une contrée presque déserte.

Les stations qu'on y rencontre ne sont que des villages, parfois des hameaux sans importance, qu'il suffit de nommer :

Pégoès, 16 kil.; — **Pinhal-Novo**, 55 kil.; — **Maita**, 12 kil.; — **Altos-Vedros**, 2 kil.; — **Lavradio**, 3 kil.; — **Barreiro**, 2 kil., au bord de la vaste baie, très-découpée, que forment devant Lisbonne les bouches du *Tage*.

Lisbonne est sur l'autre rive. En descendant du chemin de fer on monte sur un bateau à vapeur qui traverse rapidement ce lac et va débarquer le voyageur sur le quai de la Douane, à **Lisbonne**.

Pour *Lisbonne*, V. plus loin, p. 466 (*Portugal*).

ILES

ILES BALÉARES

Dans la Méditerranée, — en face des côtes de Valence, — est le groupe des **îles Baléares**.

On les considère, avec raison, comme formées par le prolongement sous-marin de la chaîne de montagnes qui s'avance de leur côté dans la mer et qui produit le cap *Saint-Martin*.

Colonisées par les Rhodiens, elles furent occupées par les Phéniciens, et plus tard par les Carthaginois. Conquises ensuite par les Romains, elles passèrent, après eux, au pouvoir des Vandales comme le reste de l'Espagne ; puis occupées par les Grecs et possédées par les Arabes, elles furent enlevées à ces derniers par don Jayme Ier, roi d'Aragon.

Elles furent érigées en état indépendant sous le fils de ce conquérant, et réunies enfin au royaume d'Aragon.

Leur population totale est de 245,000 habitants.

L'archipel des *Baléares* forme une capitainerie générale, et une province civile ; il possède une cour d'appel (*audiencia*) ; trois évêchés, *Mayorque*, *Minorque* et *Iviça* ; — il constitue un arrondissement maritime.

Il se compose des îles : *Mayorque, Minorque, Cabrera, Iviça, Formentera, Conejera,* et de divers petits îlots.

Voici quelques détails sur chacune de ces îles :

ILE MAYORQUE.

Superficie : 586 kilom. carrés. — *Distances :* 130 kil. de Barcelone ; 190 kil. de Valence, 450 kil. de Toulon. — Population, 185,000 hab. — Beaucoup plus grande, à elle seule, que tout le reste de l'archipel.

Une chaîne de montagnes la partage du nord-est au sud-ouest. Elle la sépare longitudinalement en deux régions ; l'une au nord, dont le climat est rude et froid ; l'autre, au sud, d'une température toute méridionale.

Les côtes sont très-inégales en hauteur ; les palmiers, les orangers, les cactus, la vigne, y étalent leur verdure parmi les rochers. Les flancs des montagnes sont couverts de carcubiers, de chênes verts et d'oliviers.

Le sol renferme des carrières de marbre et des mines inexploitées. L'exportation des oranges et la laine des troupeaux sont la principale richesse de la population.

Les habitants offrent un mélange des types arabe et andalou. Les habitations sont simples et pauvres ; les costumes pittoresques et bizarres, comme dans tout cet archipel.

Les villes principales sont :

Palma, 41,000 hab., capitale, résidence du capitaine général, siége d'un évêché ; magnifique fort sur une vaste baie.

La ville est entourée de remparts, de bastions, de redoutes et de fossés. Elle a huit portes, trois du côté de la mer, cinq du côté de l'intérieur de l'île. Elle s'élève en amphithéâtre au-dessus de la baie et présente un très-bel aspect.

Un grand nombre de maisons appartenant aux riches propriétaires conservent le caractère mauresque et sont curieuses à visiter. Les rues sont droites, mais presque toutes sans pavé. Les quartiers populaires ont une apparence de rusticité toute primitive.

Palma possède tous les édifices d'une ville importante :

La *cathédrale*, vaste et belle église gothique à trois nefs, date de la conquête catholique et fut achevée vers la fin du seizième siècle. Les sculptures du chœur, le baptistère, les chapelles et leurs mausolés, les vitraux et la tour, méritent d'être très-remarqués.

Les six *églises paroissiales* offrent plusieurs œuvres d'art à visiter :

L'*hôtel de ville* a une façade bizarre ; il possède une galerie des portraits des hommes célèbres de Mayorque, et un précieux tableau de van Dyck, le martyre de saint Sébastien.

La *Lonja* (bourse) qui ne sert plus aux affaires commerciales, est un admirable édifice gothique. Ses ornements sont d'une élégance et d'une légèreté remarquables.

Le palais épiscopal et celui du capitaine général ne viennent qu'au dernier rang.

Palma possède encore plusieurs couvents, un très-bel asile pour les pauvres, la *casa de misericordia* et l'hôpital général, deux académies, une école de marine, deux bibliothèques, un collége supérieur et de nombreuses écoles.

Un service régulier de bateaux à vapeur met Palma en communication avec Valence, Barcelone et Marseille. On peut aussi faire ce trajet au moyen des nombreuses barques marchandes qui naviguent entre ces ports.

A trois kilomètres de Palma sur une hauteur au bord de la mer, on devra aller visiter le beau château fort de *Bellver*. Dans l'une de ses tours, celle de l'*Homenage*, l'écrivain Jovellanos fut enfermé; François Arago en 1808, saisi pendant qu'il travaillait à la mesure du méridien, y fut emprisonné.

ROUTE A TRAVERS L'ILE MAYORQUE.

Le voyageur qui voudra explorer l'île Mayorque pourra suivre la route suivante qui fait le tour complet du territoire de l'île, et passe aux principales localités.

Elle part de Palma, et se dirigeant vers le S. E., elle conduit d'abord à

Lucmayor, 9 kil., 3,000 hab., dans une belle plaine, près de l'étang *del Prat*; et à

Campos, 10 kil., 5,200 hab., entourée de salines et de sources minérales. La route continuant à longer le littoral sud de l'île Mayorque mène à

Santani, 12 kil., 8,500 hab.; jolie ville dans une contrée bien cultivée. On remonte ensuite vers le nord, et l'on arrive à

Felaniz, 13 kil., 6,250 hab., à la source d'une petite rivière; près de l'hermitage de *San Salvador*. La route suit, à travers plusieurs villages le cours de ce ruisseau, et va directement vers le nord, à

Manacor, 12 kil., 11,000 hab. Très-belle ville, formée d'habitations importantes et résidence des plus riches familles. Ses environs sont peuplés de maisons de campagne.

Au delà de Manacor, la route oblique vers la droite; elle parcourt un pays plus montagneux, plus pittoresque et conduit à

Arta, 14 kil., 3,200 hab. Près de cette ville on va visiter les *tombeaux des géants*, bizarres constructions faites de blocs énormes et qui ont la forme de cônes tronqués. Ces tombeaux remontent à l'époque des druides et sont situés dans une forêt de chênes.

Plus loin, à deux heures de là, on va aussi explorer la *grotte de l'Ermite*. Elle est creusée dans une montagne couverte de sapins. Elle se compose de trois grottes successives. Les deux premières offrent un aspect saisissant, par l'éclat, la bizarrerie des stalactites qui les remplissent; par la hardiesse des colonnes de cristal qui vont du sol à la voûte. Quant à la troisième, elle est si obscure, si vaste, que personne n'a osé en braver les mystérieuses profondeurs.

On quitte *Arta*; la route fait un coude à gauche et se dirige au N. O. vers Alcudia.

Elle s'éloigne de la montagne et traverse de vastes plaines qui s'étendent en face de la baie, devant le littoral nord de l'île. Plus loin, on laisse à gauche le bourg de Muro, et l'on arrive aux marécages qui entourent Alcudia et dont l'insalubrité finira par dépeupler la ville.

La route se fraye un passage étroit entre ces marais et le bord de l'Océan, et elle conduit à

Alcudia, 28 kil., 2,000 hab. Cette ville bâtie sur une colline domine les marais et la mer qui est à demi-lieue de là. Elle est entourée d'une enceinte de murailles, très-ancienne, en mauvais état, et défendue par un fossé et par deux forts délabrés.

Elle fut sous les Arabes une cité importante. Mais depuis elle est en plein abandon. L'insalubrité des marécages la fait déserter par ses habitants; les deux tiers de ses maisons sont abandonnées et en ruine. Ce qui reste offre l'aspect le plus triste au milieu de ces restes d'une ville dépeuplée.

On part d'Alcudia, et, pour continuer à faire le tour du territoire de l'île, on se dirige vers l'extrémité nord, où l'on trouve

Pollenza, 6 kil., 2,500 hab., ancienne colonie romaine, située au fond d'un vaste port. Pallenza a appartenu à l'ordre de Malte. Elle a une très-belle église.

Ici il faut revenir vers le sud, en longeant la côte occidentale de l'île. On laisse en arrière le petit port de *Palumbaria*, et plus loin à droite celui de *Soller*, qui font un commerce très-actif pour l'exportation des fruits et des vins. La contrée qui environne Soller est une plaine admirable, couverte d'orangers, de citronniers, et entourée de

coteaux verts de vignobles et d'oliviers. On passe successivement à
Ascorea, 2,000 hab., charmante petite ville dans un vallon très-fertile et environné de collines qui produit le vin de Malvoisie;
Buñola, 2,800 hab. ; — *San Martial*, 650 hab., et plus loin à
Valdemosa, 1,400 hab., près de laquelle est une ancienne chartreuse, très-intéressante à visiter. Elle est située sur la chaîne de montagnes, dans un site solitaire, très-boisé, triste mais pittoresque.

On continue à faire le tour de l'île, en longeant le littoral ; on descend le versant sud de la chaîne de Valdemosa ; on va passer à
Benalbufar, 3,000 hab., petite ville située au bord de la mer, sur une haute colline plantée de vignes estimées.

On va passer au petit port d'**Andraix**, et la route, décrivant une courbe, va traverser trois ou quatre villages avant d'arriver à **Palma**, d'où le voyageur était parti.

Tout près de *Mayorque*, sont trois petites îles :

Dragonera, située à l'extrémité occidentale de la grande île, à un kilomètre seulement de la côte. Elle n'a aucune importance.

Conejera (île aux Lapins), qui n'est qu'une pointe de rochers, au sud et à 17 kil. de la côte de Mayorque.

Cabrera (île aux Chèvres), au sud de *Conejera*, dont elle n'est séparée que par un bras de mer à peine large comme une rivière.

C'est à Cabrera, sur ce rocher désert, que les Espagnols, après la bataille de Baylen, débarquèrent 5,000 soldats français, qui y subirent toutes les tortures de la maladie et de la faim. Le récit historique de cet acte de cruauté est plein de détails horribles.

ILE MINORQUE.

Minorque est la seconde île de ce groupe. Longueur, 53 kil.; largeur, 22 kil.; superficie, 8,600 kil. carrés; population, 34,500 hab.

Le climat est très-variable ; le sol très-inégal ; l'île est formée d'amas de rochers couverts d'une légère couche de terre. Les montagnes renferment des mines de fer, de cuivre, de plomb; des carrières de marbre, d'albâtre, de porphyre.

Çà et là, on trouve des pierres druidiques, des tombeaux celtiques, et, en fouillant le sol, de nombreuses antiquités romaines.

Les habitants ont le même type, les mêmes costumes moyen âge qu'à Mayorque.

La seule ville de *Minorque* est

Mahon, 15,500 hab., située à l'extrémité orientale de l'île, au fond d'un vaste port admirablement tracé et abrité. De loin, cette ville, qui s'élève au fond de la baie, offre un aspect imposant et gracieux. Mais, vue de près, rien n'est plus désert, plus ennuyeux, plus solitaire que cette série de rues dépeuplées.

Ce qu'il y a de plus curieux à Mahon, c'est le port, avec le cap Mola d'un côté, le fort San Felipe de l'autre, puis le *lazaret*; plus loin, l'îlot de la *Quarantaine*, et au milieu de la rade, l'îlot *del Rey*, où Alphonse III habita en 1287, et où s'élève un bel hospice militaire.

Au fond du port, au pied de la ville, sont rangés de nombreux magasins pour le commerce qui n'existe plus; et du côté gauche une jolie promenade au bord de la mer, la *Alameda*. — Orfila est né à Mahon.

Mahon (ou Port-Mahon), *portus Magonis*, doit son nom au général carthaginois Magon, qui la fonda 702 ans av. J. C. Les Anglais l'occupèrent depuis 1708 jusqu'en 1756, époque à laquelle le duc de Richelieu la leur enleva. Ils la reprirent en 1763, et les Espagnols s'en emparèrent en 1782.

Le port de Mahon exporte des vins, des fruits, du miel, des câpres, et fait un commerce de cabotage assez actif.

On peut aller de Mahon à *Ciudadela*, ancienne capitale, à l'autre extrémité de l'île. Voici l'itinéraire :

Une route très-inégale, tantôt très-large, tantôt fort étroite, part de Mahon, et traverse, de l'E. à l'O., l'île de Minorque dans toute sa longueur.

A peu de distance de Mahon, on trouve au bord de la route la statue du général anglais Kane, qui fit tracer cette voie. On passe près de

Allayor, 16 kil., 4,600 hab., chef-lieu d'un district, bien situé, beau climat, belle église avec des peintures et des sculptures dignes d'être remarquées ; puis à

Mercadal, 5 kil., 2,650 hab., petite ville mal construite, mais dans un site que le voisinage des montagnes rend très-pittoresque. On va passer à proximité de

Ferrarias, 16 kil., 1,700 hab., d'un aspect très-pauvre, entourée de bois et de rochers ; et on arrive à

Ciudadela, 12 kil., 7,400 hab., très-près, à l'extrémité occidentale de l'île, d'une baie. Elle est entourée d'une vieille enceinte de murailles. Sa cathédrale est un bel édifice gothique à une seule nef élégante et hardie, avec une tour.

La baie forme devant la ville un petit port bien abrité, commode, rempli de barques.

Près de là sont creusées, entre les rochers de la côte, deux immenses cavités où mugit et frappe l'eau de la mer. Il y a aussi aux environs deux grottes curieuses à visiter.

IVIÇA.

L'île d'Iviça est située à l'extrémité occidentale du groupe des Baléares. Elle est donc la plus rapprochée des côtes d'Espagne.

Elle a 40 kil. de long sur 17 de large. Population, 22,000 hab.

Ses côtes sont très-découpées et forment une suite de baies dont les meilleures sont celles d'Iviça et de San Antonio. Le climat est excellent. Le sol est très-montueux et boisé. Les vallées sont arrosées de nombreux cours d'eau et produisent du blé, du chanvre, des fruits, du coton. Les coteaux sont couverts de vignes et d'oliviers. L'île a des salines importantes et fournit à l'exportation une grande quantité de sel.

Le chef-lieu de l'île est

Iviça, 6,000 hab., jolie ville bâtie sur une hauteur, au-dessus d'un bon port au sud de l'île. Elle a un évêché suffragant de Tarragone.

On y remarque la forteresse, la cathédrale, trois hôpitaux, un collège et une promenade bien située.

FORMENTERA.

L'île Formentera est située au sud et à 5 kil. seulement de celle d'Iviça.

Elle a 17 kil. de long sur 4 de large. Population : 1,500 hab.

Le chef-lieu de cette île est

San-Fernando, 700 hab., bourg d'un aspect primitif, mais bien situé. Le reste de la population est dispersé dans l'île,

Dans les prairies et les taillis, on trouve des chèvres sauvages; les parties habitées sont fertiles et bien cultivées.

ILES CANARIES

L'archipel des *Canaries* est situé dans l'océan Atlantique, près de la côte occidentale d'Afrique.

Il est à environ 1050 kil. au S. O. de Cadix ; et à 130 kil. du littoral africain.

Superficie totale: 846,560 kil. carrés. — Population : 229,000 hab.

Ces îles sont des groupes de montagnes volcaniques, dont quelques-unes (comme le Pic de Ténériffe) sont très-élevées, les sommets sont arides et parfois couverts de neige.

Mais les collines et la région inférieure des monts sont couverts de vignobles qui produisent des quantités considérables de vin de *Malvoisie* et de vin de *Madère*, analogue à celui de l'île Madère. La *cochenille*, dont la production a pris de grands développements, constitue maintenant le principal revenu de ces îles.

Dans les vallées et les plaines, la végétation est admirable. Les orangers, le tabac, les pêches, le coton, le chanvre, la pomme de terre, les bananes, les dattes, y viennent en abondance. Le nopal à cochenille couvre, avec la vigne, les plus grandes étendues. — Le vin et la cochenille sont l'objet d'une exportation considérable et constituent toutes les ressources commerciales de cet archipel.

Les îles Canaries, en raison des bizarres accidents du sol, de la fertilité du territoire, de la beauté du climat et des mœurs primitives du pays ; en raison surtout de l'accueil hospitalier des habitants, sont pour le voyageur une des contrées les plus agréables à visiter.

Cet archipel est formé de sept îles : Ténériffe, Gran Canaria, Lanzarote, Fuerteventura, Palma, Gomera et Hierro.

Il constitue une capitainerie générale, une circonscription de cour d'appel (audiencia) ; une province administrative ; deux diocèses ; et envoie deux députés aux Cortès.

Voici les distances des sept îles relativement à Cadix, et à chacune des autres :

Il y a, en lieues marines :

ILES. — ILE TÉNÉRIFFE.

	Cadix.	Ténériffe.	Gran Canaria	Lanzarote.	Fuerte-Ventura.	Palma.	Gomera.	Hierro.
De Ténériffe à....	250	»	10	46	30	15	16	17
Gran Canaria à	237	10	»	34	15	40	28	36
Lanzarote à...	195	46	34	»	5	79	79	80
Fuerteventura à	210	30	15	5	»	72	60	66
Palma à......	239	15	40	79	72	»	9	12
Gomera à.....	250	16	28	79	60	9	»	6
Hierro à......	265	17	36	80	66	12	6	»

De même que les *Baléares* sont le résultat d'un prolongement sousmarin de la côte d'Espagne qui s'avance dans la mer au cap Saint-Martin; de même les *Canaries* sont considérées comme un prolongement des montagnes de l'Afrique qui, à peu de distance de la côte, surgit au-dessus des flots.

ILE TÉNÉRIFFE.

Longueur, 80 kil.; largeur, 40 kil.; superficie, 2,208 kil. carrés. Population, 80,000 hab.

C'est dans cette île composée de montagnes que s'élève le célèbre *Pic de Ténériffe*. Il a 3,808 mètres de haut; il se termine, au sommet, par un cratère, et a fait plusieurs éruptions, la dernière en 1798. Il se dresse, isolé, au milieu d'un vaste cercle formé par une chaîne de montagnes de dix lieues de circonférence et d'une hauteur générale d'environ 2,600 mètres.

Les flancs des montagnes et les coteaux sont couverts de vignobles qui fournissent les vins précieux dits de Malvoisie et de Madère. Les vallées et les plaines sont couvertes de la plus belle végétation; les côtes sont très-poissonneuses.

Les villes principales sont :

Santa Cruz, 12,000 hab., chef-lieu de la province que forme ce groupe d'îles; résidence du capitaine général; siége de l'audiencia et des consulats; ville bien bâtie, peuplée de maisons élégantes, mais dépourvue de monuments. Le seul édifice à signaler est la cathédrale, *la Conception*, qui forme cinq nefs.

Le port est assez actif et est en voie de prospérité. On prend à Santa Cruz une route qui mène à

La Laguna, 8,600 hab., siége d'un évêché, située dans une plaine bien cultivée. On y visite l'hôtel de ville, les archives des Canaries une vaste cathédrale qui possède des œuvres d'art, et divers palais particuliers. La route se continue au delà, jusqu'à

La Orotava, 8,600 hab., ville très-agréable, située sur une colline, en face d'une vallée merveilleuse par sa fertilité et son climat. Elle possède un jardin botanique où croissent les plantes de l'Afrique et de l'Amérique méridionale.

C'est à cette ville qu'on prend le meilleur chemin pour aller à travers le cercle de montagnes au *pic de Ténériffe*, ou pic de Teyde.

A 5 kil. d'Orotava, au bord de la mer, est le

Puerto de Orotava, 3,800 hab., petite ville avec un très-beau port.

Près du pic de Teyde, on trouve aussi

Icod de los Vinos, 4,000 hab., à 53 kil. de Santa Cruz. Le territoire environnant produit des vins très-estimés.

ILE GRAN CANARIA.

Superficie, 199,000 hectares; longueur, 12 lieues; population, 83,000 hab. — A dix lieues de Ténériffe.

Sol volcanique, mêmes productions qu'à l'île de Ténériffe : vins, cochenille, maïs, agaves, miel, pins, mûriers, palmiers, orangers, citronniers, oliviers. La culture s'étend jusqu'à des régions très-élevées.

Le chef-lieu est

Las Palmas, 18,000 hab., ancienne capitale des îles Canaries, la plus belle ville de cet archipel et qui eût mérité d'en rester la capitale.

Elle est située au bord de la mer, avec un port (le port de *la Luz*) qu'on a beaucoup amélioré depuis quelques années.

Le climat y est délicieux; les promenades y sont belles, plantées d'arbres, ornées de fontaines. Cette ville possède une cathédrale qui date de ce siècle, un hôtel de ville reconstruit en 1848, le seul théâtre qu'il y ait aux Canaries, un palais de justice, un séminaire, un hospice, un asile, deux bibliothèques. Ses habitations sont élégantes; la ville est animée et commerçante. C'est la plus agréable à visiter.

On peut suivre une route qui fait le tour de l'île, passe à de nombreux villages, parcourt des sites très-accidentés et mène à la jolie petite ville de **la Aldea**.

ILE FUENTEVENTURA.

Superficie, 2,502 kil. carrés; population, 10,000 hab. A 15 lieues de Gran Canaria.

Sol calciné, sec, peu fertile; pas de ville; quelques bourgs, dont les deux plus importants sont :

Bétancuria, 800 hab., dans lequel on voit maintenant en ruines les châteaux gothiques qu'y éleva Jean de Bétancourt, qui vint, en 1402, avec ses Normands, faire la conquête de cette île.

Puerto de Cabras, 600 hab., petit port de pêche et de cabotage, parfaitement situé.

ILE LANZAROTE.

Longueur, 53 kil.; largeur, 22 kil.; superficie, 25 lieues carrées. Population, 15,400 hab.

Peu de culture; taillis et pâturages gazonneux couverts de troupeaux de moutons et de chèvres.

Localités principales : **Téguise**, 2,500 hab. — **Arefice**, 1,500 hab. — **San Bartholomé**, 1,400 hab.

ILE PALMA.

Superficie, 600 kil. carrés. Population, 34,500 hab. Longueur, 7 lieues, sur 7 de largeur. A 15 lieues de Ténériffe, et à 40 de Gran-Canaria.

Cette île forme une masse volcanique qui s'élève à 3,670 mètres au-dessus du niveau de la mer. Les parties qu'on peut cultiver produisent surtout des vins, des fruits, du miel, des mûriers. La plus grande partie est aride. Le chef-lieu est

Santa Cruz de la Palma, 6,000 hab., jolie ville bâtie en amphithéâtre au fond d'une baie, qui forme un port profond et bien abrité. Sa population est active; la ville possède quelques industries, surtout des fabriques de soie. Une église d'une belle architecture et quelques vieux couvents sont les seuls édifices à remarquer. On trouve sur le port des chantiers de construction.

ILE GOMERA.

Cette île a une forme presque circulaire. Elle mesure 26 kil. de long sur 22 kil. de large. Population : 12,000 hab.

Sol montagneux, fertile, vallées arrosées de nombreux ruisseaux; population active. Gomera est en pleine prospérité. — Sa ville principale est

San Sebastian, 1,650 hab., bâtie devant un port commode et très-commerçant.

ILE DE HIERRO.

Superficie, 213 kil. carrés. Population, 4,600 hab. — La plus éloignée du groupe et la plus curieuse par son aspect extérieur.

C'est une masse volcanique qui domine la mer comme une forteresse. Le sol est montagneux, boisé sur quelques points, et produit des fruits et des vins.

En débarquant au port de *Ynama*, on prend une route qui conduit à

Valverde, 12 kil., 4,000 hab., la seule ville de cette île, dont elle absorbe presque toute la population. Elle ne possède aucun édifice à remarquer. Le territoire qui l'entoure est fertile et bien cultivé.

FIN DU GUIDE EN ESPAGNE

PORTUGAL

PREMIÈRE PARTIE
RENSEIGNEMENTS GÉNÉRAUX

ASPECT GÉOGRAPHIQUE

Le royaume de Portugal est situé à l'extrémité sud-ouest de la Péninsule, qui s'avance dans l'Océan. Il est placé entre le 36° et le 42° degré de latitude *Nord*, et entre le 8° et le 11° de longitude *Est* du méridien de l'île de *Hierro*.

Sa plus grande longueur est de 465 kilom., sa largeur de 200 kilom.

Superficie du Portugal : — Sur le continent : 1771 myriamètres carrés 1/2. — Iles d'Europe, 69 myriamètres carrés 74 kilomètres carrés. — Possessions en Afrique, 24,832 myriamètres carrés. — Possessions en Asie, 80 myriamètres carrés environ.

Le Portugal est placé dans une situation exceptionnellement favorable. La moitié de son périmètre est baignée par l'Océan ; c'est sur son territoire que sont les embouchures de quatre grands fleuves qui arrosent la péninsule : le *Tage*, le *Douro*, le *Minho* et la *Guadiana*, qui au S. E. marque la frontière des deux royaumes.

Des rivières nombreuses y coulent ; de hautes chaînes de montagnes, prolongements de celles d'Espagne, le traversent au centre et au sud.

Fleuves et rivières. — *Fleuves :* le *Tage*, le *Douro*, le *Minho* et la *Guadiana*, qui prennent leurs sources sur le territoire espagnol. — *Rivières :* la *Suiva*, le *Cavado*, la *Lanega* (qui vient d'Espagne); — la *Tua*, la *Tamaga*, la *Coa*, qui se jettent dans le Douro ; — la *Vouga* et le *Mondego*, dans l'Océan ; — le *Zezera*, la *Vereza*, l'*Ervedal*, affluents du Tage ; — le *Saldao*, qui se jette dans l'Océan ; — huit rivières qui, coulant en sens inverse des précédentes, se jettent dans la Guadiana ; — et une si grande quantité de cours d'eau qu'on évalue leur nombre à 300, sur ce petit territoire.

Montagnes. — La *sierra de Alcoba*, petite chaîne transversale, au nord de Coïmbre ;

La *sierra Estrella*, énorme chaîne qui est le prolongement des montagnes de la Vieille-Castille. Elle va de la province de *Salamanca* jusqu'aux bouches du Tage et finit au bord de l'Océan par le *Mont Cintra*, près de Lisbonne.

La *sierra de Estremoz* et la *sierra de Ourique*, formant une même chaîne qui descend depuis Elvas jusqu'à l'extrémité du Portugal.

La *sierra de Caldeira*, placée transversalement au bout de la précédente. Elle s'étend depuis le cap Saint-Vincent jusqu'à l'embouchure de la Guadiana, et occupe toute la largeur du littoral du sud du Portugal.

Climat et productions. — Le climat du Portugal est très-agréable. La chaleur y est tempérée par les courants que déterminent en tous sens les chaînes de montagnes et les vallées, par de nombreuses rivières, par la brise de l'Océan, qui entoure la moitié de son étendue.

Quant aux productions, elles sont aussi variées que le sol est accidenté.

Les plaines et les plateaux sont couverts de céréales ; sur les collines et sur le flanc des montagnes s'étendent des vignes qui produisent des vins précieux ; les vallées sont toutes vertes d'orangers, de citronniers, de grenadiers ; dans toutes les régions montagneuses sont de vastes forêts de chênes et de chênes-verts. Les pâturages à herbe courte nourrissent des troupeaux de moutons et de chèvres. Les fleuves sont très-poissonneux et sur le littoral la pêche est considérable.

S'il était habité, cultivé, exploité par une population nombreuse, industrielle, laborieuse, le Portugal atteindrait rapidement une richesse et une prospérité exceptionnelles.

Les productions minérales sont les mêmes que celles de la Vieille-Castille et de l'Estramadure : — Carrières de marbre, métaux, pierres précieuses, mines de fer abondent dans les flancs des montagnes.

Le réseau des chemins de fer produira au point de vue de l'activité commerciale et agricole un progrès considérable. Il n'y a pas en Europe un pays qui offre plus de ressources naturelles et où elles aient été jusqu'à ce jour plus négligées par les habitants.

HISTORIQUE DU PORTUGAL

Nous avons résumé à grands traits (V. p. 16) l'historique des peuples de la Péninsule, et en même temps les principales phases qu'a traversées le Portugal.

Le pays qui forme ce royaume actuel était occupé par les Celtes.

Après la conquête romaine il comprenait la *Lusitanie* et une partie de la *Bétique*, au sud. Ce ne fut qu'après une résistance énergique contre les Carthaginois et les Romains que les habitants, accablés, massacrés, furent domptés par les armées de Rome.

Pendant cinq siècles et demi, de 140 avant Jésus-Christ à 409 après Jésus-Christ, cette contrée resta province romaine; — puis vint l'invasion des Barbares.

Les Alains s'y établirent les premiers, en 409. Après eux les Visigoths, en 585.

L'invasion des Arabes arriva ensuite. La grande bataille du Guadalete, puis Xérès, leur livra l'Andalousie et le sud-ouest de la Péninsule, en 711.

Le Portugal fut alors très-disputé. Au nord, les rois catholiques des Asturies, au sud, les Arabes, se disputèrent ardemment son territoire. Vers 1095, les rois catholiques avaient étendu leurs possessions jusqu'au Tage. Le Midi restait aux Maures. Enfin, en 1139, Alphonse VI, après une victoire décisive dans le sud du Portugal sur cinq rois arabes, fut proclamé à *Ourique*, par son armée, roi de Portugal.

Il était fils de Henri de Bourgogne ; il commença la dynastie de Bourgogne sur le trône portugais. Ses successeurs ajoutèrent au royaume les provinces d'*Estramadure*, d'*Alemtejo* et des *Algarves* (1253).

En 1355, la *branche d'Aviz* occupa le trône. Elle donna au Portugal une prospérité rapide ; elle étendit sur la côte d'Afrique ses conquêtes ; les souverains envoyèrent leurs navigateurs et leurs soldats planter le pavillon portugais jusque dans l'Inde, jusque dans l'Amérique du sud, où ils firent la conquête du Brésil. Cette époque fut la plus glorieuse pour le Portugal.

En 1580, à la mort du dernier roi de la branche d'Aviz, commença pour les Portugais un désastre de soixante années. Le royaume tombe au pouvoir des Espagnols ; il perd sa marine, il perd ses colonies, dont la Hollande s'empare ; sa prospérité se change en décadence.

En 1640, la *maison de Bragance* monta sur le trône et rendit l'indépendance au Portugal. Cet État ressaisit alors une partie de ses colonies en Afrique et au Brésil. Le royaume subsista ainsi, sous cette dynastie, jusqu'à 1807, époque à laquelle Napoléon Ier, par le traité secret de Fontainebleau, démembra en trois parts le Portugal.

Le roi et la famille royale allèrent chercher un refuge au Brésil. Les Portugais entrèrent dans l'alliance des Anglais et des Espagnols pour combattre la domination française et venger leur monarchie. Ils combattirent avec vigueur et repoussèrent Soult et Masséna, comme Junot.

En 1821, le roi Jean VI revint du Brésil, et accepta la constitution libérale qu'en son absence les Cortès avaient votée, à l'imitation des Cortès espagnoles.

Mais comme Ferdinand VII, le roi Jean VI, à la faveur d'une révolution, se dégagea de cette charte, sans accepter les principes absolutistes de l'infant dom Miguel.

Pendant les discordes qui suivirent cet événement, en 1822, le Brésil se déclara indépendant, et l'infant dom Pedro, autre fils du roi, s'y fit proclamer empereur.

A la mort du roi Jean VI, son fils dom Pedro, empereur du Brésil, héritier de la couronne de Portugal, céda cette couronne à sa fille doña Maria, en 1826.

Une lutte ardente s'engagea entre les chartistes, partisans de la jeune reine et les absolutistes, partisans de dom Miguel.

PORTUGAL. — ORGANISATION DU ROYAUME.

Le 3 juin 1828, ce prétendant se fit proclamer roi. Mais en 1831, dom Pedro, ayant abdiqué la couronne du Brésil, arriva en Portugal; il rétablit sa fille doña Maria sur le trône, en 1833. Une constitution libérale fut donnée ; puis, en 1842, les chartistes rétablirent la charte de dom Pedro. Le règne de doña Maria fut pour le Portugal une époque de prospérité ; le premier ministre était alors Costa-Cabral, comte de Thomar.

En 1851, le maréchal Saldanha souleva une révolution militaire, sous prétexte de réformer la charte de 1826. Le parti dont le maréchal est le chef a conservé depuis cette époque l'influence dominante.

En 1853, dom Pedro V fut proclamé roi sous la régence de son père dom Ferdinand, prince de Saxe-Cobourg, époux de la reine doña Maria. A la mort de ce jeune prince, en 1861, son frère dom Luis monta sur le trône portugais, qu'il occupe sous le nom de Luis Ier.

III

ORGANISATION POLITIQUE, ADMINISTRATIVE, JUDICIAIRE ET MILITAIRE DU PORTUGAL

Le gouvernement du Portugal est une monarchie constitutionnelle.

Il a pour base la charte (*carta de ley*) donnée par le roi dom Pedro IV en 1826 et modifiée par les Cortès en 1852.

La couronne est héréditaire en ligne masculine et féminine.

Le roi dom *Louis Ier* a le titre de roi de *Portugal et des Algarves*, et duc de Saxe.

Il est né le 31 octobre 1838 et occupe le trône depuis le 11 novembre 1861. — Il a épousé, le 6 octobre 1862, la princesse Marie-Pie, fille du roi Victor-Emmanuel d'Italie.

Le Portugal possède :

1° *Une Chambre des pairs*, composée de 108 membres, nommés à vie par le roi.

2° *Une Chambre des députés* (Cortès) dont les membres sont au nombre de 179 et élus par le peuple.

3° *Un Conseil d'État*, composé de 12 à 15 conseillers nommés à vie par le roi.

4° *Une Cour des comptes.*
5° *Un Tribunal suprême de justice.*
6° *Un Conseil suprême de justice militaire.*
7° *Un Conseil des colonies.*

Il y a, en outre, les sept ministères : de l'Extérieur ; — de l'Intérieur ; — des Travaux publics, de l'Agriculture et du Commerce ; — des Finances ; — de la Justice et des Cultes ; — de la Guerre ; — de la Marine et des colonies.

Ordres. Les *ordres* du Portugal sont :

L'ordre du *Christ* (ancien ordre des Templiers), fondé par dom Denis en 1317 ;

L'ordre de *San Benito d'Aviz*, fondé par dom Alfonse Ier (Henriquez) le 13 août 1162 ;

L'ordre de *Saint-Jacques de l'Épée*, (ancien ordre religieux sécularisé en 1789), fondé par don Alfonse (Henriquez) en 1177 ;

L'ordre de *la Tour et de l'Épée*, fondé par Alphonse V en 1459 ;

L'ordre de *Notre-Dame-de-la-Conception-Villa-Viçosa*, fondé par dom Jean VI le 6 février 1818 ;

L'ordre de *Sainte-Élisabeth* (pour les dames), fondé par le prince-régent dom Jean, le 4 novembre 1801.

Divisions : Le royaume est divisé en provinces administratives, en districts. Il est partagé aussi en divisions militaires, — en cours d'appels — et en communes.

Divisions administratives. — Le Portugal est divisé en 21 DISTRICTS. En voici la liste avec les noms des anciennes *provinces* qui ont servi à les former :

ANCIENNES PROVINCES :	CHEFS-LIEUX DES DISTRICTS :
ESTRAMADURE	Lisbonne. Santarem. Leiria.
MINHO	Braga. Porto. Vianna do Castello.
TRAS OS MONTES	Bragance. Villaréal.
HAUT-DEIRA	Aveiro. Coïmbre. Viseu.

PORTUGAL. — DIVISIONS DU ROYAUME.

ANCIENNES PROVINCES :	CHEFS-LIEUX DES DISTRICTS :
Bas-Beïra.	Guarda.
	Castello Branco.
Algarve.	Faro.
Alentejo.	Beja.
	Evora.
	Portalegre.
Iles Açores.	Angra.
	Horta.
	Ponta-Delgada.
Ile Madère.	Funchal.

Les districts portent le nom du chef-lieu; chacun d'eux est administré par un gouverneur ou préfet.

Divisions militaires. — Le territoire portugais et les îles sont divisés en douze commandements militaires.

Voici les villes qui sont les sièges de ces commandements :
1° *Lisbonne*; — 2° *Viseu*; — 3° *Porto*; — 4° *Braga*; — 5° *Chaves*; — 6° *Castello Branco*; — 7° *Estremoz*; — 8° *Tavira*.

Dans les îles : 9° *Madère*; — 10° *Terceira*; — 11° *San Miguel*; — 12° *Fayol*.

Marine : Un chef d'escadre.

Colonies. — Les possessions portugaises d'outre-mer sont divisées en six provinces commandées par des gouverneurs généraux. — Chacune des îles comprises dans ces circonscriptions a son sous-gouverneur particulier.

Voici ces six gouvernements :
1° *Iles du Cap-Vert* et *Guinée*.
2° *Iles de Saint-Thomas et du Prince*.
3° *Angola*, d'où dépendent : Benguela, Bossomedes, Ambiez, Golungo-Alto.
4° *Mozambique*, d'où dépendent : Zambeza, Tette, Inhambane, Laurent-Marquès, Sofala, et les îles du cap Delgado.
5° *Indes* : Daman, Diu, Timor et Solor.
6° *Macao*.

Divisions judiciaires. — Outre la cour suprême de justice qui étend sa juridiction sur tout le royaume, il y en Portugal trois cours d'appel : celles de *Lisbonne*, de *Porto* et des *Açores*.

IV

STATISTIQUE DU PORTUGAL

POPULATION. — CLERGÉ. — ARMÉE. — MARINE. — BUDGET. — CHEMINS DE FER, CANAUX, ETC., ETC.

Population. — La population totale du Portugal et de ses colonies est de 6,269,824 habitants.

Ce chiffre se divise ainsi :

Population du royaume, avec les îles Açores et Madère : 3,923,410 hab.

Aux possessions d'*Afrique*, Cap-Vert, Sénégambie, Mozambique, Angola, etc., etc. : 1,057,931

Aux possessions d'*Asie*, Indes, Damao, Archipel indien, Macao, etc. : 1,288,483

Clergé. — Le Portugal compte :

Sur le continent : 3 *archevêchés* (Lisbonne, Braga et Evora) et 16 *évêchés*.

Dans ses possessions d'outre-mer : 1 *archevêché* (Goa) et 2 *évêchés* (Madère et Macao).

Armée. — L'armée portugaise comprend : 3,108 officiers, 21,022 soldats et 2,065 chevaux.

État-major général : 1 maréchal-général, 1 maréchal de l'armée, 13 lieutenants généraux, 15 maréchaux de camp, 15 brigadiers, 41 officiers généraux.

Corps d'état-major : 50 officiers.

Génie : État-major, 68 officiers, — 1 bataillon à 4 compagnies, — 3 officiers, 317 soldats.

Artillerie : État-major, 36 officiers, — 3 régiments de 26 pièces en temps de paix et de 72 en temps de guerre : — 107 officiers, — 1,278 soldats, — 231 chevaux.

Cavalerie : 2 régiments de lanciers et 6 régiments de chasseurs : — 244 officiers, — 2,253 soldats, — 1,515 chevaux.

Infanterie : 18 régiments : — 683 officiers, — 9,218 soldats, — 88 chevaux.

PORTUGAL — ARMÉE. MARINE. BUDGET.

9 bataillons de chasseurs à pied : — 314 officiers, — 5,468 soldats, — 27 chevaux.

Service de santé : — 16 officiers, — 106 soldats.

Gardes municipales : — 56 officiers, — 1,654 soldats, — 206 chevaux.

Vétérans : — 763 officiers, — 2,728 soldats.

Officiers détachés dans les places ou en disponibilité : — 666.

Aux possessions d'outre-mer, le Portugal possède des bataillons de milice divisés en deux lignes et dont l'effectif s'élève à 8,236 hommes, pour la première série, et 9,572 pour la seconde.

Marine. — La marine portugaise se composait en 1862 de : — 1 vaisseau de 76 canons; — 1 frégate de 40 canons; — 3 corvettes, 44 canons; — 2 bricks 22 canons; — 9 schoners ou cutters, 23 canons; — 9 transports, 7 canons; — 11 vapeurs, 8 canons.

Bâtiments	Armés.	Désarmés.	En construct.	Total.	Canons.	Hommes.
A voiles	16	10	1	27	212	1,308
A vapeur	10	»	1	11	82	1,654
	26	10	2	38	294	2,962

Le personnel des officiers de marine comprend : 1 vice-amiral, 1 chef d'escadre, 4 chefs de divisions, 10 capitaines de vaisseau, 20 capitaines de frégate, 30 capitaines-lieutenants, 50 lieutenants de 1re classe, 100 lieutenants de 2e. — Total : 216.

Budget. — Voici les chiffres du budget du royaume de Portugal pour l'année 1862-1863 :

Total des *recettes* . . . . 14,850,415,156 *réis.*
Total des dépenses . . . . 15,714,520,135 *réis.*

Déficit pour cet exercice . . . . . 914,104,979 *réis.*

Le *réis* (unité monétaire en Portugal) vaut un 170me de franc. Le budget portugais, évaluée en francs, est donc la 170me partie des nombres ci-dessus.

Les possessions d'outre-mer ont un budget séparé dont voici les chiffres :

Recettes . . . 979,058,000 réis.
Dépenses . . . 1,066,157,785 réis.

Dette publique. — Elle se compose de trois éléments :

Dette intérieure	66,288,550,000 *réis.*
Dette extérieure.	64,958,454,545 *réis.*
Différée intérieure	2,885,738,438 *réis.*
Différée extérieure	2,368,719,000 *réis.*

Dette aux *Juros* (intérêts) :

Intérieure..	404,738,676 *réis.*
Extérieure.	1,092,037,745 *réis.*

Chemins de fer. — La construction des chemins de fer n'a commencé que depuis cinq ou six ans en Portugal.

L'étendue kilométrique livrée à la circulation se borne à 75 kilom. de *Lisbonne* à *Abrantès*, — et 140 kil. sur la ligne de *Barreiro* à Evora.

Il faut y ajouter pour les lignes en *construction* ou projetées :

De Lisbonne à Cintra, 41 kil. — De Lisbonne à Coïmbre, 100 kil. — De Coïmbre à Porto, 96 kil. — Ligne de Santarem à Elva et la frontière d'Espagne, 190 kil. — D'Evora à Beja, 45 kil. — De Barreiro à Setubal, 45 kil.

Ce réseau formera donc un ensemble de 754 kil. environ, quantité insuffisante, car elle laisse sans chemin de fer les deux extrémités en Portugal : au sud, les Algarves, au nord-est les deux provinces de Beira.

Routes. — Le Portugal a peu de routes. Les principales seront bientôt remplacées par des chemins de fer.

Les plus praticables sont celles :

De Lisbonne à Lerida, à Coïmbre, à Barcellos, à Porto et à Vigo (Espagne).

D'Abrantès à Castel Blanco et à Guarda.

De Lisbonne à Braga ; — de Lisbonne à Peniche, — à Leiria, — à Bragance, — à Elvas et Badajoz ; — de Lisbonne à Setubal, — à Elvas et Badajoz (ligne d'Espagne), — à Beja (par Evora).

De Beja à Castromarin, — à Faro ; — de Faro à Lagos.

Commerce extérieur. — Le commerce extérieur du Portugal pendant les dernières années peut être évalué, par an, aux chiffres suivants :

Importations : 20,451,809,800 réis.

Exportations : 16,299,035,500 réis.

Contributions principales. — Les principales contributions produisent :

Impôts directs : 4,489,466,950 *réis.*

Impôts indirects : 7,857,706,524 *réis.*

Domaines nationaux et recettes *diverses :* 2,070,551,198 *réis.*

V

RENSEIGNEMENTS SPÉCIAUX POUR LE VOYAGEUR

PASSE-PORTS. — DOUANES. — CHEMINS DE FER. — BATEAUX A VAPEUR. — POSTES — POIDS ET MESURES. — MONNAIES.

Passe-ports. — En Portugal, comme en Espagne, une décision récente a aboli l'usage des passe-ports.

Voici le décret du mois d'avril 1863 à ce sujet :

« Dom Luis, par la grâce de Dieu, etc., promulguons la loi suivante :

« Art. 1er. Sont abolis les passe-ports pour l'intérieur du royaume du Portugal.

« Art. 2. Tous les individus, nationaux et étrangers, peuvent circuler librement sur le continent et les îles adjacentes sans passe-port ou tout autre document semblable.

« Art. 3. Le gouvernement fera aux règlements de police les modifications convenables pour que les voyageurs venant de pays étrangers ne rencontrent aucune entrave dans leur circulation et ne payent pas de droits qu'ils ne doivent pas.

« Art. 4. Est *aboli* le droit de 600 reis que payent actuellement les étrangers qui entrent par la barre de Lisbonne.

« Art. 5. Est révoquée toute la législation à ce contraire. »

Douanes. — Mêmes observations que pour les douanes du royaume espagnol. — V. page 31.

Ajoutons que la douane portugaise est encore plus sévère que celle d'Espagne. En arrivant à Lisbonne le voyageur voit ses bagages fouillés avec soin : il se voit confisquer le tabac et tous les objets prohibés ; quant aux vêtements neufs, objets de toilette, liqueurs, vins, objets d'art, étoffes, livres, etc., etc. Ici plus encore qu'à la frontière espagnole, ils sont soumis à des droits fort chers. Le douanier fixe une somme totale; il faut payer sans autre explication.

Chemins de fer. — On peut circuler en ce moment (janvier 1864) sur les lignes suivantes : — De Lisbonne à Cintra ; — de Lisbonne à Santarem (première partie de la ligne qui doit se prolonger jusqu'à *Porto*) ; — de Lisbonne à Abrantès (première partie de la ligne qui passera à Erato, à Portalègre, et atteindra Badajoz) ; — de Lisbonne à Evora, pour se continuer : au sud, vers Beja ; — à l'ouest vers Villa-Viçosa et Badajoz (Espagne).

Bateaux à vapeur. — Le voyageur pour se rendre à Lisbonne par mer peut profiter des divers services réguliers qui desservent ce port. — Il y a :

Les *paquebots de Saint-Nazaire*, qui partent de ce port le 5, le 15, le 20 de chaque mois, et font le service des ports de la côte entre Saint-Nazaire et Malaga.

Les *bateaux à vapeur à hélice* entre Marseille et Santander. Ils font le tour complet de la Péninsule et en desservent tous les ports, y compris Lisbonne (V. page 33). Départ de Marseille tous les dix jours.

Les *paquebots anglais* : — ceux de *Royal-Mail-Steam-Packet*, partant de Southampton le 9 de chaque mois pour Rio-Janeiro et faisant escale à Lisbonne ; — ceux de la *Ligne-Péninsulaire*, partant trois fois par mois de Southampton, tous les dix jours, et touchant à Lisbonne.

Poids. — Les poids les plus usités en Portugal sont : l'*arrobe*, la livre (*arratel*), le *marc*, l'*once*, l'*oïtave*, le *grain*.

L'arrobe vaut 32 livres		= 14 kilogrammes, 688 grammes.				
La livre	—	2 marcs	= 0	—	459	—
Le marc	—	8 onces	= 0	—	229	—	50 centigr.
L'once	—	8 oïtaves	= 0	—	28	—	69	—
L'oïtave	—	72 grains	= 0	—	4	—	58	—
Le grain	—	» »	= 0	—	0	—	6	—	50 milligr.

Mesures. — MESURES DE DISTANCE :

La *lieue* portugaise (de 18 au degré) vaut 5 kilom., 552 mètres.
La *vara* (aune) vaut 1 mètre, 10 centimètres.
Le *covado* (coudée) vaut 0 mètre, 67 centimètres.
Le *pied* vaut 0 mètre, 32 centimètres, 8 millimètres.

MESURE AGRAIRE. — La *geira* vaut 58 ares 27 centiares 1/2.

MESURES DE CAPACITÉ. — Les plus usitées sont :

L'*almude* (pour les liquides) contenant 16 litres 95 centilitres.

L'*alqueire* (pour les grains) contenant 13 litres 81 centilitres 1/2.

Monnaies. — En Portugal, l'unité monétaire est le *réis*. — 100 réis valent 62 centimes. — 1 franc vaut 170 *réis*.

L'usage des monnaies et surtout la manière de compter, en Portugal, sont fort difficiles pour les étrangers.

Une loi du 30 juin 1835 a créé une division décimale des monnaies. On a donc les pièces suivantes :

Cuivre..	5 réis (*Cinco réis*)......	» fr.	3 cent.
	10 réis (*Dez réis*).......	»	6
	20 réis (*Vintems*).......	»	12
	40 réis (*Dois vintems*)....	»	25
Argent.	50 réis (*Méio tostao*).....	»	31
	100 réis (*Tostao*)........	»	62
	200 réis (*Dois tostoes*)....	1	24
	500 réis (*Cinco tostoes*)...	3	10
Or....	1,000 réis (*Décimo de Coroa*...	6	25
	2,000 réis (*Quinta de Coroa*)...	12	50
	5,000 réis (*Méia-Coroa*).....	31	25
	10,000 réis (*Coroa*)........	62	50

A voir cette liste on pourrait croire que l'usage des monnaies portugaises est aussi facile que régulier. — Mais on est bien vite désillusionné. En créant ces monnaies nouvelles on a laissé en circulation toutes les *anciennes*. Aussi le voyageur voit-il circuler toutes sortes de pièces dont il ignore la valeur. Les plus répandues sont :

Argent.	Le *Meio Tostao*......	50 réis.
	Le *Tres Vintems*......	60
	Le *Doze Vintems*.....	240
	Le *Cruzado nuovo*.....	480
Or....	Le *Dobrao*.........	24,000
	La *Moeda de Ouro*.....	4,800
	Le *Quarthino*.......	1,200
	La *Dobra*..........	12,800
	La *Meia Dobra*......	6,400
	Le *Quarthino de Dobra*..	3,200
	Le *Cruzado nuovo*.....	480

Ce n'est pas tout encore ; les Portugais (en raison sans doute de la petitesse de la valeur du réis) ne comptent pas *par réis* ; ils expriment presque toujours les nombres par des noms particuliers donnés à telle ou telle somme :

Ainsi, au lieu de dire *un million de réis*, ils disent un *conto* ; — au lieu de 1,000 réis, un *pataca* ; — au lieu de 5,000 réis, une *coroa* ; — au lieu de 40 réis, un *pataco* ; — au lieu de 6,400 réis, une *peça* ; — au lieu de 20 réis, un *vintem*, etc., etc.

La pièce française de 5 fr. *en argent* a cours en Portugal pour 1,000 réis.

La livre sterling des Anglais est acceptée pour 4,500 réis ; la demi-livre pour moitié.

En monnaie espagnole,

La *Coroa* (de 10,000 réis) vaut 228 réaux.
Le *Decimo de Coroa* (dixième) = 22 réaux, 80 cuartos.
La *Tostao* (de 100 réis) = 2 réaux, 28 cuartos.
Le *Cinco Tostoes* (de 500 réis) = 11 réaux, 40 cuartos.

Billets de Banque. — Les billets de banque étrangers n'ont pas cours en Portugal. Il faut, chez les changeurs ou les banquiers, les échanger contre ceux du pays ou de la monnaie portugaise.

Les voyageurs qui vont d'Espagne en Portugal, ou de Portugal en Espagne, ne devront pas oublier que les billets et la monnaie de chacun de ces deux États ne sont pas acceptés dans l'autre.

Il y a en Portugal deux banques qui émettent des billets : celle de *Lisbonne* et celle de *Porto*.

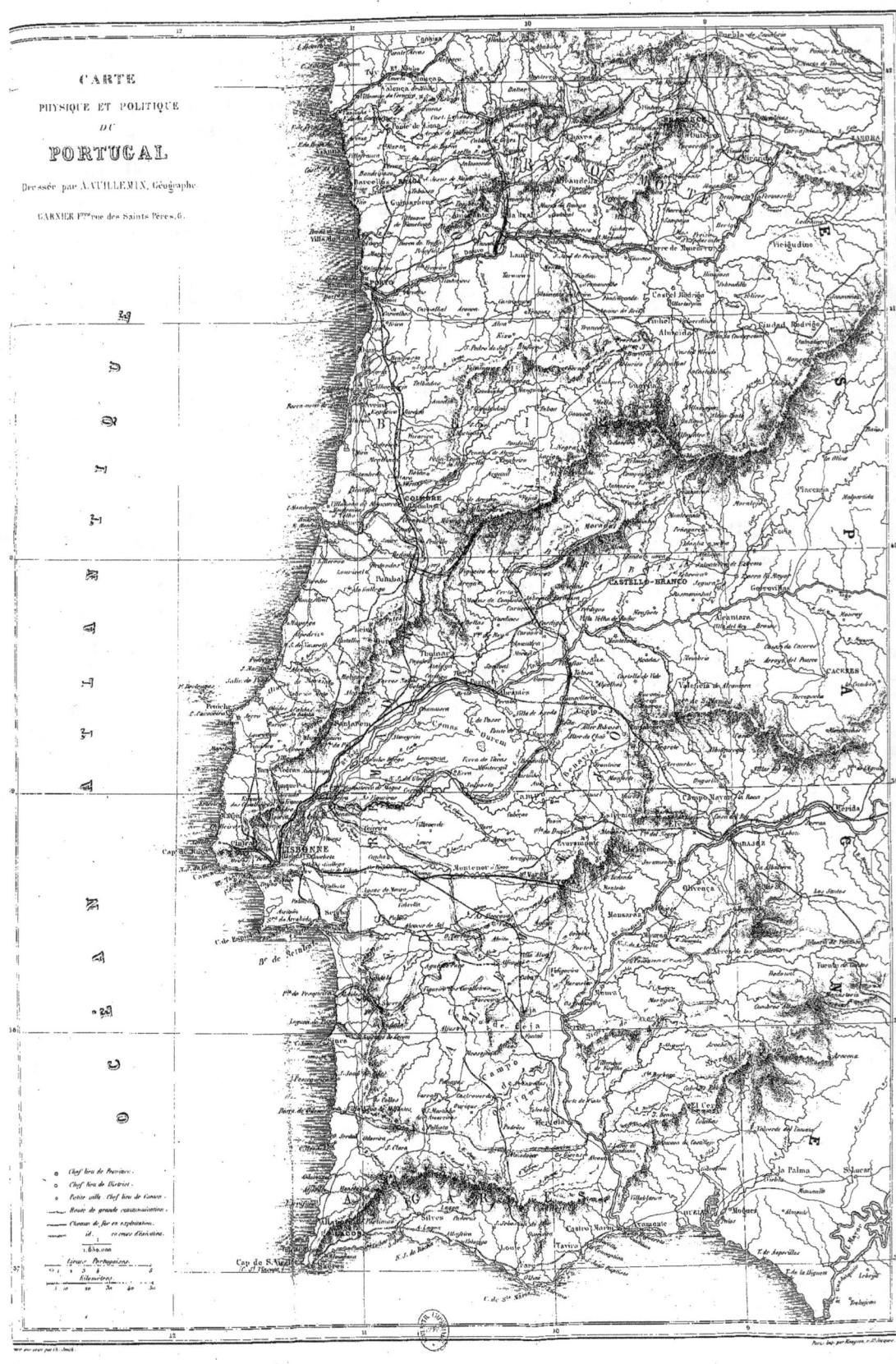

DEUXIÈME PARTIE

ITINÉRAIRE DU PORTUGAL

N° 1. — ROUTE DE LISBONNE.

1° *Par terre.* — *Route de Madrid à Lisbonne.* — Voir l'itinéraire que nous avons décrit, Route n° 103, page 435.

2° *Par mer.* — Voir le service des bateaux à vapeur partant de Marseille, — de Santander, — de Saint-Nazaire, — et de Southampton, — que nous avons indiqué page 462.

En arrivant par mer, à l'embouchure du Tage, le voyageur voit à sa droite le cap Roca, à sa gauche le cap Espichel, qui s'avancent dans l'Océan et marquent l'entrée de la baie.

Si l'on vient de Saint-Nazaire et de Vigo, on est passé, avant d'arriver au cap Roca, devant *Mafra*, gigantesque et splendide couvent au milieu duquel s'élèvent un palais et trois églises. Il fut construit par le roi Jean V. Plus loin, sur un pic, on aperçoit le monastère de la *Pena*, devenu un palais, et sur un autre le vaste *château des Maures*, dont les hautes murailles crénelées se découpent dans le ciel.

Lorsque le bateau a dépassé la ligne du cap Roca et du cap Espichel, on voit les deux rives s'abaisser, et l'on navigue entre deux rangées de petits forts.

On parvient ainsi jusqu'à l'endroit où s'élèvent : à gauche le fort Santo-Juliao, et sur un roc isolé au milieu du passage, le fort Bogio. Ils marquent et défendent l'entrée du Tage. En les dépassant, on quitte l'Océan et le vapeur pénètre dans le fleuve.

Le navire passe devant *Cachias*, charmante petite ville, formée et entourée de maisons de campagne (*quintas*). Elle est située sur la rive droite du fleuve et à gauche du voyageur qui arrive vers Lisbonne. On longe une côte pittoresquement hérissée de moulins à vent, aride, sablonneuse; on voit à droite *Porto Brindao*, bourg de pêcheurs; et l'on arrive au pied d'une belle tour mauresque, la tour de Bélem. Elle est défendue par une batterie.

Au delà, le voyageur voit apparaître dans toute sa profondeur la longue et large baie que forme le fleuve, le port peuplé de navires, et à gauche *Lisbonne*.

Le bateau passe devant cette splendide ville qui s'élève, à gauche, en amphithéâtre sur la rive droite de la baie. Les quais, les palais, les coupoles et les clochers des églises, les façades de marbre, les murs couverts de porcelaines resplendissantes, les jardins, les couvents immenses, les forteresses, se déroulent pendant une lieue et demie aux regards émerveillés du voyageur.

Enfin, le vapeur vient s'arrêter devant le quai de la Douane, en face de la vaste et magnifique *placé du Commerce*.

LISBONNE

CAPITALE DU ROYAUME DE PORTUGAL

Lisbonne (*Lisboa*) a une population de 276,000 habitants.

Elle est à 1,820 kil. de Paris; à 512 kil. de Madrid; à 139 kil. de Badajoz (Espagne); à 55 lieues portugaises (294 kil.) de Porto; à 82 lieues portugaises (450 kil.) de Bragance.

Lisbonne est située d'une manière admirable. Elle peut rivaliser, par la beauté de son aspect extérieur et par le merveilleux panorama qui l'entoure, avec les villes les plus favorisées.

Elle s'élève en amphithéâtre sur sept collines au bord d'un vaste bras de mer que forme l'embouchure du Tage. Cette splendide rade se prolonge à plusieurs lieues dans l'intérieur au delà de Lisbonne. De la ville à la pleine mer, il y a 12 kil. environ.

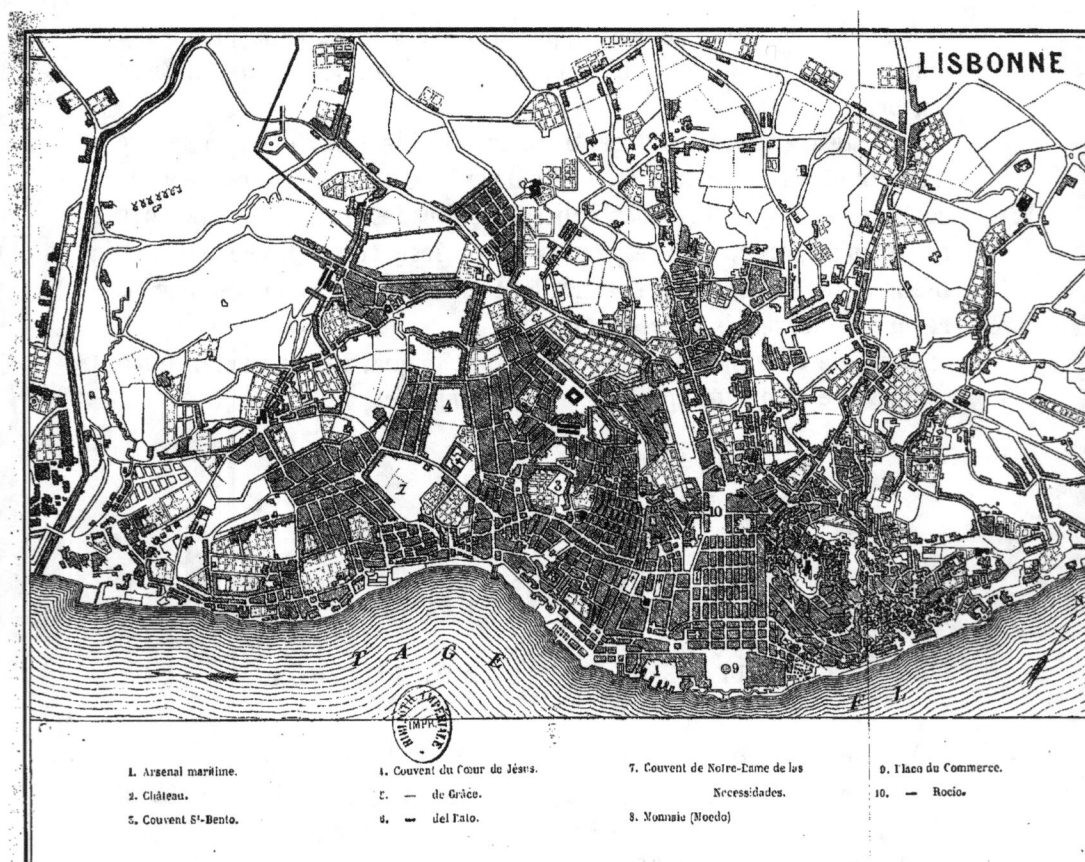

LISBONNE

1. Arsenal maritime.
2. Château.
3. Couvent St-Bento.
4. Couvent du Cœur de Jésus.
5. — de Grâce.
6. — del Pato.
7. Couvent de Notre-Dame de las Necessidades.
8. Monnaie (Moeda)
9. Place du Commerce.
10. — Rocio.

Gravé chez Pepin. Malherbe R. de Savoie. 4.

Au pied de la ville et jusqu'à l'Océan, la rade est couverte de navires portant les pavillons de toutes les nations; les vapeurs courent et fument, plus de mille barques vont et viennent en tous sens à travers cette seconde ville pavoisée et flottante qui couvre les eaux.

Soit qu'on arrive par Barreiro, en venant d'Espagne, soit qu'on entre par la pleine mer et qu'on remonte l'embouchure du Tage jusqu'à Lisbonne, on vient débarquer sur le quai de la Douane, en face de la place du Commerce. Pendant le trajet, le spectacle qui se déploie aux regards du voyageur est un des plus grandioses et des plus saisissants qu'on puisse imaginer.

Lisbonne occupe une étendue de 6 kil., de long sur 3 kil., de large. La vieille ville et la nouvelle forment, l'une par sa laideur et son irrégularité, l'autre par la beauté de ses rues et de ses édifices, un contraste complet.

Cette capitale est divisée en six districts pour la police et la justice. Elle possède quarante paroisses. Elle est la résidence du roi, de la cour, des ministres, le siége du sénat, de la chambre des députés, de toutes les administrations centrales et du corps diplomatique. L'archevêque de Lisbonne a le titre de primat de Portugal et des Indes.

Lisbonne est, en outre le chef-lieu de la province d'Estramadure.

Dès son arrivée à Lisbonne, le voyageur se trouve dans le quartier le plus somptueux. A peine des barques l'ont-elles déposé sur le quai de la Douane, et a-t-il subi les épreuves minutieuses qui l'attendent dans cet édifice, qu'il voit s'étaler devant lui la magnifique *praça do commercio*, place du commerce.

C'est là le centre de la ville nouvelle, le point le plus important de Lisbonne; et c'est de là que partent les grandes rues en ligne droite qui s'ouvrent au travers de la capitale. Au milieu de cet immense rectangle s'élève la statue équestre et gigantesque de José Ier, qui a 180 pieds de haut. La place est entourée de constructions toutes modernes et des édifices publics les plus considérables. A l'entour de la place sont rangés : l'hôtel de ville, les palais des ministères, la douane, la bourse, l'hôtel des Indes, l'intendance de la marine.

Les rues *do Ouro*, *da Prata* et *Augusta*, qui aboutissent à cette place, sont larges, droites, formées de belles maisons blanches et uniformes, bordées de magasins et coupées d'une multitude d'autres rues rectilignes. C'est le centre du commerce de Lisbonne.

En suivant la rue *do Ouro* on va droit à la place *Dom Pedro*, vaste rectangle auquel aboutissent dix rues en ligne droite. Sur l'un des côtés est le théâtre *Doña Maria II*, bâti à la place qu'occupait un palais de l'inquisition.

En continuant dans la même direction au delà du théâtre Doña Maria, on parvient à la promenade favorite de la capitale : au *Passeio publico*. Elle est plantée de beaux arbres, ornée de bassins de marbre et de massifs de fleurs, et couverte chaque soir de la foule la plus élégante des promeneurs.

Près de là se trouve la place de Figuiera où a lieu le principal marché.

Ainsi, le port, la place du Commerce, la place Dom Pedro, et le *Passeio publico*, forment le centre de l'activité de Lisbonne ; c'est là que vont et viennent les équipages, les promeneurs, les étrangers ; ces quatre points principaux, reliés entre eux par de grandes voies, sont le véritable foyer de la capitale portugaise.

C'est là aussi (sur la place Dom Pedro, et sur le largo de Camoëns) que sont les plus beaux hôtels, les cafés en vogue, les cercles, et tout ce qui sert de rendez-vous aux étrangers.

En dehors de ces larges et beaux quartiers, le touriste ne visitera la ville qu'en gravissant et en descendant sans cesse les rampes qui se succèdent, les rues à pentes rapides (*calçadas*) qui vont en tous sens. Il pourra se servir des pittoresques et primitives voitures publiques, les *seges* et les *traquinas*, qui parcourent à toute vitesse les rues les plus escarpées comme les plus unies.

Le premier point vers lequel on se dirige est presque toujours la rue *do Chiado*, toute remplie de magasins français et peuplée sans cesse de promeneurs nombreux et élégants. On se croirait au boulevard des Italiens ou dans la rue Vivienne.

Nous allons indiquer rapidement les principaux édifices, établissements et lieux publics à visiter.

Églises. — La *cathédrale Santa Maria Mayor* est un mélange de vieux gothique et de nouvelle architecture. La façade et l'abside, laissées debout par le tremblement de terre de 1755, font regretter qu'on n'ait pas rééditié dans le même style les autres parties du monument. L'intérieur est très-orné.

La plus curieuse à visiter ensuite, malgré sa médiocre apparence est celle de *San Roque*. Les richesses et les œuvres d'art y sont accumulées à profusion ; chaque chapelle en possède assez pour enri-

Cathédrale de Lisbonne.

chir une vaste église. La chapelle royale surtout est couverte de tableaux, pavée de mosaïques, les murs sont plaqués en albâtre ; l'autel est en argent massif avec des colonnes en cornaline et en lapis-lazuli.

L'*église du Sacré-Cœur*, contiguë au couvent des Carmélites d'Estrella, est une splendide construction en marbre blanc ; c'est une copie réduite de Saint-Pierre de Rome ; à l'intérieur les murs disparaissent sous les marbres et les sculptures. On voit dans le chœur le tombeau de la fondatrice, la reine doña Maria I" (1779).

L'*église Santo Antonio*, du côté de la cathédrale, est une des plus élégantes par son architecture.

Mais, comme pour les jardins, c'est encore au faubourg de Bélem qu'il faut aller. C'est là qu'est la remarquable église de l'ancien couvent des Hiéronymites : *Notre-Dame de Bélem*. Son architecture est un mélange de gothique, de genre mauresque et de style Renaissance. Elle forme trois nefs ; tout y est sculpture, ornement, travail élégant, harmonieux et fini. Les statues extérieures sont dignes du monument.

On voit dans le chœur les tombeaux du roi dom Manoel, de la reine Maria Fernanda sa femme ; de dom Juan III, de Catherine de Castille, et plusieurs autres.

L'église et le couvent furent élevés à l'époque de la grande prospérité du Portugal par le roi dom Manuel.

San Vicente est une magnifique église gothique et Renaissance, avec deux belles tours sur la façade. Elle est blanche comme si elle eût été taillée dans le marbre blanc. Près de l'église est le couvent avec un cloître de la plus belle architecture. Mais le pourtour est ridiculement orné de panneaux en porcelaine représentant les fables de la Fontaine. Dans une salle du couvent sont rangés les cercueils des rois de Portugal, depuis Alphonse VI. — Le reste de l'édifice a changé de destination. Il est assez vaste pour qu'on ait pu y établir le palais de l'archevêque, la cour suprême de justice et le tribunal ecclésiastique.

On n'oubliera pas : l'église française de *Saint-Louis* ; — celle de *San Bartholomé*, — celle des *Martyrs*, qui fut bâtie par ordre du premier roi de Portugal ; — quelques autres les plus anciennes de Lisbonne, comme : *Saint-André, Notre-Dame de Lorette* et l'*Incarnation*.

Lisbonne possède environ 50 églises et près de 200 chapelles. On comprendra que nous nous bornions aux remarquables édifices que nous venons de citer; mais le touriste dans ses excursions à travers la capitale en trouvera un grand nombre d'autres dignes d'être visitées.

Palais. — La famille royale de Portugal habite les deux palais *das Necessidades* et de *Ajuda*.

Le palais *das Necessidades* fut commencé, en 1473, par le roi dom Juan V. Il se compose du palais et du couvent que ce prince fit bâtir auprès. Cette résidence a été très-embellie depuis. Elle domine l'embouchure du Tage, la rade, et est entourée de splendides jardins. En 1821 les Cortès constitutionnelles y siégèrent comme souveraines.

Le palais d'*Ajuda* qu'habitent souvent le roi et la reine de Portugal, s'élève au sommet d'une colline, au-dessus du jardin botanique, près de la tour de Bélem. Il fut construit par le roi Juan VI et est resté inachevé. Il est du style grec le plus pur, le plus sévère, et son architecture contraste vivement avec celle des édifices mauresques et gothiques qui s'élèvent de tous côtés sur le lumineux amphithéâtre de Lisbonne. De ce palais la vue s'étend aussi sur le Tage, sur la baie et sur tout le panorama de Lisbonne.

Dans les principaux quartiers de cette capitale, on trouve un grand nombre de palais particuliers dont quelques-uns très-remarquables.

Couvents. — Les couvents sont nombreux; autrefois la capitale en était peuplée. Leurs vastes et solides constructions servent maintenant à des casernes, à des administrations publiques, à des palais. Il n'y a plus que des monastères de femmes.

L'Aqueduc. — Au premier rang des œuvres à admirer à Lisbonne, il faut placer l'aqueduc. C'est encore l'œuvre du roi Juan V. Il va chercher, à 18 kil. de la capitale, les eaux près du village de Caneças; il perce la montagne et franchit des vallées et des rivières. Il a été construit en 19 ans, de 1713 à 1732 par l'architecte Manoel Maria. Il peut rivaliser pour sa beauté et sa solidité avec les plus remarquables ouvrages des Romains. En quelques endroits, notamment sur la vallée d'Alcantara, il a 265 pieds de hauteur.

Le voyageur aura encore à visiter :

Le *château San Jorge*, au sommet d'une colline qui domine Lisbonne; il renferme des prisons, des casernes; ses tours et ses rem=

Lisbonne.

parts portent des canons ; il est parfaitement entretenu à l'intérieur ;

L'*arsenal de la marine*, élevé en 1762 par le marquis de Pombal, contenant des magasins et des ateliers pour mille ouvriers ;

L'*arsenal de l'armée*, construit à la même époque, contenant une fonderie de canons, un musée d'armes très-curieux, des magasins remplis d'un approvisionnement considérable de sabres, de fusils et de matériel ;

Le *couvent des carmes* devenu une vaste caserne de gardes municipaux, près de laquelle on admire les ruines de la belle église gothique qui fut renversée en 1755 par le tremblement de terre ;

Le *Jardin botanique*, au pied du palais d'Ajuda ; — l'*Académie des beaux-arts*, qui a de bons tableaux ; — le *Conservatoire de musique* ; — l'*Académie des beaux-arts* et la *Bibliothèque nationale*, dans l'ancien couvent de San Francisco ; — l'*École polytechnique* ; — le *Bibliothèque de l'académie des sciences* et le *Musée royal* dans l'ancien couvent de *Jésus* ; — la *place des Taureaux* ; — l'hôpital *San José*, magnifique établissement, dans les bâtiments de l'ancien collége des jésuites ; — la *Casa de Misericordia*, vaste asile pour les orphelins et les enfants trouvés ; — l'asile de mendicité.

Citons encore : la maison centrale de détention et la prison du château San Jorge.

Enfin, il faut aller à *Bélem*, faubourg situé à l'extrémité de Lisbonne du côté de l'embouchure du Tage. Une barque y porte le visiteur en quelques instants. C'est là qu'on trouve réunis le *jardin botanique*, le *palais d'Ajuda*, l'admirable église de *Santa Maria de Bélem*, fondée par le roi Manoel pour accomplir le vœu fait le jour du départ de Vasco de Gama ; — la *Casa pia*, asile de sourds-muets et d'orphelins, établi dans les vastes bâtiments de l'ancien couvent des Hiéronymites, contigus à l'église ; — la *tour de Bélem*, solide construction carrée, bâtie au sommet d'un petit promontoire qui avance dans les eaux du Tage. Elle est formée de plusieurs étages ornés d'élégantes galeries et de sculptures en marbre blanc. Elle fut fondée par le roi dom Juan II. Un télégraphe pour les signaux maritimes la surmonte. A côté est établie une batterie rasante.

L'étranger, en arrivant à Lisbonne, est frappé, en outre, de l'éclatante blancheur des maisons dont la pierre ressemble au marbre blanc, de la régularité des rues de la ville nouvelle, de la lenteur nonchalante des habitants qui vont et viennent comme à regret sous un ciel de feu, et de l'allure gracieuse des Portugaises, dont la coiffure surtout est de la plus pittoresque coquetterie.

Théatres. — Le théâtre *San Carlos*, bel édifice, bâti en six mois, à l'occasion de la naissance de l'infante sœur de dom Miguel (Grand opéra) ;

Le théâtre *Doña Maria II*, construit en 1847 sur la place Dom Pedro, et dont nous avons déjà parlé (drame, comédie, vaudeville, joués par une troupe française) ;

Le théâtre *Dom Fernando II*, terminé en 1849, sur les ruines d'une église.

Le théâtre du *Gymnasio*, et la petite salle de *Salitre* (comédie, drames et vaudevilles en portugais, imités du répertoire français) ;

Le *Cirque*, près du *Passeio publico* ;

Enfin, le *Jardim Chineze* et la *Floresta Egypcia*, imitations très-médiocres de *Mabille*, du *Casino* et du *Château des Fleurs*, encore plus mal fréquentés, — si c'était possible.

Voitures publiques. — Pour circuler dans la ville et aux environs, on peut choisir soit les *omnibus*, soit les *voitures de place*, soit les *voitures à volonté*.

Les *voitures de place* stationnent surtout sur la *Praça do Commercio*, sur celles de *Corpo Santo*, de *Loretto* et près du *Passeio publico*.

Elles coûtent : 1/4 d'heure, 120 ou 160 réis ; — 1/2 heure, 240 ou 320 réis ; — une heure, 360 ou 480 réis, selon qu'elles portent une ou deux personnes. — Hors de la ville, les prix, selon qu'il y a un ou deux voyageurs, sont : pour une heure, 720 ou 960 réis ; — 1/2 heure, 480 ou 640 réis ; — 1/4 d'heure, 240 ou 320 réis.

Les *omnibus*, dont l'administration centrale est sur la place *do Pelourinho*, portent les voyageurs pour 120 réis à Bélem, à Sete Rios, et pour divers prix, dans tous les faubourgs et à tous les points importants qui environnent la capitale.

Les *voitures à volonté*, *seges*, *carinhas*, *traquinas*, calèches et coupés, sont beaucoup plus commodes, plus rapides que les omnibus pour les excursions aux environs et ne coûtent pas plus cher.

Industrie et Commerce. — Lisbonne possède une banque fondée en 1822.

Son *industrie* consiste surtout en fabriques de bijouterie, d'orfévrerie (qui rappelle l'art arabe), de chapeaux, de chocolat, de liqueurs, de coutellerie, de serrurerie, de passementerie, de meubles, de rubans, de savon, de sucre, de tabac. Il y a aussi des fonderies de fer, des tanneries, des teintureries et des fabriques d'étoffes imprimées.

Cette capitale reçoit surtout de l'étranger le café, les bois, le chanvre, les tissus de laine, de coton, de fil, et la quincaillerie. L'Angleterre lui fournit la plus grande partie de ces produits.

Lisbonne exporte des vins, des oranges, des citrons, de l'huile, de la laine, des cuirs, du sel, etc. — Son commerce le plus actif se fait avec les Açores, le Brésil, l'Inde portugaise, l'Afrique et l'Angleterre.

Port. — Quant au mouvement *annuel* du port de Lisbonne, nous ne pouvons mieux en donner l'évaluation qu'en plaçant ici le résumé *officiel* relatif à l'année 1861 :

Valeur des importations... 15,015,992,500 réis.
Valeur des exportations .. 5,563,608,967 réis.

Navires *au long cours*. — entrés : 1,417, jaugeant 435,457,812 mètres cubes ; — sortis : 1,316, jaugeant 423,977,763 mètres cubes.

Cabotage : Navires *entrés* : 1,182, jaugeant 114,771,271 mètres cubes ; — *sortis* : 1,097, jaugeant 122,494,316 mètres cubes. — Sur ce nombre : 967 *vapeurs*.

La part du pavillon *portugais* ne s'est élevée dans ces chiffres qu'à 647 bâtiments de toutes sortes, entrés ou sortis, jaugeant 168,682,897 mètres cubes.

HISTORIQUE. — Cadix se fait remonter aux Hébreux et aux Phéniciens ; Séville à Hercule ; Lisbonne se fait remonter à *Ulysse*.

Toutefois il convient d'attribuer sa fondation aux Phéniciens qui la nommèrent *Olisippo*, baie délicieuse. Elle fut occupée par les Romains, mais sans acquérir d'importance.

Sous les Alains et les Goths, elle grandit et s'enrichit de monuments.

De 716 (cinq ans après la bataille du Guadalete) jusqu'à 1147, elle fut la capitale d'un État arabe et se développa considérablement. Elle vit s'élever alors de nombreux édifices mauresques dont on retrouve des restes qui ont survécu au désastre de 1755.

Enlevée aux Arabes par Alphonse Ier, elle fut encore agrandie par ce prince.

En 1688 c'est à Lisbonne que fut signé avec l'Espagne le traité qu déclarait l'indépendance du Portugal.

En 1755, le 1er novembre, eut lieu le formidable *tremblement de terre* qui fit de la moitié de cette belle capitale un amas de ruines entassées sur des milliers de cadavres. L'incendie vint compléter le désastre. Il dura trois jours et détruisit presque tout ce que le tremblement de terre avait épargné.

Le faubourg de Bélem où résidaient le roi dom José et la famille royale ne fut pas atteint par ce désastre.

Les clochers, les églises, les couvents, les palais, les quartiers les plus considérables, s'écroulèrent. Dans la prison 800 détenus périrent, dans l'hôpital général 1,200 malades furent écrasés ; qu'on juge par ces chiffres du nombre de cadavres ensevelis partout sous les ruines. L'ambassadeur d'Espagne périt avec trente-cinq serviteurs. La disette suivit l'incendie ; des bandes de pillards s'abattirent sur tous ces décombres qui couvraient tant de richesses.

Soixante mille habitants avaient péri. Quant aux pertes matérielles, on les estima alors à 700 millions de livres pour les maisons, à 32 millions pour les objets d'art et vases sacrés, à 12 millions pour les meubles, à 80 millions de diamants appartenant à la couronne ; les pertes subies par les étrangers furent évaluées à 245 millions de livres.

Un des hommes les plus illustres du Portugal, et son plus grand ministre, le marquis de Pombal, fit alors surgir des ruines de Lisbonne une capitale nouvelle, immense, splendide. Il déploya pour la grandeur politique de son pays un zèle tout aussi glorieux.

En 1777, après vingt ans de pouvoir, il laissa le trésor riche, la capitale relevée, une œuvre immense accomplie, et, pour récompense, alla mourir de douleur dans la disgrâce.

En 1807, l'armée française entra à Lisbonne. — En 1808, le duc de Wellington reprit cette capitale aux Français. Il fit alors construire à cinq lieues de là, à *Torres Vedras* des lignes de défense cachées, qui lui furent si utiles en 1810 dans sa retraite devant Masséna.

De 1807 à 1821 cette capitale resta privée de ses rois, qui avaient émigré au Brésil, lorsque le traité de Fontainebleau avait démembré le Portugal.

Le 11 juillet 1831, pendant la régence de dom Miguel, une escadre française entra dans la baie de Lisbonne, bombarda les forts et vint se ranger devant la ville, pour obtenir une réparation due à deux de nos nationaux. Elle l'obtint.

Inutile de rappeler les nombreuses agitations politiques dont Lisbonne a été le théâtre depuis la mort de dom Pedro, et les deux règnes de doña Maria II.

ENVIRONS DE LISBONNE.

Cintra. — *Le château des Maures.* — *Palais de la Pena,* — *Santa Cruz.* **Mafra.**

Outre le faubourg de Bélem dont nous avons parlé et qui doit être considéré comme partie intégrante de la capitale, les environs de Lisbonne offrent au voyageur des localités, des édifices dignes de toute son attention et qui sont l'objet des excursions de tous les touristes.

Ce sont surtout : d'un côté *Cintra*, le *château des Maures*, le palais de la *Pena*, le couvent de *Santa Cruz* ; d'un autre côté *Mafra*.

Cintra. — Cintra est à 22 kil. 1/2 à l'ouest de Lisbonne, près des côtes de l'Océan.

Jusqu'à ce jour, le trajet de Lisbonne à Cintra s'est fait au moyen d'*omnibus* qu'on prenait sur le *Largo do Pelhourinho*, au prix de 960 réaux par place ; ou au moyen des nombreuses voitures à volonté.

Maintenant un chemin de fer de Lisbonne à Cintra permettra au voyageur de franchir cette distance en 50 minutes. Les amateurs de pittoresque préféreront, toutefois, l'ancien mode d'excursion.

A l'entrée de Cintra est le palais de la reine Isabelle-Maria ; plus près encore le palais et la maison de campagne du marquis de Vianna. On arrive enfin dans la petite ville qui étale au pied de la montagne ses maisons revêtues de porcelaine, ses villas (quintas), et ses jardins, autour du *Palais royal*.

Le *Palais royal* de Cintra est d'architecture arabe ; malgré son irrégularité et ses constructions successives, il offre un bel aspect. Quelques salles, à l'intérieur, sont ornées avec goût et avec richesse.

Le palais de Cintra est la demeure d'été des rois de Portugal, comme Cintra est à la même saison la résidence de toutes les familles riches de Lisbonne qui vont chercher la fraîcheur de ce site admirable, sous les orangers, au pied des montagnes et tout près de l'Océan.

Dès qu'il est parvenu à Cintra, le touriste fait ses dispositions pour monter aux deux pics voisins que surmontent les deux palais des *Maures* et de la *Pena*.

Le Château des Maures (Castello do Mouros) est une sorte d'alcazar, formé de tours mauresques reliées entre elles par un mur d'enceinte, et qui couronne le sommet du pic. Les fondements sont bâtis sur le roc dont ils suivent toutes les découpures, et la masse de l'édifice s'élève à 5,000 mètres au-dessus de l'Océan dont on découvre l'étendue.

Le chemin pour y parvenir est un sentier étroit, escarpé, bordé à droite et à gauche de précipices immenses. Au départ on monte au milieu de haies fleuries et parfumées; plus haut la végétation disparaît; le voyageur n'a plus autour de lui que les capricieuses sinuosités des rocs et la vue d'un horizon immense et admirable.

De ce sommet on descend par des rampes habilement tracées, pour aller vers le pic voisin où s'élève

Le Palais de la Pena (*o palacio da Pena*). A sa place était autrefois un couvent de l'ordre de Saint-Jérôme fondé par le roi Manoel. Après la suppression des monastères, le roi dom Fernando fit élever sur ses ruines le magnifique, le splendide palais gothique et mauresque devant lequel on s'arrête aujourd'hui avec admiration; il voulut, à quelques lieues du Tage, sous le ciel éclatant du Portugal, voir se dresser un château dont le style lui rappelât l'Allemagne, sa patrie, et les féodales demeures des bords du Rhin.

Les galeries de marbre finement découpées, circulent en l'air autour des murailles hardies; les tours, les dômes, les campaniles, s'élancent plus haut encore; l'ensemble de l'édifice est aussi saisissant que les détails en sont élégants et prodigieux. C'est une féerie de pierre et de marbre dans un des sites les plus abruptes de la sierra de Cintra.

Le cloître de l'ancien couvent, la chapelle avec son autel en albâtre transparent, méritent de ne pas être oubliés à côté du monument principal.

De la base du château jusqu'au pied de la montagne s'étendent, verts, ombragés, frais et splendides, des jardins pleins de fleurs, de rochers, de cascades, d'accidents pittoresques, de bassins. Ils complètent dignement cette demeure princière, une des plus admirables de toute l'Europe.

En partant de là et en suivant un sentier qui s'engage dans les défilés et sur les pentes les plus sauvages de la chaîne de montagne (la sierra de Cintra), on parvient, après une heure et demie de marche, — en se servant d'ânes ou de mules — au

Couvent de Santa Cruz. Il fut fondé en 1560 par dom Alvarez de Castro, dont les descendants entretiennent encore un moine chargé de garder cet ermitage abandonné.

Des salles, des cellules, des chapelles, sont creusées dans ce roc; des escaliers bizarres taillés au flanc du rocher avec des stations marquées par des autels; enfin au sommet une dernière cellule, une grotte d'ermite, au-dessus de laquelle il n'y a plus que ciel, et d'où le regard s'étend à plus de quarante lieues sur les terres et sur l'Océan, — tel est le monastère modeste, bizarre et curieux de Santa Cruz.

Dans les cellules, la salle du chapitre et la chapelle, les flancs du roc sont tapissés de liége, ce qui lui a fait donner le nom populaire de *Couvent de liége*.

Mafra. — Le château de Mafra est en Portugal, on l'a dit avec raison, ce que l'*Escorial* (voir page 62), est en Espagne : un vaste monument contenant un palais, une église, un monastère.

Mais ici le site est autrement remarquable que le morne paysage de l'Escorial, et le palais réunit de bien plus grandes richesses.

On prend à Lisbonne, au *largo do Pelhourinho*, un omnibus qui, au prix de 1,200 réis, emporte le voyageur à *Mafra* sur la route de Torres Vedras. La distance est de 27 kil. 3/4.

Le bourg de ce nom est sans importance; la campagne environnante est fort aride. Mais au-dessus se dresse au sommet de la colline l'énorme monument que fit élever le roi Jean V.

Sa construction a duré treize ans; elle a exigé un nombre d'ouvriers qui s'est élevé parfois jusqu'à 45,000 par jour et d'ordinaire à 25,000. On y a compté 5,200 fenêtres ou portes, 870 salles ou chambres, 300 cellules au couvent. L'ensemble occupe un carré de 225 mètres de côté. Il y a là un monastère immense ; un palais plus vaste encore, et trois églises dont les coupoles s'élancent au-dessus de la masse prodigieuse de l'édifice. Celle qui était réservée au palais renfermait en ornements, en bijoux, en pierres précieuses, des richesses qui auraient suffi à payer deux fois la construction générale du monument de *Mafra*.

Autour de ce palais s'étend un parc de chasse qui a dix kilomètres de long. Dans l'ancien couvent de Mafra est établie aujourd'hui l'école royale militaire.

ROUTE N° 2. — DE LISBONNE A SANTAREM.
(CHEMIN DE FER.)

Le chemin de fer de Lisbonne à Santarem n'est que la première partie des deux grandes lignes qui se séparent à Santarem et vont :

L'une au nord, vers Coïmbre et Porto ;

L'autre à l'est, vers Abrantès, Portalègre, Elvas, Badajoz et l'intérieur de l'Espagne.

La gare est située à l'extrémité N. E. de la capitale. Le chemin de fer, depuis le départ jusqu'à 25 kilomètres de là, longe la rive droite de la large baie formée par les bouches du Tage. Il passe aux stations suivantes : **Poço de Pispo,** 5 kil., 500 hab.; — **Olivaës,** 3 kil., 2 hab.; — **Sacavem,** 3 kil., 800 hab., bourgs et village d'agriculteurs qui fournissent la capitale de fruits, de vins, de légumes. A Sacavem la baie du Tage forme un charmant petit golfe rempli de bateaux.

Povoa, 8 kil., 1,100 hab.

Alverca, 4 kil., 3,400 hab., petite ville au bord de la baie, avec un port de pêcheurs. Site très-agréable.

Alhandia, 4 kil., 2,000 hab.; bourg d'agriculteurs, nombreuses tuileries.

Villafranca, 5 kil., 4,800 hab., possède un joli port sur la rive droite du Tage, une belle église, des fabriques de cuirs et de tuiles. Aux environs sont d'importantes salines et des pâturages où l'on élève des chevaux estimés.

On trouve plus loin :

Carregado, 7 kil., 9,000 hab.; — **Azambuja,** 9 kil., 1,200 hab.; — **Reguengo,** 7 kil., 1,000 hab.; — **Ponte Santa Anna,** 6 kil., 950 hab.; — bourgs d'agriculteurs situés dans une campagne magnifique, au milieu des champs, des orangers et des coteaux chargés de vignes, qui longent les bords du Tage. — On arrive ensuite à

Santarem, 8 kil. (67 kil. de Lisbonne), 8,000 hab., chef-lieu de district, ville bâtie sur une montagne, à la rive droite du Tage ; ancienne cité romaine (*Scalabis* ou *præsidium Julium*), remplie de souvenirs historiques. Son nom actuel vient de sainte-Irène, martyre, qui y fut suppliciée.

Au sommet est un vieux château ruiné ; deux églises sont à remarquer. La ville, bâtie sur les pentes de la montagne, se compose de rues difficiles et de vieilles constructions. La partie haute, dite *la Merveille*, offre un point de vue qui s'étend jusqu'à Lisbonne.

Santarem a le privilége d'occuper la première place aux cortès portugaises.

C'est dans cette ville que vient s'approvisionner de blés, de vins et d'huile le commerce de Lisbonne.

Cette ville fut prise par les Goths aux Romains ; par les Arabes aux Goths, et enlevée aux Arabes, en 1147, par Alphonse Ier. Les rois de Portugal y résidèrent, depuis Alphonse III qui, en 1254, lui octroya des priviléges exceptionnels, jusqu'à Jean Ier. En 1810, Santarem occupé par Masséna, fut un des principaux points stratégiques de l'armée française qui y avait établi de vastes hôpitaux militaires, des magasins, et construisit un pont en bois sur le Tage devant la ville.

Près de Santarem est le village d'*Arzinheina* qui possède une importante fabrique de pierres à fusil.

ROUTE N° 3. — DE LISBONNE A ABRANTÈS.
(CHEMIN DE FER.)

Le chemin de fer de Lisbonne à Abrantès est celui qui va de la capitale à Santarem, à Abrantès, puis à Portalègre, à Elvas et à Badajoz (Espagne).

De *Lisbonne* à *Santarem*, voir l'itinéraire indiqué ci-dessus à la route n° 2.

Au delà de Santarem, la ligne continue à longer la rive droite du Tage jusqu'à Abrantès. Elle passe à

Cotegam, 16 kil. 1/2, 800 hab.;

Tancos, 14 kil., 950 hab.;

Punhete (nommée aussi *Constancia*), 5 kil. 1/2, 1,350 hab., bourg qui fut autrefois une petite ville assez importante. Il est placé dans un site très-agréable à l'endroit où la rivière le Zezère, qui descend les montagnes de Guarda, se jette dans le Tage. Il fut occupé en 1810 par l'armée française, et Masséna y fit jeter un pont en bois sur le fleuve.

A gauche du chemin de fer, à 11 kilom. de distance au nord de *Punhete*, est la petite ville de

Thomar, 4,000 hab., autrefois résidence des Templiers, et du grand prieur de l'ordre militaire du Christ. — Il faut aller y visiter l'ancien monastère, d'une magnifique architecture, fondé en 1180 par le roi Denis. La ville possède des fabriques de soieries, de chapeaux, des filatures et des tanneries. — En 1810, Ney plaça à Thomar son quartier général.

Au delà de *Punhete* on se dirige vers :

Abrantès. — 11 kil., 5,600 hab. Charmante ville bâtie sur une colline, au pied de laquelle la rive droite du Tage forme un port.

Outre les environs qui offrent une belle végétation et des maisons de campagne fort agréables, on y visitera quatre églises et surtout celle de *Saint-Vincent*, aussi remarquable par ses vastes proportions que par les magnifiques détails de son architecture et de ses ornements. Le monastère qui est à côté est au même titre un des plus intéressants à visiter. L'hôtel de ville et l'hôpital sont aussi à remarquer.

Cette ville, comme toutes celles qui bordent le Tage, fournit au commerce de Lisbonne des quantités considérables de blé, d'huile, de vins, d'eaux-de-vie et d'oranges.

Abrantès fut un *municipe* sous les Romains. En 1809 et 1810 cette ville fut le centre d'opérations militaires importantes. En 1809, le duc de Wellington y établit le quartier général de son armée. En 1810 un général français trompa la garnison et, par une manœuvre aussi hardie qu'habile, la fit se renfermer dans ses murs, pour qu'un détachement français parti de Santarem pût passer librement devant la place et gagner le territoire espagnol.

Junot reçut de l'empereur le titre de duc d'Abrantès en récompense de sa glorieuse campagne de Portugal.

Au delà d'Abrantès, le tracé du chemin de fer se prolonge vers Portalègre, Elvas, Badajoz et l'Espagne.

ROUTE N° 4. — DE LISBONNE A BADAJOZ (par Abrantès).
(chemin de fer.)

Il y a, nous l'avons dit (V. route 103, page 435), une ligne qui est la plus courte, la ligne droite de Lisbonne à Badajoz, et qui doit passer par *Vendas Novas*, *Evora* et *Villa-Viçosa*.

Mais il y a aussi entre la capitale du Portugal et la frontière espagnole une autre ligne plus longue, une voie ferrée, qui part de Lisbonne, et décrivant une grande courbe, va passer à Santarem, à Abrantès, à Portalègre, et mène à Badajoz. Elle se compose de trois sections :

1° De *Lisbonne* à *Santarem*, V. la route n° 2 ci-dessus ;

2° De *Santarem* à *Abrantès*, V. la route n° 3 ci-dessus ;

3° D'*Abrantès* à *Badajoz*; en voici le parcours :

Les stations sont moins rapprochées qu'aux environs de la capitale.

A peu de distance après avoir quitté Abrantès, le chemin de fer franchit le Tage sur un très-beau pont et passe sur la rive gauche du fleuve. Le voyageur quitte la province d'Estramadure et entre dans celle d'Alemtejo. Il y rencontre les localités suivantes :

Carmao, 29 kil., 700 hab.

Tolosa, 15 kil., 650 hab. ; deux villages sur la route de terre, à gauche de la ligne de fer. — On va passer ensuite tout près de

Crato, 15 kil., 3,200 hab., petite ville à droite de la voie. Elle est fort ancienne et ceinte encore de vieilles murailles ; elle s'élève sur une colline au-dessus de la vallée où coule l'*Erverdal*, qui descend de Portalègre et va se jeter dans les bouches du Tage. Crato était le siège du grand prieuré de l'ordre de Malte. L'église est belle ; la campagne environnante est des plus pittoresques. — Le chemin passe à

Alagoa, 9 kil., 900 hab., village situé à gauche, sur la route de terre d'Abrantès à Badajoz. On atteint ensuite

Portalègre, 10 kil., 6,000 hab., ville fortifiée, siège d'un évêché suffragant de Lisbonne. Pas de monument à visiter. Fabrique de draps, et aux environs vastes carrières de très-beaux marbres.

Alegrete, 15 kil., 500 hab ;

Arronches, 13 kil., petite ville de 2,000 hab.;

Santa-Olaya, 18 kil., 300 hab.;

Elvas, 15 kil., 10,000 hab., ville très-forte, évêché suffragant d'Evora ; sur la rive droite de la Guadiana. Cathédrale gothique. Commerce de contrebande sur la frontière espagnole.

Voir ce qui a été dit sur *Elvas*, page 436.

Le chemin de fer franchit plus loin la limite des deux royaumes, traverse la Guadiana et entre à

Badajoz. — Pour *Badajoz*, V. page 413.

Au delà de cette ville, le tracé du chemin de fer se dirige vers *Merida*, où il se bifurque : une ligne en construction se dirige vers Ciudad Real et Madrid ; une autre récemment concédée ira vers Séville ; une autre, plus tard, se dirigera au nord vers Talavera de la Reina et Madrid, pour gagner la ligne des Pyrénées.

ROUTE N° 5. — DE LISBONNE A EVORA ET A BADAJOZ.
(CHEMIN DE FER ET ROUTE DE TERRE.)

La ligne la plus directe entre Lisbonne et Badajoz est celle que nous avons décrite en sens inverse à la fin de l'itinéraire en Espagne : route n° 103. — Elle passe par *Evora*.

On quitte Lisbonne par un des bateaux à vapeur qui font un service régulier de va-et-vient dans la largeur de la baie du Tage, entre le quai de la Douane et le port de *Barreiro*.

A Barreiro, sur la rive gauche de la baie, est la station tête de ligne. On y prend le chemin de fer qui passe, nous l'avons dit, aux stations de

Labradio, — *Altos Vedros*, — *Moita*, — *Pinhal Novo*, — *Pegoës*, — *Vendas Novas*, — *Silveras*, — *Montemor o Novo*, — *Arrayolos*, — et l'on arrive à **Evora** (V. page 457).

Ici s'arrête le chemin de fer. Jusqu'à ce que le reste de la ligne soit construit, le voyageur devra suivre jusqu'à la frontière espagnole la route de terre qui passe à

Redondo, — à *Villa-Viçosa*, — à Elvas, et conduit à **Badajoz.**

Voir pour le détail de cet itinéraire (en sens inverse), pour les villes et localités situées sur ce parcours, la *route* n° 103, page 435.

ROUTE N° 6. — DE LISBONNE A PÉNICHE.

Au départ de Lisbonne il y a deux routes qui conduisent au port de Péniche :

1° L'une emprunte jusqu'à moitié parcours le chemin qui mène à *Cintra* ; puis elle s'en détache, et va à droite vers

Mafra, où l'on visite le vaste et magnifique palais dont nous avons parlé, page 478.

Au delà de Mafra, elle se dirige vers

Torres Vedras, où elle rejoint l'autre route qui vient de Lisbonne, et à partir de ce point les deux lignes n'en font plus qu'une.

2° L'autre, beaucoup plus courte, mais moins intéressante, va presque en ligne droite. Elle passe à

Loures, 11 kil., 700 hab., village situé au pied de la sierra de Cintra, au côté sud; puis elle traverse cette chaîne et atteint

Povoa, 5 kil. 1/2, autre village sur le versant nord de la sierra; et mène à

Torres Vedras, 22 kil. 1/4, 3,600 hab., bourg important qui fait un grand commerce de vins, et possède des sources salines sulfureuses. Il y a un vieux château autrefois fortifié, et à peu de distance un vieil aqueduc gothique.

Mais *Torres Vedras* est surtout devenu un lieu historique depuis la campagne de Wellington et de Masséna en Portugal. C'est là que Wellington, pour s'assurer une retraite et préparer un piége stratégique à l'armée française, fit construire en secret les magnifiques retranchements devant lesquels, en 1810, Masséna fut forcé de s'arrêter et qu'il renonça à franchir après avoir attendu six mois les forces nécessaires pour les attaquer. Cet habile succès valut à Wellington le titre de duc de *Torres Vedras*. On peut visiter encore les restes de ces remarquables travaux militaires.

Au delà de *Torres Vedras* la route parcourt une région moins habitée, des rochers et des bois. Elle traverse un ruisseau, le *Mongola*, qui descend vers la mer, puis elle monte vers

Vimeiro, 8 kil. 1/2, village situé au sommet d'une colline. Le 21 août 1808, Wellington (qui n'était encore que sir A. Wellesley), s'y était fortement établi; il y fut attaqué par les Français. Ceux-ci furent battus et repoussés avec de grandes pertes.

La route descend ensuite dans une gorge étroite et, se dirigeant à gauche, conduit à

Lourinham, 9 kil., 2,750 hab., jolie petite ville, entourée de quintas et d'une belle campagne.

A partir de là le chemin longe le bord de l'Océan, et en suit le contour pour atteindre l'extrémité du cap *Carvoeiro*, où est

Péniche, 12 kil. 1/2, 3,000 hab. Cette ville est située dans une position naturellement très-forte, au milieu des rochers du cap, et s'avance dans l'Océan. Autrefois, dit-on, ces rochers formaient une île, et Péniche servit de refuge aux Lusitaniens poursuivis par César.

Elle possède aujourd'hui un fort, un phare placé à la pointe du cap, et un petit port autour duquel la pêche est très-abondante.

En 1589, les Anglais s'emparèrent de Péniche et de là marchèrent sur Lisbonne.

ROUTE N° 7. — DE LISBONNE A LEIRIA.
(CHEMIN DE FER ET ROUTE DE TERRE.)

La plus grande et la meilleure route tracée sur le territoire portugais est celle qui va de Lisbonne à *Leiria*, à *Coïmbre* et à *Porto*, parallèlement à la côte de l'Océan.

Mais l'exploitation du chemin de fer jusqu'à Santarem, et celui qu'on construit à partir de cette ville vers Coïmbre et Porto, vont changer les itinéraires des voyageurs.

La route de Lisbonne à Leiria se compose maintenant de deux sections :

1° *Chemin de fer de Lisbonne jusqu'à Santarem.* — Voir son parcours, route n° 2, page 479.

2° *Route de Santarem à Leiria.* — On sort de Santarem par un chemin à l'ouest de la ville, et l'on va jusqu'à

Rio Mayor, 22 kil. 1/4. Le chemin traverse ensuite la sierra Alquecida, au pied du mont *Junta*.

On descend alors sur le versant nord-ouest de la chaîne vers la plaine où est

Candieros, 22 kil., 900 hab., bourg entouré d'une campagne fertile en céréales et en oliviers. Il est situé sur la route de terre qui va de Lisbonne à Leiria. — Cette grande route, qu'on prend ici, va passer à

Carvalos, 16 kil. 1/2, 600 hab. — A 10 kil. à gauche de ce village, et près de l'Océan, on peut aller visiter

Alcobaça, qui fut autrefois une des plus grandes villes du Portugal, et n'est plus qu'un bourg de 1,600 habitants. Elle est située dans un vallon pittoresque. Au milieu des ruines de son ancienne splendeur se dresse encore un admirable monument : un couvent de l'ordre de Cîteaux, fondé, en 1142, par le grand Alfonse Henriquez. L'église, les cloîtres, les cellules, les salles du couvent, ont des proportions qui forment un édifice immense. Il offre de précieux souvenirs historiques.

Près de là aussi, et en revenant d'*Alcobaça*, on peut s'arrêter au bourg de

Bathala, 1,700 hab., pour y visiter un autre monastère moins vaste, mais plus intéressant peut-être, celui qu'y fonda, en 1388, le roi Jean Ier. L'église est d'une architecture admirable ; le cloître est d'une hardiesse et d'une élégance infinies ; le couvent est en ruines. Dans l'église sont le mausolée du roi Jean Ier, ceux de la reine, de leurs quatre fils, et les tombeaux d'Alfonse IV et de la reine Isabelle.

Après ces excursions on revient à *Carvalos*. En suivant la grande route au delà de ce village, on ne trouve plus que des hameaux sans importance, jusqu'à

Leiria, 16 kil. 1/2, 6,500 hab., ville autrefois fortifiée ; chef-lieu de district. On y remarque un vieux château abandonné où résida le roi Denis, et deux églises gothiques. Aux environs sont de grands bois de pins. Hors de la ville est une vaste verrerie qui produit des quantités considérables de bouteilles et de verres pour le commerce intérieur et pour l'exportation.

ROUTE N° 8. — DE LISBONNE A COIMBRE.

(CHEMIN DE FER ET ROUTE DE TERRE.)

Il y a, pour aller de *Lisbonne* à *Coïmbre*, la grande route de Lisbonne à Porto. Mais le chemin de fer exploité jusqu'à Santarem supprime déjà une partie de ce parcours, et l'on construit depuis Santarem jusqu'à Coïmbre et Porto un chemin de fer qui remplacera complétement l'ancien itinéraire.

Jusqu'à *Pombal*, la nouvelle ligne ferrée s'écarte considérablement du parcours de la grande route. Mais à *Pombal*, le tracé de la ligne en construction la rejoint, et il la suit jusqu'à Porto.

De Lisbonne à Coïmbre, la route se divise en deux parties :

1° De *Lisbonne* à *Santarem*, — c'est le chemin de fer dont nous avons décrit le parcours, route n° 2, page 480.

2° De *Santarem* à *Coïmbre*. — Pour ce trajet, le voyageur aura bientôt le chemin de fer qu'on construit. Mais, en attendant, il prendra la route suivante :

On sort de Santarem par un chemin qui se détache du côté N. O. de la ville ; on suit quelque temps une vallée arrosée par un ruisseau affluent du Tage, et l'on va passer à

Torres Novas, 28 kil., 650 hab.; — à **Payalo**, 11 kil. 1/4, autre village à droite duquel on laisse **Thomar**, dont nous avons parlé. (V. route n° 3, page 481.) Plus loin on trouve

Aldea da Cruz, 16 kil. 1/2, 500 hab.; et la route s'engage dans les défilés de la *sierra Alquecida*, qu'elle traverse. Au delà, l'on atteint

Pombal, 27 kil. 1/2, 3,500 hab. Ici se réunissent : la grande route venant de *Lisbonne* par *Leiria*; le tracé du chemin de fer venant de *Lisbonne* et de *Santarem* ; et la route venant de Santarem, que nous avons suivie.

Pombal est une agréable petite ville très-active, un peu industrielle, située au milieu d'une contrée qui, par sa fertilité en vins, huile, blé, oranges, est une des plus favorisées. — Il y a, à Pombal, deux édifices importants à visiter : l'église, d'un beau style, qui, jusqu'en 1808, renferma le tombeau du marquis de Pombal, du « grand marquis, » ministre illustre dont nous avons parlé page 476 ; et le château de Pombal, où naquit cet homme d'État. On y visite aussi les ruines d'un monument, qui fut d'abord un palais arabe et plus tard un château féodal sous les rois catholiques.

Ici le tracé du chemin de fer et la grande route de Lisbonne à Porto s'unissent et ne se sépareront plus. A partir de Pombal, que le voyageur suive la voie de terre ou les rails, c'est, à très-peu de détails près, le même itinéraire qu'il prendra, et que nous allons indiquer :

On se dirige presque en ligne droite vers

Redinha, 11 kil. 4,500 hab., ancienne ville romaine, bien située. Les Français, commandés par Ney, y remportèrent une brillante victoire sur le duc de Wellington, au mois de mars 1811. On continue à travers d'assez belles campagnes jusqu'à

Condeixa a Nova, 16 kil. 1/2, 900 hab., bourg aux environs duquel sont des ruines romaines.

Enfin on arrive au bord du *Mondego*, et après avoir franchi ce fleuve sur un pont, on entre bientôt après à

Coïmbre, 12 kil., 18,000 hab., la ville célèbre en Portugal par son *université :* chef-lieu de la province de Bas Beïra ; siége d'un évêché suffragant de Braga.

Coïmbre s'élève en amphithéâtre sur une colline qui domine la belle vallée du Mondego.

Cette ville est assez mal bâtie, sans élégance et sans activité industrielle. Elle avait autrefois des remparts et des tours dont il ne reste que des ruines. Il faut y visiter : l'ancienne cathédrale, un vrai modèle de style arabe; la nouvelle cathédrale; l'église *Sainte-Croix*, qui renferme les tombes des deux premiers rois portugais, Alfonse et Sancho; — le couvent de *Sainte-Claire*, où l'on voit le riche mausolée de la reine Élisabeth, entouré d'une balustrade d'argent massif; — le monastère de *Saint-François*, fort curieux; — et le bel aqueduc qui alimente la ville. — On visitera surtout le magnifique palais de l'Université.

L'*Université* de Coïmbre, si célèbre autrefois, rétablie en 1557, réorganisée par le marquis de Pombal, en 1772, a repris une certaine importance. Elle comprend cinq facultés et une chaire de droit administratif. Elle a environ mille élèves par an. Coïmbre possédait des bibliothèques considérables qui ont été disséminées.

Enfin, les amoureux et les poëtes ne manquent pas d'aller près de la ville visiter le *Château des Larmes* (a quinta das Lagrimas), où Inès de Castro habitait et fut assassinée. Inès, que l'infant dom Pedro avait épousée en secret, y fut égorgée, en 1355, par ordre du roi Alphonse IV, père du prince. Ce dernier, devenu roi, fit saisir en Espagne, où ils s'étaient réfugiés, les deux meurtriers d'Inès, et, vivants, leur fit arracher le cœur en sa présence. Il fit ensuite exhumer et couronner le cadavre d'Inès.

Coïmbre fut fondée par les Romains qui l'appelaient *Conimbrica*. Elle passa successivement aux Goths, aux Maures, puis aux rois catholiques de Portugal qui y résidèrent souvent. Elle a gardé des traces importantes et curieuses du séjour de ses divers possesseurs.

En 1755 la moitié de la ville fut détruite par le tremblement de terre de Lisbonne.

Son industrie consiste en imprimeries, fabriques de toiles, de poteries et d'ouvrages en corne. Elle exporte du vin, de l'huile, des oranges.

De Lisbonne à Coïmbre *par mer*. — On peut aller de Lisbonne à Coïmbre par mer. — Le bateau à vapeur part de la capitale, sort de la baie du Tage, prend la pleine mer et se dirige, en longeant la côte de Portugal, vers *Figuiera*.

Il passe en vue de *Cintra* et du château élevé de *Mafra* ;— devant la pointe du cap Carvieiro ; — devant le groupe des petites *îles Berlingas*, dont l'une porte un phare, à 117 mètres de hauteur ; — et après avoir longé la côte de Portugal qui n'offre plus ici rien à remarquer on arrive en vue du cap *Mondego*.

C'est en avant de ce cap, au fond d'une baie, que s'ouvre l'embouchure du Mondego. Le bateau à vapeur s'y engage ; il passe au pied du petit fort de *Santa Catarina* placé à l'entrée du fleuve, et va s'arrêter devant

Figuiera, 7,000 hab., ville bâtie en amphithéâtre sur la rive droite du Mondego. Elle est surmontée d'un vieux château très-élevé. Au pied de Figuiera le fleuve forme un beau port rempli de bateaux pêcheurs et de navires chargés de vins, d'huile, de fruits et de sel pour l'exportation.

A partir de là on peut remonter par des barques jusqu'à *Coïmbre*, ou seulement jusqu'à

Montemor o Velho, 1,800 hab., où l'on voit les ruines d'un palais habité autrefois par les rois portugais.

A partir de *Montemor* on achève le trajet jusqu'à *Coïmbre* en suivant à cheval l'un des deux chemins tracés sur l'une et l'autre rive du fleuve.

ROUTE N° 9. — DE LISBONNE A PORTO.

(MER. — CHEMIN DE FER. — ROUTE DE TERRE.)

Il y a trois voies à suivre pour aller de Lisbonne à Porto :

1° *Par mer* : les bateaux à vapeur qui desservent les ports de *Vigo*, *Porto* et *Lisbonne*. (Voir page 462.)

2° *Par la grande route de terre* qui va à *Leiria*, à *Pombal*, à *Coïmbre* et à *Porto*.

3° *Par le chemin de fer*, de Lisbonne jusqu'à Santarem, et en allant ensuite rejoindre à Pombal la grande route de Coïmbre et de Porto, qui sera bientôt remplacée par le chemin de fer en construction.

Ce dernier itinéraire est à la fois celui du présent et celui de l'avenir. — On ira donc :

De *Lisbonne à Santarem* en chemin de fer. (Voir Route n° 2, page 479.)

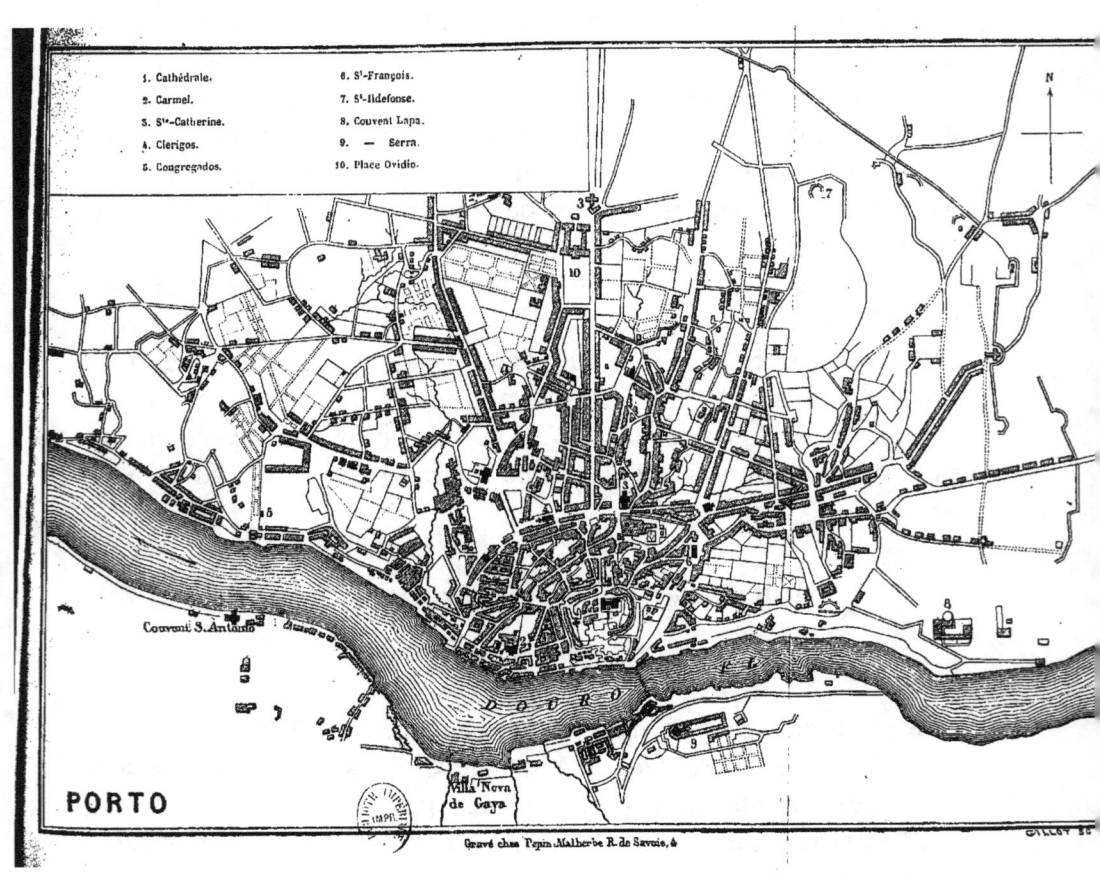

De *Santarem* à *Pombal* et à *Coïmbre*, par la route de terre déjà décrite (voir Route n° 8, page 486) ; et plus tard par le chemin de fer en construction.

De *Coïmbre* à *Porto*, par la route de terre — et plus tard par le chemin de fer — qui suivent tous les deux le parcours suivant :

On sort de *Coïmbre* au nord de la ville ; on traverse bientôt la rivière le Giraon et l'on parcourt une contrée fort accidentée, peu habitée, couverte d'une végétation splendide. On y rencontre des villages placés dans des sites très-agréables :

Mealhada, 18 kil., 600 hab., à l'intersection de la route qui va vers *Viseu* et *Bragance*, et près duquel eut lieu un combat entre les Français et le duc de Wellington ;

Aguada, 16 kil. 1/2, 500 hab., où le chemin franchit la rivière de ce nom ;

Sardao, 30 kil. 1/2, 400 hab., à l'intersection de la route qui va de *Porto* à *Guarda*.

On franchit la *Vouga* belle rivière qui va se jeter dans l'Océan ; et l'on atteint :

Albergaria Nova, 14 kil., 500 hab. On traverse un ruisseau et suivant une campagne toute couverte de cultures, d'orangers, de vignobles, on arrive à

Oliveira, 9 kil. 3/4, 600 hab., au bord d'un autre cours d'eau. — Le chemin mène ensuite à

Corvo, 25 kil., 900 hab. Il conduit enfin à la large et magnifique vallée du Douro. — On franchit ce fleuve sur un beau pont métallique, et l'on entre à

Porto ou **Oporto**, 9 kil. 3/4, 80,000 hab., chef-lieu de la province d'*Entre Douro et Minho*, la seconde ville du Portugal dont elle fut la capitale jusqu'en 1149.

Porto est le siège d'un évêché et d'une cour d'appel ; il y a un séminaire, 6 hôpitaux, 4 collèges, des écoles de chirurgie, de marine, de commerce, de philosophie ; une bibliothèque publique et un musée de peinture. Porto est la résidence de plusieurs consuls.

Cette ville est admirablement située, sur le versant de deux hautes collines et s'étend sur la rive droite du Douro, à une lieue de l'embouchure de ce fleuve.

Toute la partie du Douro comprise entre la ville et l'Océan est couverte de navires, de barques marchandes, de bateaux, malgré les en-

Vue de Porto.

sablements produits par les rochers qui forment une barre à l'embouchure.

A l'autre extrémité du pont sont les deux faubourgs de *Villanova* et celui de *Gaya* où sont d'immenses entrepôts de vins.

L'évêché de Porto remonte au cinquième siècle. La ville est divisée en 7 paroisses. La vieille cité est très-irrégulière ; mais les nouveaux quartiers sont beaux, bien construits, les rues sont bordées de magasins élégants, les places sont spacieuses.

Parmi les édifices il faut citer :

La *cathédrale* qui n'a d'autre mérite que son ancienneté ; — l'*église dos clerigos* que surmonte une belle tour ; — celle de Notre-Dame de *Lapa* où est déposé le cœur de l'empereur don Pedro ; — le *palais épiscopal* dont la façade est très-monumentale ; — l'hôtel de ville ; — le théâtre, édifice très-élégant ; — la bourse, récemment construite et qui est un modèle ; — la vaste caserne de *Saint-Ovide* ; — l'hospice des *capucins de la Corderie*, pour les enfants trouvés ; — et surtout l'*hôpital royal*, immense et magnifique demeure, où la pauvreté a pour logis un des plus beaux palais du royaume.

Le port et le faubourg de Gaya offrent l'aspect d'une prodigieuse activité commerciale. Les navires anglais et les comptoirs anglais, ainsi que le grand entrepôt des vins, indiquent assez que l'Angleterre y possède une véritable prépondérance.

Porto exporte de grandes quantités de vins, des huiles, des oranges, des cuirs, des bois de teinture et du liège.

Son industrie locale consiste en soieries, ouvrages de fer-blanc, chapellerie, tanneries, raffineries de sucre, confitures, vannerie, faïences, orfévrerie, ébénisterie et distilleries d'eaux-de-vie.

Porto fut fondée par les Suèves. Cette ville fut la capitale du royaume jusqu'en 1147 ; elle perdit, en 1757, par une révolte, ses anciens priviléges.

En 1808 et 1809, elle fut occupée par les Français. Le 29 mars 1809, le maréchal Soult lui donna l'assaut, s'en empara avec une rapidité prodigieuse, et la ville fut saccagée et pillée. Le 12 mai suivant, Wellington y surprit les Français et leur enleva cette place.

En 1828, Porto se déclara pour dom Pedro Ier contre dom Miguel, et fut assiégée pendant près d'un an, en 1832, par les troupes miguélistes.

En 1847, elle s'insurgea contre la reine doña Maria II.

ROUTE N° 10. — DE PORTO A BRAGA.

Cette route traverse une contrée accidentée, mais fertile et toute verte de vignes, d'orangers, d'oliviers, de prairies; une des régions les plus favorisées du royaume.

Elle passe à deux petits villages : — **Padrao**, 5 kil. 1/2 ; — **Carrisa**, 11 kil. 1/4 ; — et arrive à la vallée du Rio Salho, où l'on traverse cette rivière, pour entrer à — **Barcada,** 6 kil. — Après avoir rencontré quelques autres hameaux, on atteint :

Braga, 22 kil. 1/4, 20,000 hab.; ch.-lieu de la province de Minho ; siége d'un archevêché qui remonte à l'an 92 après J. C.

La ville est bâtie sur une large colline au-dessus de la plaine où coulent le *Cavado* et la *Doste*. Elle conserve encore sa vieille enceinte de murailles.

Il faut y visiter : la *cathédrale*, beau monument, et l'un des types les plus complets de l'architecture du XII° siècle ; — les ruines d'un temple et de l'amphithéâtre romains ; — le palais archiépiscopal. — A peu de distance de la ville est le sanctuaire *do Senhor Jesus do Monte*, élevé dans un beau site, et où l'on vient en pèlerinage de tous les points du royaume.

Il y a aussi près de Braga des sources d'eau sulfureuse froide.

Braga est une des plus anciennes villes de la Péninsule. Elle était la *Bracara Augusta* des Romains. De 455 à 485, elle fut la capitale des Suèves, qui en furent chassés par les Wisigoths. Son archevêché remonte à l'an 92 de notre ère ; elle a été le siége de cinq conciles, dont le premier tenu en 410.

L'industrie locale consiste en fabriques de draps, de tissus de coton, chapellerie, laines, serrurerie et coutellerie.

Près de Braga, à droite et à gauche, se trouvent deux villes à visiter :

A l'ouest, près de l'Océan, c'est **Barcellos**, 6,000 hab., jolie ville, très-bien bâtie, entourée de murs et de tours. Elle est située sur la route (n° 11) qui mène de Porto à Tuy et à Vigo (Espagne).

Au sud-est, sur la rive droite de l'*Ave*, c'est **Guimarrens**, 11,000 hab., à 15 kil. de Braga. Elle est entourée de murs et de tours ; elle est fort ancienne. Dans la vieille ville, on voit encore un palais d'Alphonse Ier, duc de Bragance ; la nouvelle ville, commencée en 1427, possède de belles églises.

Guimarrens est la patrie d'Alphonse Ier et du pape saint Damase. Près de là, sont des sources thermales sulfureuses.

ROUTE N° 11. — DE PORTO A TUY ET A VIGO (Espagne).

Par mer. — Il y a, entre *Porto* et *Vigo*, le service ordinaire des bateaux à vapeur qui desservent les ports de côte occidentale de la Péninsule. (Voir pages 33 et 462.) Ce moyen de trajet est le plus rapide et le plus facile.

Par terre. — On suit une route qui va passer à Barcellos, à Valença, à *Tuy*, et conduit à Vigo.

Sur cette route, assez inégalement entretenue, il faut renoncer aux belles campagnes que les deux précédentes ont offertes aux voyageurs. Ici le sol est aride, accidenté ; le chemin traverse des sites d'un pittoresque très-abrupte et parfois très-beau, mais il est souvent difficile.

Au départ, on sort de Porto par la route qui mène à *Braga* ; bientôt on laisse cette ville à droite, et l'on marche vers le nord parallèlement à l'Océan. Après un parcours de 22 kil. environ, on arrive au bord de la rivière l'*Ave*, qu'on traverse.

On laisse à gauche, à 5 kil. de là, à l'embouchure de cette rivière, au bord de l'Océan,

Villa do Conde, 3,000 hab., petite ville parfaitement située, avec un port de pêcheurs très-actif.

La route s'écarte ensuite du littoral ; elle traverse des campagnes peu habitées, ne rencontre que quelques hameaux, quelques mauvaises auberges, et atteint enfin la rive gauche du *Cavado*, qui vient de la plaine de Braga et va se jeter dans l'Océan.

On franchit cette rivière sur un beau pont, et l'on est à

Barcellos, 16 kil. 1/2, 6,000 hab., ville entourée de murailles fort anciennes ; très-bien bâtie, dans un site agréable. On y visitera l'église principale, les monastères, l'hôpital et l'asile des orphelins. Barcellos fut fondée par les Carthaginois 250 ans avant J. C. — Elle fait un commerce important de vins et d'eaux-de-vie.

La route continue à se diriger vers le nord, traverse le village de *Ponte d'Anhel*, deux ou trois hameaux, et parvient dans une charmante vallée où coule la *Lima,* qui va se jeter dans l'Océan devant *Vianna.* On y trouve

Ponte de Lima, 27 kil. 3/4, 2,000 hab., petite ville très-ancienne, bâtie sur la rive gauche de cette rivière, et d'un aspect charmant autant par sa situation que par les constructions dont elle est formée. Les Romains l'ont possédée, et l'on y retrouve de nombreuses antiquités de leur époque. Ponte de Lima fut plus tard dévastée par les Arabes ; — relevée en 1125, sous dom Henrique, — et entourée de murs par dom Pedro Ier.

L'industrie locale est active. On y voit surtout des fabriques de toiles, de chapeaux et des filatures.

Devant la ville est un beau pont de pierre qui traverse la Lima et qui remonte à 1360, époque à laquelle fut bâtie l'enceinte de murailles.

La route, au delà de cette ville, parcourt une région très-accidentée mais fertile, tantôt boisée, tantôt couverte de belles cultures, mais sans aucun centre de population de quelque importance à signaler.

Après quelques hameaux, quelques *vendas,* isolées dans la campagne, on parvient à la magnifique vallée du *Minho,* au bord du fleuve, et sur une hauteur qui domine cette vallée, s'élève

Valença, 28 kil., 1,900 hab., chef-lieu de district, petite ville fortifiée, placée sur la frontière du Portugal et de l'Espagne. Cette frontière est marquée ici par le Minho, depuis 40 kil. en amont de Valença, jusqu'à son embouchure devant *la Guarda.* La ville a des murailles, et les petits forts qui l'entourent sont en bon état ; sa position sur la vallée et sur le fleuve est aussi agréable que pittoresque.

En face, sur la rive droite du Minho, qui appartient au territoire de l'Espagne, on voit la ville espagnole

Tuy, 4,000 hab., évêché, petite ville forte sur une hauteur, entourée de murs ; très-ancienne, et qui était une place importante sous les Romains.

Au delà de Tuy, la route remonte la vallée du Louro qui se jette dans le *Minho* devant Tuy, et conduit à

Porrino, 17 kil., bourg important, au bord du Louro. — Ici se réunissent trois routes : à l'est l'une va vers *Orense* (V. Route n° 22, page 177) ; l'autre vers *Tuy,* d'où nous venons ; la troisième au N. O. vers Vigo.

PORTUGAL. — DE LISBONNE A BRAGANCE.

On prend celle-ci, et après un parcours de 17 kil., on arrive à

Vigo, 17 kil., 5,600 hab.; port situé sur l'Océan, au fond d'une baie magnifique et très-sûre (à 557 kil. de Madrid).

(Pour *Vigo*, V. page 177.)

A Vigo, service de bateaux à vapeur pour Saint-Nazaire, pour Marseille, Lisbonne, et tous les ports de la Péninsule.

ROUTE N° 12. — DE LISBONNE A BRAGANCE (PAR COÏMBRE ET VISEU).

(CHEMIN DE FER ET ROUTE DE TERRE.)

La route de Lisbonne à Bragance se compose de trois sections :

1° De *Lisbonne* à *Santarem* ; chemin de fer en activité. — V. route n° 2, page 479 ;

2° De *Santarem* à *Coïmbre* ; route de terre ; chemin de fer en construction. — V. route n° 8, page 486 ;

3° De *Coïmbre* à *Bragance* ; — Voici l'itinéraire de cette dernière partie du trajet :

Au départ de Coïmbre, la route remonte la vallée du Mondego, longe le pied de la *sierra de Alcoba* ; franchit un ruisseau affluent du Mondego, et continue à suivre la base de cette chaîne de montagnes jusqu'à Viseu.

Elle passe à plusieurs hameaux et traverse deux villages :

Criz, 29 kil., 600 hab. Plus loin,

Tordella, 16 kil. 1/2. Puis, après avoir franchi les contre-forts de la chaîne, elle monte à

Viseu, 16 kil. 1/4, 9,500 hab., chef-lieu de district; évêché suffragant de Braga; l'une des villes de la Péninsule qui remontent à la plus haute antiquité. Elle s'élève sur une hauteur qui domine de vastes et fertiles plaines qu'entourent les montagnes. C'est, dit-on, dans ces plaines, que furent plantés les premiers orangers apportés de Chine.

C'est à Viseu que se tient en septembre la foire la plus considérable de tout le royaume de Portugal.

Il faut visiter, à Viseu, la cathédrale, vieil édifice roman, dans l'intérieur de laquelle on voit des peintures bizarres et très-belles.

Cette ville fut fondée, dit-on, par des Grecs, trois siècles avant

J. C. Abandonnée plus tard, elle fut relevée par Trajan : elle était alors la *Vicus Aquarium* des Romains.

Le titre de duc de Viseu a été porté par plusieurs princes de la famille royale de Portugal, depuis Henri le Navigateur, fils de Jean I*er*.

Viseu a une réputation méritée pour son orfévrerie, ses ouvrages d'or et d'argent, ses draps, son grand commerce de bestiaux, la fertilité de sa plaine, et la beauté des femmes de cette contrée.

Le voyageur, après avoir quitté Viseu, ne tarde pas à gravir une des chaînes de montagnes qui l'entourent, la sierra Aradas. Puis il descend, franchit la *Vouga*, et passe à

Tarouca, 12 kil., 1.600 hab. Il passe plus loin une rivière affluente du Douro et atteint

Villacova, 17 kil., 350 hab. Il faut encore ensuite traverser une nouvelle chaîne de montagnes, et au bas du versant opposé on trouve le village de

Texelo, 11 kil. 1/4, 500 hab.; puis on arrive à une vallée où est

Lamego, 15 kil. 1/2, 9,000 hab., évêché, vieille ville au bord du ruisseau le Balsamao. La cathédrale et le séminaire méritent seuls d'y être remarqués. Le site est très-pittoresque.

A 5 kil. de là, on parvient au bord du Douro qu'on traverse. De l'autre côté du fleuve se jette le Corgo. La route remonte la rive droite de cette rivière, dont elle suit la vallée, jusqu'à

Villa Real, 22 kil. 1/4, 4,000 hab. Cette petite ville, bâtie sur la rive droite du Corgo, est très-active, très-industrielle, et fait un commerce important de vins de la contrée. On y voit une église fort ancienne et un château qui date de l'époque mauresque.

A la sortie de Villa Real, la route se bifurque : l'une va directement au nord vers *Chiaves*, ville frontière à 44 kil. 1/2; l'autre se dirige à droite, vers le N. E. Nous la suivons. Elle va passer à

Jales, 25 kil., 900 hab., et conduit au bord de la Tua, qu'elle franchit pour entrer à

Mirandella, 19 kil. 1/2, 6,500 hab. Cette ville est fort ancienne : les Romains l'appelaient *Caladunum*. Ses quartiers nouveaux sont bien bâtis; l'ensemble de la ville, dominant la vallée, est d'un aspect très-agréable.

Plus loin le pays est peu habité; les villages sont rares, et pendant neuf longues lieues portugaises, le voyageur parcourt une des contrées les plus désertes du royaume. Il arrive enfin à

Bragance, 50 kil., 4,500 hab., chef-lieu de la province de *Tras os Montes;* archevêché. La ville est située dans une belle et vaste plaine sur la rive droite de la Fervenza, qui est ici très-près de sa source. Elle est entourée de solides murailles et protégée par un château fort. On y remarque la cathédrale, une des plus anciennes du Portugal, et quelques édifices publics.

Bragance est l'ancienne *Brigantia* des Romains, fondée par Auguste. Elle fut érigée en duché par Alphonse V, en 1442. Cette ville est le berceau de la famille royale de Portugal; l'un de ses ducs, Jean II, fut proclamé roi en 1640 et fonda la dynastie qui règne depuis plus de deux siècles.

L'industrie locale est active; elle est renommée surtout pour ses soieries et ses velours. La frontière d'Espagne est à 8 kil. au nord de Bragance.

Nota. — On peut aussi, pour aller de *Lisbonne* à *Bragance,* suivre une route qui, partant de la station d'*Abrantès,* va passer à *Castello Branco,* à *Guarda,* à *Pinhal,* à *Castel Rodrigo* et à *Outeiro*. Mais elle est souvent très-difficile, et celle que nous venons de décrire doit être préférée, puisque le chemin de fer qui ira jusqu'à Coïmbre abrégera une partie très-considérable du trajet.

ROUTE N° 13. — DE LISBONNE A SETUBAL.

(CHEMIN DE FER.)

Au départ de Lisbonne on traversera la baie du Tage sur un des bateaux à vapeur qui y font un service régulier, et l'on ira sur l'autre rive, à *Barreiro,* prendre le chemin de fer qui mènera à Setubal. On passe à

Moïta, petit village à l'extrémité de la baie, et on laisse à droite, du côté de l'Océan: *Coina,* autre village près duquel sont des mines de cuivre. — On atteint

Palmella, 15 kil., 4,000 hab., petite ville parfaitement située au pied d'une colline au sommet de laquelle s'élèvent les ruines du vieux château de Palmella, et l'on arrive bientôt à

Setubal, 7 kil., 16,000 hab., beau port sur l'Océan, à l'entrée de la baie de Setubal, et sur la rive droite du *Sado.* Ce port est très-actif; l'aspect de la ville est admirable. A l'intérieur on visite l'église principale et ses tableaux ; de belles places et plusieurs édifices publics.

Setubal possède une société archéologique fondée en 1850. Ses environs sont remplis d'antiquités romaines.

Il y a autour de cette ville de vastes salines qui fournissent au commerce une grande quantité de sel. Setubal fait aussi une exportation considérable de vins et d'oranges.

Cette ville était la *Cetobriga* des Romains. En 1755 elle fut détruite en partie par le tremblement de terre du 1er novembre.

ROUTE N° 14. — DE LISBONNE A BEJA.
(CHEMIN DE FER.)

On part de Lisbonne sur un des bateaux à vapeur qui font dans la baie le service de va-et-vient, et l'on va sur l'autre rive, à *Barreiro*, prendre le chemin de fer.

On suit la ligne depuis *Barreiro* jusqu'à *Vendas Novas*, en passant aux stations de *Lobradio, Altos Vedros, Moita, Pinhal Novo, Pegoës* et **Vendas Novas**, à 55 kil. 1/2 de Barreiro.

A Vendas Novas on prendra bientôt un embranchement — (*actuellement en construction*) — qui va passer à

Viana, 42 kil., 2,000 hab., petite ville placée au bord de la Charrama, dans une belle vallée, au pied d'une chaîne de montagnes. Après avoir franchi cette rivière, le chemin de fer contournera la montagne et ira traverser la chaîne par une vallée où l'on trouve bientôt

Alvito, 7 kil., 900 hab., au bord d'un ruisseau affluent de la Charrama, et dans une situation très-pittoresque au pied des monts.

On parcourra ensuite une région très-accidentée, on traversera des déblais considérables, on franchira deux cours d'eau, près desquels sont deux villages sans importance, et l'on arrivera à

Beja, 27 kil. 3/4, 6,000 hab., chef-lieu d'un district de la province d'Alemtejo ; évêché ; ancienne *Pax-Julia* des Romains.

Cette ville est encore entourée de ses vieilles murailles flanquées de tours et surmontée d'un château fort. Elle est très-irrégulièrement bâtie et n'a pas d'édifices à signaler, si ce n'est la cathédrale. — Dans la campagne environnante, accidentée et peu habitée, on élève de nombreux troupeaux de moutons et on récolte du blé, du riz et des fruits magnifiques. Les collines sont couvertes de chênes-liéges et de caroubiers.

ROUTE N° 15. — DE LISBONNE A FARO.
(CHEMIN DE FER ET ROUTE DE TERRE.)

Cette route et la suivante vont jusqu'à l'extrémité des *Algarves*, autrefois un royaume, aujourd'hui province du Portugal. Elles mettent la capitale en relation avec les deux ports principaux de cette province sur l'Océan.

Pour aller de *Lisbonne à Faro*, il faut encore prendre l'ancienne route de terre des Algarves ; — jusqu'à ce que le chemin de fer en construction puisse transporter le voyageur à Beja.

1° *Par la route de terre*. — On traverse le Tage pour aller de Lisbonne sur la rive droite, à *Barreiro*, où commence la route. On passe ensuite aux localités suivantes :

Moita, charmant village de pêcheurs et de maraîchers, dans une situation très-pittoresque au bord de la baie ;

Palhota, 11 kil., 700 hab., autre village parfaitement situé ;

Agoas do Moura, 16 kil. 1/2, 900 hab., où l'on traverse le Caldao qui va tout près de là se jeter dans la baie de Setubal. On continue vers

Palma, 11 kil. 1/4, 500 hab. ;

Alcover do Sol, 11 kil. 1/4, 900 hab., au bord de la rivière l'*Odeja* qu'on traverse. La campagne devient plus belle ; la vallée de l'*Odeja* surtout offre une végétation admirable, mais les collines sont sans culture. — On atteint ensuite

Quinta do Rodrigo, 17 kil. 1/2, 500 hab., sur la rive droite du Charrama, dont les rives sont d'une belle fertilité ;

Figueira dos Cavalleiros, 16 kil. 1/2, 400 hab., au milieu de plaines presque désertes ; après avoir traversé à moitié route un cours d'eau, on arrive à

Ajustrel, 20 kil., 1,500 hab., bourg important, au pied de la chaîne de montagnes qui va jusqu'au centre de la province des Algarves. Belles cultures aux environs ; site agréable. — C'est ici que viendra aussi aboutir le voyageur lorsqu'il arrivera par le chemin de fer de *Beja* pour aller vers Faro et Lagos.

2° *Par le chemin de fer*. — Quand la construction de la section de

Vendas Novas à *Beja* sera terminée, on traversera le Tage devant Lisbonne; on prendra le chemin de fer à la station de *Barreiro*, et l'on ira : — *de Barreiro à Vendas Novas*; — *de Vendas Novas à Beja*. — (Voir, pour cet itinéraire, route n° 14, ci-dessus.)

A Beja, on quittera le chemin de fer et l'on prendra la route qui part de cette ville pour venir à **Ajustrel** rejoindre la route de terre des Algarves.

Au delà d'*Ajustrel*, la route est assez bonne, mais la contrée de plus en plus inhabitée. On va passer à

Castro Verde, 17 kil. 1/2, 2,000 hab., petite ville d'un aspect très-agréable, située dans une belle plaine sur la rive droite de la Corbeza. L'église et l'hôpital sont des édifices à remarquer. — Près de là eut lieu une grande bataille entre Alfonse Henriquez et l'armée des Maures qui y fut vaincue.

La route traverse les plaines, franchit par un vallon la chaîne de montagnes et arrive au pied du versant opposé, dans une vallée admirable de fraîcheur et de pittoresque, où se trouve :

Almodovar, 16 kil. 1/2, 2,600 hab., une des villes les plus agréablement situées que puisse rencontrer le voyageur en Portugal. Deux églises anciennes à visiter. — La route s'élève ensuite sur les contre-forts rocheux de la *sierra Calderao*, passe au-dessus de vallées charmantes, mais presque désertes, par des sites abrupts et abandonnés, puis on atteint

Corte Figueira, 16 kil., 300 hab., village isolé en pleine montagne, dans une contrée inhabitée et inculte.

En le quittant, on passe de la province d'Alemtejo dans celle d'Algarve, ancien royaume, conquis en 1250 par Alphonse III et ajouté à la monarchie portugaise.

Ici la route se bifurque : au S. O. elle va vers *Silves* et le port de *Lagos*; au S. E. elle va vers *Faro*.

En suivant celle-ci, il faut traverser tous les défilés de l'immense chaîne de montagnes qui s'étend comme un rempart au nord de la province d'Algarve.

On descend ensuite dans les vallées de deux cours d'eau qui vont se perdre dans l'Océan ; puis on se dirige vers

Loulé, 16 kil. 1/2, 8,500 hab., ville bâtie sur une hauteur au milieu d'une région très-boisée, et très-riche en mines. Le vieux château fort qui domine la ville et quelques églises sont curieux à visiter.

A la base de la colline est une mine d'argent fort importante, et plus loin une mine de cuivre. Les deux sont en exploitation.

Au delà de Loulé, la route descend à travers de très-belles campagnes jusqu'à

Faro, 9 kil., 8,200 hab., chef-lieu d'un des districts de la province d'Algarve, ville fortifiée. Son port est précédé d'une large et belle rade formée par l'embouchure de la Valfermosa, petite rivière qui descend de la sierra Calderao. Faro est aussi le siége d'un évêché, et la résidence d'un gouverneur militaire.

La ville est d'un bel aspect, bien bâtie, bien tracée et offre quelques édifices importants : la cathédrale, d'une architecture hardie et élégante ; l'église paroissiale d'un très-beau style, l'hôtel de la douane, l'hôpital militaire, la caserne d'artillerie, le séminaire.

Le port est très-animé. Il fait une exportation fort active de vins, d'oranges, de liége ; il a un mouvement important de bateaux caboteurs. La pêche est très-abondante et constitue l'une des principales ressources de la localité.

En face de Faro, on voit dans l'Océan un petit groupe d'îles, — les ILES SAINTE-MARIE. Elles offrent des sites bizarres, pittoresques, charmants. Une excursion à ces îles, est une des plus agréables qu'on puisse faire.

ROUTE N° 16. — DE LISBONNE A LAGOS.

Cette route va, comme la précédente, de la capitale du Portugal à l'extrémité sud du royaume et de la province d'Algarve.

De *Lisbonne* jusqu'à *Corte Figueira*, on suit l'itinéraire que nous venons de décrire. (V. route n° 15.)

A *Corte Figueira*, le chemin, nous l'avons dit, se bifurque : à gauche, il va vers *Faro* ; à droite, vers *Lagos*.

Ici, comme de l'autre côté, le voyageur franchit la *sierra Calderao* ; parvenu au pied du versant sud de la chaîne, il traverse une rivière qui y prend source et va se perdre dans l'Océan.

Après un trajet dans une région assez accidentée, boisée, fort déserte, la route mène à

Silves, 30 kil. 1/2, 2,200 hab., sur la rive gauche de la rivière de *Silves*. C'est une très-ancienne ville, autrefois siége d'un évêché qu'occupa l'éloquent Osorio écrivain portugais, l'un des meilleurs conseillers du roi dom Sébastien, et auteur de plusieurs ouvrages latins dans lesquels il imitait le style de Cicéron. L'aspect des vieux quartiers n'a pas changé depuis des siècles; on y est en plein moyen âge, mélangé de gothique et de mauresque. La cathédrale fut fondée par dom Sanche, fils d'Alfonse Henriquez.

La route à la sortie de *Silves* franchit la rivière de *Silves*. Elle en suit la rive droite et la belle vallée jusqu'à son embouchure où est placée

Villanova do Portimao, 9 kil., 3,600 hab., petite ville fortifiée, entourée de solides murailles. L'embouchure de la *Silves* forme devant Villanova une baie allongée, un port très-agréable, qui complète la situation avantageuse de cette ville.

Longeant ensuite le bord de l'Océan, dont elle se rapproche de plus en plus, la route mène à

Lagos, 12 kil., 8,000 hab., ville fortifiée, une des plus rapprochées du cap Saint-Vincent qui termine ici le royaume de Portugal et forme l'extrémité du continent Européen. Elle occupe trois collines qui dominent sa baie.

Lagos exporte des quantités considérables de vins, de fruits, de poissons et de liége.

Il n'y a à remarquer à Lagos que le port, le site, qui est beau, des églises peu monumentales, et un fort bel aqueduc très-mal entretenu.

Lagos fut la *Lecobriga* des Romains. Elle a été fondée par les Carthaginois, et sa renommée comme port de commerce remonte à une haute antiquité. Au moyen âge elle eut la même prospérité.

Le tremblement de terre de 1755 la frappa d'un désastre terrible. La mer s'éleva à une hauteur prodigieuse et se précipita sur la ville qui s'écroulait par l'effet de la secousse. Dévastée ainsi de deux côtés à la fois, Lagos fut à moitié détruite. Elle est redevenue l'une des villes les plus actives, les plus prospères du Portugal.

Au delà, en suivant un chemin qui longe le bord de l'Océan, et en allant encore plus près du cap Saint-Vincent, on trouve, entourés de vignes : le village d'*Alamadena*, et le bourg de *Figueira*, qui sont deux petits ports de pêcheurs, — et, plus loin, le dernier bourg près du cap :

Sagres, petite place forte, 400 hab., fondée en 1416 par dom Henriquez, fils de Jean 1er.

ROUTE N° 17. — DE LAGOS A FARO ET A CASTROMARIM
(Frontière d'Espagne).

Une route longeant le littoral de l'Océan met en relation les ports de la province d'Algarve, et va jusqu'à l'embouchure de la Guadiana, en face d'*Ayamonte*, la ville espagnole.

Cette route part de *Lagos*, et va passer à

Villanova do Portimao, 12 kil., 3,600 hab., ville fortifiée, dont nous avons parlé à la route précédente.

Elle se continue vers le village de *Lagoa*, admirablement situé au bord de la mer; et va passer à

Albufeira, 25 kil., 3,000 hab. Cette petite ville s'élève au fond d'un beau et large port, dont l'entrée est défendue par des forts bien armés. Ce port est rempli de barques de pêcheurs et de bateaux de cabotage. Le territoire environnant est couvert de vignobles très-estimés et de belles cultures.

Ayant à droite le bord assez escarpé de l'Océan, à gauche des campagnes fertiles, on laisse de ce côté **Loulé**, 8,500 hab. (voir page 503), et l'on descend vers

Faro, 28 kil. 1/2, 8,500 hab. (dont nous avons parlé page 503).

Au delà de Faro, la route, de plus en plus difficile, mais aussi traversant la contrée la plus pittoresque, se continue entre les montagnes et l'Océan. Elle parcourt une région presque inhabitée, jusqu'à

Tavira, 27 kil. 1/2, 9,000 hab. On entre dans la ville en franchissant le Rio Secco, à son embouchure, sur un très-beau pont de sept arches. Tavira est sur la rive gauche; elle a sur l'Océan un port, qui fait une exportation active de vins blancs, de fruits et autres produits de la contrée. La pêche y est surtout très-abondante. Il y a au bord de la mer des salines considérables.

On visitera à Tavira : l'ancienne cathédrale rebâtie; deux autres églises remarquables ; le palais du gouverneur militaire; plusieurs ruines anciennes et intéressantes.

Cette ville fut en partie détruite par le tremblement de terre de 1755, et eut alors ses principaux édifices renversés.

En quittant Tavira, la route continue à suivre le bord de l'Océan, laissant à sa gauche des campagnes d'une admirable fertilité. Elle franchit un ruisseau qui se jette dans l'Océan, et entre à

Cacella, 5 kil. 1/2, 600 hab., bourg placé au fond d'un charman petit port rempli de barques de pêcheurs. Le voyageur, longeant encore la côte, assez accidentée, arrive bientôt à

Castromarim, 11 kil. 1/2, 2,600 hab., sur la rive droite de la Guadiana, tout près de l'endroit où ce fleuve se jette dans l'Océan.

Cette ville, autrefois fortifiée et importante, n'a conservé que son ancien château fort, maintenant abandonné. Elle a appartenu aux chevaliers de l'ordre militaire du Christ.

La pêche et les salines qui environnent Castromarim sont les principales sources d'activité et d'aisance de la localité.

Ici, depuis *Alcantin*, jusqu'à la mer, la Guadiana marque la frontière entre l'Espagne et le Portugal. — Presque en face de *Castromarim*, sur l'autre rive du fleuve, on aperçoit **Ayamonte**, ville espagnole, dont nous avons parlé (page 409).

Au delà, la route se continue, sur le territoire de l'Espagne, par *Ayamonte* et *Moguer*, jusqu'à *Séville*. — Voir cette route, en sens inverse, route n° 88, page 408.)

Au-dessous de *Castromarim*, sur la même rive, et à l'embouchure de la Guadiana, est

Villareal, à 2 kil., 1,800 hab., bourg régulièrement bâti, fondé en 1774 par le marquis de Pombal, qui avait espéré en faire une ville importante à l'entrée du fleuve dans l'Océan. Villareal est un port où la pêche est active et abondante. L'embouchure de la Guadiana est traversée par une barre de rochers sous-marins qui la rend d'un accès difficile.

ILES

ILE MADÈRE

L'île Madère — *Madeira* (île boisée), — près de la côte d'Afrique, tire son nom de la forêt qui la couvrait autrefois.

Elle est située dans l'Océan, au S. O. de Lisbonne, et à 200 lieues marines de cette capitale ; — à 100 lieues marines de la côte occidentale d'Afrique ; — et à 8 lieues environ de Ténériffe, capitale des îles Canaries.

Elle a 57 kil. de long, sur 22 kil. de large. — Population, 100,000 habitants.

On y va de Lisbonne par un bateau à vapeur qui fait le trajet deux fois par mois ; par un bateau à voiles qui fait deux fois par mois le même voyage ; et par les nombreux bateaux marchands portugais ou anglais qui vont de Lisbonne à Madère.

Cette île est aussi fréquentée que celles d'Hyères par les malades ; le climat en est aussi délicieux que salubre. Les maisons de campagne (*quintas*) y sont nombreuses pour les étrangers. L'automne, l'hiver, le printemps, sont des saisons délicieuses à Madère.

L'île n'est autre chose que la masse d'une montagne volcanique. Le sol est partout mêlé de laves, très-léger, très-sec, mais couvert d'orangers, de cannes à sucre, de châtaigniers et de vignobles renommés, parmi lesquels, dans ces dernières années, la maladie de la vigne a fait des ravages destructeurs et a considérablement réduit la production des vins. Ces vins, le *malvoisie* et le *madère*, sont presque entièrement exportés par le commerce anglais. — La capitale de l'île est

Funchal, 20,000 hab., ville fortifiée, résidence d'un gouverneur militaire ; évêché. Elle forme, au milieu des bois, en face de la mer, un admirable amphithéâtre au-dessus duquel se dresse l'église de Notre-Dame do Monte, dont la hauteur et la position achèvent de la manière la plus imposante ce magnifique tableau.

Les faubourgs et les environs sont remplis de *quintas* charmantes. La brise de la mer, le doux climat, les ruisseaux, la verdure, le charme des sites, en font une résidence des plus favorisées.

L'*île Madère* fut découverte, en 1344, par les Anglais ; puis visitée en 1418 et en 1431 par les Portugais, qui alors en prirent possession. Un incendie s'alluma au milieu des bois qui la couvraient et dura, dit-on, sept ans. Il ne laissa sur le sol qu'une vaste couche de cendres, mais ces cendres donnèrent au sol la merveilleuse fertilité qu'il conserve. La vigne, apportée de Chypre en 1445, y devint une source de produits précieux qui ont fait, avec le climat, la réputation de cette île. Dans l'île est le pic Ruivo, qui s'élève à 1,900 mètres.

En 1801, les Anglais s'emparèrent de Madère ; ils la rendirent en 1814 aux Portugais, mais ils y ont conservé un vrai monopole commercial.

A côté de Madère sont deux petits groupes d'îles sans importance.

ILES AÇORES

L'archipel des **Açores** se compose de neuf petites îles, situées à 275 lieues marines à l'ouest de Lisbonne, dans l'océan Atlantique.

Leur superficie totale est de 3,125 kilom. carrés ; leur population : 231,200 habitants.

Elles sont formées de sommets volcaniques creusés de vallées où s'épanouit une admirable végétation. Les tremblements de terre, les secousses, y révèlent trop souvent les volcans intérieurs ; mais le sol y est si fertile en vins, en oranges, en blé, en maïs, en légumes, en tabac ; les côtes offrent une telle abondance de poissons, et les habitants sont si hospitaliers, qu'elles peuvent être considérées comme un délicieux archipel.

Avec plus d'activité on pourrait y développer de nombreux produits et de véritables richesses agricoles.

Les îles Açores furent visitées en 1431 par les Portugais, et annexées définitivement au Portugal vers 1450.— La capitale de l'archipel est

L'île **Terceira**, 40,000 hab. Elle a 78 kil. de long sur 33 kil. 1/2 de large. — Elle a pour chef-lieu :

Angra, 15,000 hab., résidence du gouverneur civil et du commandant militaire ; évêché, place forte, arsenal maritime, beau port sur l'Océan. Cette ville est dans une situation des plus heureuses ; les environs sont peuplés de maisons de campagne dans des sites charmants. — Le port fait une exportation considérable de vins et d'oranges.

Voici, par ordre d'importance, les huit autres îles de cet archipel :

Ile San Miguel, 100,000 hab.; la plus vaste des Açores. Elle est très-montagneuse ; le plus élevé de ses pics est la *Vara* qui a 1,625 mètres de hauteur. Les petites plaines et les vallées sont couvertes de blé, de vignobles, d'orangers ; sur les monts s'élèvent de grands bois. La ville principale est

Ponta Delgada, 22,000 hab., grande et belle ville qui possède le meilleur port de l'archipel.

L'île fut occupée en 1444 au nom du Portugal par Velho de Cabral.

Ile Pico, 25,000 hab. Elle a 40 kil. de long sur 6 de large. Au centre s'élève un pic très-élevé d'où le regard s'étend à une grande distance en mer. Son sol volcanique et aride produit des vins estimés. — La ville principale est

Villa da Laguna, 7,000 hab., qui a un beau fort.

Ile Fayol, 20,000 hab. Elle est très-près de la précédente. Sa superficie est de 132 kil. carrés. Elle est entourée d'une côte élevée, mais au centre les vallées produisent du blé et des oranges, en abondance. C'est une des mieux cultivées et des plus fertiles. — La ville principale est

Horta, 8,000 hab., petit port très-commerçant ;

Ile San Jorge, 17,000 hab. Elle a 40 kil. de long sur 9 de large. Elle se divise en deux parties : celle du sud fertile, cultivée, avec un beau port; celle du nord, composée de rochers et de collines arides qui est presque inhabitée.

Ile Graciosa, 12,000 hab. Elle a 15 kil. de long sur 10 de l arge. Cette île est aussi fertile qu'agréable et bien cultivée. — La ville principale est

Santa Cruz, 6,500 hab., bien bâtie, parfaitement située, devant une belle rade, le seule que possède cette île.

Ile Flores, 10,000 hab. Sa superficie est de 102 kil. carrés; c'est la plus éloignée à l'O. des côtes portugaises, et l'une des plus productives des Açores. Les vignobles, les champs de blé et de maïs, les orangers, la couvrent presque entièrement.

Ile Sainte Marie, 5,500 hab. Elle a 28 kil. de long sur 17 de large; elle possède une petite ville avec un bon port.

Ile de Corvo, 1,700 hab. Elle n'a que 15 kil. carrés de superficie; un bourg et des villages disséminés dans une campagne assez aride. C'est la plus petite et la moins favorisée de cet archipel.

FIN

TABLE ALPHABÉTIQUE

ESPAGNE

VILLES, BOURGS, HAMEAUX, ETC.

A

Abadiano, 143.
Accous, 215.
Adanero, 60.
Adeal del Pozo, 200.
Adradas, 202.
Agreda, 200.
Aguafreda, 257.
Ainhoüe, 192.
Alagon, 210-219.
Alar del Rey, 148.
Albacète, 279.
Albaladejito, 275.
Albarracin, 228.
Albatera, 304.
Albayda, 303.
Albires, 155,
Albuera (La), 412.
Alcala de Chisvert.
Alcala de Henares, 205.
Alcala de Panaderos, 376.
Alcantara, 429.
Alcantarilla, 382.
Alcazar, 272.
Alcazar de San Juan, 278.
Alcira, 283.
Alcovendas, 142.
Alcover, 265.
Alcoy, 302.
Alcubillas (Las), 335.
Alcuciada, 282.
Alcudia (Mayorque,) 442.
Alcuneza, 222.
Aldea (La,) 448.
Aldea de Cano, 431.
Aldudes (Las), 206.
Alegria, 46.

Alfagar, 284.
Alfaro, 199.
Algemesi, 283.
Algendin, 337.
Algesiras, 399.
Alhama, 221.
Alhama de Murcia, 309.
ALICANTE, 300.
Aljucen, 431.
Allariz, 171.
Allayor, 444.
Alloniego, 157.
Almagro, 315.
Almandoz, 194.
Almausa, 281.
Almaraz, 421.
Almazan, 202.
Almendralejo, 416.
Almecellas, 245.
Almenera, 294.
ALMERIA, 335.
Almodovar, 353.
Almodovar del Pinar, 274.
Almogia, 380.
Almudevar, 223.
Almuradiel, 317.
Alpera, 280.
Alsasua, 247.
Amposta, 268.
Amurrio, 145.
Amusco, 149.
Andoain, 45.
ANDORRA, 252.
Andujar, 345.
Anserral, 253.
Antequerra, 378.
Anzanigo, 218.
Aquilar del Campo, 148.
Aranda, 140.

Aranjuez, 134-277.
Arbizu, 247.
Arbos, 262.
Arcas, 274.
Archidona, 379.
Arcobuija, 155.
Arcos (Los), 197.
Arcos de Medina Cœli, 221.
Arefice, 449.
Arenys del Mar, 232.
Areta, 145.
Arevalo, 60.
Argamasilla, 313.
Arganda, 271.
Arguillarejo, 57.
Ariza, 221.
Arlaban (Port d',) 47.
Armilla, 337.
Arneguy, 207.
Arrachevaleta, 47.
Arre, 195.
Arrigoriaga, 145.
Arroyal, 151.
Arroyo, 174-335.
Arroyo del Puerto, 429.
Arta, 442.
Artesa, 266.
Ascorea, 443.
Asmenil, 186.
Astariz, 166.
Astorga, 163.
Astrani, 196.
Ataquines, 60.
Ateca, 220.
Aveinte, 180.
Ax, 251.
Avila, 61.
Azuqueca, 205.
Ayamonte, 409.

ESPAGNE. — TABLE ALPHABÉTIQUE

Ayeguy, 197.
Ayerbe, 218.

B

Badajoz, 415.
Badalona, 235.
Balaña, 257.
Bahabon, 140.
Baides, 203.
Baléares (Îles), 439.
Balsicas, 307.
Baneza (La), 165.
Baños de Lesdema, 186.
Barasoain, 199.
BARBASTRO, 224.
BARCELONE, 235.
Barcena, 147.
Barracas, 295.
Bascara, 231.
BASQUE (PAYS), 11.
Baza, 334.
Baylen, 318.
Bayonne, 59.
Bédous, 215.
Béhobie, 41.
Belinchon, 272.
Belpuig, 243.
Benalbufar, 443.
Benabibre, 164.
Benanadux, 335.
Benavente, 162.
Beniajan, 307.
Benicarlo, 269, 297.
Benifayo, 285.
Berberosa, 144.
Berguanda, 144.
Bernuès, 218.
Berruecce, 155.
Berruetta, 194.
Betancuria, 449.
Betanzos, 167.
Beznar, 337.
Bidart, 41.
BILBAO, 143.
Binefar, 245.
Boadilla, 184.
Boo, 147.
Boceguillas, 141.
Bodreta, 260.
Bordége, 202.
Borjas de Urgel (Las), 266
Boulou (Le), 299.
Brenes, 355.
Briviesca, 52.
Brozas, 429.
Bugalance, 346.
Buitrago, 141.
Buñola, 443.
Buños, 276.
Burgo, 167.
BURGOS, 52.
Burguete, 208.

Berguillos, 414 454.
Busdongo, 157.

C

Cabanas (Las), 149.
Cabanas, 168.
Cabezas (Las), 382.
Cabezon, 57.
Cabrera (Île), 443.
Caceres, 429.
Cacobelos, 164.
Cadix, 389.
Calaf, 243.
Calahorra, 241.
Calamocha, 226.
CALATAYUD, 220.
Calatoras, 219.
Caldas (Las), 147.
Calcarroso, 180.
Caldetas, 252.
Callosa, 304.
Calzada de Oropesa, 421.
Camas, 410.
Cambrils, 266.
Caminreal, 226.
Companas (Las), 199.
Campello, 274.
Campillo (El), 183.
Campillo de Arenas, 322.
Campomanes, 157.
Campos, 441.
Canaries (Îles), 446.
Cañaveral de Alconétar, 432.
Canfranc, 216.
Canillo, 251.
Caniza, 176.
Canizo, 171.
Cantala Piedra, 183.
Carparroso, 199.
Carballino, 178.
Carboneros, 308.
Cardona, 254.
Carcagente, 285.
Cariñena, 225.
Carinoain, 199.
Carmena, 419.
Carinona, 377.
Carolina (La), 318.
Carpio (El), 183, 346.
Carrascalejo, 451.
Carracosca, 272.
Carriches, 419.
Cartaya, 408.
CARTHAGÈNE, 507.
Carvajal, 156.
Casa de don Antonio (La), 431.
Casa del Rey (La), 345.
Casar (El), 432.
Casetas (Las), 210.
Castellana, 167.
Castellon-de-la-Piana, 294.

Castiello, 217.
Castil de Péones, 52.
Castillejo, 141, 277.
Castillejo de la Cuesta, 404.
Castro-Gonzalo, 162.
Castronuovo, 179.
Castronuno, 151.
Castrovite, 172.
Castarroja, 284.
Caudette, 227, 275, 298.
Cavanillas, 141.
Cé, 174.
Céa, 172.
Cebrones del Rio, 163.
Ceinos, 155.
Centellas, 257.
Cerdedo, 178.
Cerecinos (Los), 162.
Cervera, 243.
Cetina, 221.
Ceuta, 404.
Cevolla, 419.
Chaffarines (Îles), 404.
Chamartin, 142.
Chiclana, 396.
Chinchilla, 280.
Chipiona, 395.
Chirivel, 333.
Chiva, 276.
Ciboure, 41.
Ciempozuelos, 277.
Cieza, 311.
Cintruenigo, 200.
Ciordia, 48.
Ciudadela, 445.
CIUDAD REAL, 315.
Ciudad Rodrigo, 185.
Clot, 255.
Cogollos, 140.
Col de la Maya, 193.
Colmenar, 341.
Concentaina, 302.
Colsespina, 257.
Conejera (Île), 443.
Congosto, 164.
Conil, 397.
CORDOUE, 347.
Corella, 200.
Coria, 394.
Corrales (Los), 147.
Cortès, 210.
Cornella, 260.
CORUÑA (La Corogne), 167.
Crespos, 180.
Criptana, 279.
CUENCA, 273.
Cuervo (El), 383.
Cuillar de Baza, 335.

D

Daimiel, 315.
Dancos, 165.

DES VILLES, BOURGS, HAMEAUX, ETC.

Daroca, 225.
Diezma, 351.
Dragonera (Ile), 445.
Dueñas, 57.
Durango, 143.
Durcal, 357.

E

Echarri-Aranaz, 247.
Echavarri, 48.
Ecija, 377.
Escot, 215.
Elche, 303.
Elizondo, 195.
Elsant, 215.
Elvetea, 193.
Empalme, 252.
En-Camp, 252.
Epita, 219.
Erice, 247.
Escaldas (Las), 252.
Escorial, 62.
Espelette, 192.
Espinosa, 148, 203.
Espluga, 266.
Estapar, 56.
Estella, 197.
Estepa, 377.

F

Faisans (Ile des), 42.
Felaniz, 441.
Fentidueña de Tajo, 272.
Ferrarias, 444.
Ferrol (Le), 169.
Figueras, 230.
Fontarabie, 43.
Fontiveros, 180.
Formentera (Ile), 445.
Fragas (las), 147.
Fresno de la Ribera, 175.
Fresno el Viego, 183.
Fresnillo la Fuente, 141.
Fromista, 149.
Fuencarral, 142.
Fuente de Cantos, 44.
Fuente de Higuera, 281.
Fuente Sauco, 201.
Fuerteventura (Ile), 449.

G

Gador, 335.
Gallur, 210.
Galisteo, 435.
Garriga (La), 257.
Garrovillas, 432.
Gerindola, 419.
GERONA, 251.
Gesta (La), 172.

Gétafe, 276.
Gibraléon, 408.
Gibraltar, 401.
Gijon, 159.
Gineta (La), 279.
Ginzo, 171.
Gomera (Ile), 450.
Gran Canaria (Ile), 448.
Grañen, 224.
Granja (La), 135.
Granollers, 256.
GRENADE, 323.
Grinaldo, 453.
Grisen, 219.
Guadalajara, 205.
Guadajoz, 354.
Guadix, 331.
Guarnizo, 147.
Guarroman, 318.
Guiteriz, 167.
Gumiel de Izan, 140.
Gurrea, 218.

H

Haro, 250.
Hellin, 311.
Hermanas (Las), 381.
Herrera, 148.
Hierro (Ile), 450.
Holguerra, 433.
Horcajada de la Torre, 272.
Horta, 256.
Hospitalet (L'), 251.
Hospitalet, 267.
Huarte, 208.
Huarte-Araquil, 247.
Huelva, 406.
Huelves, 272.
Huerta, 277.
HUESCA, 225.
Humanes, 205.

I

Icod de los Vinos, 448.
Irun, 42.
Irurita, 194.
Irursun, 247.
Isagre, 155.
Iviça (Ile), 445.
Izarra, 145.

J

Jaca, 217.
Jadraque, 205.
JAEN, 320.
Jaraicejo, 425.
Jativa, 282, 303.
Jerica, 295.
Jijona, 502.
Jornosa, 145.

Juneda, 266.
Junquera (La), 170, 230.

L

Lachar, 340, 379.
Lagos (Espagne), 176.
La Laguna, 447.
Landibar, 193.
Lanzarote (Ile), 449.
Laredo, 144.
Lebrija, 582.
Lebrilla, 309.
Legarda, 197.
Legorretta, 46.
LÉON, 155.
Léon (Ile), 388.
Lepe, 408.
LERIDA, 244.
Lerma, 140.
Lescun, 215.
Lesdema, 186.
Llanillo, 151.
Lobon, 426.
Lodares, 222.
Logroño, 198, 250.
Loja, 340, 379.
Longares, 225.
Lora del Rio, 354.
Lorca, 309.
Lubia, 202.
Lubian, 171.
Luceni, 210.
Lucmayor, 441.
Lugo, 166.
Luisiana (La), 377.
Luzaïde, 207.

M

MADRID, 65.
Madrigalejo, 140.
Mahon ou Port-Mahon, 444.
Mairena de Alcor, 377.
MALAGA, 341.
Malapartida, 422.
Mallerusa, 244.
Magaz, 56.
Magdalena, 43.
Mainar, 225.
Manacor, 441.
Manera, 197.
Manresa, 242.
Mansilla, 155.
Manuel, 283.
Manuela, 184.
Manzanares, 315.
Manzanilla, 405.
Maqueda, 418.
Marcilla, 149, 199.
Marchena, 377.
Maria, 225.
Martin del Rio, 184.

29.

Martorell, 261.
Masida, 178.
Masnou, 253.
Matalebreras, 200.
Matallana, 155.
Mataporquera, 148.
Matapozuelos, 60.
Mataro, 232.
Matas (Las), 65.
Matillas. 203.
Maya, 193.
Mayorga, 155.
Mayorque (Ile), 439.
Medina Cœli. 222.
Medina del Campo, 60.
Medina del Rio Seco, 154.
Medina Sidonia, 397.
Meujivar, 320.
Menzanal, 164.
Mercadal, 444.
Merens, 251.
Merida, 416.
Miajadas, 425.
Mieres del Camino, 157.
Migueltura, 315.
Milagro, 199.
Minaya, 279.
Minglanilla, 274.
Miño, 202.
Minorque (Ile), 443.
Miranda, 51.
Miravalles, 145.
Mislata, 276.
Mogente, 282.
Moguer, 406.
Mojares, 202.
Molina, 312.
Molins, 250.
Molins del Rey, 261.
Mollina, 378.
Mombuey, 170.
Monasterio. 52, 411.
Moncade, 239, 256.
Mondragon, 47, 248.
Monistrol, 240.
Monovar, 299.
Monreal del Campo, 226.
Montalto, 180.
Montblanc, 265.
Monteagudo, 504.
Monterey, 171.
Montmelo, 256.
Montserrat (Le), 240.
Monzon, 149, 243.
Morales, 152, 175.
Moraleja, 152.
Morata, 219.
Moriscos, 184.
Mores, 220.
Mostales, 418.
Matilla, 184.
Motril, 538.
Motta (La), 161.

Muchamiel, 302.
Mudarra (La), 154.
Muel, 225.
Mugairi, 194.
Murcie, 305.
Murviedro, 291.

N

Naharros, 275.
Nanclares, 51.
Nava, 179.
Nava (La), 151.
Navacerrada, 187.
Naval-Carnero, 418.
Navalmoral, 421.
Navalpéral, 62.
Nava Ramiro, 274.
Navarre (Province), 11.
Navas (Las), 62.
Navas de Tolosa, 318.
Neda, 169.
Niebla, 405.
Noain, 198.
Novelda, 299.
Nouvelle – Castille (Province), 13.
Nules, 294.

O

Ocaña, 355.
Olague, 194.
Olazagutia, 48.
Oliana, 254.
Olite, 199.
Oloron, 215.
Oratava (La), 448.
Orduña, 145.
Orense, 171.
Orgaña, 254.
Orihuela, 304.
Orio (El), 143.
Orono, 51.
Oropesa, 421.
Osma, 144.
Osorno, 149.
Ossuna, 377.
Ostiz, 194.
Oviedo, 158.

P

Pacheco, 507.
Padul, 337.
Pajares, 157.
Palencia, 150.
Palma, 353.
Palma (La) (près Carthagène), 307.
Palma (La) (près Huelva), 405.
Palma (Ile), 449.

Palma (Mayorque), 440.
Palmas (Las), 448.
Pampelune, 195.
Pampliega, 56.
Pancorbo, 51.
Papiol, 261.
Paracuellos, 220.
Pardo (Le), 132.
Passage (Le), 43.
Perales, 426.
Pedro Abad, 346.
Pedrola, 210.
Peñaranda, 180.
Peñaflor, 354.
Peñausende, 186.
Pene d'Esquit, 215.
Peñiscola, 269.
Peracles de Trajuña, 271.
Perello, 267.
Perpignan, 229.
Perthus, 230.
Piedrafita, 165.
Pina, 149.
Piñor, 172.
Pinto, 277.
Pitiegua, 184.
Plasencia (Estramadure), 422.
Plasencia (Aragon), 219.
Pobes, 145.
Pobladura, 162.
Pola de Gordon, 156.
Pola de Lena, 157.
Pollenza, 442.
Pont de Cerda, 231.
Pontevedra, 178.
Porrino, 176.
Portugalesa (La), 377.
Portugalette, 144.
Portolin, 147.
Posadas, 253.
Posaldes, 60.
Pozazal, 148.
Pozo Cañada, 311.
Pozuelo, 65.
Pradaños, 52.
Pradorey, 164.
Puebla (La), 394.
Puebla de Hobando, 427.
Puebla Salvador (La), 274.
Puebla de Sanabria, 170.
Puebla de Valverda, 293.
Puente le Douro, 60.
Puentelara, 144.
Puente da Reina, 197.
Puerto arenas, 176.
Puerto de Cabras, 449.
Puerto de la Lozilla, 312.
Puerto de Oratava, 448.
Puerto real, 387.
Puerto Santa Maria, 385.
Puga, 159.
Puentedeume, 168.

DES VILLES, BOURGS, HAMEAUX, ETC. 515

Purunella, 334.
Puycerda, 259.

Q

Quero, 278.
Quintana, 56.
Quintanapalla, 52.
Quintanilleja, 56.
Quintavilla, 148.

R

Rabanos (Los), 202.
Rabida (La), 407.
Rajadell, 243,
Raymat, 245.
Redondela, 408.
Reinosa, 148.
Renedo, 147.
Renteria, 43.
Requena, 275.
Requejo, 171.
Retascon, 225.
Reuss, 265.
Ribadavia, 176.
Ribas, 259.
Riela, 219.
Riconada (La), 355.
Rielves, 419.
Ripoll, 258.
Riquelme, 307.
Rivaforada, 210.
Robade, 166.
Robledo, 62.
Robla (La), 156.
Roca (La), 427.
Roda (La), 279, 377.
Roncevaux, 207.
Ronquillo (El), 411.
Rosas (Las), 65.
Rota, 395.
Rueda, 161, 219.
Ruitalan, 165.

S

Sabadell, 230.
Saint-Etienne de Baïgorry, 206.
Saint-Jean de Luz, 44.
Saint-Jean Pied de Port, 206.
Saint-Martial, 42.
Saint-Sébastien, 44.
SALAMANCA, 180.
Salillas, 219.
Salinas, 47.
Saldeu, 251.
Salvatierra, 48.
San Andres, 258.
San Augustin, 142.
San Bartholomé, 449.

San Carlos de Rapita, 268.
San Chidrian, 61.
San Cristobal, 174, 259.
San Esteban de Viñolas, 258.
San Feliu de Llobregat, 260.
San Fernando, 388.
San Fernando (Iviça), 440.
San George de Saco, 178.
San Guim, 243.
San Ildefonso, 188.
San Juan d'Alfarache, 394.
San Juan del Puerto, 406.
San Julian de Loriu, 253.
San Lucar de Barameda, 395.
San Lucar la Mayor, 405.
San Muños, 184.
San Pedro, 425.
San Roque, 400.
Sans, 260.
San Sebastian (Ile Gomera), 450.
San Sebastian de los Reyes, 142.
San Spiritus, 184.
Santa Colonna, 253.
Santa Cristina, 170.
Santa Cruz, 147.
Santa Cruz (Ténériffe), 447.
Santa Cruz de la Palma, 449.
Santa Cruz de Mudela, 317.
Santa Cruz de Retamar, 418.
Santa Maria de Nogales, 165.
Santa Fé, 339, 379.
Santa Helena, 518.
Santa Maria, 180.
Santa Marta, 412.
Santas Martos, 155.
Santani, 441.
Santa Ollala, 411, 418.
Santiago de Compostelle, 172.
Santi Ponci, 410.
Santos de Maimona (Los), 412.
San Roman, 162.
Santander, 146.
San Vicente (près d'Alicante), 300.
San Vicente (Vieille-Castille), 60.
San Vicente (Aragon), 242.
San Vicente de Mollet, 256.
Sariñena, 224.
SARAGOSSE, 210.
Sarria, 231.
Sarrion, 293.
Sax, 299.

Segorbe, 292.
Ségovie, 188.
Selgua, 224.
Selva (La), 265.
Serdanoyla, 239.
SÉVILLE, 355.
Siguenza, 203.
Silla, 283.
Simancas, 174.
Sitrama, 170.
Sobrado, 165.
Socuellamos, 279.
Solsana, 254.
Somosierra, 141.
Sorauren, 194.
SORIA, 201.
Sorqui, 312.
Suria, 255.

T

Tabernes-blanques, 291.
Tafalla, 199.
Talara, 337.
Talavera de la Reina, 419.
Talavera la real, 426.
Tarancon, 272.
Tardentia, 223.
Tarifa, 398.
TARRAGONE, 262.
Tarrasa, 240.
Tarrega, 243.
Téguise, 449.
Ténériffe (Ile), 447.
Tenorio, 178.
Terrer, 220.
Teruel, 227, 293.
Tétouan, 404.
Tabarra, 311.
Tocina, 355.
TOLÈDE, 137.
Tolosa, 45.
Tordesillas, 161-175.
Toril, 421.
Tornejon, 205.
Toro, 151.
Torquemada, 56.
Torralba, 421.
Torramocha, 227.
Torre, 164.
Torreblanca, 297.
Torre den Barra, 262.
Torreladones, 64.
Torrelavega, 147.
Torres, 210.
Torres Torres, 292.
Torrijos, 419.
TORTOSA, 267.
Totana, 309.
Trebujena, 383.
Tremblenque, 278.
Trocadero, 387.
Trujillanos, 425.

Trujillo, 424.
Tudela, 209.
Tuy, 177, 496.

U

Udala, 145.
Ulibarri, 48.
Urabain, 48.
Urbel, 151.
Urdax, 193.
Urdos, 216.
Urepel, 206.
Urgel, 253.
Urrugne, 41.
Ustariz, 192.
Utiel, 275.
Utrera, 381.

V

Vacia Madrid, 271.
Val de Carpinteros, 185.
Valdemoro, 277.
Val de Peñas, 317.
Valdestillas, 60.
Valduerna (La), 165.
VALENCE, 284.
VALLADOLID, 57.
Vallecas, 205.
Valmojado, 418.
Valverde, 154.
Valverde (Ile de Hierro), 450.
Vasconcillos, 151.
Vejer la Frontera, 598.
Velez Rubio, 333.
Vendrell, 262.
Vergara, 46.
Venta de Arraiz, 194.
Venta de Baños, 56, 150.

Venta de Bazayona, 421.
Venta de Cardenas, 317.
Venta de Guadarrama, 419.
Venta de Guelba, 225.
Venta de Mosquitos, 187.
Venta de Oropesa (La), 297.
Venta de la Rambla, 512.
Venta Nueva (La), 311.
Ventosa del Rio, 180.
Ventorillo de la Guardia, 322.
Velez de Benaudalla, 338.
Verin, 171.
Vertientes (Las), 333.
Viana, 198.
Vicalvaro, 205.
Vico, 257.
VIEILLE-CASTILLE (Province), 10.
Vigo, 177.
Vikasar, 233.
Villabona, 45.
Villaba, 308.
Villalba, 64.
Villacañas, 278.
Villa del Rey, 171.
Villa del Rio, 546.
Villafranca de los Barros, 415.
Villafranca, 46, 164, 199.
Villafranca del Campo, 226.
Villafranca de Panades, 262.
Villagorde, 275.
Villafar, 161.
Villalpando, 161.
Villamoros, 155.
Villamegia, 425.
Villanubla, 154.
Villanueva, 217.
Villanueva del Gallego, 218, 225.
Villar, 161.

Villar, 280.
Villar de Soz, 274.
Villarana, 261.
Villarabledo, 279.
Villareal, 46, 294.
Villarejo de Salvañes, 271.
Villarente, 155.
Villarquemado, 227.
Villasimpliz, 157.
Villaseca, 266.
Villaseguilla, 277.
Villava, 195.
Villena, 299.
Vimbodi, 266.
Villodrigo, 56.
Vinaroz, 269.
Vinaxa, 266.
VITORIA, 48.
Vivel, 293.
Voltrega, 258.

X

Xérès de los Caballeros, 415.
Xérès la Frontera, 385.
Xixona, 502.

Y

Yunquera, 203.

Z

Zabaldica, 208.
Zafra, 412.
Zamora, 175.
Zancara, 279.
Zarratan, 154.
Zubiri, 208.
Zuera, 218, 225.
Zumarraga, 46.

PORTUGAL

VILLES, BOURGS, HAMEAUX, ETC.

A

Abrantès, 482.
Açores (Iles), 508.
Agoas do Mouro, 501.
Aguada, 491.
Ajustrel, 501.
Alagoa, 483.
Albergaria-Nova, 491.
Albufeira, 505.

Alcobaça, 486.
Alcover do Sol, 501.
Aldea da Cruz, 488.
Algrete, 483.
Alhandia, 480.
Almodovar, 502.
Aloutin, 409.
Altos Vedros, 438.
Alverca, 480.
Alvito, 500.
Angra, 509.

Arronches, 483.
Arroyos, 437.
Azambuja, 480.

B

Barcada, 494.
Barcellos, 494, 495.
Barreiro, 438.
Bathala, 487.
Beja, 500.

DES VILLES, BOURGS, HAMEAUX, ETC.

Braga, 494.
Bragance, 499.

C

Cacella, 506.
Candieros, 486.
Castello Branco, 497.
Castro Verde, 502.
Castel Rodrigo, 497.
Castromarin, 506.
Carmao, 483.
Carregado, 480.
Carrisa, 494.
Carvalos, 486.
Château des Maures, 478.
Cintra, 477.
Coïmbre, 488.
Condeixa a Nova, 488.
Corte Figueira, 502.
Corvo, 491.
Corvo (Ile), 510.
Cotegam, 481.
Crato, 483.
Criz, 497.

E

Elvas, 456, 483.
Estremoz, 437.
Evora, 437.

F

Faro, 503, 505.
Fayol (Ile), 509.
Figueira, 490.
Figueira dos Cavalleiros, 501.
Flores (Ile), 510.
Funchal (Madère), 506.

G

Graciosa (Ile), 509.
Guarda, 499.
Guimarrens, 494.

H

Horta (Ile Fayol), 509.

J

Jales, 498.

L

Lagos, 504.
Lamego, 498.
Lavradio, 458.
Leiria, 487.
Lisbonne, 466.
Loulé, 502.
Loures, 485.
Lourinham, 485.

M

Madère (Ile), 507.
Mafra, 479.
Mealhada, 491.
Mirandella, 498.
Moïta, 499, 501.
Montemor o Velho, 490.
Montemor o Novo, 458.

O

Olivaës, 480.
Outeiro, 499.
Oliveira, 491.

P

Palma, 501.
Palotha, 501.
Palmella, 499.
Padrao, 494.
Payalo, 488.
Pegoës, 458.
Peña (Palais de la), 477.
Peniche, 486.
Pico (Ile), 509.
Pinhal, 499.
Pinhal Novo, 458.
Poco do Bispo, 480.
Pombal, 488.
Ponte d'Anhel, 495.
Ponte Delgada, 509.
Ponte de Lima, 495.
Ponte Santa Anna, 480.
Porto, 491.
Portalegre, 485.
Povoa, 480-485.
Punhete, 481.

Q

Quinta do Relógio, 491.

R

Redondo, 456.
Redinha, 488.
Reguengo, 480.
Rio Mayor, 486.

S

Sacavem, 480.
Sagres, 505.
Sainte Marie (Ile), 510.
San Jorge (Ile), 509.
San Miguel (Ile), 509.
Santa Cruz (Couvent de), 479.
Santa Cruz (Ile Graciosa), 510.
Santa Olaya, 485.
Santarem, 480.
Sardao, 491.
Setubal, 499.
Silves, 505.

T

Tangus, 480.
Tarouca, 498.
Tavira, 505.
Terceira (Ile), 509.
Texelo, 498.
Thomar, 482.
Tolosa, 485.
Tondella, 497.
Torres-Novas, 483.
Torres Vedras, 485.

V

Valenca, 495.
Vendas Novas, 458.
Viana, 500.
Villaviciosa, 498.
Villa da Lagunha, 509.
Villa do Conde, 495.
Villafranca, 480.
Villanueva de Portimao, 505-505.
Vinhaël, 498.
Villa, 500.
Villa Vico, 456.

FIN DE LA TABLE ALPHABÉTIQUE

EXTRAIT DU CATALOGUE

DE LA LIBRAIRIE

GARNIER FRÈRES

6, rue des Saints-Pères et Palais-Royal, 215

DICTIONNAIRE NATIONAL

OUVRAGE ENTIÈREMENT TERMINÉ

MONUMENT ÉLEVÉ A LA GLOIRE DE LA LANGUE ET DES LETTRES FRANÇAISES

Ce grand Dictionnaire classique de la Langue française contient, pour la première fois, outre les mots mis en circulation par la presse, et qui sont devenus une des propriétés de la parole, les noms de tous les Peuples anciens, modernes; de tous les Souverains de chaque Etat; des Institutions politiques; des Assemblées délibérantes; des Ordres monastiques, militaires; des Sectes religieuses, politiques, philosophiques; des grands Evénements historiques: Guerres, Batailles, Siéges, Journées mémorables, Conspirations, Traités de paix, Conciles; des Titres, Dignités, Fonctions, des Hommes ou Femmes célèbres en tout genre; des Personnages historiques de tous les pays et de tous les temps : Saints, Martyrs, Savants, Artistes, Ecrivains ; des Divinités, Héros et Personnages fabuleux de tous les peuples; des Religions et Cultes divers, Fêtes, Jeux, Cérémonies publiques, Mystères, enfin la Nomenclature de tous les Chefs-lieux, Arrondissements, Cantons, Villes, Fleuves, Rivières, Montagnes de la France et de l'Etranger ; avec les Etymologies grecques, latines, arabes, celtiques, germaniques, etc., etc.

Cet ouvrage classique est rédigé sur un plan entièrement neuf, plus exact et plus complet que tous les dictionnaires qui existent, et dans lequel toutes les définitions, toutes les acceptions des mots et les nuances infinies qu'ils ont reçues sont justifiées par plus de quinze cent mille exemples extraits de tous les écrivains moralistes et poëtes, philosophes et historiens, etc., etc. Par M. BESCHERELLE ainé, principal auteur de la *Grammaire nationale*. 2 magnifiques vol. in-4 de plus de 3,000 pages, à 4 col., imprimés en caractères neufs et très-lisibles, sur papier grand raisin, glacé, contenant la matière de plus de 300 volumes in-8. 50 fr.

Demi-reliure chagrin. 60 fr.

GRAMMAIRE NATIONALE

Ou Grammaire de Voltaire, de Racine, de Bossuet, de Fénelon, de J. J. Rousseau, de Bernardin de Saint-Pierre, de Chateaubriand, de Casimir Delavigne, et de tous les écrivains les plus distingués de la France; par MM. BESCHERELLE FRÈRES et LITAIS DE CAUX. 1 fort vol. grand in-8, 12 fr. net. . . . . 10 fr.

Complément indispensable du DICTIONNAIRE NATIONAL.

DICTIONNAIRE USUEL DE TOUS LES VERBES FRANÇAIS

Tant réguliers qu'irréguliers, entièrement conjugués, par BESCHERELLE frères. 2 vol. in-8 à 2 colonnes. . . . . 12 fr.

> Ce livre est indispensable à tous les écrivains et à toutes les personnes qui s'occupent de la langue française, car le verbe est le mot qui, dans le discours, joue le plus grand rôle; il entre dans toutes les propositions, pour être le lien de nos pensées et y répandre la clarté et la vie; aussi les Latins lui avaient donné le nom de *verbum* pour exprimer qu'il est le mot nécessaire, le mot par excellence. La conjugaison des verbes est sans contredit ce qu'il y a de plus difficile dans notre langue, puisqu'on y compte plus de trois cents verbes irréguliers. A l'aide de ce dictionnaire, tous les doutes sont levés, toutes les difficultés vaincues.

LE VÉRITABLE MANUEL DES CONJUGAISONS

Ou Dictionnaire des 8,000 verbes, par BESCHERELLE frères. Troisième édition. 1 vol. in-18. . . . . 3 fr. 75

GRAND DICTIONNAIRE ESPAGNOL-FRANÇAIS ET FRANÇAIS-ESPAGNOL

Avec la prononciation dans les deux langues, plus exact et plus complet que tous ceux qui ont paru jusqu'à ce jour, rédigé d'après les matériaux réunis par D. VICENTE SALVA, et les meilleurs dictionnaires anciens et modernes, par F. DE P. NORIEGA et GUIM. 1 fort vol. grand in-8 jésus d'environ 1,600 pages à 3 colonnes. . . . . 18 fr.

PETIT DICTIONNAIRE NATIONAL

Contenant la définition très-claire et très-exacte de tous les mots de la langue usuelle; l'explication la plus simple des termes scientifiques et techniques; la prononciation figurée dans tous les cas douteux ou difficiles, etc., à l'usage de la jeunesse, des maisons d'éducation qui ont besoin de renseignements prompts et précis sur la langue française; par BESCHERELLE aîné, auteur du *Grand Dictionnaire national*, etc. 1 fort volume in-32 jésus de plus de 600 pages. . . . . 2 fr. 25

NOUVEAU DICTIONNAIRE ANGLAIS-FRANÇAIS ET FRANÇAIS-ANGLAIS

Contenant tout le vocabulaire de la langue usuelle, et donnant la prononciation figurée de tous les mots anglais et celle des mots français dans les cas douteux ou difficiles, par CLIFTON. 1 beau volume grand in-32 de 1,000 pages environ. . . . . 4 fr. 50

NOUVEAU DICTIONNAIRE ALLEMAND-FRANÇAIS ET FRANÇAIS-ALLEMAND

Du langage littéraire, scientifique et usuel; contenant à leur ordre alphabétique tous les mots usités et nouveaux de ces deux idiomes; les noms propres de personnes, de pays, de villes, etc.; la solution des difficultés que présentent la prononciation, la grammaire et les idiotismes; et suivi d'un tableau de verbes irréguliers, par K. ROTTECK (de Berlin). 1 fort vol. grand in-32 jésus (édition galvanoplastique). . . . . 4 fr. 50

NOUVEAU DICTIONNAIRE DE POCHE FRANÇAIS-ESPAGNOL ET ESPAGNOL-FRANÇAIS

Avec la prononciation dans les deux langues, rédigé d'après les matériaux réunis, par D. VICENTE SALVA, et les meilleurs dictionnaires parus jusqu'à ce jour, 1 fort vol. gr in-32, format dit Cazin d'environ 1,100 pag. 5 fr.

GRAND DICTIONNAIRE ITALIEN-FRANÇAIS ET FRANÇAIS-ITALIEN

Par Barberi, continué et terminé par Basti et Cerati. 2 gros vol. in-4, contenant 2,500 pages, 45 fr.; net. . . . . 25 fr.

LE NOUVEAU MAITRE ITALIEN

Abrégé de la Grammaire des Grammaires italiennes, simplifié et mis à la portée de tous les commençants, divisé par leçons, avec des thèmes gradués pour s'exercer à parler dès les premières leçons et s'habituer aux inversions italiennes, par J. Ph. Barberi, auteur du *Grand Dictionnaire italien-français*. 1 fort vol. in-8, 6 fr.; net. . . . 4 fr.

DICTIONNAIRE USUEL DE GÉOGRAPHIE MODERNE

Contenant : les articles les plus nécessaires de la géographie ancienne, ce qu'il y a de plus important dans la géographie historique du moyen âge, le résumé de la statistique générale des grands États et des villes les plus importantes du globe, par M. D. de Rienzi. Nouvelle édition. 1 fort vol. in-8, à 2 col., orné de 9 cartes col. . . . . 8 fr.

DICTIONNAIRE GÉOGRAPHIQUE, STATISTIQUE ET POSTAL DES COMMUNES DE FRANCE

Dédié au commerce, à l'industrie et à toutes les administrations publiques, par M. A. Peigné, auteur du *Dictionnaire portatif de la langue française* et de plusieurs ouvrages d'instruction; avec la carte des postes. Cet ouvrage, par la multiplicité et l'exactitude des renseignements qu'il fournit, est indispensable à tout commerçant, voyageur, industriel et employé d'administration, dont il est le *vade mecum*. . . . . . 5 fr.

GUIDES POLYGLOTTES, MANUELS DE LA CONVERSATION ET DU STYLE ÉPISTOLAIRE

A l'usage des voyageurs et de la jeunesse des écoles, par MM. Clifton, Vitali, Corona, Bustamente, Ebeling, Carolino Duarte. Grand in-32, format dit Cazin, papier satiné, élégamment cartonnés. Le vol. . 2 fr.
Jolie reliure toile. . . . . 50 c. le vol. en plus.

Français-Anglais. 1 vol in-32.
Français-Italien. 1 vol. in-32.
Français-Allemand. 1 vol. in-32.
Français-Espagnol. 1 vol. in-32.
Français-Portugais. 1 vol. in-32.
Español-Francés. 1 vol. in-32.
English-French. 1 vol. in-32.

English-Portuguese. 1 vol. in-32.
Español-Inglés. 1 vol. in-32.
Anglais-Allemand. 1 vol. in-32.
Español-Italiano. 1 vol. in-32.
Portuguez-Francez. 1 vol. in-32.
Portuguez-Inglez. 1 vol. in-32.

GUIDE EN SIX LANGUES. — Français-anglais-allemand-italien-espagnol-portugais. 1 fort vol. in-16 de 550 pages. Prix. . . . . . . 5 fr.

Nous appelons d'une manière toute spéciale l'attention sur nos *Guides polyglottes*. Le soin intelligent et scrupuleux qui en a dirigé l'exécution leur assurer parmi les livres de ce genre, une incontestable supériorité. Le texte original a été fait et préparé, avec beaucoup d'adresse et d'habileté, par un maître de conférence à l'École normale supérieure. Les besoins de la conversation usuelle y sont très-heureusement prévus. Les dialogues, au lieu de se traîner dans l'ornière des banalités ennuyeuses, ont un à-propos, une vivacité, un sel, qui amusent et réveillent le lecteur. L'auteur a eu l'art de joindre l'*agréable* à l'*utile*.

GÉOGRAPHIE UNIVERSELLE

Par MALTE-BRUN, description de toutes les parties du monde sur un nouveau plan, d'après les grandes divisions du globe; précédée de l'Histoire de la Géographie chez les peuples anciens et modernes, et d'une Théorie générale de la Géographie mathématique, physique et politique. Sixième édition, revue, corrigée et augmentée, mise dans un nouvel ordre et enrichie de toutes les nouvelles découvertes, par J. J. N. HUOT. 6 beaux vol. grand in-8, enrichis de 41 gravures sur acier. . . 60 fr.
Avec un superbe atlas entièrement établi à neuf. 1 vol. in-folio, composé de 72 magnifiques cartes coloriées, dont 14 doubles. . . . . . 80 fr.

On se plaignait généralement de la sécheresse de la géographie, lorsque, après quinze années de lectures et d'études, Malte-Brun conçut la pensée de renfermer dans une suite de discours historiques l'ensemble de la géographie ancienne et moderne, de manière à laisser, dans l'esprit d'un lecteur attentif, l'image vivante de la terre entière, avec toutes ses contrées diverses, et avec les lieux mémorables qu'elles renferment et les peuples qui les ont habitées ou qui les habitent encore.

Il s'est dit : « La géographie n'est-elle pas la sœur et l'émule de l'histoire? Si l'une a le pouvoir de ressusciter les générations passées, l'autre ne saurait-elle fixer, dans une image mobile, les tableaux vivants de l'histoire en retraçant à la pensée cet éternel théâtre de nos courtes misères? cette vaste scène, jonchée des débris de tant d'empires, et cette immuable nature, toujours occupée à réparer, par ses bienfaits, les ravages de nos discordes? Et cette description du globe n'est-elle pas intimement liée à l'étude de l'homme, à celle des mœurs et des institutions? n'offre-t-elle pas à toutes les sciences politiques des renseignements précieux? aux diverses branches de l'histoire naturelle, un complément nécessaire? à la littérature elle-même, un vaste trésor de sentiments et d'images? »

DICTIONNAIRE DE LA CONVERSATION ET DE LA LECTURE

52 vol. grand in-8 de 500 pages à 2 col., contenant la matière de plus de 300 vol. . . . . 208 fr.

Œuvre éminemment littéraire et scientifique, produit de l'association de toutes les illustrations de l'époque, sans acception de partis ou d'opinions, le *Dictionnaire de la Conversation* a depuis longtemps sa place marquée dans la bibliothèque de tout homme de goût, qui aime à retrouver formulées en préceptes généraux ses idées déjà arrêtées sur l'histoire, les arts et les sciences.

SUPPLÉMENT AU
DICTIONNAIRE DE LA CONVERSATION ET DE LA LECTURE

Rédigé par tous les écrivains dont les noms figurent dans cet ouvrage, et publié sous la direction du même rédacteur en chef. 16 vol. gr. in-8 de 500 pages, conformes aux 52 vol. publiés de 1832 à 1839. . 80 fr.

Le *Supplément*, aujourd'hui TERMINÉ, se compose de *seize volumes* formant les tomes LIII à LXVIII de cette Encyclopédie si populaire.

Ce *Supplément* a réparé toutes les erreurs, toutes les omissions qui avaient échappé dans le travail si rapide de la rédaction des 52 premiers volumes. Tous les *renvois* que le lecteur cherchait vainement dans l'ouvrage principal se trouvent traités dans le *Supplément*, quelques articles jugés insuffisants ont été refaits.

Qui ne sait l'immense succès du *Dictionnaire de la Conversation?* Plus de 19,000 exemplaires des tomes I à LII ont été vendus; mais, aujourd'hui, les seuls exemplaires qui conservent toute *leur valeur primitive* sont ceux qui possèdent le *Supplément*, en d'autres termes, les tomes LIII à LXVIII.

Comme les seize volumes supplémentaires n'ont été tirés qu'à 3,000, ils ne tarderont pas à être épuisés.

Nous nous bornerons à prévenir les possesseurs des tomes I à LII qu'avant peu de temps il nous sera impossible de compléter leurs exemplaires et de leur fournir les tomes LIII à LXVIII; car ils s'épuisent plus rapidement que nous ne l'avions pensé.

Prix des seize vol. du *Supplément* (tomes LIII à LXVIII), 80 fr.; le v. 5 fr.

COURS COMPLET D'AGRICULTURE

Du Nouveau Dictionnaire d'agriculture théorique et pratique, d'économie rurale et de médecine vétérinaire; sur le plan de l'ancien Dictionnaire de l'abbé Rosnier.

Par M. le baron de MOROGUES, ex-pair de France, membre de l'institut, de la Société nat. et cent. d'agriculture;
M. MIRBEL, de l'Académie des sciences, professeur de culture au Jardin des Plantes, etc;

Par M. le vicomte HÉRICART DE THURY, président de la Société nationale d'agriculture;
M. PAYEN, de la Société nationale d'agriculture, professeur de chimie industrielle et agricole; -
M. MATHIEU DE DOMBASLE, etc.

Ce cours a eu pour base le travail composé par les membres de l'ancienne section d'agriculture de l'Institut : MM. DE SISMONDI, BOSC, THOUIN, CHAPTAL, TESSIER, DESFONTAINES, DE CANDOLLE, FRANÇOIS DE NEUFCHATEAU, PARMENTIER, LA ROCHEFOUCAULD, MOREL DE VINDÉ, HUZARD père et fils, APPERT, VILMORIN, BRONGNIART, LENOIR, NOISETTE, etc., etc. 4ᵉ édition, revue et corrigée. Broché en 20 vol. grand in-8, à 2 colonnes, avec environ 4,000 sujets gravés, relatifs à la grande et à la petite culture, à l'économie rurale et domestique, etc. Complet, 112 fr. 50; net. . . . . . . 90 fr.

DICTIONNAIRE D'HIPPIATRIQUE ET D'ÉQUITATION

Ouvrage où se trouvent réunies toutes les connaissances équestres et hippiques, par F CARDINI, lieutenant-colonel en retraite. 2 vol. grand in-8. ornés de 70 figures. Deuxième édit., corrigée et considérablement augmentée. 20 fr.; net. . . . . 15 fr.

OUVRAGES RELIGIEUX

ÉLÉVATIONS A DIEU SUR TOUS LES MYSTÈRES DE LA RELIGION CHRÉTIENNE

Par BOSSUET. 1 vol. grand in-8, même format que les *Méditations sur l'Evangile*, orné de 10 magnifiques gravures anglaises sur acier, d'après LE GUIDE, POUSSIN, VANDERWERF, MARATTE, COPLEY, MELVILLE, etc. . 16 fr.

MÉDITATIONS SUR L'ÉVANGILE

Par BOSSUET, revues sur les manuscrits originaux et les éditions les plus correctes, et illustrées de 14 magnifiques gravures sur acier, d'après RAPHAEL, RUBENS, POUSSIN, REMBRANDT, CARRACHE, LÉONARD DE VINCI, etc. 1 vol. grand in-8 jésus. . . . . 18 fr.
Cette superbe réimpression des chefs-d'œuvre de Bossuet, imprimée avec le plus grand soin par Simon Raçon, est destinée à prendre place parmi les plus beaux livres de l'époque.

LES SAINTS ÉVANGILES

Par l'abbé DASSANCE, selon saint Matthieu, saint Marc, saint Luc et saint Jean. 2 splendides vol. grand in-8, illustrés de 12 gravures sur acier, et ornés de vues. Edition CURMER. Brochés, 48 fr.; net. . . . . . 30 fr.

LES ÉVANGILES

Par F. LAMENNAIS, Traduction nouvelle, avec des notes et des réflexions. Deuxième édition, illustrée de 10 gravures sur acier, d'après GIGOLI, LE GUIDE, MURILLO, OVERBECK, RAPHAEL, RUBENS, etc. 1 vol. in-8 cavalier vélin, 10 fr.; net. . . . . 8 fr.

LES VIES DES SAINTS

Pour tous les jours de l'année, nouvellement écrites par une réunion d'ecclésiastiques et d'écrivains catholiques, classées pour chaque jour de l'année par ordre de dates, d'après les martyrologes et Godescard; illustrées d'environ 1,800 gravures. L'ouvrage complet forme 4 beaux vol. grand in-8 ; chaque vol. se compose d'un trimestre et forme un tout complet. 10 fr. le vol. Complet. . . . . 40 fr.

Les *Vies des Saints* avaient déjà obtenu l'approbation des archevêques de Paris, de Cambrai, de Tours, de Bourges, de Reims, de Sens, de Bordeaux, etc., etc.

IMITATION DE JÉSUS-CHRIST

Traduite par l'abbé Dassance, avec approbation de Monseigneur l'archevêque de Paris. Edition Curmer, avec encadrements variés, frontispice or et couleur, et 10 gravures sur acier. 1 vol. grand in-8. . . 20 fr.

Reliure chagrin, tranche dorée. . . . . 12 fr. »
— demi-chagrin, tranche dorée, plats toile. 5 50

LES FEMMES DE LA BIBLE

Par M. l'abbé G. Darboy. Collection de portraits des femmes remarquables de l'Ancien et du Nouveau Testament (gravés par les meilleurs artistes, d'après les dessins de G. Staal), avec textes explicatifs rappelant les principaux événements du peuple de Dieu, et renfermant des appréciations sur les caractères des Femmes célèbres de ce peuple. 2 vol. grand in-8 jésus. Le vol. . . . . 20 fr.

LES SAINTES FEMMES

Par M. l'abbé Darboy. Collection de portraits, gravés sur acier, des femmes remarquables de l'Église ; ouvrage approuvé par Monseigneur l'archevêque de Paris. 1 vol. grand in-8 jésus. . . . . 20 fr.

LE CHRIST, LES APOTRES ET LES PROPHÈTES

Par l'abbé Darboy. Collection de portraits de l'Écriture sainte les plus remarquables, gravés par les meilleurs artistes. 1 volume grand in-8 jésus.. . . . . 20 fr.

LA VIERGE

Histoire de la Mère de Dieu et de son culte, par l'abbé Orsini. Nouvelle édition, illustrée de gravures sur acier et de sujets dans le texte. 2 beaux vol. grand in-8 jésus. . . . . 24 fr.

SAINT VINCENT DE PAUL

Histoire de sa vie, par l'abbé Orsini. 1 magnifique vol. grand in-8 jésus, illustré de 10 splendides gravures sur acier, tirées sur chine avant la lettre, d'après Karl Girardet, Leloir, Meissonnier, Staal, etc., gravées par nos meilleurs artistes. . . . . 12 fr.

PRIX DE LA RELIURE DES SEPT VOLUMES CI-DESSUS
Reliure toile mosaïque, plaque spéciale, tranche dorée. . . . . 6 fr.
Reliure demi-chagrin, tranche dorée. . . . . 6 »

LA SAINTE BIBLE

L'Ancien et le Nouveau Testament complets ; traduction nouvelle par Genoude. 3 vol. grand in-8 à 2 colonnes, illustrés de 8 magnifiques gravures anglaises et de 550 gravures sur bois. . . . . 24 fr.

Demi-rel. chagrin, plats toile doré sur tranche, 3 vol. rel. en 2. 6 fr. le vol.

HISTOIRE ECCLÉSIASTIQUE

Par l'abbé FLEURY, augmentée de 4 livres (les livres CI, CII, CIII et CIV) publiés pour la première fois d'après un manuscrit appartenant à la Bibliothèque impériale, avec une table générale des matières. Paris, 1856. 6 vol. gr. in-8 jésus, à 2 col. ; au lieu de 60 fr., net... 30 fr.

ŒUVRES COMPLÈTES DE CHATEAUBRIAND

Nouvelle édition, précédée d'une étude littéraire sur CHATEAUBRIAND par M. SAINTE-BEUVE, de l'Académie française. 12 vol. in-8, papier cavalier vélin, orné d'un beau portrait de Chateaubriand. Chaque vol.. 5 fr.

Notre édition réunit à la fois les avantages d'un prix modéré, d'une excellente typographie et d'une correction faite d'après les meilleurs textes. Elle sera enrichie d'une étude très-complète sur Chateaubriand par M. Sainte-Beuve, et de notes inédites extrêmement curieuses.

Nous avons eu soin de faire faire des titres particuliers et des couvertures spéciales pour chaque volume formant un tout complet.

EN VENTE

LE GÉNIE DU CHRISTIANISME. 1 vol.

LES MARTYRS. 1 vol.

L'ITINÉRAIRE DE PARIS A JÉRUSALEM. 1 vol.

ATALA, RENÉ, LE DERNIER ABENCERRAGE, LES NATCHEZ, POÉSIES. 1 vol.

VOYAGE EN AMÉRIQUE, EN ITALIE ET EN SUISSE. vol.

Chaque volume, avec 3, 4 ou 5 gravures, se vend séparément..... 6 fr.
Demi-reliure, plats toile, doré sur tranche............. 3 fr.

MAGNIFIQUE COLLECTION DE GRAVURES

Comme ornement et complément de notre édition, nous publions une splendide collection composée d'environ 40 gravures, dessinées par STAAL, etc., exécutées spécialement pour cette édition, et avec le plus grand soin, par MM. F. DELANNOY, A. THIBAULT, OUTHWAITE, MASSARD, etc., d'après les dessins originaux de G. STAAL, RACINET, etc. Rien n'a été négligé pour rendre ces gravures dignes des *Œuvres de Chateaubriand*, 12 livr. composées de chacune 3 ou 4 grav. Chaque livraison. 1 fr.

HISTOIRE DE FRANCE

Par ANQUETIL, avec continuation jusqu'à nos jours par BAUDE, l'un des principaux auteurs du *Million de Faits* et de *Patria*. 8 vol. grand in-8, imprimés à 2 col., illustrés de 120 gravures environ, renfermant la collection complète des portraits des rois, 50 fr.; net...... 40 fr.

HISTOIRE DE FRANCE D'ANQUETIL

Continuée depuis la Révolution de 1789 par LÉONARD GALLOIS. Edition ornée de 50 gravures en taille-douce. 5 vol. grand in-8 jésus à 2 colonnes, contenant la matière de 40 vol. in-8 ordinaires. 62 fr. 50 ; net. 40 fr.
Demi-reliure, dos chagrin, le vol............. 3 fr. 50

ABRÉGÉ CHRONOLOGIQUE DE L'HISTOIRE DE FRANCE

Par le président HÉNAULT, continué par MICHAUD. 1 vol. grand in-8 illustré de gravures sur acier.................. 12 fr.
Demi-reliure, chagrin................... 5 fr. 50
— avec les plats toile, tr. dor...... 6 fr. »

HISTOIRE DE LA RÉVOLUTION FRANÇAISE

Par M. Louis Blanc, auteur de l'*Histoire de Dix ans*. Chaque volume se vend séparément. . . . . 5 fr.

Le dixième volume est en vente.

CAMPAGNE DE PIÉMONT ET DE LOMBARDIE

Par Amédée de Cesena. 1 vol. grand in-18 jésus. . . . . 20 fr.

L'histoire de cette campagne est une histoire éminemment populaire, qui doit éveiller un intérêt universel. Les éditeurs n'ont rien négligé pour que cet ouvrage joignit au mérite de l'à-propos tous les avantages d'une exécution sérieuse, et devint un livre, non pas seulement de circonstance et d'un intérêt éphémère, mais digne de tenir une place honorable dans les bibliothèques. — Au point de vue littéraire et politique, le nom de l'auteur est à la fois une promesse et une garantie. Les incidents de la campagne sont retracés dans ce livre avec une verve et un entrain qui donnent beaucoup de charme au récit. L'ouvrage est orné des portraits de l'Empereur, de l'Impératrice et de Victor-Emmanuel, admirablement gravés sur acier par Delannoy, d'après Winterhalter, de plans et de cartes, de types militaires des trois armées et de planches sur acier représentants les batailles de *Magenta* et de *Solferino* et la *Rentrée des Troupes à Paris*. Le livre renferme aussi la liste complète et nominale des décorés et des médaillés de l'armée d'Italie, et, par cela même, devient pour eux un titre de famille.

GALERIES HISTORIQUES DE VERSAILLES

Ce grand et important ouvrage a été entrepris aux frais de la liste civile du roi Louis-Philippe, et rédigé d'après ses instructions. Il renferme la description de 1,200 tableaux; des notices historiques sur plus de 676 écussons armoriés de la salle des Croisades, et des aperçus biographiques sur presque tous les personnages célèbres depuis les temps les plus reculés de la monarchie française. Cet ouvrage, véritable histoire de France, illustrée par les maîtres les plus célèbres en peinture et en sculpture, et destiné à être donné en cadeau à tous les hommes éminents de notre époque, n'a jamais été mis en vente. 10 vol. in-8 imprimés en caractères neufs sur beau papier, avec un magnifique album in-4 contenant 100 gravures. . . . . 80 fr.

VERSAILLES ANCIEN ET MODERNE

Par le comte Alexandre de la Borde. Paris, Gavard, 1842 1 vol. grand in-8 jésus vélin; au lieu de 30 fr., net. . . . . 12 fr. 50

Ce volume, de 916 pages de texte, est orné de plus de 800 gravures sur acier et sur bois.

SOUVENIRS D'UN AVEUGLE

Voyage autour du monde, par J. Arago, sixième édition, revue, augmentée, enrichie de notes scientifiques, par F. Arago, de l'Institut. 2 vol. grand in-8 raisin, illustrés de 25 planches et portraits à part, et de 110 vignettes dans le texte, 20 fr.; net. . . . . 15 fr.

Reliure toile, tranche dorée, le volume. . . . . 3 fr. 50
Reliure demi-chagrin, plats en toile, tr. dorée, les 2 vol. en un. 4   50

ABRÉGÉ METHODIQUE DE LA SCIENCE DES ARMOIRIES

Suivi d'un glossaire des attributs héraldiques, d'un traité élémentaire des ordres modernes de la chevalerie, et de notions sur l'origine des noms de famille et des classes nobles, les anoblissements, les preuves et les titres de noblesse, les usurpations et la législation nobiliaire, etc., par M. Maigne, 1 vol. grand in-18 jésus, orné d'environ 300 vignettes dans le texte, gravées par M. Dufrénoy. . . . . 6 fr.

DICTIONNAIRE DE LA NOBLESSE ET DU BLASON

Par JOUFFROY D'ESCHAVANNES, héraldiste, historiographe, secrétaire-archiviste de la Société orientale de Paris. 1 vol. grand in-8, ill. de 2 pl. de blason col. et d'un grand nombre de grav. 15 fr.; net. . . **10 fr**

ORDRES DE CHEVALERIE ET MARQUES D'HONNEUR

Histoire, costume et décoration, par M. WAILEN, chevalier de plusieurs ordres. Ouvrage publié sur les documents officiels, avec un supplément renfermant toutes les nouvelles décorations jusqu'à ce jour, et les costumes des principaux ordres. Superbe volume grand in-8, illustré de 110 planches coloriées à l'aquarelle. Au lieu de 75 fr., net. . . **40 fr**

COSTUMES DU MOYEN AGE

D'après les monuments, les peintures et les monuments contemporains, et pris en grande partie parmi les monuments de la célèbre bibliothèque des ducs de Bourgogne; précédés d'une dissertation sur les mœurs, les usages de cette époque. 2 magnifiques volumes illustrés de 150 gravures soigneusement coloriées à l'aquarelle. 90 fr.; net. . . . **45 fr**

L'ITALIE CONFÉDÉRÉE

Histoire politique, militaire et pittoresque de la campagne de 1859, par AMÉDÉE DE CESENA. 4 vol. grand in-8 jésus, illustrés de gravures sur acier, de types militaires des différents corps des armées française, sarde et autrichienne, dessinés par CH. VERNIER; des plans de Vérone, de Mantoue et de Venise, etc., et d'une carte du nord de l'Italie indiquant les limites actuelles du royaume de Sardaigne et des États de la confédération, dressés par VUILLEMIN. Prix de chaque volume. . . . . **6 fr.**

L'histoire de cette campagne est une histoire éminemment populaire, qui doit éveiller un intérêt universel.

Les éditeurs n'ont rien négligé pour que cet ouvrage joignît au mérite de l'actualité la plus palpitante tous les avantages d'une exécution sérieuse, et devînt un livre, non pas seulement de circonstance et d'un intérêt éphémère, mais digne de tenir une place honorable dans les bibliothèques. — Le livre renferme aussi la liste complète et nominale des décorés et des médaillés de l'armée d'Italie, et, par cela même, devient pour eux un titre de famille.

MÉMORIAL DE SAINTE-HÉLÈNE

Par feu le comte de LAS CASES, nouvelle édition revue avec soin, augmentée du *Mémorial de la Belle-Poule*, par M. EMMANUEL DE LAS CASES, 2 vol. grand in-8, avec portraits, vignettes nouvelles, gravés sur acier, par BLANCHARD. Dessins de PAUQUET, FRÈRE ET DAUBIGNY. 24 fr.; net. . **14 fr.**

HISTOIRE UNIVERSELLE

Par le comte DE SÉGUR, de l'Académie française; contenant l'histoire des Égyptiens, des Assyriens, des Mèdes, des Perses, des Juifs, de la Grèce, de la Sicile, de Carthage et de tous les peuples de l'antiquité, l'histoire romaine et l'histoire du Bas-Empire. 9ᵉ édit., ornée de 30 grav. sur acier, d'après les grands maîtres. 5 vol. grand in-8. . . . **37 fr. 50**

On peut acheter séparément chaque volume, qui forme un tout complet :

Histoire ancienne, contenant l'histoire des Égyptiens, des Assyriens, des Mèdes, des Perses, des Grecs, des Carthaginois, des Juifs. 1 vol. . . . . . . **12 fr. 50**

Histoire romaine, contenant l'histoire de l'empire romain, depuis la fondation de Rome jusqu'à Constantin. 1 vol. . . . . **12 fr. 50**

Histoire du Bas-Empire, depuis Constantin jusqu'à la fin du second empire grec. . . . . **12 fr. 50**

L'*Histoire universelle* de Ségur est devenue, pour la jeunesse, un livre classique. Le nombre des éditions qui se sont succédé en atteste le mérite et le succès

HISTOIRE DES DUCS DE BOURGOGNE

Par M. DE BARANTE, membre de l'Académie française. Septième édition. 12 vol. in-8, caractères neufs, imprimés sur papier vélin satiné des Vosges, ornés de 104 grav. et d'un grand nombre de cartes. Prix, le vol.. . . . . 5 fr.

La place de cet ouvrage est marquée dans toutes les bibliothèques. Il joint au mérite et à l'exactitude historique une grande vérité de couleur et un grand charme de narration.

HISTOIRE DES RÉPUBLIQUES ITALIENNES DU MOYEN AGE

Par SIMONDE DE SISMONDI. Nouvelle édition, ornée de gravures sur acier. 10 vol. in-8, 50 fr.; net. . . . . 40 fr.

HISTOIRE D'ITALIE

Depuis les premiers temps jusqu'à nos jours, par le docteur HENRI LEO et BOTTA, traduite de l'allemand et enrichie de notes très-curieuses par M. DOCHEZ. 3 vol. grand in-8; au lieu de 45 fr., net. . . . 15 fr.

HISTOIRE DE PORTUGAL

Par HENRI SCHŒFER, traduite par HENRI SOULANGE-BODIN. 1 vol. grand in-8; au lieu de 15 fr., net. . . . . 5 fr.

HISTOIRE D'ESPAGNE

Depuis les temps les plus reculés jusqu'à nos jours, d'après les meilleurs auteurs, par CH. PAQUIS et DOCHEZ. 2 vol. grand in-8; au lieu de 30 fr., net. . . . . 10 fr.

HISTOIRE DES CAUSES DE LA RÉVOLUTION FRANÇAISE

Par A. GRANIER DE CASSAGNAC. 4 vol. in-8. . . . . 20 fr.

LAMARTINE

Histoire de la Révolution de 1848. Nouvelle édition, complétement revue par l'auteur. 2 volumes in-8, papier cavalier vélin. . . . . 12 fr.

MÊME OUVRAGE. 2 vol. grand in-18 jésus, le vol. . . . . 3 fr. 50

RAPHAËL

Pages de la vingtième année, par LAMARTINE. Deuxième édition. 1 vol. in-8 cavalier vélin. . . . . 5 fr.

HISTOIRE DE RUSSIE

Par A. DE LAMARTINE. Paris, PERROTIN, 1856. 2 vol. in-8, 10 fr.; net. 5 fr.

M. de Lamartine a voulu compléter son Histoire de l'empire ottoman par une Histoire de la Russie. — Ces deux volumes sont indispensables aux nombreux possesseurs de l'Histoire de la Turquie.

HISTOIRE DE LA PEINTURE EN ITALIE

Depuis la Renaissance des beaux-arts jusque vers la fin du dix-huitième siècle, par LANZI; traduite de l'italien sur la troisième édition, sous les yeux de plusieurs professeurs, par madame A. DIEUDÉ. Paris, DUFART, 1824. 5 vol. in-8; au lieu de 55 fr. . . . . 18 fr.

Cette traduction est la seule complète qui ait été publiée de l'ouvrage de Lanzi. Cet ouvrage est indispensable aux artistes et à tous ceux qui ont le goût des beaux-arts.

GUIDES GARNIER FRÈRES

NOUVELLE COLLECTION DE GUIDES EUROPÉENS

Complets chacun en 1 fort vol. in-18 jésus

RÉDIGÉS

PAR MM. AMÉDÉE DE CESENA, EUG. D'AURIAC, LACROIX, LANNAU-ROLLAND, EDM. RENAUDIN, E. SIMON, ETC., ETC.

NOUVEAU GUIDE GÉNÉRAL DU VOYAGEUR EN FRANCE, par AMÉDÉE DE CESENA, avec une grande carte générale des chemins de fer, des cartes spéciales pour les diverses sections et deux panoramas des Pyrénées et des Alpes. . . . . 7 fr. 50

NOUVEAU GUIDE DU VOYAGEUR AUX PYRÉNÉES, accompagné d'une carte générale des routes et des chemins de fer, de plans de villes et d'un magnifique panorama des chaînes pyrénéennes, etc., et illustré d'un grand nombre de vignettes représentant les points de vue et les monuments les plus remarquables, par AMÉDÉE DE CESENA. . . . . 10 fr.

LE NOUVEAU PARIS, Guide de l'Étranger, pratique, historique, descriptif et pittoresque, par AMÉDÉE DE CESENA, auteur du *Guide général en France* et du *Guide populaire aux Environs de Paris*, accompagné d'un plan de Paris et de gravures dans le texte. . . . . 7 fr. 50

LES ENVIRONS DE PARIS, Par AMÉDÉE DE CESENA. Guide pratique, historique, descriptif et pittoresque, contenant : tous les renseignements généraux, les divers modes de transport; — l'histoire et la description de tous les monuments, châteaux, musées, forêts, etc. — Accompagné de plans et de nombreuses gravures.

NOUVEAU GUIDE GÉNÉRAL DU VOYAGEUR EN ALLEMAGNE et dans les États autrichiens, par E. SIMON, avec une grande carte routière, des plans de villes et des gravures. . . . . 14 fr.

NOUVEAU GUIDE GÉNÉRAL DU VOYAGEUR EN ANGLETERRE, accompagné d'une carte générale des routes et des chemins de fer, de plans de villes, etc., et illustré d'un grand nombre de vignettes représentant les points de vue et les monuments les plus remarquables.

NOUVEAU GUIDE GÉNÉRAL DU VOYAGEUR EN BELGIQUE ET EN HOLLANDE, par D'AURIAC, accompagné d'une carte générale des routes et des chemins de fer, de plans de villes, etc., et illustré d'un grand nombre de vignettes représentant les points de vue et les monuments les plus remarquables

NOUVEAU GUIDE GÉNÉRAL DU VOYAGEUR EN ITALIE, par EDMOND RENAUDIN, avec une grande carte routière, quarante plans de villes ou de monuments, vingt gravures et vues de monuments, etc.

NOUVEAU GUIDE GÉNÉRAL DU VOYAGEUR EN SUISSE, par LACROIX, accompagné d'une carte générale des routes et des chemins de fer, de plans de villes, etc., et illustré d'un grand nombre de vignettes, représentant les points de vue pittoresques et les monuments les plus remarquables.

NOUVEAU GUIDE DU VOYAGEUR AUX BORDS DU RHIN, accompagné d'une carte générale du cours du Rhin, depuis sa source jusqu'à la mer, des routes et des chemins de fer, de plans de villes, etc., et illustré d'un grand nombre de vignettes représentant les points de vue et les édifices les plus curieux.

www.ingramcontent.com/pod-product-compliance
Lightning Source LLC
Chambersburg PA
CBHW060507230426
43665CB00013B/1419